2판

학교학습 효과를 위한

교육심리학

임규혁 · 임웅 공저

Educational Psychology

학지사

2판 머리말

이 책의 초판이 출간된 지 만 10년이 지났다. 10년이면 강산이 변한다는 말처럼 짧지 않은 기간이다. 그동안 때로는 분에 넘치는 격려와 관심을 전해 주시고 때로는 소중한 충고와 제안을 아끼지 않으셨던 모든 독자들께 진심으로 감사의 마음을 전한다.

대부분의 인문사회과학이 그렇듯이 교육심리학이라는 학문 분야 역시 10년 동안 주요 원리나 이론이 급격하게 변하지는 않는다. 하지만 세부적으로 눈에 띄는 아이디어들이 개발되기도 하고, 기존의 생각과 이론들이 점진적으로 수정 · 보완되며 발전해 온 것 또한 사실이다.

2판에서는 이처럼 새롭게 제안되고 검증된 주요 이론들과 수정되고 보완된 내용 중에서 효과적인 학교 수업을 위해 핵심이 된다고 판단되는 내용들을 가급적 많이 담고자 노력하였다. 그리고 초판의 내용 중에서 개념이나 원리 부분은 보다 명확하게 진술하고자 하였다. 또한 모든 단원에 학문적인 공헌이 큰 학자들의 인물 사진을 수록하고 내용을 보완할 수 있는 사진과 그림을 제시함으로써 교육심리학의 학문적 흥미를 돕고자 하였다.

2판이 출간되기까지 많은 분의 도움이 있었다. 우선, 내용에 적합한 사진을 위해 노력을 아끼지 않은 손지영 선생의 수고에 감사함을 전한다. 그리고 하승호 선생과 이윤아 선생, 강진아 선생은 책의 내용을 꼼꼼히 읽고 명료하지 않은 부분을 찾아주었으며 색인과 참고문헌 작업을 도와주었다. 또한 2판의 기초 작업을 위해 수많은 논문과 관련 서적을 정리하고 각 장의 내용 구성에 도움을 준 김지현 선생에게 감사함을 전한다. 마지막으로 학지사 김진환 사장님의 아낌없는 격려와 지원 그리고 학문에 대한 철학이 없었다면 2판의 출간은 가능하지 않았을 것이다.

모든 저자들이 그렇듯 이 책의 저자들 또한 보다 좋은 교재를 제공하고 싶다는 소망으로 2판을 출간하였다. 비록, 부족하지만 앞으로 계속 수정·보완해 나갈 것을 약속하면서 그간 이 책을 읽어 준 많은 독자에게 다시 한 번 감사의 마음을 전한다.

2007년

임규혁·임웅

머리말

필자는 그동안 교육학을 전공하는 교육학과 학생, 앞으로 교사가 되려는 사범대학 학생, 그리고 현직 초·중등학교 교사로서 학생지도를 위해 교육학의 새로운 이론을 접하려는 교육대학원생들에게 교육심리학을 오랫동안 강의해 왔다. 교육학을 전공하는 학생들에게는 교육학 이론을 탐구하고 구조화시킬 수 있도록 자극을 주는 데 초점을 두었으며, 교사가 될 사범대 학생들과 현직교사들에게는 교육심리학의 이론을 소개하고, 그 이론이 교육현장에 실제적으로 적용될 수 있는 방향점과 합의점을 찾는 데 노력하였다.

한 학기에 보통 최소한 300명 정도의 수강생들을 대해 온 30여 년의 기간을 생각해 보면 참으로 많은 학생을 강의실을 통해 접해 왔다는 사실에 보람도 있지만 교수로서의 역할을 다하지 못한 것은 아닌가 하는 아쉬움도 남는다.

교육심리학이라는 학문적 범위가 대단히 넓고 깊을 뿐만 아니라 학교현장의 교육문제 역시 다양하고 역동적이기 때문에 한 학기의 주어진 시간에 이론을 통해 많은 문제를 풀어나가는 것은 참으로 어려운 일이었다. 이에 이러한 점을 조금이라도 보충해 줄 수 있는 책을 만들어 보고 싶었다. 하지만 앞에서 언급한 세 부류의 교육심리학 수강생 모두를 만족시켜 줄 수 있는 책을 만든다는 것은 그리 쉬운 일이 아니었다. 광범위한 이론을 소개하고 설명하는 학문적 접근뿐만 아니라 실제적인 적용점을 충분히 논의하는 과정이 있어야 하기 때문이었다. 필자는 그러한 점에서 오래전부터 강의에 필요한, 그리고 강의로 다 메울 수 없었던 이론과 실제를 정리하여 책을 만들겠다는 계획을 세워 놓고 준비해 오고 있었다. 그렇지만 대단히 어렵다는 생각을 자주 하면서 이번에 최선을 다해 모두에게 조그마한 도움이라도 될 수 있기를 기대하며 마무리하게 되었다.

이 책의 내용은 전체적으로 6부로 구성되어 있다. 우선, 제1부는 교육심리학의 학문적 성격과 역할에 대한 이해, 제2부는 발달과 개인차를 통한 학습자의 이해, 제3부는 학습이론과 동기이론을 통한 학습에 대한 이해, 제4부는 교수이론과 효과적인 교수를 위한 수업에 대한 이해, 제5부는 생활지도와 상담에 의한 정신건강의 이해, 그리고 제6부는 효과적인 교육평가를 위한 이해로 구성하였다.

이러한 내용들을 다루면서 교육심리학의 전통적인 이론들은 물론 최근 이론들까지 소개하고자 했으며, 또 이론들을 바탕으로 하는 1990년대의 다양한 연구들과 교육심리학의 최근 동향을 찾아내고자 하였다. 그러나 학교현장에서 필요한 학급관리의 내용을 다루지 못한 점이 아쉬움으로 남는다. 앞으로 증보판을 통해서 학급관리와 이 책의 내용 중에서도 부족하거나 잘못된 점이 지적되면 함께 보완하고자 한다.

또한 이 책의 각 장은 다음과 같은 다섯 단계의 순서로 서술되었다. 우선 각 장의 첫 부분에는 학교현장에서 쉽게 관찰되는 예화를 제시하였다. 둘째는 예화에서 나타난 문제들을 교육심리학적 원리나 이론으로 연결하려는 도입의 단계, 셋째는 예화와 관련된 학문적인 이론과 원리, 넷째는 학문적 이론이나 원리를 현장에 적용하는 함의점을 생각해 보는 단계다. 그리고 마지막으로 각 장이 끝나는 부분에서는 몇 개의 연구문제를 제시하여 그 장의 내용을 정리해 보도록 하였고, 연구문제의 일부는 내용을 더 발전시켜서 보다 많이 연구하고 생각해 보도록 하였다.

이 책이 만들어지기까지 수고해 준 본교 대학원 석 · 박사과정의 졸업생과 재학생 중 몇 사람에게 감사한 마음을 전한다. 심재학 박사와 정동화 박사 그리고 김형주 선생이 제공한 자료들이 집필 과정에 유용한 도움이 되었으며, 석사과정의 강선영과 김지연은 참고문헌과 색인작업 및 교정작업 등에 많은 도움을 주었다. 또한 석사과정의 윤미선은 전체 내용을 수차례에 걸쳐 정독하고 내용 전달에 어려움이 있는 부분을 찾아내어 주었다. 특히, 이 책의 출판을 위하여 계획단계부터 전체적인 구성과 자료의 수집 그리고 모든 진행 과정 등을 총괄적으로 점검하면서 적극적으로 도와준 임웅 선생의 노고가 컸다.

그리고 학지사의 김 사장님과 모든 직원에게도 고마움을 전한다.

우리는 평소 몸이 아프면 병원에 가서 전문의를 만나고, 법률문제가 생기면 변호사를 만나서 전문적인 상담을 한다. 그리고 사람을 가르치기 위해서는 학교를 통해 선생님의 가르침을 받는다. 그런데 과연 우리 교사들은 학생들을 가르치기 위한 전문적인 지식을 얼마나 준비 · 연구하고 있는가 생각해 봐야 한다. 그러한 점에서 이 책이 작으나마 도움을 줄 수 있었으면 하는 바람이다.

필자는 나의 강의시간을 거쳐간 많은 수강자들과 가끔씩 기회가 있을 때면 만나게 되는 졸업생들 그리고 가까이서 매일 만나는 제자들에 이르기까지의 모든 사람을 사랑한다. 그리하여 이 책을 그 모든 사람들에게 바치고 싶다.

1996년 11월

고대 사범대 209호 연구실에서

저자 임규혁

CONTENTS

학교학습 효과를 위한
교육심리학

제3부

학습에 대한 이해

제4부

수업에 대한 이해

제5부
생활지도와 정신건강에 대한 이해

제6부

학업평가에 대한 이해

EDUCATIONAL PSYCHOLOGY

제 1 부

교육심리학의 이해

제1장

교육심리학의 성격 및 역할

1. 교육심리학의 개념
2. 교육심리학의 발전 과정
3. 교육심리학의 적용

■ 연구문제

매달 한 번씩 모이는 교사 친목모임에서 선생님들이 얘기를 나누고 있다.

윤 선생님이 마시던 찻잔을 내려놓으며 걱정스러운 목소리로 말한다.

"우리 반 두 아이 때문에 걱정이에요. 지적해서 질문을 하면 대답을 곧잘 하거든요. 그런데 그 아이들은 지나치게 수줍음을 타는 것 같아요. 묻기 전에는 도무지 말을 안 하니 정말 알고 있는지 아닌지 판단하기가 어려워요. 매번 그 아이들만 일일이 확인할 수도 없고…… 하여튼 고민이에요."

앞자리에 앉아 있던 이 선생님 역시 특정 학생에 대한 문제점을 얘기한다.

"우리 반에 영철이 아시죠? 입학할 때 성적도 좋았고, IQ도 제일 높거든요. 수업 중에 대답도 잘하는데 문제는 너무 산만하다는 거예요. 도무지 공부에 집중하질 못하는 것 같아요. 영철이를 주의 집중시킬 수 있는 방법이 없을까요?"

송 선생님의 표정도 그리 밝아 보이지는 않는다.

"며칠 전에 단원평가 모의고사를 봤어요. 그런데 반이 넘는 학생들이 60점이 안 되는 거예요. 아이들이 이해하지 못한 부분을 다시 가르쳐야 하나요? 만약 그래야 한다면 진도가 떨어질 텐데……."

"선생님들도 고민이 많으시네요."

박 선생님이 미소를 지으며 말한다.

"저는 토론시간이 너무 힘들어요. 아이들이 도대체 과제를 읽어 오지 않아요. 그러니 토론이 잘 될 리가 있겠어요? 그리고 토론시간만 되면 왜 그렇게 떠드는지 모르겠어요. 아이들은 토론시간을 수업의 일부라고 생각하지 않는 것 같아요. 서로 장난하고, 다른 과목을 공부하는 아이도 있고…… 휴! 아마도 토론을 집단별로 하기 때문에 그런 것 같아요. 집단별 수업에서는 아이들을 전체적으로 관리하기가 너무 힘들어요. 다른 방법을 생각해 봐야겠어요."

음악을 담당하는 정 선생님이 박 선생님을 바라보며 말한다.

"하지만 저는 학급 전체로 가르치는 것보다 소집단으로 나누어 수업하는 방법이 보다 효과적인 것 같아요. 며칠 전 소집단 수업을 해 봤어요. 집단마다 서로 다른 악기를 주고 연습을 시켰어요. 집단별 연습을 끝내고 모두 함께 합주를 했을 때 약간은 서툴고 불안한 화음도 생겼지만 집단별로 연습한 음이 모여서 만들어지는 화음을 듣고 아이들도 놀라는 표정이었어요."

이제 5년째 교사 생활을 하는 강 선생님은 여러 선배 교사들의 고민을 들으며 작은 목소리로 말한다.

"오늘 선생님들의 말씀을 들어보니 전 아직 많이 부족하다는 생각이 드네요. 학교에서의 다양한 문제에 대해 선생님들께서 그렇게 구체적으로 해결 방안을 고민하시는 줄은 몰랐어요. 전 그동안 배웠던 이론들을 열의만 갖고 획일적으로 이용하려고만 했던 것 같아요. 다양한 특성을 가진 학생들을 보다 깊이 이해하고 실제 교육현장에 필요한 이론을 계속해서 열심히 공부해야겠다는 생각이 들어요."

강 선생님의 말을 들은 여러 선생님에게는 교사의 역할에 대한 사명감이 다시 한 번 새롭게 다가오고 있었다.

이 예화에 나타나 있는 교사들의 고민은 학교현장의 교사들에게는 일상적인 어려움들이다. 효과적인 수업계획이라든가 적절한 교자재의 구성 혹은 학생들의 동기화, 그리고 학업 수행에 대한 평가 등 교사는 매우 다양한 문제를 해결해야만 한다. 교사는 단순히 지식을 전달하는 것에만 그치지 않고 수업설계에도 정통해야 하고 학급을 효과적으로 관리해야 하며 학생들의 동기를 촉진시키는 일에도 관심을 가져야 한다. 또한 학생들과 학부모에 대한 상담가의 역할, 학급을 이끄는 지도자의 역할 또한 수행해야 한다.

그러나 학교에서의 이러한 문제들을 효과적으로 해결하는 것은 그리 쉬운 일이 아니다. 왜냐하면 교육현상이란 교과서적인 이론이나 원리에 의해 명확하게 설명될 수 없는 다양하고 역동적인 경우가 대부분이기 때문이다.

다양한 개인차의 학생들과 교사의 교육관은 물론, 학생들의 가정적 배경과 그 시대의 사회구조 및 가치관 등 교육현상에 영향을 주는 요인은 매우 다양하다.

그렇다면 이와 같은 교육현상을 이해하고 문제들을 해결할 수 있는 방법은 무엇인가?

이를 위해서는 무엇보다도 먼저 학습자의 특성과 적절한 교수방법을 포함하는 전반적인 교육현상의 이해에 도움을 주는 명확한 이론체계와 연구가 확립되어야 한다. 그리고 이러한 이론과 연구를 적절히 적용함으로써 교육의 효과성을 극대화하려는 노력이 필요하다.

이제 교육의 효과성을 극대화하려는 다양한 학문 영역의 하나인 교육심리학의 개념과 발전과정, 그리고 적용점에 대해 살펴보자.

1. 교육심리학의 개념

다양한 교육현상을 이해하고 교육문제를 해결하는 데 유용한 교육심리학은 기본적으로 교육학과 심리학의 이론과 연구를 기초로 형성되었다.

교육학(pedagogy)이란 근대 과학의 연구 방법을 사용하여 교육의 다양한 현상을 설명하고 연구함으로써 그 성과를 체계화한 하나의 과학체계(안기성, 1992)로서 교육심리학을 비롯하여 교육철학, 교육사학, 교육사회학, 교육행정학, 교육법학 등 다양한 영역을 포함하고 있다. 한편, **심리학**(psychology)은 인간의 행동을 기술·예언·설명·통제하려는 학문으로서 인간 행동의 원인과 표출 양식의 근본적인 이해에 도움을 주고 있다(Sprinthall & Sprinthall, 1990). 심리학의 학문적 이론을 기초로 형성된 중요한 학문 영역으로는 교육심리학, 임상심리학, 상담심리학, 발달심리학, 산업심리학 등이 있다. 이 중 **교육심리학**(educational psychology)은 교육현상을 대상으로 하는 교육학과 인간 행동을 과학적으로 이해하려는 심리학의 이론을 접목시킴으로써 형성된 학문 영역이다. 따라서 교육심리학은 교육학의 영역 중 인간의 행동과 관련된 측면을 심리학적인 방법론을 사용하여 이해하려는 학문적 성격을 갖는다. 그러나 교육심리학은 교육과 관련된 인간 행동의 원인을 단순히 이해하고 설명하는 것에만 관심을 갖지는 않는다. 왜냐하면 교육이란 인간 행동의 계획적인 변화를 의도하는 활동이기 때문이다. 즉, 교육에는 인간 행동을 바람직한 방향으로 변화시키고자 하는 의도와 목적이 내재되어 있다. 이성진(1996)은 심리학과 교육학의 학문적 목적과 관심의 차이를 다음과 같이 지적하고 있다.

첫째, 심리학의 목적은 인간 행동에 대한 보편적 원리와 법칙을 확립하는 것인 반면, 교육학은 학습자 개개인의 특성을 변화시키는 데 그 목적이 있다.

둘째, 보편적 원리를 확립하고자 하는 심리학은 방법론적으로 정밀성과 경제성(parsimony)을 중요시하며 일관성만 있다면 세심한 변화라도 중요하게 고려한다. 그러나 교육학은 다소 정밀성과 경제성이 부족하더라도 학습자의 행동에 의미 있는 변화를 일으키는 변인에 관심을 갖는다.

셋째, 특수한 영역을 제외하면 심리학은 가치중립적이며 기술적인 반면, 교육학

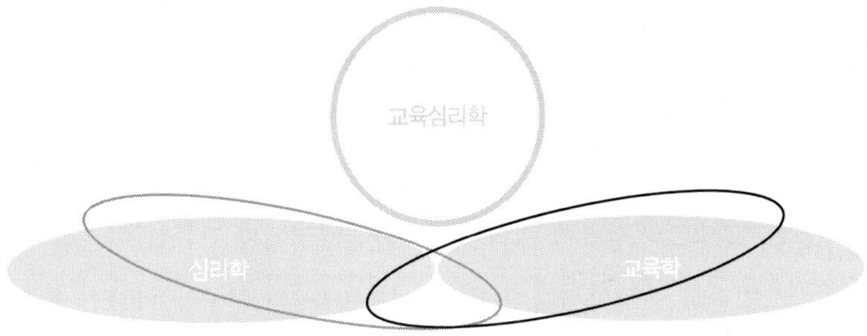

[그림 1-1] 교육학, 심리학, 교육심리학의 관계

은 가치지향적이며 처방적이다.

넷째, 심리학은 통제된 실험실에서 원리나 법칙들이 확립되는 반면, 교육학은 원리나 법칙들이 예측 불가능한 교실 상황에서 일어나는 과정을 기초로 한다.

이러한 이유 때문에 교육에 일반심리학의 지식체계와 원리를 단순히 적용하는 것은 한계를 지니게 되었다. 따라서 목적과 가치가 개입된 교육활동을 통한 인간 행동의 변화를 이해하고 적용하기 위하여 독립된 학문으로서 교육심리학이 대두되기 시작하였다. 이러한 교육학, 심리학, 교육심리학의 관계는 [그림 1－1]과 같이 나타낼 수 있다.

학자들의 교육심리학에 대한 정의를 살펴보는 것은 교육심리학의 학문적 성격을 이해하는 데 도움이 된다. Seifert(1991)는 교육심리학이란 학습이 발생하는 기제를 탐구하고 그러한 연구가 실제적으로 학습에 도움을 줄 수 있는 방법에 대해 연구하는 학문이라고 정의하면서, 이를 위해 학습자의 특성과 발달, 다양한 개인차를 가진 학습자의 능력을 조화시키는 방법, 학습에 대한 평가 등을 다루어야 한다고 설명한다. 또한 Goetz, Alexander와 Ash(1992) 등은 교육심리학이 학습과 교수, 그리고 그와 관련된 요인을 연구하는 학문이라고 정의하고, 이와 같은 교육심리학은 학생들의 심리적 발달에 대한 이해와 학습 과정, 그리고 학생들이 익혀야 할 지식과 기술의 본질을 이해하는 데 도움을 줄 수 있으며, 학생의 수행에 대한 평가와 측정에 유용한 기초를 제공한다고 주장한다. 한편, Eggen과 Kauchak(1992)은 교육심리학의 내용이 학교 상황과 관련된 지식과 경험을 체계화하는 연구와 이론의 지식체계로 구성되며, 교육심리학은 이러한 지식체계의 내용을 실제 수업 상황에 적용함으로써 학습자와 학교에 대한 이해와 교사의 효과적인 의사결정에 도움을 줄 수 있다고 설명한다. Glover과 Ronning(1987)은 교육심리학의 학문 분야는 학습과 인지, 사회적 행동, 인간발달, 개인차 그리고 측정과 통계의 다섯 가지 영역에서 고유한 이론적 체계를 확고히 구성하고 있다고 분석하였다. 또한 이신동(1994)의 연구에 의하면 최근 교육심리학에서 증가를 보이는 주제들은 교육환경, 인지 능력, 수업매체, 조작적 교육 목표, 교육평가 등으로 분석된다. 이러한 현상에서 교육심리학의 학문 영역이 이론뿐만 아니라 교육의 실제적인 적용에 대한 관심을 꾸준히 증가시키고 있음을 알 수 있다.

이상의 다양한 정의를 종합해 보면, 결국 **교육심리학**이란 '교육의 목표를 효과적으로 달성하기 위해 교육의 과정(process)에 관련된 현상을 연구 대상으로 하여 필요한 이론과 실천적 방법을 연구하는 학문' 임을 알 수 있다.

이처럼 자체의 이론과 연구 방법 및 기술을 가진 독립적인 학문으로 이해되고 있는 교육심리학은(Woolfolk, 1993) 심리학의 원리를 단순히 교육에 적용하는 수준을 넘어 교육현장에서의 인간 행동을 기술하고 이해하며 예언하고 통제하려는 다양한 노력을 시도하고 있다(Wittrock, 1992). Thorndike(1921)의 학습과 전이에 대한 연구, Ausubel(1968)의 유의미 학습이론, Bruner(1959, 1961)의 발견학습, Sternberg(1987)의 사고 과정과 사고 훈련에 관한 연구, Weiner(1985)의 귀인이론 등 교육심리학자들에 의해 이루어진 이러한 연구는 오히려 일반심리학에도 영향을 주고 있다(이성진, 1996). 이러한 결과는 교육심리학이 독립적인 학문으로서 그 기반을 구축하고 있음을 입증해 준다. 즉, 교육심리학이 단순히 심리학을 응용하는 단계를 거쳐 교육현장에 내재하는 모든 심리적 과정을 과학적으로 연구하는 독립된 학문으로 규정되고 있음을 의미하는 것이다.

응용학문으로서가 아닌 독립된 학문 영역으로서 교육심리학에 역점을 두고자 하는 이유는 교육심리학이 교육의 과정과 방법에 가장 밀접하게 관련되어 있어 교육에서 중요한 역할과 위치를 차지하고 있기 때문이다. 따라서 교육심리학은 복잡하고 역동적인 교육의 다양한 분야 중에서 가장 과학적이고 실천적이며 현장지향적이어야 한다(이성진, 1996).

지금까지 살펴보았듯이 다양한 영역에 대한 관심으로 시작된 교육심리학은 폭넓은 이론과 연구를 체계적으로 발전시키면서 독자적인 학문 분야로서 그 영역을 형성해 왔다. 이러한 노력으로 얻은 지식을 이용하여 교육현상을 이해하고 설명하며 적용함으로써 교육의 효과성을 극대화하려는 학문이 교육심리학이다.

2. 교육심리학의 발전 과정

교육심리학은 교육학과 심리학의 학문적 이론에 근거하여 발전하였다(Walberg & Haertel, 1992). 그러나 교육심리학이 하나의 독립된 학문으로 발전하기까지는 교육학과 심리학뿐만 아니라 다양한 철학적 배경과 여러 학문의 이론이 기초가 되었다.

이 장에서는 교육심리학의 발전 과정을 크게 세 시기로 나누어 살펴보고자 한다. 첫 번째 시기인 20세기 이전 시기는 구체적으로 교육심리학이 성립되지는 않았으나 교육심리학 발전의 태동기로서 의미를 지니고 있다. 두 번째 시기인 20세기 전반기는 교육심리학이 학문으로서의 기초적인 모습을 갖춘 시기며, 세 번째 시기인 20세기 후반기는 독립적인 학문으로서 성장하고 폭넓은 이론과 연구가 진행된 시기라 할 수 있다.

이제 교육심리학의 발전 과정을 보다 구체적으로 살펴보자.

1) 20세기 이전

교육심리학은 19세기 전반기의 생리학자, 물리학자, 천문학자 등의 연구에서 이미 그 태동이 시작되었다(Boring, 1957). 이 시기에 감각기관에 대한 연구와 두개골의 형태를 근거로 인간의 특성을 분석하는 골상학이 나타났으며, 인간의 뇌에 정신이 존재한다는 주장은 인간 행동에 대한 새로운 시각을 제시하였다. 또한 반사행동에 관한 연구는 의식과 무의식에 대한 논의를 전개하는 데 기초를 제공하였다. 다양한 분야에서 수행된 이와 같은 연구는 19세기 중반의 '새로운 심리학' 으로 발전되었다. 이는 교육심리학의 발전에도 지대한 영향을 주었다.

또한 현대 교육심리학이 형성되는 데에는 철학적 사고 역시 중요한 기초를 제공하였다. 우선 인간의 기억을 이해하면서 정신을 백지상태(tabula rasa)라고 가정하는 아리스토텔레스 학파의 입장이 개념적 기초를 제공하였다. 그리고 19세기 영국의 연합주의를 대표하는 J. Mill(1829)은 자신의 저서 『인간 정신의 현상 분석(The Analysis of the Phenomina of the Human Mind)』에서 의식, 개념, 분류, 기억, 추상화, 신념, 추론, 증거, 영향력, 기쁨, 고통, 의지 등을 논함으로써 현대 심리학에 영향을 주었다. 그의 아들 J. S. Mill은 인간의 사고는 간단한 생각들이 상호 작용함으로써 복잡한 이해로 재구성된다고 제안하여 인간의 사고에 대한 이해에 새로운 시각을 제시하였다 (Walberg & Haertel, 1992). 한편, 독일의 철학자 I. Kant는 감각정보를 조직하고 해석하는 목적을 가진 **선험적 범주**(priori categories)가 인간의 정신에 내재되어 있다고 믿었으며, 기억은 단순한 감각적 경험의 복사가 아니라 이러한 선험적 범주에 부과된 해석과 변형의 결과라고 생각하였다. 이와 같은 그의 입장은 Piaget와 Kohlberg 등과 같은 발달심리학자들의 이론에 초석이 되었으며, 현대 인지심리학의 기초를 제공하였다(Walberg & Haertel, 1992).

인간 행동과 정신에 대한 다양한 연구와 철학적 배경을 바탕으로 W. Wundt는 내성법(introspection)을 발전시켰다. Wundt는 1879년 라이프치히 대학에 실험실을 설립하고 변별반응, 반응시간, 감정적 반응 등을 정확히 측정하는 연구를 실시하였다. 그는 G. S. Hall, J. M. Cattell, C. Judd 등 미국의 심리학자들에게 많은 영향을 주었으며, 심리학을 물리학이나 생리학 등과 구분되는 독립된 과학 영역으로 발전시켰다.

Wilhelm Wundt
(1832~1920)

그러나 교육심리학의 태동에 직접적인 계기가 된 것은 19세기 후반 F. Galton(1869)의 저서 『유전적 천재(Hereditary Genius)』의 출판이었다. Galton은 수집된 많은 자료를 바탕으로 통계적 방법을 사용하여 인간 능력의 범위를 설명하였다. 그리고 지능이 유전적 요소를 가졌다고 제안함으로써 유전과 환경에 대한 논쟁을 불러일으키기도 하였다. 그의 연구로 개인차는 체계적인 연구 분야가 되었으며, Cattell과 Thorndike를 통해 교육심리학에 영향을 주었다.

Francis Galton
(1822~1911)

2) 20세기 전반기

20세기에 들어서면서 미국 심리학자들을 중심으로 교육심리학은 독립된 학문으로서의 체제를 갖추기 시작하였다(Glover & Ronning, 1987). 1900년대를 전후하여 교육심리학이라는 강의가 개설되고 교재가 출판되기 시작하였다. 교육심리학 강의는 뉴욕 주립대학교와 아이오와 대학교의 사범학과, 인디애나 대학교의 교육학과 등에서 실시되었으며, 교육심리학이라는 이름의 교재가 처음 출판된 것은 Hopkins(1886)에 의해서였다(Charles, 1987). 이후에는 Baldwin(1891)의 『기초 심리학과 교육(Elementary Psychology and Education)』, Dexter와 Garlick(1908)의 『교실 심리학(Psychology in the Schoolroom)』 등이 교육심리학 교재로 사용되었으며, 가장 대표적인 저서는 전 3권으로 구성되어 있는 Thorndike(1921)의 『교육심리학(Educational Psychology)』이었다.

교육심리학이 독립적인 학문으로 형성되는 데는 W. James와 G. S. Hall, 그리고 J. M. Cattell이 매우 큰 공헌을 하였다.

William James
(1842~1920)

James(1890)는 기능적이고 실제적인 면을 특징으로 하는 저서 『심리학 원리(Principles of Psychology)』를 출간하였다. 그는 개별성, 선택, 목적, 습관 등을 심리학적 체제의 중요한 구인으로 다루었으며(Gregory, 1987), 정신을 활동적이고 동시적이며 선택적인 과정이라고 보았다(Boring, 1957). 또한 James(1899)는 『인생의 몇 가지 이상에 대한 심리학 교사와 학생들의 대화(Talks to Teachers of Psychology and to Students on Some of Life' s Ideals)』라는 강의 모음집을 통해 교사들에게 실제적인 도움을 주고자 노력하였다.

Granville S. Hall
(1844~1924)

하버드 대학을 졸업하고 Wundt의 라이프치히 실험실에서 연구하였던 Hall은 아동의 지식, 믿음, 태도 등을 주로 연구하였으며, 20년 동안 아이들의 행동에 관하여 194번의 조사 연구를 수행하였다. 그의 연구는 20세기 전반기의 아동 연구운동에 중요한 자극이 되었다(Davidson & Benjamin, 1987). 그는 두 권짜리 저서 『청년기(Adolescence)』(1904)와 교육심리학 교재 『교육문제(Educational Problems)』(1911)를 저술하였으며, J. M. Cattell, J. Dewey, L. Terman 등의 제자를 배출하였다.

콜럼비아 대학의 심리학과 교수였던 Cattell은 『심리학 리뷰(Psychological Review)』를 창간하였으며(Charles, 1987), 다양한 측정방법과 통계적 도구를 사용함으로써 개인차 연구에 공헌하였다.

Edward L. Thorndike (1874~1949)

이상에서 살펴본 세 명의 심리학자들이 교육심리학의 형성에 기반을 구축하였다면, 교육심리학을 독립적 학문으로 발전시킨 학자는 Thorndike다(Walberg & Haertel, 1992). 콜럼비아 대학교 사범대학에 재직하였던 그는 학습에서 주의집중, 기억, 습관의 역할을 주로 연구하였다. 그는 동물의 지능과 학습에 대한 연구, 학습의 법칙, 교육과 심리학에서의 통계적 방법, 성취검사의 활용, 집단 지능검사의 활용, 수업 교자재의 준비, 아동의 어휘에 대한 연구, 개인차 등의 다양한 연구를 수행하였으며(Charles, 1987), 학습곡선, 피드백, 강화, 집단학습 대 개인학습, 망각의 특성 등 중요한 심리학 구인을 발전시키려고 노력하였다. Thorndike는 1903년에 학습에 대한 자신의 실험 결과를 설명하는 『교육심리학(Educational Psychology)』을 출간하였으며, 1921년에 저술한 세 권의 교재인 『인간의 본성(The Original Nature of Man)』(Vol. 1), 『학습 심리학(The Psychology of Learning)』(Vol. 2), 『개인차와 원인(Individual Differences and Their Causes)』(Vol. 3)은 과학적 학문으로서 교육심리학에 이정표 역할을 하였다.

한편, G. S. Hall에 의해 주도된 **아동연구운동**(child study movement) 또한 교육심리학의 발전에 중요한 역할을 하였다. 아동에 관한 연구는 Hall뿐만 아니라 Dewey, Thorndike, Baldwin, Parker, Gesell 등에 의해서도 꾸준히 수행되었다(Davidson & Benjamin, 1987). Hall은 아동에 대한 지식과 의견, 그리고 그들의 신체적 특성 등 다양한 연구 주제를 다루었다. 이러한 아동에 대한 체계적인 연구는 『에듀케이셔널 리뷰(Educational Review)』, 『미국 심리학회지(American Journal of Psychology)』, 『교육학회지(Journal of Education)』, 『교육심리학회지(Journal of Educational Psychology)』, 『월간 아동연구(The Child Study Monthly)』, 『페다고지컬 세미나지(Pedagogical Seminary)』, 『아동연구(Child Study)』 등을 통해 발표되었다(Davidson & Benjamin, 1987).

또한 20세기 전반기의 두드러진 특징으로는 행동주의를 바탕으로 한 학습이론의 형성을 들 수 있다. 행동주의는 선택된 행동 양식이 조건화될 수 있다는 것을 확인한 러시아의 심리학자 I. M. Sechenov, I. Pavlov, V. M. Bechtener 등에 의해 시작되었으며(Boring, 1957), J. B. Watson에 의해 미국에서 발전하였다. Watson은 사고라는 정신적 개념을 반대하고 행동을 예측하기 위해 자극-반응 패러다임을 사용하였으며(Kratochwill & Bijou, 1987), 모든 심리적 현상은 관찰할 수 있는 사건들의 결과이고, 모든 인지 과정은 행동을 수반한다는 철학적 환원주의를 지지하였다. 그는 미국의 심리학을 의식의 연구에서 객관주의로 옮겨 놓았던 것이다. 이러한 행동주의에 근거한 학습이론은 E. R. Guthrie, E. C. Tolman, C. L. Hull, K. W. Spence, O. H. Mowrer, B. F. Skinner 등에 의해 발전되었다(Bijou, 1985). 특히, Skinner는 교육심리학에 매우 큰 영향을 주었다. 그는 가설적인 이론 구조를 사용하지 않고 관찰 가능한 명확한 행동을 통하여 연구하였다. 그가 구성한 법칙들에는 강화, 벌, 소거, 자극, 통제, 변별 등이 포함된다. 행동주의자들은 비둘기, 쥐, 그리고 인간을 대상으로 행동과 대상 간의 강화로서 환경에 대한 기능적 관계를 밝히려 노력하였다(Skinner, 1953, 1954). 이러한 행동주의는 교육심리학의 이론과 실제에 지대한 영향을 주었으며(Kratochwill & Bijou, 1987), 이 때문에 교사를 양성하는 사범대학에서는 학급경영뿐 아니라 교사 훈련 교과과정에도 Skinner의 원리를 반영하려는 노력이 계속되었다.

3) 20세기 후반기

제2차세계대전을 기점으로 20세기 후반기의 교육심리학에는 크게 수업설계의 발전, 교수 과정에 대한 연구, 인지이론 발전의 세 가지 흐름이 나타났다.

우선, 1958년 러시아가 스푸트니크를 성공적으로 발사한 것에 대한 자극으로 수업설계에 대한 관심이 고조되기 시작하였다. 미국에서는 국립과학재단(National Science Foundation)과 교육부의 후원으로 물리, 화학, 생물, 수학에서 새롭게 교육과정이 개발되기 시작하였으며(Welch, 1979), 이 교육과정에는 Gagné의 위계적 분석 방법이 사용되었다. 초기 단계의 수업설계는 주로 **위계적 분석**(hierarchical analysis), **자기보속수업**(self-paced instruction), **선형 계획법**(linear programing), **분지**(branching) 등과 같은 개념을 사용하여 연구하였다(Merrill, 1978; Miller, 1962). 1950년대 후반, Skinner(1958)는 학습 속도에만 차별화를 둘 뿐 학습에서의 개인적 다양성은 고려하지 않는 자기 주도의 선형 교재를 중심으로 프로그램 학습을 제시하였다.

이후 1950년대 후반과 1960년대에 걸쳐 수업설계에 영향을 준 다양한 연구가 수행되었다. Mager(1962)의 『교육 목표 설정(Preparing Instructional Objectives)』은 교육자들이 학생 행동을 구체화하고 행동이 발생하는 환경을 정의하며 허용 가능한 행동 수준을 정의할 수 있도록 도움을 주었으며, Gagné(1965)의 『학습의 조건(The Conditions of Learning)』은 수업설계 연구자들에게 개념적 기초를 제공하였다.

또한 1960년대 후반에 나타나기 시작한 **수업체제**(system of instruction)에 대한 연구 역시 수업설계의 발전에 큰 공헌을 하였다. Bolvin과 Glaser(1968)의 『개별처방 교수법(Individually Prescribed Instruction(IPI))』과 Keller(1968)의 『개별화 교수 체제(Personalized System of Instruction)』는 자기보속수업을 이용하는 대표적인 경우다. 그리고 Bloom은 **완전학습**(mastery learning)을 소개하였으며(Block, 1971), Flanagan(1971)의 『요구를 반영한 프로그램 학습(Programmed Learning in Accordance with Needs)』은 학생의 수업을 처방하기 위한 검사에 컴퓨터 분석을 이용하였다. 이러한 체제들에서 교사는 수업을 관리하고 학생을 격려할 뿐 학급을 전체적으로 직접 수업하지는 않는다.

1980년대에 들어서면서 수업설계에 대한 연구는 비용과 질의 조절, 컴퓨터 기술, 의사소통, 관리방법 등에 초점을 맞추기 시작하였다(Dick, 1987). 비디오디스크 체제와 같은 발전된 새로운 기술이 개별화 교수에 유용하게 사용되고 있으며, 인지심리학의 개념인 도식, 지식의 기초, 틀, 노드(node), 조직화된 네트워크 등은 효과적인 수업설계에 활기를 주고 있다.

이상과 같은 교수체제를 개발하려는 경향성은 1990년대까지 이어지고 있으며, 앞으로도 계속해서 효과적으로 적용될 것이다(Walberg & Haertel, 1992).

20세기 후반기의 두 번째 흐름은 교수과정에 대한 연구다. 대부분의 현대 사회과학 분야와 마찬가지로 교수에 대한 연구 또한 정밀한 연구설계, 측정의 신뢰도와 타당도, 추리통계, 객관화 등을 통해 일반화가 가능한 행동에 대한 객관적 정보를 확인하는 일에 노력을 기울여 왔다(Biddle & Anderson, 1986). 이러한 연구는 대개 설문조사, 조작적 실험, 메타분석, 종합연구 등의 방법으로 수행되는데, 그중 교실에서 발생하는 수업 과정을 구조적으로 관찰하는 방법이 가장 보편적으로 사용되었다(Dunkin & Biddle, 1974; Flanders, 1960, 1970; Soar & Soar, 1972). 이러한 접근에는 학생의 학습뿐만 아니라 교사, 학교, 지역사회 특성 등의 변인이 고려되며, 교실에서 실제로 일어나고 있는 활동들을 설명하는 정보를 얻을 수 있다는 장점이 있다. 연구자들은 교실에서 발생하는 과정을 관찰함으로써 학생의 수행 혹은 결과물과 교수 과정 간의 상관을 밝히려고 하였다. 이로 인해 과정산출연구(process-produce research)라는 용어가 생겨났으며, 이러한 연구에서 외현적인 교사 행동과 학생 성취 간의 관계가 검증되기 시작하였다(Gage, 1985). 과정산출연구의 기본적인 4단계를 밝힌 Rosenshine(1971)의 연구, 교사 행동의 빈도에 관한 Evertson과 Smylie(1987)의 연구, 그리고 교사의 직접적 지도가 보다 유용하다는 사실을 증명한 Doyle(1986)의 연구는 모두 과정 산출과 관련된 것이었다.

교수에 대한 연구는 언제나 교육심리학자들의 주된 관심 영역이다. 따라서 여러 가지 방법으로 다양한 요소의 타당성이 시험되고 있으며, 현재에도 다양한 영역에서 여러 가지 연구 방법과 논의가 계속되고 있다(Walberg & Haertel, 1992).

20세기 후반기의 세 번째 특징은 인지이론의 발전이다. 1960년대에 다시 대두하기 시작한 인지이론은 1940년대의 요인분석이론과 행동주의보다 더욱 우세한 영향력을 갖기 시작하였으며, 정보처리의 개념은 복잡한 행동을 이해하는 데 핵심이 되었다(Newell & Simon, 1972). 인지주의적 관점은 '능동적인 학습자(active learner)'라는 개념을 만들어 냈으며, 인지주의 이론가들은 새로운 정보의 처리 과정이 학습자의 선수 지식과 기존의 정보처리 과정에 영향을 받으며 모든 문제 해결 과정에는 도식(schema) 혹은 틀(frame)이라는 개인적 지식구조가 기능한다고 가정하였다(Bartlett, 1932; Norman, 1982; Piaget, 1950; Rumelhart & Ortony, 1977; Schank & Abelson, 1977).

인지이론은 또한 초인지(meta cognition)를 중요한 정보처리 기술로 이해함으로써 교사들에게 많은 실제적인 적용점을 제공하였다. 그리고 능숙한 학습자와 초보 학습자를 비교하는 연구는 주어진 과목 영역에서 보다 효과적인 교육적 요인에 대한 단서를 제공하기 때문에 많은 관심의 대상이 되었다. 예를 들어, Glaser(1984)는 학생들의 전문가적 지식 수준이 그들이 처리하는 선언적 지식의 양과 관련이 있다는 것을 밝혔으며, Brown과 Burton(1978), Brown과 Van Lehn(1980, 1982) 등은 '버기(buggy)' 알고리즘에 대한 연구를 수행하였다.

지난 몇 년 동안 교육심리학자들은 학생들의 지식구조의 특성과 배열에 점차 더 많은 관심을 가져왔다(McKeown & Beck, 1990). 이들 연구는 주로 학습에 대한 지식의 양과 질에서의 다양성이 주는 영향에 중점을 두었다.

이처럼 인지이론은 학습의 요인이론과 행동주의 이론의 자극과 반응 간의 연합에 대한 관심에서 학습 과정을 설명하는 것으로 관심을 옮겨 놓았으나, 특수 영역에서의 문제 해결과 고급 기술, 그리고 인지 원리를 실제적으로 적용하는 방법의 개발 등 아직도 해결해야 할 많은 문제를 가지고 있다.

지금까지 살펴본 바와 같이 20세기 초에 발전하기 시작한 교육심리학은 시대별로 다양한 이론을 발전시켜 왔다. 그러나 교육심리학의 학문 범위가 앞서 제시한 영역에만 한정된 것은 아니다. 20세기 전반기의 아동에 관한 다양한 연구라든가 행동주의 학습이론, 20세기 후반기의 수업설계와 교수 과정, 그리고 인지이론 등은 그 시대에 상대적으로 부각되었던 학문 영역이다.

교육심리학의 이론과 연구는 단순히 인간 행동에 대한 이해에 머물지 않고, 그 이해를 바탕으로 교육의 효과성과 목적 달성을 위한 다양한 연구에 기여하고 있다. 따라서 교육심리학 분야는 다양한 학문적 범위와 영역에서 학생들의 학습활동이나 바람직한 행동발달에 도움을 주고자 노력한다. 이를 위하여 교육심리학은 다음과 같은 영역의 문제를 꾸준히 탐구해 왔다.

- **학습자에 대한 이해**: 효과적인 교육이 수행되기 위해서는 무엇보다도 학습자에 대한 이해가 선행되어야 한다. 따라서 학습자의 인지적 · 정의적 발달과 지능, 창의성, 성차 등의 개인차 변인을 연구함으로써 보다 정확하게 학습자를 이해하려는 노력을 기울여 왔다.
- **학습에 대한 이해**: 학습자에 대한 충분한 이해가 이루어졌다고 하더라도 실제적으로 학습이 발생하는 기제를 이해하지 못한다면 효과적인 교육을 기대할 수 없다. 따라서 교육심리학에서는 학습의 본질을 탐구하기 위하여 행동주의와 인지이론을 바탕으로 다양한 학습이론에 관심을 가져왔다.
- **교수에 대한 이해**: 효과적으로 가르치는 방법은 학습자의 특성을 이해하고 학습 과정의 본질을 아는 것만큼 중요한 문제다. 따라서 교육심리학에서는 다양한 교수모형을 연구 · 개발해 왔으며, 이러한 교수모형을 효과적으로 적용하기 위한 노력을 계속하고 있다.
- **생활지도 및 상담에 대한 이해**: 교육현상이란 대부분 교과서적인 이론이나 원리를 단순히 적용하는 것 이상을 필요로 하는 다양하고 역동적인 현상이다. 따라서 학습자가 경험하는 인지적 · 정의적 측면의 문제를 적절하게 해결하지 못한다면 효과적인 교육을 기대할 수 없다. 이러한 이유 때문에 교육심리학에서

교육심리학의 이론과 연구는 인간 행동에 대한 이해를 바탕으로 교육의 효과성과 목적 달성에 기여하고 있다.

는 학생의 생활지도와 상담에 관한 이론과 기법을 발전시켜 왔다.

- **평가에 대한 이해**: 교육현장에서 학업 수행의 과정과 학업 성취를 측정하고 적절한 피드백을 제공하는 평가활동 역시 교육심리학의 지속적인 관심 분야다. 학습자의 성취 수준에 대한 정확한 정보는 교수 내용과 방법의 효과를 점검할 수 있을 뿐만 아니라 학습자의 다음 학습에도 영향을 미친다는 점에서 중요한 영역으로 이해되고 있다.

이상과 같이 교육심리학은 학습자, 학습, 교수, 생활지도 및 상담, 평가 등 교육에 관련된 광범위한 영역을 이해하고 이론체계를 확립하며, 이를 효과적으로 적용하기 위하여 다양한 노력을 기울이고 있다.

3. 교육심리학의 적용

지금까지 우리는 교육심리학의 개념과 발전 과정에 대해 알아보았다. 앞서 살펴본 바와 같이 교육심리학은 자체의 이론과 연구방법, 그리고 기술을 가진 독립적인 학문으로 이해되고 있으며(Woolfolk, 1993), 심리학 원리를 단순히 교육에 적용하는 수준을 넘어 교육현장에서의 인간 행동을 기술하고 이해하며, 예언하고 통제하려는 다양한 노력을 시도하고 있다(Wittrock, 1992).

그렇다면 교육심리학은 구체적으로 교육현상에 어떠한 도움을 줄 수 있는가? 교육심리학이 자체의 이론을 가진 독립적인 학문이라고 하더라도 실제적인 적용이 뒷받침되지 않는다면 학문으로서의 유용성을 갖지 못할 것이다. 앞서 언급한 것처럼 대부분의 학자는 교육심리학이 학습과 교수 및 그와 관련된 요인을 연구하는 학문으로서 학생들의 심리적 발달에 대한 이해와 학습 과정, 그리고 학생들이 익혀야 할 지식과 기술의 본질을 이해하는 데 도움을 주며, 학생의 수행을 평가하고 측정하는 데 유용한 기초를 제공한다는 것에 동의하고 있다. 즉, 교육심리학은 학습, 교수, 발달, 동기, 평가 등에 관한 이론을 제공하는 것이다(Eggen & Kauchak, 1992; Goetz, Alexander, & Ash, 1992; Glover & Ronning, 1987; Seifert, 1991; Sprinthall & Sprinthall, 1990).

이 장의 예화에서 나타나 있듯이 학교에서의 교육이란 단순히 학생들에게 지식을 설명하고 가르치는 것만을 의미하지 않는다. 학생의 학습과 관련하여 학생의 발달 및 개인차에 대한 이해가 선행되어야 하며, 적절한 학습 교재가 개발되어야 하고, 수행 결과를 평가하며, 모든 활동을 조직화하고 과제를 적절히 할당하는 등 다양한 활동이 수행되어야 한다. 이러한 모든 활동은 무계획적이고 임의적으로 수행되는 것이 아니라 구조적이고 체계적인 방법으로 이루어진다. 또한 학생들에 관한 세밀한 기록, 효과적인 학급관리, 학부모와의 면담과 학생들과의 상담 등 실제로 학교에서 담당하는 일들은 매우 다양하다. 따라서 이러한 업무를 담당하는 교사는 교과 내용에 관한 전문가일 뿐만 아니라 수업설계에 대한 전문가여야 하며, 동기촉진자의 역할도 해야 하고 학급관리자, 지도자, 상담가, 모델의 역할도 동시에 수행해야 한다(Woolfolk, 1993).

이제 교사의 역할에 대하여 보다 구체적으로 살펴봄으로써 학교현장에서 교육심리학의 적용점을 살펴보자.

- **교수전문가로서의 역할**: 교사는 수업 교재와 교수방법에 대해 끊임없이 의사결정을 해야만 한다. 이러한 결정에는 교과의 내용과 학생의 능력 및 요구, 습득해야 할 학습 목표 등 다양한 요인이 고려된다. 뺄셈을 가르치는 가장 좋은 방법은 무엇인가? 과제를 개인별로 할당할 것인가, 아니면 소집단별로 할당할 것인가? 이 단원은 강의식으로 진행해야 할 것인가, 아니면 프로그램 학습방법으로 가르쳐야 할 것인가? 등은 모두 교수전문가로서 교사가 결정해야 할 문제들이다. 교사는 하루에도 수십 번씩 이와 같은 문제에 대해 결정을 하고 있다. 또한 교사는 교수전문가로서 이러한 문제뿐만 아니라 기본적으로 교수 내용에

정통해야 한다고 기대된다.

- **동기촉진자로서의 역할**: 학생들은 분명히 무엇인가를 행동한다. 교사가 수행해야 한다고 가정되는 가장 중요한 역할 중의 하나는 동기촉진자로서 역할이다. 오늘날 다양한 대중매체에 익숙해져 있는 학생들에게 학교에서의 생활은 어쩌면 지루하고 단조롭게 느껴질 수도 있다. 학습 내용을 아무리 재미있게 시작한다고 하더라도 학생들의 관심과 주의를 계속해서 유지시키기란 쉽지 않다. 따라서 교사들의 순간순간의 의사결정은 학생들의 동기에 효과적이어야 한다. 앞의 예화에서 윤 선생님 학급의 수줍음 많은 두 학생과 이 선생님 학급의 도무지 공부에 집중하지 못하는 영철이의 경우는 교사가 적절히 동기화시켜야 함을 보여 주고 있다. 어떠한 방법으로 학생들을 능동적으로 학습에 참여시켜야 하는가? 교사는 항상 이와 같은 문제를 자문하고 있어야 한다.
- **관리자로서의 역할**: 교사들은 자신의 일과 중 많은 시간을 관리자로 역할을 수행한다. 학생 행동의 감독, 시험의 준비, 성적 평가, 동료 교사들과의 회의, 학부모와의 면담, 일지 작성 등 교사가 관리해야 하는 업무는 매우 다양하다. 그러나 관리자로서 교사가 수행하는 가장 중요한 업무는 학급의 질서 유지와 관련된 학급관리다(Doyle, 1985). 초등학교 교사의 경우 학생들에게 직접적으로 개입하는 비율이 하루 일과 중 20~30% 정도나 된다(Rosenshine, 1977). 이렇듯 직접적으로 관여함으로써 학급을 관리하는 비율은 학년이 높아질수록 감소하지만, 그래도 여전히 교사는 자신의 시간을 학급관리에 사용하고 있다. 앞의 예화에서 집단토론수업 중의 소란에 대한 박 선생님의 고민은 모든 교사가 공감하는 부분이다. 교사는 학급의 크고 작은 문제가 최소화될 수 있도록 노력해야 한다. 따라서 교사는 이러한 문제를 최소화할 수 있는 기술과 방법을 이해하고 있어야 한다.
- **지도자로서의 역할**: 교사는 학생 각각의 요구에 관심을 두고 학생들을 개인적으로 지도해야 하지만, 현실적으로 학급의 다수 아동을 개별적으로 지도하는 데에는 어려움이 많아 전체적으로 지도하게 된다. 이때 교사에게 요구되는 것은 집단을 대상으로 하는 교사의 지도력이 개개인의 성장을 신장시킬 수 있는 방법으로 나타나는 것이다. 이와 관련하여 Ornstein과 Miller(1980)는 지도자의 역할을 수행하면서 교사는 심판, 탐정, 학급 전체의 감정과 무력감의 조절가, 친구, 부모, 지원가 등의 역할을 동시에 수행할 필요가 있다고 설명한다. 또

한 지도자의 역할은 단순히 학급 학생들과의 관계에만 제한되는 것은 아니다. 교사는 학교와 지역사회에 참여하고 그곳에서도 지도적인 역할을 해야 한다.

- **상담가로서의 역할**: 교사는 전문적인 생활지도 상담가는 아니지만 학생들의 정서적 행동에 민감하게 반응해야만 한다. 어떠한 학급이든지 교사의 상담이 필요한 학생들은 반드시 있다. 또한 교사는 학생들의 정서적인 측면뿐만 아니라 학업 성적이나 진로 등에 대해 학생뿐만 아니라 학부모와도 상담해야 한다. 교사가 상담가의 역할을 수행하는 데는 신중하고 사려 깊은 의사결정이 요구된다. 학부모의 감정, 사회의 규범, 동료 교사들과 학생들의 요구 등의 다양한 변인을 고려하여 최선의 상담을 진행할 필요가 있는 것이다.
- **모델로서의 역할**: 교사 스스로가 원하든 원하지 않든 교사는 언제나 학생들의 모델이 된다. 예를 들어, 학생들은 교과 지식이 풍부한 교사의 정확한 설명보다는 교과에 열정을 가지고 최선을 다하는 교사에 의해 보다 교과에 관심을 가지고 최선을 다하도록 동기화되는 경향이 있다. 때때로 교사는 학습과 관련하여 자신들이 모델이 되고 있다는 사실을 지각하지 못하는 경우가 많다. 예를 들어, 물리학이나 화학 혹은 경제학 등에서 교사는 직접적인 모델을 사용하여 수업을 하기 때문에 그 자신이 모델이 되고 있다는 사실을 알지 못하지만 학생들은 교사가 어떻게 문제를 해결하는지를 주시하고 있다. 결국, 교사는 문제를 해결하는 방법을 보여 주는 모델이 되고 있는 것이다. 따라서 교사는 하나의 문제를 해결하는 데도 가능한 다양한 접근을 보여 줌으로써 학생들이 다양한 상황에 접하였을 때 현명하게 문제를 해결할 수 있는 힘을 길러 주어야 한다.

이상에서 살펴본 바와 같이 교사는 다양한 역할을 수행하고 있으며, 또 그러한 역할을 수행해야 한다고 기대되고 있다. 신임 교사는 물론 경험 많은 교사조차도 이러한 다양한 역할에 대하여 많은 부담과 어려움을 느끼고 있다. 그러나 교사에게 요구되는 사항은 이것만이 전부가 아니다.

Shulman(1987)은 효과적인 교사가 되기 위해서는 가르치는 교과, 구체적으로 적용 가능한 일반 원리들, 교과와 학년 수준에 적절한 교자재와 프로그램, 교과 교수에 필요한 특정한 지식, 학생의 전반적 특성, 학생의 학습환경, 교육의 목표와 목적 등의 내용 영역에 정통해야 한다고 주장한다. 물론, 이러한 지식을 습득하고 전반적인 이론에 정통하다고 하여 곧바로 숙련되고 효과적인 교사가 되는 것은 아니다. 교사가

교육 목표를 효과적으로 달성하도록 하기 위하여 교사는 교과 관련 지식뿐만 아니라 학생의 발달 수준, 학습, 교수 전략, 평가 등과 같은 교육심리학 전반에 대한 이해가 수반되어야 한다.

자신의 역할을 성공적으로 수행하기 위해서는 분명 많은 시간과 경험이 필요하다(Woolfolk, 1993). 그렇다면 교육심리학은 교사에게 무엇을 제공할 수 있는가?

Goetz, Alexander와 Ash(1992) 등은 교육심리학의 이론이 해당 분야에 대한 연구의 안내자, 사실에 대한 이해의 증진, 사실의 예측과 통제 및 사실에 대한 설명을 가능하게 한다고 주장한다. 따라서 교육심리학이 제공하는 이론은 교사가 가르치는 과정에서 부딪히는 여러 가지 문제를 설명하고 이해하게 하고, 현상의 과정이나 결과를 예측하게 하며, 주요 변인이나 과정을 통제할 수 있게 함으로써 교사에게 교육현상에 대한 의미 있는 통찰력을 제공할 수 있다는 것이다. 그러나 모든 이론이 그렇듯이 교육심리학의 이론을 완전히 습득한다는 것이 모든 문제를 해결할 수 있다는 것을 의미하지는 않는다.

교육심리학이 교사에게 유용한 지식과 이론을 제공할 수는 있다. 하지만 교사가 자신의 역할에 대해 확신과 끈기가 없다면 교사의 효과성은 기대할 수 없을 것이다. 효과적인 의사결정자로서 기능하기 위해서 교사는 반드시 학생들의 변화 가능성을 믿어야 하며 스스로가 학급에서 효과적일 수 있다고 확신해야 한다. 교수기술과 전문지식도 중요하지만, 교사가 기술과 지식을 사용하는 데 흥미와 끈기가 없다면 성취할 수 있는 일은 아무것도 없을 것이다.

Brophy와 Evertson(1976)은 효과적인 교사와 비효과적인 교사들이 그들 자신을 어떻게 인식하고 있는가에 대한 연구에서 효과적인 교사와 비효과적인 교사 간의 유력하고 중요한 차이점은 교사 스스로에 대한 역할 정의라고 보고하였다.

효과적인 교사는 가르치는 일을 흥미 있고 가치 있는 도전으로 인식한다. 그들은 학교에 산재해 있는 다양한 문제점을 극복할 수 있다고 믿고 있으며 해결책을 찾기 위해 동기화되어 있다. 그러나 **비효과적인 교사**는 자신의 역할을 지루한 작업에 불과하다고 인식한다. 그들은 학생의 학습에 대하여 책임지려 하지 않기 때문에 문제를 쉽게 포기하는 경향을 보인다. 비효과적인 교사는 자신이 학생들을 변화시킬 수 있다는 사실을 믿지 않으며, 이에 실제로 학생들의 변화에 주도적인 역할을 하지 못한다. 물론, 긍정적인 기대만으로 효과적인 교수활동이 보장되는 것은 아니다. 그렇지만 긍정적인 기대가 없다면 교사는 결코 교실에서 효과적일 수 없다. 결국, 성공적이고 효과적인 교사는 적극적인 의사결정자다. 성공적인 교사는 그들 자신이 문제를 명확히 진단하고 해결하는 문제해결자로 인식한다. 그들에게는 뚜렷한 목표가 있으며 변화 가능성에 대한 확고한 신념이 있다.

가르친다는 일에는 예술적인 측면과 과학적인 측면이 내재되어 있다. 감정과 가치가 개입되어 있으며 적절한 융통성이 필요하다는 점에서 가르치는 일에는 분명 예술적인 측면이 있다(Flinders, 1989; Hansgen, 1991; Rubin, 1985). 하지만 이러한 행위에는 과학적인 이론과 연구가 기초되어야 한다(Berliner, 1986; Gage, 1984; Shulman, 1986b). 교육과 관련하여 이와 같은 예술적인 측면과 과학적인 기초가 조화될 때만이 그 효과성은 극대화될 수 있다. 따라서 우리에게 필요한 것은 가르치는 일에 대한 전문성뿐만 아니라 교육현상에 대한 끊임없는 연구, 그리고 교수 실제와 신념의 타당성에 대하여 능동적이고 지속적으로 탐구하는 자세다(Biehler & Snowman, 1993).

비록, 교육심리학이 모든 문제에 대해 미리 만들어진 해결책을 제공해 줄 수는 없다고 하더라도, 문제를 인식하고 정의하는 과정, 가능한 해결책을 만드는 과정, 그 해결책들의 효과를 평가하는 과정에 귀중한 도움을 줄 수 있다. 이상적인 교육은 이론적 기초와 교사의 적극성이 조화될 때에만 가능하다. 그리고 교육심리학은 이상적인 교육을 수행하면서 교사들이 실제적으로 적용하고 활용할 수 있는 기본적이고 필수적인 이론적 기초를 제공하고자 하는 것이다.

EDUCATIONAL PSYCHOLOGY

연구문제

1. 교육학, 심리학, 교육심리학의 학문적 성격을 비교 · 설명하여라.

2. 교육심리학은 여러 영역에 대한 문제를 다룬다. 이러한 교육심리학의 연구 결과들이 학교현장에서 발생하는 다양한 문제를 해결하는 데에 있어 어떤 도움을 주는지 생각해 보아라.

3. 교사는 다양한 역할을 수행하고 있다. 이러한 역할 중에서 가장 중요한 역할은 무엇이라고 생각하는지 제시하고 그 이유를 밝혀라.

4. 지금까지 만났던 선생님들 중 효과적인 교사라고 생각하였던 선생님이 있었는가? 있다면 그렇게 생각하는 이유를 설명해 보아라. 만약, 효과적이라고 생각하는 교사가 없었다면 효과적인 교사는 어때야 하는지 자신의 의견을 밝혀라.

EDUCATIONAL PSYCHOLOGY

제 2 부

학습자에 대한 이해

제2장
학습자의 발달

1. 발달의 개념
2. 발달 연구의 동향
3. 인간발달에 대한 이론
4. 발달 연구와 이론의 교육적 적용
■ 연구문제

초등학교 교사인 김 선생님은 오늘도 방과 후에 일지를 쓰고 있다.

……아이들은 아직도 '밀도'에 대한 개념을 제대로 이해하지 못하는 것 같다. 정답을 말하는 학생들조차 대부분 공식을 암기하여 맞추고 있다는 느낌이 든다. 오늘 수업시간에는 심지어 이렇게 수군거리는 소리까지 들려왔다.

"어려울 거 없어. 무조건 작은 게 밀도가 크고, 큰 게 밀도가 작아. 언제나 시험은 그렇게 나오거든. 반대로만 쓰면 정답이야."

옆 반의 정 선생님은 아이들의 수준이 전반적으로 떨어진다고 말씀하시면서 적당히 넘어가라고 웃으셨다. 하지만 내가 보기에는 아이들의 능력에 문제가 있는 것 같지는 않다. 더 기초적이고 새로운 예제를 제시해야겠다. 아이들은 솜뭉치보다 몇십 배나 작은 쇠토막이 더 밀도가 높다는 사실에 대해 여전히 의아해하고 있다. 그렇다면 이젠 같은 재료로 만들어지고 부피가 다른 예들을 제시해 보자.

우선, 크기가 다른 몇 개의 나무토막을 준비하고 학생들에게 질문해 보자. 여전히 부피가 큰 나무토막이 더 밀도가 크다고 말하는 아이들이 있겠지만, 양쪽의 무게를 확인해 보면 아이들은 좀 더 쉽게 이해할 수 있을 것이다…….

김 선생님의 일지는 대부분의 교사들이 경험하는 교과지도의 어려움을 보여 준다. 김 선생님은 수업이 진행되는 동안 가르치고자 하는 기본 개념을 학생들이 이해하지 못한다는 사실을 알게 된다. 자세한 설명과 다양한 실험에도 불구하고 학생들은 여전히 어려워하고 있다. 학생들 역시 많은 노력을 기울이는 듯하다. 공식을 암기하기도 하고, 기계적으로 정답을 알아내는 방법을 찾기도 한다. 그러나 학생들이 원리를 이해하지 못한 채 암기만 하는 것은 효과적이지 못하다. 밀도와 같은 기초적인 개념을 학생들은 어째서 그토록 어려워하는가? 옆 반의 정 선생님처럼 '아이들의 수준이 전반적으로 떨어지기 때문에' 라고 쉽게 대답할 수도 있다. 그러나 이러한 대답은 우리에게 아무런 도움도 줄 수 없다. 그다지 뛰어나지 않은 학생들이 기대보다 훨씬 좋은 결과를 나타내는 경우도 있기 때문이다. 따라서 우리에게는 학생들이 개념을 이해하지 못하는 이유에 대한 보다 유용한 답이 필요하다.

교사들이 가능한 모든 방법을 동원하였는데도 기대한 학습 목표를 성취할 수 없었다면 그 결과는 학습자의 발달과 관련이 있을 수 있다. 일반적으로 성장과 변화를 의미하는 발달은 학습에 중요한 영향을 미치는 변인으로 작용한다. 발달을 연구하는 심리학자들은 인간이 성장하고 말하고 생각하고 타인과 관계를 유지하는 기제를 연구하며, 이러한 기제가 어떻게 발생하는지에 대한 이유를 설명하려 한다. 자세한 설명과 다양한 실험에도 불구하고 학생들이 이해하지 못하는 이유는 무엇인가? 왜 같은 학년의 두 학생이 서로 다른 특징을 나타내는가? 어째서 9세의 아동과 12세의 아동은 같은 현상을 다르게 설명하는가? 이러한 질문을 이해하고 답하는 일은 각기 다른 특징을 보이는 학습자들에게 적절한 도움을 줄 수 있다.

더 효과적인 성취를 위해 학습자의 특성을 정확하게 이해하고자 하는 다양한 발달이론이 있어 왔다. 이러한 이론들은 발달의 본질에 대해 끊임없는 질문을 계속하고 있다. 인간발달은 유전에 영향을 더 많이 받는가 환경에 영향을 더 많이 받는가, 연속적으로 이루어지는가 비연속적인 특징을 갖는가, 수동적으로 이루어지는가 능동적으로 획득되는가 등의 문제는 발달 연구가 지니고 있는 전통적인 문제다. 이와 같은 질문은 성장과 변화의 실체를 이해 · 설명 · 적용하려는 다양한 발달 연구의 중심에 항상 자리하고 있으며, 이를 해결하려는 노력은 지금도 계속되고 있다(임규혁, 1996). 결국, 교육에서 학습자의 발달을 이해하는 일은 교육의 효과성을 극대화하는 첫 걸음이 되기에 교사는 학습자의 발달에 대해 충분히 이해할 필요가 있다.

이제 발달과 관련된 개념과 다양한 이론을 인지적 측면과 정의적 측면으로 나누어 살펴보고자 한다. 그리고 이러한 발달이론이 교사에게 실질적으로 어떠한 도움을 줄 수 있는지에 대해서도 논의해 보자.

1. 발달의 개념

1) 발달의 정의

교육심리학의 다양한 분야 중에서 인간발달에 대한 연구는 교육의 효과를 위한 아동의 이해와 인간의 행동을 이해하기 위한 인간의 성장과 변화를 설명하는 데 그 초점을 두고 있다. 성장과 변화를 의미하는 **발달**(development)에 관련된 연구는 발달심리학이라는 학문 영역 내에서 인간발달, 아동발달, 성인발달, 생애발달 등으로 다양하게 구분되고 있으며, 이러한 분류에 대한 구체적인 정의는 학자에 따라 약간의 차이가 있다. Steuer(1994)는 **발달심리학**(development psychology)을 인간의 전 생애에 걸친 성장과 변화에 대한 과학적 연구라고 정의한다. 또한 발달심리학에는 행동과 정신에 관한 연구가 모두 포함되며, 무엇이 변화하는가와 왜 그러한 변화가 일어나는가 혹은 변화가 일어나지 않는 이유는 무엇인가와 같은 문제를 다룬다. 그는 발달연구자들이 주로 지각, 사고, 유추, 기억, 의사소통, 사회화, 도덕화, 감정의 표현 등에 관심을 갖는다고 설명한다. Berk(1994)는 발달심리학을 인간이 전 생애에 걸쳐 경험하는 모든 변화를 이해하려는 심리학의 한 분야라고 정의하면서 아동발달과 인간발달의 차이를 다음과 같이 구분한다.

- 아동발달(child development) : 태아부터 사춘기까지의 인간 성장의 모든 면을 이해하려는 연구 분야
- 인간발달(human development) : 인간이 전 생애에 걸쳐 경험하는 모든 변화를 이해하려는 학제적(interdisciplinary) 연구 분야

따라서 그는 아동발달과 인간발달의 개념적 차이가 구체적으로 연구 대상의 차이라고 지적하는 것이다. 인간발달과 유사한 개념이 되는 **생애발달**(lifespan development)에 대해 Irwin과 Simons(1994)는 사람의 삶에 있어 탄생에서 죽음까지에 일어나는 변화에 대한 연구라고 정의하였다. 또한 Harre와 Lamb(1983)은 생애발달을 개인이 살아가는 사회적 · 정치적 상황 내에서 개인에 대한 생애 과정에 초점을 맞추는 연구 분야라고 설명하면서, 기존의 인간발달의 개념과 생애발달이 크게 다르지 않다는 견

해를 밝혔다. 이처럼 인간발달, 아동발달, 청년발달, 성인발달, 생애발달 등 발달과 관련된 모든 분야의 학문 영역에는 성장과 변화를 의미하는 발달의 개념이 내재하고 있음을 알 수 있다.

이러한 발달에 대한 이론과 연구들은 교육의 주체인 인간에 대한 폭넓고 다양한 이해를 제시함으로써 보다 바람직한 교육 내용을 구성하고 교육 효과를 극대화하는 데 그 목적이 있다(임규혁, 1996).

2) 발달에 대한 주요 논쟁점

유전 대 환경(nature vs. nurture) 지능이나 창의성 혹은 성격이나 정서와 같은 심리학적 특성의 발달 원인에 대한 탐구는 발달 연구의 오랜 주제다. 발달의 과정이 유전적인 요인에 의해 통제된다는 시각은 인간의 성장과 발달이 유전적으로 이미 결정되어 있다는 신념을 기초로 한다. 다시 말해, 개인이 나타내는 특성들은 그들의 부모에게서 물려받은 것이므로 개인들이 나타내는 개인차는 유전자의 차이에 의해 발생한다는 시각이다. 이에 반해 인간발달에서 환경의 영향을 강조하는 학자들은 개인차의 원인을 양육환경이나 개인의 경험에서 찾는다.

최근에는 '유전이냐' 혹은 '환경이냐'의 이분법적 시각에서 탈피하여, 인간발달이 연령이 증가함에 따라 유전과 환경의 두 요인이 서로 영향을 주고받으면서 형성된다는 방향으로 기울고 있다. 실제로 쌍둥이들의 지능과 성격에 대한 연구는 유전적으로 동일한 일란성 쌍둥이를 유전적으로 관계없는 입양아들과 비교한 결과를 바탕으로, 유전적 유사성이 존재하는 것은 사실이지만 환경의 영향 역시 무시할 수 없음을 꾸준히 보고하고 있다(McCartney, Harris, & Bernieri, 1990).

연속성 대 불연속성(continuity vs. discontinuity) Freud와 Piaget 같은 초창기 발달심리학자들은 인간발달의 본질을 이해하는 데에서 질적인 측면을 강조하였다. 그들은 발달에 일련의 단계가 있으며, 인간발달은 각 단계로의 순차적인 변화를 통해 불연속적으로 이루어진다고 주장한다. 이에 반해서 행동주의자와 같이 기계론적 관점을 지닌 학자들은 발달을 양적인 변화로 규정한다. 즉, 그들은 인간의 발달을 과거 경험에 새로운 지식 혹은 기술의 습득으로 야기되는 연속적인 과정으로 이해하고 있는 것이다.

결정적 시기(critical periods) 감각이나 지각 등에서 민감한 시기의 존재 여부와 이 시기 동안의 유기체의 반응 범위와 가소성의 정도에 관한 주제는 발달연구자들의 주된 관심사였다. 동물을 대상으로 한 실험(예: Harlow & Harlow, 1962; Sackett, 1968)과 인간을 대상으로 한 연구(예: Yarrow, 1961, 1964)를 토대로 1960년대에는 영아의 사회성 발달에 **결정적 시기**가 존재한다고 받아들였다. 그러나 1960년대 이후 여러 연구(예: Clarke & Clarke, 1976; Novak & Harlow, 1975; Sroufe & Fleeson, 1986)에 의해 이 가설에 대한 반론이 제기되었는데, 이는 특정한 시기에 형성된 특정한 특성들이 이후에 충분히 변화될 수 있다는 것이다.

따라서 최근에는 한 번 형성되면 변화가 불가능하다는 의미를 내포하는 결정적 시기라는 용어보다 일단 형성되면 지속성이 강한 특성이 보다 쉽게 형성되는 시기라는 의미를 갖는 **민감기**(sensitive periods)라는 용어를 사용하는 경향이 두드러지고 있다.

2. 발달 연구의 동향

1) 발달 연구의 발전 과정

인간의 발달에 대한 연구는 20세기에 들어와서 과학적인 학문의 토대를 구축하였다. 그러나 철학, 사회학, 인류학 등을 통한 인간의 본성에 관한 탐구는 이전부터 꾸준히 연구되어 인간발달 연구의 중요한 기초를 제공해 왔다. 예를 들면, 진화론과 성선설, 그리고 백지설 등은 인간의 본질적인 이해에 도움을 주었을 뿐만 아니라 심리학 이론인 정신분석학, 인본주의, 행동주의 등에 적지 않은 영향을 미쳤다. 또한 우주는 인간의 지각에 상관없이 일관성 있게 존재한다는 객관주의는 측정 가능한 실체를 중시하는 행동주의 심리학에 영향을 주었으며, 사물의 본질은 그것을 지각하는 인간의 마음속에 존재한다는 실존주의는 주관적 지각과 경험을 중시하는 인지심리학에 영향을 미쳤다(임규혁, 1996). [그림 2-1]은 20세기 이후 인간발달 연구의 발전 과정을 나타내는데, 크게 20세기 초, 제2차세계대전 이후, 1960년대를 기점으로 연구의 동향이 바뀜을 알 수 있다.

20세기에 들어오면서부터 인간발달에 관한 체계적인 연구가 구체적으로 시작되었다. 미국의 경우 사회개혁자들은 당시 미국에 산재한 사회문제 중에서 아동의 복

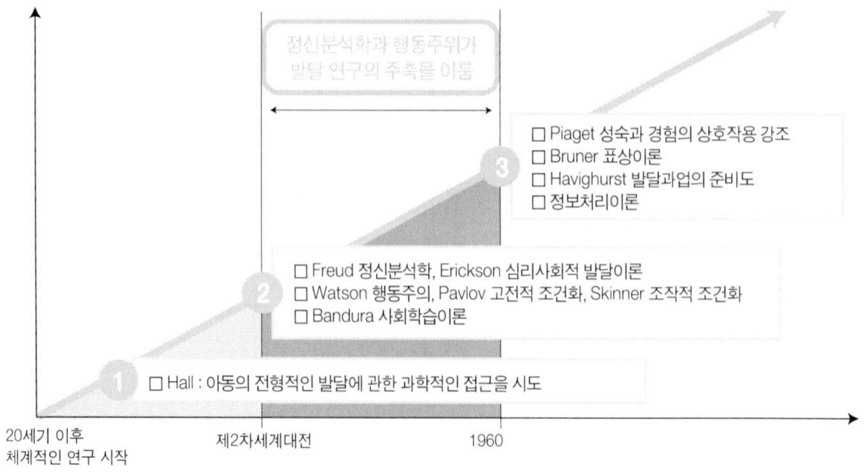

[그림 2-1] **인간발달 연구의 발전 과정**

지문제에도 관심을 가지고 있었다. 그들은 아동의 발달 유형과 전형적 행동을 진단하고 파악하기 위하여 아동발달에 관한 지식이 절실히 필요하다는 것을 인식하였다. 이러한 분위기에서 초기 아동발달 연구에 지대한 공헌을 한 사람은 G. S. Hall이다. Hall(1891)은 아동에 대한 객관적인 사실을 밝히기 위해 발달의 계열과 시기를 조사하고 측정하는 과학적인 접근을 시도하였다. 이 시기의 심리학자들은 발달에 따른 변화가 성장을 포함한 성숙의 결과라고 가정하였기에, 아동의 발달이 유전적 · 보편적이며 관찰될 수 있는 연령차에 따라 구분된다고 생각하였다. 따라서 이 시기의 주요 연구 주제는 전형적인 발달에 관한 기술적 정보(descriptive information)를 수집하는 것이었다. 따라서 아동의 연령에 따른 어휘 사용량과 유형에 관한 주제나 연령 변화에 따른 또래집단 내의 상호작용 변화에 관한 연구들이 주를 이루었다(McCarthy, 1946; Parten, 1932). 이런 기술적 연구들의 주요 목적은 아동의 연령 증가에 따른 보편적이고 전형적인 행동 규준을 만드는 것이었다.

제2차세계대전 이후, 정신분석학과 행동주의가 발달심리학의 주축이 되었다. 정신분석학에서는 인간발달을 무의식과 성적인 측면에서 분석하고자 하였으며 부모와 자녀 간의 상호작용에 관심을 두었다. 행동주의는 발달 과정에서 관찰 가능한 행동과 환경의 상호작용에 관심을 두었다. Freud가 주창한 정신분석학은 후에 Erikson의 심리사회적 발달이론에 영향을 미쳤으며, Pavlov와 Watson에 의한 행동주의는 Skinner의 조작적 조건화와 Bandura의 사회학습이론으로 발전하였다. 이러한 정신분석학과 행동주의는 초기 발달 연구와 같이 단순히 발달 단계를 기술하는 것에 머문 것이 아니라 발달에 대해 이론을 구성하고 검증하려 하였다. 또한 이 시기의 지배적인 견해는 인간의 발달이 주로 환경에 의해 영향을 받는다는 것이었으므로, 인간의 발달과 행동이 생물학적으로 결정된다는 가정을 거부하였다. 결국, 이 시기의 연구자들은 초기의 심리학자들과는 달리 연령의 증가나 발달 단계보다 인간이 처해 있는 상황적 · 환경적 영향에 보다 관심을 두었다.

1960년대에 들어서면서 인간은 자신의 경험을 스스로 조직할 수 있는 능동적인 존재라는 믿음을 바탕으로 하는 Piaget의 이론이 강조되었다. Piaget는 발달을 성숙과 경험 간의 상호작용의 산물이라고 보았다. 그의 이론은 인간발달 연구에 지대한 영향을 미쳤다. 그 밖에 Piaget의 이론에 기초한 Bruner의 표상이론이 있다. 또한 이 시기에는 인간의 행동에 대한 생물학적 · 유전적 성숙의 영향이 다시 부각되어 연구되었다. 그러나 이는 단순히 20세기 초반의 연구 경향으로 회귀하는 것이 아니라 아동의 생물학적 특징과 환경에서 얻는 경험 간의 상호작용에 대한 연구에 초점을 맞춘 것이었다. 그리고 이 시기에 발달 단계에 따라 성취해야 하는 **발달과업**의 개념을 정립한 Havighurst의 이론이 교육에 중요한 영향을 미쳤다. 발달과업을 준비도의 개념과 관련시켜 설명한 그의 이론은 자연성숙론과 환경경험론의 문제를 다시 한 번 환기시키는 계기가 된 것이다.

1970년대에는 인간의 사고를 컴퓨터의 정보처리 과정, 즉 정보의 흐름에 따라 상징을 조작하는 복합적인 체제로 이해하려는 정보처리이론이 발전하였다(Klahr, 1992). 발달을 갑작스러운 변화가 아닌 점진적이고 연속적인 증가로 이해하는 정보처리이론이 보다 구체적이고 실제적인 인간발달의 측면을 부각시킨 것은 사실이지만, 근래에는 정보처리이론 역시 절대적일 수 없다는 비판이 대두되고 있다. 특히, 정보처리이론이 동기, 감성, 사회성 등과 같은 정의적 특성에 대하여 적절히 설명하지 못한다는 지적은 매우 타당한 것 같다(Greeno, 1989).

2) 발달 연구의 최근 동향

인간발달에 관한 최근 연구의 두드러진 특징은 문화와 상황에 대한 높은 관심이라 할 수 있다. Steuer(1994)는 1970년대부터 현재까지 이루어진 인간발달 연구의 가장 두드러진 특징은 인간을 환경과 다양한 형태로 상호작용하는 존재로 인식하게 된 것이라고 지적하고 있다. Irwin과 Simons(1994)는 인간발달의 주요 이론을 유기체적 모형, 기계론적 모형, 상황론적 모형의 세 가지로 구분하면서, 최근에는 생물 · 사회 · 역사적 상황에서의 발달, 개인과 환경의 상호작용, 유기체적 모형과 기계론적 모형을 통합하려는 시도 등의 상황론적 모형을 기초로 하는 연구가 주를 이루고 있다고 설명하였다. 이렇듯 최근의 인간발달 연구는 기존의 이론들에 대한 의문을 제기하고 보완하며, 인간발달의 다양한 측면을 보다 적절하게 이해하기 위해 문화와 상황에 대한 중요성을 강조하고 있다(Berk, 1994; Irwin & Simons, 1994; Santrock, 1995; Steuer, 1994).

이와 같은 최근의 연구는 크게 행동생물학, 생태이론, 그리고 Vygotsky의 사회문화이론의 세 가지로 분류할 수 있다.

행동생물학(ethology) **행동생물학**은 Darwin의 연구를 기초로 하여 유럽의 동물학자인 K. Lorenz와 N. Tinbergen에 의해 현대적인 기초가 확립되었다(Dewsbury, 1992). 그리고 1960년대에 이르러 처음으로 아동발달 연구에 적용되기 시작하였으며, 보다 활발한 연구가 이루어지고 있다(Hinde, 1989).

적응, 생존, 행동의 가치, 진화론적 역사 등에 관심을 갖는 행동생물학에 의해 제안된 **각인**(imprinting)과 **결정적 시기**(critical period)의 개념은 아동 초기의 특정한 시기에 습득되어야 할 인지적 · 사회적 행동과 관련된 것이다. 예를 들어, 아동 초기의 적절한 음식 혹은 물리적 · 사회적 자극의 결핍과 지능발달의 관계, 아동 초기의 언어 미숙달과 아동의 언어 습득 능력 감소의 상관 등의 문제는 결정적 시기와 관련된 연구들이다(Berk, 1994). 이러한 결정적 시기에 대한 연구 결과를 통해 행동생물학자들은 개인이 환경의 영향에 반응한다는 것을 발견하였다(Bornstein, 1989).

이처럼 개인이 환경의 영향에 반응한다는 원리는 인간발달 연구에 다양한 방향을 제공하게 되었다. 미소짓기, 옹알이, 붙잡기, 울기 등과 같은 행동이 부모와 영아의 상호작용을 형성하는 사회적 신호체계를 구성한다는 것을 밝힌 Bowlby(1969)의 연구는 영아와 보호자의 관계성에 대한 연구에 행동생물학 이론을 적용한 좋은 예가 될 수 있다. 또한 행동생물학자들은 감정적 표현, 공격성, 협동성, 사회놀이 등과 같은 아동들의 사회적 행동의 다양한 국면에 관심을 나타낸다. 놀이를 할 때 아동들이 형성하는 권력의 위계에 대한 연구(Pettit et al., 1990; Savin-Williams, 1979)는 아동들이 환경에 적응하는 생존의 문제를 다루고 있다.

행동생물학자들은 인간의 행동에 대한 이해에서 물리적, 사회적, 문화적 측면을 포함한 환경의 완전한 이해를 추구한다. 이렇듯 행동생물학자들의 관심은 매우 광범위하다. 결국, 그들은 유기체와 환경체제를 보다 완벽히 이해하고자 노력하는 것이다(Hinde, 1989; Miller, 1989).

Urie Bronfenbrenner (1917~2005)

■■■ 생태이론(ecological theory) U. Bronfenbrenner에 의해 제안된 **생태이론**은 행동생물학을 보완해 준다. 이는 생태이론이 직계가족의 관계에서 보다 넓은 사회적 환경에 이르기까지 환경의 다양한 측면이 어떠한 방식으로 아동의 발달에 영향을 주는지를 보여 주고 있기 때문이다.

Bronfenbrenner(1979, 1989)는 아동의 발달을 보다 정확히 이해하고 그들에게 도움을 주기 위해서는 아동에게 영향을 주는 환경의 개념이 보다 확장되어야 한다고 주장한다. 또한 확장된 환경과 아동의 상호작용을 중시하면서, 아동은 단순히 환경에 영향을 받는 존재가 아니라 환경에 영향을 주기도 하는 능동적인 존재임을 강조하고 있다. 이러한 생태이론에서는 아동에게 영향을 주는 환경을 [그림 2-2]와 같이 미시체계, 중간체계, 외체계, 거시체계, 연대체계의 다섯 수준으로 분류하여 제시한다.

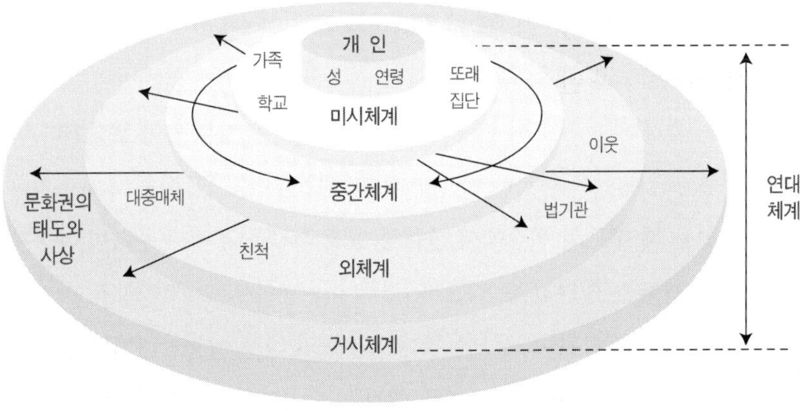

[그림 2-2] Bronfenbrenner의 생태이론

출처 : J. W. Santrock (1995). *Life-span development*. Dubugue, IA: Wim C. Brown Communications, Inc., p. 48.

- **미시체계(microsystem)** : 개인을 중심으로 가장 안쪽에 위치하는 환경이다. 이 수준에서는 직접적으로 접하는 환경에 대한 아동의 능동성과 상호작용 패턴에 관심을 갖는다. 지금까지 미시체계에 대한 연구는 대부분 아동에 대한 성인의 영향에 초점을 두어 왔다(Berk, 1994). 그러나 Bronfenbrenner는 아동과 연관된 모든 관계성이 항상 쌍방적이라는 사실을 강조한다. 친절하고 예의 바른 아동은 부모에게서 긍정적이고 인내하는 반응을 유도하는 반면, 그렇지 못한 아동은 부모에게서 벌과 엄격한 반응을 유발시킨다(Henker & Whalen, 1989). 이처럼 미시체계와 관련된 연구는 아동과 환경의 상호작용에 보다 관심을 두고 있다. 또한 이러한 관계성은 아동과 부모 이외의 제3의 변인에 영향을 받기도 한다. 부부의 갈등이 아동에 대한 일관성 없는 원칙과 적대적인 행동의 원인이 된다(Hetherington & Clingempeel, 1992)는 연구 결과는 이 수준에서의 관계성이 매우 복잡하고 다양하게 아동발달에 영향을 주고 있음을 보여 준다.
- **중간체계(mesosystem)** : 미시체계와 연결되어 있는 가정, 학교, 이웃, 유아원 등의 기관과 아동발달 간의 관계성을 강조한다. 아동의 학업 성취가 단순히 교실에서의 활동에만 영향을 받는 것이 아니라 부모의 학교 참여와 가정학습에 의해 더욱 향상될 수 있다(Stevenson & Baker, 1987)는 연구 결과를 통해 아동발달에 있어 중간체계의 중요성을 이해할 수 있다. 또한 Berk(1994)는 부모와 아동의 상호작용이 아동과 부모 혹은 교사 등의 상호작용과 서로 연계되어야 함을 강조한다. 따라서 가정과 중간체계의 기관들이 서로 밀접한 연계를 맺어 상호 방문과 정보의 교환이 이루어질 때 바람직한 아동발달이 이루어진다.
- **외체계(exosystem)** : 아동이 직접적으로 접촉하고 있지는 않지만 아동에게 영향을 주는 환경이다. 부모의 직장이라든가 보건소, 복지부 등이 포함된다. 외체계가 아동발달에 있어서 중요한 이유에 대한 예를 들어 보면, 아동이 아프거나 문제가 생겼을 때 부모의 직장에서 신축성 있게 시간을 조정해 준다면 아동과 부모의 상호 관계는 증진될 수 있으며, 결국 이는 아동발달에 영향을 미치게 된다. 사회적으로 고립된 부모나 실업자인 부모의 경우 아동학대의 경향이 높다(Emery, 1989; McLoyd, 1989)는 연구 결과는 아동발달에서 외체계가 신중하게 고려되어야 함을 보여 준다.
- **거시체계(macrosystem)** : 아동이 속해 있는 사회의 가치, 법률, 관습 등을 의미한다. 아동발달의 연구에서 거시체계 역시 중요하게 고려되어야 한다. 예를 들

어, 정부의 아동보호에 대한 기준이 높게 책정되어 있을 경우 아동이 보다 쾌적한 경험을 할 수 있다는 사실은 거시체계가 아동발달에 영향을 준다는 명백한 증거가 된다.

- **연대체계**(chronosystem) : 아동의 환경에서 발생하는 사건들의 양식과 생애에서 전환점이 되는 사건 등을 의미한다. 따라서 환경과 상호작용하는 아동을 이해하는 데 시간이라는 변인 또한 중요하게 고려되어야 한다. 예를 들어, 이혼가정의 아동은 이혼 후 처음 1년 동안 극도의 부정적 효과를 보인다. 이런 부정적 효과는 여자 아이보다 남자 아이에게 더 크게 작용한다(Hetherington, 1989; Hetherington, Cox, & Cox, 1982). 이혼으로 인해 아동에게 나타나는 정서적 불안이나 혼란감은 2년이 지나서야 서서히 감소하며 가족 관계 역시 이때부터 점차 안정적이 된다. 환경에서의 특정한 사건이 아동발달에 영향을 주고, 그러한 영향이 시간의 경과에 따라 변하게 된다는 이러한 결과는 아동발달을 이해하는 데 중요한 함의를 갖는다.

이상에서 살펴본 생태이론은 아동발달에서 환경의 중요성을 부각시키고 강조함으로써 인간발달의 중요한 국면인 아동기를 이해하는 데 그 폭을 확장시켜 왔다.

Bronfenbrenner(1989)는 환경이란 고정된 하나의 방식으로 아동에게 영향을 주는 정적인 것이 아니라고 강조한다. 환경이란 역동적이며 항상 변화하는 것이다. 그리고 아동은 그들 자신이 속해 있는 환경을 선택 · 조정 · 창조하고 있다. 결국, 생태이론은 발달이 개인 내부로부터의 결과만으로, 혹은 환경으로부터의 결과만으로 설명하는 것을 거부한다. 발달이란 개인과 환경의 상호작용의 결과임을 강조하는 생태이론은 Bronfenbrenner 이후 현재까지 인간발달 연구에 많은 함의를 지닌 주요한 하나의 틀을 제시하고 있는 것이다.

사회문화이론(sociocultural theory) **사회문화이론**은 Vygotsky의 발달 관점을 근거로 하고 있다. Vygotsky는 문화가 다음 세대에 전달되는 방식에 초점을 맞추고 있으며, 문화적으로 의미 있는 행동을 습득하는 데 아동과 성인의 사회적 상호작용을 강조한다. 그에 따르면 아동과 성인 간의 의사소통은 아동의 사고에 매우 중요한 역할을 한다. 아동이 성인과 대화하는 동안 대화의 핵심 형태를 자기 것으로 만들게 되면 자신의 행동과 기술을 실행할 수 있는 언어를 사용할 수 있게 된다(Wertsch

& Tulviste, 1992)는 연구 결과는 사회문화이론의 중요성을 말해 준다.

아동의 인지와 관련된 Vygotsky의 이론은 Piaget의 입장과는 상당히 다르다. Piaget 역시 아동의 인지가 발달하는 과정에서 어른들의 가르침의 중요성을 간과하고 있지는 않지만, 세계를 지각하는 아동 스스로의 능동적이고 독립적인 노력을 보다 강조한다. 물론, Vygotsky 역시 아동이 능동적이고 구성력 있는 존재라는 Piaget의 의견에 동의하지만, 그는 아동의 인지발달에서 이미 그 사회의 문화를 체득한 어른들과의 상호작용이 결정적임을 강조한다. 따라서 Vygotsky는 모든 아동이 유전적으로 결정된 동일한 단계를 거쳐 발달하는 존재가 아니라 사회적 상호작용을 통해 사고와 행동이 지속적이고 단계적으로 변화한다고 가정한다.

이와 같은 Vygotsky의 이론은 보다 정교한 문화 간의 연구를 촉진시켰다. 예를 들어, 남부 멕시코에 사는 지나칸테코(Zinacanteco) 인디언 소녀들은 어린 나이에 성인의 비형식적인 가르침을 통해 복잡한 직물짜기의 숙련자가 된다는 연구(Childs & Greenfield, 1980), 브라질에서는 학교를 거의 다니지 않은 사탕 파는 아이들이 아주 복잡한 산수 능력을 가지고 있는데, 이는 도매상에게서 사탕을 사 오고 동업자인 어른이나 경험 있는 동료와 가격을 책정하며 거리에서 사탕을 팔고 하는 과정에서 습득된 것이라는 연구(Saxe, 1988) 등은 이 이론을 뒷받침하는 좋은 예다. 이러한 연구 결과는 모든 문화의 아동들이 다른 문화에서는 존재하지 않는 고유한 장점을 발달시키고 있음을 보여 준다.

3. 인간발달에 대한 이론

1) 인지적 발달

Piaget의 인지발달이론 스위스의 발달심리학자인 J. Piaget는 미국의 B. F. Skinner와 동일한 시대의 학자였다. 그는 1930년대와 1940년대에 걸쳐 매우 중요한 연구를 수행하였지만, 1960년대까지는 미국의 발달심리학계에 그다지 알려지지 않았다. 왜냐하면 아동의 학습과 발달에 대한 그의 기본 가정과 연구방법이 1920년대부터 1960년대까지 미국의 심리학을 지배하였던 행동주의 심리학의 전통과 반대되기 때문이었다. 그러나 Piaget는 현재 20세기의 가장 영향력 있는 발달심리학자들

중 한 사람으로 인정받고 있으며(Beilin, 1992; Berk, 1993), 그가 제안한 인지발달이론은 학습자와 학습을 이해하는 데 지대한 영향을 미치고 있다.

Jean Piaget
(1896~1980)

Piaget는 평형화(equilibrium)와 도식(schema), 그리고 동화(assimilation)와 조절(accomodation)의 개념을 사용하여 인간의 인지발달 과정을 설명한다. **평형화**란 인간이 생존하기 위하여 자신의 내부구조를 일정하게 유지하려는 본능적인 경향성을 의미한다. 즉, 목이 마르면 물을 마시는 것이나 피곤하면 잠을 자는 것 등은 생존을 위한 가장 본능적인 행위로 신체의 평형화를 유지하기 위한 것이다. Piaget는 인간의 인지발달 역시 이러한 평형화의 기제를 따른다고 제안하였다. 인지발달에서 평형화의 욕구가 충족되어 구조화되고 조직화된 상태를 **도식**이라 한다. 따라서 도식은 우리가 환경에서 수많은 정보를 받아들이고 적절히 반응하기 위하여 사용하는 지식의 틀을 의미한다. 평형화의 원리에 따라 도식이 구성되는 과정을 설명하기 위하여 Piaget가 제시하는 개념이 동화와 조절이다.

동화란 새로운 정보 혹은 새로운 경험을 접할 때 새로운 정보와 경험을 이미 자신에게 구성되어 있는 도식에 적용하려는 경향성을 뜻한다. 반면, **조절**이란 새로운 정보 혹은 새로운 경험을 인식하기 위해 기존의 도식을 수정하는 것을 의미한다. 결국, Piaget에 의하면 인지발달이란 기존의 도식에 비추어 모순 없는 지식은 동화시키고 기존의 도식에 적절하지 않은 지식은 도식을 변경하는 조절의 과정을 통해 끊임없이 도식을 확장시키는 과정이라고 풀이할 수 있다. 다음의 예는 동화와 조절을 통해 도식이 확장되는 과정을 잘 보여 준다.

> '아버지는 바지를 입고 있으며 머리가 짧고 낮은 목소리를 내는 사람' 이라는 도식을 가진 아동이 있다고 하자. 어느 날 바지를 입고 짧은 머리의 낮은 목소리를 가진 이웃집 아저씨가 집에 왔다. 아동은 기존의 도식을 근거로 이웃집 아저씨를 '아버지' 라고 부른다. 이웃집 아저씨는 아동에게 새로운 정보 혹은 새로운 경험이 되는데, 이웃집 아저씨의 외모가 아동에게 형성되어 있던 기존의 구조에 잘 맞기 때문에 아동은 자연스럽게 동화를 적용하는 것이다. 그러나 곧 아동은 그 사람이 아버지가 아닌 이웃집 아저씨라고 수정받는다. 이에 아동은 새로운 정보가 자신의 도식에 적합한지 아닌지를 다시 한 번 검토한다. 즉, 새로운 정보에 대해 자신의 도식에 비추어 정말 아버지만큼 머리가 짧은지, 아버지와 똑같이 낮은 목소리를 가졌는지 등을 면밀히 검토하는

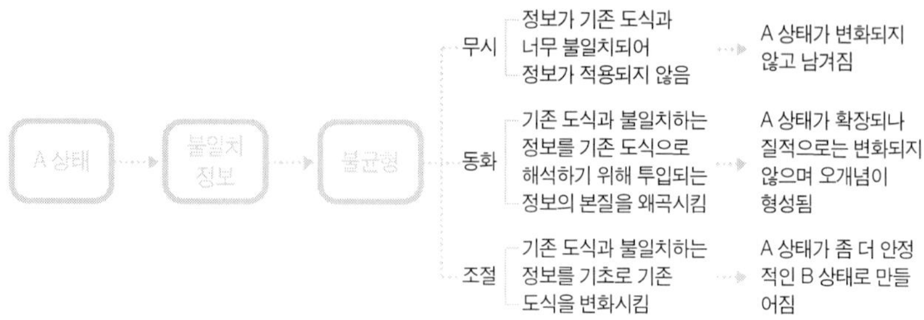

[그림 2-3] **기존 도식과 불일치한 정보에 대한 평형화 모델**

출처 : D. F. Bjorklund (2000). *Children's thinking*. Belmont, CA: Wadsworth/Thomson Learning, p. 78.

> 것이다. 새로운 정보가 자신의 도식에 충분히 적합한데도 동화시킬 수 없게 되면 아동은 기존의 도식을 변경한다. 즉, 조절이 발생하는 것이다. 이제 아동에게는 '아버지는 바지를 입고 있으며, 머리가 짧고 낮은 목소리를 내며, 이 집에 살고 있는 사람' 이라는 새로운 도식이 구성되었다. 이러한 과정을 거쳐 아동은 자신의 도식을 확장시키게 된다.

한편, 조절과 관련하여 반드시 주의해야 할 점은 새로운 정보가 기존의 도식으로 설명되지 않을 경우 반드시 조절이 일어나는 것은 아니라는 사실이다. [그림 2-3]에 정리되어 있는 바와 같이 기존의 도식으로 해결되지 않는 경우 조절이 일어나기도 하지만 동화와 무시라는 기제가 발생할 수도 있다. 즉, 새로운 정보가 기존의 도식으로 도저히 해석될 수 없는 경우, 학생들은 그러한 정보를 무시하기도 하고 때로는 자신의 도식을 이용하여 억지로 해석해 버리기도 한다. 이러한 사실은 교육의 실제가 우리가 바라고 원하는 방향으로 이루어지는 것만은 아니라는 사실을 보여 준다.

발달 단계 Piaget는 대표적인 단계이론가(stage theorist)다. 인간발달에서 **단계이론**이란 발달이 질적으로 구분되는 여러 단계를 거치면서 진행된다는 관점을 말한다. Piaget는 아동 개개인이 각 단계를 통과하는 속도는 어느 정도 다를 수 있지만, 아동들이 이후의 발달 단계로 들어가기 위해서는 반드시 앞의 단계를 통과해야 하며, 어느 단계에서도 몇 단계를 뛰어넘어 발전하는 도약이란 없다고 믿는다. Piaget는 앞서 설명한 평형화의 원리에 따라 형성되는 학습자의 인지는 연령에 따라 단계적으로 발달한다고 주장한다. 다음은 Piaget가 제안하는 각 발달 단계에 대한 설명이다.

- **감각운동기**(sensorimotor stage, 0~2세) : 발달의 첫 단계에서 아동은 시각 · 청각 등의 조절감각과 운동 능력에 초점을 둔다. 그들의 사고는 자신의 신체적 행동에 주변 세계가 어떻게 반응하는가에 제한되어 있다. 감각운동기의 아동들은 기억 속에 사물에 대한 어떤 표상도 가지고 있지 않으며 모방력을 발전시키는데, 이 시기에 발전되는 모방력은 이후의 관찰학습을 위한 토대를 형성하는 데 중요한 기능을 하게 된다.
- **전조작기**(preoperation stage, 2~7세) : 이 단계에서 '전조작' 이라는 용어를 사용하는 것은 그것이 발달의 불완전한 단계라는 것을 암시한다. 아동들은 이 단계를 거치면서 언어의 발달이 급속히 이루어지고 상징적 사고의 발달과 개념 획득 능력에서 빠른 성장을 보인다. 또한 이 단계에서 아동은 다양한 개념을 형성한다. 트럭, 아파트, 나무 등과 같이 물질로 존재하거나 현재 상황과 연결된 개념은 비교적 쉽게 습득하지만, 추상적인 개념의 습득은 여전히 한정되어 있다. 전조작적 사고는 자기중심성(egocentrism), 집중성(centration), 비전이(nontransformation), 비가역성(irreversibility), 추론(reasoning)의 다섯 가지 특성으로 설명할 수 있다.
- **구체적 조작기**(concrete operation stage, 7~11세) : 이 단계에서는 주변 세계를 인식하는 아동의 능력이 상당히 진전된다. 아동은 구체적 조작기를 통해 전조작기의 결핍 요소들을 습득하게 된다. 즉, 자기중심적 사고는 타인에 대한 관심으로 전환되고, 이러한 능력의 습득으로 구체적인 사물에 대한 논리적인 조작을 수행할 수 있게 된다. 단순한 지각에 의해서가 아닌 추론을 토대로 결론에

구체적 조작기에는 아동의 내적 표상을 여러 가지 방법으로 조정할 수 있게 된다.

도달하게 되는 능력을 발전시키는 것이다. 이 단계의 주된 특성은 수와 물질의 특성에 대해서 배열과 분류의 능력이 발달한다는 점이다. 단지 이때의 논리적 사고는 실제적이고 물질적인 것에 한정되어 있다고 할 수 있다.

- 형식적 조작기(formal operation stage, 11세 혹은 사춘기에서 성인까지): 형식적 조작기에서 아동은 가설을 세워 사고하며 현실적인 것뿐만 아니라 비현실적인 것에 대해서도 추론할 수 있게 된다. 추상적인 문제를 체계적으로 사고하고 그 결과를 일반화할 수도 있다. 삼단논법의 이해가 이루어지는 것도 이 단계에서다. 또한 문제 상황에서 변인을 확인하여 분류할 수 있으며, 이를 통제 혹은 제어할 수 있다.

Vygotsky의 인지발달이론 스위스의 Piaget와 미국의 Skinner가 동 시대에 활발한 활동을 할 무렵 러시아에서는 L. S. Vygotsky가 심리학계에 최초의 지식인으로 등장하였다. Vygotsky는 Piaget와 같은 해인 1896년에 태어나 37세의 짧은 생을 살고 1934년 결핵으로 사망하였다. 아동은 스스로의 세계를 구조화하고 이해하는 존재라고 생각하는 Piaget와는 달리, Vygotsky(1978, 1986)는 아동이 타인과의 관계에서 영향을 받으며 성장하는 사회적 존재임을 강조하여 인간에 대한 이해에서 사회 · 문화 · 역사적인 측면을 제시한다. 그에 따르면 인간의 정신작용은 유전적으로 결정된 활동이 아닌 사회와의 상호작용의 결과다. 즉, 사회의 보다 성숙한 구성원들과 상호작용하는 동안 자신의 문화에 적합한 인지 과정이 아동에게 전이된다. 따라서 Vygotsky는 상호작용에 필수적 요소인 언어의 습득을 아동발달의 가장 중요한 변인으로 생각하였다(Blanck, 1990).

Lev S. Vygotsky
(1896~1934)

사고와 언어 아동의 발달에 관하여 상이한 견해를 보이는 Piaget와 Vygotsky는 사고와 언어에서도 입장을 달리하고 있다. Piaget는 전조작기 아동의 언어가 자기중심성이라는 특징을 갖는다고 설명한다. **자기중심적 언어**(egocentricspeech)는 자기중심적 사고를 나타내는 것으로 성장하면서 점차 감소된다고 보았다. 반면에 Vygotsky는 자기중심적 언어의 사용이 단순하게 자기만의 생각을 표현하는 것이 아니라 문제 해결을 위한 사고의 도구라고 생각하였다. 즉, 그에 따르면 독립적으로 발생하기 시작한 사고(thought)와 언어(speech)는 일정 시간이 지난 후에 서로 연합되고, 이러한 연합은 아동이 발달해 가는 과정에서 변화하고 성장한다(Vygotsky, 1962). Piaget와 Vygotsky의 사고와 언어에 관한 설명은 [그림 2-4]와 같이 요약될 수 있다.

Vygotsky는 아동의 지적 발달이 내적 언어와 사회적 언어 모두에 영향을 받는다고 설명한다. 그는 아동이 일정한 양의 비언어적인 사고와 비지적인 언어를 가지고 있으며, 문제 해결의 초기에는 비언어적인 사고가 사용되고, 이 시기가 지난 후에야 구체적인 단어로 형성된다고 주장한다.

아동이 2세 정도 되었을 때는 사고와 언어가 결합되기 시작하며 점차 언어가 지적이고 합리적이 된다. 아동이 언어의 상징적 기능을 발견하게 되는 것도 이 시기다. 사고와 언어의 결합은 아동의 단어에 대한 호기심과 어휘력의 빠른 습득 등으로 나타난다. 이때부터 아동은 그들 스스로에게 많은 말(self-talk)을 한다. 예를 들어, 인형을 가지고 노는 아동은 '인형을 침대에 눕히고, 담요를 덮어 줘야지. 참! 침대도 흔들어야지.' 등과 같이 자신이 해야 할 것들에 대해 계속 혼잣말을 한다. 4세가 되면 언어는 아동의 사고 형성에 구체적인 도움을 주게 된다(Clarke-Stewart & Koch, 1983). 이처럼 목적 달성에 필요한 수단을 얻기 위해 마음속에서 사용되는 언어를 **내적 언어**(inner speech)라 한다.

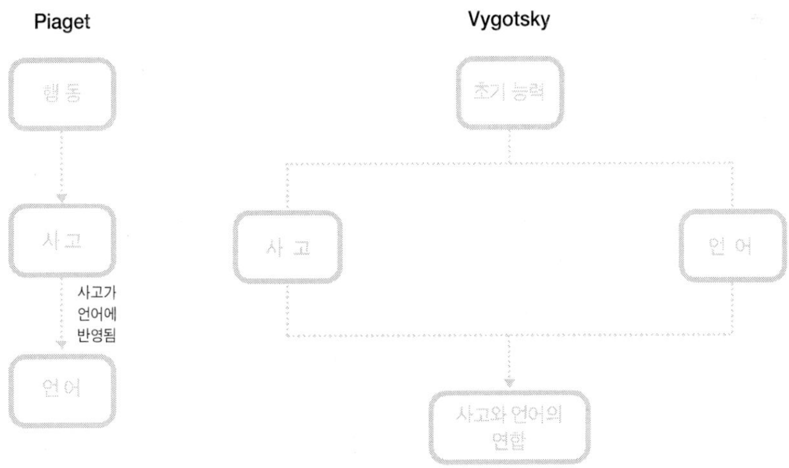

[그림 2-4] **사고와 언어의 발달 과정**

출처: A. Clarke-Stewart, & J. B. Koch (1983). *Children: Development through adolescence*. Canada: John wiley & Sons.

아동의 내적 언어 발달에 관한 연구들(예: Palincsar & Brown, 1989)은 내적 언어가 아동의 문제 해결에 중요하게 기능한다는 사실을 잘 보여 준다. 즉, 내적 언어의 사용 빈도는 과제 수행의 시간이 지나면서 더욱 증가하며 과제의 난이도와 정적 상관을 보인다. 다시 말하면, 문제 해결에서 곤란도가 높을수록 내적 언어의 사용이 증가하는 것이다.

근접발달영역 Vygotsky에 따르면 아동은 발달해 가는 과정에서 자신의 능력으로 해결할 수 없는 문제에 직면하기도 한다. 물론, 아동 스스로 해결할 수 있는 문제들도 있다. 그러나 아무리 명료하게 설명된다고 하더라도 아동의 능력 밖에 있는 문제들이 있다. **근접발달영역**(zone of proximal development: ZPD)이란 아동이 혼자서는 해결할 수 없지만 성인이나 뛰어난 동료와 함께 학습하면 성공할 수 있는 영역을 의미한다(Wertsch, 1985). 근접발달영역에 위치하는 아동에게는 구조화를 형성할 수 있는 단서를 제공하거나 세부 사항과 단계를 기억할 수 있도록 조력하고 꾸준히 시도하도록 격려하는 도움이 필요하다. Vygotsky는 인지발달이 아동과 어른 혹은 아동과 더 능력 있는 동료 간의 상호작용을 통해 발생한다고 믿었다. 그들은 아동이 지적으로 성장하는 데 필요한 요소를 지원하는 안내자 혹은 교사의 역할을 할 수 있다. 이러한 조력을 **발판**(scaffolding)이라고 한다. 이 용어는 아동이 궁극적으로 그들 스스로의 힘으로 문제를 해결할 수 있도록 하는, 견고한 이해를 확립하는 동안에 제공되는 조력을 의미한다.

따라서 교사는 학생의 능력을 평가한 후에 학생들에게 문제 해결 능력이 없다면

아동은 점차 사고가 발달하면서 혼잣말이 줄어들고, 대신 마음속으로 말하며 문제를 해결해 간다.

그들을 근접발달영역 내에 존재하도록 조절하는 것이 필요하다. 그런데 아동의 능력 평가와 관련하여 Vygotsky는 아동의 지적 발달 수준을 알아내도록 고안된 대부분의 검사가 적절하지 않다는 입장을 보인다. 일반적으로 지능검사는 표준화 검사 문항을 풀게 하여 아동의 지적 발달 수준을 측정하는데, 이런 종류의 검사를 통해 알 수 있는 것은 아동의 지적 발달 과정 중에서 특정한 단계의 수준일 뿐이다. 이러한 방법으로는 아동의 지적 능력의 전체적인 모습을 알 수 없으며 아동발달에 대해서 완전하게 설명할 수도 없다. 따라서 학생이 혼자서도 풀 수 있는 문제와 도움을 받아 풀 수 있는 문제 수준을 모두 평가하여 양자를 비교해야만 지적 발달의 전체 윤곽을 파악할 수 있다.

이처럼 근접발달영역의 개념은 인지발달이 사회적 상호작용의 결과로 발전한다는 사실을 강조하고 있으며, 아동의 인지발달에 교사나 성인이 적극적으로 도움을 줄 수 있는 이론적 근거를 마련하였다는 점에서 중요한 의미를 지니고 있다.

2) 비인지적 발달

Sigmund Freud (1856~1939)

Freud의 성격발달이론 S. Freud(1905, 1923)는 정신분석학이라는 조직적인 성격이론을 처음 제안한 학자로, 그의 정신분석학은 많은 학문 영역에 중요한 영향을 주었다. 그의 이론은 생물학적 기제와 본능적인 충동을 기초로 하고 있다.

정신분석학이 가정하고 있는 점은 본질적으로 우리의 정신세계가 의식과 무의식의 두 부분으로 구성되어 있다는 것인데, 그는 특히 무의식의 본질과 기능에 관심을 두었다. 그는 성격의 구조를 본능, 자아, 초자아의 세 가지로 구분하여 제시하고 있다. **본능**(id)이란 쾌락을 따르는 원초적 충동이고, **자아**(ego)는 본능의 충동을 억제하고 합리적인 방법으로 쾌락을 얻으려는 것이며, **초자아**(superego)란 자아가 현실적인 목표보다는 이상적인 목표로 향하도록 하는 것이다. 이러한 세 가지 성격구조를 형성하고 움직이게 하는 것이 성적 에너지인 **리비도**(libido)다.

발달 단계 Freud의 성격발달이론은 태어나서 다섯 살까지의 경험을 중요시

한다. 이 기간 동안 유아는 여러 단계의 심리 · 성적 발달 단계를 거치게 되는데, 발달 단계의 구분은 리비도가 집중적으로 모이는 성감대의 변화에 따라 나뉜다. Freud는 태어나서 다섯 살까지 입, 항문, 성기 등의 순서로 성감대가 바뀐다고 믿고, 구강기, 항문기, 남근기 등으로 이러한 발달 단계를 구분하고 있다. 그는 이 시기를 성격 형성의 결정적 시기로 보고 있다. 즉, 다섯 살부터 성적으로 깨어나는 청소년기까지를 잠복기, 다시 청소년기 이후를 생식기로 구분하고 있다.

Freud는 각 단계에서 어떤 경험을 하느냐에 따라 개인의 성격이 형성되고, 단계별로 아동이 추구하는 성적 쾌감을 충분히 느끼지 못하거나 지나치게 몰두하면 **고착**(fixation) 현상을 일으켜서 다음 단계로의 발달이 순조롭지 않다고 보았다.

이제 성격 발달 5단계를 보다 자세히 살펴보자.

- **구강기**(oral stage, 0~1세) : 아기가 태어나서 처음으로 성적 쾌감을 느끼는 곳이 구강이다. 이 단계에서 영아는 물체를 손으로 잡을 수 있게 되면 잡히는 대로 입으로 가져가서 빨기 시작하며, 치아가 생기면 곧 물어뜯기 시작한다. 영아가 이러한 활동을 통해서 성적인 쾌감을 얻을 수 있는 것은 자기 의지가 아니라 타인, 주로 어머니에 의해서다. 따라서 이 시기의 영아에게 어머니는 상당히 의미 있는 타자의 역할을 하게 된다. 만약, 어머니의 적절한 보살핌을 받지 못하고 또 추구하는 쾌감을 얻지 못한다거나 반대로 과잉 충족을 하게 되면 성장 과정에서 성격적 결함이 나타난다. 이때의 성격적 결함은 구강적 특성을 지닌 것들인데, 예를 들면 지나친 흡연, 손가락 깨물기, 과음, 과식, 남을 비꼬는 일을 일삼는 미성숙한 성격으로 나타난다.
- **항문기**(anal stage, 2~3세) : 구강기가 끝나면 주된 성감대가 항문으로 옮겨간다. 유아는 배변훈련을 통해서 항문 근육의 자극을 경험하게 되고, 이러한 경험을 통해 성적 쾌감을 얻게 된다. 이때 부모는 유아가 적절한 때와 장소에서 배설하면 적합한 보상을 주게 되며, 반대로 시간과 장소가 적절하지 않을 때에는 규제를 하게 된다. 다시 말하면, 유아는 태어나서 처음으로 외부의 통제를 경험하게 되는 것이다. 이 시기를 적절히 보내지 못하면 대소변을 더러운 것이라고 생각하는 반동형성이 생겨서 지나치게 깔끔하고 지나치게 규율을 준수하는 결벽성을 갖게 된다(Crain, 1992).
- **남근기**(phallic stage, 3~5세) : 이 시기에는 주된 성감대가 항문에서 남근으로

옮겨진다. 이 시기의 아동은 남녀의 신체 차이, 아기의 출생, 부모의 성역할 등에 대해서 상당한 관심을 가지게 된다. 이 때문에 남자 아이들은 어머니에게 성적인 애정을 느끼고 아버지에게는 애정을 박탈당할까 걱정하게 되는 **오이디푸스 콤플렉스**(Oedipus complex)를 느끼게 된다. 또한 아버지가 자신의 성기를 없앨까 봐 염려하는 **거세불안**(castration anxiety)을 지니게 된다. 한편, 여자 아이들도 처음에는 남자 아이처럼 어머니를 좋아하게 되나 곧 자기는 남근이 없음을 알게 되고 그것을 부러워하는 **남근선망**(penis envy)을 갖게 된다. 그리고 이 책임을 어머니에게 돌리게 되며 아버지를 더 좋아하기 시작하는 **엘렉트라 콤플렉스**(Electra complex)를 갖게 된다. 이러한 콤플렉스를 극복하는 과정에서 **동일시**(identification) 현상이 나타난다. 이는 남자 아이의 경우 어머니에 대한 성적 애정을 포기하고 아버지와 같은 남성다움을 갖기 위해 노력하며, 여자 아이의 경우는 남근이 없다는 사실을 인정하고 어머니처럼 여성스럽게 되고자 노력하는 것을 의미한다. 이 시기는 매우 복잡하고 자극적인 감정이 교차되는 특징을 보이며, 성격 형성에서 매우 중요한 단계다. 따라서 이 시기를 잘 극복하지 못하였을 때에는 성 불감증, 동성애 등과 같은 신경성 질환을 유발할 수 있다.

- 잠복기(latency stage, 6~11세) : 아동이 초등학교에 다니는 시기로, 성적인 욕구가 철저히 억압되어 심리적으로 비교적 평온한 시기다. 그러나 이것이 아이들에게 아무런 변화가 없음을 의미하는 것은 아니다. 오히려 이 시기의 아동들은 성적인 부분을 제외하고는 매우 활동적인 모습을 나타낸다. 즉, 문화적으로 가치 있는 기술을 학습하고 사회 속에서 자기의 역할을 배우며, 운동 능력을 키우고 논리적으로 사고하여 타인의 입장도 고려할 수 있게 된다. 이 시기를 잠복기라고 하는 것은 단지 성적으로 침체된 시기라는 의미에서다.
- 생식기(genital stage, 11세 이상) : 아동은 사춘기에 접어들면서 다시 성적 욕구가 생기게 된다. 이전 단계에서의 단순한 쾌감과는 달리 이 시기에는 진정한 사랑의 대상을 찾아 만족을 얻고자 한다. 이 시기의 아동들은 이성의 부모에 대한 지나친 밀착감이나 애정은 불가능한 것이며, 더구나 부모와의 성적인 관계는 금기시된다는 것을 알게 된다. 따라서 부모에게서 독립하려는 욕구가 생기며 진정한 사랑의 대상으로서 이성을 찾게 된다. 이 시기는 성격발달 단계 중 가장 긴 시기로 사춘기에서 노년기까지의 오랜 기간이 포함된다.

Erikson의 심리사회적 발달이론 Freud의 영향을 받은 E. Erikson은 아동이 어떻게 자아 정체감을 발달시키고 어떻게 사회화되는지에 관심을 가졌다. 그의 이론은 심리적 · 사회적 발달에 대한 관심을 반영하고 있기 때문에 **심리사회적 발달**(psychosocial development)**이론**이라고 한다.

Erik H. Erikson
(1902~1994)

Erikson(1968, 1980)은 사람들이 일반적으로 유사한 기본 욕구를 지니고 있다고 생각하며, Piaget와 마찬가지로 그 성장 과정은 발달 단계를 이룬다고 하였다. Erikson이 구분하고 있는 발달 단계는 위기 혹은 사회심리적 문제를 특징으로 하는데, 각각의 단계는 개인적 동기에서의 차이를 반영하는 것이다.

사람이 성장하면서 직면하게 되는 위기를 수용하고 해결한다는 것은 개인이 지니고 있는 사회심리적 특징에서 긍정적인 면과 부정적인 면이 서로 적절한 비율로 나타나고 있음을 의미하는 것이다. 직면한 위기를 완벽하게 해결할 수는 없다 하더라도 각 발달 단계에서 위기를 긍정적인 관점으로 해결하게 되면 인격을 형성하는 데 충분한 기능을 하게 된다. 즉, 자아를 제어할 수 있고 자신의 문화 내에서 정확한 자아를 인식하며, 더 나아가 자신의 문제를 적절히 통합할 수 있게 된다. 반면에 위기에 직면할 때의 부정적인 측면으로의 문제 해결은 다음 단계의 발달을 지연시키고 인격 형성에 좋지 않은 영향을 미치게 된다.

발달 단계 Erikson은 자신이 제시한 심리사회적 발달 단계를 다음과 같이 8단계로 나누어 설명한다.

- **신뢰감 대 불신감**(trust vs. mistrust, 0~1세): 영아는 자신의 모든 것을 타인에게 의존하는데, 이때 신뢰감이나 불신감을 경험하게 된다. 부모를 비롯한 타인에게 지속적인 사랑과 관심을 받는 영아들은 신뢰감이 발달하고, 지속적이고 일관된 보살핌을 받지 못한 영아들은 보통 타인과 주변 세계에 대해 불신감, 두려움, 의심 등을 갖게 된다(Klaus & Kennell, 1982). 일반적으로 영아들은 어머니의 수유방법 등의 구체적인 양육 행동이 내면화되면서 이러한 성격 형성의 과정을 경험한다.
- **자율성 대 수치심과 회의감**(autonomy vs. shame and doubt, 2~3세): 이 시기의 아동은 스스로 먹고 입기 시작하며 배변훈련도 시작하게 된다. 즉, 자기 스

스로 일을 수행해야 하는 도전에 직면하게 된다. 아동은 목표지향적인 행동을 하게 되며, 언어로 의사소통을 하기 시작한다. 이는 아동이 더 이상 타인에게 의존하지 않고 스스로의 힘으로 무엇인가를 해 보려는 시도며, 이에 부모는 아동의 자발적인 행동에 칭찬을 하거나 신뢰를 표현하여 용기를 줄 필요가 있다. 그러나 지나치게 엄격한 배변훈련이나 사소한 실수에 대한 벌 등은 아동에게 수치심을 느끼게 하거나 자신의 능력에 대해 회의감을 갖게 할 수도 있다.

- **주도성 대 죄책감**(initiative vs. guilt, 4~5세) : 이 시기의 아동은 자율성이 증가하며 왕성한 지적 호기심을 보인다. 또한 아동의 인지가 급격하게 발달하게 되며 생활의 모든 부분에서 도전적인 충동을 갖게 된다. 따라서 어머니가 부엌에서 요리를 할 때 주도적으로 참여하려는 등 자신이 주도적으로 일을 하여 인정받고 싶어 한다. 부모가 이러한 아동의 주도성을 비난하거나 질책하면 아이들은 위축되고 자기 주도적인 활동에 대해 죄책감을 느끼게 된다.
- **근면성 대 열등감**(industry vs. inferiority, 6~11세) : 이 시기의 아동은 대부분의 시간을 학교에서 보내게 되며 학교에서의 성공과 성취가 아동의 근면성을 발달시키게 된다. 따라서 교사와 또래 친구들의 영향력이 매우 중요하다. 만약, 이 단계에서의 도전이 너무 어려워 실패로 끝나는 경험이 많아지면 아동은 열등감에 빠지게 된다. 반대로 학습자로서 아동이 학습 상황에서 높은 성취와 성공을 할 수 있다면 매우 긍정적인 자아 개념을 발달시킬 수 있다. 교사는 아동의 긍정적인 자아 개념을 발달시키기 위해 아동이 높은 성취와 성공을 경험할 수 있도록 학습환경을 계획하고 적절한 과제를 할당하는 일에 신경을 써야 한

학교에서 여러 가지 지식과 기능을 열심히 배우고 실행하는 과정에서 만족을 경험하면 근면성을 획득하게 된다. 이때 교사의 체계적인 계획과 피드백이 중요하다.

다. 이러한 근면성은 이후 생애에서의 적응과 성공, 그리고 인간 관계를 결정하는 데 매우 중요한 요인으로 작용한다(Vaillant & Vaillant, 1981). 따라서 교사는 학생들에게 도전감을 심어 주고 근면성을 발달시킬 수 있도록 체계적으로 개입하여 학생들이 자신의 어려움을 슬기롭게 극복할 수 있도록 도와주어야 한다.

- 정체감 대 역할 혼미(identity vs. role confusion, 12~18세): 청소년기의 중 · 고등학생들은 중요한 육체적, 지적, 감성적 변화를 경험하게 된다. 육체적으로는 급격한 성장을 하게 되지만 그들의 정신적인 조정 능력은 신체적 발달에 미치지 못한다. 또한 청소년들은 새로운 성적인 느낌을 경험하게 됨으로써 종종 혼란에 빠지기도 한다. 이 시기에는 다른 사람이 자기를 어떻게 생각하는지에 대해 관심을 갖게 되어 멋을 내거나 용모를 꾸미는 데 열중한다. 또한 독립을 주장하기도 하지만 안정과 보살핌을 원하기도 한다. 교사들이 이 시기의 발달 단계를 충분히 이해하고 있다면 청소년들이 보이는 다양한 행동에 적절히 대처할 수 있을 것이다. 예를 들어, 변덕스러운 옷차림이나 이상한 머리 모양을 한 청소년들은 동료 집단에 속하고 있다는 동질감을 확인하고 자신의 개성을 찾으려는 의지를 보여 주고 있는 것이다. Erikson은 이 시기가 자기 존재의 동질성과 연속성이 유지됨을 인식하게 되는 **정체감**(identity) 발달과 밀접한 관계를 맺고 있다는 것을 강조하였다(Erikson, 1956). 자기 정체감에 대한 연구는 이후 Marcia 등(Marcia, 1980; Schiedel & Marcia, 1985)에 의해 다음과 같은 네 유형으로 나타날 수 있음이 밝혀졌다. 우선, **정체감 혼란**(identity diffusion)은 자기 자신이 누구고, 자신의 인생에서 어떤 일을 하며 살아갈 것인가 등에 대한 확고한 결심에 이르지 못한 상태를 일컫는다. 자기 정체감에서 혼란을 느끼면서도 실제로 개입하여 해결하려고 들지 않는 경우가 이에 해당한다고 볼 수 있다. 이와는 다르게 자신의 다른 정체성에 대한 호기심 없이 단지 외부에서 주어지는 목표, 가치 등을 그대로 수용하는 개인은 **정체감 유실**(identity foreclosure)에 해당한다. 그들은 대부분 그들의 부모가 부여하는 가치에 순응하는 태도를 보인다. 또한 **정체감 유예**(identity moratorium)의 경우에는 자기 정체성에 대한 위기를 느끼면서도 적극적인 개입은 하지 않는다. Erikson은 복잡한 사회적 경험을 해야 하는 청소년들은 정체성 위기를 맞게 된다고 하였다. 그러나 오늘날에는 정체감 유예를 '위기'로 받아들이지 않는데, 그 이유는 사회적 경험을 하는 가운데 점진적으로 탐색이 이루어지고(Baumeister, 1990), 이러한 과정을 통해 정체

감의 성취로 다가설 수 있기 때문이다. 마지막으로 **정체감 성취**(identity achievement)는 개인이 자기 삶의 가치 혹은 목표를 능동적으로 선택하는 수준을 말한다.

- **친밀감 대 고립감**(intimacy vs. isolation, 19~24세): 성인 초기에 해당하는 이 시기는 사회에 참여하게 되고 자유와 책임을 가지고 스스로의 삶을 영위하기 시작하는 시기다. 이 단계에서는 자기 자신의 문제에만 몰두하는 것에서 벗어나 직업 선택, 배우자 선택, 친구 선택 등의 다양한 문제를 경험한다. 조건 없이 다른 사람에게 무언가를 해 줄 수 있는 마음이 이 단계에서의 위기를 긍정적으로 해결하는 기초가 된다. 반대로 위기 해결에 실패하는 사람은 정서적으로 고립되고 자유롭게 사랑을 나누지 못한다. 타인과 친밀한 관계를 유지한다는 것은 타인을 이해하고 또 자기 자신도 이해할 때 가능한 것이다. 여기서 이해란 정체감이라는 말로 대신할 수 있다. 따라서 자기 정체감이나 타인의 정체감을 발견할 수 없을 때 인간은 고립되고 방황하게 된다.
- **생산성 대 침체성**(generativity vs. self-absorption, 25~54세): 성인 후기의 중요한 특징은 창조성, 생산성, 다음 세대를 지도하는 것에 대한 관심과 헌신 등이다(Erikson, 1980). 생산적인 성인은 더 나은 사회를 만드는 데 기여하려 하고, 깨끗한 환경 조성, 안정된 사회, 자유와 인간 존중의 원리를 지키기 위해 노력한다. 학생들이 겪는 다양한 문제점과 학업 성취에 진정으로 관심을 쏟는 교사는 이 단계에서 위기를 긍정적으로 해결한 사람이다. 부정적인 해결은 무관심과 허위, 그리고 이기심을 갖게 한다.
- **통정성 대 절망감**(ego integrity vs. despair, 54세 이상): 통정성이란 자신의 삶에 후회가 없으며 열심히 살았고 가치 있었다고 생각하는 사람이 지니는 특성을 말한다. 이런 사람은 자신이 살아온 인생에 책임감이 있으며 죽음 또한 겸허하게 받아들인다. 이에 비하여 자신이 살아온 길이 후회스럽고 무가치하며 새로운 인생을 시작하기에는 너무 늦었다고 생각하는 사람은 절망감에 빠지게 된다.

Piaget의 도덕성 발달이론 Piaget는 도덕적 판단이 발달해 가는 과정에서 사회적 관계성의 중요성을 간과하지는 않았지만, 도덕성이란 기본적으로 규칙의 체계이므로 도덕적 판단이 발달하는 데 필수적인 요인은 인지적 발달이라고 믿었다

(Piaget, 1965). 이러한 가정을 근거로 그는 아동이 성장함에 따라 규칙을 이해하는 방식이 어떻게 변화하는지를 알아보았다. 게임에 참여한 4~13세 아동의 인터뷰를 통해 제안된 도덕적 규칙이 획득되는 4단계는 다음과 같다.

- **운동신경적 규칙**(motor rules, 0~2/3세) : 이 시기의 아동은 어떤 재료를 가지고 놀이를 할 때 같은 행동을 몇 번이고 되풀이하는 규칙성 있는 행동을 하게 되는데, 도덕적 판단 역시 이러한 기제에 영향을 받게 된다. Piaget는 이러한 반복적인 행동방식을 운동신경적 규칙이라 하였으며, 이 시기의 아동은 진정한 의미의 도덕성을 아직 갖추지 못한 상태라고 보았다.
- **타율성과 도덕적 절대주의**(heteronomy and moral realism, 3~6/7세) : 아동은 점차 게임의 규칙이 다소 강제적인 측면을 가지고 있음을 깨닫게 된다. 아동은 게임에 임하면서 게임의 규칙은 변화하지 않는 것이며 반드시 그것을 지켜야 한다고 인식한다. Piaget가 이 시기의 도덕성을 '타율성' 이라 한 것은 규칙이 아동 자신으로부터가 아니라 타인에 의해 정해진 것으로 이해하고 그것을 따르려 하기 때문이다. 그리고 '도덕적 절대' 란 도덕적 판단이 행위의 객관적인 결과에 의해서만 판단된다고 생각하는 아동의 절대론적 사고를 나타낸다.
- **자율성과 도덕적 상대주의**(autonomy and moral relativism, 7~11세) : Piaget는 이 시기의 아동들이 게임을 하면서 경우에 따라서는 게임의 규칙을 수정하기도 하고 새로운 규칙을 만들기도 하는 것을 발견하였다. 즉, 이 시기의 아동들은 규칙은 외부에서 주어지는 것이기도 하지만 변화시킬 수도 있다고 생각하게 되는 것이다.
- **자율성과 도덕적 상대주의에 대한 형식적 추론**(formal reasoning about autonomy and moral relativism, 11세 이상) : 아동은 조작적 추론 능력을 갖게 됨에 따라 규칙을 보다 보편적이고 추상적인 개념으로 이해하게 된다. 이 시기의 아동은 새로운 경험 상황 속에서도 규칙을 새롭게 만들어 내며, 그것을 흥미로운 하나의 체계로 인식한다.

Piaget는 두 번째 단계의 도덕성을 **제약의 도덕성**(morality of constraint)이라 하였으며, 세 번째와 네 번째 단계의 도덕성을 **협력의 도덕성**(morality of cooperation)이라 하였다. 그는 아동의 도덕성 발달을 단계로 구분하여 설명하는 것이 아동의 도덕적 사고의 유형을 가늠하는 데에 용이한 방식이라고 생각하였다. 즉, 이러한 구분을 통해 아동의 도덕성이 기계적인 절대주의에서 자율적이고 추상적인 상대주의로 진행된다는 사실을 확인할 수 있는 것이다.

Lawrence Kohlberg (1927~1987)

Kohlberg의 도덕성 발달이론 L. Kohlberg는 Dewey와 Piaget의 영향을 받았다. 그는 자신의 박사학위 논문인 『10~16세에서의 사고와 선택의 경향성의 발달(The Development of Modes of Thinking and Choice in the 10 to 16-years-old)』(1958)에서 인간이 사회적 상황에서 도덕적 판단을 할 때 자연스러운 단계를 거치고 있음을 주장하였다. 또한 Kohlberg는 영국, 말레이시아, 멕시코, 대만, 터키에서의 조사 연구를 통해 서로 다른 문화 간에도 유사한 발달 단계의 원칙이 지켜진다는 것을 확인하였다(Nisan & Kohlberg, 1982).

그는 다음과 같은 'Heinz의 딜레마' 라는 사례를 제시하여 도덕성 발달 수준을 판단하였다.

> 유럽에서 Heinz라는 남자의 부인이 암에 걸려 죽어 가고 있었는데, 그 부인을 살릴 수 있는 약이 발명되었다. 그것은 같은 마을에 사는 어느 약사가 발명한 라듐 종류의 약이었다. 이 약은 가격이 매우 높았는데, 왜냐하면 약값을 제조 원가의 10배로 책정하였기 때문이었다. 즉, 원가는 200달러였으나 판매는 2,000달러에 하는 것이었다.
>
> Heinz는 돈을 구하려는 모든 노력을 다하였으나, 약값의 절반인 1,000달러밖에 구할 수가 없었다. Heinz는 약사에게 자기 부인이 죽기 직전에 있다는 것을 설명하고 그 약을 싸게 팔거나 일단 외상으로라도 자기에게 팔아 달라고 간청하였다. 그러나 약사는 "절대 안 됩니다. 그 약은 내가 발명한 것이니 나는 그 약으로 돈을 벌어야 되겠습니다." 라고 매몰차게 거절하였다. 절망에 빠진 Heinz는 마침내 부인을 위하여 약을 훔쳤다. 남편은 정당한 일을 하였는가? 만약 정당하다면 왜 그러한가?

Kohlberg는 위의 'Heinz의 딜레마' 와 여러 가지 다른 갈등 상황을 제시한 연구에서 아동들이 이런 상황에 대해 어떻게 대답하는지를 기초로 도덕성 발달의 단계를 구성하였다.

발달 단계 Kohlberg는 여러 갈등 상황을 통해 분석한 도덕성 발달 단계의 전체적인 양상을 모두 6단계로 나누어 설명한다. 이 6단계는 다시 3수준으로 나뉜다. 그는 1단계와 2단계를 **인습 이전 수준**(pre-conventional level), 3단계와 4단계는 **인습 수준**(conventional level), 그리고 5단계와 6단계는 **인습 이후 수준**(post-conventional level)으로 각각 분류하고 있다.

- 1단계. 벌과 복종에 의한 도덕성: 도덕성 발달의 첫 수준인 1단계에 해당하는 아동에게는 행위의 결과가 벌인가 칭찬인가, 혹은 행위를 강요하는 사람이 누구인가가 선악을 판별하는 주요 준거가 된다. 따라서 이 단계의 아동들에게는 벌을 피한다든지 권력에 무조건 복종하는 자체가 가치 있는 것이다.
- 2단계. 욕구 충족 수단으로서의 도덕성: 자신의 필요나 욕구, 경우에 따라서는 다른 사람의 필요나 욕구를 충족시켜 주는 행위이면 옳다고 판단한다. 이 시기의 인간관계는 일종의 교환관계다. 예를 들면, '네가 크레파스를 빌려 주면, 나는 물감을 빌려 주겠다.' 는 식이다. 따뜻한 우정이 있을 수는 있지만 주로 실용적인 관점에서 해석된다.
- 3단계. 대인관계의 조화를 위한 도덕성: 대부분의 성인에게 흔히 나타나는 생각으로, 내가 다른 사람을 기쁘게 해 주는 행위를 하면 다른 사람들이 나를 인정해 줄 것이기에 그것을 좋은 일이라고 판단하는 단계다.
- 4단계. 법과 질서 준수로서의 도덕성: 개인적인 문제보다 전체를 위한 의무감을 더욱 중요하게 여기는 시기다. 예를 들면, '이것은 법이다. 만약 모든 사람이 자신들이 원하는 대로 행동한다면 세상은 어떻게 될 것인가?' 라고 생각하면서 주어진 사회 질서를 유지하려는 행동을 나타내는 시기다.
- 5단계. 사회 계약 정신으로서의 도덕성: 법적 관점이 중시되지만 이 단계에서는 법의 사회적 유용성에 대한 합리적 고려에 따라 법이 바뀔 수도 있다는 것 또한 중시된다. 예를 들면, '마리화나를 피우는 것은 법에 위배된다. 따라서 그것은 나쁜 일이다. 그러나 과학자들이 마리화나를 사람의 몸에 해롭지 않도록 개조한다면 그때에는 도덕적으로 나쁠 것이 없다.' 고 생각하는 것이다.
- 6단계. 보편적 도덕 원리에 대한 확신으로서의 도덕성: 스스로 선택한 도덕 원리에 따른 양심적인 행위가 곧 올바른 행위다. 도덕 원리는 논리적이고 일관성이 있어야 하며 모든 사람에게 적용 가능해야만 한다. 그러나 극소수의 사람만이 이 단계를 거치기 때문에(Kohlberg, 1984) 이후에 Kohlberg는 이 단계를 더

이상 강조하지 않았다(Eggen & Kauchak, 1992).

Kohlberg는 Piaget와 마찬가지로 도덕성 발달은 단계적으로 이루어지며, 이러한 발달은 인지적 재구조화에 따른 결과라고 인식하였다. 이는 결국 도덕적 판단력은 점차적으로 발달해 가는 추론 능력에 의해 결정된다는 입장이다. 이러한 인지발달적 관점을 기초로 하는 도덕성 이론은 아동의 도덕성 발달에 대한 체계적인 설명을 가능하게 하였지만, 도덕성의 발달을 인지적 정신활동의 결과로만 해석하는 것은 무리가 있다는 의견 또한 제시되고 있다.

Carol Gilligan
(1936~)

예를 들어, C. Gilligan은 Kohlberg의 도덕성 연구 결과가 대부분 남자를 대상으로 도출되었다는 점을 지적한다(Aron, 1977; Gilligan, 1982; Gilligan & Attanucci, 1988). 즉, 여자들의 도덕적 추론은 남자의 경우와는 상이할 수 있다는 것이다. Gilligan(1982, 1985)은 남자들은 규칙과 개인의 권리와 같은 정의(justice)에 근거해서 주로 도덕적 결정을 내리고, 여자들은 타인에 대한 책임과 타인과의 관계성, 그리고 보살핌(care)을 강조하는 도덕성을 지닌다는 사실을 발견하였다.

Kohlberg의 도덕성 발달 단계에 따르면 도덕성 발달의 가장 높은 단계는 정의의 보편적인 원칙에 근거한 도덕적 판단을 내포하며, 타인과의 관계 유지 혹은 보살핌과 관계된 추론은 상대적으로 낮은 도덕적 수준에 머물러 있는 것으로 여겨진다. Kohlberg의 초기 연구에서 나타난 결과를 보면 대부분의 성인 남성은 4 혹은 5단계에 이르는 도덕성 발달이 이루어지고 대부분의 여성은 3단계에 해당하는 도덕적 수준을 가진다. 이러한 연구 결과를 바탕으로 남자가 여자보다 도덕적으로 더욱 성숙한 존재로 발달한다는 주장이 있어 왔다.

그러나 Gilligan의 연구는 성별에 따라 주로 지니게 되는 도덕성의 특징이 다를 수 있다는 것을 보여 주면서, 남자가 여자보다 도덕적으로 성숙하다는 결론보다는 남자나 여자 모두 자기중심적인 도덕적 관점에서 벗어나는 방향으로 도덕성이 발달한다는 관점이 보다 적절할 수 있다는 가능성을 열어 놓고 있다.

4. 발달 연구와 이론의 교육적 적용

지금까지 우리는 발달의 개념과 연구, 그리고 이론 등에 대해 살펴보았다. 이와 같은 발달과 관련된 연구와 이론들이 교육과 관련하여 어떻게 적용될 수 있을까? 이에 대하여 다음의 세 가지로 나누어 살펴보자.

1) 인간 이해의 기본 관점의 제시

인간발달 연구는 인간을 이해하고자 하는 다양한 영역의 학문, 즉 사회학, 생물학, 인류학 등의 학문과 상호작용을 통하여 인간에 대한 종합적 이해에 적용되고 있다. 사회학을 통해 사회적 단위와 사회적 구조를 이해함으로써 개인의 발달과 사회구조의 상호작용을 규명할 수 있고, 생물학을 통해 인간의 생물학적 기능에 대한 생태학적 이해와 학습 행동을 분석할 수 있다. 그리고 인류학은 인간의 공통된 행위와 문화에 따른 특수 행위를 고찰함으로써 인간의 이해에 도움을 주고자 한다. 이와 같이 발달 연구는 학문 간의 학제적 관계를 기초로 보다 폭넓은 인간 이해에 적용되고 있다.

또한, **발달 연구**는 연령별 발달이 이루어지는 양상을 이해하려는 현상기술 연구와 발달적 변화가 일어나는 원인 및 그 과정을 추론하고 이론화하려는 발달기제 연구로 나누어 볼 수 있다. **현상기술**(phenomenal description) 연구가 각 연령 단계의 발달 규준을 비교함으로써 연령 간 발달 양상의 차이를 밝히는 데 비해, **발달기제**(developmental mechanism) 연구에서는 발달이 일어나는 근원적인 요인과 과정에 대한 추론이 이루어진다. 이러한 두 가지 접근의 인간발달 연구는 인간의 연령별 발달 내용을 이해하는 데 중요하며, 보다 바람직한 발달적 변화를 촉진할 수 있는 요인과 과정을 찾는 데 기여하고 있다(Kuhn, 1974).

이러한 발달 연구는 인간 행동에 대한 종합적인 이해를 가져옴으로써 교육적인 지도에 적용될 수 있다.

2) 현실적 · 제도적 측면의 적용

인간발달에 대한 다양한 연구는 [그림 2-5]와 같이 사회문제의 해결, 교육과정의 개발, 정책 수립 결정 등에 적용될 수 있다.

우선, 발달에 대한 다양한 연구는 현대의 사회문제를 해결하는 데 도움을 줄 수 있다. 맞벌이 부부와 이혼율의 증가, 편부모나 결손가정의 문제 등은 단순한 가정 내의 문제로 그치는 것이 아니라 사회적 문제로 대두되고 있다. 발달연구자들은 이러한 사회문제를 해결하기 위하여 많은 연구와 조사를 한다(Santrock, 1995). 맞벌이 부부에서 나타나는 양육방법과 유형에 대한 조사와 그들의 양육 형태가 아동의 사회적 · 지적 성장에 미치는 영향에 대한 연구, 방과 후 아동이 보내는 시간의 형태가 인지적 · 정의적 변인에 미치는 영향에 대한 연구 등은 최근의 사회현상을 설명하고 해결하려는 인간발달 연구의 좋은 예가 된다(Lamb, 1994; Lerner & Abrams, 1994). 이와 같은 인간발달 연구의 광범위한 지식은 아동과 가족의 각 구성원이 직면한 사회문제를 해결하는 데 보다 직접적으로 적용됨으로써 사회에 산재한 많은 문제 해결에 도움을 줄 수 있다.

다음으로 발달 연구는 최적의 교육과정을 개발하는 데 적절히 적용될 수 있다. 우리는 최근 미국에서 교육과정을 설계할 때 발달연구자들의 도움을 적극적으로 요청하고 있다(Gardner, 1993)는 사실에 주목해야 한다. 이는 곧 최적의 교육과정을 설계하기 위해서 아동에 관해 충분히 파악하고 있어야 함을 의미한다. 최근에 정부나 학교의 정책입안자들은 아동을 비롯한 청소년 혹은 성인 학습자의 사고 능력을 향상시

[그림 2-5] 인간발달 연구의 적용

키기 위해 인간 사고의 실체와 학년 혹은 연령에 따라 사고가 어떻게 발달하고 변하는지에 관해 충분히 이해해야 할 필요성을 느끼고 있다(Kuhn, 1991). 또한 아동과 청소년들이 직면하고 있는 가정적 · 사회적 어려움을 해결하기 위해서, 아동기에서 청소년기를 거쳐 성인기에 이르는 변화와 전환의 실체에 대한 이해를 바탕으로 그 역동적 변화에 대한 학교와 사회의 적절한 대처가 요구되는 것이 현실이다. 이러한 상황을 고려할 때 교육과정의 구성과 교육의 질을 향상시키는 데 인간발달 연구가 보다 구체적으로 적용되어야 함은 자명한 것이다.

마지막으로 국가나 학교의 정책이 아동과 청소년, 그리고 학부모 등의 욕구를 가장 효과적으로 충족시키기 위해서는 교육 프로그램의 설계와 실행 및 평가의 모든 단계에 걸쳐 발달 관련 연구 결과의 체계적인 적용이 필요하다. 미국에서 교육정책 과정에 발달연구자 혹은 발달전문가들이 적극적으로 참여하는 추세는 1960년대와 1970년대부터 시작되었다(Zigler & Finn-Stevenson, 1992). 예를 들어, 1965년에 수행된 극빈층 가정의 취학 전 아동을 위한 프로그램인 **헤드스타트(Head Start) 프로젝트**는 아동의 초기 경험이 지능발달에 중요한 영향을 미친다는 발달 연구 결과의 영향이었다(Hunt, 1961). 헤드스타트 프로젝트에 자금 지원이 계속되는 것을 반대하는 세력으로부터 이 프로젝트를 계속 유지하고 지원하도록 한 것도 헤드스타트의 장기적인 효과에 대해 20여 년간 꾸준히 축적해 온 발달 연구 결과 때문이라는 것은 중요한 함의를 지닌다. 또 다른 예로 유아기 때의 영양 부족이 초기 두뇌발달에 심각한 영향을 준다는 연구 결과가 의회에서 여성, 유아, 아동을 위한 음식 보조에 관한 특별법을 제정하도록 자극한 것을 들 수 있다. 이 법에 의해 1970년대 초기까지 기아에 허덕이는 많은 임산부와 어린아이들에게 음식 지원이 이루어지게 되었다(Berk, 1994). 이러한 사실은 인간발달 연구가 정책 수립이라는 측면에서도 매우 강력하게 적용될 수 있음을 보여 주는 좋은 예가 된다.

3) 교실에서의 적용

인지적 발달이론의 교실 적용 앞서 살펴본 인지적 발달이론을 대표하는 Piaget 이론과 Vygotsky 이론이 교실 상황에서 어떠한 방법으로 적용될 수 있는지에 대해 논의해 보자.

Piaget 이론 교육의 역사를 살펴볼 때 주어진 정보를 단순히 암기하도록 하는 것이 적절한 교수방법으로 여겼던 때가 있었으며, 아직도 적지 않은 교사들이 그와 같은 교수방법을 택하고 있는 것이 사실이다. 그러나 Piaget의 연구가 제시하고 있는 것처럼 아동의 인지 수준이 어떤 모습으로 발달되는가에 대해 이해하게 되면, 지금까지의 단순한 암기 위주의 교수방법에 대해 근본적인 재고가 필요하다는 것을 쉽게 알 수 있을 것이다. 즉, 교사는 정보의 구체성과 추상성에 따라, 그리고 아동의 발달 수준에 따라 교수방법에 차이를 두어야 한다.

교과과정 역시 Piaget 이론을 바탕으로 구성될 필요가 있다. 처음에는 구체적이고 단순한 경험들, 다음에는 보다 상세하고 추상적인 경험들의 순서로 구성되어야 할 것이다. 수학과 관련된 다음의 인용문은 이러한 시각을 잘 예증하고 있다.

> 오늘날 수학 교과서의 내용은 최대한의 학습을 보장하기 위해 면밀한 검토 후에 구성되었다. 학습은 구체적인 수준에서 시작하여, 조금 덜 구체적이며 상징적인 것으로 옮겨지며, 마지막에는 추상적인 수준까지 옮겨진다. 이와 같이 학생들이 숫자를 세는 방법을 배운 다음, 주위 환경에서 물체를 세어 보며, 다음에는 숫자들을 이용하고, 결국에는 숫자의 개념을 일반화하는 것이다(Abbott & Wells, 1987).

또한 Piaget 이론에 대한 검증을 시도한 몇 가지 연구들(Piaget, 1974; Gelman, Meck, & Merkin, 1986; Lawson & Snitgren, 1982; Thornton & Fuller, 1981)을 살펴보면, Piaget의 각 발달 단계와 그 해당 연령이 정확하게 일치하지 않음을 알 수 있다. 각 단계와 연결된 연령은 단지 근사치일 뿐이며, 연령 집단 내에서는 상당한 변인이 존

학습자의 발달 단계에 적합한 수업의 구성과 수업 자료의 제시는 학습자의 학습을 용이하게 한다.

재한다는 점이 발견되었다. 이러한 결과는 특히 중등학교 교사들에게 중요한 시사점을 주는데, 그것은 교사가 담당하고 있는 학생들 모두가 각 단계의 기능을 성공적으로 수행할 수 있는 배경적 경험과 성숙 수준을 갖추고 있는 것은 아니라는 점이다. 이것은 교사가 아이들의 연령이 추상적 수준의 단계에 해당되는 연령이라고 해도 가능한 한 자주 구체적인 실례를 사용해야 한다는 것을 시사한다. 중등학생의 경우 처음부터 개념을 언어적으로 제시하여 추상적으로 사고하기를 기대하는 것은 바람직하지 않다. 전제가 되는 인지구조가 없다면 그들은 추상적 사고를 할 수 없다. 이를 고려하지 않는 수업 때문에 학생들은 실제적이고 구체적인 이해 없이 수업 내용을 단순히 암기하는 경우가 발생하기도 한다. 효과적인 대안 중 하나는 학생의 직접적인 경험과 더불어 동료 친구들 혹은 교사와의 토론을 동시에 제시하는 전략의 사용이다. 이는 형식적 조작기에 접어든 중등학교 학생의 효과적인 학업 수행에 중요한 역할을 할 수 있을 것이다.

Vygotsky 이론 아동의 인지발달에 관한 Vygotsky의 관점은 우리가 학교 혹은 교육을 이해하는 데에서 사고의 전환이 필요함을 강조한다. 지금까지 학습의 최종 목적은 학생 스스로 문제를 해결할 수 있는 능력을 극대화하는 데 초점이 맞추어져 왔다. 예를 들어, 교실에서 협동학습이 강조되는 이유의 궁극적인 목적은 협동학습이라는 교수방법을 통해 학생 스스로 문제 해결력을 배양하고자 하는 이유에서다. 아무리 협동학습이 강조된다고 하더라도 입학시험에서는 개개인을 따로 평가하는 것이 바로 이러한 생각의 반영이다. 그러나 문제 해결에서 조력의 필요성을 강조하고, 또 이러한 조력을 이용할 수 있는 능력 또한 중요한 능력으로 인정해야 한다는 Vygotsky의 주장은 학습과 평가에 대한 기존 관점의 변화 없이는 공허한 구호에 그칠지도 모른다. 학교가 사회에서의 성공과 행복을 준비하는 체계화된 기관의 역할을 수행하는 곳이라면, 학교에서의 학습 상황 역시 사회에서의 문제 해결 장면에 보다 충실해야 하지 않을까? 실제로 사회에서 우리가 문제를 해결하는 상황에는 수많은 조력이 존재하고, 그러한 조력을 충분히 이용하는 것이 보다 현명한 선택이다. 이러한 관점에서 Vygotsky의 이론은 학교에서의 학습과 평가가 어떻게 재구조화되어야 하는지에 대한 의미심장한 방향을 제시한다.

■■■ 비인지적 발달이론의 교실 적용 앞서 우리는 비인지적 발달이론으로 Freud

와 Erikson, 그리고 Piaget와 Kohlberg의 이론을 각각 살펴보았다. 이들 이론이 교육현장에 적용되는 범위를 생각해 보자.

Freud 이론 Freud의 이론은 인생의 초기 경험을 강조함으로써 유아교육의 중요성을 일깨워 주고 있다. 이러한 Freud의 입장은 아동의 초기 경험이 건강한 정서발달에 큰 영향을 주며, 개인의 성격과 사회성이 아동 초기에 형성된다는 사실을 밝히고 있다. 실제로 학급 친구들에게 배척당하는 아동들은 학급 친구들에게 인기 있는 아동들에 비하여 갈등 상황에 직면할 때, 부정적인 입장을 표하는 경우가 훨씬 빈번하며 학급 친구들에게 많은 애정을 받는 아동들은 매우 성숙한 성격을 보이고, 갈등을 해결하기 위해 부정적 입장을 내세우지 않는 경향이 있다.

그러나 Freud가 인간 본성에 대해, 그리고 성격장애를 일으킨 사람들의 회복 가능성에 대해 지나치게 비관적인 견해를 가지고 있었다는 점은 그의 이론을 적용하는데 주의를 기울여야 할 부분이다.

Erikson 이론 Erikson의 심리사회적 발달 단계는 교육현장에 중요한 시사점을 주고 있다. 예를 들어, 아동이 4~5세 정도가 되면 주도성 혹은 죄책감을 느끼게 되며, 이 시기에는 다양한 신체활동과 언어활동에 참여하게 된다. 이런 활동에 적극적으로 참여하고자 하는 의욕 혹은 의도를 지나치게 통제하면 아동은 위축되고 죄책감을 느끼게 된다. 따라서 아동의 자기 주도적인 활동에 지나치게 간섭해서는 안 되며, 가능하다면 인정하고 포용해야 한다. 또한 중등학교 학생은 정체감 혹은 정체감 혼미에 해당되는 연령층이다. 그들은 매사에 자신감이 없고 무력해지며 용기가 없어지거나 반대로 파괴적이고 반항적이 될 수 있다. 이러한 현상은 학생 스스로가 자기 통찰력이 생기면 없어지게 되는데, 이를 위해 교사는 학생의 자신감이 회복될 수 있도록 주의를 환기시켜 주거나 직업 선택의 가능한 대안을 탐색해 볼 수 있도록 돕는 등의 개입을 하는 것이 중요하다. 결국, 교사는 발달 단계에 따른 발달과업을 숙지하고 있어야 하며, 그에 대한 환경을 체계적으로 계획하고 제시해 줄 수 있어야 한다.

도덕성 이론 도덕적 판단이 연령의 증가에 따른 인지발달에 근거하여 발달한다는 사실을 강조한 Piaget 이론과 Kohlberg 이론은 아동의 실제 도덕적 행위가 아니라 주어진 상황에 대한 아동의 인지적 반응, 즉 도덕적 추리 능력을 통해서 발달 단계를 구분하고 있다는 비판을 받고 있는 것이 사실이다(Strike, 1990). 그러나

Piaget와 Kohlberg의 연구는 교실 상황에 특별히 중요한 시사점을 던지고 있다. 우선 Piaget는 아동의 도덕적 판단 능력이 타율적이든 자율적이든 간에 사회적인 관계성 안에서 길러진다는 점을 강조하였다는 것이다. 즉, 또래집단 안에서의 협동을 포함한 활동이 증가할수록 아동은 자율적이고 협동적이며 도덕적인 개체로 성장해 나가게 된다. 같은 맥락에서 Kohlberg의 이론에서도 학생들이 자기의 도덕적 사고를 시험해 보고 다른 학생과 비교해 보는 학급 토론을 경험함으로써 도덕성 발달이 향상됨을 주장한다(Oser, 1986). 도덕적 사고에 대해 보다 고차적이고 복잡한 사고방식을 접함으로써 학생들은 타인과의 관계 속에서 자기 자신의 사고를 점검하고 평가할 수 있게 된다. 도덕적 딜레마에 대해 효과적으로 토론하기 위해서 교사들은, 첫째 보다 구체적인 갈등 상황과 갈등 해결의 다양한 방식을 계획해야 하고, 둘째 학생들이 타인의 역할과 관점을 생각하도록 격려하고, 셋째 학생들이 자신들의 선택을 논리적으로 변론할 수 있도록 하며, 넷째 찬반 토론을 통해 학생들 개개인의 다른 행동 과정을 분석하도록 노력해야 한다. 교사가 이러한 역할을 한다면 학생들은 실제 상황에서 그들의 도덕적 도식을 형성하고 스스로 평가할 수 있는 능력을 발달시킬 수 있다.

또한 교사는 학생의 성별에 따른 도덕적 기준의 차이가 존재할 수 있음을 이해하고 있어야 하며, 보다 높은 수준의 도덕성이란 기계적이고 결정된 사항이 아니라는 생각을 가져야 한다. 따라서 학생들이 어느 수준의 도덕성을 지니고 있는가에 대한 판단이 필요한 것은 사실이지만, 보다 중요한 것은 학생들이 권리나 규칙에 대해 배우면서 동시에 타인에 대한 책임감을 가지고 상대방을 배려하는 마음을 키울 수 있도록 도와주려는 마음일 것이다.

연구문제

1. 다음의 개념을 간단히 설명하여라.
   - 성장(growth)과 발달(development)
   - 도식(schema)
   - 내적 언어(inner speech)

2. Piaget의 이론에서 평형화(equilibrium)의 원리를 설명하여라.

3. Vygotsky의 근접발달영역(ZPD)을 설명하여라.

4. 다음의 예들은 수업 장면을 묘사하고 있다. 교사들이 학생의 발달 수준에 적합한 교수를 제공하고 있는지를 판단하고 그 이유를 설명하라.

> 1) 초등학교 3학년인 민주는 '6－4 = □'라는 수학문제를 해결하지 못하고 있다. 선생님께서는 민주에게 다음과 같은 힌트를 주셨다.
> "민주야, 4 더하기 2는 6이지. 그럼 6에서 4를 빼면 무엇과 같아야 할까?"
>
> 2) 고등학교 물리시간, 이번 시간에 선생님께서는 물체의 무게가 낙하속도와 어떤 관련이 있는지를 알아보는 실험을 할 것이라고 말씀하셨다. 그리고 선생님께서는 실험에 필요한 실험도구와 사용방법을 알려 주시고는 학생들이 실험을 시작하게 하셨다.

5. 다음의 밑줄 친 사람들은 Erikson의 심리사회적 발달이론의 8단계 중 하나의 단계에 속하는 특성을 보이고 있다. 각각 몇 번째 단계에 해당되는지를 밝히고 그 이유를 설명하여라.

> 1) 수철이 어머니는 동창회에 나가 그녀의 오랜 친구인 미숙에게 말을 했다.
> "참 걱정이다. 그저께 아침에 우리 아이 방을 청소하다가 뭘 봤는지 아니? 수철이 침대 밑에 글쎄, 도색잡지가 있지 뭐니! 이 일을 어쩌면 좋니?"
> 그녀의 친구는 대수롭지 않다는 듯 웃으며 말했다.
> "별일 아니네. 아마도 그 앤 지금 자신이 느끼는 감정이 무엇인지 확실하게 알지 못하고 있을 걸! 편하게 생각해. 수철인 지극히 정상이야."

2) 경아의 아버지가 퇴근하여 집으로 돌아왔을 때 경아의 어머니가 웃으면서 말했다. "여보, 오늘 무슨 일이 있었는지 아세요? 경아가 자기 방 벽에 알아볼 수도 없는 그림을 잔뜩 그려놓았지 뭐예요! 벽지가 온통 망가져 버렸어요."
"그래? 그래서 혼을 냈소?"
"그러려고 그랬죠. 그런데 경아가 자랑스러운 표정을 하고는 그 그림을 아빠 엄마를 위해 그렸다는 거예요. 그래서 그림이 참 훌륭하다고 말했죠. 무엇이 잘못되었는지는 나중에 가르쳐 줘야 겠어요."

6. 다음은 Piaget가 아동의 도덕성 발달에 관해 연구할 때 아동에게 제시한 두가지 이야기다. 이 이야기에 대한 명진이의 답을 고려할 때, 명진이는 Piaget의 도덕성 발달 단계 중 어디에 속한다고 할 수 있는가? 그리고 그 이유는 무엇인지 설명하여라.

1) Alfred에게는 가난한 친구 한 명이 있었다. 어느 날 그 친구는 자기 집에 먹을 것이 하나도 없기 때문에 저녁을 굶었다고 말했다. 그 말을 들은 Alfred는 빵가게로 향했다. 그는 돈이 없었기 때문에, 가게 주인이 뒤돌아선 틈을 타서 빵을 훔쳤고 그것을 친구에게 주었다.

2) Henriette는 가게에 갔다. 그녀는 탁자 위에 놓인 예쁜 리본을 보았고, 자신의 드레스에 잘 어울릴 거라고 생각했다. 그래서 가게 주인이 뒤돌아선 틈을 타 리본을 훔쳐 도망쳤다.

출처: J. Piaget (1965). *The moral judgment of the Child* (M. Gabain, Trans.). New York: The Free Press. (Original work published 1932)

명진 : Alfred는 그의 친구가 먹을 것이 없다고 하였기 때문에 빵을 훔쳤고, Henriette는 예뻐지고 싶어서 도둑질을 한 거야. 둘 중에서 Alfred가 더 나빠. 왜냐하면 그가 훔친 빵 크기가 더 크거든.

제3장 학습자의 개인차

1. 지 능
2. 창의성
3. 인지 양식
4. 사회경제적 지위와 성차
5. 개인차의 교육적 함의

▩ 연구문제

임 선생님은 각종 서류가 쌓여 있는 책상을 바라보며 크게 한 번 기지개를 폈다.

'후-, 그럼 이제 시작해 볼까!'

임 선생님은 가정통신문을 펼쳤다. 임 선생님이 근무하는 초등학교에서는 한 달에 한 번씩 학부모에게 가정통신문을 보내고 있다. 오늘은 이번 학기의 마지막 가정통신문을 보내는 날이다. 한 학기 동안 반 아이들이 보여 준 다양한 모습을 떠올리며 선생님은 사뭇 남다른 감회에 젖는다.

가장 먼저 떠오르는 아이는 순정이었다. 순정이는 학기 초와 비교해 볼 때 가장 뛰어난 발전을 보였다. 학기 초 임 선생님은 순정이의 낮은 성적이 근본적으로 수학의 연산 능력 부족으로 인한 자신감의 상실 때문임을 알게 되었다.

임 선생님은 방과 후 정기적으로 순정이를 특별지도하였으며, 이제 순정이의 성적은 학기 초와 비교해 볼 때 믿을 수 없을 정도로 향상되었다.

한욱이는 언제나 임 선생님을 흐뭇하게 한다. 한욱이는 처음부터 공부를 재미있어 하는 것 같았다. 언제나 모든 문제를 완벽하게 풀어 냈으며, 학급의 다양한 특별활동에도 적극적으로 참여하는 나무랄 데 없는 학생이다.

여름방학이 시작되면 세계잼버리대회에 학교 대표로 한욱이를 추천해야겠다고 임 선생님은 생각했다. 그러나 이러한 흐뭇한 감정도 은선이를 떠올리면서 착잡한 마음으로 바뀐다.

홀어머니를 모시고 두 동생과 함께 사는 은선이에게는 도무지 공부할 만한 여건이 갖추어지지 않은 것 같다. 지각은 물론이거니와 가끔 결석도 하는 은선이는 수업 내용을 전혀 따라가지 못하고 있다. 그래도 학기 초에는 수업시간만큼은 열심히 하는 듯했지만, 시간이 지날수록 힘들어하였고, 결국 수업에 전혀 흥미를 느끼지 못하고 있다.

임 선생님은 은선에게 어떻게 해야 도움이 될 수 있는지 방법을 찾지 못하고 있다. 은선의 문제는 근본적으로 학교 외적인 문제인 듯했다.

이제 곧 방학이 시작되면 은선의 집을 방문해 보기로 임 선생님은 결심한다.

모든 학생이 한욱이와 같다면 학생을 가르치는 일은 끊임없는 기쁨이자 보람일 것이다. 그러나 능력이나 그 외의 많은 부분에서 학생들은 매우 다양한 개인차를 가지고 있다. 은선이에 대한 임 선생님의 착잡한 심정, 이것이 바로 현실이다. 우리는 학생 개개인이 각각 다른 능력과 환경을 지니고 있다는 사실을 끊임없이 상기하고 전문적인 지도를 할 필요가 있다.

우리가 학교에서 고려해야 할 다양한 학생의 개인차 중에서 지금까지 가장 비중 있게 연구되어 온 것은 지능이다. 지능이란 학생들이 얼마나 빨리, 얼마나 효율적으로 학습할 수 있는가에 매우 중요한 영향을 준다. 하지만 지능을 이해하는 것만으로는 학생들의 학업 성취를 이해하는 데 충분하지 않다. 학생의 창의성과 사고양식, 사회경제적 조건, 성차 등의 문제 또한 교사가 이해하고 적절히 대처해야 할 중요한 변인들이다. 이제 학생들의 학습 효과를 극대화하기 위해 우리가 고려해야 할 다양한 개인차 변인에 대해 알아보자.

1. 지 능

지능(intelligence)이란 인간의 지적 능력을 나타내는 대표적인 심리학적 개념이다. 교사나 일반인들이 가지고 있는 지능의 개념은 학생에 대한 평가에 영향을 줄 수 있다. 또한 지능검사의 측정값은 학생의 지적 특성을 이해하고 진단하는 데, 혹은 학교와 직업에서의 성공을 예언하는 데 중요한 지표로 활용되고 있다.

일반적으로 학업 성취에 차이가 생기는 가장 큰 요인은 학습자의 능력(ability) 차이 때문이라고 받아들인다. 어째서 어떤 학습자는 적은 노력을 들이고도 읽기, 셈하기 등에 더 좋은 성취를 보이는가? 똑같은 수업을 받고도 이해 속도에 차이가 생기는 이유는 무엇인가? 이러한 질문에 대한 일반적인 대답은 일부 학습자가 다른 학습자에 비해 더 큰 능력을 가지고 있기 때문이라는 것이다. 지능이란 학습자의 이러한 능력을 측정하는 것으로 가정되어 왔다.

이제 지능의 정의에 대해 살펴보고 다양한 지능이론과 지능검사의 종류에 대해 알아보자. 그리고 그 검사들의 유용성과 앞으로 검사가 지향해야 할 부분에 대해서도 논의해 보자.

1) 지능의 정의

지능이라는 심리학적 구인은 지금까지 심리학 분야에서 가장 많은 관심을 받아 온 구인이다. 그러나 광대한 연구 결과에 비해 그 본질과 내용에 대해서 아직도 완전한 합의가 이루어지지 않고 있다. 1921년과 1986년에 이루어진 두 개의 연구를 살펴보면 지능이라는 구인에 대한 정의조차도 아직 완전한 합의를 이루지 못하고 있으며 꾸준히 변화하고 있음을 알 수 있다.

1921년 미국의 『교육심리학회지(Journal of Educational Psychology)』의 편집위원들에 의해 심포지엄이 열렸다. 주로 대학의 교육학과에 재직하고 있던 편집위원들은 14명의 교육심리학자들에게 지능의 정의와 본질에 대한 의견을 물어보았다. 그 결과 Thorndike는 진리나 사실의 관점에 대한 좋은 반응력, Terman은 추상적 사고 능력, Colvin은 환경에 적응하는 방법을 학습하는 능력, Henmon은 소유하고 있는 지식의 양과 지식을 알 수 있는 능력, Woodrow는 능력을 획득하는 능력, Dearborn은 경험에 의한 학습 능력 등으로 지능을 정의하였다.

이와 같은 심포지엄이 열린 지 65년 후인 1986년, 지능에 대한 대표적 학회지인 『지능(Intelligence)』의 주최로 Sternberg와 Detterman은 지능과 관련된 다양한 분야의 전문가 24명에게 1921년 심포지엄에서의 질문과 동일한 질문을 하였다. 즉, 전문가들이 생각하는 지능의 정의와 본질을 물어본 것이다. Sternberg와 Berg(1986)는 1921년에 논의된 지능의 개념과 1986년에 조사한 지능의 개념 간에 중복되는 부분도 있지만 변모된 지능 개념을 나타내는 여러 특징과 새로운 지능 연구의 동향이 나타나고 있음을 밝혀냈다. 그들에 따르면 1921년의 연구는 다분히 심리측정학적인 정의가 주를 이루었으나, 1986년의 연구에서는 정보처리적 · 생물학적 · 상황주의적 경향이 우세하였다(하대현, 1996). 또한 1986년의 심포지엄에서는 앞으로의 지능 연구가 나아갈 방향에 대한 어느 정도의 합의가 이루어지고 있었다. 심포지엄에 참석한 전문가들은 우선 지능의 모형이 사회적 맥락을 보다 광범위하게 반영해야 한다고 말하고 있다. 이는 지능이 보다 사회적이고 범문화적이어야 함을 의미한다. 또한 교실 이외의 장소에서 나타나는 지능을 발견하는 것이 중요하다는 주장을 하고 있는데, 이는 실생활에서의 지능에 대한 강조라고 볼 수 있다.

이러한 차이는 부분적으로 1921년과 1986년 심포지엄에 참가한 학자의 전공 분야에서 기인하는 것이 사실이다. 즉, 1921년의 심포지엄에는 주로 교육심리학자들이 참여하였지만, 1986년에는 매우 다양한 영역의 심리학자들이 참여한 것이다. 이처럼 관여한 학자들의 전공 분야가 다르다는 것 차체가 지능의 관점에 대한 매우 흥미로운 단서를 제공한다. 즉, 1921년의 심포지엄에 교육심리학자들이 주로 참여한 이유는 그 시대에는 지능이 주로 학교 장면에서의 검사와 밀접한 관계를 가지고 있는 개념으로 이해되고 있었음을 의미한다. 그러나 65년의 세월이 흐른 뒤에는 지능의 본질에 대한 생각이 학교 장면에만 제한되는 것이 아닌 다양한 분야에서 다루어지고 있으며, 또 그래야 한다고 이해되고 있음을 알 수 있다. 이제 전통적 지능의 개념과 최근 새롭게 나타난 다양한 이론에 대해 알아보기로 하자.

2) 지능이론

Spearman의 g 요인설

C. Spearman의 지능이론은 흔히 **g 요인설**이라 부른

다. 그는 인간의 지능이 두 가지 주요 요인, 즉 **일반요인**(general factor: **g 요인**)과 **특수요인**(specific factor: **s요인**)으로 이루어진다고 제안하였기에 **지능의 2요인설**이라고도 한다. 그러나 일반요인에 의해 대표되는 능력은 모든 지적 과제 수행에 관여하는 반면에 특수요인에 의해 대표되는 각 능력들은 그렇지 못하였기에 그의 특수요인은 심리학적 흥미의 대상이 되지 못하였다. 따라서 일반요인만이 심리학적으로 주목받게 되었다(Sternberg, 1985a).

Charles E. Spearman
(1863~1945)

Spearman(1923)은 자신이 제안한 일반요인의 본질에 대하여 다음과 같은 두 가지 설명을 하였다.

- 일반요인의 개인차는 개인이 지적 과제 수행에 사용할 수 있는 정신 에너지의 개인차와 관련해서 이해해야 한다.
- 일반요인의 개인차는 경험의 포착, 관계의 유출, 상관인의 유출의 세 가지 '질적인 인지 원리' 를 사용하는 능력의 차와 관련해서 이해해야 한다.

이와 같은 Spearman의 g 요인설은 요인의 수와 관련된 후속 연구에 영향을 미쳤으며, 많은 연구자는 유추의 문제에 관하여 g 요인이 가장 유용한 측정치라는 것을 설명하고 있다.

■■■ **Thurstone의 기본 정신 능력(Primary Mental Abilities: PMA)** 단일한 구조의 지능에서 다요인 구조의 지능으로 전환되는 결정적인 계기는 L. Thurstone에 의해 이루어졌다. 그는 다요인분석의 이론을 개발하고 적용하여 다음과 같은 7개의 **'기본 정신 능력'** 을 확인하였다.

Louis Thurstone
(1887~1955)

- 언어 이해 요인(verbal comprehension factor, V): 단어의 이해력을 측정하는 요인으로 동의어와 반의어를 포함하는 어휘력검사와 독해력검사로 측정된다.
- 단어 유창성 요인(word fluency factor, W): 이 요인은 단어의 신속한 산출을 요구하는 검사에 의해 측정된다. 예를 들면, 'S' 로 시작되는 단어를 제한된 시

간에 가능한 많이 나열하라, 또는 'er'로 끝나는 단어를 생각나는 대로 많이 들어보라는 식으로 측정되는 것이다.

- 수 요인(numerical factor, N): 더하기, 곱하기, 더 큰 숫자 찾기 등과 같은 기초적인 산수문제에 의해 측정된다. 왜냐하면 이 능력은 전형적으로 계산과 추리 모두를 크게 강조하지만 사전지식의 범위는 상대적으로 거의 강조하지 않기 때문이다.
- 공간 시각 요인(spatial visualization factor, S): 이 능력은 각종 상징이나 기하학적 도형의 정신적인 조작을 필요로 하는 검사에 의해 측정된다. 즉, 이 요인은 공간 속에서 어떤 물체를 전환시켰을 때의 상상 능력, 시각화 능력을 보고자 하는 것이다. 따라서 주로 깃발검사, 도형검사, 카드도형검사 등이 사용된다.
- 기억 요인(memory factor, M): 이 요인은 기본적으로 단순한 기억력을 검사한다. 따라서 단어나 문장의 회상-기억 검사 등이 주로 사용된다.
- 추리 요인(reasoning factor: R): 주어진 자료에서 일반 원칙을 알아내어 적용하는 능력을 측정하는 요인이다. 따라서 '태양 : 낮 : 달 : ?'과 같은 유추문제와 '3, 5, 9, 15, ?' 등과 같은 수열 완성형 검사에 의해 측정된다.
- 지각 속도 요인(perceptual speed factor, P): 이 능력은 상징의 신속한 재인을 요구하는 검사에 의해 측정된다. 여기에는 같은 숫자 찾기검사, 얼굴검사, 거울보기검사 등이 포함된다.

Guilford의 지능구조모형(Structure of Intellect: SOI) Guilford는 Thurstone의 기본 정신 능력을 확장·발전시킨 학자다. 지능이 120개의 독립적인 요인으로 구성된다는 초기의 제안은 1982년의 논문 『인지심리학의 모호함(Cognitive psychology's ambiguities)』에서 150개로 수정되었으며, 1988년에 다시 180개의 요인으로 확장되었다. Guilford는 자신이 제안한 180개의 요인을 설명하기 위해 세 가지 필수 요소를 축으로 하는 입방형의 모형을 제시한다. 그는 인간의 정신 과제가 지능의 세 가지 차원, 즉 '인지활동', '내용', '결과'와 관계된다고 주장한다. Guilford의 지능구조모형은 [그림 3-1]과 같다.

이 모형에서 하위 범주들은 상호 독립적인 것으로 정의된다. 따라서 각 차원의 내용을 곱하여 $5 \times 6 \times 6 = 180$개의 상이한 정신능력이 만들어지는 것이다.

Guilford의 이론은 종래 지능검사에 의해서만 측정되던 지능의 협소한 개념을 연

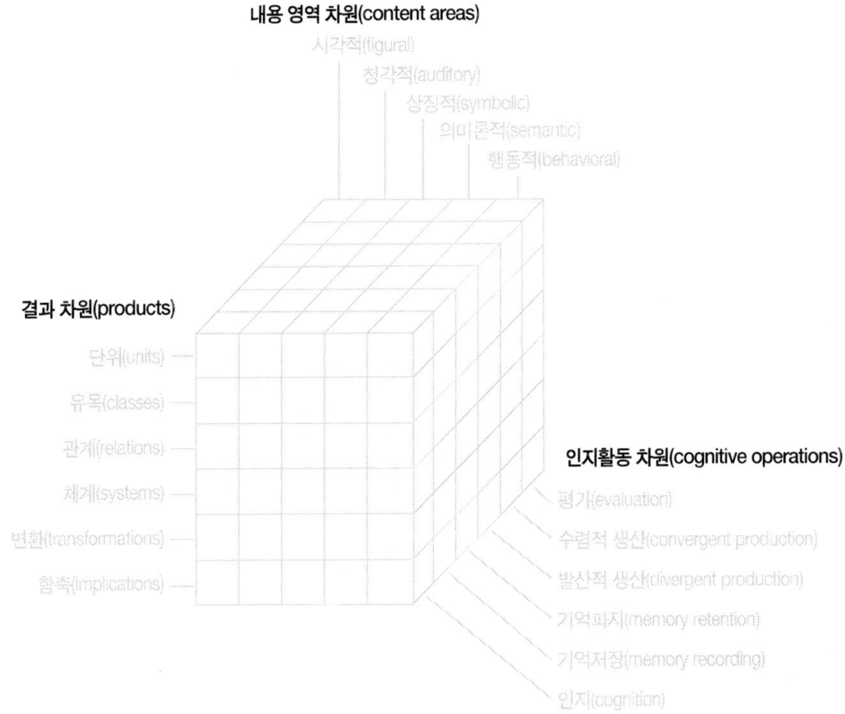

[그림 3-1] Guilford의 SOI이론의 구조

Joy P. Guilford
(1897~1987)

구자나 교사들이 확장시킬 수 있도록 하였다는 점에서 매우 중요한 의미를 갖는다. Guilford의 모델을 살펴보면 학교에서는 평가, 발산적 사고, 관계성의 탐구와 같은 부분들이 실질적으로 무시되는 반면, 정의나 사실, 규칙 등의 암기와 같은 지능의 일부분에만 시간과 자원을 불균형하게 사용하고 있음을 쉽게 알 수 있다(Gall, 1984; Goodlad, 1984). 그러나 Guilford의 이론은 모델의 복잡성 때문에 교실에서 공식적으로 적용하기 어렵다는 한계를 가지고 있다.

Cattell의 유동지능(Gf)과 결정지능(Gc) 인간의 능력이 단일 요소로 구성된다는 Spearman의 일반지능이론이나 다양한 기본 능력의 합이라는 Thurstone의 기본정신능력이론 등의 논의에 대해, 이들 이론들의 적절한 조합으로 인간의 능력을 이해하려는 노력이 **지능의 위계모형**(hierarchical model)이다. 이러한 위계모형의 대표

James M. Cattell
(1860~1944)

적 이론으로는 R. Cattell(1971), J. Horn(1968) 등이 제안한 **유동지능**(fluid intelligence: Gf)과 **결정지능**(crystallized intelligence: Gc)을 들 수 있다. 이 모형은 인간의 능력은 상위 요인인 일반 지능, 즉 g 요인과 두 개의 하위 요인인 유동지능과 결정지능으로 구성되어 있는 것으로 가정하고 있다.

유동지능은 문화적 영향을 받지 않는 유전적 혹은 생리학적 영향하에 있는 능력을 의미한다. 예를 들어, 정보가 지니는 내용보다는 정보들이 이루는 관계성을 파악하는 능력을 평가하는 경우에 유동지능에 관한 검사라고 볼 수 있다. 반면에 결정지능은 문화적인 환경적 요인에 영향을 받으며 이전의 경험이나 지식 등을 다루는 문항들로 이루어진 검사에서 다룬다.

Gardner의 다중지능이론(Theory of Multiple Intelligence: MI) H. Gardner (1983)는 [그림 3-2]와 같이 서로 독립적인 다양한 능력이 인간에게 존재한다고 주장한다. 신체-운동(bodily-kinesthetic)지능, 언어(linguistic)지능, 공간(spatial)지능, 논리-수학(logical-mathematical)지능, 음악(musical)지능, 대인관계(interpersonal)지능, 내성(intrapersonal)지능, 자연탐구(naturalist)지능 등은 Gardner가 주장하는 다양한 지능의 예들이다.

Howard Gardner
(1943~)

이러한 지능이 존재한다는 것을 밝히기 위해 Gardner는 문화인류학, 인지심리학, 발달심리학, 심리측정학, 인물전기연구, 동물생리학, 신경해부학을 포함하는 광범위한 분야의 연구 결과에 근거하여 다음과 같은 8개의 준거를 설정하였다. 즉 뇌손

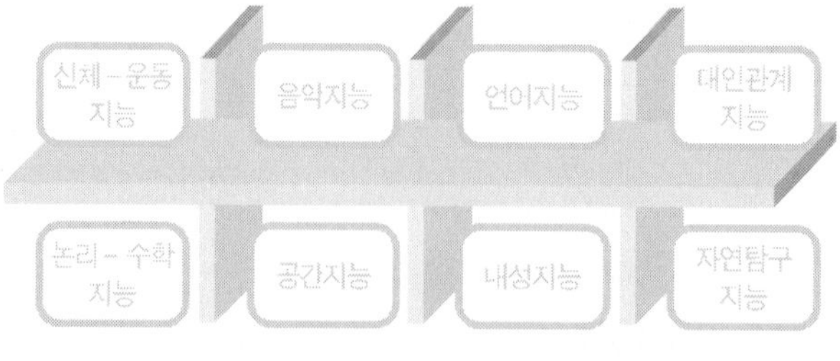

[그림 3-2] Gardner의 다중지능이론

상에 의한 분리, 비범한 재능을 가진 사람들의 존재, 독자적인 발달사, 진화사, 핵심 활동의 존재, 실험적 증거, 심리측정학적 증거 그리고 상징체계에서의 부호화가 그것이다.

이와 같은 8개 준거를 활용하여 독립적인 지능이 도출되는 과정을 '음악지능'의 예로 알아보자. 음악지능은 8개 준거 중에서 핵심활동, 선별적 장애, 비범한 사람의 존재, 이중과제 패러다임, 심리측정학 연구의 5개 준거를 만족시킨다. 이 중에서 선별적 장애를 예로 들면, 러시아 작곡가인 Shebalin은 실어증에도 불구하고 음악적 능력이 여전히 존재하고 있다는 것이 그 증거가 된다. 또한 이중과제 패러다임을 예로 들어 보면, 하나의 음을 제시한 후 6초 후에 다른 음을 제시하고 동일음의 기억 여부를 검사하는 실험에서 중간에 8개 음이나 8개의 숫자를 방해과제로 들려주었을 때, 숫자로 방해한 경우에는 98%의 정확도를 보이지만 음으로 방해한 경우에는 60%의 정확도가 나타났다. 결국, 숫자로 들려준 언어 자료는 음의 기억을 방해하지 않았기 때문에 언어지능과 음악지능은 독립적이라는 가설이 지지되는 것이다.

이러한 Gardner의 **다중지능이론**이 기존의 이론들과 차별되는 가장 중요한 점은 지금까지 지능으로 생각하지 못하였던 능력들이 지능의 기능을 할 수 있다는 가정이다. 이러한 제안이 사실이라면, 이는 현재 학교에서의 교육이 특정 지능이 우수한 학생에게만 유리하게 작용하고 있었을 가능성이 있다는 점에서 매우 큰 의미를 갖는다. 예를 들어, 음악지능이 높은 학생은 개념이나 지식을 습득하는 과정이 음악적 방법으로 제시된다면 충분히 학습 성취를 이룰 수 있음에도 불구하고, 현재의 교육이 언어적 표현에 집중되어 있기에 불이익을 받을 수도 있을 것이다.

언어지능 위주로 진행되는 일반적인 수업 장면에서 음악지능과 같은 다양한 지능을 사용하는 수업이 이루어진다면, 언어지능 이외의 다른 지능에 능력을 보이는 학생들의 학습 성취를 이루는 데 도움이 될 수 있을 것이다.

Sternberg의 삼원지능이론(Triarchic Theory of Intelligence) Gardner의 다중 지능이론이 서로 독립적인 지능을 가정하고 있는 데 반해, R. Sternberg의 **삼원지능이론**은 지능이 서로 관련을 맺고 있는 세 개의 하위 요인으로 구성되어 있다고 가정한다. 삼원지능이론에 따르면 인간의 지능은 **분석 능력**(analytical ability), **창의 능력**(creative ability), 그리고 **실제적 능력**(practical ability)의 세 가지 측면으로 구성되어 있으며, 이들 세 가지 능력이 삼원지능이론의 세 가지 하위이론인 요소하위이론과 경험하위이론 및 상황하위이론을 구성하는 핵심 요소가 된다. 이는 [그림 3-3]과 같이 나타낼 수 있다.

Robert J. Sternberg (1949~)

분석 능력은 **요소하위이론**(componential subtheory)의 핵심 능력이며, 요소하위이론은 메타 요소와 수행 요소, 그리고 지식습득 요소의 세 요소로 이루어진다. 이는 대부분의 학교 장면에서의 과제를 수행하는 데 영향을 주는 요소들이다. 창의 능력은 **경험하위이론**(experiential subtheory)을 구성하는 능력으로 과제 수행에서 경험의 영향을 중시하고 지능 측정에서 매우 중요한 함의를 제공한다. 즉, 인간의 정보처리 과정은 과제에 대한 이전 경험의 정도에 영향을 받을 수밖에 없으며, 적절하게 새로우면서도 어느 정도 익숙한 과제로 측정할 때 지능을 가장 잘 판단할 수 있다고 가정한다. 그리고 실제적 능력은 **상황하위이론**(contextual subtheory)을 구성하는 요인으

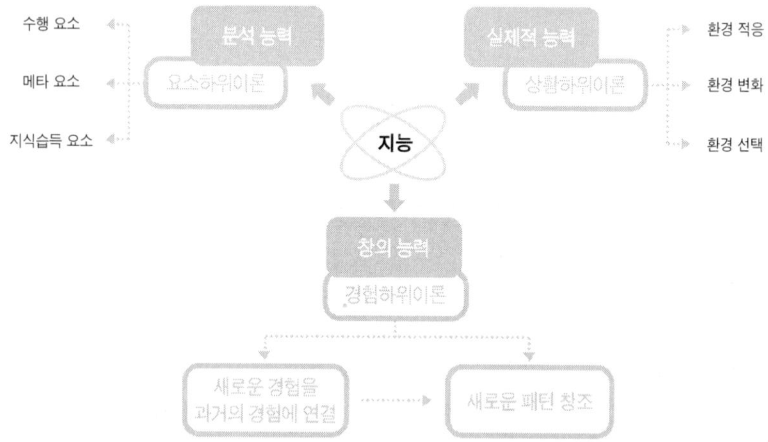

[그림 3-3] Sternberg의 삼원지능이론

로, 학교 과제를 수행하는 상황이 아닌 일상생활에 인간의 정신작용이 적용되는 것과 관련된다. 상황하위이론을 구성한다고 가정된 실제적 능력이 존재한다면 직업이나 다른 일상생활에서의 성공과 실패를 설명하는 중요한 단서를 제공할 수 있지만, 실제적 지능이 과연 분석지능과 본질적인 차이가 있는가에 대해서는 학자들 사이에 아직도 의견의 일치를 이루지 못하고 있다. 예를 들어, 서로 문화권이 다른 동양과 서양에서 실제적 지능의 내용이 다르게 나타나고 있는 것처럼 보이지만 본질적인 내용에는 큰 차이가 없으며, 단지 그 문화가 요구하는 상황 때문에 다르게 보이는 것일 수도 있다는 주장(Lim, Plucker, & Im, 2002)은 아직은 Sternberg의 이론이 완벽하지 않다는 것을 단적으로 보여 준다.

3) 지능검사의 종류와 특징

앞에서 살펴본 지능에 대한 이론들은 항상 검사의 문제와 함께 발전한다. 아무리 훌륭한 이론이라 하더라도 실질적으로 그 이론에서 주장하는 능력을 측정할 수 없다면 그 이론은 타당성에 심각한 도전을 받게 된다.

지능검사는 분류의 기준이나 목적에 따라 다양하게 나누어질 수 있다. 황정규(1984a)는 현재 사용되고 있는 지능검사의 종류를 네 가지로 분류하고 있는데, 이는 〈표 3-1〉과 같이 정리할 수 있다. 그러나 이것은 분류를 위한 것일 뿐 대개의 지능검사에는 이러한 네 가지 속성이 모두 나타난다.

스탠퍼드-비네(Stanford-Binet) 지능검사 최초의 지능검사는 Binet가 개발한 것으로 단어의 정의나 그림 알아보기, 그림 변형하기 등 학교에서의 학습과 관련된 내용으로 구성되었다. 이는 정신활동에 결손이 있는 학생들에게 도움을 주는 학습도구 개발에 도움을 주고자 하는 목적으로 제작된 것이었다.

Alfred Binet
(1857~1911)

스탠퍼드-비네 지능검사는 1916년 스탠퍼드 대학의 Terman 교수가 비네검사를 미국 문화에 알맞게 표준화한 것이다. 이 검사는 이후 계속되는 연구를 통해 1937년에 개정판이 나오게 되었다. 개정판은 1916년의 검사에 비해 여러 가지 새로운 양상을 보였다. 우선, 문항이 129문항으로 증가되었으며, 측

〈표 3-1〉 지능검사의 분류

분류 기준	종류	분류 내용	비고
측정 내용	일반지능검사 (genera lintelligence test)	일반지능을 종합적, 혼합적, 합승식으로 측정	
	특수지능검사 (specific intelligence test)	특수한 정신 능력을 독립적으로 측정	추리력, 기억력, 주의력 검사 등
언어의 이해 정도	언어검사(verbal test)	문항이 주로 언어에 의존	α 검사라고도 함
	비언어검사 (non-verbal test)	언어 자극을 극소화 시킨 문항으로 구성	취학 전 아동, 노인, 문맹자 등을 위한 검사, β 검사
지필도구 사용 여부	동작검사 (performance test)	구체적 재료로 실제 작업을 하게 하여 지능 수준을 판단	간단한 기구, 종이, 나무토막 등을 사용
	지필검사 (paper & pencil test)	종이에 모든 문항을 제시, 읽고 생각해서 쓰는 것만을 요구	대게 집단검사에 쓰임 타당성과 정확성 등이 좋음
검사의 대상	개인지능검사 (indivisual intelligence test)	한 번에 한 사람에게 실시	고도의 훈련 및 기술 요구
	집단지능검사 (group intelligence test)	한 번에 여러 사람에게 동시에 실시	실시가 용이, 경제성이 있으나 신뢰성이 떨어짐

Lewis M. Terman (1877~1956)

정집단의 연령 범위가 2세부터 성인에 이르기까지 다양해졌고, 검사의 실시와 채점방식이 보다 객관성을 유지하게 되었다. 또한 아동용에는 동작검사 형식의 문항을 주로 사용하고, 성인용에는 언어검사 문항을 많이 사용하는 등 발달 단계를 고려한 것 역시 주요한 변화라 할 수 있다.

스탠퍼드-비네 지능검사는 여러 해에 걸쳐 꾸준히 개정되고 있으며, 실시가 복잡하다는 단점에도 불구하고 숙련된 검사자가 시행하는 경우 학생의 지능에 대하여 가치 있는 정보를 제공하는 것으로 알려져 있다.

David Wechsler (1896~1981)

■■■ 웩슬러(Wechsler) 지능검사 **웩슬러 지능검사**는 스탠퍼드-비네 지능검사와 더불어 가장 일반적으로 사용되는 검사로, 4세부터 7세까지의 취학 전 아동을 위한 WPPSI(Wechsler Preschool-Primary Scale of Intelligence)와 7세에서 16세까지의 아동을 대상으로 하는 WISC(Wechsler Intelligence Scale for Children), 그리고 성인용으로 제작된

WAIS(Wechsler Adult Intelligence Scale)의 세 가지가 있다. 웩슬러 지능검사는 언어 영역과 동작 영역의 두 부분으로 구성되어 있다. WPPSI의 경우 언어검사는 일반 지식, 일반 이해, 산수, 유사성, 어휘, 문장의 여섯 가지로 구성되어 있으며, 동작검사는 나무토막 조립, 그림 완성, 동물의 집, 미로 찾기, 기하적 도형의 다섯 가지로 구성되어 있다. 그리고 WISC는 일반 이해, 일반 지식, 산수, 유사성, 어휘, 수 암기의 여섯 가지로 구성된 언어검사와 그림 완성, 그림 배열, 나무토막 조립, 물건 퍼즐, 부호 기입, 미로 찾기의 여섯 가지로 구성된 동작검사로 구성되어 있다. 마지막으로 WAIS의 언어검사는 일반 지식, 일반 이해, 수리력, 수 암기, 유사성, 어휘의 여섯 가지로 이루어져 있으며, 동작검사는 그림 완성, 그림 배열, 물건 퍼즐, 나무토막 조립, 숫자-부호의 다섯 가지로 이루어져 있다.

집단지능검사

집단지능검사는 개인검사에 비해 시간과 비용에 있어 능률적이고 경제적이기 때문에 계속적으로 선호되고 있는 검사다. 제1차세계대전 중에 미국심리학회에서 개발한 '군대알파검사(Army α)'와 '군대베타검사(Army β)'를 효시로 하는 집단지능검사는 대개 스탠퍼드-비네 지능검사와 웩슬러 지능검사의 내용을 수용하고 있다.

이제 다양한 집단지능검사 중에서 쿨먼-앤더슨 지능검사와 AGCT에 대해 간단히 살펴보자.

- **쿨먼-앤더슨 지능검사**: 미국의 집단지능검사를 대표하는 것 중의 하나로, 비네 지능검사의 영향을 많이 받은 까닭에 언어 능력을 중시하고 있으며, 그 내용은 스탠퍼드-비네 지능검사와 거의 유사하다. 쿨먼-앤더슨 지능검사는 9개의 시리즈로 구성되어 있는 것이 특징적이며, 각 피험자는 자기 능력에 적당한 시리즈를 선택해 검사를 받는다.
- AGCT(Army General Classification Test): AGCT는 제2차세계대전 중 군인의 선발과 배치를 위해 제작되었다. 이 검사는 어휘, 수리력, 나무토막 세기 등의 문항이 같은 비율로 섞여 있으며, 점수는 백분위수와 AGCT 표준점수의 두 가지로 나타날 수 있다. AGCT 표준점수는 평균이 100, 표준편차가 20이 되도록 표준화한 점수다.

문화 차이와 경제적 차이를 극복하려는 검사 대부분의 지능전문가들은 현재 사용되고 있는 지능검사 가운데 웩슬러 지능검사나 스탠퍼드-비네 지능검사와 같은 몇몇 검사들이 매우 유용한 측정치를 제공한다는 데 동의하면서도, 이러한 검사조차 지능의 본질을 제대로 측정하기에는 부족하다고 생각한다. 따라서 지능검사의 한계를 극복하고자 하는 노력은 지금도 계속되고 있다. 이제 그러한 노력 중에서 특히 피험자의 문화와 경제적 배경에 의해 발생되는 문제들을 극복하고자 시도된 검사 중 SOMPA와 KABC에 대해 알아보자.

- SOMPA(System of Multicultural Pluralistic Assessment) : Mercer는 1979년 WISC-R에 아동들에 관한 다양한 정보를 접목시킴으로써 SOMPA를 개발하였다. Salvia와 Ysseldyke(1988)는 이 검사의 목적이 5~11세의 공립학교 아동들에 대한 보다 충분한 이해와 비차별적인 평가를 위한 것이라고 말하고 있다. SOMPA의 특징은 WISC-R을 다양하게 보완한 것으로, 이는 WISC-R을 해석하면서 의료적 요소, 사회적 요소, 문화 · 인종 · 사회경제적 배경을 고려한 사회문화척도를 포함하고 있음을 의미한다. 의료적 요소란 아동의 시각, 청각, 예민성, 몸무게, 키, 포괄적인 병력 등을 검사하여 아동의 전반적 건강상태를 평가하려는 시도다. 그리고 사회적 요소는 주로 면접으로 시행되며 교우관계나 학교 외적 생활 측면을 알아보게 된다. 결국, SOMPA의 궁극적인 목적은 다양한 사회적 · 문화적 · 인종적 배경을 지니고 있는 아동에 대한 보다 포괄적이고 정확한 이해를 위한 것이다.

Alan S. Kaufman
(1944~)

Nadeen L. Kaufman
(1945~)

- 아동용 카우프만 지능검사(Kaufman Assessment Battery for Children: KABC): KABC는 아동을 평가하고 적절하게 배치하기 위하여 고안된 검사다. 개인지능검사인 KABC는 2~12세 아동들의 학습 잠재력과 성취도 모두를 측정한다. 이 검사의 특징은 언어의 영향을 최소화할 수 있는 비언어적 척도를 포함하고 있다는 것이다. 따라서 아동들의 지능을 측정하는 방법으로 패턴 인지, 도형 유추, 손동작 반복과 같은 과제를 사용한다. 이러한 하위검사는 청각장애자나 언어

장애자, 그리고 외국인 아동들에게 특히 유용한 측정치를 제공할 수 있다.

SOMPA와 KABC는 모두 기존의 검사들과는 달리 백인이 아니고 중류계층이 아닌 아동들에 대해 직접적이고 실제적인 사용이 가능하다는 데 그 중요성이 있다(Salvia & Ysseldyke, 1988; Taylor, 1989). 이들 검사는 인종, 문화, 언어, 사회경제적 배경 등이 지능검사뿐만 아니라 학업 수행에도 강력한 영향을 미칠 수 있다는 것에 초점을 두고 있다. 이러한 가정은 실질적으로 검사점수를 활용하는 교사들에게 많은 시사점을 제공한다.

■■■ 인지 과정에 대한 검사 **CAS**(Cognitive Assessment System)는 Das와 Naglieri(1993)가 개발한 지능검사로서 지능을 평가하는 데 인지 과정적인 접근을 기초로 개발되었다. CAS의 개발자들은 방대한 인지이론이 지속적으로 변화되고 있는데도 여전히 1920년대에 개발된 지능검사 방법이 주를 이루고 있어, 현재의 이론과 검사방법 사이에는 커다란 차이가 존재한다고 주장한다. 그 결과 오늘날 사용되는 많은 검사가 인지이론에 대한 기본적인 이해 없이 개발되고 있다고 보았다. 따라서 그들은 지능에 대한 새로운 관점으로 **PASS**(Planning, Attention, Simultaneous, and Successive)라는 인지과정이론을 제시하였고, 이 이론을 적용하여 개발한 CAS를 통해 인간의 인지 기능 측정을 위한 더욱 타당한 접근을 꾀하고자 하였다.

지능을 측정하는 데 인지적 접근을 주장하는 학자들은 전통적인 지능측정이 예측이라는 단순한 목적을 위해 지나치게 인지의 안정성에만 집중하고 인지적 변화라는 측면은 무시해 왔다고 주장한다. 정상적인 인지발달은 변화의 과정이며, 그 과정이 그리 혼란스러운 것은 아니라고 본다. 또한 개인의 능력에 대해 용량(capacity)의 한계가 존재한다는 사실보다는 용량의 한계를 가진 과정들이 서로 상호작용하여 가능한 많은 능력을 활용하는 것에 중점을 둔다. 능력과 용량을 비슷한 것으로 생각할 수도 있지만 그 과정의 본질은 동적으로 변화하고 학생의 최종 수행의 질은 이러한 변화의 결과라고 본다.

따라서 전통적인 지능검사들이 중점을 두었던 선별의 기능보다는 '어떠한 방식으로 교육이 각각 다른 개인에게 적용되어야 하는가' 와 같은 진단의 기능에 더 가치를 둔다. 또한 사정(assessment)은 검사하는 데서 끝나는 것이 아니라 검사 결과가 개인의 인지적 결함과 관련되는 것을 치료할 수 있는 방법을 제시하는 데 의미가 있다

〈표 3-2〉 CAS 검사도구 내용

측정 영역	과제
계획 수립	시각적 탐색, 계획적 연결, 계획적 작문, 수 연결
주의집중	표현적 주의집중, 수 찾기, 청각 선택적 주의, 수용적 주의집중
동시 처리	형태 기억, 행렬, 동시적 언어
순차 처리	문장 반복과 문장 질문, 단어 회상

고 주장한다. 검사를 받는 아동은 자신의 능력을 보다 타당성 있고 동적인 관점에서 평가받을 수 있고, 검사를 의뢰한 부모나 교사의 입장에서는 인지적 향상과 관련된 본질적인 도움을 받을 수 있는 이점을 주어야 한다는 것이다.

CAS에서는 개인의 PASS 과정을 검사하기 위해 검사도구의 내용(언어 또는 비언어)과 양상(시각적 또는 청각적)에 관계없이 〈표 3−2〉와 같이 일반적으로 특정 인지를 필요로 하는 과제로 평가한다. 검사도구는 5~7세용과 8~17세용으로 나뉜다.

2. 창의성

인간의 사고력에 대한 최근의 연구들은 보다 고차적이고 생산적인 지적 작용으로서의 창의성에 높은 관심을 보이고 있다. 인간의 다양한 능력 중에서 특별히 창의적 사고력을 강조하는 이유는 급변하는 사회를 살아가는 현대인들에게는 새로운 문화에 보다 효율적으로 적응하고 고유의 문화를 창조적으로 계발할 수 있는 능력이 요구되기 때문이다. 창의성의 중요성은 학교현장에도 확산되고 있으며, 창의성 계발이 교육의 중요한 과제로 제기되고 있다. 이제 창의성이란 무엇인지 알아보고 이를 향상시킬 수 있는 방법에 대해 살펴보자.

1) 창의성의 정의

창의성이 무엇인가에 대한 사람들의 대답에는 일반적으로 '새롭고 독특한'이라는 의미가 담겨 있다. 즉, 창의적인 것이란 우리가 항상 보아 왔던 것과는 상이한 어떤 것을 의미한다는 생각이다. 지금까지 보지 못하였던 어떤 것이라는 생각에는 **새로움**(novelty)이 창의성의 본질이라는 의미가 담겨 있으며, 이를 위해서 다양한 사고의 필요성이 강조되기도 한다. 다양한 생각을 통해 무언가를 만들어 내야 새로운 것을 만들 가능성이 높아지기 때문이다.

물론, 새로움이라는 것이 창의성을 이해하는 데 매우 중요한 요소임에는 틀림없다. 하지만 창의적인 것이라고 인정되려면 또 하나의 중요한 요소가 필요하다. 그것은 바로 **적절성**(appropriateness)이다. 창의성을 정의하는 데 적절성이 고려되지 않고 새로움만이 강조된다면, 이는 창의적이라기보다는 단순히 이상한 것이라고 하는 것이 옳을 것이다.

새로움이라는 측면만을 강조하여 창의성을 규정하려는 생각 때문에 때때로 창의성은 발현 과정을 알기 힘든 신비한 것으로 생각하기도 한다. 그러나 창의성이 새로움과 적절성을 필요로 하는 하나의 인지 과정의 산물임을 이해한다면 창의성의 본질과 향상 방법을 규명하는 일이 그다지 불가능한 일은 아닐 것이다. 실제로 오늘날 창의성을 연구하는 대부분의 학자는 '새롭고(novel) 적절한(appropriate) 것을 생성해 낼 수 있는 능력' (Hennessey & Amabile, 1988; Perkins, 1988; Jackson & Messick, 1967, Barron, 1988)으로 창의성을 정의하고 있다.

2) 창의성 연구의 내용

지금까지 진행되고 있는 창의성과 관련된 연구를 살펴보는 것은 창의성의 본질과 발현 과정, 그리고 창의성 향상 관련 요인들의 범위를 이해하는 데 도움을 준다. 학자들의 연구 주제는 창의성을 어떻게 개념화하고 어떻게 처치할 수 있는지, 그리고 어떤 식으로 변화시킬 수 있는지에 대한 틀을 제공하고 있기 때문이다.

지금까지의 창의성 연구는 크게 네 범주로 나누어 살펴볼 수 있다(Brown, 1989; Rhodes, 1961). 즉, 창의적인 과정(process), 창의적인 산물(product), 창의적인 개인(person), 그리고 창의적인 산물에 영향을 주는 환경(press)에 대한 연구의 네 범주다. 이는 각 주제의 앞 글자가 P로 시작된다는 것에 착안하여 흔히 **창의성 연구의** 4P라고 한다.

- 창의적인 과정(process)에 대한 연구 : 어떤 시점에서 개인 내에 존재하는 사고 과정을 창의성으로 정의하며, 이러한 접근에서는 창의적인 사고나 문제 해결 측면과의 관계 등을 주로 다룬다. 대표적인 연구자로는 Torrance(1988), Wallas

(1926) 등이 있다.

- **창의적인 산물(product)에 대한 연구**: 창의적인 산물의 특징에 관심을 갖는다. 이 범주에는 창의적이라고 판단되는 최종 결과물에 대하여 관심을 갖는 연구들이 포함된다. 이러한 연구들은 창의적인 산물에 대한 객관적인 측정과 판단을 가능하게 한다는 점에서 매우 중요한 연구 범위라 할 수 있다.
- **창의적인 개인(person)에 대한 연구**: 창의적인 개인의 특성에 초점을 맞추어 창의성의 본질에 접근하려는 것으로, 창의적인 개인에게 공통적으로 나타나는 성격이나 태도 등에 주목한다. Amabile(1995), Barron(1955), Mackinnon (1962), Perkins(1981), Simonton(1984) 등의 연구는 이러한 창의적인 개인이 갖는 특성에 대한 연구들이다.
- **창의적인 산물에 영향을 주는 환경(press)에 대한 연구**: 연구자들은 창의성을 극대화할 수 있는 환경에도 관심을 기울여 왔다. 창의적인 환경에는 분위기(climate), 상황(situation), 장소(place) 등이 포함되는데, Tardif와 Sternberg (1988)는 'press' 라는 용어 대신에 영역(domains), 분야(fields), 상황(contexts) 등을 포함하는 연구를 포함하여 **환경**(enviroment)으로 분류하는 것이 보다 유용하다고 제안한다.

3) 창의성의 연구방법

창의성에 관한 대부분의 연구는 어떠한 방법을 사용하여 연구하는가에 따라 심리측정학적(psychometric), 실험적(experimental), 전기적(biograpical), 역사측정적(historiometric), 생물측정학적(biometric) 연구 등으로 구분할 수 있다(Plucker & Renzulli, 1999).

심리측정학적 접근과 **실험적 접근**은 창의성을 연구하는 방법의 차이로 구별된다. 심리측정학자들은 상관적 설계를 이용하는 반면, 실험연구자들은 준실험설계 및 실험설계를 통해 창의성을 연구한다. 즉, 실험적 접근을 통한 창의성 연구에서는 실험적 조작을 통해 창의적 산출물에 영향을 끼치는 원인을 규명하는 것에 관심을 둔다. 이때 주로 사용하는 검사는 확산적 사고검사다. **전기적 접근**은 탁월한 창의적 인물에 대한 사례 연구를 통해 창의성의 본질을 알아내고자 한다. 이것은 창의적인 인물 사례를 연구함으로써 창의성에 접근하기 때문에 창의성에 대한 정의 자체가 다양하게 된다는 특징을 지닌다. **역사측정적 접근**은 Simonton에 의해 주로 이루어졌는데, 일반적으로 산출되는 자기보고 또는 검사 측정치에 의존하지 않고 역사적 고증을 통한 질적인 자료를 바탕으로 창의성을 연구한다는 점에서 심리측정적 접근과 다르다. 마지막으로 **생물측정학적 접근**은 창의적인 사람들의 유전적 혹은 신경생물학적 특성을 밝히려는 데 목적을 둔다. 다시 말해서 창의적인 사람들이 독특한 유전적 구조를 소유하고 있는지, 또는 신경체계의 기능이나 구조에서 두드러진 특징이 존재하는지를 조사한다.

4) 지능과 창의성의 관계

심리학에서 창의성이 하나의 구인으로 인정되고 있지만, 창의성이란 본질적으로 새롭고 적절한 것을 만들어 내는 능력을 의미하기 때문에 창의성이 발현되는 데서 지능의 역할을 무시할 수 없다. 따라서 지금까지 학자들은 창의성과 지능의 관계에 대해서도 많은 연구를 진행해 왔다. Sternberg와 O' Hara(1999)는 창의성과 지능의 관계에 대하여 지금까지 [그림 3-4]와 같은 다섯 가지 관점이 제안되어 왔다고 설명한다.

- **창의성은 지능에 종속된다** : 앞서 살펴본 지능이론 중 Guilford가 제안한 지능구조모형(SOI)이 대표적인 것으로, 모형에서의 발산적 생산(divergent production)

[그림 3-4] 지능과 창의성의 관계

은 창의성과 관련되는 지능의 하위 요인이다. Gardner 역시 다중지능의 기능 속에 창의성이 포함된다고 설명하고 있는데, 이는 창의성이라는 구인이 지능에 종속된다고 보는 입장이라 할 수 있다.

- 지능은 창의성에 속한다 : Sternberg와 Lubart(1995)는 창의성의 발현에 기여하는 여섯 가지 주요한 구성 요인으로 지능, 지식, 사고 양식, 성격, 동기, 환경을 언급하였다. 그들의 이론에 따르면 지능은 창의적인 사고 혹은 행동을 생성하는 여섯 요인 중 하나이기 때문에 창의성에 속하는 개념이 된다.
- 창의성과 지능은 중첩된다 : IQ에 의해 측정된 전통적인 지능 개념과 창의성 간의 관계성에 대한 연구에서 다음과 같은 결과가 나왔다. 즉, 창의적인 사람들의 IQ는 평균(약 120) 이상이었고, IQ가 120 이상인 경우에는 IQ가 창의성과 크게 관련되지 않았다. 이러한 관계성은 개인이 창의적으로 문제를 해결할 때 보편적으로 120이라는 최소한의 지능을 필요로 한다는 것을 말해 준다. 이를 **문턱 이론**(threshold theory)이라고 한다. 그런데 IQ가 매우 높을 경우에는 분석적인 사고가 너무 우세하여 결과적으로 창의적인 사고에 지장을 준다고 주장하는 연구자들(Simonton, 1994; Sternberg, 1996)도 있다. 또한 Renzulli(1986)는 **세 개의 고리모델**(three-ring model)을 제안하는데, 그는 평균 이상의 지적 능력(IQ), 창의성, 과제집착력(task commitment)의 교차점에 의해 영재성을 정의한다. 따라서 그의 이론도 지능과 창의성이 중첩된다고 보는 입장이다.
- 창의성과 지능은 본질적으로 동일한 개념이다 : Haensly와 Reynolds(1989)는 창의성과 지능을 동일한 현상으로 간주하며, 창의성이 지능의 다른 이름이라고 주장한다. Weisberg(1986, 1988, 1993), Langley 등(1987)도 일반적인 문제해결 과정과 창의성에 기저하는 메커니즘 간에 차이가 없다고 주장하였다. 이러한 시각에서 보자면 창의성에 대한 이해는 문제 해결 과정에 대한 연구를 통해 이루어질 수 있다.
- 창의성과 지능은 서로 독립적이다 : 이러한 입장을 취하는 연구자들(Getzels & Jackson, 1962; Torrance, 1975; Wallach & Kogan, 1965)이 창의성과 지능이 아무런 연관성이 없다고 주장하는 것을 의미하지는 않는다. 그보다 그들은 영재를 판별하기 위해 사용하는 전통적인 IQ와 관련된 문제에 관심을 가져왔다. 최근에는 연습 효과를 근거로 들면서 창의성과 지능의 독립성을 주장하는 견해가 등장하였다(Ericsson, 1996). 이러한 시각에 따르면 전문가는 부단한 연습의 결

과로 그 능력이 개발되었다는 것이다. 따라서 창의적 전문가는 타고난 능력으로 되는 것이 아니라 영역 안에서 창의적인 작업을 하는 동안에 이루어진 노력의 결과라는 것이다. 실제로 많은 연구자가 10년의 법칙을 확인하고 있다(예: Gardner, 1993a; Simonton, 1994).

5) 창의성 훈련

창의성은 비교적 변화시키기 어려운 지적 특성이다. 그러나 환경을 적절히 조직하여 제공하면 창의적 행동에 의미 있는 영향을 줄 수 있다(Maltzman, 1960). Maier(1933)의 연구 결과는 교사들이 학생의 창의적 행동을 금지시키지 않을 때, 학생들이 문제를 더욱 창의적으로 해결할 수 있음을 보여 준다.

그들의 연구는 창의성이 적절한 환경과 교수법을 통해 변화될 수 있음을 시사해 준다. 이제 학생들의 창의성을 향상시킬 수 있는 구체적 방법에 대해 살펴보자.

창의성 향상을 위한 프로그램

Covington의 생산적 사고 프로그램(productive thinking program) 이 방법은 초등학교 고학년 학생들이 상황의 불일치를 인지하고 가설을 세우는 방법을 프로그램 학습화한 것이다. 이 프로그램은 만화식 책자로 구성되어 있다. 프로그램을 읽는 학생은 만화에서 제공하는 다양한 정보를 이용하여 문제를 해결해 간다. 또한 학생들은 프로그램을 읽는 동안 규칙적으로 피드백을 받으면서 문제를 해결한다(김언

일반적인 문제 해결에 익숙한 학생들에게 창의성을 가르치는 것은 무척 어려운 일이지만, 교수방법과 학생들의 창의성이 발휘될 수 있는 적절한 환경 제공을 통해 학생의 창의성을 향상시킬 수 있다.

주, 1992). 이 프로그램은 전반적인 사고력 증진을 목적으로 하며, 특히 발명 혹은 창의성을 키우는 데 중점을 둔다. 즉, 평범하지 않은 아이디어의 산출을 중요시한다.

Feldhusen의 창의적 사고 프로그램(Purdue creative thinking program) 창의적 사고 프로그램에서는 오디오테이프를 활용하여 창의적 사고활동을 하도록 유도되며, 학생들의 유창성, 융통성, 독창성, 정교성을 기르는 데 목적을 둔다. 이 프로그램에서 설정한 주요 목표는 다음과 같다.

- 창의적인 인물과 사건에 초점을 맞춘다.
- 상상력을 자극하기 위해 언어 자극을 이용한다.
- 창의적인 사고 및 문제 해결력을 기른다.
- 창의적인 사고를 자극하기 위해 정보를 제공한다.

이 프로그램은 세 부분으로 나뉘는데, 첫 단계에서는 창의적인 문제 해결의 원리를 소개하고, 다음 단계에서는 역사적으로 유명한 사람이나 사건에 대한 토의가 진행된다. 이때 오디오테이프를 통한 청각자료의 사용은 학생들이 주제에 더욱 주의를 기울이도록 하며 상상력을 최대한 발휘하도록 돕는다. 마지막 단계는 앞서 들은 내용을 바탕으로 토의하는 과정이다.

창의성 향상을 위한 기법

Osborn의 브레인스토밍(brainstorming) 브레인스토밍은 개인의 창의적인 아이디어 산출을 위해 자유로운 집단토의방법을 사용하는 것을 의미한다. 효과적인 브레인스토밍을 위한 기법에는 다음과 같은 것들이 있다(Osborn, 1963).

Alex F. Osborn
(1888~1966)

- **평가 금지**: 산출되는 아이디어에 대해서는 끝날 때까지 평가를 하지 않는다.
- **다양한 아이디어의 산출**: 아이디어의 질에 관계 없이 가능한 많은 아이디어를 산출하도록 한다.
- **결합과 개선**: 제안된 아이디어에 새로운 아이디어를 결합시켜 개선방안을 모색한다.
- **자유로운 사고**: 과거의 지식, 경험, 전통 등에 구애됨이 없이 새로운 아이디어

를 산출하도록 한다.

Gordon의 발견적 문제 해결법(synectics) 이 방법은 문제에 대한 광범위한 접근에서 시작하여 얻은 해결책을 직접 문제에 관련지어 구체적인 해결방안을 강구하도록 하는 것이다. 발견적 문제 해결의 절차는 다음과 같다(Gordon, 1961).

- **참가자 구성**: 문제 해결에 필요한 지식과 기술 분야의 전문가를 참여시킨다.
- **문제 제시**: 광범위하고 추상적인 문제를 제시한다.
- **문제 축소**: 문제의 범위를 점진적으로 축소시킨다.
- **결론**: 산출된 아이디어를 결합하고 개선하여 문제와 관련된 새로운 아이디어로 산출한다.

Crawford의 속성열거법(attribute listing) 속성열거법이란 문제의 대상이나 아이디어의 다양한 속성을 목록으로 작성하여 세분된 각각의 속성에 주의를 돌리는 방법이다(김언주, 1992). 각각의 속성을 분석하면서 그 속성에 대한 집중적인 생각을 통하여 개선, 수정, 발전의 탐색을 구한다. 각 속성에 관한 아이디어를 산출할 때는 브레인스토밍 방법이 적용된다.

Eberle의 SCAMPER 브레인스토밍 기법을 창안한 Osborn은 확산적 사고(divergent thinking)를 향상시키기 위해서 아이디어를 이끌어 내는 질문들을 사용할 것을 권고하였다. Eberle은 Osborn이 제안한 핵심적인 질문들을 한데 모아서 SCAMPER라 명명하였다. 여기에는 다음과 같은 질문들이 포함된다.

- Substitute(대치하기) - 대치할 수 있는 것은?
- Combine(결합하기) - 결합될 수 있는 것은?
- Adapt(동화시키기) - 이것과 비슷한 것은?
- Modify(수정하기) - 색깔 혹은 모양을 바꾸면 나아질 것인가?
- Magnify(확대하기)/Minify(축소하기) - 더 크게/작게 만들면?
- Put to other uses(다르게 사용하기) - 다른 용도는?
- Eliminate(제거하기) - 제거할 수 있는 부분이 있는가?
- Rearrange(재배열하기) 혹은 Reverse(반전시키기) - 각 부분을 서로 바꿀 수 있는가?

시각화(visualization) 시각화는 눈에 보이지 않거나 존재하지 않는 어떤 것에 대한 심상(mental image)을 생성해 내는 것이다. 교사의 안내에 따라 유도된 이미지(guided imagery)는 학생들의 기억을 증진시키고 창의적인 표현을 자극한다.

Bagley(1987)는 심상이 문제에 대한 새로운 시각 혹은 은유나 임의적 연합을 가져옴으로써 창의적인 문제 해결에 도움을 준다고 하였다. 또한 Finke(1990)는 발명 과정에서 심상의 사용에 대해 연구하였는데, 피험자들이 선택된 심상을 사용하여 새로운 아이디어를 생성해 낸다는 것을 확인하였다. 피험자들은 창의적인 산물을 만들기 위해 머릿속에서 주어진 이미지의 크기나 방향을 변화시키고 이미지를 서로 결합시키기도 하였다. 즉, 이러한 이미지의 변환과 조합 과정을 통해서 문제 해결이 이루어지는 것이다. 이 연구에서 흥미로운 점은 과제에 제약이 가해졌을 때(예를 들어, 발명물이 속해야 하는 범주가 정해지는 경우) 창의적인 산물의 개수가 증가하였다는 것이다. 이러한 연구 결과는 여타 창의적인 사고기법의 사용에서도 제약의 효과가 존재하는지에 대한 궁금증을 불러일으킨다.

6) 창의성 검사의 종류

창의성을 측정하고자 하는 창의성 검사는 창의성을 어떻게 정의하느냐에 따라 다양한 형태로 구성된다. 앞에서 살펴보았듯이 창의성에 대한 개념적 정의는 크게 네 관점(4P)에서 파생된다. 이에 따른 창의성 검사를 개관하면 다음과 같다.

창의적인 과정(creative process) 이에 관한 연구는 심리측정학적 접근에서의 **확산적 사고검사**(divergent thinking test)를 통해 주로 이루어져 왔다. 확산적 사고검사는 전통적인 능력검사와는 다르게 하나의 정답을 요구하지 않고, 일정한 기준을 충족시키는 가능한 여러 개의 반응을 생산해 내는 능력을 측정하는 데 초점을 둔다. 이것은 개인의 창의적 사고 과정과 그 잠재성을 측정하는 데 가장 선호되는 검사다.

Guilford의 지능모델에는 다양한 확산적 사고 요인에 해당하는 문항이 존재하는데, 이것을 기초로 한 **SOI 확산적 사고검사**(divergent production battery)는 아이디어의 유창성, 융통성, 독창성, 정교성 측면에서 창의성을 판단한다.

Torrance에 의해 개발된 **TTCT**(Torrance Tests of Creative Thinking)는 확산적 사고검사 중 가장 잘 알려진 것으로 언어성 검사와 동작성 검사로 구성된다. 언어성 검사는 유창성, 융통성, 독창성 차원을 근거로 창의성 점수를 매기며, 동작성 검사는 유창성, 독창성, 정교성, 제목의 추상성, 개방성을 기준으로 개인이 얼마나 창의적인가를 평가한다. 언어성 검사는 질문하기, 원인을 상상하기, 결과를 예측하기, 산출물의 개선, 사물의 특이한 사용법 열거하기, 특이한 질문, 가정하기의 7가지 활동으로 구성된다. 그리고 동작성 검사에는 그림 구성, 그림 완성, 선을 이용한 그림 그리기 활동이 속한다.

Ellis P. Torrance (1915~2003)

Mednick(Mednick & Mednick, 1967)의 **원격연합검사**(Remote Association Test: RAT)는 주어진 단어들과의 관련성을 발견하고, 이를 바탕으로 새로운 단어를 만들어 내는 30개의 문항으로 구성되어 있다.

이 밖에 시간 제한을 두지 않고 게임을 하듯이 자유로운 검사 상황을 제공하는 가운데 창의적 사고력을 측정하는 Wallach와 Kogan(1965)의 검사도 있다.

최근 창의성에서는 문제 해결이라는 통합적인 역할이 강조되면서 **확산적 사고**뿐만 아니라 **수렴적 사고**(convergent thinking)의 필요성이 제기되고 있으며(Brophy, 1998; Cropley, 2000; Rickards, 1994), 문제 해결에 초점을 둔 창의적 사고력 평가(Mumford et al., 1997)나 창의적 추론능력검사(Doolittle, 1990) 등 여러 검사가 개발되고 있다.

■■■ 창의적인 산물(creative product) 개인이 산출해 낸 유형 또는 무형의 산물을 근거로 창의성을 측정하는 입장은 Taylor(1975), Amabile(1983), MacKinnon(1995) 등의 연구자들에 의해 이루어졌다. Taylor는 **창의적 산물척도**(Creative Product Inventory)를 제안하였고, Amabile은 **합의적인 평가기법**(Consensual Assessment Technique: CAT)에 의한 창의성 측정을 주장하였다. MacKinnon은 창의적인 산물이 갖추어야 할 기준으로 새로움(novelty), 현실적 적용성, 완결된 재조직을 제시하였다.

창의적인 산물에 대한 평가는 여러 사람의 주관적인 판단에 의해 이루어지므로 다음과 같은 조건의 필요성도 제기되었다(Amabile, 1982). 과제는 특정한 전문적 기술을 요하지 않는 것이어야 하고, 창의적 산물을 평가하는 사람은 해당 영역에 대한 경험을 소유한 자여야 한다. 또한 평가자들 간에 독립적으로 평가가 진행되어야 하며, 창의성과 아울러 심미적 요소 또한 고려하여 평가해야 한다. 그리고 절대적인 기준에 의하지 않는, 다양한 차원에 근거한 종합적인 평가여야 한다.

■■■ 창의적인 개인(creative person) 전기적 접근(biographical approach)에 의하거나 창의적인 개인의 성격 및 태도 등에 초점을 두어 창의성에 접근할 수도 있는데, 이 경우 개인을 관찰하거나 자기 보고식 척도를 통한 검사가 진행된다.

개인의 과거 창의적인 활동을 근거로 하여 창의성을 평가하려는 검사로는 Schaefer와 Anastasi(1968), Taylor와 Ellison(1968)의 전기적 척도 등이 있다. 이 중 Taylor 등이 제안한 척도를 살펴보면, 가정환경(예: 부모의 교육 수준), 지적 · 문화적 관심(예: 흥미 또는 취미), 동기(예: 현미경과 같은 특수한 장비와 소유), 관심의 폭(예: 취미 활동이나 좋아하는 학교 교과목의 수), 새롭고 다양한 것에 대한 추구(예: 특이한 예술품에 대한 관심의 정도)와 같은 실제적 정보를 바탕으로 하여 개인이 얼마나 창의적인가를 판단한다. 이러한 검사 외에도 Michael과 Colson(1979)은 **생애경험척도**(Life Experience Inventory)를 개발하였고, Runco(1987)는 5~8학년 아동을 대상으로 한 **창의적 활동 체크리스트**(Creative Activities Checklist)를 개발하였다.

또한 창의성에 대한 동기와 태도의 역할을 강조하는 연구자들도 있는데, 그들이 개발한 검사로는 Williams(1972)의 **창의성 측정도구**(Creativity Assessment Packet), Kirton(1989)의 **적응-혁신검사**(Adaptation-Innovation Inventory: KAI) 등이 있다. Schaefer(1971)는 창의성에 대한 태도를 측정하기 위해 창의적인 태도를 연구하였다. 창의적인 개인의 성격적 특징을 밝힌 연구도 있는데, Gough 등(Gough, 1992; Gough & Heibrun, 1983)의 **창의적인 성격척도**(Creative Personality Scale: CPS)가 그러한 예다.

■■■ 창의적인 환경(creative press; environment) 개인이 창의성을 발휘하는 데 환경도 중요한 역할을 한다는 데에는 반론의 여지가 없지만, 창의성 연구의 역사를 살펴보면 이에 대한 연구는 미흡한 실정이다. 최근에는 창의적인 산물에 영향을 끼치는 환경변인을 분석하여 창의적인 성취를 향상시키려는 의도에서 연구들이 진행되고 있는데, 기업환경에 관한 연구(Witt & Beorkrem, 1989), 창의성을 자극하거나 저하시키는 상황에 대한 지각을 알아보는 Amabile 등(Amabile & Gryskiewiez, 1989)의 작업환경 질문지 등이 이에 해당된다.

3. 인지 양식

능력과 관련되는 변인 이외에도 개인차를 설명하는 것 중 하나로 **인지 양식**(cognitive style)이 있다. 인지 양식은 인간의 다양성을 설명해 주는 구조화된 인지적 태도로서 개인이 정보를 처리하고 문제를 해결할 때 선호하는 전략을 사용하는 것을 의미한다. 인지 양식은 문제를 해결하는 데 필요한 능력은 아니지만, 특정한 과제를 수행할 때 선호하는 전략의 사용과 밀접하게 연관되기 때문에 수행의 질에 영향을 미친다.

인지 양식에 관한 연구는 크게 인지 양식의 발견과 정의, 개인차에 대한 규명, 그리고 인지 능력 및 정의적 특성과의 관계성을 밝히려는 데에 초점을 맞추어 왔다. 인지 양식의 개념과 분류는 다양하지만 일반적으로 잘 알려진 것은 다음과 같다.

1) 장의존-장독립

장의존-장독립(field dependent-field independent)은 Witkin 등(1962)이 제안한 것이다. 그들은 인지 양식을 인간의 지적 과정에서 정보 및 자극에 대한 심리적 분화(psychological differentiation) 정도를 나타내는 지표라고 정의한다. **장의존적 인지 양식**을 가진 사람들은 사물을 지각할 때 장(field)에 의해 영향을 받고 전체적인 특징을 지각하는 반응을 보인다. 즉, 장의존적인 사람들은 시각적 장(visual field)에서 하나의 패턴을 전체적인 것으로 지각한다. 따라서 그들은 상황 속에서 한 측면에 집중하거나, 세부적인 사항을 선택적으로 변별해 내거나, 문제를 해결할 때 자신이 사용하는 전략을 조절하는 것에 어려움을 느낀다.

이에 반해서 **장독립적 인지 양식**을 가진 사람들은 배경에 관계없이 정보를 독립적으로 분리하여 지각한다. 장독립적인 사람들은 자신이 정보를 처리하는 과정에 대한 인식과 시각적 장에 대한 조직화가 가능하여 각각의 독립적인 부분을 하나의 패턴으로 통합하거나 그 구성 요인을 분석할 수 있다. Witkin 등에 따르면 장독립적인 개인은 내적인 관련성(internal referents)에 의존하는 데 반해, 장의존적인 개인은 외적인 관련성(external referents)에 의존하는 경향이 있다.

2) 충동성 – 사려성

Kagan 등(1963)은 제시된 문제를 신중하게 해결하는 정도에 따라 개인을 충동성(impulsiveness)과 사려성(reflectiveness)의 두 인지 양식자로 구분할 수 있다고 제안하였다. **충동성 인지 양식**을 지닌 사람들은 문제를 해결할 때 생각나는 대로 단순하게 답하려는 경향이 있고, **사려성 인지 양식**을 지닌 사람들은 문제를 해결할 때 여러 대안을 탐색하고 여러 측면에서 검토하여 적절한 답을 구하는 경향이 있다. 충동성 인지 양식을 가진 사람들은 정보를 빠르게 처리하지만 많은 실수를 하며, 가능한 모든 대안에 대해 탐색하지 않는 경향이 있다(Kagan & Kogan, 1970). 반면에 사려성 인지 양식을 가진 사람들은 반응하기 전에 모든 대안을 신중히 검토하고 정보를 늦게 처리하는 경향이 있지만 과제 수행에서 실수가 적다.

초기에 Kagan 등의 연구자들은 반응 속도에 강조점을 두어 충동성–사려성 인지 양식 개념을 제안하였다. 하지만 반응의 정확성도 고려해야 할 필요가 있다는 점 역시 제기되고 있다(Block, Gjerde, & Block, 1986). 왜냐하면 즉각적으로 반응하더라도 정답을 제시하는 경우와 충분한 시간을 할애해도 오답을 내놓을 가능성이 있기 때문이다.

3) 사고 양식

Sternberg 등(Sternberg, 1988; Sternberg & Grigorenko, 1993, 1997; Zhang, 1999, 2000, 2001; Zhang & Sachs, 1997)은 인지 양식에 대한 기존의 이분법적 개념화를 뛰어넘은 다차원적인 **사고 양식**(thinking style)을 연구해 왔다. Sternberg(1988)는 지능과 성격 사이를 매개하는 지적 양식을 뜻하는 **정신자치제이론**(theory of mental self-government)을 통해서 사람들이 각기 선호하는 방식의 사고 양식이 존재한다고 제안한다. 이러한 사고 양식은 다른 상황에서 융통성 있게 변화될 수 있으며, 사회화될 수 있는 가변성 있는 것으로 개념화된다. 그는 13가지 사고 양식의 개념을 기능, 형식, 수준, 범위, 경향성의 다섯 가지 차원으로 나누어 제안하였다.

- 사고의 기능(functions) : **입법적 사고 양식**을 지닌 개인은 창의적인 전략을 요구하는 과제에 몰두하는 것을 좋아하고, **행정적 사고 양식**을 지닌 개인은 뚜렷한 지시가 부여된 과업을 선호한다. 그리고 **사법적 사고 양식**을 지닌 개인은 타인의 활동을 평가하는 것과 관련된 일을 좋아한다.

- 사고의 형식(forms) : **군주제적 사고 양식**을 지닌 개인은 한 번에 한 가지 일에만 몰두하는 경향이 있고, **계급제적 사고 양식**을 지닌 개인은 과업에 우선순위를 두어 개입하는 경향이 있다. 그리고 **과두제적 사고 양식**을 지닌 개인은 동시에 여러 가지 일을 다루지만 우선순위를 두지는 않으며, **무정부제적 사고 양식**을 지닌 개인은 형식 혹은 절차에 얽매이지 않고 융통성 있게 과업을 수행하는 것을 선호한다.
- 사고의 수준(levels) : **전체적 사고 양식**을 지닌 개인은 추상적인 아이디어와 주제에 관한 전반적인 그림에 주의를 더 기울이는 반면, **지엽적 사고 양식**을 지닌 개인은 구체적인 세부 사항에 주의를 기울이는 경향이 있다.
- 사고의 범위(scopes) : **내부지향적인 사고 양식**을 지닌 개인은 타인과 독립적으로 과업에 몰두하는 것을 좋아하고, **외부지향적인 사고 양식**을 지닌 개인은 타인과의 상호작용을 통해 과제를 수행한다.
- 사고의 경향성(leanings) : **자유주의적 사고 양식**을 지닌 개인은 새로움과 모호성을 포함하는 과제를 좋아하고, **보수주의적 사고 양식**을 지닌 개인은 과제 수행에 필요한 규칙과 절차가 주어지는 과제를 좋아한다.

정신자치제이론은, 첫째 다섯 가지 차원으로 구체화되고, 둘째 스타일은 이분법적으로 나누어진다기보다 연속되는 개념이고, 셋째 스타일은 '좋은' 혹은 '나쁜' 과 같은 가치지향적인 개념이 아니며, 넷째 개인이 지니는 프로파일을 제공한다는 특징을 가진다. 앞에서 언급한 5가지 차원에 따른 13가지 하위 사고 양식을 표로 제시하면 다음과 같다.

〈표 3-3〉 정신자치제이론에 의한 사고 양식의 분류

	사고 양식	특 징	문항 예
기능	입법적 (legislative)	자신의 규칙을 창조하고 자기만의 방식으로 일을 하는 것을 선호함	"과업을 수행할 때 나 자신의 아이디어로 시작하는 것을 좋아한다."
	행정적 (executive)	존재하는 규칙을 따라 일을 수행하는 것을 선호함	"문제를 해결하거나 일을 할 때 정해진 규칙이나 지시를 따르는 것을 좋아한다."
	사법적 (judical)	규칙을 평가하고 판단하는 것을 선호함	"대립되는 아이디어나 반대되는 시각을 평가하는 것을 좋아한다."
형식	군주제 (monarchic)	한 번에 한 가지에 몰두하는 것을 선호함	"어떤 일에 대해 결정을 내릴 때 한 가지 중요한 요인만을 고려한다."
	계급제 (hierarchic)	여러 목표에 우선순위를 두어 수행하는 것을 선호함	"어떤 일을 시작할 때 해야 할 일들을 목록화하여 중요한 순서대로 배열한다."
	과두제 (oligarchic)	한 번에 몇 가지 일을 다루는 것을 선호함	"나는 주로 어떤 것들을 해야 하는지 알지만, 가끔씩 어떤 순서로 할지를 결정할 때 어려움을 겪는다."
	무정부제 (anarchic)	문제에 대해 임의적으로 접근하는 것을 선호함	"사소한 것일지라도 모든 종류의 문제를 다루기를 좋아한다."
수준	전체적 (global)	일반적이고 추상적인 사고를 요구하는 문제를 선호함	"일반적인 주제에 주의를 기울일 수 있는 상황을 좋아한다."
	지엽적 (local)	구체적이고 정확성이 요구되는 일을 선호함	"어떤 주제에 대해 논하거나 글을 쓸 때, 전체적인 그림 혹은 윤곽을 그리기보다는 보다 중요하고 세부적인 사항을 고려한다."
범위	내부지향적 (internal)	타인과 독립적으로 떨어져 혼자 일하는 것을 선호함	"어떤 과제를 수행할 때 혼자서 하는 것을 좋아한다."
	외부 지향적 (external)	타인과의 사회적인 상호작용을 선호함	"어떤 공동 연구를 할 때 타인의 개입을 수용하고 아이디어를 공유하는 것을 좋아한다."
경향	자유주의적 (liberal)	기존의 규칙에 도전하는 것을 선호함	"팀의 일원으로서 타인과 상호작용할 수 있는 활동에 참여하기를 좋아한다."
	보수주의적 (conservative)	친밀감을 좋아하며 전통을 따르는 것을 선호함	"어떤 문제에 직면하게 되면 전통적인 방법으로 해결한다."

출처 : D.Y. Dai, & J. F. Feldhusen (1999). A validation study of the thinking styles inventory: Implications for gifted education. *Roeper Review, 21*, p. 302.

4. 사회경제적 지위와 성차

지금까지 우리는 지능과 창의성에 대해 알아보았다. 지능은 분명 학습자의 학업 성취에 가장 큰 영향을 주는 변인임에 틀림없다. 그러나 학습자의 성취를 설명하는 데 지능만으로는 충분하지 않다. 앞의 예화에 나오는 은선이의 경우를 다시 한 번 생각해 보자. 은선이의 낮은 학업 성취는 은선이의 개인적인 문제나 수업방법의 문제는 아닌 듯하다. 학생의 성취를 설명하면서 교사가 고려해야 할 또 다른 변인이 있으며, 이러한 변인이 충분히 고려되지 않는다면 학생의 낮은 성취를 개인 내부의 변인으로만 귀인시키는 그릇된 평가를 할 수 있다.

이제 학습자의 성취에 영향을 주는 개인차 중에서 지능과 창의성 이외의 변인인 사회경제적 지위와 성차에 대해 살펴보자.

1) 사회경제적 지위

학습자의 학업 성취와 사회에서의 출세 및 성공이 학습자 부모의 재산과 직업, 그리고 학력 수준 등에 의해 결정된다는 것은 그다지 바람직하지 않은 일이다. 그러나 사회경제적 지위와 관련된 많은 연구는 사회경제적 지위가 학업 성취와 밀접한 관련이 있다는 것을 보여 준다. 따라서 교사는 학습자를 이해하면서 학습자의 배경이 되는 사회경제적 지위를 고려할 필요가 있다.

사회경제적 지위(socioeconomic status: SES)란 사회에서 부모의 수입, 직업, 교육 수준 등에 의해 결정되는 가족의 상대적인 위치를 의미한다. 인간의 발전 가능성을 생각한다면 이러한 개인 외적 변인의 영향력은 과소평가될 수도 있다. 그러나 많은 연구자는 사회경제적 지위가 개인의 성취 수준에 미치는 영향을 간과할 수 없다고 주장한다. 실제로 사회경제적 지위는 학업 성취뿐만 아니라 지능, 무단결석, 정학이나 퇴학의 비율 등과도 밀접한 상관을 보이고 있다. 그렇다면 사회경제적 지위가 학습자의 성취에 어떻게 영향을 주는지 살펴보자.

사회경제적 지위가 학생의 학업 능력에 영향을 주는 방식에 대한 설명 중의 하나는 경험의 차이다. 사회경제적 지위가 높은 부모는 자녀에게 다양한 놀이기구를 제공하고 많은 여행의 기회를 줄 수 있으며, 박물관이나 동물원 등을 자주 구경하게 하는 등 풍부한 경험을 제공할 수 있다. 앞서 제2장에서 살펴본 Piaget의 발달이론은 인지발달에서 아동 초기의 경험이 매우 중요하다는 것을 보여 주고 있다. 아동 초기의 경험은 학교학습에 중요한 기초를 제공하기 때문에 **문화적 자본**(cultural capital)이라고도 한다(Ballantine, 1989).

사회경제적 지위가 학습에 영향을 주는 또 다른 방식은 가정 내에서 상호작용 양식을 통해서다. Hess와 McDevitt(1984)에 따르면 사회경제적 지위가 낮은 부모는 그렇지 않은 부모에 비해 상황을 자세하게 설명해 주는 경우가 드물다. 또한 그들의 언어는 정교하지 못하고, 명료하게 지시하지 않으며, 자녀를 격려하거나 함께 공부하는 일에 인색하다. 반면에 사회경제적 지위가 높은 부모는 그와 반대되는 양식을 보여 준다. 결국, 이러한 상호작용의 상이한 양식이 아동의 읽기 능력과 어휘력의 발달에 직접적인 영향을 미치고 있는 것이다.

그리고 사회경제적 지위의 영향은 부모의 태도와 가치를 통해 전달되기도 한다. 읽기 능력과 관련된 부모의 태도를 생각해 보자. 높은 사회경제적 지위의 가정에는 곳곳에 신문과 잡지, 기타 다양한 책이 있는 경우가 많으며 부모 스스로가 많은 독서를 한다. 그들의 자녀가 입학하였을 때, 인쇄된 문자는 이미 그들에게 친숙해져 있으며 독서는 자연스러운 상황이 된다. 가정에서 폭넓게 독서를 하는 학생들은 그렇지 않은 학생들보다 읽기 능력에 보다 큰 성취를 보인다는 Anderson 등(1985)의 연구 결과는 부모의 태도가 아동의 성취에 영향을 줄 수 있다는 것을 분명하게 보여 주고 있다. 또한 Ballantine(1989)의 연구는 부모의 가치가 아동에게 영향을 미친다는 것을 보여 준다. 그는 높은 사회경제적 지위의 부모는 자기 주도, 자기 통제, 개인적인 책임감 등에 보다 큰 가치를 두는 반면, 낮은 사회경제적 지위의 부모는 순응과 복종을 더욱 강조하는 경향이 있음을 발견하였다. 실제로 높은 사회경제적 지위를 가진 부모는 아동의 행동과 순응적 태도를 강조하기보다는 학업에서의 높은 성취를 기대하는 것으로 나타났다(Knapp & Woolverton, 1995; Metz, 1990). 이와 같은 부모의 가치는 아동이 학교에 들어갔을 때 학급에서의 행위와 역할 수행방식에 영향을 준다.

2) 성 차

남녀 간에 생물학적 · 문화환경적인 차이가 존재한다는 것은 일반적으로 인정되고 있는 사실이다. 그러나 본질적인 능력에 차이가 존재하는가에 대한 문제는 심리학적으로나 사회학적으로 많은 논쟁이 되어 왔다. 성차와 관련하여 일반적으로 언어능력에서는 여자가 남자보다 뛰어나고 수학과 과학에서는 남자가 더 우수하다고 알려져 있으나, 이러한 문제 역시 일치된 연구 결과를 보이지 않는다. 학교현장에는 언제나 남학생과 여학생이 존재한다. 따라서 성차에 대한 이해는 학습자를 보다 정확히 이해하는 데 도움을 줄 수 있다.

성차에 관한 다양한 연구 결과는 성차에 따라 인지적 · 정의적 측면에서 부분적으로 차이가 나타나고 있음을 밝히고 있다. 수학 영역의 경우, 고학년으로 올라가면서 남자가 여자보다 평균적으로 뛰어난 것으로 인정되고 있다(Hilton & Berglund, 1974; Minton & Schneider, 1980). 그러나 Fennema와 Sherman(1977)은 수학에서의 남녀 간 차이는 사회적 통념 때문이라고 지적한다. 즉, 수학은 남자가 주로 해야 되는 지식 영역이라는 사회적 인식 때문에 남자를 격려하고 동기유발시킨 것에 반하여, 여자는 수학에 대한 흥미가 점차 떨어지기 때문에 고학년으로 갈수록 남녀 간의 차이가 더욱 벌어진다는 것이다. 그리고 언어 능력의 경우 발달 초기에는 여자가 남자보다 우수한 것으로 보고되고 있지만, 이러한 언어 능력의 남녀 간 차이 역시 생물학적인 요인이라기보다는 문화 혹은 부모의 영향 때문이라는 연구 결과도 있다(Roe et al., 1985). 오늘날에는 연구에서 확인되는 실제적인 남녀 간의 차이가 적기 때문에(Fennema et al., 1998), 성차를 규명하려는 시도보다는 문화에 따른 차이에 더욱 관심을 기울이고 있다.

성차에 관한 많은 연구는 여자의 성역할 유형의 영향에 관심을 두고 있다. 예를 들어, 가정과 학교에서의 사회적 활동이 여자의 사회적, 교육적, 직업적 선택의 폭을 제한하는지에 대해 많은 논의가 있었다(Cushner, McClelland, & Safford, 1992). 성취 수준에서의 남녀 간 차이에 대해 일반적으로 제기되고 있는 원인은 남녀 역할에 대한 사회적 기대와 고정관념, 그리고 제공되는 학습 기회의 차이를 들 수 있다. 다시 말해서 남자와 여자가 해야 할 성역할을 서로 다르게 규정하고 있기 때문에 남녀가 서로 다르게 동기를 유발한다는 것이다. 즉, 남자의 전형적인 특성은 진취적, 지배적, 논리적, 활동적 등으로 정의되고, 여자의 전형적인 특성은 외모에 대한 관심, 얌전함, 부드러운 말투, 정숙함 등으로 정의되어 왔기 때문에 남자는 성취에 적극적이 되고 여자는 소극적이 된다는 것이다(Rosencrantz et al., 1968).

이러한 성역할 유형의 획득과 관련한 사회화는 일생을 통해서 진행되는데, 학교도 이러한 사회화에 기여하게 된다. 학생들과 교사의 상호작용에 관하여 Bailey (1993)는 일반적으로 남학생이 여학생보다 교사에게서 더 많은 주의와 꾸지람을 받는다고 하였다. 하지만 남학생은 여학생보다 교사에게서 긍정적인 반응 또한 많이 받았다. 즉, 전반적으로 남학생이 여학생보다 그들의 교사와 더 활발하게 상호작용을 한다는 것이다. 또한 Torrance(1986)는 남학생이 창의적인 행동을 보인 경우 여학생보다 더 많은 보상을 받는다고 하였다.

이 밖에 살펴볼 수 있는 남녀 간의 차이는 유아기 동안의 경험과 제공된 환경이 성장 후의 성취 수준을 결정할 수 있으며(Yawkey, 1983), 발달 속도에서 발달 초기에는 여자의 발달 속도가 남자보다 빠르지만, 남자는 전 생애에 걸쳐 오랫동안 발달하는 반면에 여자는 초기에 최대로 이루어지다가 그 후 멈추게 된다는 것이다(Minton & Schneider, 1980).

5. 개인차의 교육적 함의

지금까지 학생의 학업 성취에 영향을 주는 다양한 개인차에 대해 살펴보았다. 실제 학교현장에서 교사는 이러한 개인차 변인을 주의 깊게 관찰하고 학생의 문제에 신중하게 대처해야 한다. 이제 학교교육에서의 개인차 변인에 대한 관계성과 교육적 적용에 대해 살펴보자.

1) 지능 이론 및 검사의 교육적 적용

지능이라는 개념은 학생들의 개인차를 이루는 변인 중에서 가장 중요하게 생각되어 왔다. 그러나 지능을 측정하고 활용하는 가운데 발생하는 부정적인 측면에 대한 비판 또한 많았던 것이 사실이다.

이러한 비판을 극복하려는 많은 이론과 연구가 지속되고 있으며, 검사도구 역시 새로운 이론을 바탕으로 제작되고 있다. 이제 앞으로 구성될 '비판을 종식시킬 수 있는 정밀한 지능검사'의 개발과 관련하여 최근의 지능이론을 기초로 지능검사의 제작과 활용에 대해 살펴보자.

현대 지능이론의 교육적 함의 앞서 살펴본 바와 같이 최근의 지능이론은 사회적 맥락을 반영하고 실생활에서의 지능을 강조하고 있다. 이러한 요구를 적절하게 반영하는 최근의 이론인 MI이론과 삼원지능이론의 교육적 함의에 대해 살펴보자.

MI이론 Gardner는 조기 개입과 일관성 있는 훈련이 개인의 궁극적 성취 수준을 결정하는 데 중요한 역할을 한다고 말한다. 그는 어떤 행위가 특정한 문화 내에서 중요시되고, 충분한 지원이 이루어지고, 그것을 성취하고자 하는 개인적 동기가 있고, 적절한 학습과 훈련이 이루어진다면 대부분의 정상적인 아동은 매우 큰 성취를 이룰 수 있다고 주장한다. 그에게 지능발달은 발달 단계에 따른 자연적인 성장은 아니다. '지적 능력은 진공상태에서는 발달하지 않는다.' '스즈키 반의 아동들이 음악적으로 재능 있는 가정에서 선발된 아동이라 하더라도, 그들은 프로그램의 탁월성과 부모의 헌신적인 노력에 의해 어린 나이에 그렇게 높은 수준에 도달할 수 있었다.' (Gardner, 1983)라는 구절에서 우리는 Gardner의 이러한 생각을 쉽게 엿볼 수 있다.

그렇다면 지능을 어떻게 가르쳐야 하는가? 이에 대해 Gardner는 직접 관련된 개인, 사회, 그리고 사용 가능한 자원에 따라 일반적인 전략이 결정되어야 한다고 주장한다. 이러한 전략은 여러 가지 방법으로 다양한 소질을 발달시킬 수 있도록, 즉 개인이 원하는 능력, 기술, 역할을 달성할 수 있도록 도와야 한다. 높은 능력을 가진 학생에게는 유능한 스승과의 도제관계와 같이 직접적으로 일하게 하거나 자신이 직접 표현할 수 있는 자료를 제공해 주어야 한다. 반면에 낮은 능력을 가졌거나 병리학적인 증세를 가진 학생에게는 그가 가진 지적 능력을 발휘하여 지적 단점을 보완하기 위한 정보나 기술을 나타낼 수 있는 특수한 수단을 고안해야 한다. 그리고 보통 학생의 경우는 지능 계발을 위한 특별한 프로그램 없이도 현재의 교과 내용과 교육과정을 충분히 활용한다면 지능을 향상시킬 수 있다고 강조한다. 또한 Gardner는 지능교육과 관련하여 교육 내용의 구성에 다음과 같은 아동의 흥미가 반영되어야 한다고 주장한다. 즉, 갓난아기는 감정적 접촉이 지배적인 활동이고, 2세의 아동은 대상의 조작에 몰입하며, 3~7세의 아동은 역할놀이와 다른 상징적 행동이 주가 된다. 그리고 7~11세 아동의 주요 활동은 학교에서의 형식적 교육이고, 청소년기는 친숙한 개인적 관계와 직업 중심적인 활동에 치우치는 경향이 있다. 이처럼 각 연령층의 아동은 서로 다른 흥미를 보이고 있으며, 이러한 흥미의 내용은 문화에 따라 다를 수 있다. 따라서 교육 내용을 구성할 때는 이와 같은 내용이 고려되어야 한다.

삼원지능이론 Sternberg는 지능은 훈련될 수 있으며, 또 마땅히 훈련시켜야 한다고 주장한다. 그의 주장은 현대의 정보처리 지능이론가들이 지능을 진단할 수 있고 가르칠 수 있는 정보처리 능력 또는 사고력과 학습력으로 간주하는 견해에 근거를 두고 있다. 또한 그는 지능이론가들이 측정도구를 세련화시키는 데에만 관심을 두지 말고, 지능을 훈련하고 계발하는 데 보다 많은 관심을 기울일 것을 제안하고 있다. 실제로 그는 자신의 요소하위이론을 근거로 요소훈련 프로그램을 개발한 바 있으며, 현재는 삼원지능이론 전체를 바탕으로 지능훈련 프로그램을 실시하고 있다.

Sternberg는 현재 지능과 사고력을 증진시킬 수 있는 우수한 훈련 프로그램이 많이 개발되어 있지만 대부분의 학생이 전통적인 교육과정의 부담 때문에 이러한 프로그램에 참여하지 못하고 있다고 지적한다. 따라서 그는 일선 학교에서도 현행 교육과정에 지능훈련 프로그램을 보완하여야 한다고 주장한다. 삼원지능이론은 교육현장에서 지능훈련 프로그램을 선택할 때 필요한 일반적인 사항에 대해 몇 가지 시사점을 준다.

- 훈련 프로그램은 참여하는 학생에게 사회문화적으로 적절해야 한다.
- 훈련 프로그램은 훈련의 전이가 발생할 수 있도록 훈련과 현실 세계 행동 간의 유대를 제공해야 한다.
- 훈련 프로그램은 새로운 과제와 장면에 대처할 수 있는 능력과 전략에 대한 훈련을 명시적으로 제공해야 한다.
- 훈련 프로그램은 메타 요소와 수행 요소를 동시에 고려하는 훈련을 제공하여야 한다.
- 훈련 프로그램은 개인차에 민감해야 한다.
- 훈련 프로그램은 학생들의 지적 욕구와 아울러 동기적 욕구에 민감해야 한다.

지능검사의 제작 및 활용의 유의점 지능검사가 이로운 영향보다는 오히려 나쁜 영향을 주고 있다든가 검사 자체가 없어져야 한다는 등의 비판은 지능검사가 만들어진 이래 계속된 문제다. 그러나 지능이라는 개념이 어느 날 갑자기 사라지거나 사장되지 않는 것이라면, 정밀하고 타당한 지능검사를 개발하도록 노력하는 일이 보다 바람직하다.

이제 지능검사의 제작과 활용에 대해 구체적으로 살펴보자.

폭넓고 타당한 내용의 검사 구성 이는 앞으로의 지능검사가 지향해야 할 내용적인 측면을 고려하는 것이다. 현재 사용되고 있는 지능검사는 측정하려는 내용이 분명하지 못하다는 약점을 가지고 있다. 이와 같은 결과는 불완전하고 제한된 정의에서 기인되기도 하고, 이론에서 검사가 도출되지 못하고 검사에서 이론이 도출되는 현상 때문이기도 하며(Sternberg, 1985a, 1990), 지나치게 개인 내부에만 지능의 초점을 두는 까닭이기도 하다(Davidson, 1990). 현대의 지능이론은 대부분 이러한 문제점을 극복하려는 이론적 시도를 하고 있다.

Hunt(1990)는 일반적인 추론 능력으로서의 지능, 특수한 기술 영역으로서의 지능, 정보처리적 개념으로서의 지능의 세 가지 각기 다른 견해에 토대를 두고 검사가 이루어져야 한다고 주장한다. 또한 Ceci, Ramey와 Ramey(1990)는 개인적인 발달과 상황 모두를 고려하는 검사를 주장하고 있으며, Keating(1990)은 지능을 인지적 구조와 인지적 사회화 간의 상호작용으로 설명하면서 검사에 이들 모두가 포함되어야 한다고 주장한다. 그리고 Goleman(1995)은 자신의 감성을 이해하고 타인과 공감함으로써 삶을 고양시킬 수 있는 능력인 **감성지능**(emotional intelligence)을 계발해야 한다고 주장한다. Gardner(1983)의 대인관계지능을 기초로 하는 감성지능은 Sternberg(1985a)의 **사회적 지능**(social intelligence) 개념과 유사한 것으로 보다 폭넓고 타당한 지능 개념을 구성하려는 노력이다.

지능검사의 내용과 관련하여 선행되어야 할 연구는 그 시대와 상황에 적합한 지능의 개념을 확립하는 일이다. 이는 사람들에게 내재되어 있는 암시적 지능이론을 도출하여 타당화하는 방법으로 수행되는데, 이러한 방법의 전형적인 근거는 Sternberg 등(1981)이 수행한 연구에서 비롯된다. 사람들의 마음에 자리 잡고 있는 그들 자신의 구성 개념(Sternberg, 1985b)이라고 정의되는 **암시적 지능이론**(implicit theory)은 특정한 상황 안에 살고 있는 사람들이 가지는 지능에 대한 구성 개념을 알아냄으로써 그 상황에 적합한 지능의 본질을 발견하려는 방법이다. Sternberg 등(1981)은 이러한 방법으로 사람들이 전반적 지능과 학업지능, 그리고 일상지능을 각각 다르게 인식하고 있다는 것, 그리고 자신의 지능과 타인의 지능을 평가하는 데 실제적으로 암시적 지능이 사용되고 있다는 것을 밝혔다.

이상에서 살펴본 바와 같이 폭넓고 타당한 내용으로 지능검사가 구성되어야 한다는 것은 현대의 많은 지능이론가가 공감하는 부분이다. 따라서 앞으로의 지능검사는 보다 정교한 이론을 기반으로 폭넓고 타당하게 그 내용이 구성되어야 할 것이다.

자연스러운 상황에서의 검사 시행 앞서 살펴보았던 Gardner(1983)의 주장을 다시 한 번 생각해 보자. 그는 검사도구를 사용하는 데 자발적 흥미를 강조하였다. 즉, 검사는 통제되고 강제되는 상황에서가 아니라 아동들이 하고 싶어 할 때에 관찰되어야 한다는 것이다. 그리고 이러한 방법이 현재 사용되는 지필검사 중심의 표준화 검사방법보다 개인의 능력을 측정하는 훨씬 타당한 방법이라고 주장하고 있다. 정범모(1987) 역시 이와 유사한 견해를 보이고 있다. 그는 '유별나지 않은 측정' 이라는 표현으로 자신의 견해를 요약한다. 그는 과학의 발달이란 정밀하고 세련된 관찰도구 또는 측정도구의 발견에 의해 촉진되는 것이 사실이고 세련되고 정밀한 검사가 연구 · 제작되는 일은 일면 바람직하지만, 원자물리학에서의 하이젠버그 효과처럼 관찰과 측정 자체가 피험자의 행동이나 반응에 영향을 준다는 사실에도 유의해야 한다고 말한다. 이럴 경우에는 '어마어마한 검사' 라는 유별난 도구와 상황을 사용하지 않고 보다 일상 행동에 가까운 상황에서 '유별나지 않게' 어떤 특성의 정도를 '자연스럽게' 짐작 또는 측정하는 방법이 더 유리할 수 있다고 제안한다.

이런 제안은 우리에게 한 차원 높은 검사방법론의 개발에 대한 통로를 열어 준다. 지금까지의 검사는 대부분이 실험실 상황의 조작적 환경에서 이루어졌으며, 이 때문에 야기되는 불안이나 동기와 같은 다른 변인의 간섭에 적절히 대응하지 못하였던 것이 사실인 듯하다. 그러나 검사도구의 사용이 자연스러운 상황에서 시행되어야 한다는 제안에 충실해진다면 앞으로의 검사는 보다 정밀한 결과를 보장받을 수 있을 것이다.

검사 결과 해석의 민감한 주의 지능검사의 결과를 나타내는 방법 중 우리에게 가장 익숙한 것은 IQ이다. IQ라는 속성이 구조적으로 가질 수밖에 없는 많은 문제점에도 불구하고, 하나의 수치로 나타나는 IQ 점수는 이미 무시할 수 없는 영향력을 지니고 있다. 배호순(1987)은 지능 및 지능검사에 관한 무지가 지능검사 결과를 절대시하고 맹신하게 만든다고 지적하였다. IQ는 학습 능력, 과업 수행 능력, 나아가 장래 직업에서의 성패를 예측해 주는 지표로까지 활용된다. 이로 인한 역효과 때문에 지능검사에 대한 불신풍토가 야기되고 있으며, 지능검사가 계속해서 오용될 경우 결국 모든 학교에서 추방할 수도 있을 것이라고 지적하면서, 이와 같은 심각한 사태가 발생하지 않도록 예방하는 것이 교육자와 심리측정 전문가의 또 다른 과제라고 피력하였다.

이러한 논의는 지능검사의 활용에서 결과 해석의 중요성을 지적하고 있는 것이다. 이는 앞서 살펴본 바와 같이 검사 결과가 하나의 수치가 아닌 여러 특성의 개별적 형태로 보고되어도 그 결과의 해석이 달라지지 않는 한 무의미한 것임을 암시한다.

우리는 지능이란 절대적이고 불변하는 특성이 아니라는 것을 항상 기억해야 한다. 따라서 검사 결과를 해석할 때는 그 결과에 대해 보다 나은 특성으로 부족한 특성을 보완할 수 있는 가능성의 탐색과 부족한 특성의 개발에 도움을 주는 출발점이라는 입장을 견지하는 자세가 우선되어야 할 것이다.

2) 창의성의 교육적 적용

지식이 급변하는 현대사회는 무엇보다도 개인의 창의적인 사고를 요구하고 있다. 따라서 학교에서의 교육이 학생들의 창의력을 신장하는 데 도움을 줄 수 있도록 운영되어야 한다는 요구는 어쩌면 시대가 요구하는 당연한 결과일지도 모른다. 창의성이 교육에 의해 신장될 수 있느냐 하는 문제는 아직 논란의 여지가 있지만, 창의성에 관한 많은 연구는 창의성이 경험이나 훈련에 의해 충분히 학습되고 개발될 수 있다는 사실을 보여 주고 있다.

그렇다면 학교에서 교사는 학생의 창의성을 신장시키기 위해 구체적으로 어떻게 해야 할 것인가? Cropley(1995)가 제시하는 창의성을 촉진하는 교사들의 다음과 같은 특징은 교사가 수업이나 학급관리를 하는 과정에서 어떠한 태도와 전략을 가져야 하는지에 대한 함의를 제공한다.

- 학생들이 스스로 학습할 수 있도록 한다.
- 교실에서 협동적으로 생활할 수 있는 사회적 적응을 시도한다.
- 학생들이 기존의 지식을 충분히 익히도록 한 다음 자유롭게 창의적인 사고를 할 수 있도록 동기를 유발시킨다.
- 교실에서 창의성을 촉진시킬 수 있는 특수한 활동을 진행한다.
- 교사 자신의 의견을 되도록 지연시키고 학생들이 그들의 생각을 완전하게 표현할 때까지 기다린다.
- 학생들의 지적 유연성을 가능하게 한다.
- 학생들이 자기평가를 할 수 있게 한다.
- 다른 사람들의 감정이나 분위기를 잘 파악할 수 있도록 지도한다.
- 학생들의 질문을 신중히 생각한다.
- 학생들에게 많은 자료를 활용하고 여러 곳에서 활동할 수 있는 기회를 제공한다.

- 학생들이 실망을 이겨낼 수 있는 능력을 키워 줌으로써 성공만을 위해 노력하지 않고 실패도 이겨낼 수 있도록 한다.
- 학생들에게 부분적인 것보다 전체적인 것을 보게 하는 능력을 키워 준다.

또한 김언주(1992)가 제시하는 다음과 같은 사항 역시 교사가 잊지 말아야 할 중요한 목록이다.

- 교사는 창의적 사고가 무엇인지를 알아야 한다.
- 학생들에게 교사의 문제 해결방법을 최선의 것으로 강요하지 말아야 한다.
- 교사는 학생의 창의적 사고가 출현할 수 있는 조건을 마련해 주어야 한다.
- 교사는 절대적으로 순응하는 학생보다 교사 자신의 견해와 다른 아이디어를 창출하는 학생에게 더 많은 보상을 주어야 한다.
- 교사는 창의성에 대한 학생 자신의 부정적 태도를 제거하여야 한다.
- 교사는 학생들이 문제 해결에 관한 창의적 기법을 습득하도록 지도해야 한다.
- 문제 해결방법은 특정 교과 영역별로 개발되어야 하며, 특정 교과의 교사는 학생의 창의적 사고를 학교의 교육환경에서 배양시킬 수 있다는 신념으로 창의적 사고를 증진시킬 수 있는 교육환경 구성에 노력해야 한다.

3) 인지 양식의 교육적 적용

인지 양식은 문제 해결 상황에서 개인의 전략 선택에 영향을 끼침으로써 결과적으로 수행의 질에 긍정적 혹은 부정적으로 작용하기도 한다. 하지만 근본적으로 인지 양식이라는 개념은 개인의 능력이 아닌 개인이 선호하는 인지적 태도라는 점을 잊지 말아야 한다. 따라서 인지 양식은 각기 다른 상황에서 적절하게 기능할 수 있다. 예를 들어, 장의존적인 개인은 사회적 상황 안에서 주어지는 틀에 보다 잘 순응하므로 대인관계적인 측면에서 유리할 것이며, 장독립적인 개인은 개인 내적인 분석을 요구하는 상황에 보다 잘 적응할 것이다. 이와 관련해서 Witkin 등(1977)은 장의존적인 사람들은 사회사업가, 목사, 상담가, 교사, 정치인 등과 같은 사회적 기술이 강조되는 직업을 선택하는 반면, 장독립적인 사람들은 수학자, 과학자, 건축가, 기술자, 목수, 예술가 등과 같은 이론적이고 분석적인 일에 대한 흥미를 요하는 직업을 선택하는 경향이 있음을 확인하였다.

충동성과 사려성의 경우에는 문제 해결 상황과 보다 밀접하게 관련된다. Rollins와 Genser(1977)는 단순한 문제의 경우에는 사려성 인지 양식을 지닌 개인이 나은 과제 수행을 보이지만, 다차원적인 복잡한 과제가 주어질 경우에는 주어진 시간 안에 가능한 모든 대안을 고려해야 하기 때문에 충동성 인지 양식을 지닌 개인의 수행수준이 높음을 발견하였다. 따라서 충동성-사려성 인지 양식 또한 과제 특수적 상황에 따라 과제 수행에 기여하는 바가 달라짐을 알 수 있다.

기존의 주로 이분법적 차원으로 이루어진 스타일의 개념을 확장하여 다차원적인 사고 양식을 제안한 Sternberg(1997)는 개인이 정도의 차이는 있지만 모든 사고 양식을 가지고 있으며, 상황에 따라 선호하는 사고 양식이 달라짐으로써 개인차가 존재하게 된다고 하였다. 그의 이론은 학교환경에서 개인의 스타일이 갖는 중요한 시사점을 여러 각도에서 보여 준다.

우선, 학생과 교사가 가지고 있는 사고 양식의 유형에 따른 관계성이다. Sternberg는 학생의 사고 양식이 교사가 가지고 있는 사고 양식과 유사한 경우에 그렇지 않은 학생보다 긍정적으로 평가받는다는 것을 밝혔다(Sternberg & Grigorenko, 1995). 즉, 실제로 어떤 수준의 성취를 하였느냐와 관계없이 교사는 자신과 비슷한 방식으로 사고하는 학생의 과업 수행을 더 좋게 평가한다는 것이다. 따라서 그는 교사의 융통성을 강조하는데, 이것은 교수방법과도 관련된다. Sternberg는 교수방법과 그에 상응하는 사고 양식의 유형을 제안하였다. 이를 간략히 살펴보면 〈표 3-4〉와 같다.

각각의 교수방법은 학생 개개인에게 적합할 수도 있고 그렇지 않을 수도 있다. 따라서 교사는 다양한 교수방법을 적절히 활용하여 학생들의 수업에 대한 흥미와 교육효과를 극대화하도록 해야 한다. 또한 Sternberg는 학생 스스로도 융통성 있게 사고

〈표 3-4〉 **사고 양식과 교수방법**

교수방법	사고 양식
• 강의(lecture)	• 행정적, 위계적
• 사고기반 질문(thought-based questioning)	• 사법적, 입법적
• 협동학습(cooperative learning)	• 외부지향적
• 문제 해결(problem solving)	• 행정적
• 프로젝트(project)	• 입법적
• 소집단 활동 1: 사실적 질문에 대답하기 (students answering factual questions)	• 외부지향적, 행정적
• 소집단 활동 2: 토의하기(students discussing ideas)	• 외부지향적, 사법적
• 읽기(reading)	• 내부지향적, 계급적

출처: R. J. Sternberg (1997). *Thinking Styles.* New York: Cambridge University Press, p. 116.

해야 함을, 즉 특정한 상황에서 보다 효율적인 사고 양식을 다양하게 발휘할 수 있어야 함을 강조한다. 예를 들어, 과제를 수행할 때 요구되는 적절한 사고 양식의 조합은 상황에 따라 달라지므로, 특정한 과제 상황에 적합한 사고 양식을 가지고 있는 것보다는 여러 사고 양식을 고루 갖춘 개인이 보다 환경에 적응적이라고 평가된다. 이와 관련해서 협동학습(cooperative learning)이 긍정적으로 작용할 수 있다. 서로 상이한 사고 양식을 가진 학생들이 모여 문제를 해결할 때, 그들은 각자 가진 사고 양식의 강점을 살릴 수 있고, 더 나아가 상호 협동적인 학습환경 속에서 다양한 사고 양식을 갖추는 기회로도 삼을 수 있다.

마지막으로 학생들의 사고 양식이 학업 성취를 예측할 수 있다는 연구 결과(Grigorenko & Sternberg, 1997)가 있다. 구체적으로 입법적 사고 양식과 사법적 사고 양식은 분석적인 과제와 창의적인 과제를 수행해야 하는 경우에 긍정적으로 기능한 반면, 행정적 사고 양식은 과제 수행에 부정적으로 작용하였다. 결국, 개인의 스타일은 중요한 변인으로 다루어야 하며, 교사의 사고 양식, 교수방법, 과제 제시, 평가 등 여러 측면을 종합적으로 고려한 학습 상황의 구조화가 요구된다.

4) 사회경제적 지위와 성차의 교육적 함의

사회경제적 지위에 따른 학생들의 행동 양식을 조사한 Brophy(1983)의 연구 결과를 살펴보는 것은 학생을 가르치고 평가하는 교사에게 중요한 함의를 줄 수 있다. 그는 자신의 연구에서 학생들의 행동 양식에 대해 다음과 같이 그 특징을 제시하고 있다. 높은 사회경제적 지위의 학생들은 보다 자신감 있고 참여적이며 도전해 보려는 경향을 보인다. 그들은 존중받기를 원하고 자신의 반응에 대해 정확한 피드백을 원한다. 또한 학문적인 측면에서 자극을 쉽게 받으며 능동적인 반응을 요구하는 분위기에 잘 적응한다. 반면에 낮은 사회경제적 지위의 학생들은 교사의 도움과 충고, 보살핌을 요구하며, 그들의 노력에 대해 격려받고 성공에 대해 칭찬받고 싶어 한다. 그들에게는 질문에 대해 능동적으로 명확하게 반응하도록 가르치는 것이 필요하다.

이처럼 사회경제적 지위에 따라 학생들은 서로 다른 특징을 보일 수 있다. 이러한 특징은 학교학습과 역할학습 등에 많은 영향을 미칠 수 있다. 교사들은 앞의 예화에 나오는 은선이의 경우처럼 특별한 이유 없이 낮은 학업 성취를 보이는 학생을 자주 봐 왔을 것이다. 이런 경우 학생의 문제에 대하여 세심하게 판단하여야 하며, 단순히 개인의 내재적인 특성으로 잘못 귀인하는 일이 없어야 할 것이다. 결국, 학생들의 사회경제적 지위에 대하여 교사는 충분한 정보를 가지고 있어야 한다. 이를 위해 학기 초에 학생들에게 자신에 대한 글을 쓰게 하거나 필요한 경우 가정방문 등의 가능한 노력을 기울일 필요가 있다.

앞에서 우리는 성차에 관한 다양한 연구 결과를 살펴보았다. 그렇다면 이러한 성차의 문제는 학교현장에서의 교육과 어떠한 연관이 있는가? 교실에서 흔히 발견할 수 있는 성차와 관련된 몇 가지 예를 살펴보자.

- 남학생은 남성답게, 여학생은 여성답게 행동할 때 칭찬하는 교사
- 같은 실수를 하더라도 친구들 앞에서 여학생보다 남학생을 더욱 심하게 꾸중하는 교사
- 진로지도를 할 때 남학생과 여학생에게 각각 다른 조언을 하는 교사
- 국어시간에는 여학생을, 수학과 과학 시간에는 남학생을 더 지목하는 교사
- 수업 중 예시를 들 때 여자는 교사, 간호사, 사회봉사자 등으로, 남자는 기술자, 의사, 법률가 등으로 묘사하는 교사
- 여자를 주부로, 남자를 밖에서 일하는 가장으로 묘사하는 교과서

이처럼 교육담당자가 교육과정에서 남학생과 여학생을 전형적인 성역할의 유형으로 구분하여 다루고 있는 것을 많이 볼 수 있다. 이러한 예는 우리의 교실 상황을 관찰해 볼 때 자주 발견할 수 있는 것들이다.

여성에게 적용되는 성격적 특성은 예의 바름, 겸허함, 연약함, 부드러움 등인 데 반하여, 남성에게 적용되는 성격적 특성은 거침, 공격성, 강인함, 잔인성 등으로 정형화된다. 즉, 남학생들은 보다 공격적이고 지배적이고 경쟁적이고 위험을 잘 감수한다고 묘사되는 반면, 여학생들은 의존적이고 도움을 잘 받고 사교적이고 고분고분하고 감정적이라고 설명된다.

일반적으로 직업적인 측면에서도 남성과 여성은 정형화되어 있다. 여성은 주부, 간호사, 사회봉사자, 초등학교 교사, 법률보조원, 비서, 점원, 은행원 등의 직업을 갖는 것으로 묘사되며, 남성은 자동차 정비사, 전기기사, 건축기사, 수학 교사, 법률가, 의사, 은행장 등의 직업이 기대된다(Borich & Tombari, 1995).

또한 남학생과 여학생은 지적인 측면에서도 정형화된다. 20세기 들어 성차에 관한 많은 연구는 남학생이 여학생보다 수학 과목에서의 능력이 더 뛰어나다고 주장하

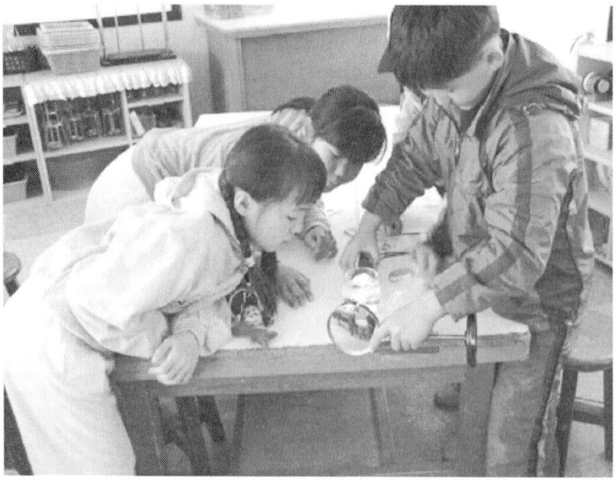

교사는 수학이나 과학과 같은 교과 학습에 대해 여학생도 남학생만큼의 잠재력을 지니고 있음을 인지하고, 교과에 대한 성적 편견 없이 지도해야 한다.

였다. 그러나 또 다른 많은 연구(Eccles, Adler, & Kaczala, 1982; Eccles et al., 1983; Eccles & Jacobs, 1986)는 남학생과 여학생의 수학 과목 능력에 대한 부모의 편견, 수학을 어렵게 생각하는 어머니의 신념 등이 남녀 간 수학 점수의 차이를 발생시키는 것일 뿐 본질적인 차이는 없다고 주장한다. 그리고 과학, 공간, 수학, 심지어 언어 능력도 성에 따라 거의 차이가 없는 것으로 나타났다(Jacklin, 1989).

Borich와 Tombari(1995)는 성차와 관련하여 중요한 교수–학습 시사점으로 교사들에게 다음과 같은 내용을 제안하고 있다.

- 학생과 교과 관계에서 교사는 여학생이 부모나 개인적 환경에 의하여 수학 과목에 대해 남학생과는 다른 태도, 신념, 가치를 가지고 있다는 것을 인식해야 하고 이에 대처하는 접근으로 가르쳐야 한다.
- 교사와 교과 관계에서 교사는 학생들이 자신의 성역할이나 특성에 따라 교과를 달리 바라보고 있다는 것을 인식해야 하고, 여학생의 경우 수학 과목에 대한 부정적인 귀인을 극복시켜 주는 방향으로 교수할 필요가 있다. 또한 예시를 들 때에도 성역할이나 특성에 따라 편견을 가지고 있는 내용을 평등하게 바꿔야 한다.
- 교사와 학생 관계에서 교사는 학생들에게 성역할의 전형적인 모델이 될 수 있음을 인식하고, 수업시간에는 물론 비공식적인 자리에서도 직업이나 교과에 성적 특성이나 편견이 드러나지 않도록 주의해야 한다. 또한 학업적 활동이나 비학업적 활동에서 성차에 따라 공정할 수 있도록 하기 위하여 남녀에 따른 집단 배치를 잘 활용하여야 한다.

EDUCATIONAL PSYCHOLOGY

연구문제

1. 다음을 간단히 설명하여라.
   - g요인(general factor)
   - MI(Multiple Intelligence)
   - 삼원지능이론(Triarchic Theory of Intelligence)
   - 창의성 연구의 4P(process, product, person, press)
   - 인지 양식(cognitive style)

2. 지능을 측정하고 개념화하는 방식에서 Gardner와 Sternberg의 이론은 전통적인 측정학적 접근과 어떻게 다른지 설명하여라.

3. 지능과 창의성의 관계를 설명하여라.

4. 장의존(field-dependent)적인 학생과 장독립(filed-independent)적인 학생의 특징을 비교하고, 교수-학습에 주는 시사점을 설명하여라.

5. 다음은 영어를 처음 배우는 민정이의 얘기다. 민정이의 학습 과정은 Sternberg의 삼위일체이론을 구성하는 세 가지 하위이론 중 어느 하위이론으로 설명할 수 있는지를 밝히고, 그 이유를 설명하여라.

> 선생님은 'she'라는 단어를 칠판에 적었다. 선생님은 '쉬-'라고 발음을 가르쳐주었다. 다음으로 선생님은 'shift'라는 단어를 적고는 '쉬프트'라고 발음해 주었다. 수업이 끝난 후 민정이는 집에서 예습을 하다가 'ship'이라는 단어를 보게 되었다. 민정이는 '쉽'이라고 혼자 발음해 보았다. 이제 민정이는 영어 단어를 발음하는데 있어 s와 h가 나란히 있을 때, 그것은 '쉬'라고 발음된다는 하나의 규칙을 지니게 된 것이다.

6. 당신은 초등학교 3학년의 담임교사다. 처음 학급을 맡았을 때 영철이는 그다지 눈에 띄는 학생이 아니었다. 가정환경도 썩 좋아 보이지 않았고, 수업시간에도 별 말이 없었으며, 몇 차례 질문을 해보았지만 그저 중간 정도의 반응을 보일 뿐이었다. 당신은

영철이에게 관심을 갖지 않게 되었으며, 당신에게 영철이는 그저 그런 학생이었다. 그렇게 한 달이 지났다. 한 달 뒤, 당신은 학기 초에 실시한 지능검사 점수를 받게 되었다. 그런데 영철이가 전교에서 가장 IQ가 높은 학생이었다. 당신은 어떠한 반응을 할 것인가?

7. 다음은 중앙지 ○○일보의 2007년 4월 6일자 신문기사다.

> 한국교육개발원이 최근 신학용 열린우리당 의원에게 제출한 「교육격차: 가정 배경과 학교교육의 영향력 분석」 보고서에 따르면, 부모의 월소득이 600만 원 이상인 학생이 명문대에 진학한 비율은 10.4%로 월소득이 100만 원 미만인 부모의 자녀 0.5%에 비해 20배 이상이었다. 또 200만 원대 1%, 300만 원대 4.3%, 500만 원대 8.7% 등으로 부모 소득과 자녀의 명문대 진학률은 정비례했다.
>
> 조사에 따르면 부모의 직업이 대기업 임원이나 고위 관리직 · 의사 · 변호사 · 판검사 등 전문직일 경우 자녀의 명문대 진학률도 높았다. 이들의 명문대 진학률은 16.7%로 평균 3.9%보다 4배 이상 높았다. 교사 · 학자 · 사무직 근로자의 자녀들은 4.9%, 농어업 · 기능직 근로자 · 단순노무직 · 무직 등의 자녀들은 1.6%였다.
>
> 부모의 교육 수준과 자녀의 명문대 진학률도 정비례했다. 특히, 어머니가 대학원 이상 학력을 가졌을 경우 자녀의 명문대 진학률은 26%로 평균 3.5%보다 8배 정도 높았다. 아버지가 대학원 이상 학력을 가진 자녀의 명문대 진학률은 19.8%로, 평균의 5배였다. 이 조사는 작년 7월 대학교 2학년생 9391명을 대상으로 진행됐고, 특수목적고와 실업계를 졸업한 학생도 포함했다.

이 신문기사는 부모의 수입, 직업, 교육 수준, 즉 사회경제적 지위(SES)를 구성하는 세 가지 요소와 학생들의 대학 입학 진학률이 관련이 있다고 말하고 있다. 당신은 이들 요소 중 어떤 요소가 가장 큰 영향을 미친다고 생각하는가? 그리고 그 이유는 무엇인가?

8. 다음은 영주와 상준이가 그룹 과제에 관해 나누는 대화다. 대화 내용으로 미루어볼 때, 영주와 상준이는 Sternberg가 제안한 사고 양식 중 어떤 하위요인을 지니고 있다고 보는가? 둘 중 누가 더 창의적인 과제에 흥미를 느낄 것이라고 생각하는가? 그리고 그 이유는 무엇인가?

> 영주 : 그러니까, 우리가 지금 해야 할 게 주변에서 흔히 볼 수 있는 사물의 색다른 용도를

생각해 내는 일이지? 음 …… 우선, 사물 다섯 개를 정한 다음에 그것들의 다른 쓰임새를 차례로 적어 보자. 그러고 나서, 가장 나은 아이디어 세 개를 고르면 되겠지?

상준 : 응, 뭐가 있을까 …… 뭐가 있지? 휴 …… 난 모르겠다. 그냥 물건을 사용법 그대로 쓰면 되는 거지, 왜 이런 걸 생각해 내야 하지? 그리고 난 숙제 같은 건 혼자 해야 편한데 …….

영주 : 왜 그래, 상준아. 이런 숙제가 다른 것보다 재미있잖아? 딱히 정해진 답이 있는 것도 아니니까, 우리끼리 자유롭게 상상해 보자. 있잖아, 칫솔을 붓처럼 사용해 보는 건 어떨까? 멋진 그림을 그릴 수 있을 것 같지 않아?

상준 : …… (한숨쉬며, '칫솔을 어떻게 붓으로 사용해' 라고 생각한다.)

9. 창의적인 문제 해결을 하는 데 있어서 확산적 사고(divergent thinking)와 수렴적 사고(convergent thinking)가 요구된다는 주장의 타당성을 창의성에 대한 정의와 관련지어 설명하여라.

제4장

특수한 학습자

1. 학습장애 학생
2. 정신지체 학생
3. 행동장애 학생
4. 학습부진 학생
5. 영재학생

■ 연구문제

국사를 가르치는 이 선생님은 학생들의 첫 번째 모의고사 점수를 보고 매우 의아해했다. 수업시간에 늘 적극적으로 질문을 하고 집중력도 뛰어난 재민이의 국사시험 점수가 반에서 가장 낮았기 때문이다. 납득하기 힘든 이 상황을 어떻게 받아들여야 할지 고민하던 이 선생님은 앞으로 수업시간에 재민이를 잘 관찰해 보기로 하였다.

이 선생님은 소집단 학습을 시키기 위해 학습 안내서를 나누어 주고 학생들에게 집에서 자료를 정리해 오라는 과제를 주었다. 다음날 이 선생님은 학생들이 집단토론을 하는 것을 돌아보던 중에 재민이의 공책을 살피게 되었다. 어찌된 일인지 공책은 백지상태였다. 재민이에게 이유를 묻자 재민이는 조금 당황해하며 집안일 때문에 과제를 할 시간이 없었다고 변명하였다.

방과 후 이 선생님은 재민이를 남게 하여 과제를 하도록 하였다. 30분이 지난 후 교실에 들어가 살펴보니 재민이는 아무것도 하지 못하고 있었으며 공책은 여전히 비어 있었다. 주의를 주고 1시간이 지난 후에 다시 들어갔을 때도 역시 공책은 비어 있었다.

무언가 문제가 있다는 생각에 이 선생님은 재민이와 대화를 하기 시작하였다. 처음에 재민이는 얘기를 피하려는 것 같았으나 과제를 같이 풀자는 이 선생님의 말에 비로소 입을 열었다. 조금 당황하기는 했지만 이 선생님은 그제야 문제점을 알 수 있었다.

재민이는 교재를 읽지 못하는 것이었다.

지금까지 우리는 학습자의 발달과 개인차에 대해 알아보았다. 이러한 학습자의 특성을 충분히 이해하고 적절한 수업을 진행하는 것은 교사의 기본적이고 필수적인 자세다. 그런데 학습자의 효과적인 학업 성취를 위해 교사가 이해해야 할 또 하나의 변인이 있다. 이는 정상분포의 양 극단에 위치하는 학생에 대한 이해를 의미한다.

일반적으로 교실에는 다양한 능력을 가진 학생들이 함께 생활하고 학습한다. 그들을 학습 능력이라는 측면에서 살펴보면 정상적인 교과과정이나 수업방법에 적합한 학생들이 대부분이고, 특별히 능력이 높거나 낮은 학생의 수는 [그림 4-1]에 나타난 바와 같이 전체의 4~5% 정도다. 따라서 대개의 교과과정이나 수업방법은 정상분포의 중간 부분에 속해 있는 보통 능력의 학생들에게 초점이 맞추어져 있다. 결국, 이러한 현실 때문에 능력이 매우 뛰어나거나 현저하게 낮은 학생들은 그들에게 적합하지 않은 수업을 받게 된다.

모든 학생에게 공정하고 평등한 교육 기회를 제공하고 그들의 잠재적 능력을 최대한 개발시키는 것 또한 교육의 중요한 목적이다. 따라서 보통의 학생들과는 상이한 능력을 가진 학생들에 대해 충분히 이해하고 그들의 능력을 개발시키기 위한 노력을 기울여야 한다.

이를 위해 보통의 학생들과는 상이한 능력을 지닌 학생들을 분류해 보자.

[그림 4-1]에서 보는 바와 같이 지능이나 학업 성취에 따라 정상분포곡선을 그릴 경우 대부분은 정상적인 수업을 받을 수 있는 보통의 학생들이다. 그러나 분포의 양 극단에 속하는 학생들은 보통의 교과과정이나 수업방법에 적합하지 않은 능력의 학생들이다.

일반적으로 평균보다 현저하게 높은 상위의 2~3%에 속한 학생들을 영재학생(gifted student)이라고 하며, 반대로 하위 2~3% 학생들은 특별학생(special student)이라고 한다. 특히,

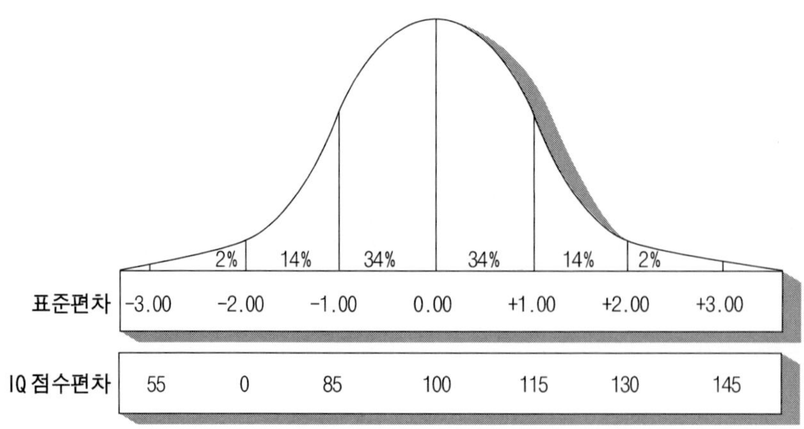

[그림 4-1] 지능과 학업 성취에 따른 분포 곡선

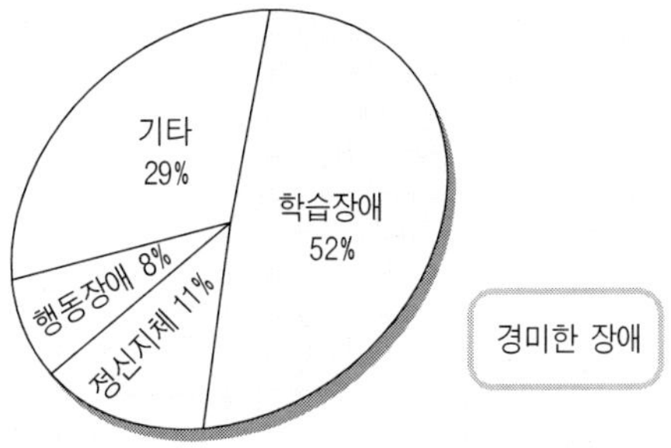

[그림 4-2] **특별학생의 비율**

출처: P. Eggen, & D. Kauchak (1999). *Educational psychology. Upper Saddle River, NJ:* Merrill Prentice-Hall, p. 153.

낮은 능력의 하위 2~3%의 학생들은 그 원인에 따라 학습장애, 정신지체, 행동장애, 신체장애, 의사소통장애 등으로 세분할 수 있으며(Woolfolk, 1993), 정도에 따라 경미한 장애와 중증의 장애로 분류할 수 있다. 장애의 정도가 중증일 경우에는 특수학급에 배치되어 특별한 프로그램에 따른 지도를 받지만, 경미한 장애일 경우에는 정상적인 학급에서 보통의 학생들과 함께 수업을 받는 것이 일반적이다. 그런데 경미한 장애를 지닌 학생들은 낮은 능력의 학생들의 대부분을 차치한다. [그림 4-2]에 나타난 바와 같이 미국의 경우 낮은 능력의 학생 중 경미한 장애가 약 70%를 차지한다. 여기에는 정신지체, 학습장애 및 행동장애 등이 포함된다(Eggen & Kauchak, 1992). 따라서 교사는 보통의 학생들과 함께 수업을 받는 경미한 장애의 학생들을 고려해야 한다.

영재학생과 특별학생은 신체적 · 정의적 · 인지적 특성에서 보통의 학생들과는 분명한 차이를 나타내고 있으며, 경우에 따라서는 특별교육 프로그램이나 처치가 필요한 예외적인(exceptional) 특성을 가지고 있다(Goetz, Alexander, & Ash, 1992). 이 장에서는 그들을 특수한 학습자(exceptional learner)로 정의한다. 이와 같은 특수한 학습자의 범위는 [그림 4-3]과 같이 정리할 수 있다.

이 장에서는 경미한 장애의 특별학생과 영재학생에 대하여 그들의 특성과 적절한 수업방법에 대해 논의할 것이다.

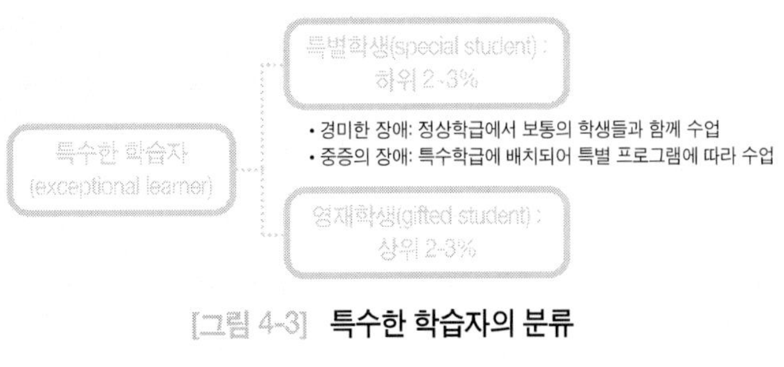

[그림 4-3] **특수한 학습자의 분류**

1. 학습장애 학생

학습장애(learning disabilities) 학생에 대한 교육적 관심은 1963년 S. Kirk에 의해 이루어진 '학습장애아 부모의 모임' 에서 비롯되었다. 그는 학습장애라는 용어를 처음 제안하였으며, 교사와 학부모들은 이러한 개념에 특별한 관심을 보이기 시작하였다.

1) 학습장애의 정의

학습장애에 대하여 아직 완전히 일치된 정의는 없다. 미국의 경우 연구기관이나 특수교육 분야에서 각기 조금씩 상이한 정의를 제시하고 있으며, 국내의 경우에도 학습장애에 대한 정의나 용어 사용에 다소 혼란을 보이고 있다(백욱현, 1993). 그러나 다음의 사전적 정의(서울대학교 교육연구소, 1994)를 보면 그 개념을 어느 정도 파악할 수 있다.

> 학습장애는 정신지체, 정서장애, 환경 및 문화적 결핍과는 관계없이 듣기, 말하기, 쓰기, 읽기 및 산수 능력을 습득하거나 활용할 때 한 분야 이상에서 어려움을 보이는 장애다. 이러한 장애는 개인에 내재하는 지각장애, 지각운동장애, 신경체제의 역기능 및 뇌손상과 같은 기본적인 정보처리 과정의 장애로 인하여 나타난다. 일반적으로 학습장애는 개인 내에서의 차이, 즉 개인의 능력발달에서 분야별 불균형이 나타나는 특징이 있다. 학습장애는 발달적 학습장애와 학업적 학습장애로 나누기도 한다. 전자는 학생이 교과를 학습하기 전에 갖추어야 하는 신체적 기능(주의집중력, 기억력, 인지기능, 사고기능, 구어기능)을 포함하고, 후자는 학교에서 습득하는 학습기능(읽기, 쓰기, 셈하기, 작문)을 포함한다.

결국, 학습장애 학생은 지능 수준이 낮지 않으면서도 듣기, 말하기, 쓰기, 읽기, 셈하기 등 특정 학습에서 장애를 나타내는 학생으로, 정신지체, 정서장애, 환경 및 문화적 결핍과는 별도의 영역으로 보는 것이 일반적이다.

2) 학습장애의 특징

다양한 장애증상 중에서 학습장애로 진단받는 학생의 비율은 가장 높으며 계속 증가 추세에 있다(Haynes & Jenkins, 1986). 학습장애 학생들은 겉으로는 지극히 정상적인 모습을 나타낸다. 그들은 정신지체나 신체적인 장애를 지니고 있지 않으며, 특별히 가난하거나 결손가정의 학생도 아니다. 학습장애의 정의에서 볼 수 있듯이 그들은 단지 특정 학습에서 장애를 나타낼 뿐이다. 앞의 예화에 나와 있는 재민이의 경우를 보면, 재민이의 문제는 공부를 열심히 하지 않았거나 지능이 낮거나 혹은 발달상 성숙하지 않아서가 아니라 읽기 능력의 장애가 직접적인 원인이 되고 있다.

외현적으로는 지극히 정상적인 학습장애 학생들은 일반적으로 다음과 같은 특징을 나타낸다(Eggen & Kauchak, 1992).

- 과민한 행동과 마음을 졸이는 모습
- 조화와 균형의 결핍
- 집중력 결여
- 산만함과 비조직성
- 수행력과 과제 완성력의 결여
- 과목 간의 불균등한 수행

또한, 학습을 수행하면서 구체적으로 나타나는 학습장애의 형태가 〈표 4-1〉에 제시되어 있다. 이러한 특징은 학습에 문제를 가진 학생들의 전형적인 모습이다. 교

〈표 4-1〉 학문적 수행에서의 학습장애

학문적 수행에서의 학습장애	
읽 기	• 제대로 읽지 못함 • 단어를 거꾸로 읽음 • 읽던 곳을 자주 잊어버리고 혼동함
쓰 기	• 맞춤법을 자주 틀림 • 글씨를 줄에 맞춰 제대로 쓰지 못함 • 쓰기를 마치는 데 매우 오랜 시간이 소요됨 • 칠판에 판서한 내용을 보고 적는 데 어려움을 보임
셈하기	• 수학적인 개별 지식 암기에 어려움을 느낌 • 계산에서 자릿수를 혼돈함 • 서술 형식의 문제 이해를 매우 어려워함

출처 : P. Eggen, & D. Kauchak (1999). *Educational psychology*. Upper Saddle River, NJ: Merrill Prentice Hall, p. 157.

사들은 학습장애에서 파생되는 문제들이 시간이 흐름에 따라 확대되는 경우가 많다는 것을 지각해야 한다. 학습장애 때문에 지나치게 낮은 학업 성취를 보이는 학생들은 스스로 행동을 조절하는 능력이 낮아지고, 부정적인 자아 개념을 형성할 가능성이 크다. 이처럼 자기 스스로를 낮게 평가하는 것은 학생들에게 부정적인 영향을 미치게 된다.

특히, 학습장애 학생들 사이에서도 최근에는 **주의결핍 및 과잉행동장애**(attention deficit and hyperactivity disorder: ADHD)를 보이는 학생이 점차 늘어나고 있는데, 그 예로 미국의 경우는 학습장애 학생의 14~20%가 주의결핍 및 과잉행동 학생이라고 한다(Brandenburg, Friedman, & Silver, 1990). 그들은 집중력이 부족하고, 손과 발을 가만두지 못하고 안절부절못하며, 자리에서 발버둥을 치고, 말을 많이 하므로 책상에 앉아 수업을 하는 학교 수업에 적응하기가 어렵다. 주의력 부족 및 과잉행동 때문에 집중력 결핍의 구체적인 특징은 〈표 4-2〉에 제시되어 있다.

〈표 4-2〉 **집중력 결핍의 특징**

집중력 결핍의 특징
• 과업 수행에 실패를 보임 • 교사나 친구들과의 대화를 청취하는 데 어려움을 보임 • 주의가 자주 산만해짐 • 교사의 수업에 주의집중이 어려움 • 충동적인 행동 양태를 보임 • 수업의 진행을 위해서 지나칠 정도로 과도한 감독을 필요로 함 • 교실에서 큰 소리로 떠들고 차례 지키기를 어려워함

3) 학습장애 학생의 판별

학습장애는 생리심리학적 원인부터 환경적 원인에 이르기까지 다양한 원인에 기인한다. 신경학적으로는 유전이나 신생아 때의 체중 미달, 경미한 뇌손상, 출생 시 외상, 뇌의 불균형적인 발달 등이 원인이 되고, 환경적으로는 영양 부족, 심한 편식 등을 들 수 있다. 그리고 교육적으로는 부적절한 교수, 특정한 교수 형태의 지나친 편중 등이 그 원인으로 제시되고 있다(김동일, 1996). 그러나 어느 한 가지 원인에 의해서라기보다 여러 가지 원인이 복합적으로 작용하는 경우가 많다고 보아야 한다.

학습장애 학생을 지도하기 위해서는 그들을 판별하여 확인하는 일이 선행되어야 한다. 학습장애 학생의 판별을 위해 신경심리학적인 접근과 통계적인 접근이 이용되며, 이 중 기대치에 대한 성취 수준의 차이를 나타내는 통계적인 접근이 주로 사용된다. 통계적 접근에 따른 학습장애 학생의 판별에는 다음 세 가지 방법이 제시되고 있다(김동일, 임은미, 황매향, 1995).

- **기대되는 학년 수준과 성취된 학년의 차이**: 학습부진은 대체로 학업성취검사 점수에 근거한 학년 수준과 실제 학년 수준의 차이로 정의된다. 예를 들어, 5학년 학생의 학업 성취 결과가 3학년 수준으로 나타난다면 그 학생의 수준은 두 학년 뒤떨어진 것으로 볼 수 있다.
- **회귀공식을 이용한 방법**: 일반적으로 학습장애 학생의 판별은 학생의 지능지수에 따른 기대되는 학업 성취 혹은 수행 성과를 비교하여 그 차이를 살펴본다. 더 정교하게 학생의 성취 기댓값을 구하는 방법으로 회귀공식을 이용하는 것이다. 이 공식에서는 두 측정값 사이의 관계가 완전 상관이 아닐 때 생기는 중간 값으로의 회귀현상과 측정의 표준오차가 고려된다. 단, 회귀공식을 이용하기 위해서는 공식에 들어가는 두 검사 간의 상관을 알고 있어야 한다. 이러한 설명을 공식화하면 다음과 같다.

$$EY = R_{XY}[S_Y / S_X(X - mX)] + mY$$

EY = 특정한 지능지수에서 기대되는 성취지수
R_{XY} = 지능과 성취의 상관계수
S_Y = 성취의 표준편차
S_X = 지능의 표준편차
X = 특정 학생의 지능지수
mX = 평균 지능지수
mY = 평균 성취지수

계산 결과에서 산출된 기대되는 성취지수와 실제 성취지수 간에 기준치 이상(예: 2SD)의 차이가 있으면 학습장애로 판별하게 된다. 그러나 이러한 접근은 상당히 복잡한 변환 과정이 필요하다.

- **표준점수의 차이**: 이는 각 검사의 표준점수를 비교하여 그 차이를 알아보는 방법이다. 그러나 '두 검사 사이의 완전 상관'과 '검사점수의 표준분포'를 만족해야 한다는 실현하기 힘든 전제조건이 따른다.

통계적 접근에 따른 판별방법에는 몇 가지 고려해야 할 사항이 있다.

- **학생의 불규칙적인 발달 속도**: 학생들은 개인에 따라 발달의 특정 단계에서 다른 학생들보다 발달 속도가 늦을 수 있는데, 이럴 경우 그 학생을 학습장애로 판별할 위험이 있다.
- **표출행동의 복잡성**: 일반적으로 학습장애를 겪는 학생들은 교실에서 부적절한 행동을 보이게 된다. 부적절한 행동으로는 적대적이거나 과격한 행동, 정서불안적 행동 등이 있다.

그러나 이러한 행동들은 학습에 특별한 장애가 없는 보통의 학생들에게도 나타날 수 있다. 따라서 일시적인 부적절한 행동만으로 학생을 학습장애로 판별해서는 안 된다. 교사는 학생들이 교실에서 보이는 부적절한 행동에 대한 패턴과 빈도를 주의 깊게 관찰할 필요가 있다.

4) 학습장애 학생을 위한 수업

낮은 능력을 지닌 학생을 가르치는 형식과 방법에 대한 문제는 꾸준히 논의되어 왔다. 그들을 위한 교육은 대부분 이러한 학생들을 다른 학교 혹은 다른 학급에 배치하여 가르치는 것이 일반적이었다. 그러나 20세기 중반에 미국에서 전개된 시민권 운동의 영향으로 인간으로서의 기본권 주장이 증대되었고, 특히 소수 민족이나 경제적 열세집단의 기본권에 대한 요구들이 사회문제화되었다. 교육 기회의 균등 혹은 교육 혜택의 균등 역시 중요한 요구 사항으로 부각되어 다양한 제도적 장치와 법령이 제정되었다. 특히, 통합교육과 전략훈련은 이와 같은 사회적 분위기와 요구를 적절히 반영하는 교육방법이었다(Woolfolk, 1993).

통합교육(mainstreaming)이란 학습장애 학생을 따로 분리하지 않고 일반 학급에서 정상적인 학생들과 같이 공부하게 하는 것을 말한다. 학습장애 학생을 정상 학급 활동에 적응시키기 위해서는 교사들 간의 상호 협조가 필요하다. 구체적으로 학습장애 학생을 시공간적으로 따로 분리시켜 특수교사들에게 교육을 받게 하는 것이 아니라, 일반 학급에서 학교생활을 하게 하고 특수교사들이 담당 학급교사와 상호 협조 체제를 이루어 그 학급에 투입되는 방법이다.

이때 정규 학급에 투입되는 특수교사의 활동을 살펴보면 다음과 같다(Eggen & Kauchak, 1992).

• 학습문제를 판별하고 정의하기 위해 학급 담당교사와 수시로 협의한다.
• 학생의 학급 행동을 관찰한다.
• 학급에서 수업시간에 수행한 과제의 견본을 수집한다.
• 담당 학급교사와 협동하여 특별히 변화를 주어야 할 교수방법을 설계한다.

한편, 통합교육에 대한 반론도 제기되고 있다. 학습장애 학생을 일반 학생들과 같이 교육시킴으로써 특수교육 예산이 일반 학생들의 교육에 전용될 수 있다는 지적과 통합교육이 학습장애 학생의 학습문제 극복과 학습력 향상에 실질적인 도움을 주지 못한다는 견해 등은 여전히 논쟁의 대상이 되고 있다.

학습장애 학생에게 유용한 또 하나의 방법은 **전략훈련**(strategy training)이다. 이는 학습장애 학생에 대한 보다 직접적인 교수 처치로서 학습하는 방법, 즉 자신에게 가장 적절한 학습 전략을 가르치는 것이다. 예를 들어, 어떤 지식을 알아야 한다면 그것을 어떻게 이해하여 암기할 것인지, 즉 그룹화, 암송, 시연 등과 같은 기억 전략을 어떻게 활용할 것인지에 대해 가르치는 것이다. 이러한 교수방법은 학생들 스스로 자신의 학습과 주의집중, 그리고 의사소통을 탐색하게 되는 **초인지**(meta cognition)를 발달시키는 데 영향을 미치게 된다.

경미한 학습장애를 지니고 있는 학생들은 과제를 소극적으로 수행하고 특별한 체계 없이 학습함으로써 불필요한 곳에 많은 시간을 소비하게 된다. 또한 그들은 스스로 탐색하고 구조화하여 학습하는 기술이 부족하다. 이러한 학생들에게 과제를 수행하기에 앞서 학습방법 혹은 전략을 가르치는 일은 그들이 장애 때문에 겪는 어려움을 극복하는 데 많은 도움을 줄 것이다.

2. 정신지체 학생

정신지체(mental retardation)는 지능 수준이 평균보다 낮으며, 특히 정신적인 발달이 지체되는 것을 의미한다. 미국정신지체아협회(American Association of Mental Deficiency: AAMD)의 정의를 살펴보면, 정신지체 학생이란 일반적인 지적 기능이 심각할 정도로 평균 이하이거나 적응적 행동의 결함을 동반하며, 발달 과정 중에 이러한 특징이 나타나는 아동이다. 지능 수준이 낮다고 해도 그 정도에 따라 교육 가능한 학생이 있으므로 교사는 그 지도에 유념해야 한다. 이제 정신지체 학생들의 지능 수준과 교육 가능 정도, 그리고 정신지체의 원인 및 그들을 위한 프로그램에 대하여 간단히 살펴보기로 하자.

미국의 경우 정신지체아의 지능 수준과 각 수준에 따른 교육 가능 정도는 [그림 4-4]와 같다. 예를 들어, 정신지체가 경미한 학생은 지능지수가 50~70 정도로 일반 교실에서 통합교육이 가능하며 읽기, 쓰기, 셈하기와 같은 기본 기술을 가르칠 수 있고, 사회성과 사회 적응 기술을 익혀 직업을 찾고 생활해 나가는 데 도움을 줄 수 있다.

정신지체가 발생하는 원인은 출생 시 유전적으로 나타나는 경우가 대부분이다. 그러나 유아기의 질병, 어머니의 정서적 문제, 영양실조, 방사능에의 노출, 약물, 외상, 산모의 연령 등 환경적 요인에 의해서도 발생할 수 있다(Charles & Mallian, 1980).

정신지체 학생의 교육방법은 학습장애 학생의 경우와 마찬가지로 통합교육 원리에 의해 정상적인 학급에 배치함으로써 사회성이나 학업 성취에 도움을 줄 수 있다. 그리고 전략 훈련을 통하여 수업 집중, 새로운 학습과제의 조직과 기억, 시험공부 방법 등을 익히게 하는 것도 유용한 방법이다.

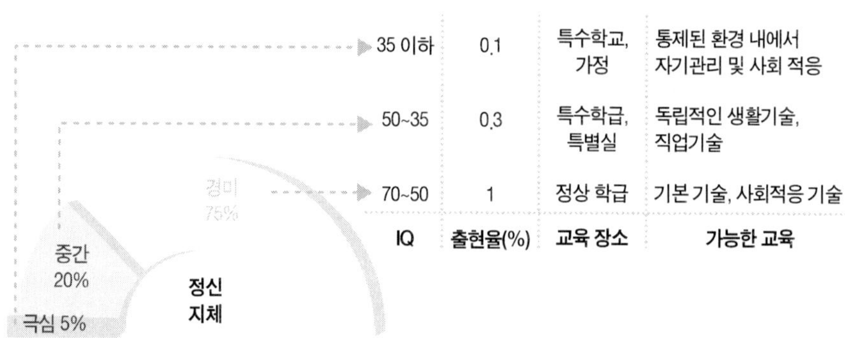

[그림 4-4] 정신지체아의 지능 수준과 교육 정도

3. 행동장애 학생

행동장애(behavior disorders)는 **정서적 혼란**(emotional disturb)과 같은 의미로 사용되고 있으며(Eggen & Kauchak, 1992), 행동장애 학생이란 사회적 갈등, 개인적 불만, 학교 성적 부진 등을 지속적으로 나타내는 학생을 의미한다(Kirk & Gallagher, 1990). 또한 Graubard(1973)는 상대가 바라지 않는 부적절하고 충동적이며 공격적인 행위나 언어, 우울증이나 좌절을 나타내는 만성적 이상행동으로 행동장애를 정의하고 있다. 그러나 이러한 행동장애를 이상행동이나 과도한 장애를 의미한다고 규정하는 것보다는 행동장애 학생들의 교육 가능성을 고려하여 다양한 정서적 요인 때문에 특수한 행동문제를 일으키는 현상(임승권, 1993)으로 보는 것이 바람직하다.

행동장애 학생은 과잉행동, 비협조, 반항, 적개심, 잔인성, 악의성 등의 특성을 나타내며, 학습에 지장이 많고 학교 규칙을 어기며 행동 결과에 대해 아무런 반응을 보이지 않는 경향이 있다(Eggen & Kauchak, 1992). 또한 그들은 부끄러움, 자신감 결여, 우울 등의 특징을 보이며 교사의 주의 깊은 관찰이 없으면 판별하기가 어렵다. 따라서 교사는 그들이 보이는 불안과 위축에 대해서 특별히 주의를 기울여야 한다.

행동장애 학생 역시 정상적인 학생과 함께 통합교육이 가능하다. 특히, 교사들은 그들에 대한 이해, 솔직한 의사소통, 일관성 있고 즉각적인 칭찬과 보상, 그리고 학생에 대한 현실적 기대와 유지해야 할 행동 범주의 설정 등을 통하여 지도할 필요가 있다. 또한 학생과 교사 사이의 신뢰 있는 관계를 형성하여 바람직하지 않은 행동이 표출되지 않도록 해야 할 것이다.

4. 학습부진 학생

학교현장에서 다양한 이유로 학업 성취가 뒤떨어지는 **학습부진**(under-achiever) 학생들을 쉽게 발견할 수 있다. 학습부진 학생은 학습장애 학생과 유사한 개념으로 자신의 능력에 비해 학업 성취 수준이 낮은 학생을 일컫는다. 그들 또한 독특한 특징을 가지고 있으며 출현 빈도가 높기 때문에 현장의 교사가 관심을 기울여야 하는 특수한 학습자의 또 다른 유형이다.

학습부진 학생의 개념 정의는 학자에 따라 다소 차이가 있다. Kirk(1972)는 학습부진 학생이란 지적 결함을 가진 학생이라기보다는 교육과정 적응에 곤란을 겪는 학생이라고 설명한다. Ingram(1953)은 학년 진급에서 만족할 만한 성과를 내지 못하여 연령집단 수준의 학업 성적을 얻는 데 장애를 보이는 학습자를 학습부진 학생이라고 정의한다. 또한 박성익(1986)은 정상적인 학교학습 능력이 있으면서도 선수학습 요소의 결손 때문에 설정된 교육 목표의 최저 학업 성취 수준에 도달하지 못한 학습자를 학습부진 학생으로 정의함으로써, 개인의 선수학습 결손에 의한 학업 성취의 부진을 강조하였다. 이와 같이 학습부진 학생은 그 원인이 무엇이든 자신의 지적 능력에 비하여 학업 성적이 떨어지는 학생을 지칭하는 것으로 보는 견해가 일반적이다.

학습부진의 개념은 학습장애와 구분되어 설명되지만 중복되는 부분도 있다. 두 개념 모두가 정상적인 지능 수준을 포함하며 학업 성취가 부진하다는 공통성을 가지고 있다. 그러나 학습장애로 인한 학업 성취 부진은 개인의 읽기, 쓰기, 말하기, 셈하기 등과 같은 특정 분야 혹은 여러 분야의 장애에 의한 것인 반면, 학습부진은 원인이 무엇이든 학습 결과가 최저 수준에 미달된 경우라는 점에서 차이가 있다. 또한 학습부진은 학습장애 판별의 주된 준거가 되지만 이는 하나의 필요조건일 뿐 충분조건은 아니다(Reynolds, 1986).

연구자들은 학습부진 학생들의 다양한 특징을 보고하고 있다. Kauffman과 Hallahan(1976)은 과잉행동, 지각운동장애, 정서불안정, 방향감각 및 편측장애(laterality defects), 주의집중장애, 충동성, 기억 및 개념적 사고장애, 특정학습장애 등으로 제시하고 있다. 또한 Myers와 Hammill(1976)은 운동활동장애, 정서불안정, 지각장애, 기호화장애, 주의집중장애, 기억장애 등을 그 특징으로 제시하면서 이러한 특성이 다른 특성에 미치는 영향을 설명하였다. 즉, 과잉활동 → 주의집중 결여 → 기억장애 → 학업 실패 → 과잉활동의 증가, 혹은 주의집중장애 → 주의산만 → 식별장애 → 부적절한 자극 수용 → 일반화의 결여 → 학업 실패 → 정서장애 → 보다 약한 자극 수용의 순으로 가정하여 이러한 특징들이 학습부진에 미치는 영향을 설명하고 있다.

그러나 이러한 특징들은 때때로 정상 학생들에게도 나타날 수 있는 것이며, 학습부진 학생이라 하더라도 모든 특성을 가지고 있는 것은 아니다. 결국, 학습부진 학생의 특징을 판별할 때에는 모든 특징을 고려하는 동시에 결과적으로 기대되는 학업 성취와 실제 학업 성취 간의 의미 있는 차이를 보이는가에 초점을 맞추어야 한다(Gearheart, 1976).

지금까지 우리는 학습부진 학생의 다양한 특징을 살펴보았다. 그렇다면 그들을 위하여 교사는 어떠한 수업 전략을 사용해야 하는가? 이제 교사에게 유용한 적응수업 전략과 교정수업 전략에 대해 알아보자.

적응수업 전략(accommodation teaching strategy) 학습자의 학습을 증진시키기 위하여 어떤 요소나 전체적인 학습환경을 변화시키는 과정으로 설명할 수 있다. Marsh, Gearheart와 Gearheart(1978)는 수업사태에서 고려해야 할 점을 다음과 같이 요약하고 있다.

- 학습부진 학생이 이해할 수 있는 수준으로 각 수업시간에 도달해야 할 학습 목표를 제시한다.
- 수업 진행에 대한 안내를 위하여 단원별 또는 차시별 수업 개요를 제시한다.
- 전문적인 어휘의 목록이나 추상적인 개념에 대한 해설 자료 등을 제공한다.
- 학습부진 학생의 수준에 맞는 적절한 가정학습 과제를 제공한다.
- 특별교재 또는 학습 자료를 활용한다.
- 학습 계획서를 작성해 주고 계속 점검한다.
- 정보의 확인, 분석, 저장, 기억방법, 독서방법, 시험준비, 노트필기 방법과 같은 학습기술을 지도한다.

교정수업 전략(remedial teaching strategy) 학습을 방해하거나 장애가 되는 결함과 약점 등을 제거하는 데 중점을 둔다. 이 전략은 학습부진 학생의 잘못된 학습 습관을 확인할 수 있고 이를 수정할 수 있다는 가정하에 학습자를 변화시키는 데 관심을 갖는다. 따라서 교정수업 전략에서는 학습부진아에 대한 개인별 진단이 중요하며, 이러한 진단 결과에 따라 학습과제 및 적절한 프로그램이 제시되는 특징이 있다.

또한 학습부진 학생을 위한 프로그램은 제시되는 내용에 따라 다음과 같이 분류할 수 있다(Deshler, Lowery, & Alley, 1979).

- **기초학습 기능형**: 읽기, 쓰기 등 기초학습 기능에 초점을 둔 프로그램
- **교과 개별지도형**: 학생들이 직접적으로 관련없는 내용 때문에 흥미를 느끼지 못할 경우 교육과정 영역에서 지원·보충적인 역할을 하는 프로그램(Lerner, 1976)

- **직업 프로그램**: 학습자의 흥미와 능력에 맞는 직업을 탐색 · 준비시키는 과정
- **학습 전략형**: 공부기술을 가르치는 프로그램. 이 프로그램은 학습부진아의 공부방법을 발전시키고 수업활동을 개선시키는 데 그 목적이 있다.
- **심리치료형**: 아동에 대한 압력의 감소, 교사-학생, 학생-학생의 인간관계 개선, 동기 양식이나 수준의 변화, 자아 개념의 긍정적 변화 등을 목적으로 하는 프로그램

이러한 여러 가지 유형의 프로그램을 실시할 경우 대상 학생의 연령, 결함 정도와 유형, 학교 형편 등을 충분히 고려해야 한다. 그리고 이러한 프로그램을 정규 학급과 구분하여 실시할 때에는 학생들의 정서적 측면에 부정적 영향을 줄 수 있으므로 세심한 주의가 필요하다.

5. 영재학생

우리는 읽기 능력이 뛰어나고 이해력이 좋거나 비상한 기억력을 지니고 있으며 풍부한 상상력과 창의적인 특성을 보이는 학생들을 종종 볼 수 있다. 흔히 영재(gifted)라고 부르는 이러한 학생들 또한 앞서 살펴본 낮은 능력의 학생들과 마찬가지로 보통 학생과는 다른 교육 프로그램을 필요로 한다. 개개인이 가지고 있는 잠재력을 발견하여 그 능력을 극대화시키는 것이 교육의 중요한 목적이라고 할 때, 특별한 능력을 지닌 영재학생에 대한 이해와 지원은 어쩌면 당연한 것일 수도 있다.

그렇다면 영재란 구체적으로 어떤 학생들을 말하는 것이고, 그것을 구별하는 방법은 무엇인가? 그리고 영재로 구분된 학생들에게 효과적인 교수-학습 방법은 무엇인가? 이러한 문제에 접근하기 위하여 다음의 내용을 살펴보도록 하자.

1) 영재의 정의

학생들의 능력을 정상분포곡선으로 나타낸다면 가장 오른쪽 부분에는 능력이 매우 뛰어난 학생들이 분포된다. 그들은 일상적인 교수활동 이상의 특별한 교육 프로그램이 요구되는 학생들이다. 이러한 학생들이 보이는 영재성에 대한 기준이나 정의

가 다양하게 제시되고 있지만, 영재성을 구성하는 능력과 행동이 무엇인지에 대해서는 전문가들 사이에 대략적인 합의가 이루어져 있다. 특히, 1978년 미국에서 제정된 영재아에 대한 법률을 살펴보는 것은 영재에 대한 좋은 기준을 제공할 것이다.

> 영재성과 재능이 있는 아동이란 취학 전, 초등학교, 중등학교 수준에서 지적, 창의적, 특정 학문, 지도성 등의 영역에서, 혹은 수행 능력이나 시각예술 등에서 높은 능력을 보이는 외현적 능력이나 잠재적 능력을 소유하고 있는 아동을 말한다. 그들에게는 일반적인 학교에서 제공되는 평범한 지원과 활동 이상의 것이 요구된다(미국 공법 95-561, 902조).

또한 1921년에 시작된 영재학생들에 대한 L. Terman의 연구는 영재의 정의를 이해하는 데 유용한 자료가 된다. Terman은 교사 추천과 IQ 검사 점수로 영재학생 1,500명을 판별하여 그들의 성장 과정을 추적 연구하였다. 그는 영재학생들이 학문적으로 우수하다는 점 이외에 다음과 같은 특성을 보이고 있다고 주장한다.

- 연령에 따른 자신의 역할에 잘 적응한다.
- 매우 뛰어난 성취 수준을 보이고 보다 쉽게 학습한다.
- 많은 취미생활을 즐긴다.
- 많은 책을 즐겨 읽는다.
- 신체적으로 매우 건강하다.

Renzulli(1986)는 평균 이상의 능력, 높은 과제집착력, 그리고 높은 수준의 창의성의 세 가지 독립적 규준을 통해 영재성을 정의할 수 있다고 하였다. 그가 제시하는 세 구인 간의 관계는 [그림 4-5]와 같다. 세 구인이 서로 중첩되는 부분에 영재성이 위치하기 때문에 개인이 영재성을 나타내기 위해서는 세 구인이 적절하게 조화되어야 한다는 것을 강조하고 있다.

Joseph S. Renzulli
(1936~)

'능력' 중 일반적 능력은 세 가지 범주로 구성된다. 즉, 추상적 사고, 언어 및 수추리력, 공간 관계 지각력, 기억력, 어휘력, 언어 유창성, 외부 환경에 대한 적응력, 새로운 환경의 조성 능력, 그리고 정보처리의 자동화 능력이 범주를 이룬다. 특수 능력은 전문 영역의 지식을 활용하는 능력, 특수한 영역에 필요한 전략이나 기법을 습득

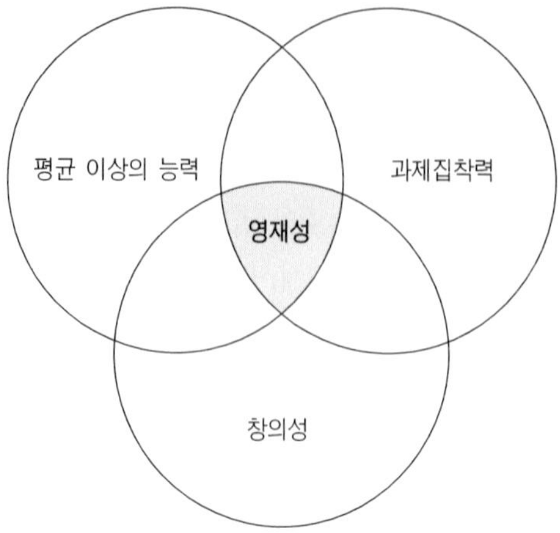

[그림 4-5] 영재성에 대한 Renzulli의 세 개의 고리 모형

하고 적용하는 능력, 적합한 정보를 가려내는 능력을 포함한다. **과제집착력**은 과제를 해결하려는 의지 또는 과제 수행에 들이는 인내와 노력 등을 포함한다. Terman이 전통적인 지적 능력으로만 영재성을 정의하였다면, Renzulli는 '과제집착력' 이라는 동기적인 구인을 포함시켜 영재성을 개념화하였다는 데 큰 차이가 있다. 또한 Renzulli는 사고의 유창성, 융통성, 독창성, 경험의 개방성, 새로움에 대한 포용력 등의 하위 요소가 창의성을 구성하고, 이것이 곧 영재의 기본적인 특징이라고 보았다.

Feldhusen(1986, 1995)은 영재성이란 높은 수준의 일반적 능력과 긍정적인 자아개념, 그리고 동기 및 창의성의 상호작용으로 나타난다고 개념화한다. 그가 말하는 '능력' 개념은 주어지는 정보를 받아들여 처리하고 환경에 적응하는 일반적인 능력을 일컫는다. '자아 개념' 은 자신에 대한 인식 및 해석, 이상적인 자아 등으로 설명되는 것인데, 긍정적인 자기 인식을 통한 만족감 역시 영재에게 중요한 요인임을 강조하는 것이다. 그리고 행동을 유지시키거나 중단시키는 목표를 의미하는 '동기유발' 은 Renzulli의 '과제집착력' 과 유사한 개념이다. Feldhusen은 동기유발을 내적인 것과 외적인 것으로 구분하며 내적인 동기유발은 개인 자신의 관점과 추진력에서, 외적인 동기유발은 호기심과 탐구에 대한 욕구에서 파생된다고 하였다. 그는 창의성과 영재성을 거의 동일한 것으로 보는데, 이는 유창성, 융통성, 독창성, 정교성을 갖춘 아이디어를 산출해 내거나 문제를 해결해 내는 능력을 말한다.

그는 일반적인 영역이 아니라, 특수한 영역에서 뛰어난 성취 능력을 보이는 개인으로서 영재를 개념화하였다. 영역 특수적인 시각은 영재를 진단하는 데 방법상의 차이를 가져온다. 즉, 일반적인 영재성을 강조하게 되면 특정한 영역에서 보다 나은 발달 가능성을 고려하지 못하게 되는 것이다. 따라서 그는 영재 발견 또한 특수영재를 찾는 방향으로 이루어져야 한다고 강조한다.

한편, Piirto(1999)는 우수한 기억력, 관찰력, 호기심, 창의성 등을 통해 교과목을 빠르게 학습할 수 있는 능력을 갖춘 사람으로 영재를 정의하며, 발생적 측면, 정서적 측면, 인지적 측면, 재능 측면, 환경적 측면으로 나누어 영재성을 설명하고 있다. 우선 부모에게서 물려받은 유전인자의 영향은 발생적 측면으로서 여타 측면에 기본적인 요인으로 작용한다. 여러 성격 요인으로 구성되는 정서적 측면에는 욕구, 열정, 직관, 호기심, 개방성, 자기효능감, 모호함에 대한 인내심, 모험심 등이 포함된다. 그리고 인지적 측면에서는 최소한의 지적 능력만을 요구하며, 재능적 측면은 개인이 소유한 특수한 재능을 일컫는 것으로 여러 영역으로 세분화하였다. 마지막으로 환경적 측면은 학교, 가정, 지역사회 등으로 이루어진다. Piirto는 환경 요인 중에서 학교환경을 가장 중요시하였다. 요약하자면, 그는 영재성이 실현되는 데 필요한 외부적 조건을, 그리고 지적인 능력보다는 정서적 측면을 강조하였다.

2) 영재학생의 판별

학교에서 영재성을 지닌 학생을 가려내는 일은 영재를 위한 프로그램 개발과 운영 이전에 그 대상의 확인이라는 데 매우 중요한 의의가 있다. 영재의 판별이나 선발에 대한 관점은 학교 또는 연구자에 따라 다소 차이가 있다.

Borich와 Tombari(1995)는 영재의 판별 기준을 지능, 성취 수준, 창의성, 과제 지속성의 네 가지로 구분하여 확정적이라기보다는 융통적인 시각의 판별방법을 제시하였다.

- **지능**: 지능의 경우에는 지능의 정상분포에서 상위 2~3%에 해당하는, 즉 지능지수 130 이상이 되면 영재교육 프로그램을 받을 수 있는 능력이 있다고 판단한다(Dembo, 1981). 그러나 지능지수 130이라는 기준만으로는 충분하지 않으며 다른 준거를 함께 고려해야 한다.
- **성취 수준**: 성취 수준은 백분위수에 기준을 두어 판단하게 되지만 이것은 교과

다양한 분야에서 이루어지고 있는 영재학생의 선발에서는 해당 분야의 영재 특성이 반영되는 평가가 이루어져야 한다.

영역마다 달리 결정된다. 흔히 기준 백분위는 정답률이 90% 이상일 때 영재수업을 받을 능력이 있는 것으로 간주된다.

- **창의성**: 창의성과 관련하여 추상적인 원리를 문제 해결에 적용하고, 호기심과 질문이 많으며, 비범한 반응을 보이고, 풍부한 상상력을 지니고 있으며, 중요한 사건과 그렇지 않은 사건을 잘 변별하고, 서로 다른 목적 간의 관계성을 정확하게 탐구하는 등의 행동 특성이 관찰될 때 담임교사나 학부모 등 학생 주변의 교육 관계자의 추천으로 판단한다.
- **과제 지속성**: 높은 수준의 과제 지속성이 존재하는가를 판단하는 것이다. 그 구체적인 내용은 학습에 대해 조직화된 접근을 고안하는 능력, 세부적인 것에 집중하는 능력, 스스로 부과한 높은 성취 기준, 자신의 목적을 성취하려는 지속성, 자기의 수행을 평가하려는 의지와 능력, 책임감, 학문적 과제에 대한 높은 열정 등을 포함하고 있다.

또한 『교육학 용어사전』(서울대학교 교육연구소, 1994)에서는 영재의 판별에 대해 다음과 같이 제시하고 있다. 우선, 판별의 기본 원칙은 다음과 같다.

- 판별의 시기는 어릴수록 좋음
- 지능이라는 단일한 기준보다는 다양한 도구와 절차 활용
- 일회적인 판별보다는 지속적인 판별 요구
- 취학 전이나 초등학교 저학년 아동들의 경우 판별의 정확도를 기하기 어려우므로 많은 비율의 아동 선발 필요

이러한 판별의 과정은 객관적 평가 자료와 주관적 평가 자료를 모두 포괄하여 다음과 같은 순서로 진행되는 것이 일반적이다.

- 제1단계 : 교사, 학부모, 친구 또는 자기 자신에 의한 추천
- 제2단계 : 지능검사, 성취도검사, 창의성검사, 인성검사 등의 표준화 검사의 실시
- 제3단계 : 실험실습, 연주 등의 수행검사
- 제4단계 : 교육 프로그램에 배치하여 관찰 과정을 거쳐 점차적으로 학생 선발 감소

이상에서 살펴본 것처럼 영재학생의 판별에는 단일한 준거가 없으며, 단기간에 나타나는 특징만으로 판단해서는 안 된다. 또한 단순히 학업 성적이 우수하다는 것만으로 영재성을 판단하는 오류를 피해야 한다.

3) 영재학생을 위한 교육

영재로 판별된 학생들을 위한 교육 내용과 교육방법에 대하여 생각해 보자. 영재학생 혹은 재능이 뛰어난 학생에게는 일반 학생과는 다른 특별한 교육 프로그램이 요구된다. 만약, 그들이 보통 학생들 속에 그대로 방치된다면 뛰어난 능력을 발휘하고 신장시킬 수 있는 기회를 놓칠 수 있으므로 보통 학생과는 상이한 교육 방안이 요구된다. 각기 장단점이 있지만 학교에서 이루어지는 영재학생을 위한 프로그램은 일반적으로 다음의 세 가지가 있다(Goetz, Alexander, & Ash, 1992).

- 학습촉진 프로그램(acceleration program) : 대체로 영재학생은 학습 속도가 빠르고 조숙한 특징이 있으므로 월반을 하거나 조기 입학 혹은 조기 졸업을 할 수 있다. 또한 고등학교 학생이 대학 수업을 이수할 수 있도록 하는 협력 프로그램도 가능하다. 학습촉진활동에서 강조하는 **교육과정 압축**(curriculum compacting)은 영재 개개인이 강점을 보이는 특정 교과 영역을 발견하고, 영재가 가지고 있는 수준에 부합하는 학습과제를 주는 것이다. 이때 읽기, 수학 등과 같은 기본적인 교과 영역을 토대로 한 진단적인 시험은 영재의 학습 진행 상황을 점검하는 데 큰 도움을 줄 수 있다. 대표적인 학습촉진 프로그램으로 Stanley의 SMPY (Study of Mathematically Precocious Youth) 프로그램이 있는데, 이 프로그램은 수

학 영역에서 뛰어난 능력을 보이는 영재를 대상으로 한다. 이러한 학습촉진 프로그램이 영재들에게 긍정적인 학습 효과를 가져다준다는 연구 결과들이 있기는 하지만(Jones & Southern, 1991; Kulik & Kulik, 1984; Stanley, 1976, 1978, 1980), 일부 학자들은 또래들과 함께 공부하면서 부가적으로 정교화된 과제를 통해서 영재들을 교육해야 한다고 주장하기도 한다.

- **심화학습 프로그램(enrichment program)**: 아직도 많은 영재는 정규 교과 시간에 교사가 제공하는 교육적인 경험에 의존하고 있다. Renzulli, Smith와 Reis(1982)는 영재들에게 주어지는 불필요하며 반복적인 과제 수행에 참여해야 하는 상황이 그들을 만족시키지 못함을 지적한다. 이때 교사는 영재학생을 위해 다양한 교육과정을 마련하여 광범위하고 깊이 있는 학습이 이루어지도록 도움을 줄 수 있다. 이런 경우에는 반드시 교과지도에 유능한 교사가 있어야 한다. 영재들을 위한 여러 형태의 심화학습 프로그램은 일반적으로 자기 지시적(self-directed)이거나 독립적이라는 특징이 있다. Renzulli(1994)는 심화학습 프로그램을 실행할 때 다음과 같은 세 가지 유형의 활동을 강조하였다. 즉, 영재 스스로 주제를 발견해 내도록 하는 것과 같은 일반적인 탐구활동, 창의성과 문제 해결 능력을 향상시키기 위한 집단훈련활동, 그리고 소규모 집단을 이루거나 개인 스스로 책을 쓰거나 신문을 만드는 등의 실제적인 조사 혹은 연구활동이 이에 포함된다.
- **영재학생 집단 구성을 통한 지도**: 영재학생들을 모아 동질집단을 구성하여 지도하는 방법으로 우리나라의 과학고등학교나 예술 중·고등학교 등이 해당된다. 이러한 방법의 장점은 비슷한 수준의 인지적 능력을 가진 학생들이 상호작용할 기회가 많아진다는 점과 영재학생들의 전담교사를 배치하여 전문적인 지도를 받을 수 있다는 점 등을 들 수 있다. Dunlap(1967)에 의하면 영재아들은 자기의 지능 수준에 맞는 집단 내에서는 상호작용이 잘 이루어지고 바람직한 습관과 태도를 발달시키며 그들의 재능도 충분히 발휘한다. 그러나 엘리트주의나 차별성의 문제를 제거할 수 없다는 단점이 있다.

한편, Borich와 Tombari(1995)는 영재들을 가르치는 다음과 같은 방법을 제안한다.

- **도전적 문제의 제시**: 교사가 제시하는 도전적인 질문과 문제를 통해 영재학생

들은 자신과 관련된 문제를 독립적으로 탐구할 수 있는 자유를 얻는다. 학생들은 탐구에 대한 책임감을 인식해야 한다. 교사는 학생들이 자신이 추구하는 방향에 관련된 추가적인 참고문헌과 자료를 사용하기 위해 교사의 지원, 격려, 활용의 필요성을 느끼도록 해야 한다.

- **집단활동과 관련된 수업계획**: 영재학생들은 대부분 다른 사람의 아이디어를 발견하여 그것을 새롭게 창조하고 변화시키는 데 뛰어난 능력을 보인다. 집단토론, 동료에 대한 인터뷰, 탐구, 논쟁 등은 영재학생을 전체 학급 학생들과 함께 가르칠 때 유용하게 사용될 수 있는 교수방법들이다. 이런 활동을 주의 깊게 조작한다면 전체 학생을 참여시키면서 처음에는 정교하지 않았던 아이디어가 점차 구체적인 해결 방안으로 발전하게 되는 효과를 만들어 낼 수 있다.
- **문제 해결을 요구하는 실생활 문제의 포함**: 영재학생들에게는 내용 영역에서 실제 세계의 갈등에 대해 실제적인 조사를 하게 해야 한다. 이것은 그들에게 실제적인 관점에서 새롭게 요구되는 지식과 이해를 찾게 하고 문제 해결의 도전력을 증가시킬 것이다. 특별한 정답이 없는 질문을 제기해 보라. '강대국 간의 긴장을 어떻게 감소시킬 수 있을까?', '달에서 살 수 있는 방법은 무엇인가?' 이와 같은 질문을 통해 문제의 본질을 탐색하게 함으로써 일상생활에서 해답을 찾으려고 노력하는 학자들의 연구방법과 절차를 경험하도록 지도해야 한다. 또한 자신의 의견만이 아닌 객관적인 증거와 가능한 해결책을 이끌 수 있도록 실제적인 문헌연구나 실험연구를 요구하는 것이 좋다.
- **지식과 이해의 도출**: 영재학생들은 대부분 언어적 유창성이 있기 때문에 이들이 보여 주는 명쾌한 반응이 문제를 정확하고 심도 있게 이해한 것인지 표면적으로만 이해한 것인지를 결정하기가 어려울 수 있다. 따라서 영재아에 대해 검사를 하거나 질문을 할 때에는 심도 있는 이해와 표면적인 이해를 구분하기 위해 아동 내부에 있는 지식과 이해를 도출해 내야 한다. 영재아에 대한 평가는 단순한 지식 암기량의 측정을 넘어서, 대답에 대한 이유를 설명하게 하고, 알고 있는 사실을 조합하여 새로운 것을 만들어 내는 일련의 과정을 통한 수행평가를 활용하는 것이 바람직하다.

앞서 살펴보았던 경미한 학습장애 학생들에게 효과적인 학습방법의 훈련이 영재성을 지닌 학생들에게도 유용할 수 있다. 영재학생들의 경우는 보다 창조적이고 생산성 있는 아이디어를 가지고 과제에 임하기 때문에 일반적인 과제 수행 절차의 강요를 통해 이런 학습 전략을 억제시켜서는 안 된다. 따라서 교사는 영재학생들이 보다 전문가적 사고 과정을 경험할 수 있도록 미비한 부분을 발견하고 채워 줄 필요가 있다.

이상에서 살펴보았듯이 학습방법을 학습시키는 것은 인지심리학적 접근에 관한 지식을 필요로 하기 때문에 이에 대한 충분한 관심을 가져야 한다. 다만, 각각의 특수한 학습자들이 현재 어떤 학습 전략을 필요로 하는가의 문제는 초인지 측정방법에 관련되는 것이다. 초인지 영역에 관한 측정은 방법론상 복잡하고 난해할 뿐만 아니라 그 해석에 관해서도 여러 논쟁을 불러일으키기도 한다. 학생을 항상 관찰하고 있는 교사의 전문가적 시안을 통해 상황에 적절한 학습방법을 확인하여 가르치는 것은 측정학적 문제라기보다는 학생에 대한 교사의 관심이나 열의와 관련되는 문제다. 결국, 영재학생들에게는 단순히 많은 사실만을 학습시키는 것이 아니라 추상적인 사고와 창의성 및 사고의 독립성을 가르치는 것이 중요하며, 이를 위해 교사가 지적 상상력과 사고의 융통성을 가지고 영재학생들의 능력에 위축되지 않아야 한다는 Woolfolk(1993)의 지적은 일선 교사들에게 중요한 함의를 제시한다.

EDUCATIONAL PSYCHOLOGY

연구문제

1. 다음의 개념을 간단히 설명하여라.
   - 통합교육(mainstreaming)
   - 전략훈련(strategy training)
   - Renzulli의 영재성 정의

2. 특수한 학습자(exceptional learner)와 특별학생(special student)에 대하여 설명하여라.

3. 학교현장에서 쉽게 발견되는 학습부진(under-achiever) 학생의 개념과 적응수업 전략(accommodation teaching strategy)과 교정수업 전략(remedial teaching strategy)은 어떻게 사용되는지 설명하여라.

4. 영재로 판단된 학생들을 위한 학습촉진 프로그램(acceleration program)과 심화학습 프로그램(enrichment program)의 장단점을 설명하여라.

5. "초등학교 3학년인 슬기는 작년 말 학습장애 판단을 받았다. 그래서 올해부터는 특수학급에서 일부 과목을 공부해야 한다. 슬기는 국어시간과 수학시간은 특수학급에서 공부하고, 나머지 교과목 시간은 슬기의 원적학급인 3학년 일반학급에서 공부를 하게 되었다."
   이 설명은 일반학교에서 장애학생들을 교육하는 자료실형 특수 학급의 운영모습이다. 이러한 자료실형 특수학급의 운영이 가지는 장점과 단점은 무엇인지 생각해 보고, 원적학급 교사는 슬기의 지도에 있어 어떤 점에 중점을 두어야 할 것인지 생각해 보아라.

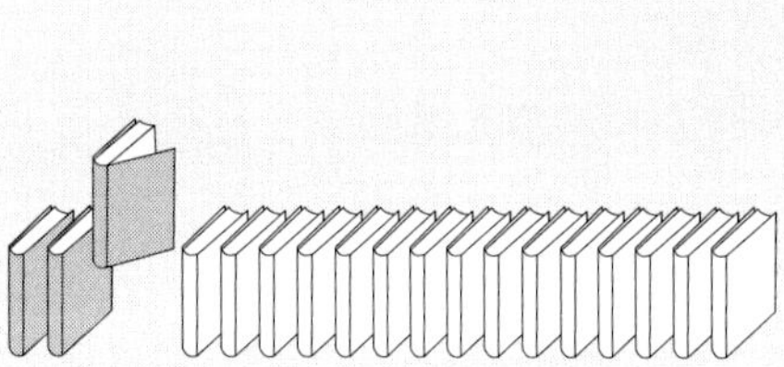

EDUCATIONAL PSYCHOLOGY

제3부 학습에 대한 이해

제5장

학습의 행동주의적 관점

오늘 수업은 콜롬비아에 대한 내용이다. 언제나처럼 선생님은 우선 콜롬비아가 지구의 어디에 위치하고 있는지를 학생들에게 물어보았다. 평소 다른 나라의 문화에 대해 관심이 많았던 수민은 콜롬비아의 위치를 정확히 알고 있었다. 입가에 자신 있는 미소를 지으며 수민은 무릎 위에 두 손을 모으고 조용히 앉아 있었다. 선생님이 자기를 불러 주기를 은근히 기다렸지만 선생님은 다른 친구를 지명하였다. 정답을 말한 친구를 칭찬하고는 선생님은 곧 콜롬비아라는 나라 이름이 어떻게 유래되었는지를 다시 물어보았다. 콜롬비아라는 이름은 Christopher Columbus에서 유래되었다는 사실을 알고 있던 수민이가 이번에는 손을 조금 올렸지만 선생님은 또 다른 학생을 지명하였다. 잠시 후 선생님은 다른 질문을 했다.

"콜롬비아에서는 영어나 불어가 아니라 어째서 스페인어를 쓰는지 아는 사람?"

콜롬비아에 초기 정착하였던 사람들이 스페인 사람들이었기 때문임을 알고 있던 수민은 이번에는 재빨리 손을 높이 들었다. 하지만 이번에도 선생님은 다른 학생을 지목했다. 수업 중간쯤 선생님은 다시 한 번 질문을 하였다.

"캐나다와 같은 나라에서는 커피를 재배하지 않지만 콜롬비아에서는 커피를 재배합니다. 왜 그런지 아는 사람?"

선생님의 질문이 끝나기가 무섭게 수민은 손을 높이 들어 올리고는 마구 흔들어 대기 시작했다. 의자에서 거의 반쯤 일어나서 정신없이 손을 흔들고 있는 수민이가 귀엽다는 듯 웃으시며 선생님은 수민을 지명하셨다.

"커피는 특정 기후에서만 자랄 수 있기 때문입니다!"

자신 있게 대답한 수민에게 선생님은 참 잘했다고 칭찬하고는 커피가 자랄 수 있는 기후에 대해 조금 더 자세히 설명하기 시작했다. 이제 수민은 선생님이 질문한 문제의 답을 알고 있을 때에는 어김없이 손을 높이 들고는 정신없이 손을 흔들어 대기 시작했다.

새로운 학년이 시작되고 첫 수업시간에 수민이를 처음 본다면, 아마도 교사는 수민이의 행동에 대해 무척이나 난감한 기분을 느낄 것이다. 질문이 끝나기가 무섭게 몸을 반쯤 들고 손을 흔들어 대기 시작하는 학생을 보면서 교사는 어떤 생각을 할까? 수민이의 가정교육이 문제라고 생각할 수도 있고, 혹은 수민이의 성격으로 그 원인을 돌릴지도 모른다. 어떤 생각을 하든 간에 이때 교사에게 필요한 적절한 반응은 무엇일까? 당황스러움을 애써 감추며 수민에게 답을 말하라고 할 것인가? 아니면 그 자리에서 호되게 야단을 칠 것인가? 그것도 아니라면 못 본 척 다른 학생을 지명할 것인가?

질문이 끝나기가 무섭게 몸을 반쯤 들고 손을 흔들어 대기 시작하는 수민이의 행동이 앞의 예화처럼 만들어진 것이라면 이는 학습의 결과다. 일반적으로 우리는 학습이라는 말을 덧셈이나 나눗셈 혹은 국어의 문법이나 외국어 등을 배워서 아는 것이라고 생각하지만 교육심리학에서 학습이라는 말은 보다 광범위하게 사용되는 용어다. 학습을 어떻게 정의하고 또 학습이 형성되는 과정이 어떠한가에 대한 시각의 차이에 따라 일반적으로 학습을 설명하는 이론은 크게 행동주의와 인지주의로 구분된다.

이 장에서는 행동주의 학습이론의 형성 과정을 간단히 살펴본 후, 행동주의의 대표적 학습이론인 고전적 조건화와 조작적 조건화, 그리고 사회학습이론의 내용과 원리에 대해 살펴볼 것이다. 또한 이들 원리를 사용하면서 교사가 유의해야 할 점에 대해 구체적으로 논의할 것이며, 마지막으로 행동주의 이론에 기초한 다양한 학습 프로그램을 소개하고자 한다.

1. 행동주의 학습이론의 태동

인류는 끊임없이 변화하는 환경에 적응하는 과정에서, 때로는 주어진 환경을 개선하기 위하여 무엇인가를 끊임없이 학습하여 왔다. 즉, 학습이란 우리 인간의 생존과 문명 발전의 기초로서 인류 역사가 시작된 이래 지금까지 지속되어 왔던 핵심적 과정이었다. 그러나 이러한 학습이 어떻게 발생하고 그 과정이 어떠한지에 대한 체계적이고 과학적인 탐구는 비교적 최근인 19세기 말에서야 시작되었다. 그리고 행동주의는 우리가 인간의 학습을 이해하는 데 매우 중요한 시각을 보여 준 최초의 심리학적 이론이다(Ormrod, 1999).

행동주의 학습이론이 발전하는 데 중요한 공헌을 한 학자는 J. B. Watson이다. 그는 밖으로 드러나는 행동을 관찰하여 그러한 행동을 일으킨 구체적인 자극을 알아내기만 한다면 인간이 그런 행동을 하는 이유를 완벽하게 설명할 수 있을 뿐만 아니라 특정한 조건에서 인간이 어떻게 행동하는가를 정확하게 예측할 수 있다고 주장하였다. '행동주의 심리학자의 선언' 이라고 부르는 다음과 같은 그의 주장은 행동주의 학습이론을 이해하는 데 중요한 단서를 제공한다.

> 나에게 건강한 유아 12명을 주시오. 그러면 잘 만들어진 나의 특별한 세계에서 그들을 키울 것이고, 그들의 재능, 기호, 버릇, 적성, 인종에 관계없이 의사나 변호사 혹은 예술가나 기업의 사장 등 원하는 어떠한 전문가로라도 키울 수 있습니다. 그럼요! 거지나 도둑이 되게끔 훈련시키는 것도 물론 가능합니다(Watson, 1925, p. 82).

다소 과장되어 보이기도 하지만 이러한 Watson의 주장은 인간의 능력이란 선천적으로 결정되는 것이 아니라 적절한 환경의 조성과 훈련을 통해 형성되는 것이라는 행동주의의 믿음을 잘 표현하고 있다. Watson의 주장에서 알 수 있듯이, 행동주의 심리학자들은 인간의 발달을 연속적이고 누적적이며 새롭고 복잡한 행동을 점진적으로 획득해 가는 계층적 과정으로 이해하고 있다(Borich & Tombari, 1995).

John B. Watson
(1878~1958)

그리고 이들은 학습의 효과성을 극대화하기 위한 최적의 환경과 절차를 발견하는 데 꾸준히 노력을 기울여 왔다.

학자들에 따라 강조하는 부분에 약간의 차이가 있지만, 행동주의 학습이론에 내재된 근본적인 학습 원리는 자극과 반응 간의 연합이다. **자극**(stimulus)이란 환경에서 학습자에게 제시되는 모든 것을 의미한다. 즉, 눈에 보이는 사물, 귀로 들리는 소리, 피부로 느껴지는 감촉 등은 모두 자극이 된다. **반응**(response)이란 자극에 의한 행동을 의미한다. 뜨거운 물이 손에 닿았을 때 급히 손을 떼는 행동, 역겨운 냄새를 맡았을 때 순간적으로 숨을 멈추는 행동 등은 모두 자극에 대한 반응을 의미한다. 행동주의에서는 이와 같은 자극과 반응의 연합을 학습으로 이해하고 있으며, 이러한 이유로 행동주의 이론은 **연합이론**(association theory)이라고도 부른다.

물론, **행동주의 학습이론**이 학습이 진행되는 내적 과정을 지나치게 간과하고 있다는 비판을 받고 있는 것이 사실이다. 하지만 무엇인가를 학습하는 데 선천적 능력의 차이가 개인차를 만든다는 결정론적 시각을 거부하고 학습자에게 제공되는 환경의 중요성을 역설하는 행동주의 학습이론은, 모든 인간은 평등하다는 이념을 기초로 건립된 미국 사회의 열띤 성원을 받으며 학습 자체에 대한 이해뿐 아니라 정신지체나 아동기의 공포증과 우울증, 그리고 성역할 정체성 등 수많은 현상을 이해하는 데 지대한 공헌을 하였다.

이제 행동주의 이론으로 분류될 수 있는 고전적 조건화 이론과 조작적 조건화 이론, 그리고 사회학습이론에 대해 보다 자세히 살펴보자.

2. 행동주의에 기초한 학습이론

학습의 과정에 대한 이해와 설명에 사용되는 원리에 약간의 차이가 존재하지만, 고전적 조건화, 조작적 조건화, 그리고 사회학습이론은 학습 과정과 결과의 이해를 위해 외적으로 표현되는 행동의 분석을 강조하며 새로운 행동을 획득하고 지속하는 과정을 자극과 반응 간의 연합으로 이해하고 설명하려 한다는 점에서 공통점을 갖는다.

1) 고전적 조건화 이론

Ivan P. Pavlov
(1849~1936)

고전적 조건화(classical conditioning)는 러시아의 생리학자인 I. Pavlov에 의해 발전된 이론이다. Pavlov는 1904년 소화(digestion)에 관한 연구로 노벨상을 수상하였는데, [그림 5-1]에 보이는 것과 같은 실험을 통해 개가 침을 흘리는 여러 가지 상황을 관찰하였다.

그는 개가 침을 흘리는 데 일정한 법칙이 있음을 발견하였으며, 이러한 결과는 학습을 설명하는 데 중요한 전환을 가져왔다. 물론, 인간의 경우 보다 복잡한 양상을 보이는 것이 사실이지만, 학습자가 환경에 반응한다는 사실은 환경을 적절히 조작함으로써 원하는 학습을 성취할 수 있다는 단서를 제공하였기 때문이다(Eggen & Kauchak, 1992).

고전적 조건화의 내용을 이해하기 위해서는 우선 고전적 조건화를 구성하는 자극과 반응의 종류를 이해할 필요가 있다. 자극은 중립자극과 무조건자극, 그리고 조건자극으로 분류되며, 반응은 무조건반응과 조건반응으로 분류된다. 이제 자극과 반응이 연합되는 학습의 과정을 알아보기 위해 [그림 5-2]를 살펴보자.

Pavlov는 배고픈 개에게 고기를 주면서 동시에 종소리를 들려주었다. 즉, 종소리와 고기를 같이 제시하는 실험을 한 것이다. 이 실험에서 종소리는 중립자극으로 간주된다. 여기서 **중립자극**(neutral stimulus: NS)이란 개에게 물리적 반응을 일으키지 못하는 자극을 뜻한다. 즉, 종소리만으로는 개가 침을 흘리지 않기 때문에 종소리는

[그림 5-1] Pavlov의 실험

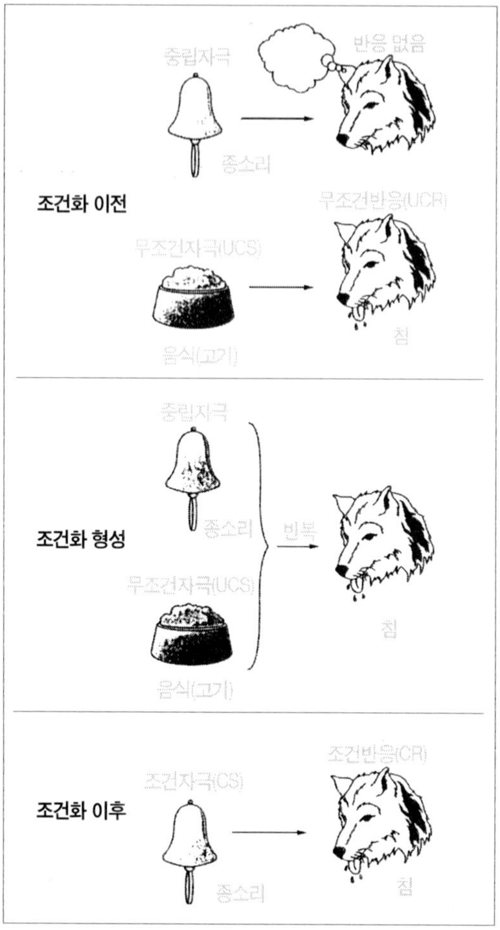

[그림 5-2] 고전적 조건화의 3단계

출처: G. D. Borich, & M. L. Tombari (1995). *Educational psychology*. New York: Harper Collins college Publisher, p. 147.

이 실험에서 중립자극이 되는 것이다. 반면에 고기를 주면 개는 고기에 반응하여 자연적으로 침을 흘리게 된다. 따라서 고기는 **무조건자극**(unconditioned stimulus: UCS)이 되며, 또 고기에 반응하여 자연적으로 흘리게 되는 침은 **무조건반응**(unconditioned response: UCR)이 된다. Pavlov는 개에게 무조건자극인 고기를 줄 때마다 중립자극인 종소리를 들려주었다. 이와 같이 고기를 줄 때마다 종소리를 함께 들려주는 실험을 반복한 결과, 개에게 고기 없이 종소리만 들려주어도 침을 흘리게 된다는 사실을 발견하게 되었다. 이제 종소리는 더 이상 중립자극이 아니다. 종소리는 개에게 침을 흘리게 하는 힘을 갖게 된 것이다. 개는 무조건자극 없이 종소리만으로 침을 흘리도록 조건화되었다. 이때의 종소리는 중립자극이 아닌 **조건자극**(conditioned stimulus: CS)으로 작용하며, 이렇게 종소리만으로 침을 흘리게 되는 것을 **조건반응**(conditioned response: CR)이라고 한다. 고기(UCS)와 침(UCR) 사이에는 무조건적인 관계성이 존재하는 반면, 종소리(CS)와 침(CR) 사이에는 **조건화**가 형성되는 것이다.

이와 같이 어떠한 조건을 형성함으로써 반응을 유도해 내는 것이 고전적 조건화다. 많은 학습이론가는 학습자가 환경자극과 정서적 · 인지적 반응 사이의 관계를 학습하는 방식을 설명하는 데 고전적 조건화의 원리를 이용한다. 예를 들어, 특정한 향수 냄새가 연인을 생각나게 한다든지, 시험이라는 단어를 듣고 속이 메스꺼워진다든지, 혹은 그림으로만 보아 왔던 뱀을 실제로 보고 놀라서 움찔한다든지 하는 현상들은 향수 냄새, 시험, 뱀 등과 같은 중립자극이 조건화되어 반응을 일으키는 좋은 예가 될 수 있다. 따라서 고전적 조건화 이론에서는 사람과 사물에 대한 정서적 · 인지적 반응이 고전적 조건화 과정을 통해 학습된다고 주장한다. 실제로 조건반사로서 고전적 조건화로 설명할 수 있는 현상은 정서적이고 심리적인 학교 상황에 다양하게 적용될 수 있다(Brewer, 1974).

앞서 설명한 Pavlov의 실험에서 조건화가 형성되는 과정이 실제로 학교현장에서 학생에게 일어나는 사건들에 어떻게 적용되는지를 알아보기 위해 다음의 예를 살펴보자.

> 선영은 이제 잃었던 자신감을 되찾을 수 있을 것만 같았다. 노트를 세 부분으로 나누어 별도로 공식을 정리하는 곳을 만들고, 한편으로는 주요 내용에 형광펜을 사용하는 영미의 노트 정리방법을 따라 해 본 것이 오늘 수학시험에 효과가 있었던 것이다. 참으로 힘들었던 날들이었다. 반에서 줄곧 중상위권을 유지하던 선영은 1학기 중반부터 갑자기 수학에 자신감을 잃었다. 도무지 이유를 알 수가 없었다. 특별한 이유 없이 중간고사에서 형편 없는 수학 점수를 받게 되었고, 그로 인해 학급 석차가 믿을 수 없을 정도로 떨어지게 된 것이다. 아버지의 섭섭해하는 표정과 어머니의 꾸지람도 부담스러웠다. 지나치게 중간고사 성적을 의식해서인지 잘하려고 노력했지만, 이후에 치른 서너 번의 월례고사에서도 계속해서 수학에서 실패를 하게 되었다. 수학시험만 생각하면 가슴이 떨리고 불안해졌다. 그렇게 1학기가 끝나고 2학기가 시작되었지만 문제는 더욱 심각해졌다. 이제는 물리시험조차 걱정이 되었다. 솔직히 물리는 그다지 어렵지 않았는데도 물리시험을 볼 때조차 불안하고 초조

했다. 선영은 줄곧 1등을 놓치지 않는 영미의 노트를 보게 되었다. 그리고 특색 있고 색다른 영미의 정리방법을 따라 해 보았다. 선영은 어젯밤에 새롭게 정리된 노트로 마무리 정리를 하였고, 확실한 효과를 보게 된 것이다.

언제나 중상위권을 유지하던 선영은 특별한 이유 없이 시험에 계속 실패하게 되고 이 때문에 불안과 초조함을 느끼게 된다. 계속되는 실패는 이러한 느낌을 증가시키고, 결국 시험이 다가오면 자신감이 상실되고 불안과 초조함이 증가되는 현상을 경험하게 된다. 선영의 경우 시험에서의 실패는 '무조건자극'으로, 실패로 인한 좌절 혹은 불안은 '무조건반응'으로 볼 수 있다. 그리고 실패와 계속 연관된 시험이 '조건자극'이 되며, 시험 때문에 느끼는 불안과 초조가 '조건반응'이 된다. 이때 실패를 경험하기 이전에는 시험 때문에 초조와 불안을 느끼지 않았으므로, 조건화되기 이전의 시험은 중립자극으로 분류된다. 〈표 5-1〉은 Pavlov의 실험과 선영의 경우를 비교한 것이다.

교사는 고전적 조건화 과정이 교실에서 항상 진행되고 있음을 상기해야 한다. 처음에는 교사의 행동과 학습활동이 중립자극으로 작용하지만, 시간이 지나면서 교사의 교수방법은 조건자극이 될 수 있으며, 그러한 자극은 다양한 반응과 연합될 수 있다. 교사는 항상 고전적 조건화 이론을 인식하고, 수업활동과 학습 사이에 궁극적인 연관성을 발전시키는 일에 노력해야 한다. 고전적 조건화는 비교적 간단한 메커니즘을 가지고 있다. 따라서 비교적 간단한 방법으로 교실 상황에 적용할 수 있다는 장점이 있다. 예를 들어, 교실에 매우 수줍음이 많은 학생이 있다고 생각해 보자. 교사는 의도적으로 그 학생이 정답을 알 수 있는 문제를 수업시간에 질문할 수 있다. 수줍음이 많은 학생은 여러 차례 정답을 말하게 되고 점차적으로 자신감을 얻게 된다. 이러한 자신감은 어쩌면 그 학생이 더 이상 수줍어하지 않도록 하는 데 도움을 줄 수 있을 것이다.

〈표 5-1〉 **고전적 조건화에서의 자극과 반응**

		Pavlov의 실험	선영의 경우
조건화 이전	중립자극(NS)	종소리	시험
	무조건자극(UCS)	고기	실패
	무조건반응(UCR)	침	좌절
조건화 이후	조건자극(CS)	종소리	시험
	조건반응(CR)	침	불안

이처럼 고전적 조건화 이론은 교사가 학생의 행동을 이해하고 해결하는 데 중요한 단서를 제공할 수 있다. 교사가 무심코 지나쳐 버리거나 학생의 개인차에 원인을 돌리는 수많은 문제에는 조금만 관심을 기울이면 해결의 실마리를 발견할 수 있는 것이 많다. 예를 들어, 우리는 많은 학생이 시험불안을 가지고 있다는 것을 잘 알고 있다(Hill & Wigfield, 1984). 이와 같은 시험불안은 선천적이거나 선택적인 것이 아니다. 혹시 시험불안 때문에 어려움을 호소하는 학생들이 있다면 선영의 경우와 같은 경험을 하지는 않았을까라고 진지하게 고민하는 자세가 교사에게 필요하다.

2) 조작적 조건화 이론

고전적 조건화는 학생의 다양한 심리 · 생리적 현상을 설명하는 강력한 도구임에는 틀림없다. 그러나 학생들은 고전적 조건화에서의 설명과 같이 어떠한 환경에서 단순히 자극에 반응하는 것은 아니다. 오히려 학생들은 의식적으로 행동하는 면이 더욱 강하다.

B. F. Skinner에 의해 제안된 **조작적 조건화**(operant conditioning)는 오늘날 행동주의 심리학을 교실에 적용하는 데 중요한 관점을 제시하고 있다(Myers, 1970). 물론, Skinner는 인간의 행동이 어느 정도는 고전적 조건화에 의해서 설명될 수 있다는 것에 동의한다. 그러나 언어, 쓰기, 읽기, 자전거 타기, 친구 사귀기 등과 같은 복잡한 행동이나 습관 등은 조작적 조건화에 의해 학습된다고 주장한다. Skinner의 조작적 조건화와 Pavlov의 고전적 조건화의 가장 큰 차이점은 고전적 조건화가 행동을 유발하기 위해 자극에 관심을 두는 반면, 조작적 조건화는 자극보다는 유발된 행동의 결과에 관심을 둔다는 것이다. 예를 들어, Pavlov의 실험에서 고기와 함께 종소리를 들려주는 이유는 개에게 종소리만으로 침을 흘리도록 하기 위한 것이며, 이는 행동을 유발하기 위하여 자극을 조절하는 것이다. 그러나 조작적 조건화에서는 행동으로 인한 결과, 즉 어떤 행동을 보인 이후에 나타나는 산물에 관심을 둔다. 수업시간에 특별히 대답을 잘한 학생에게 주는 교사의 칭찬이 바로 그러한 예다.

Burrhus F. Skinner
(1904~1990)

Skinner(1948, 1971)는 대부분의 행동이 그 결과를 검토하면 설명될 수 있다고 생각하였으며, 신중하게 통제된 행동 결과는 개인이나 사회 전체를 바람직한 행동으로 이끌

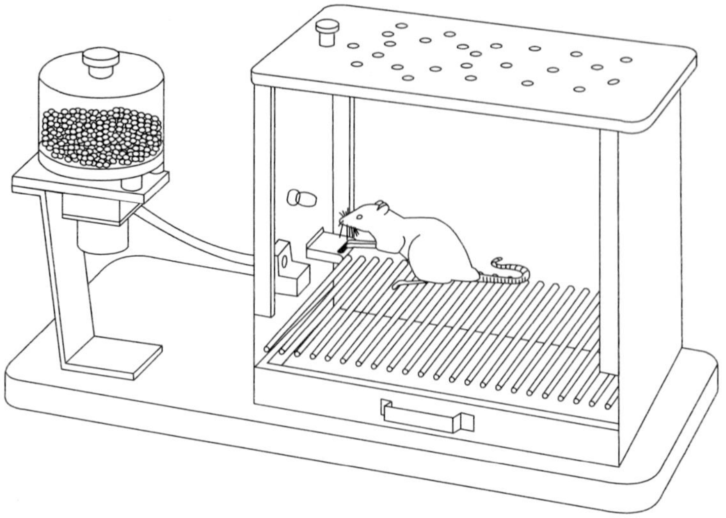

[그림 5-3] **스키너 상자**

수 있다고 믿었다. 이와 같은 그의 믿음은 [그림 5-3]과 같은 '스키너 상자' 실험에서 더욱 확고해졌다.

스키너 상자에는 지렛대와 먹이접시, 빨간불과 녹색불이 있고 바닥에는 전기배선망이 설치되어 있다. 지렛대를 누르면 먹이접시에 먹이가 떨어지도록 고안되어 있는 이 상자 안에 Skinner는 쥐를 넣어 두었다. 처음에 쥐는 이리저리 돌아다니기 시작했다. 왼쪽으로 돌다가 오른쪽으로 돌기도 하고 벽에 부딪히기도 하는 쥐의 행동은 스스로 선택한 조작적 행동들이다. 그러다 쥐는 우연히 지렛대를 누르게 되고 먹이가 먹이접시에 떨어지는 것을 보게 된다. 쥐는 지렛대를 누르는 것과 먹이가 떨어지는 것 사이의 연관성을 학습하게 되어 반복적으로 지렛대를 누르게 된다. 이제 조작적 조건화가 형성된 것이다. 쥐가 지렛대를 누르는 행동과 이러한 행동의 빈도를 증가시키도록 고안된 먹이와의 관계를 Skinner는 강화라는 용어로 설명하고 있다. **강화**(reinforcement)란 행동의 빈도를 증가시키는 것으로 조작적 조건화 이론에서 가장 중요한 개념이다(Mazur, 1990). 학습과 관련된 조작적 조건화의 기본 원리인 강화에 대한 설명은 다음 절에서 보다 자세히 제시할 것이다.

3) 사회학습이론(social learning)

학습이 형성되고 유지되는 과정을 설명하는 데 지금까지 살펴본 조건화의 원리가 매우 유효한 것은 사실이지만, 대부분의 학자는 인간의 모든 학습 과정을 강화의 원리를 중심으로 하는 조건화의 논리로 설명하는 데 한계가 있다는 사실에 동의하고 있다. 특히, 인간이 무언가를 학습하는 데에서의 사회적 상황의 영향에 대해 주목하게 되면 이러한 주장은 보다 설득력을 갖는다. 예를 들어, 아주 복잡한 과정이 내재된 어떠한 행동이 과제분석이나 조성의 과정 없이 그 행동을 수행하는 사람을 단 한 번 관찰하는 것만으로 학습되는 현상이나, 자신은 아무런 강화를 받지 못했지만 친구가 강화를 받는 것을 지켜본 학생이 친구의 행동을 따라 하는 현상 등은 행동이 조건화 과정으로 학습된다고 설명하기에 무리가 따른다.

Albert Bandura
(1925~)

A. Bandura(1977, 1986)는 학습이 발생하는 데에서의 조건화의 중요성뿐만 아니라 우리가 살아가는 사회 상황의 영향에 주목하며 학습의 과정에 대한 시각을 보다 확장시킨 학자다. Bandura는 기존의 행동주의 학습이론의 한계를 지적하기 위해 겉으로 표출된 행동 자체만이 학습(learning)되었음을 의미하는 것은 아니라고 주장한다. 예를 들어, 어떤 학생이 분수를 약분하는 문제를 틀렸다고 해서 그 학생이 약분의 과정을 학습하지 못했다고 단정지을 수는 없다. 어쩌면 그 학생은 시험 보는 날 많이 아파서 집중하지 못했을 수도 있고, 문제를 잘못 읽었을 수도 있다. 서예를 배우는 학생이 곧게 획을 내려긋지 못한다고 해서 아직 그 학생이 서예의 기본을 학습하지 못했다고 확신할 수는 없다. 그 학생은 이미 곧게 획을 내려긋는 방법을 학습했지만, 신체의 신경조직의 이상 때문에 곧게 획을 내려긋는 행동에 어려움을 겪고 있을 수도 있다. 이처럼 무언가를 알고 있다는 것은 무언가를 보인다는 것 이상일 수 있는 것이다. Bandura의 이러한 믿음은 Bobo라는 이름의 인형을 이용한 그의 초기 연구에서 발전하기 시작하였다.

Bandura(1965)는 실험을 위해 한 모델이 Bobo라는 이름의 공기가 주입된 인형을 발로 차고 손으로 때리는 영화를 제작한 후 세 그룹의 아동들에게 보여 주었다. 첫 번째 그룹의 아이들에게는 이와 같은 행동을 한 모델이 상을 받는 영화를 보여 주었고, 두 번째 그룹의 아이들에게는 그 모델이 벌을 받는 영화를 보여 주었으며, 마지막

그룹의 아이들에게는 모델이 상도 벌도 받지 않는 내용을 보여 주었다. 영화가 끝난 후 아이들을 각기 다른 방으로 가게 한 후 영화에서 보여 준 인형 Bobo를 주고 그들의 행동을 관찰한 결과, 상을 받는 영화를 보여 준 첫 번째 그룹의 아이들이 가장 공격적인 성향을 보였으며, 벌을 받는 영화를 보여 준 두 번째 그룹의 아이들의 공격 성향이 가장 낮게 관찰되었다. 하지만 더욱 흥미로운 것은 아이들에게 영화 속 모델이 보여 준 행동을 모방하면 상을 주겠다고 약속을 했을 때, 세 그룹의 아이들 모두 영화 속 모델이 보여 준 행동을 그대로 따라 하였다는 사실이다. 즉, 어느 그룹의 아이들이라고 하더라도 이미 모델이 보여 준 행동을 학습하고 있었던 것이다.

Bandura의 이러한 실험은 학습과 관련하여 매우 중요한 두 가지 사실을 보여 준다. 즉, 학습은 강화작용 없이 단순히 모델을 관찰하는 것만으로도 형성될 수 있으며〔그는 이와 같은 학습의 과정을 **모델링**(modeling)이라는 용어로 개념화하였다〕, 겉으로 표현되지 않는다고 해서 학습이 일어나지 않았다고 단정할 수는 없다는 사실이다. 이러한 믿음을 바탕으로 Bandura는 점차 학습에서의 자기 지각, 기대, 믿음 등과 같은 인지적 속성에 초점을 맞추어 왔는데, 최근 Bandura의 이론을 **사회인지이론**(social cognitive theory)이라고 부르는 이유는 그가 이러한 인지적 속성을 강조하기 때문이다. 또한 그의 학습이론을 **사회학습이론**(social learning therory)이라 부르기도 하는데, 이는 그의 학습이론이 사회 상황의 역할을 강조하기 때문이다(Hill, 2002).

사회인지이론에서는 서로 다른 두 종류의 학습이 존재한다고 설명한다. 첫 번째 학습 형태는 **실행학습**(enactive learning)이다. 실행학습이란 무엇인가를 실제로 실행하고 그 결과에 대한 경험에 의해 학습이 형성되는 것을 의미한다. 실행학습은 조작적 조건화에서의 학습 과정과 개념적으로 매우 유사해 보인다. 하지만 조작적 조건화의 경우 행동 결과는 그 자체로 후속 행동을 강화하거나 약화한다고 설명하는 반면, 실행학습에서는 행동의 결과는 후속 행동의 빈도를 결정하는 정보를 제공할 뿐이라고 설명한다. 인간은 자신의 행동 결과에서 얻은 정보를 바탕으로 기대와 동기 혹은 믿음체계를 발달시키며, 행동의 빈도를 결정하는 것은 결과 그 자체가 아니라 결과에 대한 개인의 해석이라는 것이다. 행동의 결과에 대해 만족을 느끼면서도 그 행동을 지속하지 않을 수 있는 것이 인간만이 가진 특성이라는 설명이다.

사회인지이론에서 제시하는 또 하나의 학습 형태는 **대리학습**(vicarious learning)이다. 타인의 행동을 관찰하는 것만으로도 학습이 일어날 수 있다는 사실은 극단적 행동주의자들이 주장하는 모든 학습은 인지작용에 대한 고려 없이 충분히 설명될 수 있다는 주장에 의문을 제기한다. 사실 교실 상황에서 교사는 자신이 인지하고 있든 그렇지 않든 간에 대리학습의 원리를 빈번히 사용하고 있다. 미술시간에 그림을 잘 그린 학생의 작품을 전시한다거나 물리시간에 실험도구를 성실히 준비한 학생을 공개적으로 칭찬하는 것 등은 단지 그 학생에게 강화를 주는 것만이 목적은 아닐 것이다. 교사가 한 학생의 행동을 칭찬하고 격려함으로써 다른 학생들이 그러한 행동을 따라 하기를 바라고 있는 것이라면 교사는 대리학습의 원리를 사용하고 있는 것이다.

이처럼 학습의 형성에 인지적 과정의 중요성을 강조하는 사회학습이론이 강화의 원리를 배제하는 것은 아니다. 사회학습이론 역시 행동을 지속시키는 데 강화의 중요성을 강조한다. 그러나 사회학습이론에서의 강화는 조작적 조건화 이론에서 강화의 원리를 확대·발전시킨 개념으로 사용된다.

Bandura에 따르면 학습에 영향을 주는 강화는 서로 다른 세 가지 종류로 구분할 수 있다. 첫째, 조작적 조건화 이론에서의 강화와 동일한 **직접적 강화**(direct reinforcement)다. 앞서 살펴본 바와 같이 행동에 대하여 직접적으로 제시된 강화는 행동의 빈도를 당연히 증가시킬 수 있다. 하지만 직접적으로 제시된 강화만이 행동을 증가시키는 것은 아니다. 강화를 받는 타인을 보는 것만으로도 우리는 강화를 받을 수 있다. TV 광고에서 시원하게 음료수를 마시는 모델을 보고서 동일한 음료수를 사서 마시는 행동은 강화의 원리가 간접적으로 발생하였다는 증거다. 이처럼 타인의 행동에 대한 결과에 영향을 받는 간접적 강화를 **대리적 강화**(vicarious reinforcement)라고 한다. 마지막 형태의 강화는 **자기강화**(self-reinforcement)다. 인간은 자신의 행동의 결과에 대하여 스스로 평가하는 속성이 있다. 어떠한 행동의 결과에 대해 아무런 외적 강화를 받지 못했다 하더라도 계속해서 그 행동을 지속하는 까닭은 그 행동에 대해 스스로 강화를 주기 때문이다. 과제에 대하여 높은 수준의 흥미를 느끼거나 스스로 높은 가치를 부여하는 경우, 그 행동을 지속하는 것은 외적으로 제시되는 강화와 무관한 것이다.

지금까지 살펴본 바와 같이 사회학습이론은 학습의 형성과 유지에 조건화 이론의 원리와 인간의 인지적 과정을 접목시킴으로써 기존의 조건화 이론이 설명하기 어려웠던 다양한 학습의 형태를 효과적으로 설명하고 있다. 특히, 교실에서의 교사가 모델링을 통한 학생들의 학습에 매우 중요한 요인이 된다는 사실은 교육현장에서의 사회학습이론의 중요성을 잘 보여 준다. 실제로 Zimmerman과 Blotner(1979)는 문제를 해결하는 데 인내력 있는 태도를 보여 준 교사의 학급에서는 학생들 또한 끈기 있게 노력하는 모습을 보여 준 반면, 그렇지 않은 교사의 학생들은 오히려 인내력이 저하되었다는 사실을 발견하였다.

교사는 학생들이 교실에서 모델링을 통하여 학습한다는 사실을 항상 기억하고 있어야 하며, 모델링을 통한 학습 결과에 대해 신중한 주의를 기울여야 한다. 왜냐하면 이러한 학습 결과는 대부분 교사가 의도하지 않은 것이며, 교사의 행동을 학생들이 어떻게 받아들일지를 파악하는 것 또한 쉽지 않기 때문이다. 따라서 교사는 자신이 학생의 모델이 되고 있다는 점을 항상 유의하여, 학생의 성장을 돕겠다는 진실한 목표를 가지고 배움을 사랑하는 모델이 되며, 학생들을 신뢰하고 존중하는 자세를 지녀야 한다.

3. 학습에 대한 행동주의 이론의 원리

앞서 강조하였듯이 행동주의 학습이론의 핵심은 자극과 반응 간의 연합에 대한 탐구에 있다. 즉, 새로운 행동을 학습시키고 유지하기 위해 의도된 반응을 어떠한 자극을 통해 이끌어 낼 것인가의 문제가 행동주의 학습이론의 주된 관심이다. 행동주의 학습이론의 핵심이 되는 특정 행동의 반응 빈도에 대한 증가와 감소의 메커니즘은 기본적으로 강화와 소거 및 벌의 세 가지 원리로 설명할 수 있다.

1) 강 화

강화(reinforcement)란 특정 행동의 발생 빈도를 증가시키는 과정을 의미하며, 이때 행동의 발생 빈도를 증가시키는 개체를 **강화물**(reinforcer)이라고 한다. 의도된 행동의 발생 빈도를 증가시키고자 하는 강화는 강화물의 제시방법에 따라 [그림 5-4]와 같이 정적 강화와 부적 강화로 나눌 수 있다. 정적 강화는 학생들을 만족시킬 수 있는 강화물이 제공되는 것이고, 부적 강화는 학생들이 싫어하는 것을 제거하는 것이다. 이제 두 가지 강화에 대해 좀 더 자세히 살펴보자.

••• 정적 강화(positive reinforcement) **정적 강화**란 학생들을 만족시킬 수 있는 강화물을 제공함으로써 의도한 행동을 유발하고 유지시키는 과정을 의미한다. 노트 정리를 잘하는 학생에게 칭찬해 줌으로써 계속 노트 정리를 잘하도록 유도한다든가,

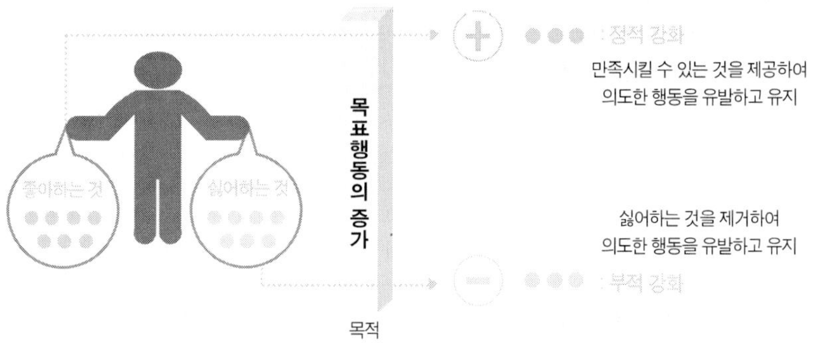

[그림 5-4] **정적 강화와 부적 강화**

미술시간에 그림을 잘 그린 학생의 작품을 교실에 전시하여 학생이 그림 그리기에 더욱 흥미를 갖도록 하는 것 등이 정적 강화의 좋은 예가 된다. 교실에서 일어날 수 있는 정적 강화는 학생과 교사 모두에게 일어날 수 있다. 좋은 성적, 교사의 웃는 표정, 칭찬, 게시판에 전시된 학생의 작품 등은 학생들에게 정적 강화물로 작용할 것이다. 그리고 학생들이 보여 주는 성실한 수업 태도나 질문, 학부모나 교장의 인정 등은 교사에게도 정적 강화물이 될 수 있다.

부적 강화(negative reinforcement) **부적 강화**란 학생들이 싫어하는 것을 제거하는 방법으로 의도하는 행동의 빈도를 증가시키고 유지시키는 것을 의미한다. 예를 들어, 수업시간에 집중을 잘하고 질문을 잘하는 학생들에게 청소당번을 면제해 주는

정적 강화물은 학생들에게 강력한 동기원이 될 수 있다. 그러나 동시에 교사는 학생들이 이런 외부의 강화물에 대한 의존성을 낮추기 위한 노력을 해야 한다.

경우를 생각해 보자. 교사가 바라는 수업은 학생들이 집중을 잘하고 질문도 많이 하는 아주 진지하면서도 활기찬 모습일 것이다. 청소를 면제해 주겠다는 교사의 약속 때문에 학생들이 매우 집중해서 수업을 듣고 질문의 빈도 역시 증가하였다면, 이는 학생들이 싫어하는 청소당번을 제거함으로써 교사가 의도하는 수업이 발생하는 이른바 부적 강화가 일어났다고 볼 수 있다. 결국, 부적 강화라는 용어에서 '부적' 이라는 단어는 의도한 행동을 증가시키기 위해 학생이 싫어하는 어떤 것을 제거한다는 의미다. 때때로 이러한 부적 강화라는 용어를 나중에 살펴볼 '벌' 과 혼돈하는 경우가 있는데(특히 제거성 벌), 부적 강화는 행동의 증가를 목표로 한다는 점에서 행동을 약화시키거나 감소시키려고 의도된 '벌' 과는 구별되는 개념이다.

프리맥 원리(Premack principle) 앞서 강조하였듯이 강화의 과정이 적용될 때에 가장 중요하게 고려해야 할 요인 중의 하나는 적절한 강화물을 선택하는 것이다. 다음 절에서 보다 자세히 논의하겠지만, 학교현장에서 강화를 사용하면서 교사가 겪는 일반적인 어려움이 바로 적절한 강화물을 찾는 일이다. 왜냐하면 모든 사람에게 동일한 효과를 가져오는 강화물은 존재하지 않기 때문이다.

David Premack
(1925~)

이러한 맥락에서 **프리맥 원리**는 강화의 메커니즘을 사용하는 데 있어 강화물의 선택에 대한 매우 흥미롭고 유용한 방법을 제시한다. 프리맥 원리란 빈번하게 일어나는 특정한 행동이 상대적으로 자주 일어나지 않는 행동의 빈도를 증가시키기 위한 좋은 강화물이 될 수 있다는 원리다(Premack, 1965). 이는 개인의 행동을 관찰하여 가장 자주 발생하는 행동을 비교적 적게 발생하는 행동에 대한 강화물로 이용할 수 있음을 의미한다.

편식 습관을 지닌 아이에게 프리맥의 원리를 적용시켜 보자. 아이스크림을 가장 좋아하고 당근을 싫어하고 시금치를 가장 싫어하는 아이에게 저녁식사 때마다 시금치를 먹으면 후식으로 아이스크림을 먹을 수 있도록 허락하면, 아동이 가장 하기 싫어하는 행동인 시금치 먹기의 빈도를 점진적으로 증가시킬 수 있다. 따라서 학생이 선호하는 행동을 순서대로 나열해 보는 것은 교사가 학생의 특정한 행동을 강화하는 데 매우 유용하다. 앞의 예에서처럼 아이가 시금치를 먹을 때마다 아이스크림 먹는 것을 허락한다면 시금치를 먹는 빈도가 높아질 것이며, 또한 아이스크림은 당근을 먹는 행동에 대한 강화물로도 사용될 수 있을 것이다. 하지만 프리맥 원리를 실제 적용할 때 반드시 유념해야 할 사항은 선호하는 것이 변하게 되면 강화물도 변하게 된다는 것이다. 아이스크림을 좋아하는 아이의 경우, 어느 날 아이스크림을 먹고 배탈이 나서 심한 고통을 경험하게 되고 그 후로 아이가 더 이상 아이스크림을 좋아하지 않게 되었다면, 이제 아이스크림은 당근이나 시금치를 먹는 행동을 증가시키는 강화물로 효과를 갖지 못하게 될 것이다.

프리맥 원리는 보상이 될 수 있는 개체가 개인마다 다를 수 있다는 행동주의 원리의 범위 안에서 강화물의 효과는 개인 내에서도 언제든지 바뀔 수 있다는 점을 강조하고 있다. 따라서 교사에게는 아동을 주의 깊게 관찰하고 그들이 가장 선호하는 것으로 보상하는 세심함이 필요하다.

2) 소 거

앞서 살펴본 바와 같이 강화란 행동을 유발하고 빈도를 증가시키는 과정으로 정의할 수 있다. 그렇다면 학습자의 행동에 대해 강화가 제공되지 않는다면 어떻게 될 것인가? 대부분의 경우 학습자는 자신의 행동에 대해 아무런 강화를 받지 못하게 되면 더 이상 그 행동을 하지 않게 된다. 예를 들어, 학생이 질문을 하기 위해 손을 들었을 때 교사가 그 행동에 아무런 반응을 보이지 않고 무시해 버린다면, 학생은 더 이상 질문을 하기 위하여 손을 드는 행동을 하지 않을 것이다. 강화가 제공되지 않을 경우 행동의 빈도가 감소하거나 사라지는 과정을 행동주의 이론에서는 **소거**(extinction)라 한다. 또한 이미 학습된 행동이라 하더라도 더 이상 강화가 주어지지 않을 경우 소거 현상이 일어난다고 행동주의 이론가들은 설명한다. 다음 절에서 설명할 강화계획은 이와 같은 소거현상을 억제하기 위한 하나의 방법으로 고안된 원리다.

소거의 과정에는 교사가 반드시 유의해야 할 매우 중요한 특징이 있다. 강화가 주어지지 않는 행동은 곧바로 소거되는 것이 아니라 일시적인 행동의 증가 후에 점차적으로 사라진다는 사실이다. 이처럼 강화의 제거 이후에 나타나는 일시적인 행동의 증가를 **소거 폭발**(extinction burst)이라 한다(Lerman & Iwata, 1995). 예를 들어, 수업 중에 질문을 하기 위해 '선생님!' 하고 큰 소리로 외치는 학생이 있다고 하자. 교사는 질문을 위해 조용히 손을 드는 행동을 가르치려고 일단 학생이 '선생님!' 하고 외치는 소리를 무시하기로 했다. 즉, 큰 소리로 외치는 행동의 소거를 의도한 것이다.

하지만 교사의 기대와는 달리 학생은 '선생님! 선생님!' 하며 더 큰 소리로 더 자주 외치는 것이 아닌가! 만약 이때 교사가 자신이 선택한 방법인 소거의 원리, 즉 행동을 무시하고 강화를 주지 않는 것이 효과가 없다고 생각한다면 너무 성급한 판단이 된다.

행동주의자들은 이 경우 계속해서 무시하는 것이 올바른 방법이라고 조언한다. 소거의 원리를 잘못 사용할 경우 학급관리와 관련하여 최악의 결과가 발생할 수 있다는 것을 교사는 반드시 인지하고 있어야 한다. 만약, 교사가 서너 번쯤 무시하다가 결국 포기하고 반응을 보이게 되면, 학생은 일단 처음에 자신의 의도가 성공하지 않았다고 하더라도 두세 번 반복하면 결국에는 성공할 것이라는 믿음을 갖게 된다. 결국 소거 과정에서의 교사의 성급한 포기는 단순히 소거를 이루지 못했다는 것뿐만 아니라, 오히려 교사가 소거하고자 했던 바로 그 행동을 강화시키는 결과를 가져오게 된다.

소거는 두려움을 갖게 되는 상황에 처한 사람들을 원래의 상태로 되돌려 놓을 수 있는 이론적 원리를 제공한다(Clarizio, 1971). 예를 들어, 물에 빠진 경험 때문에 물을 두려워하는 사람에게 수영을 가르쳐서 두려움을 없앤다거나, 발표를 유난히 힘들어하는 학생에게 부담 없이 발표할 기회를 많이 만들어 줌으로써 발표가 별로 어렵지 않다는 생각을 갖게 해 주는 등이 소거의 원리를 적용하는 경우가 된다. 이처럼 소거의 원리를 응용하는 것은 두려움이나 공포를 극복하게 하는 좋은 방법이 될 수 있다. 이 장의 처음에 제시된 선영의 예화의 경우, 선영이 앞으로 수학시험을 실패 없이 치러 낸다면 불안과 좌절 같은 반응은 없어질 것이다. 즉, 불안이나 좌절 등 이미 학습된 반응의 소거가 발생하는 것이다. 결국, 인간의 행동을 설명하는 데에서 소거는 강화의 반대 개념이 된다.

3) 벌

강화가 의도한 행동을 유발하고 그 빈도를 증가시키려는 과정인 데 반해, **벌**(punishment)은 일반적으로 바람직하지 않다고 가정된 행동의 빈도를 약화시키거나 감소시키는 과정을 의미한다. 정적 강화와 부적 강화로 분류할 수 있는 강화의 경우와 유사하게, 벌 역시 수여성 벌과 제거성 벌의 두 가지로 분류할 수 있다.

■■■ **수여성 벌**(presentation punishment) 바람직하지 않은 행동을 감소시키기 위

해 불유쾌한 자극을 제공하는 것을 의미한다. 예를 들어, 교실 바닥에 습관적으로 휴지를 버리는 행동을 억제시키기 위해 교사가 꾸지람을 하거나 청소를 시키는 것 등이 수여성 벌의 대표적인 예가 된다. **수여성 벌**은 대부분 물리적인 경우가 많기 때문에 효과가 즉각적이라는 이점이 있다. 그러나 대부분의 학자는 이와 같은 수여성 벌에 대해 부정적 견해를 보이고 있다. 물리적인 벌은 장기적으로나 단기적으로 학생들에게 이로울 것이 없기 때문이다. 물리적인 벌은 단기적으로는 학생들에게 고통이나 두려움, 모욕감, 심지어 육체적인 상해를 가져올 수 있으며, 장기적으로는 폭력에 대한 무감각, 모든 문제를 물리적으로 해결하려는 습관의 형성, 심지어 정신질환성 스트레스 증상까지 야기할 수 있기 때문이다(Eggen & Kauchak, 1992).

제거성 벌(removal punishment) 수여성 벌이 원하지 않는 것을 제공함으로써 학생들에게 불유쾌한 감정을 경험하게 하여 궁극적으로 바람직하지 않은 행동의 빈도를 감소시키는 과정이라면, **제거성 벌**은 학생이 좋아하는 것을 제거함으로써 불유쾌한 감정을 경험하게 하여 결국 바람직하지 않은 행동을 약화시키거나 감소시키기 위한 것이다. 앞서 설명하였듯이 종종 제거성 벌과 부적 강화를 혼돈하는 경우가 있는데, 부적 강화는 싫어하는 행동을 제거함으로써 후속 행동의 발생 빈도를 높이고자 하는 반면, 제거성 벌은 기대하고 바라는 행동을 제거함으로써 후속 행동의 감소를 의도한다는 점에서 차이가 있다.

바람직하지 않은 행동을 하는 학생에게 방과 후에 학교에 남아 있도록 하는 것은 제거성 벌의 좋은 예가 된다. 이러한 경우 방과 후에 친구들과 놀거나 자신이 좋아하는 일을 할 기회가 박탈되기 때문이다. 실제로 미국의 초등학교 교실에서는 아동이 바람직하지 못한 행동을 할 때, 장소를 설정해 놓고 일정 시간 동안 아동이 그곳에서 움직이지 못하도록 하는 타임아웃(Time-Out) 기법이 빈번하게 사용되고 있다.

4) 행동의 조성

지금까지 우리는 행동을 유발하고 유지시키거나 감소 혹은 약화시키는 방법에 대해 알아보았다. 예를 들어, 학생들에게 곱셈을 가르치는 것이 목적이라면, 학생이 2 곱하기 3이라는 질문에 대해 6이라는 답을 했을 때 칭찬이나 사탕 등의 강화물을 즉각적으로 제공하여 이후에 2 곱하기 3이라는 질문에 6으로 답을 하는 빈도를 증가시킬 수 있는 것이다. 하지만 학생들이 학습해야 할 교과 내용은 단순히 절차를 외운다거나 곱셈을 익히는 일보다 훨씬 복잡한 경우가 대부분이다. 그렇다면 교사는 어떤 식으로 강화를 제공해야 할까? 예를 들어, 피아노를 가르칠 때 음표 하나하나에 대해 건반을 정확히 칠 때마다 강화를 주어야 할까? 아니면 한 곡을 완전히 칠 수 있을 때까지 강화물의 제공을 유보해야 할까?

조성(shaping)은 새로운 기술이나 행동을 가르칠 때 궁극적인 목표에 이를 수 있게 하는 방법에 대한 원리다. 새로운 기술이나 행동이 학습되는 과정에 대한 행동주의 이론의 원리는 비둘기에게 춤추기를 학습시키는 행동주의 이론가들의 연구를 통해 이해할 수 있다(Good & Brophy, 1995). 비둘기에게 춤을 가르치기 위해 행동주의자들은 우선 비둘기의 행동을 유심히 관찰하기 시작한다. 우연히 비둘기가 왼발을 드는 순간 재빨리 먹이를 제공한다. 이러한 과정의 반복을 통해 비둘기는 왼발을 드는 행동이 먹이의 획득을 가져온다는 **수반성**(contingency)을 학습하게 된다. 완전한 학습이 일어났다고 판단되면 이제 먹이라는 강화물은 비둘기가 왼발을 들었다가 다시 오른발을 들었을 경우에만 제공되기 시작한다. 즉, 비둘기는 왼발만 들어서는 먹이를 얻지 못하게 되며 왼발을 든 이후 연속해서 오른발도 들어야 먹이가 제공된다는 사실을 학습하게 된다. 물론, 왼발을 드는 행동 없이 오른발만 드는 경우에도 먹이는 제공되지 않는다. 왼발을 든 후에 연속해서 오른발을 들어야만 먹이를 얻을 수 있다는 사실을 학습한 이후에 행동과 강화물의 수반성은 한 단계 더 확장된다. 즉, 이제는 왼발을 들었다가 다시 오른발을 든 후에 다시 한 번 왼발을 들어야만 먹이가 제공되는 것이다. 이와 같은 과정이 계속적으로 반복·확장되는 가운데 비둘기는 먹이를

학생들의 수업 목표 달성을 위해 교사의 적극적인 개입과 강화가 이루어지는 조성은 성공을 거의 경험하지 못하는 학생들에게 유용하게 적용될 수 있다.

얻기 위해 마치 춤을 추는 것과 같은 행동을 할 수 있게 된다. 만약 먹이가 주어질 때 중립자극인 음악이 함께 주어져서 음악이 조건자극으로 변하게 되면, 음악이 울릴 때마다 춤을 추기 시작하는 '힙합 비둘기'가 탄생하는 것이다.

이와 같은 행동의 조성 과정은 교실에서의 수업 상황에 매우 중요한 함의점을 제공해 왔다(Slavin, 2006). 예를 들어, 수학시험에서 항상 절반도 맞추지 못하는 초등학생이나 뜀틀을 잘하지 못해서 기계체조를 배우는 체육시간에 자꾸 빠지려고 하는 고등학생의 경우를 생각해 보자. 두 학생 모두 강화를 받을 수 있는 정도의 수행을 보여줄 가능성이 너무 낮아서, 결국 각 과목에서 강화를 받을 수 있는 기회는 거의 없어 보인다. 강화를 받을 수 있는 기회가 없어질수록 학생들은 그 수업이나 교과에 흥미를 잃게 되고, 어쩌면 선생님이나 학교 자체를 싫어하게 될 수도 있다. 조성의 개념은 이처럼 학교에서 성공을 거의 경험하지 못하는 학생에게 특히 유용하게 적용될 수 있다. 왜냐하면 조성이란 완벽한 수행이 아닌 발전에 대해 강화를 주는 것이기 때문이다(Woolfolk, 2004). 즉, 조성의 개념은 완벽을 기다리는 것이 아니라 완벽에 이르는 과정에 개입하는 적극적인 과정을 의미한다.

이러한 조성의 개념을 활용하기 위해서는 의도된 최종 학습에 이르는 과정을 세분화하여 하위 목표를 설정하는 일이 무엇보다도 필수적이다. 이처럼 전체 학습 과정을 세부 단위로 나누는 작업을 **과제 분석**(task analysis)이라 한다(Miller, 1962). 과제분석이 제시되지 않았을 경우 학생들이 겪게 되는 어려움을 보여 주는 Woolfolk (2004)의 다음과 같은 설명은 학교에서의 조성 개념이 얼마나 중요한지를 잘 보여 준다.

가령, 교사가 학생에게 도서관의 자료를 활용하여 환경문제에 대한 자신의 입장을 정리하는 과제를 주었다고 하자. 이때 컴퓨터를 활용할 줄 모르는 학생들은 도서관에서 가장 손쉬운 방법으로 서너 개의 백과사전을 참고하여 그 내용을 요약하는 수준에서 과제를 제출할 것이다. 반면에 컴퓨터를 이용하여 자료를 수집하는 방법은 알지만 방대한 정보를 수집해서 결론을 도출하는 능력이 부족한 학생은 그저 서로 다른 입장을 모아 놓은 아주 길기만 한 과제를 제출할 것이다. 마지막으로 컴퓨터 사용에 능숙하고 결론을 도출하는 능력도 뛰어나지만 보고서를 적절하게 구성하는 능력이 부족한 학생은 도저히 무엇을 쓰고자 하였는지 교사가 판단하기 어려운 과제를 제출하게 될 것이다. 이 모든 학생이 궁극적으로 강화를 받지 못하게 되겠지만, 이는 똑같은 이유가 아니라 서로 다른 이유 때문이다. 즉, 학습 목표에 도달하기까지 거쳐야 하는 여러 하위 단계 중에 상이한 단계의 문제 때문에 실패를 경험하게 되는 것이다. 최종 목표에 이르는 전체 과정에 대한 논리적인 순서에 대한 분석은 학생들이 최종 목표에 도달하는 데에서 다음 단계로 넘어가기 위해 반드시 필요한 기술이 무엇인지를 확실하게 제시할 수 있다는 장점이 있다.

5) 강화계획

강화계획(reinforcement schedule)은 강화를 통해 학습을 형성하고 그 형성된 학습을 유지시키기 위한 강화물의 투입 시기와 방법에 대한 행동주의 이론의 원리다. 강화계획이 시간에 의존할 때는 **간격계획**(interval schedule)이라는 용어를 사용하며, 반응의 횟수에 기반을 두고 설정될 때는 **비율계획**(ratio schedule)이라는 용어를 사용한다. 각각의 계획은 강화물을 받을 수 있는 시점을 예측할 수 있느냐 없느냐에 따라 다시 고정(fixed) 혹은 변동(variable) 계획으로 나누어 생각할 수 있다. 이처럼 강화계획은 강화물이 제시되는 빈도와 간격, 그리고 강화물 획득에 대한 예측 가능성 등의 요인에 따라 다음과 같은 네 가지 형태가 가능하다.

고정비율(fixed-ratio) 강화계획 **고정비율 강화계획**이란 강화물이 미리 정해진 횟수에 근거하여 제시되는 것을 의미한다. 예를 들어, 교사가 "칠판에 적힌 10문제를 모두 푼 사람은 나가서 놀아도 좋아요!"라고 한다면 학생들은 문제를 푸는 데 걸린 시간에 관계없이 10문제를 푸는 즉시 나가서 노는 강화물을 받게 된다. 그러므로 이때 교사는 고정비율 강화계획을 사용하고 있는 것이다. 수업 중에 학생이 교사의 질문에 정답을 말할 때마다 '좋았어요! 참 잘하네!' 라는 식으로 매번 칭찬을 하는 경우는 **연속적 강화**(continuous reinforcement)라 하며, 이러한 강화 역시 비율 간격이 1로 설정된 고정비율 강화계획의 일종으로 이해할 수 있다.

교사가 고정비율 강화계획을 사용할 때 유의해야 할 점은 점차 비율의 간격을 늘릴 필요가 있다는 것이다(Slavin, 2006). 물론, 학습의 초기 단계에서는 매번 강화를 주는 방법이 필요하지만, 이는 장기적으로 보았을 때 효과적이지 않다. 교육의 궁극적인 목적은 학생들이 강화를 받지 않는 상황에서도 독립적으로 스스로 학습할 수 있는 역량을 키워 주고, 소거에 대해 보다 잘 저항할 수 있도록 도와주는 것이다. 이에 교사는 1번에서 5번, 5번에서 10번과 같은 방법으로 점차 강화를 제시하는 비율을 증가시킬 필요가 있다.

■■■ 변동비율(variable-ratio) 강화계획　**변동비율 강화계획**은 학생들이 강화물을 획득하기 위해 수행하여야 하는 수행 횟수를 예측하지 못하도록 강화물을 제시하는 방법이다. 카지노에 설치된 슬롯머신이 변동비율 강화의 대표적인 예다. 슬롯머신을 하는 경우 천천히 하건 아주 급하게 하건 당첨이 되어 상금을 획득하는 일은 슬롯머신을 하는 시간에 관계없이 손잡이를 당기는 횟수와 관계가 있으며, 우리는 몇 번을 당겨야 상금에 당첨되는지 전혀 예측할 수 없다. 우리가 아는 것은 다만 몇 번인가 계속해서 당기다 보면 언젠가는 반드시 당첨이 되긴 된다는 사실뿐이다. 도박에 중독성이 있다는 것은 잘 알려져 있는 사실이다. 이는 변동비율 강화계획의 사용이 소거에 매우 강하게 저항하기 때문이다. 즉, 변동비율 강화계획이 사용되는 상황에서 형성된 행동은 더 이상 그 행동에 대해 강화가 주어지지 않아도 매우 오랫동안 지속되는 경향이 있다.

■■■ 고정간격(fixed-interval) 강화계획　**고정간격 강화계획**이란 강화가 어떠한 고정된 시간을 기준으로 제시되는 것을 의미한다. 학기의 절반이 지난 시점에서 중간고사를 보고 다시 절반이 지난 시점에서 기말고사를 보는 것은 고정간격 강화계획의 방법으로 시험의 시행이 설정되었음을 의미한다. 강화를 제공하는 계획이 고정간격을 기초로 수립되었을 경우, 학생들은 강화를 받을 시점이 가까워 오기 전까지는 강화에 대해 거의 관심을 보이지 않다가 그 시점이 임박해서야 비로소 엄청난 노력을 기울이는 학습 패턴을 보인다. 따라서 고정간격 강화계획을 사용할 때에는 지나치게 넓은 간격의 강화계획만을 수립하기보다는 보다 짧은 간격의 계획 역시 설정하는 것이 바람직하다. 예를 들어, 매주 한 번씩 실시하는 쪽지시험과 같은 강화계획이 벼락치기를 유도하는 한 번의 기말고사에 비해 학생들이 항상 최선을 다하도록 유도하는 데 보다 효과적일 수 있다(Crooks, 1988).

■■■ 변동간격(variable-interval) 강화계획　**변동간격 강화계획**은 어떠한 시점에서 강화가 주어지는지 예측할 수 없도록 설정되어 있는 경우다. 교사가 예고 없이 불시에 학생의 학습 상태를 점검하는 경우가 변동간격 강화계획의 예가 된다. 교사가 변동간격 강화계획을 사용하는 이유는 학생들이 언제 강화를 받게 될지 전혀 예측하지 못하므로 학생들이 항상 최선을 다해 공부할 것이라는 생각 때문이다. 변동비율 강화계획의 경우와 마찬가지로 변동간격 강화계획 역시 행동의 빈도를 증가시키고 유

지시키는 데 매우 효과적인 방법으로 알려져 있다. 변동간격 강화계획을 사용하는 도중에 학생들은 강화의 시점을 예측하지 못한다. 그러므로 학기 중간에 교사가 학생들의 학습 상태를 점검하는 일을 그만두어도, 즉 소거가 발생하여도 학생들은 남은 기간 동안 계속해서 최선을 다하는 행동을 지속하게 될 것이다.

[그림 5-5]는 각각의 강화계획을 분류하고 이에 따른 일반적인 예들을 제시하고 있다.

6) 선행 단서의 역할

지금까지 살펴본 행동주의 이론의 원리는 모두 행동의 결과와 관련되어 있다는 공통점이 있다. 예를 들어, 강화란 행동에서 결과가 만족스러울 때 발생하며, 소거란 행동이 아무런 결과를 야기시키지 못한 경우에 나타난다. 그리고 벌이란 행동의 결

[그림 5-5] **강화계획의 종류와 예시**

출처: G. D. Borich, & M. L. Tombari (1995). *Educational Psychology*. New York: Harper collins College Pubrisher, p. 151.

과가 불유쾌한 경험이 되었을 때 성립하게 된다. 또한 행동의 조성은 적절한 강화의 시점을 판단하기 위해 학습의 과정을 보다 작은 단위의 하위 과정으로 나누는 과정이며, 강화계획은 행동을 유발하고 유지하기 위한 강화의 횟수와 간격에 대한 원리다. 이처럼 행동주의 이론은 학습을 성취하고 유지시키기 위해 행동의 결과에 주목하는 것이 사실이다. 하지만 어떠한 행동에 대한 결과만이 학습에 영향을 미치는 것은 아니다. 행동 이전에 발생하는 자극 역시 학습에 매우 중요한 역할을 한다.

우리가 어떠한 행동을 할 때 그 행동 이전에 발생한 어떠한 사건에 우리의 행동이 영향을 받는다면 그때 우리의 행동에 영향을 준 자극을 **단서**(cue)라 한다. 이러한 자극을 단서라 하는 이유는 우리가 어떠한 행동을 하게 될 때, 그 행동 이전에 이미 그러한 자극을 통해 강화를 받을 것인지 혹은 벌을 받게 될 것인지를 알게 되기 때문이다. 사실 인간의 수많은 행동이 오직 행동에 대한 결과에 의해 형성되는 것은 아니다. 실제로 우리는 행동을 하기 전에 이미 그 상황에 적합한 행동이 무엇인지를 알고 행동하는 경우가 많다. 예를 들어, 수업시간에 학생들은 이리저리 돌아다니지 않지만, 쉬는 시간이 되면 여기저기 소란스럽게 돌아다닌다. 동일한 장소에서 학생들이 전혀 다른 두 종류의 행동을 하는 이유는 무엇일까? 지금부터 설명할 변별과 일반화는 행동 이전에 제시되는 자극에 대한 원리다.

변별(discrimination) 행동주의 학습이론에서 제시하는 변별의 개념을 이해하기 위해 과학시간에 소리의 파장을 학습하려고 교사가 벨소리를 들려주고 있는 중학교 교실을 상상해 보자.

> 교사는 벨소리를 들려주며 소리의 형성과 특징에 대해 설명하고 있다. 수업을 위해 교사는 다양한 종류의 벨소리를 들려주었고, 수업이 진행되는 동안 학생들은 조용하고 진지한 표정으로 아주 흥미롭게 교사의 설명을 듣고 있었다. 교사가 한참 설명하던 도중에 점심시간을 알리는 벨소리가 들려왔고, 조용하던 학생들은 갑자기 술렁이며 소란스러워지기 시작했다.
>
> "선생님! 다음 시간에 해요! 배고파요! 배고파요!"
>
> 학생들은 큰 소리로 교사에게 응석을 부리기도 했다.
>
> "그래, 그래. 그럼 나머지는 다음 시간에 하자."
>
> 선생님은 학생들의 소란에 아무런 신경도 쓰지 않고 교실을 나갔다.

이 예화는 어느 교실에서나 볼 수 있는 아주 평범한 일상이다. 수업 중에 학생들은 조용하고 진지하게 공부하지만, 점심시간이 되면 소란스럽고 분주해진다. 지극히 상식적인 이러한 상황은 학습을 설명하는 중요한 원리에 대한 질문을 내포하고 있다. 어째서 아이들은 수업 중에는 조용하고 점심시간에는 소란스러운가? 어째서 수업 중에 교사가 들려주는 여러 번의 종소리에는 아무 반응이 없다가 점심시간을 알리는 종소리가 울리자 갑자기 학생들은 이전과 다르게 행동하는가? 행동주의 학자들은 이러한 현상을 변별의 원리로 설명하고 있다.

변별이란 서로 다른 자극을 구별하고 각각의 자극에 올바르게 반응하는 것을 의미한다. 앞의 예에서 학생들은 다양한 종류의 종소리를 변별하고 있기에 수업시간에 제시되는 종소리와 점심시간을 알리는 종소리에 서로 다른 반응을 할 수 있는 것이다. 이 장의 중간쯤에 제시된 선영이의 예화에서 선영이의 실패는 능력의 부족이라기보다는 심리적 요인이 더 큰 것으로 보인다. 수학시험에서 실패한 선영이는 이제 물리시험 역시 걱정하고 있는데, 만약 영어나 음악 혹은 체육 등의 과목에 대해서는 아직 걱정하지 않고 있다면 선영이는 수학 과목의 특성과 언어나 예술 분야 과목 간의 특성에 대해 변별을 하고 있기 때문이라고 해석할 수 있다.

사실 학습의 많은 부분은 점점 더 복잡해져 가는 자극들을 올바르게 변별할 수 있는 능력을 키워 가는 과정이기도 하다. 영어 철자의 b와 d를 구별할 수 있고, 발달이라는 용어와 발전이라는 용어의 차이를 설명할 수 있으며, 이 장에서 설명된 부적 강화와 벌의 차이를 이해할 수 있는 것 등은 학습에서 변별 능력의 중요성을 잘 보여 주는 예가 될 것이다.

다음은 학습에서의 변별 개념과 관련하여 교사가 잊지 말아야 할 내용이다.

- 교사는 종종 올바른 답을 한 학생들에게는 칭찬을 하지만 틀린 답을 말한 학생에게는 아무런 피드백을 주지 않는 경우가 있는데, 이와 같은 피드백 전략은 학생들의 변별 능력 향상에 효과적이지 않다. 학생의 변별 능력을 키우기 위해서는 적절한 행동뿐만 아니라 부적절한 행동에 대해서도 피드백을 주어야 한다.
- 변별의 원리를 교실 수업이나 학급관리에 적용하면서 교사는 반드시 어떠한 행동이 강화를 받게 될 것인지를 직접적으로 알려 주어야 한다. 앞서 살펴보았듯이 행동주의 이론은 강화의 원리를 기본으로 하고 있다. 물론, 강화가 행동을 학습하는 데 중요한 원리임에는 틀림없지만, 현실적으로 학생이 특정 행동을

학생들의 변별 능력을 향상시키고자 할 때, 교사는 학생의 적절한 행동뿐만 아니라 부적절한 행동에 대한 피드백 역시 제공해야 한다.

할 때까지 마냥 기다리고 있을 수만은 없는 일이다. 행동이 일어나기 이전이라도 강화를 받는 행동과 그렇지 않은 행동에 대해 교사가 직접적으로 알려 주는 일은 학생들이 시행착오를 겪지 않도록 도와줄 것이다.

일반화(generalization) 수학에서 자신감을 잃은 선영이가 유사한 과목인 물리에 대해서도 자신감을 잃어 가는 이 장의 예와 같이, 한 상황에서 학습된 행동이 다른 상황에서의 행동에까지 영향을 미치게 되는 것이 **일반화**다. 국어시간에 학습된 떠들지 않고 과제에 집중하는 학습 습관이 음악시간에도 지속될 것인가, 혹은 학교에서 선생님이나 선배의 심부름을 잘하도록 학습된 행동이 집에서도 부모님이나 형의 심부름을 잘하게 할 것인가 등은 모두 일반화의 개념과 관련된 질문이다. 앞에서 제시한 선영의 경우에서 선영이 수학에서 자신감을 잃고 곧 수학 과목과 유사한 물리 과목까지 자신감을 잃고 불안과 초조를 느끼게 되는 현상은 일반화로 설명될 수 있다.

4. 행동주의 학습이론의 활용에서의 유의점

지금까지 학습을 설명하는 행동주의 이론과 원리에 대해 살펴보았다. 학습에 대한 막연한 설명이 아닌 과학적 실험과 분석을 통해 학습의 발생과 유지에 대한 원리를 제시하고자 노력하였던 행동주의 학습이론은 인지심리학이 대두되기 시작한 20세기 중반까지 대단히 많은 관심을 받아왔다. 인지심리학자들에 의해 제기된 행동주의 학습이론의 비판과 학습에 대한 과정에 초점을 두는 인지심리학의 학습이론으로 인해 오늘날 행동주의 이론은 예전만큼 주목받지 못하는 것이 사실이다. 하지만 학교현장에서 학생들과 함께 생활하는 교사에게 행동주의 이론과 그 원리만큼 강력하고 유용한 수단을 제공하는 이론 역시 흔치 않다.

이제 행동주의 원리를 보다 효과적으로 적용하는 방법과 원리의 적용에서 교사가 특히 유의해야 할 점을 살펴보자.

1) 강화물의 선택과 강화의 즉시성

행동주의 학습이론의 토대를 구성하는 가장 중요한 원리는 '강화'다. 교사는 학습자가 자신의 행동에 대한 결과에 만족하였을 경우에만 강화의 과정이 진행된다는 아주 평범한 원리를 종종 간과하고 있는 듯하다. 강화의 과정과 관련하여 가장 강조되어야 할 점은 아마도 일반적으로 분류된 강화물의 종류는 존재하지 않는다는 것이다. 즉, 모든 사람에게 강화로 작용하는 특정한 종류의 강화물은 존재하지 않으며, 또 어떤 상황에서 강화물로 작용한 개체가 다른 상황에서는 더 이상 강화물로서의 효과를 나타내지 않을 수도 있다. 예를 들어, 나이 어린 초등학교 저학년 아이들에게 천 원의 상금은 매우 효과적인 강화물이 될 수 있지만, 대학생에게 주어지는 천 원의 상금은 강화물로 작용하기 힘들 것이다. 또한 어린 아동들에게 빵이나 피자는 일반적으로 행동을 유발하는 강화물의 역할을 하지만, 배부르게 식사를 끝낸 직후에 제시되는 빵이나 피자는 강화물로서 매력이 없을 것이다.

교사들은 학생들의 생활과 학습을 지도하면서 종종 다음과 같은 어려움을 호소하곤 한다. "정말 할 수 있는 방법은 다 해 봤어요. 칭찬도 해 봤고 먹을 것도 사 줘 봤고…… 하지만 도대체 먹히질 않아요. 이젠 정말 포기해야 할까 봐요……." 교사는 바람직한 행동을 유도하기 위해 강화의 메커니즘을 사용하려 했음이 분명하다. 하지만 교사는 혹시 자신의 기준을 근거로 판단하여 강화물을 선택한 것이 아니었을까? 일반적으로 우리는 칭찬이나 상품은 때와 장소에 관계없이 효과적인 강화물이 될 것이라고 믿는 경향이 있다. 하지만 행동주의 이론에 따르면 학생이 제공되는 강화물에서 만족을 느껴야만 제공되는 강화물이 강화물로 작용할 수 있다. 학생이 교사의 칭찬이나 음식 등을 오히려 부담스러워한다거나 아무런 흥미를 느끼지 못한다면 교사의 기대는 절대 충족되지 않을 것이다.

결국, 행동주의 이론의 핵심인 강화의 원리를 사용할 경우 적절한 강화물의 선택은 그 효과성을 결정짓는 매우 중요한 요인이 된다. 따라서 교사에게 요구되는 가장 기본적인 사항은 아이들 개개인에게 가장 효과적으로 작용할 수 있는 강화물을 찾아내는 일일 것이다. 사실 아이들 각각에 적합한 강화물을 찾아낸다는 것은 그리 간단한 일은 아니다. 하지만 아이들을 진정으로 위하는 마음이 있다면 불가능한 일 역시 아닐 것이다. 특정 행동에 대해 새로운 강화물을 찾아내는 일에 시간상 제약이 있다면 앞서 설명한 프리맥 원리를 적극적으로 활용하는 것이 좋은 해결방법이 될 수 있다. 결국, 행동주의 이론은 강화물을 사용할 때 반드시 그 효과가 검증되기 전까지는 자신이 사용하는 강화물의 효과에 대한 확신을 가져서는 안 된다는 점을 강조하고 있는 것이다.

일단 적절한 강화물이 선택되었다면 특별한 이유가 없는 한(예: 강화계획의 수행) 선택한 강화물은 학습자가 바람직한 행동을 보였을 때 즉각적으로 제시되어야 한다. 강화물을 제시하는 시점과 바람직한 행동이 발생한 시점 간의 시간상 간격이 멀어질수록 학습자는 자신의 행동과 강화물 간의 수반성을 정확하게 인지하는 데 어려움을 겪는다. Kulik과 Kulik(1988)은 스키너 상자 안의 쥐에게 버튼 누르기를 학습시킬 때, 비록 아주 작은 강화물이라 하더라도 행동에 대해 즉각적이고 신속하게 강화물을 제시하는 것이 나중에 몰아서 커다란 강화물을 한번에 제시하는 것보다 훨씬 효과적이었다는 결과를 보고하고 있다. 이러한 실험 결과는 즉각적인 강화의 효과성을 잘 보여 주고 있다.

교실에서 학습하는 어린아이들의 경우 월말이나 기말에 수여되는 상장 등과 같은 커다란 강화물도 물론 필요하지만, 즉각적으로 제시되는 교사의 칭찬이나 관심 등이 보다 강력하고 유용한 강화물이 된다는 사실을 교사는 반드시 인지하여야 한다. 성공적인 학습을 위한 교사의 피드백에 대한 연구는 효과적인 피드백은 세부적이고 즉각적이어야 하며 교정적인 정보를 제공해야 한다고 강조한다(Anderson, Evertson, & Brophy, 1979). 이 또한 강화의 즉시성에 대한 중요성을 강조하는 결과로 이해할 수 있을 것이다.

2) 벌의 사용에 대한 재고

특정한 행동의 발생 빈도를 감소시키거나 약화시키기 위한 벌의 사용은 가장 논란이 많은 주제 중의 하나다. 과연 벌이 필요한가? 필요하다면 언제, 그리고 어떻게 사용해야 하는가? 매우 특수한 경우, 즉 퇴학이나 물리적 체벌과 같은 극단적인 방법을 써야만 다른 학생들의 학습이 유지되는 경우에는 벌의 사용이 정당화될 수 있다고 주장하는 학자들도 있지만(Johnson & Johnson, 1984), 대부분의 학자와 교사들은 벌의 사용이 궁극적으로 그다지 바람직하지 않다는 데에 동의한다. 벌의 효과는 그리 오래 지속되지 않을 뿐더러 벌은 아이들에게 공격적인 성격을 갖게 하기 때문이다. 또한 아이들은 벌이 사용되는 상황을 회피하려는 경향성이 강하다. 예를 들어, 학교에서 벌이 빈번하게 사용되는 경우 아이들은 학교에 가는 것 자체를 싫어하게 된다.

이와 같은 부정적 측면에도 불구하고 우리의 학교현장에는 물리적 체벌은 물론 정도가 약하다고 하더라도 다양한 종류의 벌이 존재하고 있는 것이 사실이다. 그렇다면 교사들은 어떠한 이유 때문에 벌을 사용하는 것일까? 벌을 사용하였을 경우 교사는 자신의 목적을 효과적으로 달성할 수 있을까? 혹은 벌을 사용하지 않고 교사가 자신의 목적을 이룰 수 있는 방법은 없을까? 이와 같은 질문에 답하기 위해 다음의 경우를 생각해 보자.

수업 중에 옆 사람과 소곤거리며 수업에 집중하지 않는 아이가 있다고 하자. 아이는 수업에 집중하지 않는다는 이유로 체벌을 받거나 교실 밖에서 손을 들고 앉아 있는 제거성 벌을 받게 되었다. 교사는 이러한 벌이 궁극적으로 벌을 받은 아이 자신에게 도움이 될 것이라고 생각한다. 수업 중에 집중하지 않으며 딴 짓을 하는 아이들은 수업 내용을 학습할 수 없으며, 이러한 행동을 감소시키지 않으면 결국 그 피해는 학생 자신에게 돌아가게 된다는 생각이다. 교사가 체벌을 할 때 흔히 들을 수 있는 '다 너를 위해서 이러는 거야!' 라는 말은 교사의 이러한 믿음을 반영한다.

하지만 교사의 이러한 믿음은 학습과 관련하여 전혀 효과적이지 않은 경우가 대부분이다. 이는 체벌을 받는 학생들이 교사의 진심을 몰라 주기 때문이 아니라 교사의 논리에 오류가 있기 때문이다. 학생이 딴 짓을 하면서 수업에 집중하지 않는다면 수업 내용을 학습할 수 없다는 것은 분명한 사실이다. 그러나 그러한 행동에 대하여 벌을 받으면 자동적으로 수업에 집중하게 될 것인가? 물론, 교사의 벌은 행동을 감소시킨다는 점에서 효과적일 수 있다. 즉, 떠들고 집중을 하지 않아서 벌을 받았다면 아이의 떠드는 행동은 분명 감소할 것이다. 하지만 떠드는 행동의 감소가 자동적으로 수업의 집중으로 연결되고, 결국 교사의 바람대로 수업 내용의 학습으로 이어질 것인가?

가정에서 텔레비전만 보고 공부를 하지 않는 아이에게 체벌을 한다면 텔레비전을 보는 행동은 분명 감소할 것이다. 그런데 아이에게 텔레비전을 보지 못하게 체벌을 하는 이유가 텔레비전을 보는 행동을 감소시키기 위한 것은 아닐 것이다. 부모가 진정 원하는 것은 텔레비전을 보는 시간을 없애고 그 시간에 공부를 하게 하는 것이다. 체벌을 받은 아이가 텔레비전을 더 이상 보지 않고 책상에 앉아 있게 되었다면, 이제 자동적으로 아이는 그 시간 동안 공부에 전념할 것인가?

앞서 설명한 것처럼 벌이란 바람직하지 않은 행동을 감소시키는 네 유용한 행동주의 원리다. 행동의 감소라는 벌의 정의를 기초로 생각해 보면 수업 중에 소란스러운 아이의 경우나 텔레비전만 보는 아이 모두에게 벌은 효과적이었다. 즉, 벌을 받음으로써 소란스러운 행동이 감소하였으며 텔레비전 보는 행동이 감소하였다. 하지만 문제는 벌을 사용한 궁극적인 목적이 그 행동의 감소에 있는 것이 아니라는 점이다. 교사나 부모가 벌을 사용한 궁극적인 이유는 공부하는 행동의 증가에 있다. 물론, 소란스러운 행동과 텔레비전 보기가 공부하는 행동을 방해하는 것에는 틀림없다. 그러나 방해 요인의 제거가 자동적으로 바라는 행동의 증가로 이어지는 것이 아니라는 것을 반드시 숙지할 필요가 있다. 벌이란 행동의 감소를 위한 것이지 행동의 증가를 위한 것이 아니다.

만약, 바라는 행동의 증가를 원한다면 방해 요인을 제거하는 데 집중하기보다는 바라는 행동의 증가에 직접적으로 관여할 필요가 있다. 즉, 벌이 아닌 강화를 사용해야 한다는 의미다. 텔레비전을 시청하느라 공부할 시간이 없는 아이에게는 공부하는 행동에 대하여 직접적으로 강화를 줌으로써 텔레비전 시청 대신에 공부를 하도록 해야 하며, 소란스러운 학생 또한 공부에 집중하는 행동에 대한 강화로써 소란스러운 행동의 기회를 제거해야 한다. 벌의 결과로 소란스럽지 않게 된 아이는 조용하고 차분하게 공상을 하고 있을지도 모르고, 벌이 무서워 텔레비전을 보지 않게 된 아이는 조용히 책상에 앉아 부모를 원망하는 일기를 쓰고 있을지도 모르는 일이다.

흔히 경험 많은 교사는 '학생들의 장점을 찾아라.' 라는 조언을 한다. 이는 긍정적인 행동에 대한 강화의 중요성을 강조하는 말이다. 실제로 Williams(1987)는 긍정적인 행동에 중점을 둔 학급이 부적절한 행동의 감소를 강조하는 학급에 비해 상당히 좋은 결과를 나타냈다고 보고한 바 있다.

벌의 사용보다는 강화를 강조하는 것이 바람직한 일임에는 틀림없다. 하지만 교사와 학생의 상호작용은 교사의 인성과 학생의 성격, 그리고 학교환경 등과 매우 복잡하게 얽혀 있으며, 그 외에도 다양한 요인이 영향을 미치고 있다는 사실을 교사는 항상 기억해야 한다. 교사가 특정 학생의 부적절한 행동을 제거하기 위해 칭찬과 같은 형태의 정적 강화를 과도하게 사용한 경우, 그 학생의 부적절한 행동은 사라졌지만 오히려 교사의 편파적인 관심과 강화 과정이 다른 학생에게는 부정적으로 작용하였다(Pfiffer, Rosen, & O' Leary, 1985)는 연구 결과는 교실에서 사용되는 원리가 때로는 의도하지 않은 결과를 초래할 수도 있음을 잘 보여 주고 있다. 실제 교실에서 사용되는 행동주의 원리가 교사가 바라는 결과를 가져오기 위해서는 교사의 교육심리학적 전문성이 뒷받침되어야 하며, 자신이 사용한 원리에 대한 결과를 꾸준히 점검하고 수정하는 세심한 노력이 필요하다.

3) 강화계획의 효과적 적용

학습의 발생과 유지를 위한 강화물의 투입 시기와 방법의 원리를 의미하는 강화계획은 학교현장에서 가장 빈번하게 사용되는 행동주의 원리다. 하지만 학교에서 발생하는 수많은 상황에 효과적으로 강화계획을 적용하는 일은 생각처럼 쉽지만은 않다. 교사는 성공적인 학습을 위해 앞서 설명한 다양한 강화계획의 장단점에 대해 정확하게 이해할 필요가 있다.

먼저, 새로운 행동을 처음 학습할 때 가장 효과적으로 사용할 수 있는 것은 지속적인 강화계획이다. 바라는 행동에 대하여 지속적으로 강화를 제공하는 일이 학습된 행동을 유지시키는 가장 확실한 방법이라는 것은 틀림이 없다. 하지만 영원히 강화를 제공한다는 것은 현실적으로 불가능할 뿐만 아니라 학습자 스스로 행동을 내면할 기회를 박탈한다는 점에서 궁극적으로는 바람직하지도 않다. 물론, 학습의 초기 단계에는 연속적으로 강화물을 제시하는 것이 효과적일 것이다. 하지만 가장 바람직한 형태의 강화란 점차 그 횟수와 시간의 간격이 늘어나고 궁극적으로 더 이상 강화물이 제시되지 않아도 학습자 스스로 행동을 유지할 수 있는 힘을 기르도록 도와주는 것이다. 강화계획의 원리를 사용하면서 교사가 항상 잊지 말아야 할 점은 고정적 강화계획을 사용하든 변동적 강화계획을 사용하든 간에 점차적으로 강화의 제시 횟수를 감소시키고 강화 제시의 간격을 늘려야 한다는 것이다.

또한 교사가 고정적 강화계획을 사용하고 있을 경우, 바라는 행동이 강화물이 제시되는 바로 직전에만 급격히 증가하고 일단 강화물이 제시된 후에는 다음 시점까지 행동이 감소한다는 사실을 잊지 말아야 한다. 고정비율 강화계획을 예로 들어 보자. 교사가 학생들의 출석번호를 사용하여 모든 학생을 지명하기로 한다면 처음에는 모든 학생이 주의집중을 하게 된다. 그리고 학생은 지명되고 대답하면서 강화를 받는다. 그러나 그 후 일단 지명된 학생들의 집중력은 급격히 약화되는데 당분간 그들의 차례가 다시 오지 않을 것이라는 것을 알기 때문이다. 고정간격 강화계획의 경우 역시 마찬가지다. 예를 들어, 매주 화요일에 시험이 있다면 학생들은 월요일에 열심히 공부하고 다시 다음 월요일까지는 공부를 하지 않는 경향이 있다. 따라서 많은 경우 고정적 강화계획보다는 변동적 강화계획이 보다 효과적이다. 그러나 변동적 강화계획은 학생들에게 높은 수준의 불안감을 유발시키기 때문에 그 실행에서 세심한 주의가 필요하다는 사실을 염두에 두어야 한다(Crooks, 1988).

마지막으로 강화물의 사용 횟수가 효과성에 영향을 미친다는 사실을 교사는 항상 인지하고 있어야 한다. 모든 학생의 작문에 칭찬을 듬뿍 주거나 학생들이 말한 모든 일에 긍정적 강화물을 제공하는 교사를 종종 볼 수 있다. 이는 어린 아동에게는 분명 효과적이다. 그러나 보다 성숙한 학생의 경우에는 이러한 것들이 효과를 나타내지 못한다. 지나치게 의도적이거나 지나치게 과장된 강화는 오히려 역효과를 유발할 수 있다.

5. 행동주의 이론의 교육적 적용

행동의 효과적인 학습을 위한 다양한 원리의 탐구와 더불어 행동주의 심리학자들은 교사의 수업 진행을 보조하고, 때로는 수업 자체를 대체할 수 있는 교수방법을 개발해 왔다. 이제 행동주의 학습이론을 토대로 발전해 온 교수방법들에 대해 살펴보자.

1) 프로그램화 교수법

강조하는 부분에 약간의 차이가 있다 하더라도 행동주의 학습이론에 기초한 교수방법들은 목표된 학습을 성취하기 위하여 공통적으로 과제분석을 강조하며 개발되어 왔다. 즉, 가르치는 순서에 대해 분석하고, 각 단계를 학습할 때마다 교정적인 피드백을 제공한다. 특히, 계속적인 성공의 경험을 제공할 수 있도록 최적화된 교수 과정을 프로그램 하는 일에 초점을 맞추어 왔다. **프로그램화 교수법**(programmed instruction)이란 행동주의의 학습 원리에 근거하여 발전한 초기 학습모델이다. 프로그램화 교수법은 시작 단계에서 마지막 단계까지 학습자가 단계적으로 학습할 수 있도록 계획된 교수법을 의미한다. [그림 5-6]과 [그림 5-7]에 제시되어 있는 것처럼 학습 단계를 위한 프로그램은 모듈(module)이라 부르는 작은 부분으로 구성되어 있으며, 이는 다시 단계적으로 지식을 학습할 수 있는 프레임(frame)들로 세분된다. 각 프레임은 실수를 최소화하고 강화를 극대화할 수 있도록 구성되어야 하며, 높은 단계의 학습에 필요한 선행 지식은 미리 가르치거나 단서화의 과정을 거쳐야 한다.

프로그램화 교수법의 학습 순서는 선형적(linear) 혹은 분기적(branched)으로 프로그램화될 수 있다. **선형적 프로그램**이란 모든 학습자가 동일한 순서를 거쳐 학습 목표에 이르도록 구조화하는 것을 의미한다. 만약, 모든 학습자가 동일한 과정을 거쳐 학습 목표에 도달할 수 있으며, 학습자 간의 개인차가 그다지 중요하지 않을 경우에는 선형적 프로그램이 유효할 수 있다. 이때 학습자가 실수하게 되면 그 전 단계로 다시 돌아가 반복학습이 이루어진다. **분기적 프로그램**은 개인차를 고려한 프로그램이다. 능력 있는 학습자가 특정 단계를 건너뛸 수도 있고, 특정 단계의 학습에 실패한

1. Manufacture란 '무엇을 만들다 혹은 구성하다'는 의미다.
   예문: Chair factories manufacture chairs. 아래 빈 칸에 단어를 써 보라.
   □□□□□□□□□□□

2. 이 단어의 일부분은 factory라는 단어의 일부분과 일치한다.
   이 부분은 만들다 혹은 구성하다는 의미를 가진 고어에서 왔다.
   manu□□□□ure

3. 또한 이 단어는 manual이라는 단어의 일부분과 일치하는 부분도 있다.
   이 부분은 손, 즉 hand의 의미를 갖는 고어에서 온 것이다.
   □□□□facture

4. 아래의 빈 칸에는 같은 철자가 들어간다.
   m□nuf□cture

5. 아래의 빈 칸에는 같은 철자가 들어간다.
   man□fact□re

[그림 5-6] 영어단어 manufacture를 가르치기 위해 사용되는 프레임

출처: T. L. Good, & J. E. Brophy (1990). *Educational psychology*. New York: Longman Publisher, p. 171.

	완성해야 할 문장	제시되는 정답
1	건전지와 전구는 손전등(flashlight)을 구성하는 핵심적인 부분이다. 전등의 스위치를 켜면 건전지와 _____가 연결된다.	전구
2	전등의 스위치를 켜면 _____에 있는 가느다란 철사에 전류가 흐르게 되고 이 전류로 인해 점점 열이 발생한다.	전구
3	뜨거워진 철사가 밝게 타오르면 철사는 열과 ___을 내어 놓게 된다.	빛
4	전구 속의 가는 철사를 필라멘트(filament)라 하는데, 전구가 빛을 내는 것은 _____가 전달되어 필라멘트가 뜨거워지기 때문이다.	전류
5	건전지가 약해져서 많은 양의 전류를 보내지 못하면 가는 철사 즉, _____는 충분히 뜨거워지지 못한다.	필라멘트
6	충분히 뜨거워지지 못한 필라멘트는 _____ 빛을 낼 수가 없다.	밝은
7	'방출'이란 무언가를 내보낸다는 뜻이다. 필라멘트에 의해 방출되는 빛의 양은 필라멘트가 얼마나 _____ 졌는가에 달려 있다.	뜨거워
8	필라멘트의 온도가 높으면 높을수록, 방출되는 빛은 _____.	밝아(강해)진다
* 실제로는 한 번에 한 문항씩 제시되며, 학습자가 문항에 답을 하면 오른쪽에 있는 정답이 제시된다.		

[그림 5-7] **고등학교 물리 과목 프로그램의 일부**

출처: T. L. Good, & J. E. Brophy (1990). *Educational psychology*. New York: Longman Publisher, p. 171.

학습자가 이전 단계의 반복에도 불구하고 계속 실패하는 경우 프로그램을 계속 진행하기 위해 별도로 마련된 보충학습 과정을 이수하도록 구조화되어 있다.

프로그램화 교수법은 교수 과정에 대한 신중한 과제분석을 기초로 실제 수업을 대체하거나 보조할 수 있다는 믿음에서 출발하였지만, 많은 연구 결과는 그 효과성에 대해 의문을 제기해 왔다. 학자들에 의해 수행된 연구 결과에 따르면 연구 중 절반 정도만이 프로그램화 교수법이 일반적인 교수법보다 효과가 있다고 보고하고 있으며, 그 경우에도 실제의 효과 차이는 미미한 것으로 보고되어 왔다(Bangert, Kulik, & Kulik, 1983; Jamison, Suppes, & Wells, 1974). 또한 프로그램화 교수법은 학습자의 성격이 꼼꼼하지 않거나 학습과제가 아주 길고 어렵지 않은 경우에는 그다지 효과가 없는 것으로 알려져 있다. 바꿔 말하면, 학습자가 아주 꼼꼼하거나 학습과제가 간단하고 쉬울 경우에는, 학습 순서를 무작위적으로 섞어 놓거나 심지어는 완전히 반대 순서로 프로그램된 경우에도 학습 효과가 떨어지지 않는다는 것이다.

2) 개별화 교수체제 및 완전학습

개별화 교수체계와 완전학습은 행동주의 학습이론의 조작적 조건화의 원리를 기초로 개발된 교수법이다. **완전학습**(mastery learning)은 B. Bloom(1968)에 의해 개발된 교수방법이며, **개별화 교수체제**(Personalized System of Instruction: PSI)는 F. Keller(1968)에 의해 개발된 방법으로 그의 이름을 따서 켈러플랜이라고 부르기도 한다.

개별화 교수체제(PSI)는 본래 대학교 수준의 학습자를 위해 개발되었는데, 이는 학습자 스스로가 자신에게 적절한 학습 속도를 결정하며, 이전 단계를 완전히 학습한 후에야 다음 단계로 진행할 수 있고, 시험을 보는 시기를 학습자 스스로 결정한다는 특징을 가지고 있다. PSI는 정기적으로 설정된 수업시간을 최소화하며, 학습자 스스로 기본 교재와 PSI를 위해 개발된 학습 교재를 사용하여 공부하고, 질문이 있을 때에는 교사나 조교에게 도움을 요청하는 식으로 진행된다. 이와 같은 PSI는 자기 규율성이 강하고 혼자서 공부하기 좋아하는 학생들에게 효과적인 방법으로 알려져 있다(Johnson & Ruskin, 1977).

완전학습은 PSI와 많은 공통점을 지니고 있다. 실제로 PSI의 효과성을 연구하는 많은 학자는 PSI와 완전학습을 거의 동일한 교수방법으로 분류한다(Good & Brophy, 1995). 하지만 PSI는 철저하게 개인화된 프로그램인 반면, 완전학습은 일반 교실 상황에서 사용되는 교재를 이용하여 일반 교실 상황에서 적용할 수 있는 일종의 그룹 기반의 교수방법이라는 차이가 있다. Bloom의 완전학습은 학습 과정을 숙달하는 데 개인차가 중요한 요인이라는 주장에 반대한다. 성취에 대한 학습자의 개인차는 타고난 능력 때문이 아니라 단지 공부에 투여하는 시간의 차이 때문이라는 J. Carroll (1963)의 주장에 영향을 받은 Bloom(1976, 1980)은 완전학습의 개념을 발전시키기 위해 Carroll의 모델을 정교화하는 데 많은 노력을 기울였다.

앞서 설명한 교수방법들과 마찬가지로 완전학습 역시 세부적으로 나누어진 과제 분석을 기본으로 한다. 교사는 세부 단위마다 평가의 준거를 미리 설정하며, 학습자가 이들 준거에 일정 수준에 도달하였을 때(대개 학습 목표의 80~90%) 학습이 성취된 것으로 간주한다. 만약 학습자가 준거에 도달하지 못할 경우, 교사는 다양한 방법으로 학습자에게 가외의 도움을 제공하게 된다. 완전학습의 원리를 이용한 교수법은 일반적으로 학습 단위의 순서화, 학습 목표의 명확한 제시, 미리 설정된 평가 준거, 짧으면서도 타당한 평가 절차, 학습의 발전에 대한 피드백의 제공, 처음 시도에서 실패한 경우 가외 시간과 도움의 제공과 같은 여섯 가지의 특징을 지니고 있다(Anderson, 1985).

Benjamin S. Bloom
(1913~1999)

Bloom은 기존의 전통적인 학습방법 환경에서는 불과 20% 정도의 학생이 학습 목표의 80~90%에 도달할 수 있지만, 완전학습 방법을 사용하면 80% 정도의 학생이 그러한 수준에 이를 수 있다고 주장하고 있다. 또한 그동안 많은 연구들은 완전학습 방법이 학습 태도와 실제 성취에 전통적 학습방법보다 효과적이라는 결과를 보고해 왔다(Guskey & Pigottt, 1988; Kulik, Kulik, & Bangert-Drowns, 1990). 그러나 완전학습은 그 효과성에 몇 가지 의문이 제기되고 있는 것 또한 사실이다. 즉, 완전학습은 그 프로그램의 특성상 일정 수준에 이르지 못한 학습자에게 수업 중이나 방과 후에도 많은 양의 가외 수업의 기회를 제공하게 되는데, 일부 학자들은 완전학습 상황에서의 효과성이 프로그램 자체의 효과 때문인지 단지 많은 시간을 투자한 때문인지 종종 의문을 제기한다. 그리고 완전학습은 본래 낮은 수준의 학습자를 염두에 두고 개발되었는데, 완전학습이 낮은 수준의 학습자에게 기대만큼의 효과가 없다는 연구들은 완전학습의 효과성에 대한 또 다른 의문을 제기한다.

EDUCATIONAL PSYCHOLOGY

연구문제

1. 다음의 개념을 간단히 설명하여라.
   - 대리학습(vicarious learning)
   - 정적 강화(positive reinforcement)
   - 부적 강화(negative reinforcement)
   - 강화물(reinforcer)
   - 소거(extinction)
   - 벌(punishment)

2. 다음의 예를 읽고, 고전적 조건화와 조작적 조건화를 구분하여라. 그리고 고전적 조건화일 경우에는 예화에서 무조건자극, 무조건반응, 조건자극, 조건반응으로, 조작적 조건화일 경우에는 반응과 강화물을 찾아 각각의 경우를 설명하여라.

> 1) 영민이 엄마는 영민이가 집에 와서 우선 숙제를 해야만 다른 활동을 할 수 있게 하였다. 영민이가 밖에 나가 놀고 싶더라도 숙제를 마칠 때까지는 다른 어떤 활동도 할 수 없었다. 영민이는 숙제를 잘하든 못하든 간에 빨리 마치면 친구들과 밖에서 더 오래 놀 수 있다는 것을 알게 되었다.
>
> 2) 지웅이는 이번 시험을 잘 보지 못했다. 선생님께서는 종례시간에 친구들이 다 있는 앞에서 지웅이를 불러 지웅이의 낮은 성적에 대해 말씀하셨고, 지웅이는 친구들 앞에서 혼나게 되서 자존심이 상했다. 이후 지웅이는 선생님에 대해 좋지 못한 감정이 생겼다.

3. 숙제를 열심히 잘해 온 가영이를 보고 선생님께서는 교실 청소를 면제해 주셨다. 청소 면제는 이후 가영이의 행동에 어떤 영향을 주게 되는지 행동주의 이론에 근거하여 설명하여라.

4. 다음의 상황을 살펴보자.

> 종원이는 수업 중에 날카로운 질문을 잘하는 학생이다. 학급의 다른 학생들은 종원이가 질문하는 것을 좋아하고 있었다. 왜냐하면, 종원이의 질문 때문에 명료하지 않았던 문제점

들이 명확히 정리되는 경우가 많았기 때문이었다. 하지만, 김 선생님은 종원이가 질문하는 것이 그다지 달갑지 않았다. 가끔씩 그의 질문에 대답하지 못하는 경우가 있었기 때문이었다.

어느날 이었다. 종원이는 두 가지 질문을 하였고, 잠시후 세 번째 질문을 하기 위해 손을 들었다. 김 선생님은 기분 나쁜 표정으로 종원을 바라보며 말했다.

"어이구! 박사님께서 또 질문을 하시는군. 박사님이 모르시는 것도 있나보네."

다분히 조롱 섞인 말투였다. 순간 종원은 아무 말 없이 손을 내렸다.

며칠 뒤, 종원은 첫 번째 질문을 하였고, 잠시 후 두 번째 질문을 하기 위해 손을 들었다. 김 선생님은 조롱하듯 말했다.

"자, 여러분! 여기 박사님께서 무슨 말씀을 하시는지 들어봅시다."

그 후로 종원은 수업시간 내내 필기만 할 뿐이었다.

이 예에서 종원의 행동과 김 선생님의 행동을 행동주의 학습이론의 개념을 사용하여 분석하여라.

5. 다음의 글을 읽고, 사회학습이론의 관점에서 효과적인 교수와 그렇지 못한 교수를 구분하고, 그 이유를 설명하여라.

1) 초등학교 과학시간이었다. 오늘 시간에는 스포이트의 바른 사용법에 대해 배우기로 하였다. 선생님께서 스포이트를 사용하는 방법을 자세히 안내해 주시고 시범을 보여 주셨다. 그리고 반 친구들에게 각각 스포이트를 사용해 보는 연습을 할 수 있는 시간을 주셨다. 그때 반 친구들이 연습하는 것을 보던 선생님께서는 수연이를 보고는 "어머, 수연이는 스포이트의 바른 사용법을 알고 잘 사용하네."라고 말씀하셨다.

2) 고등학교 2학년 담임선생님이신 김 선생님은 반 학생들에게 자신의 고등학교 시절 이야기를 자주 들려주신다. 선생님께서는 공부를 열심히 하지 않은 점, 학교를 자주 빠진 점, 부모님이나 선생님 몰래 친구들과 술을 마신 점, 그리고 담배를 시작한 것 등 고등학교 시절에 후회되는 이야기를 하면 늘 "내가 다시 고등학생이 된다면 정말 학교생활을 잘할 수 있을 것 같아. 되돌아보면 얼마나 후회가 되는지 몰라. 다시 학생이 된다면 그때보다 더 잘할 수 있는데 …… 그러니 너희는 지금처럼 중요한 시기에 다른데 한눈 팔지 말고, 후회 없는 생활을 보내도록 노력해야 한다. 안그러면 나처럼 후회만하게 된다."라고 이야기를 마치신다.

6. 강화계획을 설명하고, 학교교육에서는 어떤 강화계획을 사용해야 하는지 자신의 견해를 밝히라.

7. 교사들은 종종 다음과 같은 말을 듣는다.
   '칭찬은 공개적으로 하고, 꾸중은 남들이 보지 않는 곳에서 하라.'
   이와 같은 말이 효과적일 때는 언제인가? 그리고 이와 같은 말이 효과적이지 않을 때는 언제인가? 각각을 설명하고, 그 이유를 밝혀라.

8. 특정한 행동의 발생 빈도를 낮추거나 약화시키기 위해 사용되는 벌에 대한 논란은 여전히 지속되고 있다. 벌이 학생의 부절적한 행동을 단시간에 없애는 방법으로는 효과적이지만 학습과 관련되었을 때에는 벌의 사용에 대해 다시 한 번 생각해 볼 필요가 있다. 벌을 사용하는 목적과 벌이 가져오는 행동 결과를 행동주의 학습이론과 관련지어 해석해 보고, 벌의 사용에 대한 자신의 의견을 제시하여라.

제6장

학습의 인지이론적 관점

1. 인지주의 학습이론의 태동
2. 학습에 대한 인지주의 이론의 두 가지 관점
3. 학습의 과정과 기억: 정보처리이론
4. 인지주의 학습이론의 교육적 적용

■ 연구문제

“자, 여러분! 한 소년이 네 개의 빵을 가지고 있어요. 여덟 명의 친구에게 빵을 똑같이 나누어 주려면 어떻게 해야 할까요?”

권 선생님은 학생들에게 분수의 개념을 가르치고 있다. 오늘 수업의 목표는 같은 양을 나타내는 분수는 여러 가지로 표현될 수 있다는 것을 학생들이 아는 것이다. 권 선생님은 학생들을 여섯 명씩 일곱 그룹으로 나누고, 그룹별로 답을 생각해 보게 하였다. 학생들은 머리를 맞대고 답을 찾느라 여념이 없었고, 권 선생님은 교실을 돌아다니며 학생들의 모습을 바라보고만 있다.

“음, 혹시 빵이 모자른 게 아닐까?”

“글쎄, 어쩌면 여덟 명이 똑같이 빵을 갖는 건 불가능할지도 몰라.”

여기저기서 학생들은 이런저런 얘기들을 하고 있다.

시간이 충분히 지난 후 권 선생님은 학생들을 바라보며 묻는다.

“시간이 더 필요한 사람? …… 좋아요. 누가 답을 얘기해 볼까?”

보영이가 손을 들고 대답한다.

“음, 자신은 없지만요. 혹시 모두가 네 조각씩 받아야 하지 않을까요?”

보영이는 네 개의 빵이 그려진 칠판으로 나와서 각각의 빵을 여덟 등분하고, 여덟 명이 하나의 빵에서 한 조각씩 모두 네 조각을 받아야 한다고 설명한다. 이때 지현이가 손을 든다.

“저는 그렇게 생각하지 않아요. 친구들은 각각 두 조각씩 받아야 해요.”

지현이는 칠판으로 나와 보영이의 답 옆에 새롭게 그림을 그린다. 지현이의 그림은 하나의 빵을 네 조각으로 등분한 것이었다. 갑자기 영지가 손을 든다.

“친구들은 모두 한 조각씩 받아야 될 거예요.”

영지는 칠판에 나와 한 개의 빵을 각각 이등분하고는 여덟 명의 친구들이 왜 한 조각씩 받아야 하는지를 설명한다.

권 선생님은 잔잔히 웃으며 세 개의 답이 모두 맞다는 것을 설명하려 한다. 그는 같은 양을 다르게 표현하는 분수를 알도록 하는 오늘의 수업 목표에 충분히 접근해 있다는 것을 느꼈다.

이 예화에서 권 선생님의 수업은 학습에 대한 인지이론을 바탕으로 구성되어 있다. 권 선생님은 정확하고 신속한 반응보다는 숙고, 문제 해결, 분석 등의 사고 과정에 초점을 두고 있다. 인지이론에 기초한 이러한 수업방식은 학생들이 반드시 기대되는 반응만을 해야 한다는 가정을 하지 않는다. 학습자는 바르게 반응할 수도 있고 틀리게 반응할 수도 있다. 권 선생님의 수업 목적은 학생들 스스로가 자신의 유추 능력을 통해서 새롭고 정확한 개념을 터득하도록 도와주려는 것이다. 결국 권 선생님은 학생들의 인지 과정에 영향을 줌으로써 그들에게 자신의 힘으로 개념을 이해할 수 있는 능력을 신장시켜 주는 것을 수업에서 가장 중요하게 생각하고 있다.

예화에서 권 선생님은 같은 양을 나타내는 분수가 여러 가지로 표현될 수 있다는 것을 가르치고 있다. 이와 똑같은 학습 목표를 가지고 행동주의에 입각하여 수업하는 교서를 가정해 보자. 행동주의에 기초한 수업은 최소한의 실수만이 허용되도록 설계될 것이다. 그러한 수업은 즉각적인 피드백을 기초로 하여 정확한 반응을 이끌어 내도록 고안된다. 먼저, 분수의 개념이 충분히 설명될 것이며, 교사가 제시하는 예제를 함께 연습할 것이다. 그리고 정확한 피드백과 함께 계획된 강화가 주어진다. 마지막으로 제시된 예제와 유사한 많은 문제를 연습함으로써 학습자가 정확하게 반응할 수 있도록 유도할 것이다. 이처럼 학습자의 학습을 이해하고 설명하는 데 인지이론적 접근과 행동주의적 접근은 수업방법에 상당한 차이를 나타낸다. 그렇다면 어떠한 접근이 학습자의 학습에 보다 유용할 것인가?

앞의 권 선생님과 같은 수업방식에 대하여 대부분의 행동주의자들은 부정적인 시각을 보인다(Englemann, 1991; Lindsley, 1992). 왜냐하면 그들은 효율성의 개념을 강조하기 때문이다. 가령, 시간이라는 변인과 관련하여 생각할 때 학생들이 제한된 시간 동안 더 많이 학습할 수 있도록 가르치는 것이 보다 효율적이다. 이러한 관점에서 바라보면 인지이론적 접근에 기초한 수업은 지나치게 소비적인 것으로 인식될 수 있다. 따라서 행동주의자들은 인지이론에 기초한 수업이 그다지 효율적이지 못하다고 주장한다.

그러나 인지이론적 수업을 지지하는 학자들은 상이한 견해를 보인다. 그들은 인지이론에 기초한 수업에서는 학생들 스스로 자신의 지식과 통찰을 확인할 수 있으며, 이러한 과정은 결과적으로 학생들의 학업 성취에 의미 있는 영향을 준다고 주장한다. 또한 인지이론적 수업에서 교사는 학생의 학습을 촉진시키는 중요한 역할을 하고 있으며, 학생들은 학습하는 개념과 학습 결과의 타당성을 판단하는 데 필요한 지식과 기술을 스스로 획득함으로써 의미 있고 유용한 학습이 형성된다고 강조한다.

이처럼 학습을 이해하는 데 행동주의와 인지이론은 다소 상이한 입장을 보인다. 물론, 인지이론이 행동주의 이론으로 설명할 수 없었던 많은 부분을 보충하는 것은 사실이다. 그러나 중요한 것은 어느 이론이 더 효과적이냐에 대한 논쟁이 아니라 두 이론 모두 학습을 설명하는 데 유용한 시각을 제시한다는 것을 이해하는 일이다. 그리고 교사는 실제 현장에서 두 이론을 적절히 적용할 수 있도록 노력해야 한다. 이제 인지이론이 출현하게 된 이유를 살펴보고, 인지이론의 이론적 논의를 통해 교사가 교육현장에서 주의를 기울여야 할 측면을 살펴보기로 하자.

1. 인지주의 학습이론의 태동

학습의 과정과 지식의 구조를 설명하는 또 하나의 시각은 인지주의적인 입장이다. 지식을 구조화하는 데 환경적 조건(자극)과 관찰 가능한 행동(반응) 간의 최적의 연합에 초점을 맞추었던 행동주의와는 달리 인지주의는 인간 내부에서 일어나는 인지적 과정, 즉 사물을 인식하고 해석하고 기억하는 방법 등을 강조해 왔다.

인지주의 학습이론은 1950년대 이후부터 많은 관심을 받기 시작했지만, 학습에 대한 인지주의적인 관점은 이미 19세기 후반 독일의 W. Wundt에게서 시작되었다. Wundt와 그의 동료들은 **내성주의자**(introspectionist)라고 불리웠는데, 이는 그들이 인간의 인지(cognition)를 연구하면서 피험자로 하여금 주의 깊고 체계적으로 자신의 생각을 기술하고 기록하게 하는 방법을 사용하였기 때문이다. 이처럼 학습이 일어나는 데 학습자 내부에서 진행되는 인지 과정의 중요성을 강조하는 관점은 학습자의 외부 환경 조건이 학습이 일어나는 데 결정적이라고 생각하는 행동주의자들의 가정과는 상이한 접근이었다(Borich & Tombari, 1995).

그러나 초기의 인지이론은 학습을 설명하는 데 그다지 큰 영향을 미치지 못하였다. 왜냐하면 기본적으로 인지이론을 증명할 수 있는 정밀한 연구도구가 부족하였기 때문이었다. 인지에 대한 그들의 연구는 학습이 일어난 순간에 무엇을 생각하고 느끼고 의식하였는지를 피험자 스스로가 주관적으로 기술하는 자기보고(self-reports)에 의존하였다. 그러나 이러한 연구방법은 모든 측정방법에 기본적으로 내재되어야 하는 신뢰도와 타당도가 부족하다는 행동주의자들의 거센 비판을 받았다(Watson, 1926; Thorndike, 1913; Skinner, 1953). 이 때문에 인지심리학은 1950년대까지 실질적으로 큰 영향을 미치지 못하였다.

그러나 제2차세계대전을 거치면서 인지심리학은 재조명되기 시작하였다. 세계대전 중 심리학자들은 숙련된 레이더 조작수가 모니터에 나타난 물체를 놓치는 이유라든가 경험 많은 비행사가 특별한 이유 없이 비행 중에 서로 충돌하는 이유와 같은 문제에 관심을 갖기 시작하였다. 이러한 문제들은 그때까지 주류를 이루었던 행동주의 심리학으로는 설명이 되지 않았기 때문이었다. 또한 심리학 이외의 분야에서도 행동주의 원리를 비판하는 움직임이 나타났는데, 언어학자인 N. Chomsky(1957)의 언어학습 과정에서 행동주의의 설명이 부적절하다는 비판은 심리학 이외의 분야에서 행동주의 심리학이 심각한 도전을 받고 있음을 보여 주는 대표적인 예라 할 수 있다. 그리고 세계대전 중에 독일에서 미국으로 대거 망명한 형태주의 심리학자들이 보여 준 인간의 지각(perception)에 대한 새로운 시각과 언어가 학습되는 과정을 연구하던 언어학습 심리학자들의 연구 결과에 의해서도 자극과 반응의 결합으로는 인간의 학습을 완전히 설명할 수 없으며, 새로운 관점이 필요하다는 것이 더욱 강하게 제기되었다.

Avram N. Chomsky (1928~)

이러한 배경으로 인지이론이 다시 대두되기 시작하였으며, 학습에 대한 초점을 인간 내부의 정신 과정에 두는 인지학습이론의 중요성은 지금까지 꾸준히 증가되고 있는 실정이다. 이제 인지주의 학습이론의 발전에 주요한 공헌을 한 초기의 인지이론적 관점에 대해 살펴보자.

1) Tolman의 의도적 행동주의

E. Tolman은 행동주의가 한창인 1930년대에 왕성한 연구를 진행하였던 학습이론가지만 그의 연구는 분명히 인지주의적인 관점에 기초하고 있었다. 그 역시 동 시대의 다른 학자들과 마찬가지로 연구에서의 객관성을 강조하였으며, 인간이 아닌 동물을 대상으로 연구를 수행하였다. 하지만 그는 정통적인 행동주의자들과는 달리 내적인 정신작용에 근거하여 실험 결과를 해석하였으며, 학습이 단순히 자극과 반응의 결합이 아닌 보다 포괄적인 현상의 결과라는 것을 피력하였다(Ormrod, 1999). Tolman이 수행한 다음의 실험(Tolman & Honzik, 1930)은 학습의 과정이 자극과 반응 간의 관계만으로 설명될 때 어떠한 오해가 생길 수 있는지를 잘 보여 준다.

Tolman은 서로 다른 강화 조건을 가지고 있는 세 개의 집단을 만들고, 이 집단의 쥐들에게 미로찾기 학습을 시켰다. 첫 번째 집단의 쥐들에게는 첫날부터 미로찾기 학습에 성공할 때마다 강화물로 음식물이 제공되었으며, 두 번째 집단의 쥐들에게는 성공에 대하여 아무런 강화물도 주어지지 않았다. 그리고 세 번째 집단의 쥐들에게는 처음 10일 동안은 아무런 강화물도 주지 않았으나, 11일째부터는 성공에 대하여 강화물을 주기 시작하였다.

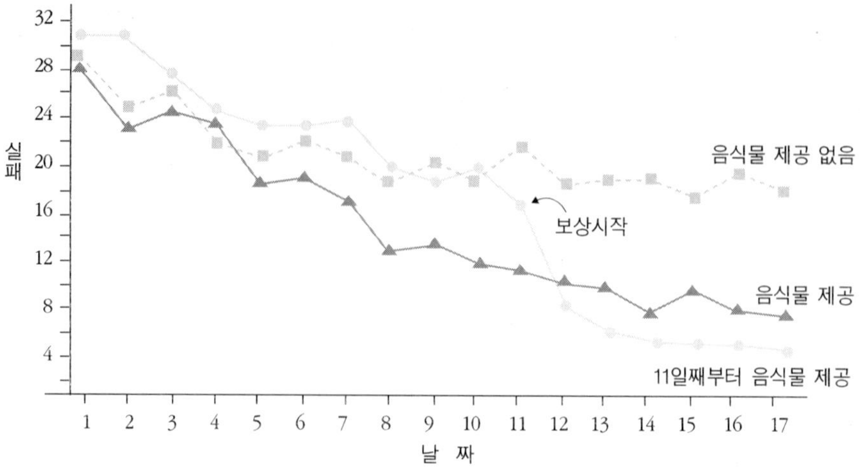

[그림 6-1] **미로학습의 수행 결과**

출처: E. C. Tolman, & C. H. Honzik (1930). Introduction and removal of reward, and maze performance in rats. *University of California Publications in Psychology, 4,* p. 267.

[그림 6-1]에서 보는 바와 같이 시간이 지남에 따라 감소하는 실패의 빈도는 행동주의에서 강조하는 강화의 결과로 해석하기에는 무리가 있다. 행동주의 이론에 따르면 세 번째 집단의 쥐들은 강화물이 제공되는 11일째부터 실패의 빈도가 첫 번째 집단의 초기 형태를 따라야 한다. 하지만 결과는 첫 번째 집단의 실패 빈도와 같은 수준으로 나타났다. 이는 강화물이 제공되지 않아도 학습이 이루어지고 있었음을 의미하며, 강화물은 단지 습득된 학습이 행동으로 표출되도록 만드는 역할만 할 뿐이라는 사실을 보여 준다.

이처럼 학습을 위해서는 강화가 절대적이라는 행동주의 시각에 문제가 있음을 주장하며 인간 내부에서 일어나는 인지 과정에 대하여 관심을 가져야 한다는 Tolman의 시각은 형태주의 심리학과 깊은 관련이 있다. 이제 인지주의의 토대를 제공한 형태주의 심리학을 살펴보기로 하자.

2) 형태주의 심리학

형태주의 심리학(gestalt psychology)은 인간이 정보를 받아들이는 과정과 그것이 학습되고 기억되는 과정에 관심을 갖는다. 구체적으로 형태주의 심리학자들은 인간의 감각기관을 통해 들어오는 정보의 형태를 인지하고 해석하는 인간의 지각에 대한 문제에 가장 큰 관심을 가지고 있다. 이는 문제 상황을 인식하고 정보를 조직하는 인간의 내면 과정을 강조하는 것으로, 외적 환경과 그로 인한 반응에 초점을 맞추는 행동주의 심리학과는 상당히 다른 관점이라고 이해할 수 있다. 인간이 문제를 지각하는 방식에 대한 형태심리학의 기본적인 관점은 다음과 같다.

- 우리가 무언가를 경험할 때 종종 실제 존재하는 사실과는 다르게 받아들이게 된다는 것이다. 이는 M. Wertheimer(1959)의 **파이현상**(phi phenonenon)으로 잘 알려져 있는데, 두 개의 불빛이 번갈아서 꺼졌다 켜졌다를 반복할 때 마치 불빛이 움직이고 있다고 착각하는 것이 좋은 예다. 이처럼 형태주의 심리학은 우리가 경험하고 있는 것이 때로는 경험의 본질과는 상당히 다를 수 있다는 것을 보여 주고 있다.
- 전체는 단순히 부분의 합이 아닌 그 이상을 의미한다는 것이 형태주의의 또 다른 입장이다(Goetz, Alexander, & Ash, 1992). 이러한 주장은 인간 행동을 가장 단순한 요소로 작게 나누어서 설명하려는 행동주의의 **환원주의**(reductionism)에 반대하는 것으로(Boring, 1950; Bower & Hilgard, 1981), 형태주의 학자들은 복잡한 현상을 단순한 요소로 분해하는 것이 현상에 대한 전체적인 모습을 왜곡하게 된다고 주장한다. [그림 6-2]는 모퉁이가 빠져 나간 세 개의 검은 원과 세 개의 꺽인 실선으로 구성되어 있다. 이와 같은 여섯 개의 요소가 그림과 같이 배열되었을 때, 그림의 가운데 부분에 실제적으로 존재하지 않는 새로운 삼각형이 나타나게 된다. 이 삼각형은 여섯 개의 요소를 각각 떼어 놓고 보았을

비교실험을 통해 그 의미를 해석해 내는 인간의 능력은 '전체가 부분의 합 이상이다.' 라는 증거를 보여 준다.

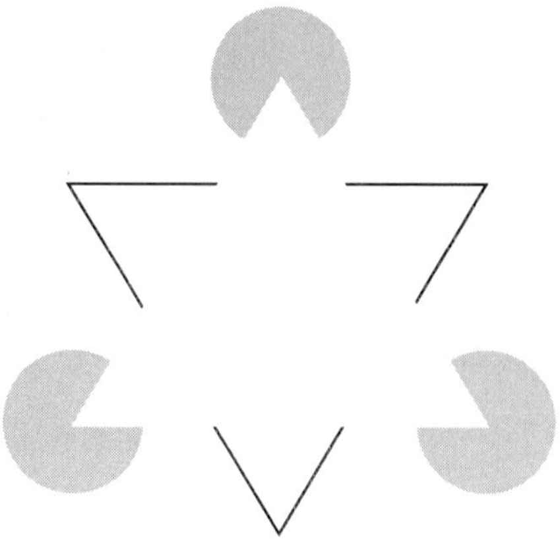

[그림 6-2] **부분과 전체의 관계**

때에는 발견할 수 없으며, 배경과 그림이 특정한 형식으로 합성되었을 때 비로소 존재하게 된다(Goetz, Alexander, & Ash, 1992).

• 인간은 자신의 경험을 나름의 방식으로 구조화하고 조직화한다. 앞서 언급한 파이현상 역시 두 개의 반짝이는 빛을 한 개의 움직이는 빛으로 구조화하는 인간의 인지 속성을 설명한다고 할 것이다. 또한 [그림 6-3]은 우리가 경험하는 정보들이 어떤 식으로 조직화되는지를 잘 보여 주고 있다. 위의 그림은 양 끝에 한 개의 직선이 있고 가운데에는 네 쌍의 두 직선이 있는 것으로 파악될 것이

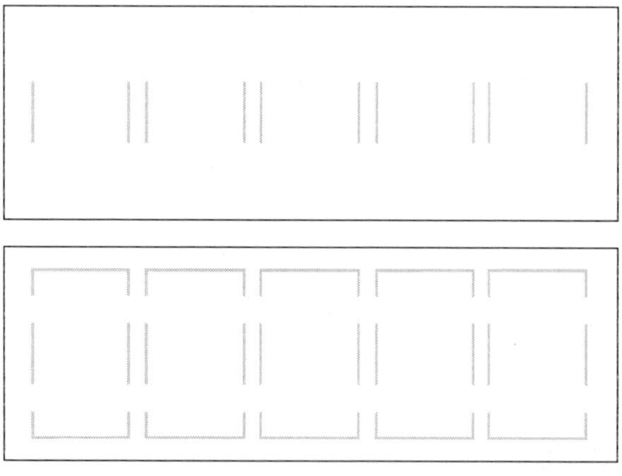

[그림 6-3] **정보의 조직화**

다. 그러나 아래의 그림을 보면 위의 그림과 똑같은 정보가 다섯 개의 사각형을 이루는 요소로 사용되고 있다고 인지하게 된다. 두 그림은 정확하게 동일한 정보를 포함하고 있지만 정보가 조직화되는 방식은 정보를 경험하는 상황에 따라 매우 상이하게 될 수 있다.

이처럼 형태주의자 학자들은 인간의 감각기관을 통해 들어오는 정보의 형태를 인지하고 해석하는 인간의 지각에 대한 문제에 관심을 가지고 있으며, 지각된 정보가 구조화되고 조직화되는 원리를 밝히고자 한다. 결국, 형태주의 심리학자들은 문제 해결의 핵심을 문제의 조직 혹은 구성에 관한 것으로 이해하고 있다(Wertheimer, 1959).

W. Köller(1925)가 제안한 **통찰이론**(insight theory)과 K. Lewin(1942)의 **장이론**(field theory)은 이러한 형태주의 심리학의 입장을 잘 보여 주고 있다. Köller(1925)는 바나나를 높은 곳에 매달고 나무막대와 상자들을 놓아 둔 후에 침팬지의 행동을 관찰하였다. 침팬지는 바나나를 따기 위해 손을 뻗치거나 발돋움을 하는 등 애를 쓰지만 이내 바나나를 딸 수 없다는 것을 깨닫게 된다. 그래서 침팬지는 잠시 행동을 멈추고 방안을 살핀 후 상자들을 쌓고, 그 위에 올라가 나무막대를 이용하여 바나나를 땄다. 이러한 실험 결과는 학습이 계속적인 시행착오의 결과라고 생각하는 행동주의의 입장과는 달리, 문제 해결의 과정은 통찰적 전략의 사용을 통해 이루어진다는 사실을 보여 준다. 즉, 학습에서의 문제 해결에서 문제를 전체 장면에서 지각하는 의식현상의 중요성을 보여 주는 것이다.

W. Köller
(1887~1967)

한편, Lewin(1942)은 인간의 행동을 개인과 환경의 함수 관계로 설명한다. 그는 행동이란 개인이 경험하는 심리적 사실에 영향을 받으며, 심리적 사실은 개인의 전체적 상황으로서의 생활공간(life space)을 이룬다고 보았다. 이러한 생활공간은 개인의 심리적 사실이 변화하면 전체적으로 재배치되는 특성을 갖는다. 또한 그는 행동의 원인은 계속하여 역동적으로 변화하는데, 이러한 현상을 심리적 장(psychological field)이라고 하였다. 장이론에서의 학습이란 개인이 지각하는 외부의 장과 개인의 내적 · 개인적 영역의 심리적 장의 관계에서 이루어지는 인지구조의 성립 또는 변

Kurt Lewin
(1890~1947)

화라고 할 수 있다.

형태주의 심리학은 현재까지 인지심리학에 큰 영향을 미치고 있으며, 지각에 대한 최근의 많은 연구는 조직화에 대한 형태주의 심리학을 보다 명료하게 하려는 노력으로 이해할 수 있다(Robertson, 1986).

3) 언어학습 연구

언어학습에 대한 연구는 대개 **순차적 학습**(serial learning)과 **단어쌍 학습**(paired associate learning)이라는 두 종류의 과제를 통해 수행되어 왔다. 순차적 학습과제는 제시된 단어들을 일정한 순서에 따라 기억해야 하는 과제로, 영어의 알파벳이나 요일 등의 순서를 기억하는 과제를 의미한다. 반면, 단어쌍 학습은 관련 있는 두 개의 단어를 기억하는 것으로, 한글 단어에 대응하는 같은 뜻의 영어 단어를 기억하는 과제라든가 국가와 그 국가의 수도를 함께 기억해야 하는 과제를 의미한다. 초기의 언어학습 연구자들은 자극과 반응의 결합이라는 행동주의 학습이론의 관점을 기초로 이들 과제들의 학습 원리를 설명하였다. 즉, 순차적 학습의 경우에는 첫 번째 단어가 두 번째 단어에 대한 자극이 되고, 두 번째 단어는 세 번째 단어를 암기하는 데 자극이 된다는 관점이다. 단어쌍 암기 과제의 경우에는 단어쌍 중에서 첫 번째 단어를 자극으로, 두 번째 단어를 반응으로 이해하여 학습 현상을 설명해 왔다.

언어가 학습되는 현상을 설명하면서 이러한 행동주의적 관점으로 설명할 수 있는 결과들이 없는 것은 아니었지만, 연구가 진행됨에 따라 점차적으로 행동주의적 관점으로는 쉽게 설명되지 않는 결과들이 나타나기 시작하였다(Ormrod, 1999). Bousfield(1953)의 단어회상연구에서 보인 학습자가 학습 내용을 조직한다(organizing)는 사실은 학습이 일어나는 과정에 대해 행동주의 시각이 아닌 다른 설명이 필요함을 보여 주는 대표적인 예다. 그는 동물, 사람 이름, 채소, 직업 이름의 네 개의 범주로 나누어지는 60개의 단어를 대학생들에게 암기하여 기억하게 하였다. 그 결과 학생들 대부분은 범주에 따라 단어를 모아서 기억한다는 것을 발견하였다. 단어가 범주별로 제시된 것이 아니라 일정한 순서 없이 제시되었기 때문에 이러한 결과는 먼저 제시된 단어가 바로 다음 단어에 대한 자극이 된다는 행동주의적 관점으로는 설명하기 어려운 것이었다.

또한 학습자가 새로운 내용을 학습할 때 학습 내용에 의미를 부여한다는 결과 역시 기존의 행동주의적 시각으로 설명하기 어려운 것이었다. 성인을 대상으로 한 Bugelski(1962)의 단어쌍 암기과제연구에서 피험자들이 무의미한 음절을 암기하기 쉽도록 의미를 부여하는 현상이 발견되었다. 예를 들면, 'DUP-TEZ' 라는 무의미 음절쌍의 경우 피험자들은 'deputize(대신 근무하다)' 라는 의미 있는 단어를 사용하여 암기를 쉽게 하는 전략을 사용하였고, 'SUG-MEL' 의 경우에는 'sugary melon(달콤한 멜론)' 이라는 의미를 갖는 단어의 조합으로 변형하는 전략을 사용하였다. 이러한 연구를 통해 연구자들은 피험자의 반응을 이끌어 내는 자극의 종류를 강조하는 행동주의의 학습 원리보다는 학습 전략과 같은 학습자의 내부에서 일어나는 과정에 보다 관심을 갖게 된 것이다(Ormrod, 1999).

2. 학습에 대한 인지주의 이론의 두 가지 관점

지금까지 살펴본 바와 같이 행동주의 관점이 학습 원리를 주도하던 1950년대 이전에도 인지주의적 관점은 꾸준히 제시되고 있었다. 그러나 1960년대를 거치면서 학습을 설명하는 데 행동주의에서 강조해 왔던 자극과 반응의 결합이라는 원리는 점차 힘을 잃어가기 시작하였다. 이는 무엇보다도 행동주의적 시각으로는 학습자가 학습 내용을 조직하고 의미를 부여하며, 때때로는 자극 자체를 변형시키는 이유를 설명하기 어려웠기 때문이다. 이러한 이유로 연구자들은 점차 학습 현상을 설명하면서 인간 내적인 정신 과정이라는 측면으로 그 초점을 변화시켜 나갔다.

물론, 행동주의적인 관점이 학습 현상을 설명하는 데 여전히 유용성을 가지고 있는 것은 사실이지만, 인간이 정보를 처리하고 저장함으로써 인지구조를 변화시켜 나간다는 관점이 행동주의적 원리보다는 다양한 학습 현상을 보다 정밀하게 설명할 수 있다는 이유로 점차 학습에서 인지주의적 시각이 강조되고 있는 실정이다. 따라서 Good과 Brophy(1995)의 지적처럼 '현재 교육심리학 분야에서의 논쟁은 행동주의냐 인지주의냐에 대한 것이 아니라 인지주의의 기본 관점을 공유하는 다양한 인지이론 간에 무엇이 더욱 정확하느냐' (p. 179)의 문제라 할 수 있다. 현재 제안되는 인지이론의 다양한 시각은 그들이 주장하는 이론이 인지주의에서의 전달적 관점과 구성적 관점이라는 양 극단의 관점 사이에 어느 위치에 있는가에 따라 차이를 보인다. 전달적 관점과 구성적 관점에 대해 이해하는 것은 다양한 인지주의 이론의 주장을 이해하는 데 도움이 될 수 있다.

우선, 학습의 **전달적 관점**(transmission view)이란 잘 조직화된 지식 내용을 학습자에게 전달해 주는 것을 교사의 역할로 보는 관점이다(Good & Brophy, 1995). 이러한 전달적 관점에서는 전달하고자 하는 내용이 얼마나 효율적이고 정확하게 전달되었는가에 따라 수업의 성공 여부가 결정된다. 따라서 전달적 관점에 충실한 수업은 대개 학습 목표라든가 학습 내용 및 교수방법 등에 관심을 갖는다.

이에 반해 학습에 대한 **구성적 관점**(constructivist view)이란 학습자가 새로운 지식을 학습하는 데 기존의 지식과의 관계성을 파악하여 능동적으로 지식을 구성하는 과정을 강조하는 관점이다(Good & Brophy, 1995). 구성적 관점의 인지이론가들은 학습 상황에서 스스로가 지식을 구성하는 과정이 없다면 대개의 학습은 상대적으로 무의미한 단순 암기에 그칠 것이라고 주장한다. 이처럼 학습이 단순히 암기의 수준에 머무르게 되면, 지식을 학습한 상황과 매우 유사한 상황에서는 학습된 지식이 쉽게 인출될 수 있지만 일상생활 등과 같은 유사하지 않은 상황에서는 인출되기 어렵다. 따라서 학습된 지식이 새로운 상황에 적용되고 문제 해결에 도움을 주기 위해서는 학습자 스스로 새로운 학습 내용을 기존의 친숙한 내용과의 관계를 파악하여 구조화시킬 필요가 있다(Resnick & Klopfer, 1989).

전달적 관점을 대표하는 학자로는 D. Ausubel을 들 수 있으며, 구성적 관점은 J. Bruner로 대표될 수 있다. '학습이 유의미하게 일어나기 위해 가장 중요한 것은 학습이 일어나는 바로 그때의 학습자에게 내재되어 있는 인지구조다.' (Ausubel & Robinson, 1969: 143)라는 말은 전달적 관점의 인지이론이 학습자의 인지구조에 가장 초점을 맞추고 있다는 사실을 잘 보여 준다. 이에 반해 유의미한 학습이란 흥미를 가지고 지식을 탐구하는 과정을 통해 발견된다는 Bruner의 발견학습(discovery learning)의 개념은 학습에서 구성적 관점의 대표적 입장이라 할 수 있다. 이들 두 학자의 이론에 대해서는 제9장에서 보다 자세히 설명할 것이다.

3. 학습의 과정과 기억: 정보처리이론

지금까지 살펴본 바와 같이 인지주의 학습이론은 지식이 학습자 내부에서 어떻게 구조화되는가에 주의를 기울인다. 따라서 기존의 지식구조를 이해하고 새로운 지식이 기존의 지식과 관계를 형성하는 과정에 대한 탐구는 인지주의 학습이론의 매우 중요한 주제라 할 수 있다. 새로운 정보가 투입되고 기억되며 다시 인출되는 과정을 연구하는 이론, 즉 학습자의 내부에서 학습이 발생하는 기제를 설명하려는 이론이 **정보처리이론**(information processing theory)이다.

정보처리이론은 정보와 관련된 인간의 내적 처리 과정을 컴퓨터의 처리 과정에 비유하고 있다. 따라서 정보처리이론에서는 컴퓨터의 램이나 하드디스크와 같이 정보가 투입되고 저장되는 물리적 요소에 대한 주제, 이들 정보가 하나의 물리적 요소에서 다른 요소로 이동하는 과정을 의미하는 정보의 처리 과정에 대한 주제에 대하여 관심을 갖는다. 따라서 정보처리이론의 구조는 정보 저장소와 인지처리 과정이라는 두 가지 요소로 구분하여 파악할 수 있다. [그림 6-4]는 이러한 정보처리이론의 일반적 모델이다.

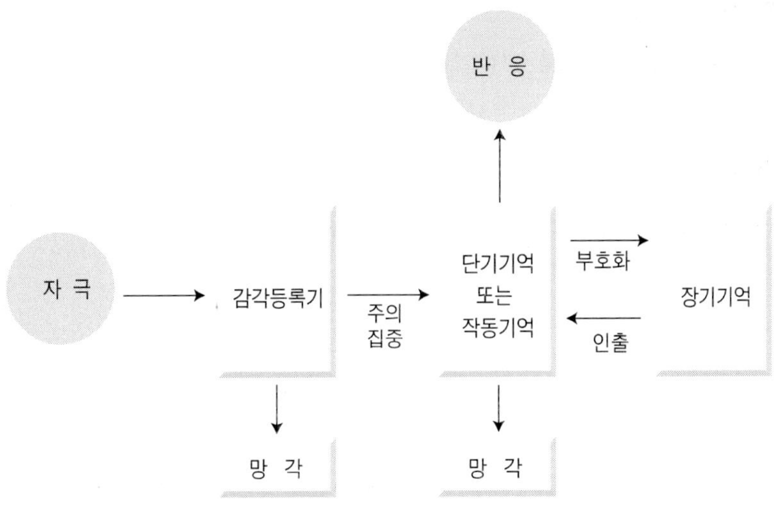

[그림 6-4] 정보처리이론의 모델

1) 정보처리이론의 물리적 구성 요소

투입된 정보가 머무르는 장소를 의미하는 **정보 저장소**(information store)는 컴퓨터의 램이나 하드디스크와 같이 다양한 정보를 저장하는 물리적 공간으로 비유할 수 있다. 이러한 정보 저장소에는 감각등록기, 작동기억, 장기기억의 세 가지가 있으며 그 특징은 다음과 같다.

감각등록기(sensory register) **감각등록기**란 학습자가 환경으로부터 눈이나 귀와 같은 감각수용기관을 통해 정보를 최초로 저장하는 곳이다. 감각등록기는 자극을 아주 정확하게 저장하지만 저장시간이 매우 짧다는 특징을 가지고 있다. 시각인 경우 약 1초 정도, 청각인 경우 약 4초 정도 정보를 저장한다고 알려져 있다. 감각등록기는 정보를 수용할 수 있는 양에는 제한이 없지만, 투입되는 정보가 즉시 처리되지 않을 경우 감각등록기에 저장된 정보는 곧 유실된다.

작동기억(working memory) **작동기억**은 보통 **단기기억**(short-term memory)이라고도 한다. 이를 단기기억이라고 부르는 이유는 정보가 머무르는 일시적인 곳이기 때문이다. 이는 성인의 경우 보통 5~9개의 정보가 약 20초 동안 저장될 수 있다. 한편, 작동기억이라는 말은 인지 과정이 진행되는 장소라는 의미에서 붙은 이름이다. 이곳의 가장 큰 특징은 정보의 양과 지속시간에 제한이 있다는 점이다. 따라서 작동기억에서 **청킹**(chunking)의 역할은 매우 중요한 의미를 갖는다. 청킹이란 분리되어 있는 항목을 보다 큰 묶음으로, 보다 의미 있는 단위로 조합하는 것을 의미한다. 예를 들어, 'r, u, n' 이라는 세 글자는 작동기억 속에서 세 개의 단위로 자리하지만, 이들이 'run' 이라는 단어로 조합되면 하나의 단위로 자리하게 된다. 이와 같은 청킹의 적극적인 활용은 제한된 작동기억의 수용량을 증가시키는 좋은 방안이 된다.

장기기억(long-term memory) **장기기억**은 무한한 정보를 영구적으로 저장할 수 있는 곳이다(Ashcraft, 1989). 일반적으로 장기기억은 일상기억과 의미기억이라는 두 부분으로 구성되어 있다고 가정된다(Tulving, 1985; Yantis & Meyer, 1988).

일상기억(episodic memory)은 주로 개인의 경험을 보유하는 저장소다. 일상기억에서의 정보는 주로 이미지로 부호화되며, 정보가 발생한 때와 장소를 기초로 조직

언어학습은 감각등록기, 작동 기억, 장기기억이 유기적으로 정보를 처리하게 되는 과정을 가장 잘 보여 준다.

된다. 이러한 일상기억은 기억되는 경험이 매우 의미 있는 경우가 아닐 때에는 종종 인출에 실패하는 경향이 있다. 이는 보다 최근에 발생한 정보에 의해 인출이 방해를 받기 때문이다. **의미기억**(semantic memory)에는 문제 해결 전략과 사고기술, 그리고 사실, 개념, 일반화, 규칙 등이 저장된다. 따라서 학교에서 학습하는 대부분의 내용은 장기기억 중 의미기억에 저장되는 것이다(Paivio, 1971). 이때 의미기억에 저장되는 정보는 서로 연관을 맺으면서 체계적인 네트워크를 구성하게 되는데, 이것은 교육과 관련하여 매우 중요한 함의를 갖는다.

네트워크라는 말은 장기기억 속에 존재하는 정보들이 따로따로 분리되어 존재하는 것이 아니라 서로 관계성을 맺고 상호 연결되어 있다는 것을 강조하기 위한 표현이다. 이는 학습자가 단지 설명된 아이디어를 수동적으로 받아들여서 저장하는 것이 아니라 그들을 의미 있는 구조로 만들어 간다는 것을 나타낸다. 장기기억에 존재하는 정보들이 네트워크를 이룬다는 사실은 학습자가 정보를 수동적으로 받아들이는 것이 아니라 정보를 이해하고 능동적으로 조직한다는 정보처리이론의 기본 가정을 잘 보여 준다.

2) 정보처리이론의 정보처리 과정

앞에서 감각등록기, 작동기억, 장기기억 등의 정보 저장소에 대해 알아보았다. **인지처리 과정**(cognitive process)이란 투입된 정보를 하나의 저장소에서 다른 저장소로 옮기는 내부적이고 지적인 활동을 의미하며 주의집중, 지각, 시연, 부호화, 인출, 망각 등의 과정이 포함되어 있다. 이제 정보가 한 저장소에서 다른 저장소로 어떻게 이동하는지를 살펴보고, 교사들이 학생들의 효과적인 인지처리 과정을 증진시키기 위해 어떠한 도움을 줄 수 있는지를 알아보자.

주의집중(attention) **주의집중**이란 자극에 반응하는 것이다. 주의집중의 독특한 특성은 그것이 선택적이라는 것이다. 감각등록기에 들어온 수많은 자극은 주의집중을 하지 않으면 곧 유실된다. 따라서 학습은 주의집중을 함으로써 시작된다. 학생들 주위에 많은 자극이 존재하고 또 감각등록기의 용량이 무한하다고는 하지만, 관심을 두지 않을 경우 학습은 결코 일어나지 않는다는 사실은 교사와 학습자 모두에게 매우 중요한 암시를 주고 있다.

지각(perception) **지각**이란 경험에 의미와 해석을 부여하는 과정이다. 감각등록기에 들어온 자극에 일단 주의집중을 하면 자극에 대해 지각을 하게 된다. 일단 지각이 일어난 자극은 '객관적 실재' 로서의 자극이 아니라 개인마다 다르게 받아들이는 '주관적 실재' 로서의 자극이 된다. 같은 사물을 보고도 다르게 해석하는 경우를 우리는 자주 볼 수 있다. 결국, 지각은 과거 경험의 정도에 좌우된다. 일반적으로 자극을 잘못 지각한 경우, 그리고 그러한 지각이 장기기억으로 전달된 경우 그것을 제거하는 것은 상당히 어렵다.

시연(rehearsal) **시연**은 작동기억 안에서 이루어지는 처리 과정으로서 정보를 소리 내어 읽든지 속으로 되풀이하든지 그것의 형태와 관계없이 계속해서 반복하는 것을 의미한다. 작동기억 안으로 들어온 정보는 시연을 통해 **파지**(retention)가 되기도 하고 장기기억으로 전이가 이루어지기도 한다.

시연을 통한 파지는 전화의 다이얼을 돌릴 때를 연상하면 쉽게 이해할 수 있다. 전화를 거는 경우 전화번호를 반복함으로써 머리에 담아 두고 있지만, 일단 다이얼을 돌리고 나면 더 이상 번호를 기억하는 데 관심이 없어진다. 즉, 작동기억 안에서 의도한 목적을 달성할 때까지만 시연을 하는 것이다.

시연을 통한 장기기억으로의 전이는 내용을 충분히 반복해서 시연하는 경우에 일어난다. 이는 아동이 가장 처음 사용하게 되는 장기기억으로의 전이방법이다(Berk, 1989).

부호화(encoding) **부호화**란 장기기억 속에 존재하고 있는 기존의 정보에 새로운 정보를 연결하거나 연합하는 것으로 작동기억에서 장기기억으로 정보를 이동시키는 과정을 의미한다. 부호화는 정보처리 모델에서 가장 중요한 인지처리 과정이라고 할 수 있다. 부호화가 일어나지 않는다면 우리가 받아들이는 대부분의 정보가 단지 일시적으로 저장되기 때문이다.

새로운 정보가 장기기억 속으로 부호화될 때 가장 중요한 것은 유의미한 부호화가 이루어져야 한다는 것이다. 유의미화란 기계적인 암기와 대별되는 것으로 장기기억 속에 하나의 생각과 다른 생각이 연결되어 새로운 체제로 구축되는 것을 의미한다. 정보가 유의미하지 않게 단순히 암기로 부호화되는 경우에는 새로운 정보가 기존의 정보와 연결되지 못하고 각각 떨어져 있게 된다. 그러나 새로운 정보와 기존의 정보가 연결된다면 그 정보는 더욱 유의미해지고 장기기억 속에 담기는 일이 매우 수월해질 수 있다.

인출(retrieval) **인출**이란 장기기억에서 정보를 찾는 탐색 과정으로서 부호화와 밀접하게 관련되어 있다. 이는 효과적으로 부호화되지 않으면 효과적으로 인출될 수 없음을 의미한다. 따라서 교사는 학생들의 효과적인 정보 저장 및 정리에 교수의 초점을 두어야 한다. 인출의 성공과 실패는 이용 가능성(availability)과 접근성(accessibility)으로 설명된다. 즉, 저장된 정보는 장기기억의 어딘가에는 분명 존재하고 있지만 그 정보를 인출할 수 있느냐 하는 것은 정보에 어느 정도 접근할 수 있느냐에 달려 있다. **설단현상**(tip-of-the-tongue)이라는 현상(Brown & McNeill, 1966)은 장기기억에 존재하는 특정한 정보에 대해 정확하게 접근할 수 없기 때문에 발생하게 된다. 실제 학교현장에서 학생들에게 자주 일어나는 이러한 현상은 정확한 인출을 위해서 정교한 부호화가 필요하다는 것을 잘 보여 준다.

4. 인지주의 학습이론의 교육적 적용

지금까지 우리는 학습을 이해하는 데에서의 인지주의 관점에 대해 살펴보았으며, 인지주의 이론은 행동주의적 관점으로 설명하기 어려운 현상에 대해 인간 내적 과정에 초점을 맞추어 설명하고 있음을 확인할 수 있었다. 이제 이러한 인지이론이 실제 학교현장에서 구체적으로 적용될 수 있는 교육적 함의를 알아보자.

1) 정보 저장소 개념의 교육적 함의

앞서 살펴보았듯이 정보처리이론은 정보 저장소와 인지처리 과정이라는 두 가지 요소로 구성되어 있다. 감각등록기, 작동기억, 장기기억 등 투입된 정보가 머무르는 정보 저장소와 이들 저장소 사이에 발생하는 정보의 이동에 관여하는 주의집중, 지각, 시연, 부호화, 인출 등의 인지처리 과정은 효과적인 학업 성취에 중요한 함의를 준다. 이제 각 구성 요소의 교육적인 적용에 대해 살펴보자.

감각등록기 투입된 정보는 매우 짧은 시간 동안 감각등록기에 머물며 즉시 처리되지 않을 경우 곧 유실된다. 이러한 특징은 때때로 어린 학생들이 겪게 되는 어려움을 잘 설명해 준다. 어린 학생들은 종종 여러 자극을 동시에 받아들이는 것을 힘들어한다. 예를 들어, 교사가 칠판에 판서를 하면서 동시에 설명한다면 학생들은 필기에 집중하여 설명을 듣지 못하게 된다. 따라서 두 가지 이상의 감각정보가 동시에 제시되는 것은 어린 학생들에게 바람직하지 않다.

단기기억과 작동기억 교사들은 종종 학생들이 책을 읽을 때 그 내용을 전혀 이해하지 못한 채 그저 읽기만 하고 있는 것을 보게 된다. 이러한 예는 교실에서 매우 흔하게 일어나는 일이며, 교사는 때때로 적절한 해결책을 찾지 못하는 경우가 있다. 이때 교사는 학생들이 단어를 음성화시키는 과정에 작동기억의 공간을 모두 사용하여 의미를 이해하는 데 필요한 공간이 없는 것은 아닌지 생각해 보아야 한다. 덧셈과 뺄셈 등의 기초연산 과정을 제대로 숙달하지 못한 학생들은 수학시간에도 유사한 경우가 나타날 수 있다. 작동기억이 문제를 해결하는 유용한 정보에 활용되지 못하고 지나치게 기초연산에만 사용되는 것이다.

이러한 문제를 해결하는 좋은 방법 중 하나는 **자동성**(automaticity)의 개념이다(Bloom, 1986; Case, 1978). 자동성은 정보나 원리를 매우 많이 연습함으로써 습득될 수 있다. 일단 자동성을 획득하게 되면 속도가 빨라지고, 노력이 적게 들고, 자율적이 되며, 항상성을 가지고 의식적으로 조절하지 않아도 된다(Eggen & Kauchak, 1999). 앞의 경우에서 발음, 덧셈 및 뺄셈 등의 기초학습에 자동성을 갖게 되면 학생의 작동

● ● ●
순간적인 판단과 행동이 요구되는 운동경기에서 좀 더 빠르고 정확한 반응이 이루어질 수 있도록 체육수업에서도 자동성이 많이 강조되고 있다.

기억은 그 만큼 많은 공간을 확보할 수 있으며, 확보된 공간을 보다 유용하고 고차적인 정보의 사용에 할당하게 된다.

■■■ **장기기억**　장기기억에 존재하는 정보가 네트워크 구조로 형성된다는 사실은 교사들에게 중요한 함의를 준다. 즉, 교사는 학습자에게 개별적인 사실만을 제공해서는 안 되며, 반드시 사실들의 관계성에 대해서도 설명해야 한다(Eggen & Kauchak, 1999). 예를 들어, 태양계의 구조를 설명할 때 단순히 대부분의 행성이 같은 회전축을 가지고 있다고 설명하는 것보다는 그러한 사실이 왜 중요하고, 그 사실이 태양계 형성에 어떠한 단서를 주는지에 대해 원리와 관계성을 이해시키려는 노력이 필요하다.

실제로 학교현장에서 수업하는 교사들을 생각해 보자. 어떤 교사는 단지 주제에 대한 내용만을 가르치고 중간고사와 기말고사만을 본다. 그러나 어떤 교사는 다양한 예제를 제시하고 각각을 연관시키며, 질문이나 퀴즈를 통해 학생들이 자신의 지식을 평가할 수 있는 충분한 기회를 제공한다. 물론, 후자의 수업이 조직된 네트워크를 보다 발전시키는 데 기여할 수 있다. 이는 정보처리이론이 제시하는 가정과 일치하게 된다.

2) 정보처리 과정의 교육적 함의

■■■ **주의집중**　앞의 [그림 6-4]의 정보처리 모델을 살펴보면, 주의집중이라는 처리 과정은 감각등록기 바로 다음에 위치한다는 사실을 알 수 있다. 인지처리 과정은

주의집중으로 시작되기 때문에 교실에서 수업을 시작할 때 학생들의 관심을 수업으로 끌어들이는 일은 효과적인 학습에 결정적인 역할을 한다(Brophy & Good, 1986; Rosenshine & Stevens, 1986).

주의집중을 유도하는 방법은 대개 물리적 유형, 흥미 유발적 유형, 감정적 유형, 강조적 유형 등으로 나눌 수 있다. 교사는 인간의 주의집중력이 쉽게 저하된다는 사실을 인지하고 있어야 한다. 따라서 교사는 학생들이 학습과 관련된 자극에 집중하고 부적절한 자극은 무시할 수 있는 계획, 즉 학생들의 주의집중을 포착할 수 있는 계획을 세워야 한다. 앞의 네 유형 중 어느 한 가지만을 과도하게 사용하게 되면 학생들은 곧 지루함을 느끼고 주의집중력이 감소되기 때문에 이들을 적절히 혼용할 수 있는 기술이 필요하다. 이제 이러한 네 가지 유형을 보다 자세히 살펴보도록 하자.

- **물리적 유형**: 교사가 수업시간에 사용하는 물리적 도구를 모두 지칭한다. 지도, 칠판, OHP, 실험도구 심지어는 교사까지도 물리적 유형의 자극이 된다. 교사는 교실을 돌아다니기도 하고 말의 속도를 조절하기도 하면서 다양한 물리적 자극을 활용하지만, 학생들에게 이미 친숙한 물리적 자극만으로는 주의집중을 지속시키는 데 어려움이 있다. 따라서 교실에서의 물리적 자극은 새로운 유형으로 보충되는 것이 보다 효과적이다.
- **흥미 유발적 유형**: 호기심을 자극하여 학생들의 주의집중을 이끌어 내는 방법이다. 이는 시각적으로도 가능하고, 학생들의 사고를 자극함으로써 일어나기도 하며, 기이하고 이상한 사건을 만들어 냄으로써도 가능하다. 예를 들어, 의복의 변천사를 설명하는 시간에 교사가 중세 복장을 하고 수업에 들어온다든지, 염색체를 설명하는 시간에 공상과학 영화와 관련시켜 설명한다든지 하는 것은 좋은 예가 될 수 있다.
- **감정적 유형**: 수업시간에 학생의 이름을 부른다거나 감정과 관련된 단어들을 제시하는 것이다. 학생들의 주의를 집중시켜야 하는 근본적 이유가 인지 관련 학습의 효과를 극대화하는 데 있으므로, 감정과 관련된 단어는 수업과 직접적 관련을 갖지 않는 경우가 일반적이다. 따라서 교사가 수업에 열중하게 되면 수업이 인지적 내용에만 집중되는 경향이 있으므로, 학생들은 쉽게 피로를 느낄 수 있다. 이때 제시되는 감정적 표현이나 단어는 비록 수업과 직접적 관련이 없다고 하더라도 학생들의 주의를 집중시키는 데 도움이 될 수 있다.

흥미를 유발할 수 있는 다양한 자료의 제시는 학습자의 주의를 집중시키는 데 매우 효과적인 방법이다.

• **강조적 유형**: 특별한 때에 강조하는 말이나 행동을 보이는 것이다. '이 부분은 아주 중요합니다. 시험에 출제될 수 있는 곳이에요.' 혹은 '자, 이제 여길 봅시다.' 등은 강조적 유형의 자극이 된다. Mayer(1983)는 이러한 강조적 유형의 자극이 적절하게 사용된다면 학습 효과를 증진시킬 수 있다고 말한다. 여기서 중요한 것은 강조적 유형의 자극은 단순하고 타당해야 한다는 것이다.

지각 작동기억을 통해 들어오는 정보는 객관적인 실재가 아니라 학생에 의해 해석된 주관적인 실재임을 교사는 다시 한 번 기억해야 한다. 그리고 학생의 지각은 과거의 경험과 자신의 기대에 영향을 받는다. 교사는 교실에서 배경지식이 부족하여 문제를 바르게 이해하지 못하는 학생들을 흔히 보게 된다. 이러한 경우 정보가 매우 풍부하고 정교하더라도 학생은 자신의 과거 경험에 의해 정보를 제한받게 된다. 따라서 교사가 수업 내용에 들어가기 전에 지난 시간에 학습한 내용을 잠깐 동안 복습시켜 주는 것만으로도 학생들은 많은 도움을 받을 수 있다.

그리고 학생들의 지각이 자신의 기대에 영향을 받는다는 사실 또한 매우 중요한 함의를 갖는다. 만약, 학생들이 정보가 흥미 있고 도전해 볼 만하다고 느낄 때와 정보가 지루하다거나 도저히 풀 수 없는 것이라고 느낄 때는 분명 그 반응에 차이가 있게 된다. 따라서 학생의 이러한 기대를 적절히 조절해 주는 것 역시 교사의 중요한 역할이라고 할 수 있다.

시연 교사는 시연에 관한 몇 가지 일반 원리를 알고 있어야 한다. 시연과 관련된 가장 중요한 원리는 정보에 대한 기억이 시연하는 반복의 횟수에 영향을 받는다는 것이다. 또한 시연을 실행하는 시기 역시 교사가 고려해야 할 원리다. Dempster (1988)는 일정한 간격을 두고 하는 시연이 한 번에 몰아서 하는 시연보다 효과적임을 말하고 있다.

이러한 원리는 교사가 실제적으로 수업을 진행하는 데 도움을 줄 수 있는데, 예를 들어 시를 암기시킬 경우 한 번에 모두 암기하도록 하는 것보다 매일 조금씩 나누어서 암기시키는 것이 보다 효과적이다.

부호화와 인출 부호화와 인출에 관련하여 교사가 기억해야 할 것은 학생의 부호화는 유의미하게 일어나야 하며 교사는 학생의 유의미화에 도움을 줄 수 있어야 한다는 것이다. 앞서 살펴보았듯이 부호화와 인출은 밀접하게 연결되어 있다. 즉, 인출은 정교한 부호화에 매우 큰 영향을 받는다. 따라서 효과적인 인출을 위해서는 성공적인 부호화가 선행되어야 한다. Eggen과 Kauchak(1992)은 정보의 유의미성을 높여 부호화의 처리 과정을 촉진시키는 수단으로 능동성, 조직화, 정교화, 그리고 기억술의 네 가지를 제안한다.

- **능동성**: 학문적 내용에 대하여 학생들이 능동적으로 참여할 때 학습이 더욱 촉진된다는 것이다. 따라서 교사가 선택하는 과제의 종류가 학생들의 인지 과정의 질을 결정할 것이라는 Anderson(1989)의 지적은 교사에게 많은 함의를 준다. 결국, 학생들의 능동적인 참여를 유도하는 교수방법을 꾸준히 실행할 때 유의미한 부호화가 만들어지는 것임을 교사는 언제나 생각하고 있어야 한다.
- **조직화**: 개별적인 정보를 하나로 묶는 것으로, 부호화를 돕는 매우 중요한 인지 처리 과정이다. 이러한 조직화의 사용 여부는 학생의 학업 성취를 부분적으로 설명해 주는 요인으로 작용한다(E. Gagné, 1985).
- **정교화**: 장기기억에 정보를 부호화하는 데 가장 효과적이며 교실 상황에서 가장 폭넓게 적용할 수 있는 전략으로, 개별적인 정보 간에 연합의 수를 증가시켜 가는 과정이다. 따라서 정교화는 새로운 정보를 보다 상세하게 처리하려고 노력할 때 자연스럽게 발생한다. 교실 상황에서의 조직화, 일치성, 명확성 등은 모두 정보를 정교화하는 데 도움을 주는 요소며, 이러한 요소들이 결국 학습의 증진을 가져온다(Cruickshank, 1985)는 사실을 교사는 항상 인식하고 있어야 한다.

• **기억술** : 조직화와 정교화만으로 부호화되기 어려운 내용에 유용하게 적용될 수 있는 전략이다. 조직화와 정교화가 매우 유용한 전략이기는 하지만 모든 정보가 조직화되고 정교화될 수는 없다. 이러한 경우에 기억술은 교실에서 폭넓고 유용하게 쓰일 수 있다. 기억술은 학습 내용에 존재하지 않는 연합을 만들어 부호화하는 것을 의미한다. 그리고 이것은 새로운 것과 기존의 것 사이에 인위적인 고리를 만들어 준다.

한편, 효과적인 인출과 부호화를 위하여 초인지 전략을 개발하려는 연구들이 수행되고 있다. **초인지**(meta-cognition)란 자신의 인지 과정을 통제하고 조절하는 것을 의미한다(Flavell, 1976). 즉, 자신의 인지상태와 인지 과정에 대한 정신적인 작용의 총합이라고 정의할 수 있다(Meichenbaum et al., 1985). 초인지 전략 개발에 대한 연구 중 Brown과 Palincsar(1982)의 연구는 초인지 전략의 활용을 훈련받은 학생들이 훈련받지 않은 학생들에 비해 이해력이 높고 훈련의 효과도 지속적임을 보여 주었다. 그리고 Brown(1980)의 연구에 의하면 연령에 관계없이 초인지 활동이 결핍된 학생은 문제 해결력이 낮은 것으로 나타났다. 또한 심재학(1994)은 학생의 초인지 활동을 자극하는 초인지 전략 수업모형을 고등학생들의 물리 교과에 적용한 결과 초인지 전략 수업모형에 따라 수업받은 학생들이 그렇지 않은 학생들에 비해 개념 학습 성취도가 높게 나타났고, 관련되는 개념들도 구조적으로 조직화하고 있다는 결과를 제시한 바 있다. 이상의 연구들은 효과적인 학습에서 초인지의 중요성을 강조하고 있는 것이다.

EDUCATIONAL PSYCHOLOGY

연구문제

1. 다음의 개념을 간단히 설명하여라.
   - 작동기억(working memory)
   - 청킹(chunking)
   - 시연(rehearsal)
   - 인출(retrieval)

2. 다음의 글을 읽고 인지학습이론의 관점에서 교수행동이 효과적인지 아닌지를 판단하고, 그 이유를 설명하여라.

> 1) 이 선생님 반은 요즘 수학시간에 곱셈과 나눗셈을 배우고 있다. 평가는 주로 곱셈과 나눗셈을 잘 이해하고 해결할 수 있는지를 알아보는 문항으로 구성되지만, 가끔 이 선생님은 학생들에게 덧셈과 뺄셈 문제도 내 주신다.
>
> 2) 김 선생님은 학생들의 시험 결과를 평가할 때에는 항상 교재에 나와 있는 내용을 정확히 기술하는 학생에게 더 좋은 점수를 주었다. 김 선생님은 이러한 방법이 어떤 시험에서든 일관적인 평가 기준을 제시하는 객관적인 방법이라고 생각한다.

3. Tolman의 실험이 행동주의 시각에 문제가 있음을 주장할 수 있는 근거를 설명하여라.

4. 정보처리이론에서 '7±2'가 의미하는 것과 이것이 학습자의 학습과 교사의 교수과정에 어떤 함의를 갖는지 설명하여라.

5. 정보처리모델에 있어 학습의 시작은 주의집중을 함으로써 시작된다는 것을 앞에서 알아보았다. 같은 내용의 질문을 하고 있는 다음 두 선생님의 예를 살펴보자.

> A : 병국아! '소나기'는 누구의 작품이지?
> B : '소나기'는 누구의 작품일까요?
> (잠시 교실을 둘러본 후) 병국아!

이와 같은 두 가지 유형의 질문이 병국이와 그 외 학생들의 주의집중에 각각 어떤 영향을 줄 것인지 예상하고, 그 이유를 설명하여라.

6. '전체는 단순히 부분의 합이 아니라 그 이상을 의미한다.'는 형태주의의 입장이 주장하는 것은 무엇인지 설명하여라.

제7장

학습자의 동기

1. 동기의 개념
2. 동기이론
3. 학습과 관련된 동기 관련 요인
4. 학습동기를 증진시키는 변인
5. 학습동기 증진을 위한 전략

■ 연구문제

고등학교 1학년에 배정받은 세 명의 교생 선생님들이 점심식사를 하면서 자기 학급의 담임선생님들 얘기를 하고 있다.

"우리 반 담임선생님은 영어를 가르치시잖아요? 실력도 굉장히 좋으신 것 같은데, 그보다 더 좋은 건 말이에요, 공부를 잘 못하는 학생들에게 참 많은 시간과 정성을 보이신다는 거예요. 어느 정도냐 하면 말이죠, 실력이 좀 부족한 학생들을 위해서 매 시간 10분씩 중학교 교과서를 다루어 주시거든요. 특히, 그 시간에 실력이 부족한 학생들에게 참 많은 배려를 하세요. 일반적인 고등학교 1학년 수준에서 조금 쉬운 문제들이기는 하지만 그 학생들이 정답을 말하면 칭찬을 아끼지 않으세요. 어느 때엔 좀 과하다 싶을 정도로 칭찬을 하시지만 그 아이들에게 정말 필요한 건 자기도 할 수 있다는 자신감 아니겠어요? 암튼 참 감동적인 수업이었어요."

"저도 우리 반 담임선생님 수업에서 비슷한 느낌을 받았어요. 학생들에게 가급적 실패의 경험을 주지 않으려고 세심한 노력을 하시는 모습 말이에요. 우리 반 담임선생님 수업 스타일은 설명하기 전에 이것저것 질문을 많이 하시는 편이거든요. 그런데 그 질문들이 때때로 학생들을 당황하게 만들 만큼 황당하고 복잡한 게 많아요. 전교 1등하는 수민이도 가끔씩 대답을 못하고 쩔쩔매곤 해요. 하지만 공부를 잘 못하는 학생들에게는 절대 그렇게 질문을 하지 않으세요. 저도 처음엔 깨닫지 못했는데 조금 지나니까 알겠더라고요. 대개 '예' 나 '아니요' 로 대답 가능한 분명한 질문을 주로 하시더라고요. 그리고 혹시 그런 질문에도 조금이라도 버버거린다 싶으면 바로 설명을 해 주세요. 그러니까 그 아이들은 친구들 앞에서 쩔쩔매거나 창피를 당하는 일이 별로 없어요. 참 사려 깊으신 것 같아요."

“조금 다르긴 하지만 우리 반 선생님도 비슷해요. 어저께 학교 끝나고 차를 한 잔 같이 마셨거든요. 그때 선생님께서 이런 말씀을 하시더라고요. 학생들이 실패를 하였을 경우에 자신이 능력이 부족해서 그렇다는 생각이 들게 해서는 안 된다. 그러니까 학생들에게 가장 필요한 건 성공의 경험인데, 누구나 노력하면 성공할 수 있다는 믿음을 갖도록 교사는 세심한 노력을 해야 한다는 조언이에요. 실제로 선생님 수업을 참관해 보면, 학생들이 잘못 했을 때에 상처를 주지 않으려고 노력하시는 모습을 뵐 수 있어요. 음…… 이번 시험은 평소와는 다르게 많이 어려웠지? 라든가 시간이 좀 부족했던 것 같아, 그렇지? 혹은 혹시 시험 범위를 잘못 알고 있었던 건 아니냐는 식으로 아이들이 자신이 부족해서 실패했다는 느낌을 주지 않으려는 노력이 느껴져요.”

학생의 동기는 학교생활의 성공과 실패에 영향을 주는 중요한 변인 중 하나다. 동기란 사람이 무언가를 하는 데 방향을 제시하고 행동을 지속시키는 힘이라고 간단히 정의할 수 있지만, 실제 표출되는 양식과 형태는 매우 복잡하고 미묘한 양상을 나타낸다. 실제로 학급경영에 능숙한 경험 많은 교사조차 학생의 동기를 다루는 일을 가장 어려워하는 경향이 있다(Veenman, 1984).

이 예화에서 교생 선생님들이 관찰한 오랜 경험의 교사들은 학생들이 실패 때문에 좌절하지 않고 공부에 흥미를 느끼게 하도록 세심한 주의를 기울이고 있는 것을 알 수 있다. 학생들의 능력이 어떻든 간에 그 교과에 흥미를 느끼지 못한다면 아무리 잘 구조화된 수업이라 하더라도 그 효과를 장담하기 힘들다는 것은 자명한 일이다.

교과의 기초가 부족한 학생들에게 기초 부분을 보완할 수 있는 기회를 만들어 준다든지, 현재의 실력을 고려하여 차등 있는 질문을 준비함으로써 학생들이 당황하지 않게 한다든지, 성적이 나쁜 이유가 능력 때문이 아니라 노력에 의해 극복될 수 있음을 강조하는 등 예화에서 보이는 경험 많은 교사의 노력은 궁극적으로 학생들이 학업을 포기하지 않고 최선을 다할 수 있도록 유도하고자 하는 동기와 관련 있는 모습들이다.

이처럼 학교에서 교사가 가장 중요하게 관심을 가져야 하는 변인 중 하나가 동기다. 따라서 교사는 학생들이 흥미를 유발하고 지속하도록 하는 다양한 전략을 지닐 필요가 있다. 이제 교사가 반드시 알아야 할 동기에 대한 이론과 적용점에 대해 구체적으로 살펴보자.

1. 동기의 개념

이상적인 수업 과정이란 학생들이 주의집중하고 학생들 스스로 질문하고 학습하며 제시된 과제물을 적절하게 수행하고, 교사는 이러한 학생들을 돕기 위하여 다양한 교수방법을 연구하는 모습일 것이다. 그러나 현실의 교육현장에서 이상적인 수업과정을 발견하기란 쉽지 않다. 교사가 적절한 계획을 세우고 열정적인 수업을 진행할지라도 학생들이 학업에 실패하는 경우가 있는데, 그러한 이유 중의 하나가 동기의 문제다.

동기는 행동을 조작하고 활기 있게 하는 힘이다. 힘이 무엇인가를 움직이게 하는 것처럼 동기는 사람을 움직이게 한다. 동기(motivation)란 움직인다는 의미의 라틴어 Movere에서 유래되었으며, 인간의 행동을 일으키는 근원적인 힘으로 이해되고 있다. 그러나 동기의 개념은 학자들에 따라 약간의 차이를 보이고 있다. 동기에 대해 Atkinson(1958)은 행위의 방향과 강도 및 지속에 대한 직접적인 영향이라고 정의하며, Young(1961)은 인간과 동물의 행위를 결정짓는 요인이라고 정의한다.

이와 같은 개념 정의를 통해서 동기의 기능은 발생적 기능, 방향적 기능, 강화의 기능으로 집약할 수 있다.

- **발생적 기능**: 행동의 출발점 기능 또는 시발점 기능으로 이해될 수 있으며, 모든 행동의 전제 조건이 된다.
- **방향적 기능**: 행동에서 구체적 방향을 정하고 자극에 대한 선별적 반응을 통해 순조롭게 목표를 달성하며, 결과적으로 긴장을 완화시키는 기능을 한다.
- **강화의 기능**: 동기가 행동의 원동력이 되어 행동을 강화시키는 것으로서 칭찬이나 질책과 같은 외부적 상황이 특정한 행동을 수행하도록 유도한다.

이상의 세 가지 기능은 '인간의 행동을 끌어내는 힘이 무엇인가?', '행동이 특정 목표를 향하게 되는 것은 무엇 때문인가?', '목표 도달에서 강화는 어떠한 역할을 하는가?' 등의 동기와 관련된 일반적인 질문에 대한 설명이 된다. 결국, **동기**란 인간 행동 과정에서 행동의 활성을 증감시키고 행동의 방향을 정해 주는 심리적 요인으로서 개체의 행동을 특정한 목표로 이끄는 내적 충동 상태를 의미한다.

동기는 학습과 관련하여 일반동기와 특수동기로 구분할 수 있다(Brophy, 1987). 학습에 대한 **일반동기**(general motivation)란 학습 상황에서 지식의 습득과 기능의 숙달을 위해 노력하는 지속적이고 폭넓은 경향을 의미한다. 이때 '지속적' 이라는 단어는 중요한 의미를 갖는데, 일반동기는 일단 형성되기 시작하면 초등학교와 중등학교를 거쳐 대학과 직장, 그리고 그 밖의 사회생활까지 계속 유지되기 때문이다(Mason & Stipek, 1989). 또한 '폭넓은' 이라는 의미는 일반동기가 교육과정 전반에 영향을 준다는 것을 뜻한다. 즉, 과목에 따라 약간의 차이가 있을 수는 있겠지만 긍정적인 동기 유발은 특정 과목이나 주제 영역을 뛰어넘어 광범위한 영역에서 활성화될 수 있다. 이에 비하여 특정 영역이나 내용의 학습에 관해서만 동기화되는 것이 **특수동기**(specific motivation)다. 학습에서의 특수동기는 특정 과목 혹은 수업시간의 학습에서만 학생들의 학습을 촉진시키게 된다. 따라서 특수동기는 교사의 통제 범위 안에 들어 있다고 볼 수 있으며, 특정 전략에 의해 변화될 수 있다.

한편, 동기의 범주를 외재적 동기와 내재적 동기로 구분하여 설명할 수도 있다. **외재적 동기**(extrinsic motivation)란 학습자가 외부에서 받을 수 있는 강화자로서의 동기를 의미한다. 행동주의의 관점에 근거한 외재적 동기는 높은 성적을 받았을 때 상장을 주거나 심부름을 하였을 때 용돈을 주는 등의 예처럼 직관적으로 쉽게 이용될 수 있다. 이때 학습자는 활동 자체에는 관심이 없고 활동의 결과에만 관심을 기울일 수도 있다. 따라서 외재적 동기는 학습자의 내적인 면에 긍정적인 영향을 줄 수도 있지만, 대체로 학습자 내부의 동기를 감소시키거나 학습자에게 낮은 자기 인식과 편협한 초점을 형성시킬 수 있다는 비판을 받기도 한다(Eggen & Kauchak, 1992). 한편, **내재적 동기**(intrinsic motivation)는 학습자가 본질적으로 가지고 있는 동기로서 학습자의 흥미나 호기심과 같은 요인에서 유래하는 스스로의 욕구에 대한 반응을 의미한다. 내재적 동기는 학습자가 학습과제에 대한 외부의 보상과는 상관없이 능동적으로 활동에 참여할 때 형성된다. 학생들의 성취 동기, 자아실현의 욕구 등은 내재적 동기의 대표적인 예다.

학습과제 수행 과정에서 갖는 내재적 동기와 외재적 동기의 정도는 학생들에 따라 차이가 있다. 교사는 두 가지 동기에 의한 내재적 보상과 외재적 보상을 이용하여 학습활동에 대한 동기를 유발시켜 주어야 한다. **내재적 보상**(intrinsic reward)이란 학습활동에 대하여 성공감이나 만족감을 느끼는 것으로 활동에서의 성취감으로 인해 자아존중감(self-esteem)의 향상을 가져오게 된다. 그리고 **외재적 보상**(extrinsic

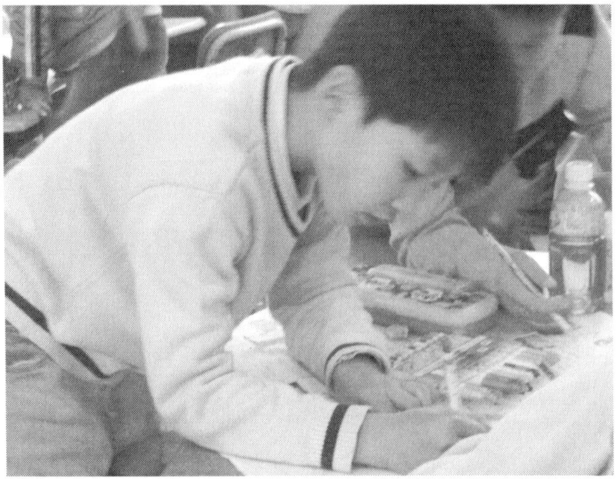

● ● ●
내재적 동기에 의해서 학생은 도전하는 활동에 완전히 열중하고 초점을 맞추며 집중할 수 있게 된다.

reward)이란 학습활동 자체와는 관계없이 타인에 의해서 통제되는 돈이나 음식 또는 특권 등이 주어지는 것을 의미한다.

내재적 보상과 외재적 보상은 서로 독립적이다(Deci et al., 1991). 교사는 이러한 두 가지 보상을 동시에 사용할 경우에는 매우 신중해야 한다. 또한 두 보상 중에 어느 것을 더 강조해야 하느냐에 대해 일치된 의견은 없으나, 행동주의자들은 외재적 보상을 중요시 하고 인지심리학자들은 내재적 보상을 보다 강조한다. 학교현장에서 이 두 보상에 대한 절대적 기준은 없지만 대체로 내재적 동기가 있는 학생에게는 내재적 보상을 경험하게 하고, 내재적으로 동기화되지 않는 학생에게는 외재적 보상을 줄 수밖에 없다. 그러나 교사는 학생이 가지고 있는 최소한의 내재적 동기에 대해서 최대의 자신감이나 성취감을 갖도록 사회적 지지를 해 주어 내재적 동기를 육성시켜 주어야 한다(Brophy, 1988).

2. 동기이론

동기는 행동의 근원이 되고 활력을 불어넣어 주며, 방향을 제시해 주기 때문에 인간의 행동을 이해하기 위해서는 동기를 이해해야 한다. 이러한 인간의 행동 이해에 중요한 동기이론은 다양하다. 인간을 대신하여 동물연구에서 성립된 이론도 있고, 임상심리학에 의한 이론도 있으며, 인간을 대상으로 한 게임 풀이에서 정리된 이론도 있다. 이 장에서는 이러한 여러 이론을 두 가지로 나누어 논의하고자 한다. 하나는 행동의 전반적인 면을 이해할 수 있는 일반적인 동기이론이며, 다른 하나는 학교학습 활동에 주된 학습동기이론이다. 또 인간의 행동 이해를 위한 동기이론들을 행동주의, 인지주의, 인본주의의 측면에서 다루고자 한다. 이러한 이론들은 행동의 일반적인 경향을 이해하는 데 도움이 되고, 더 나아가 학교학습 수행을 계획하는 데 기초가 될 것이다.

1) 행동주의 동기이론

행동주의 동기이론이란 특별한 사고 과정 없이 인간 행동의 힘과 방향이 결정된다는 관점이다. 전통적인 행동주의 이론은 관찰이 불가능한 내면적 과정이나 상태 등이 행동에 대한 과학적인 연구 대상으로 부적당하다고 본다. 동기가 배고픔과 같은 원초적인 것이든 예술가의 미적 목표와 같은 고차적인 것이든 간에 내적이고 관찰할 수 없는 영역이기 때문에 행동주의자들은 동기를 구체적으로 연구하지 않았다. 다만, 행동주의자들은 높은 빈도의 반응을 일으키는 강화물로서 동기를 이해한다.

그러나 반드시 관찰 가능한 행동만을 연구해야 한다는 원칙론적인 행동주의자들의 주장은 인간의 행동을 이해하는 데 많은 제한점을 가져왔다. 인간의 모든 행동을 기계적인 자극-반응의 연합만으로 설명하기에는 한계가 있기 때문이다. 따라서 전통적인 행동주의의 기계적인 행동 이해에 대한 보완적인 연구로서 **신행동주의**(neo-behaviorism)가 제기되었다.

Clark L. Hull
(1884~1952)

신행동주의의 대표적인 학자인 C. Hull(1951)은 사람들의 모든 행동이 욕구나 충동에 의해 긴장을 감소시키는 방향으로 진행된다는 **충동감소이론**(drive reduction theory)을 제안하였다. 충동감소이론에서는 인간의 활동량을 증가시키는 내적 욕구상태인 **충동**(drive)이라는 개념을 일차적 충동과 이차적 충동으로 구분하여 설명한다. **일차적 충동**(primary drive)은 근원적인 충동으로 배고픔이나 목마름과 같은 생물학적 욕구에 의해 자극되는 것이며, **이차적 충동**(secondary drive)은 획득적인 충동으로 사랑이나 글쓰기 혹은 음악 창작 등의 욕구와 같이 일차적 충동과의 연합 과정에서 발생하는 충동이다. 이차적 충동은 일차적 충동이 만족되었을 때의 인간 행동을 설명한다. 따라서 이차적 충동은 생존에 필요한 일차적 충동을 넘어서는 것이며, 일차적 충동과의 결합을 통해 형성된다. 즉, 상황이나 사건이 규칙적으로 일차적 충동의 해소와 맞물렸을 때 그것이 이차적 충동을 산출하게 된다. 이와 같이 형성된 이차적 충동은 충동을 감소시키는 방향으로 행동을 유발시킨다. 이때 감소된 충동에 의해 자극과 반응에 대한 강화가 습관적으로 발생하게 되는데, 이처럼 자극과 반응 간의 짝지어지는 정도를 **습관강도**(habit strength)라 한다. 그러나 습관강도에 의해 형성되는 행동이라도 상황에 따른 인간의 구체적인 충동과의 관계에 보다 큰 영향을 받는다. 이러한 현상을 **반응경향성**(tendency of response)이라 하는데, 반응경향성은 다음과 같이 충동과 습관강도 간의 함수관계로 나타낼 수 있다.

$$\text{반응경향성(motivation)} = \text{충동(drive)} \times \text{습관강도(habit strength)}$$

이상에서 살펴보았듯이 신행동주의는 인간의 행동을 자극에 대한 수동적인 반응으로 이해하는 전통적인 행동주의 이론을 보완하고 확대시켰다. 예를 들어, 동일한 행동을 수행한 서로 다른 두 사람에게 동일한 보상이 주어졌을 때, 한 사람에게는 그것이 강화로 작용하지만 다른 사람에게는 그렇지 못한 경우가 흔히 있다. 충동감소이론은 이러한 결과에 대해 유용한 설명을 제공한다. 한 사람은 돈을 중요하게 생각하고 다른 한 사람은 명예를 중요하게 생각하여 두 사람이 서로 다른 충동을 가지고 있을 경우, 돈이라는 강화자가 보상으로 사용된다면 명예를 중요시하는 사람은 결코 충동 감소가 일어나지 않을 것이다. 이러한 설명처럼 모든 인간이 그들의 충동을 감소시키는 방향으로 행동한다는 사실을 생각하면, 명예를 중요하게 생각하는 사람은 돈이라는 보상으로 더 이상 동기화되지 않음을 쉽게 알 수 있다. 이처럼 인간의 행동을 유발하는 변수로 인간의 충동과 그에 대한 감소라는 개념을 도입한 신행동주의의 충동감소이론은 다양한 인간 행동의 원인을 이해하는 동기연구에 중요한 접근방식으로 이해되어 왔다.

충동감소이론은 인간의 활동적이고 역동적인 측면을 보다 적절하게 이해할 수 있는 수단을 제공하기는 하지만, 일차적 충동과 이차적 충동을 명확하게 구분하는 데 어려움이 있으며, 인간을 수동적으로 보는 행동주의적 관점에서 완전히 벗어나지 못하는 단점을 가지고 있다.

하지만 효과적인 강화물을 이용하여 동기를 유발할 수 있다는 행동주의적 접근의 효과성은 학교현장에 실질적인 함의를 제공한다. 강화에 의한 동기유발은 초등학교에서 더욱 유용하다. 왜냐하면 어린 학생들은 보상을 기대하면서 공부하기를 좋아하는 경향이 있고, 교사들 역시 그러한 사실을 염두에 두고 지도하는 일이 많기 때문이다. 그러나 중 · 고등학교와 같은 상급학교에서도 이러한 효과가 동일하게 나타나지는 않는다. 교사나 성인에 의해 주어지는 보상에 민감한 어린 학생과는 달리 청소년들에게는 성인의 인정보다는 또래집단의 인정과 기준이 중요한 행동 지표가 되는 경향이 있다. 또래집단의 기준에서 많이 벗어난 교사나 성인의 보상 혹은 인정은 오히려 청소년을 당황하게 하고, 극단적인 경우에는 처벌의 효과와 같은 결과를 파생시킬 수도 있다. 따라서 교사는 청소년들에 대한 동기화 전략과 어린 학생들에 대한 전략을 동일하게 취급하지 않도록 유의해야 한다.

청소년 단계에서 교사에 의한 외적 동기화에 제약이 되는 방해 요인 중 대표적인 것은 중 · 고등학교의 구조적인 문제에서 야기된다. 중 · 고등학교에서 대부분의 교사는 하루 40~50명의 학생을 50분이라는 한정된 수업시간 동안 만나게 된다. 이러한 조건에서는 학생들의 동기에 대한 정보를 얻기가 힘들다. 이는 교사가 학생들에 대해 개인적이고 효과적인 강화물을 선택하는 데 방해 요인으로 작용하게 된다.

한편, 교사는 강화물의 사용에서 초등학교 단계의 학생들과 중 · 고등학교 단계의 학생들 사이에 존재하는 희소성의 원칙을 고려해야 한다. 초등학교 수준에서는 다수의 학생에게 제공되는 보편적인 강화물이 개인에게 효과를 발휘한다(Stipek, 1988). 그러나 중 · 고등학교 수준에서는 상징적인 강화물이나 희소성이 있는 강화물이 효과를 발휘한다는 사실을 인지해야 한다. 고학년 학생일수록 다른 많은 학생보다 뛰어나게 좋은 성적이나 특별한 상을 받는 것, 즉 누구나 받을 수 없는 특정한 강화물을 얻었을 때 동기유발이 더욱 효과적으로 이루어지는 경향을 보인다.

그러나 동기의 행동주의적 접근에 대한 비판도 제기되고 있다. 우선, 과제에 대한 외재적 보상은 내부의 흥미와 동기를 저하시킨다는 비판이 있다(Calder & Staw, 1975; Morgan, 1984). 즉, 보상이 제공되지 않는 자유시간에 스스로 과제를 선택하여 학습하는 경향을 감소시키며(Greene, Sternberg, & Lepper, 1976), 문제의 선택에서도 문제에 정답을 하였을 때 보상을 받은 경험이 많은 학생이 그렇지 않은 학생에 비하여 쉬운 문제를 선택하는 경향이 많다는 것이다(Harter, 1978). 다음으로 고학년 학생의 경우 쉬운 과제를 완성하였을 때 교사의 과도한 칭찬은 오히려 학생 자신이 낮은 능력을 가졌다고 느끼게 할 수 있다(Graham, 1991). 교사는 이러한 비판점을 염두에 두고 동기유발을 위한 강화계획을 세워야 한다. 즉각적인 행동의 변화를 이끌어 낼 수 있는 외재적 동기의 적절한 사용은 학습의 증진과 행동 수정에 중요한 기능을 할 수 있을 것이다.

2) 인본주의 동기이론

20세기 초반에 주류를 이루었던 이론은 행동주의와 정신분석학이었다. 행동주의는 행동의 기본적인 동인으로 환경적인 요인에 초점을 맞추는 반면, 정신분석학은 무의식적인 욕구와 내부의 본능에 초점을 맞추고 있다. 그러나 인본주의 심리학은 행동주의나 정신분석학처럼 인간 행동을 환경이나 본능 등에 대한 반응으로 제한하고 인간의 전체적인 부분을 검토하지 않은 채 학습과 동기에 미치는 영향에 관심을 갖는 것은 옳은 접근이 아니라고 주장한다. 따라서 인본주의 동기이론은 개인의 지각과 내부적 욕구에 대한 반응에 초점을 맞춘다. 동기에 대한 인본주의의 입장을 살펴보기 위해 먼저 인본주의 심리학의 기본 관점을 이해할 필요가 있다. 다음의 정의는 인본주의 심리학의 기본 입장을 잘 보여 준다.

> **인본주의 심리학**(humanistic psychology)은 행동주의적이며 자연과학적인 방법을 존중하는 연합주의와 인간을 지나치게 분석적 · 결정론적으로 보는 입장에 반대하는 심리학적 조류에서 시작한다. 연합주의와 정신분석학은 주로 동물이나 비정상인을 대상으로 인간을 반응 객체로 보고 인간 현상을 기술하려 하였음에 반하여, 인본주의심리학은 건전한 인간 자체를 대상으로 삼았으며, 인간을 능동적인 성장 가능의 잠재력을 가지고 있는 주체로 보았다. 또한 인간은 보다 자기 조절적이고 자기 통제적이며 자기 선택적이기 때문에 강요와 통제를 지양하고 대신 자발성과 자율성을 더욱 강조하여야 한다고 하였다(서울대학교 교육연구소, 1994).

인본주의는 전체로서의 인간 혹은 자아를 가장 중요하게 생각하기 때문에 인본주의 동기이론의 중심 개념 역시 자아 개념이 된다. **자아 개념**(self-concept)이란 개인이 가지고 있는 자신에 대한 견해를 말한다. 자아 개념은 학습자가 겪은 경험의 통합이자 핵심이다. 학생이 학급에서 어떻게 행동하는가는 그들이 자신을 인간 존재로서 어떻게 바라보는가와 학교가 자신들의 성숙에 얼마나 기여하고 있는가에 대한 생각에 달려 있다. 만일, 수업이 개인적으로 의미 있는 것이라면 그들은 학습에 동기화된 것이고, 그렇지 않다면 그들은 동기화되지 않은 것이다. 우리는 종종 학생들이 '이 내용을 왜 배워야 하죠?' 하고 질문하는 모습을 보게 된다. 학생들이 배우는 내용을 그들의 개인적 성장과 연관되도록 도와줄 수 있는 교사의 능력은 학습에서 중요한 요인이 된다.

Abraham H. Maslow
(1908~1970)

인간이 가지고 있는 욕구라는 측면과 관련된 인본주의 심리학의 대표적인 이론은 A. Maslow의 **욕구위계이론**(hierarchy of need theory)이다. Maslow(1943)에 의하면 인간은 내적 욕구를 가지고 태어나고, 이 욕구를 만족시키기 위해 노력한다. 그러나 이러한 노력의 궁극적인 방향은 단순히 생물학적 만족이나 긴장의 감소가 아니라 자아실현의 추구라는 점이 중요하다. 즉, 인간의 긍정적이고 지적이며 상위지향적인 측면을 강조하는 것이다. Maslow(1970)의 욕구위계는 인간 행동에서 명확한 방향성을 보여 준다. 그는 [그림 7-1]에서와 같이 가장 우선적이고 기본적인 생리적 욕구에서부터 자아실현이라고 할 수 있는 심미적 · 지적 욕구를 포함하는 욕구위계를 제시하고 있다. 그는 모든 사람이 자아실현을 위해 노력한다고 믿었으며, 우선 하위의 욕구가 충족됨으로써 상위의 욕구를 자유롭게 추구하게 되고

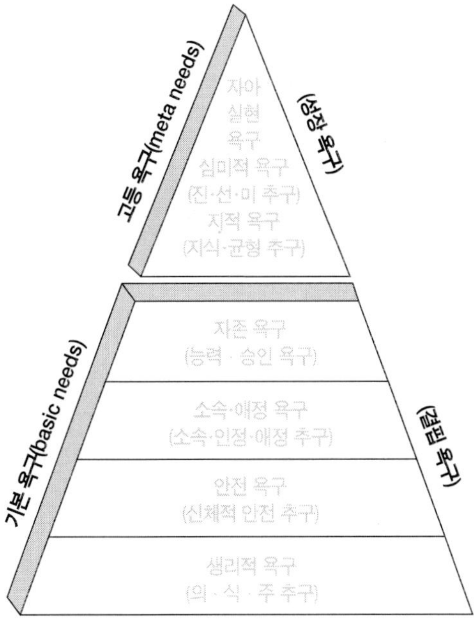

[그림 7-1] Maslow의 욕구위계설

출처: R. E. Slavin (2006). *Educational psychology* (8th ed.). Boston: Allyn and Bacon, p. 320.

궁극적으로 자아실현까지 이르게 된다고 결론지었다. 그러나 사람들이 반드시 위계에 따라 행동하는 것은 아니라는 점에서 비판을 받기도 하였다. 예를 들어, Michelangelo는 그의 명작을 완성하는 동안 생활 속에서 많은 불편을 겪었다. 즉, 미적인 가치를 위하여 하위의 욕구를 희생시킨 것이다. 또한 사랑하는 사람을 위험에서 구하기 위해 자신의 목숨을 포기하는 사람들의 경우도 그의 이론을 비판하는 증거가 된다.

Maslow의 연구는 교육현장에 중요한 시사점을 주고 있다. 학생들이 피곤하고 배고프며 혼란스러운 상태로 학교에 오게 된다면 그들의 학습 욕구는 확실히 감소될 것이다. 또한 교사는 학생들의 자존감이 그들의 동기에 영향을 미친다는 사실을 인식해야 하며, 그들의 동기를 극대화하기 위해서 자존감을 향상시키기 위한 최선의 노력을 기울여야 한다. 궁극적으로 Maslow의 이론은 구체적인 학습 내용과 주제들이 학생들의 자아와 욕구에 연결되고 통합되어야 함을 제안하고 있다. 학습에 대한 진정한 욕구는 학생들이 학습하는 내용과 그들 자신의 삶의 관계를 명확하게 인식할 때 생겨난다.

결국, 인본주의에서는 동기를 모든 인간 존재의 성장과 발달의 원인이 되는 내부적이고 활동적인 힘으로 본다. 개인에게는 스스로의 행동을 지시하고 활기를 주는 타고난 발달 원리가 내재되어 있다. 따라서 인본주의의 입장에서는 동기화되지 않는 학습자란 있을 수 없으며, 교사는 학생의 성장과 발달, 그리고 새로운 경험을 종합하는 데 도움을 주기 위하여 이미 내재되어 있는 긍정적인 경향성을 증진시키기 위해 최선의 노력을 기울여야 한다.

3) 인지주의 동기이론

동기에 대한 인지주의 관점은 인간이 세계에 대해 이해하려는 욕구를 지니고 있다는 것에서 시작한다. 인간의 기본적인 욕구가 무엇인가에 대해서는 여러 관점이 있지만 대부분 질서와 감각에 대한 욕구라는 것에 동의한다. 인지이론가들은 교실에서 일어나는 사건들에 대한 학생들의 해석에 초점을 맞춘다. 어떤 학생들은 교실활동에서 흥미를 느끼고 도전적인 과제를 찾는 반면에 똑같은 교실활동을 지루하게 혹은 두렵게 여기는 학생이 생기는 이유는 무엇인가? 또는 어떤 학생은 성적이 낮았을 때 시험이 너무 어려웠다고 생각하고 또 어떤 학생은 시험공부를 충분히 하지 않았다고 느끼는 이유는 무엇인가 등에 관심을 갖는다.

인지주의 동기이론은 인간을 능동적이고 적극적으로 사고하는 이성적인 존재로 보며, 인간의 동기를 외적인 힘에 의한 수동적인 것으로 인식하는 행동주의의 입장과는 매우 대조적인 차이를 보인다. 이제 인지주의 동기이론을 대표하는 귀인이론과 자아효능감이론, 자기결정이론, 그리고 기대가치이론에 대해 살펴보도록 하자.

Bernard Weiner
(1935~)

귀인이론(attribution theory) 학생들은 어떤 일에 성공하였을 때나 실패하였을 때 그 원인을 무엇이라고 생각하는가? 성공이나 실패의 원인이 자신의 노력이나 능력 등의 내적 원인이라고 생각하는 경우와 우연한 결과나 운 등의 외적 원인이라고 생각하는 경우는 후속 행동에 차이를 가져온다.

이처럼 성공이나 실패에 대하여 자신의 행동에 대한 원인을 귀속시키는 경향성에 대한 이론이 **귀인이론**이다. 귀인이론의 대표적 학자인 B. Weiner(1979, 1980)에 따르면 귀인이론은 학교에서 학생들이 그들의 성공과 실패를 어떻게 설명하는가에 대해 체계적으로 이해하고자 하는 것이다. 그는 사람들이 자신의 성공과 실패의 원인을 알고자 하는 특성이 있다고 가정한다(Weiner, 1986). 사람들은 그들의 성공이나 실패를 자신의 과업 수행 중에 있었던 특정한 어떤 일의 탓으로 돌린다. 행운, 불운, 어려운 과업, 쉬운 과업, 주위의 친한 사람들, 적대적인 관계의 사람들, 자신이 어려워하는 일, 자신이 가지고 있는 능력의 정도 등과 같은 것들이 모두 그러한 예다. Weiner는 이러한 요인을 분석하여 사람들이 자신의 실패나 성공의 원인으로 가장 많이 귀인하는 능력, 노력, 운, 과제의 난이도라는 네 가지 요소를 설정하였다. 이와 같은 귀인들은 원인의 소재, 안정성, 통제 가능성이라는 세 가지 차원의 모형을 기준으로 분류할 수 있다.

- **원인의 소재(locus of causality)**: 사람들의 성공 또는 실패에 대한 원인의 근원을 의미한다. 즉, 성공이나 실패의 원인이 사람들의 내부에 존재하는지 외부에 존재하는지에 따라 원인의 소재가 달라지는 것이다. 이와 같은 기준에 따라 원인은 내적 원인과 외적 원인으로 나뉜다. 노력이나 능력 등은 개인의 내부에 존재하는 원인이기 때문에 내적 원인이 된다. 노력과 능력이라는 원인에 성공과

실패를 귀인시키는 사람들은 내적으로 지향되어 있다고 분류된다. 반면, 운이나 과제의 난이도 등은 성공이나 실패를 귀인시키는 전형적인 외적 원인이다. 시험이 쉬워서, 또는 우연히 자신이 공부한 부분이 시험문제로 출제되었기 때문에 높은 성적을 얻었다고 생각하는 사람은 성공의 원인을 외적인 것으로 보는 것이다.

- 안정성(stability) : 귀인에는 변화될 수 있는 것도 있으며 그렇지 않은 것도 있다. 성공이나 실패의 원인을 분석하여 그 대책으로 과업에 들이는 노력의 양을 적절히 조절하거나, 좀 더 많은 도움을 요구하거나, 때에 따라서는 공부하는 방식을 바꿀 수도 있다. 이러한 것들은 모두 변화 가능한 귀인들이다. 그러나 실패에 대한 원인을 개인의 내적 능력이 부족한 탓으로 돌린다면 능력을 변화시키는 것은 상대적으로 힘든 일이 된다. 이처럼 귀인을 분류하는 데에서의 **안정성**이란 귀인을 변화시킬 수 있는 가능성의 정도를 의미하는데, 그 정도에 따라 안정적(stable) 귀인과 불안정적(unstable) 귀인으로 분류된다.
- 통제 가능성(controllability) : 성공이나 실패를 통제할 수 없는 선행 사건에 귀인시키는가 혹은 통제할 수 있는 선행 사건에 귀인시키는가에 따른 분류가 **통제 가능성**이다. 예를 들어, 지능지수는 통제 불가능한 원인의 한 예가 될 수 있으며 운도 마찬가지다. 반면에 노력은 통제 가능한 원인이다. 이처럼 통제 가능성은 통제 가능(controllable) 귀인과 통제 불가(uncontrollable) 귀인으로 나뉜다.

이와 같이 귀인은 모두 세 가지 차원으로 분류되는데, 앞서 살펴본 대표적 귀인 네 가지를 〈표 7-1〉과 같이 나타낼 수 있다. 이렇게 귀인을 분류하는 것은 실제적으로 학생들의 동기를 이해하고 적절히 대응하는 데 기초가 된다.

자아효능감이론(self-efficacy theory) 자아효능감이론에서는 학업과제에 대한 내재적 동기가 피험자의 능동적이고 자율적인 상태와 관련되어 있다고 본다. A.

〈표 7-1〉 귀인과 각 차원의 관계

	원인의 소재	안정성	통제 가능성
능력	내적	안정적	통제 불가
노력	내적	불안정적	통제 가능
운	외적	불안정적	통제 불가
과제의 난이도	외적	안정적	통제 불가

Bandura(1986)는 **자아효능감**이란 어떠한 과제를 성공적으로 조직하고 실행하는 자신의 능력을 지각하는 특성이라고 정의하였다.

자아효능감은 다양한 수준에서 교사와 학생 모두에게 영향을 준다. 학생들이 느끼는 자아효능감은 스스로에게 긍정적인 감정을 경험하도록 하여 보다 상위의 과제에 도전하려는 열정을 갖게 한다. 열정은 결국 학생들의 동기와 직결되며, 학생들의 학업 성취는 그 동기에 영향을 받는다. 자아효능감은 학습을 하는 동안에 진행되는 학생들의 사고뿐만 아니라 과제를 회피하거나 접근하려는 경향성에도 영향을 주게 된다. 효능감을 지니고 있는 학생은 과업에 직접적으로 집중하지만, 그렇지 않은 학생들은 스스로 무력감을 느끼게 되어 과제를 회피하려 한다(Schunk, 1990). 또한 높은 자아효능감을 가진 학생들이 낮은 자아효능감을 가진 학생에 비해 실제 자기 능력보다 높은 성취를 가져왔다는 연구 결과(Collins, 1982)는 교사들이 학생들에게 높은 자아효능감을 갖게 해야 함을 강조하고 있다. 그러나 자아효능감은 단순히 학생들에게만 영향을 미치는 것이 아니다. 즉, 자아효능감은 교사의 수행에도 영향을 준다. 자신의 능력에 신뢰감을 느끼고 있는 교사와 그렇지 않은 교사가 학생들의 학업 성취에 상이한 영향을 미친다는 연구 결과(Dembo & Gibson, 1985)는 실제 학급에서 보다 바람직한 수행을 유도하는 교사의 태도를 강조하고 있다.

자기결정이론(self-determination theory) **자기결정**은 Deci와 Ryan(1987)이 제안한 개념으로 자기 자신의 행동과 운명을 자율적으로 선택할 수 있다는 믿음이다. 학생들은 자기결정력을 가질 때 과제에 보다 오랫동안 참여하게 되고, 과제에 대하여 유의미하고 창의적인 사고를 하게 된다. 그리고 활동에서 즐거움을 경험하게 되며 보다 높은 수준의 성취를 이룬다(Amabile & Hennessey, 1992; deCharms, 1972; Deci, 1992; Deci & Ryan, 1987; Wang & Stiles, 1976). 반면에 환경이나 자신이 하는 일에 대해 자기결정력을 가지지 못할 때에는 자신의 삶의 과정을 결정하는 데 소극적으로 임하게 되고 내적 동기보다 외적 요구에 따르게 되는 경향이 있다.

자기결정력은 동기의 질과 관련되는 것으로 과제 참여의 질을 예언해 준다(Ryan & Connell, 1989). 사람들은 자유롭고 자기 결정적일 때 자신의 흥미를 추구하고 자신의 기술을 연습하고 발전시킬 수 있는 과제를 선택하게 되며, 학생들이 자기결정력이 있다고 느끼는 정도가 학업동기의 질을 예언해 준다(Vallerand, Fortier, & Guay, 1997).

Deci와 Ryan은 인간의 자기결정에 대한 인식(sense of self-determination)에 영

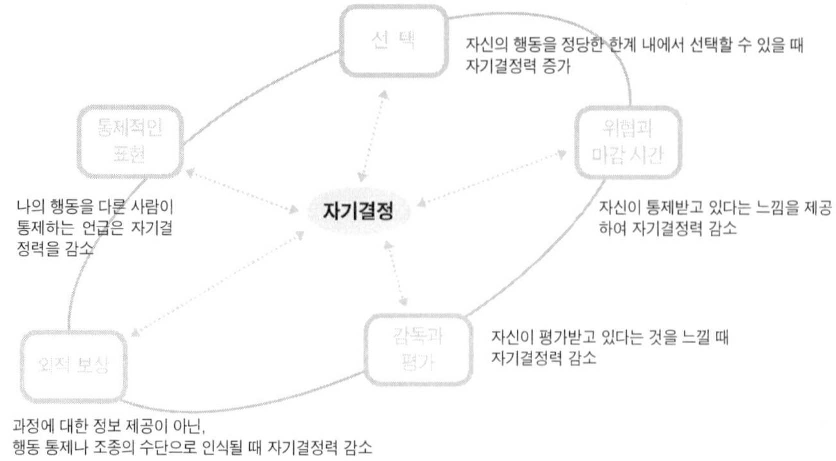

[그림 7-2] **자기결정력 인식에 영향을 주는 요인**

향을 주는 요인으로 [그림 7-2]와 같이 선택(choice), 위협과 마감시한(threat & deadlines), 통제적인 표현(controlling statement), 외적 보상(extrinsic reward), 그리고 감독과 평가(surveillance & evaluation)를 들고 있다. 사람들은 자신이 행하는 것에 대해 정당한 한계 안에서 선택할 수 있을 때 자기결정력을 느끼게 되고, 이 때문에 내적 동기가 올라가게 된다(Deci & Ryan, 1987, 1992; Morgan, 1984; Stipek, 1993). 위협과 마감시한은 자신이 통제되는 경험을 하게 하고, 그 결과 자기결정력과 내적 동기가 감소한다. 그리고 우리의 운명을 다른 사람들이 통제하고 있다는 언급은 자기결정력을 손상시킬 수 있다(Amabile & Hennessey, 1992; Boggiano, Main, & Katz, 1988; Koestner et al., 1984). 또한 외적 강화물이 과정에 대해 정보를 제공하는 것이라기보다는 통제하거나 행동을 조종한다고 인식될 때 자기결정력에 역효과를 준다. 장기적인 관점에서 보았을 때, 보상은 시작하는 활동이 어려운 경우 과제를 지속하도록 하는 데 외적 강화로서 유용할 수 있지만, 그것이 미끼 또는 자유를 제한하는 것이라고 해석될 때에는 긍정적인 영향을 주지 않는다. 마지막으로 자신의 행동이 평가받고 있다는 것을 알고 있는 사람들은 낮은 자기결정력을 느끼게 되고, 그 결과 낮은 내적 동기를 가지게 될 뿐만 아니라(Clifford, 1990; Deci & Ryan, 1987, 1992; Harter et al., 1992; Hennessey, 1995; Stipek, 1996) 잠재적인 평가 요인조차 내적 동기를 감소시키게 된다(Clifford, 1990; Deci & Ryan, 1987).

기대가치이론(Expectancy-value theory) 어떤 이론가들(예: Atkinson, 1964; Dweck & Elliott, 1983; Feather, 1982; Wigfield, 1994; Wigfield & Eccles, 1992)은 특정한 과제를 수행할 때의 동기에 두 가지 변수가 존재한다고 주장한다. 첫째 변수는 성공할 수 있다는 믿음, 즉 과제 수행에 대한 높은 **기대**(expectancies)고, 둘째 변수는 과제를 수행하는 것에서 발생하는 직·간접적인 이익에 대한 믿음, 즉 과제 자체 또는 결과물에서 찾을 수 있는 **가치**(values)다. 이러한 관점에서 동기화된 행동은 기대와 가치가 모두 존재할 때 나타난다는 것이다. 즉, 사람들은 어떤 활동에 대하여 적당한 양의 노력을 하면 성공적으로 수행할 수 있다고 믿을 때(높은 기대), 그리고 활동 또는 활동의 결과가 가치 있다고 믿을 때(높은 가치) 과제활동에 참여하게 된다.

사람들이 가지게 되는 기대는 여러 요인에 의한 결과로 볼 수 있는데, 기대의 수준에 영향을 주는 요인으로는 어떤 과제에 대한 성공과 실패에 대한 선행 경험(Dweck, Goetz & Strauss, 1980), 지각된 과제의 난이도, 작업 습관, 환경적 자원, 교수의 질, 성공을 위해 예상되는 노력이 있다(Dweck & Elliott, 1983; Wigfield & Eccles, 1992; Zimmerman et al., 1992). 그리고 어떤 활동에 대한 가치는 사람들마다 재미와 흥미를 느끼는 분야가 다른 것과 같이 주관적인 것으로 개인의 특질과 관련되는 것이다.

3. 학습과 관련된 동기 관련 요인

인간의 행동을 이해하는 데 기초가 되는 동기이론을 앞에서 개괄적으로 고찰하였다. 여기에서는 학교학습 수행에 깊이 관여되어 있는 학습동기를 살펴보기로 한다. 지금까지 동기를 연구하는 여러 영역의 심리학자들에 의해서 학교학습에 관련된 학습동기는 다양하게 연구되어 왔으며, 최근에는 객관적으로 관찰 가능한 외현적 행동에 관심을 두던 행동주의의 시각에서 벗어나 인지주의 입장을 보다 강조하고 있다.

1) 성취동기

동기를 탐구하는 가장 중요한 목적은 학생들의 성취 수준을 증진시키는 데 있으며, 성취동기는 학교에서의 학업 성취에 가장 큰 영향을 미치는 동기 요인이다. 도전적이고 어려운 과제를 성공적으로 수행하려는 욕구(Atkinson, 1980, 1983)라고 정의할

Henry Murray
(1893~1988)

David C. McClelland
(1917~1998)

수 있는 **성취동기**(achievement motivation)는 Murray에 의해서 처음 제시되었다. 그는 [그림 7-3]과 같이 심리발생적 욕구 27가지 중의 하나로 성취동기를 제안하고 있다. 이후 성취동기는 D. McClelland와 J. Atkinson에 의해 보다 체계적으로 발전하였다. 성취동기의 측면에서 Murray는 정의적인 측면을 중시하며, McClelland와 Atkinson은 기대-가치라는 인지적인 측면을 강조한다. McClelland(1985)는 아동에게 성취에 대한 보다 높은 욕구를 형성시킬 수 있다고 믿고 있었으며, 이러한 믿음을 기초로 성취동기 육성 프로그램을 개발하기도 하였다. 또한 Atkinson은 성취하고자 하는 욕구를 실패회피동기와 함께 설명함으로써 성취동기를 이해하는 데 보다 유용한 시각을 제시하였다.

Atkinson(1980, 1983)은 100점 만점의 시험에서 70점이 나온 성적표를 바라보고 있는 학생의 그림을 제시하는 방법으로 학생들의 성취에 대한 욕구를 조사하였다. 연구 결과 높은 성취 욕구를 지닌 학생은 그림을 보고 '그는 그 점수보다는 더 잘할 수 있었을 것이며, 앞으로 더욱 열심히 공부해야겠다고 다짐하고 있다.' 고 해석하였다. 반면, 성취동기가 낮은 학생은 '그는 자기 성적을 보며 매우 낙심하여 어떻게 해야 할지를 모르고 있다. 그는 아마도 그 과목을 싫어할 것이며, 시험도 분명히 어려웠을 것이다.' 라고 생각하고 있었다.

Atkinson은 학생들의 성취동기를 **성공추구동기**(M_S)와 **실패회피동기**(M_{AF})로 설명하고 있다. [그림 7-4]에 나타난 바와 같이 성공추구동기가 높은 학생들은 실패회피동기가 높은 학생에 비해 중간 정도의 난이도 과목에 접근하는 경향이 두드러지며, 실패회피동기가 높은 학생은 과목에 대한 실패를 감수하면서도 어려운 과목을 선택하는 경향성이 있다. 이는 자신의 실패를 과목의 난이도에 귀인시키려는 목적에서다. 이러한 현상은 학생들의 실제적인 학업 성취에 도움을 주지 못한다. 반면에 성공추구동기에 의해서 동기화되는 학생들은 지나치게 비현실적인 어려운 과제에 도전하지 않는다. 따라서 성공추구동기가 높은 집단은 적절한 학습동기를 형성함으로써 학교학습 수행 능력을 높일 수 있게 된다.

이처럼 **성취동기**가 높으면 적절한 목적을 설정하게 되고 학습과제 수행 과정에서의 어려움을 극복할 수 있으나, 성취동기가 낮거나 실패회피동기가 높으면 자신의

[그림 7-3] Murray의 심리발생적 욕구

출처: H. Murray (1983). Low inference classroom teaching behavior and student ratings of college teaching effectiveness. *Journal of Educatinal Psychology, 75*, 131-149.

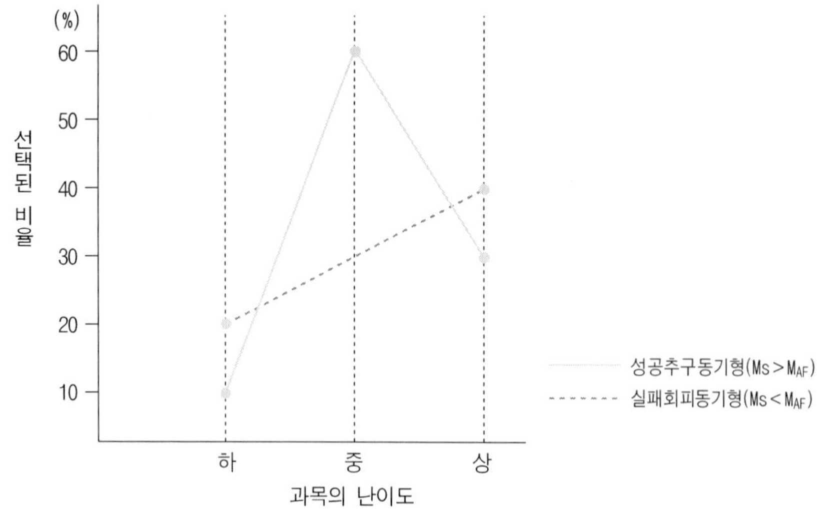

[그림 7-4] 성취동기와 과목 선택의 관계

출처: B. Weiner (1980). *Human motivation*. New York: Holt, Rinehart & Winston.

능력에 비해 지나치게 높거나 낮은 목표를 갖게 되고 과제 수행에 심혈을 기울이지 않는 결과를 나타낸다. 그리고 학생들의 실패회피동기는 발달 단계에 따라 상이한 양상을 보이기도 한다. 저학년 학생들은 과제의 난이도에 상관없이 가까이에 접해 있는 과업에 몰두하는 매우 과업지향적인 모습을 보이는 반면, 고학년으로 갈수록 실패회피 경향이 증가한다(Stipek, 1984; Weisz, 1979).

또한 〈표 7-2〉에서 볼 수 있듯이 성공추구동기를 갖는 학생들은 학습과제를 실패하였을 때 성취동기가 증가되고, 실패회피동기를 갖는 학생들은 학습과제를 성공하였을 때 성취동기가 증가한다. 일반적으로 성취 욕구가 높은 학생은 도전적인 과제물, 높은 기준, 명백한 피드백, 재도전의 기회 등에 의해 동기화되는 경향이 있으며, 높은 실패회피 욕구를 가진 학생은 성공을 위한 여러 강화, 자유로운 평가, 실패로 인한 당황으로부터의 방어 등에 의해 동기화된다.

〈표 7-2〉 동기 유형과 과제의 성공·실패 함수로서 동기의 변화

	$M_S > M_{AF}$	$M_S < M_{AF}$
성 공	동기 감소	동기 증가
실 패	동기 증가	동기 감소

출처: B. Weiner (1980). *Human motivation*. New York: Holt, Rinehart & Winston.

이러한 차이점을 이해하는 것은 각기 다른 욕구를 가진 학생들에게 적절한 도움을 주는 데 유용할 것이며, 결과적으로 모든 학생을 보다 효과적으로 도울 수 있을 것이다. 따라서 교사는 학생들에게 적절한 난이도의 과제를 배분하여 학생들의 성공 경험과 실패 경험을 조절해 줌으로써 성취동기를 향상시키고 유지시켜야 한다.

Atkinson의 성취동기연구는 후에 Weiner의 귀인이론과 통합되어 학습 상황에서의 성취 결과를 보다 자세하게 설명하고 있는데, 이것이 성공과 실패의 원인에 관련된 연구다. Weiner는 귀인동기를 설명하면서 성취동기가 높은 학생과 낮은 학생들이 나타내는 학습과제 수행 결과에 대한 귀인 형태를 분석하였다. 그 결과 대체로 성취동기가 높은 학생은 성공과 실패의 원인을 내적으로 귀인시키는 데 반하여, 성취동기가 낮은 학생은 외적으로 귀인시키는 경향이 있음을 알게 되었다.

최근에는 교육현장에서의 성취동기를 설명하는 데 목표(goal)의 개념이 도입되어 Atkinson의 성취동기이론을 보완하고 있다. 성취동기에서의 목표 제시를 보면, Dweck(1986)은 수행 목표(performance goal)와 학습 목표(learning goal)에 따라 달라진다고 보고 있으며, Nicholls(1984)는 성취 목표가 자아 개입(ego involvement)을 위한 것인지 과제 개입(task involvement)을 위한 것인지에 따라 학습자의 성취동기가 달라진다고 보고 있다. 또한 Ames(1984)는 성취목표이론(achievement goal theory)을 제시하여 학습자의 목표를 과제 목표(task goal)와 능력 목표(ability goal)로 구분하여 성취동기를 이해해야 한다고 지적하고 있다.

이상의 이론에 근거해 볼 때 수업 상황에서 교사는 학생들의 다양한 성취동기를 이해하고 증진시키는 데 노력하여야 한다. 교사는 구체적으로 다음과 같은 역할을 해야 한다.

- 과제 수행의 성공에 대한 기대의 가능성을 높여 준다. 학생들에게 성공적으로 학습과제를 수행할 수 있다는 기대를 높여 주어야 하는 이유는 그들이 학습 목적을 성취할 수 없다고 생각하면 성취하려는 동기도 생기지 않기 때문이다.
- 학습 결과를 평가하는 과정에서 학습의 성공과 실패를 내적으로 귀인시켜 주어야 한다.
- 학습과제 수행에서 실패하였을 경우라도 벌을 최소화하고, 할 수 있는 가능성과 시사점을 구체적으로 명시해 줌으로써 성취동기를 북돋아 주어야 한다.

2) 귀인, 학습된 무력감, 자아효능감

학습과 관련하여 학생들은 성취동기 이외에도 다양한 요인에 영향을 받는다. 귀인동기, 학습된 무력감, 자아효능감 등은 학생의 학습동기와 밀접한 관련을 맺고 있다.

앞서 살펴보았듯이 귀인이론은 교실 상황에서 학생들의 실패와 성공에 대하여 이해하려는 시도며, 능력과 노력, 그리고 운이나 과제의 난이도라는 네 가지 요소로 그들의 성공과 실패의 원인을 보는 경향이 있다. 이러한 귀인은 학생이 새로운 학습과제를 수행할 경우 실패와 성공에 대한 반응에 영향을 주기 때문에 교실 상황에서 매우 중요하다.

이제 다음의 예화를 통해 분류된 귀인을 적용해 보자.

> 선생님이 성적표를 나누어 주는 동안 네 명의 학생이 소곤거리고 있다. 영미가 조용히 물었다.
>
> "철수야, 어땠어? 잘 봤니?"
>
> 철수는 약간 짜증스럽게 대답했다.
>
> "망쳤어! 난 도무지 답을 쓸 수가 없더라! 휴, 난 아무래도 논술형엔 약한가 봐. 도저히 주제를 풀어나갈 수가 없었어. 넌 어때?"
>
> "나도 망쳤지 뭐. 공부를 거의 못했으니 시험을 못 볼 수밖에…… 공부를 좀 더 했더라면 그렇게 어려운 시험은 아니었는데……."
>
> 영미가 무덤덤한 표정으로 철수의 말을 받았다. 그때 철민이가 자신의 성적표를 받고는 억울하다는 듯이 투덜거렸다.
>
> "이게 웬일이지? 내 성적이 '우' 라고? 말도 안 돼! 선생님이 내 답안지를 읽어 보지도 않으셨나 보네."
>
> 속상해 있는 세 명의 학생과는 대조적으로 민영이는 싱글벙글하고 있었다.
>
> "우와! 난 겨우 두 시간 공부했는데 '우' 란 말이야? 공부한 시간에 비하면 대단한 점수 아니니? 이 정도면 난 성공한 거야."

이 예화에서 철수는 시험에서의 실패가 자신의 능력 때문이라고 느끼고 있다. 따라서 철수의 귀인은 내적이며 안정적이고 통제할 수 없는 것으로 판단할 수 있다. 반면에 영미는 실패의 원인을 노력의 부족으로 생각한다. 즉, 내적이며 불안정적이고 통제 가능한 귀인인 것이다. 민영이는 운이 좋았다고 생각하고 있으므로 외적이고 불안정적이며 통제 불가능한 요인으로 귀인하고 있다. 이처럼 자신의 성공과 실패를 어디에 귀인하는가의 문제는 학교 상황에서 매우 중요한 의미를 갖는다. 왜냐하면 귀인은 그 자체로 끝나는 것이 아니라 후속 행동에 영향을 미치기 때문이다.

똑같이 낮은 성적을 받은 철수와 영미의 경우를 살펴보자. 두 학생은 모두 실패의 원인을 내적인 것으로 귀인시키고 있다. 그러나 영미의 귀인은 통제 가능한 것이며, 철수의 경우는 통제 불가능하다는 차이가 있다. 따라서 영미는 다음 시험에서 성공할 수 있다고 기대할 수 있는 반면, 철수는 다음 시험에서도 비슷한 결과가 나올 것이라고 생각하게 된다.

이와 같은 철수의 귀인은 학습된 무력감으로 발전될 수 있다. **학습된 무력감**(learned helplessness)이란 아무리 노력해도 성공할 수 없을 것이라고 느끼게 되는 것을 의미한다(Seligman, 1975). 학습된 무력감을 지니고 있는 학생은 학업 성취에서 자신의 잠재력을 거의 발휘하지 못하며 쉽게 학업을 포기하게 된다. 이런 학생들에게 학교는 결국 계속되는 실패만을 만드는 장소로 느껴질 것이다. 그러나 학습과제에 대한 실패가 반드시 학습된 무력감으로 나타나는 것은 아니다. 무력감은 실제적인 통제성보다는 통제에 대한 개인의 신념에 더 큰 영향을 받는다. 즉, 실패 경험의 종류와 정도에 따라 학생들은 무력감을 학습하는 대신에 오히려 더 나은 수행을 보일 수도 있다(Clifford, 1990; Kim, 1993). 또한 Kuhl(1994)은 학습된 무력감 현상은 귀인이론의 설명에서와 같이 개인의 귀인 유형에 따라 결정되는 것이 아니라 개인의 의지통제(volitional control) 유형에 따른다고 주장하기도 한다. 즉, 개인이 상태지향적(state-oriented)이냐 행동지향적(action-oriented)이냐에 따라 무력감의 학습이 결정되며, 또 훈련과제와 검사과제 사이의 유사성에 따라 무력감의 학습이 달라진다는 것이다(김아영, 1996). 따라서 교사는 학습된 무력감의 원인과 징후를 신중하게 살펴보아야 한다. 교실 내에서 학습된 무력감을 지니고 있는 학생들은 지루해하거나 침체된 모습을 보이게 된다. 이러한 학생들이 적극적으로 수업에 임하는 경우는 거의 없으며, 자신이 해결할 수 있는 과제조차도 노력을 기울이지 않거나 무력한 태도를 보인다. Dweck(1975)은 학습된 무력감을 완화할 수 있는 귀인훈련 방안을 마련하였다. **귀인훈련**(attribution training)이란 노력을 통해 성공한 학생뿐만 아니라 노력이 부족하여 실패한 학생들에게도 용기를 주는 교수 프로그램이다. 학생들이 성공할 수 있을 만큼의 적절한 노력을 기울였을 때 격려해야 한다는 것이 귀인훈련의 핵심이다. 따라서 학습된 무력감을 극복하게 하기 위해서는 적절한 노력으로 성공할 수 있는 과업에 학생들이 참여할 수 있게 해야 하며, 자신들의 능력에 따른 결과를 믿게 하고, 또 현실적인 목표를 만들어 나가도록 해야 한다. 물론, 가장 좋은 방법은 교사가 학생 개개인에 따른 달성 가능한 목표의 수립, 다양한 문제 해결 전략의 작성, 실패에 대한 대안 등을 마련하여 학습된 무력감을 예방하기 위해 노력하는 것이다.

또한 앞 절에서 살펴본 자아효능감이론 역시 학습에 중요한 영향을 주는 동기다. 자아효능감을 느끼기 위해서는 단지 열심히 노력하거나 동료 학생들에 비해 상대적으로 잘하는 것이 아니라 기술 혹은 능력 숙달의 창의적인 과정 자체를 스스로가 인식해야 한다. 학생들이 그들 자신의 능력 수준이 향상되고 있다고 느끼지 못한다면 보상이나 동료보다 뛰어나다는 인식 등은 자아효능감을 경험하도록 만들지 못한다. 자아효능감을 경험하지 못하게 되면 극단적인 경우 아무리 노력해도 성공할 수 없다고 생각하게 되는 학습된 무력감을 느낄 수도 있다.

교사는 자아효능감이 고정적인 인성이나 특성이 아니라는 사실을 기억해야 한다. **자아효능감**은 특정 과제에서 성공할 수 있는지에 대한 개인의 능력을 스스로 사정하거나 평가하는 것을 의미한다. 그리고 자아효능감은 상황특수적(situation specific)이기에 어떤 사람은 시를 쓰는 과제에 높은 자아효능감을 보이는 반면, 소설을 쓰는 과제에서는 아주 낮은 자아효능감을 보일 수 있다. 또 어떤 사람은 축구에 매우 소질이 있는 반면에 수영은 그렇지 않다고 스스로 판단할 수도 있다. 중요한 점은 한 번 그러한 판단을 하게 되면 그것 때문에 학업 성취뿐만 아니라 학습과제에 투여하는 노력 및 지속력까지 영향을 받게 된다는 점이다. 이러한 자아효능감의 속성은 적절한 계획이 수반되면 충분히 경험할 수 있고 변화될 수 있으므로 교사는 학생이 자아효능감을 경험하고 그러한 경험이 그들의 동기에 긍정적인 영향을 줄 수 있도록 세심하게 배려할 필요가 있다.

3) 불 안

불안(anxiety)은 불확실한 결과를 가져오는 상태에 대한 불편한 감정과 염려다. 불안은 위협의 대상이 모호한 것으로 구체적인 위협에 대한 반응인 공포와 구분된다.

불안은 걱정(worrying)과 정서성(emotionality)의 두 가지 구성 요소로 구분된다(Liebert & Morris, 1967; Tryon, 1980). 걱정은 불안의 인지적 측면으로서 어떤 상황을 다룰 수 있는 능력에 대한 당혹스러운 생각과 믿음을 포함하고 있다. 정서성은 불안의 정서적인 측면으로서 근육의 긴장, 심장 박동 수의 증가와 같은 생리적인 반응을 포함한다.

또한 불안은 **상태불안**(state anxiety)과 **특성불안**(trait anxiety)의 두 가지 유형으로 구분할 수 있다. 상태불안은 수학문제를 풀 때, 어렵기로 악명이 높은 과목의 시험에 대해 생각할 때와 같이 특정한 자극에 의해서 일시적으로 일어나는 불안이다. 반면에 특성불안은 과목의 종류나 상황에 관계없이 일반적으로 항상 불안을 느끼는 것이다. 즉, 모든 시험이나 발표 등에 불안을 느끼는 것으로 어떤 대상에 대해 만성적으로 느끼는 불안이다([그림 7-5] 참조).

불안은 학습과 수행, 인지 과정에 영향을 줄 수 있다. 심리학자들은 각성이 학습과 수행에 영향을 주며, 최적 수준의 각성이 학습과 수행을 최대화한다는 것을 발견하였다(Broadhurst, 1959; Fiske & Maddi, 1961; Hebb, 1955; Yerkes & Dodson, 1908). Yerkes와 Dodson(1908)의 실험은 쉬운 과제는 상대적으로 높은 수준의 각성에서 수행이 최대가 되고, 어려운 과제는 비교적 낮거나 중간 수준의 각성에서 수행이 최대가 된다는 것을 보여 준다. 이때 높은 수준의 불안이 쉽고 자동화된 과제의 수행을 향상시키는 것을 **촉진적 불안**(facilitating anxiety)이라고 하고, 높은 수준의 불안이 어려운 과제의 수행을 방해하는 것을 **방해적 불안**(debilitation anxiety)이라고 한다.

Yerkes와 Dodson의 법칙을 교실에 적용해 보면, 수업의 과정에서 낮은 수준의 불안은 학생들의 학습을 촉진시키고 높은 수준의 불안은 역효과를 가져올 수 있다.

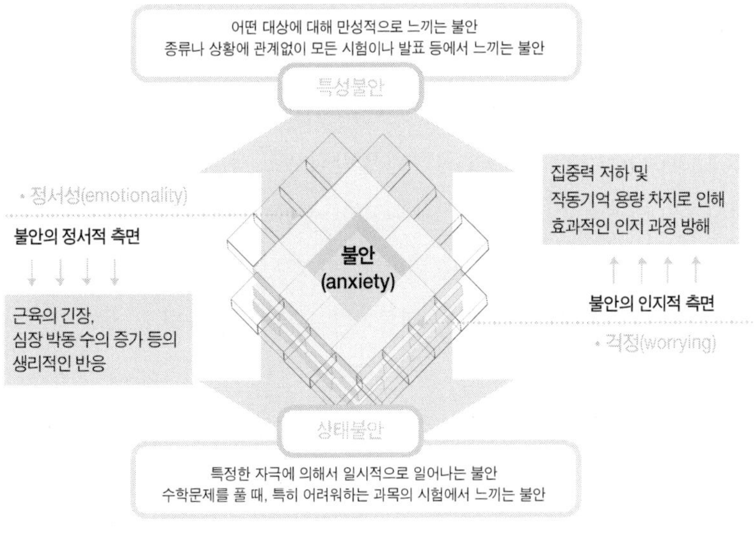

[그림 7-5] 불안의 구성 요소와 유형

그리고 시험에 대한 불안의 정도가 같은 경우, 시험이 쉽다고 느끼는 우수한 학생들의 수행은 향상시키지만 시험이 어렵다고 느끼는 낮은 수준의 학생의 수행은 방해할 수 있다. 또한 학교에서의 과제는 보통 쉬운 것보다 도전적인 것이 많으므로 학생들이 수행하는 데는 낮은 수준의 불안이 보다 효과적일 것이다.

불안은 인지 과정에도 영향을 준다. 불안은 개인이 과제에 집중하는 것을 방해하며(Covington, 1992; Easterbrook, 1959; Eysenck, 1992; Green, 1980; Tobias, 1980; Wines, 1980), 불안의 인지적인 측면인 걱정은 작동기억의 많은 부분을 차지하게 되므로 효과적인 인지 과정을 방해하게 된다(Eccles & Wigfield, 1985; Eysenck, 1992, Mueller, 1980; Naveh-Benjamin, 1991; Tobias, 1985). 이러한 경향은 학습이나 기억과제가 어렵거나 장기기억으로부터 많은 재생이 필요할 때 더욱 현저하게 드러난다(Tobias, 1980).

어떤 학생들은 시험을 치는 상황에서 극심한 불안을 느끼고 이 때문에 낮은 성취를 가져오게 되는데(Covington, 1992; Hembree, 1988; Hill, 1984), 이는 학생들이 시험의 평가적인 면을 염려하기 때문이다(Harter, Whitesell, & Kowalski, 1992; Phillips et al., 1980; Wine, 1980). 이러한 시험불안은 저학년에서는 드물지만 학년이 높아짐에 따라 함께 높아지는 경향이 있고(Kirklamd, 1971), 시험의 수행을 방해한다. 따라서 방해적 시험불안을 가진 학생들에게 그들의 학문적 실패에 대한 이력을 점검하여 특별한 처치를 할 필요가 있다(Kirklamd, 1971; Phillips et al., 1980).

4) 흥 미

홍미(interest)는 내적 동기의 한 형태로 보통 긍정적인 정서는 흥미를 수반한다(Hidi & Anderson, 1992). 흥미의 유형은 일반적으로 개인적 흥미(personal interest)와 상황적 흥미(situational interest)로 구분된다. **개인적 흥미**는 스포츠, 장난감, 곤충에 대한 관심과 같이 상대적으로 안정되어 있는 것으로 개인이 선택하는 데 일관된 패턴을 보인다. 반면에 **상황적 흥미**는 새롭거나 독특한 것, 놀라운 것과 같은 어떤 상황에 의해 유발되는 것이다.

상황적 흥미는 주의집중을 하도록 하는 것에, 개인적 흥미는 장기적으로 보았을 때 어떤 활동에 지속적으로 참여할 수 있도록 하는 것에 영향을 준다. 사람은 어떤 활동에 흥미를 가졌을 때 학습 목표를 세우게 된다(Schiefele, 1992; Schiefele & Wild, 1994). 그리고 흥미는 필요한 정보에 보다 효과적으로 접근할 수 있게 한다. 어떤 주

대상에 대한 초기의 상황적 흥미가 개인적 흥미를 향상시킬 수 있는 원인이 될 수 있다.

제에 대해 흥미를 가진 사람은 그 주제에 대하여 인지적으로 보다 활발하게 참여하고(Pintrich et al., 1993; Schiefele & Wild, 1994; Wigfield, 1994) 유의미하고 정교화된 학습을 한다(Hidi, 1990; Hidi & Anderson, 1992; Pintrich & Schrauben, 1992; Schiefele, 1991, 1992; Schiefele & Wild, 1994; Tobias, 1994). 또한 과제에 대한 흥미는 학습한 것을 보다 오랫동안 기억할 수 있게 해 주고 후속 학습에 영향을 줌으로써 높은 학업 성취를 이룰 수 있도록 한다(Krapp et al., 1992).

홍미를 증진시키는 데에는 여러 가지 요인이 작용한다. 죽음, 파괴, 위험, 사랑과 같이 인간의 본성과 관련된 주제는 상황적 흥미를 증진시킨다(Schank, 1979). 또한 새롭고 차별화되며 예측할 수 없는 주제들은 흥미를 유발시키며 높은 활동 수준과 정서를 유발할 수 있다(Deci, 1992; Hidi, 1990; Hidi & Anderson, 1992; Schank, 1979; Wade, 1992). 그리고 개인적 흥미는 다양한 주제와 활동에 대한 선행 경험에서 발생하는 것인데, 대상에 대한 초기의 상황적 흥미가 개인적 흥미를 향상시킬 수 있는 원인이 될 수 있다. 특정한 분야에 대한 많은 지식과 기술은 자아효능감을 향상시키고 내적 강화를 제공한다. 따라서 흥미와 지식은 서로 분리되어 있는 것이 아니다. 어떤 분야에 대한 개인적 흥미는 그 분야에 대한 보다 많은 학습을 유도하게 되며, 이러한 과정을 통해 증가된 지식은 보다 많은 흥미를 느낄 수 있는 원인이 된다(Alexander, 1997; Hidi & McLaren, 1990; Kintsch, 1980; Tobias, 1994).

4. 학습동기를 증진시키는 변인

학생들의 학습동기는 교실 상황에서 매우 중요한 요인이다. 연구자들은 동기화와 성취 사이에 정적이고 매우 높은 상관관계가 있음을 꾸준히 밝혀 왔다. 동기가 증가하면 보다 나은 학습 태도와 흥미롭고 적극적인 학습 참여로 학습 효과의 극대화를 가져올 수 있다. 이와 같이 학습동기란 학습환경 전체에 영향을 미치는 강한 요인이다. 따라서 학교 상황에서 학생들의 학습동기를 증진시키는 방법에 대한 고찰이 필요하다. 이제 학생들의 학습동기를 증진시키는 변인에 대해 보다 자세히 살펴보자.

1) 교사 역할에 대한 변인

성취의 기회는 학교, 가정, 운동장, 무대 등 다양한 장소에서 주어진다. 어떤 이론가들은 성취동기를 안정적인 특성, 즉 개인에 따라 그 정도의 차이는 있지만 변화가 경미한 특성으로 개념화한다. 또 어떤 학자들은 학생이 학교에서 성취하려는 동기를 교사가 극대화할 수 있는 기회가 상당히 많다고 주장한다. 이러한 관점에 따르면 학생들의 동기는 그들의 부모에 의해서만 형성되는 것은 아니다. 교사 역시 교실의 사회적 풍토뿐만 아니라 수업의 많은 측면을 조절할 수 있으므로 담당하는 학생들의 동기를 증진시킬 수 있다. 교사가 이런 영향력을 최대한 발휘하기 위해서는 학생 개개인에 대해서 구체적으로 파악하고 있어야 한다. 다음은 이러한 성취동기를 증진시키는 데 있어서 교사의 역할 측면이다.

교사의 열정(enthusiam) 교사의 열정은 학생들을 동기화하는 중요한 변인 중 하나다. Wlodkowski와 Jaynes(1990)는 교사의 **열정**이란 가르치는 내용이 중요하다는 사실을 끊임없이 학생들과 의사소통하는 것이라고 정의한다. 교사의 열정은 교과목에 대한 흥미를 전달함으로써 학생들의 동기를 증진시키게 된다. 일반적으로 교사는 언어적 행동과 비언어적 행동 모두를 사용하여 자신의 열정을 학생들에게 전달할 수 있다. 높낮이에 변화를 주는 목소리, 친근하게 학생들과 눈을 맞추는 시선, 머리와 팔을 적당히 움직이는 교사의 몸짓 등은 모두 열정을 적절히 표현할 수 있는 방법들이다(Collins, 1978). 이와 같은 방법이 사전에 고안되고 계획되는 경우 교사의 열정은 증가되는 경향이 있으며, 그 결과 또한 학생들의 수업 참여를 증진시킨다는 연구 결과(Bettencourt et al., 1983)는 학생들의 동기를 증진시키는 데 교사의 열정이 중요하다는 사실을 잘 보여 준다.

교사의 온정(warmth)과 감정이입(empathy) 인간활동의 근본적인 특징은 사람과 사람 사이의 관계성을 기초로 한다는 것이다. 교수행위 역시 인간활동의 일부분임을 상기할 때, 교실에서의 교수 결과는 교사와 학생 간의 관계성에 큰 영향을 받는다고 할 수 있다. 학생들은 교사가 자신들에게 보여 주는 관심을 가장 가치 있는 교사 특성으로 생각하고 있다는 Cromer(1984)의 연구는 교사와 학생 간의 관계성이 중요하다는 것을 시사한다. 이러한 관계성을 바람직한 방향으로 유도하고, 학생들의 동기화를 증진시킬 수 있는 변인이 교사의 온정과 감정이입이다. **온정**은 교사가 인간으로서 학생을 대우하고 관심을 보여 주는 능력이며, **감정이입**은 학생들의 느낌과 그들의 생각을 이해할 수 있는 능력이다.

교사의 온정과 감정이입이 학생들의 성취에 중요한 변인으로 작용한다는 것을 처음 주장한 Rogers(1961, 1969)는 교사들에게 중요한 것은 무엇보다도 '인간적인' 측면의 특성임을 강조하였다. 이러한 그의 주장은 다양한 후속 연구를 통해 지지되고 있다. Wlodkowski와 Jaynes(1990)는 효과적이고 동기화된 교사는 감정이입의 능력을 지니고 있다는 사실을 밝혀냈으며, Murray(1983)는 긍정적인 태도를 보이는 학생과 가장 강하게 연결되는 교사 특성으로 온정과 감정이입, 그리고 친밀감 등을 들고 있다. 또한 교사와 학생 간의 관계가 부정적인 학급은 상대적으로 낮은 성취를 보인다는 연구 결과(Soar & Soar, 1978)와 초등학교 수준의 어린 학생조차도 교사의 온정에 대한 수준을 정확하게 인식하고 있다는 연구 결과(Robinson, Wilson, & Robinson, 1981) 등은 학생들의 동기에 미치는 교사의 온정과 감정이입의 중요성을 잘 설명하고 있다.

결국, 온정과 감정이입은 민감하고 섬세한 정서적 측면으로 학생들과 연결되며 긍정적인 학생의 태도와 밀접하게 관련을 갖기 때문에 교사는 자신의 온정과 감정이입에 특별한 관심을 가질 필요가 있다.

교사의 기대 교사의 기대 역시 학생의 동기화에 중요한 요인으로 작용한다. 교사의 기대는 흔히 자성예언이라는 용어로 설명된다. **자성예언**(self-fulfilling prophecy)이란 교사가 학생에 대한 기대 수준에 근거하여 학생을 판단하며, 그러한 판단에 근거하여 학생을 대하는 것을 의미한다(Good & Brophy, 1991).

교사의 기대가 학업 성취에 영향을 미친다는 사실은 Rosenthal과 Jacobson (1968)의 연구에서 처음으로 밝혀졌다. 그 후 교사의 기대에 대한 다양한 연구가 있어 왔다. 유치원부터 초등학교 2학년까지 특정한 학습에 대한 종단연구(Rist, 1970)는 실제적인 아이들의 능력에 상관없이 교사가 처음에 갖는 편견에 근거하여 학생을 판단한다는 것을 보여 주며, 이를 지지하는 많은 연구가 있다(Gage & Berliner, 1988; Schmuck & Schmuck, 1992). 이러한 사실과 관련하여 Brophy(1987)는 우수한 학생을 배출하는 교사와 그렇지 않은 교사를 구분하는 가장 중요한 변인은 학생들이 학습할 수 있다고 믿는 교사의 기대라고 주장한다.

또한 교사는 학생들이 교사의 기대에 매우 민감하다는 것을 알아야 한다. 실제로 교사의 기대를 지각하는 학생들에 관한 연구(Babad, Bernieri, & Rosenthal, 1991)에서, 교사의 말과 행동을 약 10초 정도 관찰하게 하면 그 교사가 우수아와 열등아에 대해 어떠한 식으로 말을 하는지, 혹은 어떤 학생이 그 교사에게 어느 정도로 사랑받고 있는지를 아주 어린 학생이라도 정확하게 알아낸다는 것이 밝혀졌다. 이는 학생들에게 동기를 부여하고 효과적인 학업 성취를 이루도록 도와주기 위해서는 편견을 배재하는 일이 무엇보다도 중요하다는 점을 시사하는 결과라 할 수 있다. 교사의 기대가 학생에게 어떠한 형태로 전달되고, 또 그 결과가 어떠할지를 다음의 예화를 보면서 생각해 보자.

> 조 선생님은 보충학습을 지도하기 위해 방과 후에 복사를 하고 있었다. 집안일로 일찍 퇴근하면서 학생들을 부탁하신 이 선생님 학급 학생들에게 나누어 줄 연습문제까지 평소보다 두 배로 복사하고 있는 중이었다.
>
> 복사된 연습문제를 들고 우선 이 선생님 반으로 들어갔다. 이 선생님 반은 언제나 학년에서 1등을 놓치지 않았으며 수업 태도 역시 매우 좋았다.
>
> "오늘 공부해야 할 연습문제를 나눠 주겠어요. 조금 어려울지도 모르겠지만 여러분은 잘 풀 수 있을 거라고 생각합니다. 먼저 천천히 읽어 보고 차분하게 풀기 바랍니다. 여러분이 문제를 풀고 있는 동안 자주 들를 테니 이상한 점이 있으면 바로 질문하세요. 일찍 끝나면 자유시간을 가져도 좋습니다. 그럼 열심히 하세요."
>
> 이 선생님의 반을 나온 조 선생님은 자신의 학급으로 들어갔다. 조 선생님의 반은 말썽부리는 학생들이 많고 늘 수업 태도가 좋지 않다는 평가를 받고 있었으며, 성적 또한 다른 반에 비해 형편없이 낮았다. 그리고 며칠 전에는 여러 명의 학생이 집단

으로 가출한 사건이 학교 전체의 문제가 되어 교장선생님께 질책을 받기도 했다. 조 선생님은 자신이 담임 운이 없다고 생각하고 있었다.

"오늘 나눠 주는 연습문제는 어렵지만 꼭 알아야 하는 내용이다. 문제가 매우 어렵다고 느끼는 사람도 있겠지만 받는 즉시 시작하도록 하고 빈둥대면 혼날 줄 알아라. 계속 들를 테니 장난치지 말고, 내가 돌아왔을 때 떠들고 있으면 쉬는 시간도 없을 줄 알아. 수철아, 알아들었니? 그럼 시작해!"

조 선생님은 나중에 돌아왔을 때 떠들고 장난치는 학생들에게 방과 후 청소를 시켜야겠다고 생각하며 교무실로 걸어갔다.

앞서 강조하였듯이 교사의 기대는 학업 성취에 매우 중요한 영향을 미치는 변인이다. 이 예화에서 조 선생님은 두 개의 학급에 대한 확연하게 다른 자신의 반응이 학생들의 성취에 영향을 미친다는 사실을 인지하지 못할지도 모른다. 그러나 동기이론에 따르면 학생의 성취는 단순히 교사의 기대만으로도 차이가 생길 수 있는데, 이를 **자성예언** 혹은 **자기충족적 예언**(self-fulfilling prophecy)이라 한다. 이는 예언이 원인이 되어 실제로 예언에 대한 기대가 현실로 실현되는 것을 의미한다.

만일, 학생들이 항상 토론에서 소외된다거나 교사의 냉담한 피드백을 받게 되는 경우, 친절한 대우를 받고 긍정적인 기대를 받는 학생들에 비하여 그들이 낮은 학업 성취를 보일 것이라는 것은 분명한 사실이다. 결과적으로 교사의 태도 때문에 학생은 성공과 실패에 대한 건전한 귀인을 발달시킬 수 없을 것이다.

학생들의 동기에 관련된 문제를 설명하는 것은 쉽지 않다. 예화에서 보듯이 학생들의 학업 성취와 크게 관련이 없는 듯한 많은 조건이 실제 학생의 동기에 직 · 간접적으로 영향을 주기 때문이다. 따라서 유능한 교사가 되기 위해 학생들의 동기를 정확히 이해하고 적절하게 대처함으로써 긍정적이고 적극적인 교실 풍토를 형성할 수 있도록 노력해야 한다.

2) 교수방법에 대한 변인

학생들의 동기를 증진시키고 최대의 학업 성취를 이루는 데는 교수방법 역시 매우 중요한 역할을 한다. 전통적인 교수방법이 학생들의 동기화에 부정적인 영향을 줄 수도 있기 때문에(Goetz, Alexander, & Ash, 1992), 최적의 동기화를 위해 대안적인 교수방법이 신중히 고찰되어야 한다.

학생들의 동기를 증진시킬 수 있는 교수방법인 완전학습과 협동학습에 대해 다양한 연구가 있어 왔다. 완전학습은 과제를 완전하게 숙달할 수 있도록 도와줌으로써 학생들을 동기화할 수 있으며, 협동학습은 학생들의 능동적인 참여를 유도한다는 점에서 최적의 동기화를 형성할 수 있는 대안적인 교수방법으로 제안되었다. 이제 완전학습과 협동학습이 학생들의 동기를 증진시키는 데 어떠한 도움을 줄 수 있는지에 대해 보다 구체적으로 살펴보자.

우선, **완전학습**(mastery learning)은 어떠한 학생이라도 그들이 학교에서 수행해야 할 과제를 모두 학습할 수 있다고 가정한다. 이러한 가정은 완전학습이 최적의 학생 동기화를 조장할 수 있게 하는 잠재력을 가진 대안적인 교수방법으로 작용할 수 있음을 암시한다. 모든 학생에게는 충분히 과제를 수행할 수 있는 능력이 있다는 완전학습의 기본 가정은 학생들의 동기화에 직접적인 관련을 갖는다. Nicholls(1979)는 완전학습이 학문적 어려움을 경험한 학생들의 동기화에 가장 큰 효과가 있다고 주장한다. 학생이 과제에 실패한 경우 전통적인 수업 상황에서는 '내가 왜 실패하였는가?' '난 바보인가?' 라는 생각을 하게 되지만, 완전학습의 상황에서는 '내가 이것을 어떻게 배울 수 있을까?' 라는 보다 발전적인 생각을 하도록 촉진되기 때문이다. 이러한 완전학습은 자신의 능력에 대해 낮은 자아 개념을 가진 학생들에게 특히 효과적이다. Guskey(1985)는 완전학습이 학생들에게는 개인적인 자존심과 확신, 그리고 행복의 느낌을 갖게 하며, 교사에게는 만족감과 열정을 가져다준다고 한다. 또한 완전학습은 자아 개념의 향상과 학교 과제에 대한 보다 긍적적인 태도와 흥미를 가져오게 한다는 연구 결과(Block & Burns, 1976) 역시 동기화와 관련된 완전학습의 유용성을 보여 준다. 그러나 완전학습이 동기화를 증진시키는 데 절대적인 것은 아니다. Nicholls(1983)는 학생들에게 그들의 수준에 적합한 학업 속도를 제시하는 완전학습 프로그램이 우수한 학생과 열등한 학생 간에 경쟁 상황을 불러일으킬 수 있다는 것을 발견하였다. 또한 Block과 Burns(1976)는 완전학습 프로그램은 학생의 점수가 단 한 번의 학기말 시험 성적에 의존하기 때문에 학생들의 시험불안을 증가시킬 수 있다고 주장하였다. 따라서 최적의 동기화를 조성하기 위하여 교사가 완전학습 프로그램을 사용할 경우에는 신중하고 세심한 주의가 필요하다.

다음으로 **협동학습**(cooperative learning)은 학생들 간의 경쟁을 줄일 수 있고 자신의 학습에 대하여 보다 강한 책임감을 제공할 수 있는 교수방법이다(Nicholls, 1983). 협동학습에서는 공통적인 학습 목표를 향해 공부할 수 있는 동료를 만들어 줌

적절하게 설계되고 조직된 협동학습활동은 학습에 긍정적인 효과를 가져다준다.

으로써 보다 과업에 초점을 맞추는 분위기를 형성할 수 있다. 많은 연구 결과는 협동학습이 경쟁적이며 개인적인 전통적 교수방법에 비해 과제와 교수의 경험에 대하여 보다 긍정적인 태도와 높은 자부심, 그리고 흥미를 유발한다고 밝히고 있다(Johnson & Johnson, 1987). 협동학습에서는 학생들이 소규모 집단이나 짝으로 공부하게 되며, 교사는 지식에 관하여 일차적인 책임을 갖지 않는다. 협동학습 프로그램에서는 교수 과업의 달성을 위해 함께 공부하는 비슷한 능력의 학생이 필요하며, 교사와 학생 또는 학생과 학생이 교사 역할과 학생 역할을 교대로 수행한다. 이와 같은 협동학습 집단을 구성할 때 교사는 학생들의 성, 능력, 연령을 고려해야 하며, 학생들이 능동적으로 학습에 참여할 때 그들을 북돋아 주어야 한다.

3) 학습동기화에 대한 쟁점

지금까지 우리는 학생들의 학습동기를 증진시키는 변인으로 교사의 역할과 교수방법의 측면을 살펴보았다. 이러한 변인은 앞서 살펴본 동기이론과 함께 최적의 동기화를 조성하는 데 유용하게 사용될 수 있다. 그러나 학생의 동기를 증진시키고 최적의 동기 수준을 유지하는 데 이러한 이론과 변인 이외에 교사들이 관심을 갖고 주의를 기울여야 할 다양한 변인이 있다. 학생들의 각성 수준과 행동 수준, 좌절의 원인, 시험불안 등은 모두 학생의 학습동기를 증진하는 데 고려해야 할 변인들이다.

우선, 학생들의 각성 수준과 행동 수준 사이의 관계를 이해하는 것은 학습동기를 증진시키는 데 중요한 기초가 된다. 과제를 지각하는 수준을 의미하는 각성 수준은 학생의 행동 수준에 영향을 준다. 학생들은 일반적으로 과제에 대한 그들의 각성 수준이 최적일 때까지만 행동이 개선되고, 그보다 높은 상태의 각성 수준은 오히려 행동이 저해된다. 이러한 각성 수준은 과제의 난이도의 영향을 받는데, 일반적으로 과제가 어려울수록 각성 수준은 낮아진다. 최근의 연구는 주어진 과제에 대한 최적의 동기 수준이 개인에 따라 다양하다는 것을 밝히고 있다. 이러한 사실은 최적의 동기 수준을 유지하기 위해서 학생들의 학습동기가 과제의 난이도에 따라 적절히 조정되어야 함을 시사하고 있다. 과제를 지각하는 각성 수준은 학생들의 학습동기를 증진시킬 수도 있고 감소시킬 수도 있기 때문에, 각각의 학생들에게 최적의 각성 수준을 제시함으로써 최적의 동기 수준을 찾아 주는 교사의 노력이 필요하다.

다음으로 학생들이 경험하는 좌절의 느낌 역시 최적의 동기화를 조성하는 데 고려해야 할 변인이다. **좌절**이란 진행되는 행동이 방해를 받거나 이전에 강화되어 왔던 반응이 더 이상 강화되지 않을 때 발생하는 심리적 반응이다. 좌절이 계속되면 학생들은 학습과제를 더 이상 지속하지 않으며 학습 수행이 소거될 수 있다. 학생들이 실제 학교현장에서 좌절을 경험하지 않는다는 것은 현실적으로 불가능하다. 정도와 빈도의 차이는 있으나 모든 학생은 실제적으로 좌절을 경험한다. 따라서 교사는 학생들이 겪게 되는 좌절의 느낌을 현명하게 극복할 수 있도록 도와주어야 한다. 학생들이 과제에 실패하였을 경우 운이 나빴다거나 노력하지 않았다는 식의 불안정한 요소로 귀인하는 것은 소거에 대한 저항을 증가시키며, 능력의 부족이나 과제의 어려움 등으로 귀인하는 것은 보다 빠른 소거를 가져온다는 Weiner(1979)의 연구 결과는 교사가 학생에게 좌절감을 극복하도록 도와주는 데 유용한 시사점을 제공한다.

시험불안(test anxiety) 또한 학생들의 동기 수준에 영향을 준다. 제11장에서 보다 자세히 살펴보겠지만 시험은 학생들에게 좌절과 갈등을 일으키는 매우 중요한 변인이다. 대부분의 학생이 경험하는 시험에 대한 불안감은 부정적인 것으로 인식되어 왔다. 그러나 시험에 대한 적정한 불안 수준이 학생들의 동기를 증진시킬 수 있다는 점은 매우 중요한 함의를 갖는다. 시험불안이론에서는 행동에 활력을 주는 충동으로서 시험불안을 이해할 수 있다고 여긴다. 학생의 행동은 시험 자체가 아닌 성공과 실패에 대한 학생의 반응에 따라 영향을 받는다는 연구 결과(Weiner, 1966)와 시험에 실패한 학생들이 자신의 실패를 외부적으로 귀인할 때 보다 불안 수준이 증가한다는 Arkin과 Maruyama(1979)의 주장은 학생들의 불안 수준이 교사에 의해 적절히 조절될 수 있다는 점을 말해 준다.

이상에서 살펴본 바와 같이 학업 성취에 영향을 주는 학생들의 동기에 대한 변인은 매우 다양하다. 앞서 제시된 행동주의, 인본주의, 인지주의 관점의 일반동기이론이나 학습과 구체적으로 관련된 성취동기와 그 외의 학습동기, 동기를 증진시킬 수 있는 교사의 역할과 교수방법 등이 역동적으로 조직화될 때 학생들은 최적의 동기화를 유지할 수 있을 것이다.

교사는 이와 같은 다양한 이론을 이해하고 실질적으로 적용할 수 있도록 노력해야 한다. 그것은 학교현장에서의 학생의 동기가 그들의 성공과 실패를 결정하는 가장 기본적인 변인이기 때문이다.

5. 학습동기 증진을 위한 전략

1) 외적 동기 전략

외적 동기를 높이는 전략은 학생들이 과제 자체에서 느끼는 가치를 향상시키지는 못하지만 강화물, 피드백, 보상 등을 통해 발생되는 외적 동기는 성공적인 과제 수행과 관련이 있다.

외적 동기 전략은 다음과 같다.

- 어떤 활동에 대한 유인가로서 보상을 제공하는 방법이 있다. 보상은 새로운 것보다 어떤 틀이 있는 과제, 우연히 일어나는 학습이나 발견을 증진시키고자 하는 과제보다 특정한 기술을 숙달하는 것을 목표로 하는 과제, 그리고 창의적이고 예술적인 과제보다 수행의 속도나 양과 관련된 과제에 보다 효과적으로 사용될 수 있다. 이때 보상은 학생들이 단순히 보상만을 생각하는 것보다는 학습에 대한 동기를 발전키기 위해 시도하는 것을 지지하고, 그들의 지식과 기술의 발전을 인정하는 방법으로 제공될 때 도움이 된다. 그런데 보상은 적당한 노력을 하였을 때 보상을 받을 수 있는 기회가 있다고 믿는 학생에게는 효과적인 동인이 될 수 있으나 자아효능감이 부족한 학생에게는 오히려 좌절감을 일으킴으로써 역효과를 발생하게 할 수도 있다.
- 학생들이 학교에서 가르치는 지식과 기술이 학교 밖 그들의 삶에 적용되는 것에

관심을 가지도록 하여야 한다. 과제에 의해서 자신의 지식과 기술이 발전하는 것이 가능하다는 것에 주목하게 한다면 학생 각자의 욕구를 충족시키고 사회적 출세의 수단을 제공하며, 그들의 직업에서 성공하는 것을 준비하도록 하는 것에 도움을 줄 수 있을 것이다. 즉, 학생들이 학문적인 활동에 대하여 거부감을 가지게 하는 것보다 가치 있는 것이라고 인식할 수 있도록 도와야 한다.

외적 동기 전략이 어떤 상황에서는 분명 효과적이지만 교사는 이를 너무 강조하여 사용하지 말아야 한다. 만약, 학생들에게 보상이나 경쟁이 먼저 자리 잡게 되면 그들은 그들이 학습해야 하는 것에 충분한 관심을 가지지 못하게 되고 그것의 가치를 인식하지 못하게 될 수 있다. 외적인 요소에 의해서 과제에 참여하는 것보다는 학생들이 과제 자체에서 의미를 찾아 참여할 때 과제 참여의 질과 궁극적인 성취가 높아질 수 있다(Deci & Ryan, 1985). 그리고 학생들이 단지 보상을 받기 위해 수행을 하게 된다면 높은 질의 수행보다는 보상을 받을 수 있는 최소한의 정신적 · 전략적 노력을 기울이게 될 것(Condry & Chambers, 1978)이라는 점에 주의하여야 한다.

2) 내적 동기 전략

내적 동기는 개인적인 강화, 그리고 활동 자체에서 오는 즐거움에 의해 발생하는 동기다. 학생들의 내적 동기를 유발하기 위해서 교사는 학생들이 즐겁게 참여할 수 있거나 이미 흥미를 가지고 있는 내용과 결합하여 학문적 활동을 선택하고 설계하여 학생들이 기꺼이 참여할 수 있도록 하여야 한다. 그러나 교사가 활동을 하면서 학생들의 내적 동기를 유발하도록 하는 것은 목표로 하는 교육 내용을 가르쳐야만 하는 학교교육의 특성에 의해 제한되고 있다. 따라서 교사는 학생들마다 각자 흥미를 느끼는 주제와 재미있어 하는 활동이 다르다는 것을 인식하고, 대부분의 학생의 내적 동기가 발현될 수 있도록 하는 요소를 찾아 결합시킨 교실활동을 선택하거나 설계하여야 한다.

학생들의 내적 동기를 형성하기 위한 전략은 다음과 같다.

- **학생들의 흥미에 맞는 과제의 선정**: 교육과정의 목표는 학생들이 흥미와 활동에서 즐거움을 발견할 수 있는 내용과 결합된 다양한 예나 활동을 통해서도 성취될 수 있다. 뉴스나 학생들의 문화에서 이슈가 되는 사람들이나 유행 또는 사

건을 수업 중 예로 사용하거나 학습한 것을 적용하는 데 활용할 수 있다. 이때 교사가 학생의 흥미에 부합하는 교수를 하기 위해서 학생들이 주어진 과제를 어떻게 해석하고 어떤 관점을 가지는지 알아야만 한다. 그리고 학생이 흥미를 가지고 있는 주제를 선택하여 글을 쓰게 하는 것과 같이 학생들의 요구와 관심에 부합하는 과제를 자율적으로 선택하도록 할 수도 있다. 또한 학생들이 주제에 대해 논평하고 질문하는 것을 장려하여 활동을 명백하게 하고, 학생들이 학습 내용에 대하여 의견을 제시 · 평가하거나 그 외 다른 방법으로 반응하게 함으로써 학생의 흥미와 활동을 결합시킬 수 있다.

- **새롭고 다양한 방법으로 과제 제공**: 틀에 박힌 같은 유형의 과제를 매일 거듭하게 되면 학생들은 곧 지치게 된다. 따라서 형식, 내용, 매체 사용을 다양하게 하여 학생들에게 새로운 과제를 제공하려는 노력이 필요하다. 새로운 활동이 소개될 때 그것의 새롭고 차별화된 요소와 상황이 관심을 불러일으키게 되어 학생들은 주어진 과제에서 흥미나 도전 또는 즐거움을 발견할 수 있게 될 것이다.
- **학생들의 반응과 피드백이 충분히 일어날 수 있는 기회 제공**: 대부분의 학생은 교사 또는 타인과 상호작용하거나 교구를 조작하는 것과 같이 활발한 반응이 오가는 활동을 선호한다. 이것은 반복연습, 암송, 토론, 자리활동의 기능 중 하나가 될 수도 있지만, 이것이 프로젝트 학습, 경험, 역할극, 시뮬레이션, 교육용 게임 또는 배운 것을 적용하는 활동을 위한 것이라면 학생들은 이를 통해서 활발하게 반응할 수 있는 기회를 가질 수 있다. 학생들은 활발한 반응이 허용되고 후속되는 반응으로 이끌어 주는 피드백을 즉시 받을 수 있는 과제를 즐긴다. 이를 위해 교사는 해결책에 대한 조언, 그들의 작업을 점검하는 방법에 대한에 대한 추수지도, 자원봉사자의 활용, 학생 도우미의 지정을 통하여 학생들이 피드백을 받을 수 있도록 할 수 있다.

이상 살펴본 내적 동기 전략에서 주의할 점은 내적 동기가 학생들의 학급활동에 대한 즐거움을 증가시켜 주지만 그것이 학생들이 가르침을 받는 내용이나 기술의 학습에 대한 동기를 증가시켜 주지는 않는다는 것이다. 따라서 내적 동기 전략도 학습에 대한 동기를 자극하는 전략이 필요하다. 그렇지 않으면 학생들은 학급활동을 즐겁게 할 수 있지만 의도하는 지식과 기술을 습득하는 것은 실패할 수 있다는 것에 유의하여야 한다.

EDUCATIONAL PSYCHOLOGY

연구문제

1. 다음의 개념을 간단히 설명하여라.
   - 외재적 동기(extrinsic motivation)와 내재적 동기(intrinsic motivation)
   - 귀인(attribution)
   - 자기예언(self-fulfilling prophecy)

2. 학생에 대한 교사의 기대는 학생의 수행 결과에 대한 교사의 귀인방법에 영향을 준다. 윤미가 실패할 것이라고 기대하였던 교사가 윤미의 성공을 어떻게 해석할지, 미경이가 성공할 것이라고 기대하였던 교사가 미경이의 실패를 어떻게 해석할지 간단히 설명하여라.

3. 다음 학생의 행동을 귀인이론에 따라 설명하여라.

> 1) 국어시험에서 낮은 점수를 받은 지영이는 대부분의 반 친구들이 국어시험에서 좋은 점수를 받았다는 사실은 인식하지 못하고, 별로 좋지 못한 문제를 출제한 선생님에게 무척 화가 났다.
>
> 2) 미정이는 스스로 수학에 재능이 있다고 생각한다. 사실 미정이가 생각하기에 미정이네 집안에는 유전적으로 수학을 잘하는 재능이 있다고 믿고 있다. 왜냐하면 미정이의 아버지는 통계학자며, 어머니는 수학 교사이기 때문이다. 그래서 미정이는 앞으로도 계속 수학 과목에 있어 우수한 성적을 거둘 것이라는 자신감이 있다.

4. 학생들이 자신의 시험 점수가 열심히 노력하는 것보다는 운에 의해 결정된다고 믿는 것은 열심히 노력한다고 믿는 것과 비교해 볼 때 어떤 차이가 있을까? 그리고 시험 점수가 운에 의해 결정된다고 믿는 것은 학생들의 시험 준비에 어떤 영향을 미치겠는지 설명하여라.

5. '말을 물가로 데려갈 수는 있지만, 물을 마시게 할 수는 없다.'는 표현은 동기를 강조하는 표현이다. 여러분은 이 말에 동의하는가? 동의한다면 왜 그러한가? 만약, 이 표현에 동의하지 않고 물을 마시게 할 수 있다면, 어떤 방법이 가능한지를 교실 상황에서의 예를 들어 설명하여라.

6. Maslow가 제안한 욕구를 만족시켜 주기 위해서 학교에서 가장 중요하게 생각하고 고려해야 할 것에는 무엇이 있겠는지 설명하여라.

7. 각각의 동기이론을 세 가지 관점(행동주의 측면, 인본주의 측면, 인지주의 측면)으로 구분하고 각각의 관점을 간단히 설명하여라.

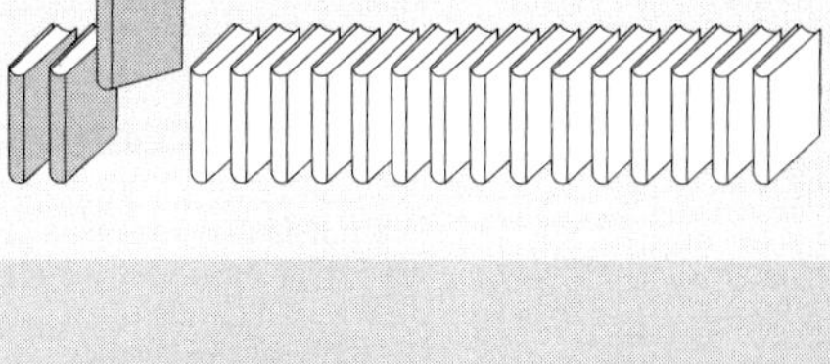

EDUCATIONAL PSYCHOLOGY

제4부 수업에 대한 이해

제8장

교수이론

1. 교수의 기초
2. 교수이론
3. 교수 연구의 패러다임

■ 연구문제

실습을 나온 지 2주째가 되는 이현우 교생선생님은 아침 일찍 학습계획서를 작성하고 있었다. 지난주에 모두 여섯 번의 수업을 하는 동안 이 선생님은 학습계획서의 중요성을 실감하게 되었다. 수업을 할 때 자세하고 체계적으로 계획서를 작성한 단원과 그렇지 않은 단원에 현저한 차이를 느낄 수 있었던 것이다. 우선 단원의 목적을 쓰고 학생들의 기대 성취 수준을 정하였다. 다음으로 수업시간 동안 진행해야 할 내용을 순서에 맞게 하나하나 적어가기 시작했다.

"일찍 나왔군요."

학습계획서를 거의 끝낼 무렵 누군가가 어깨를 툭 치며 인사를 한다. 물리를 담당하는 정 선생님이다. 정 선생님은 이 선생님이 작성하는 계획서를 잠깐 보고는 옆자리에 앉는다.

"옛날 생각나네요. 나도 꼼꼼하게 계획서를 쓰던 시절이 있었지요."

이 선생님은 갑자기 궁금해졌다.

"아, 예! 저번 시간에 계획서를 작성하지 않아서 조금 고생했거든요. 저, 그런데 선생님께서는 계획서를 작성하지 않으시나요?"

정 선생님은 가볍게 웃으며 대답한다.

"물론 나도 해요. 하지만 그렇게 자세히는 아니에요. 한 번 보겠어요?"

정 선생님이 보여 주는 계획서엔 몇 글자만이 적혀 있었다.

'운동역학/ pp. 17~21/ 문제풀이 1~5/ 병, 풍선, 커피포트' 이것이 전부였다.

"이 선생님! 계획서를 작성하는 건 분명 효과적이에요. 더구나 가르쳐야 할 내용에 자신이 없을 경우엔 보다 편하게 수업할 수 있도록 도와주죠. 그래서 나도 처음에는 열심히 작성했어요. 하지만 어느 날 내가 지나치게 수업계획에만 신경 쓰고 있다는 걸 알았어요. 내 생각은 이래요. 수업계획을 세울 때 중요한 건 세밀한 절차만은 아닌 것 같아요. 학생들의 관심을 끌어내고 그들의 관심을 유지시키는 방법, 그리고 학생들이 정말로 이해할 수 있도록 이끌어 가는 것 또한 매우 중요하죠. 조금 더 수업해 보면 아시겠지만 배운 내용을 정말로 이해하는 학생들은 그리 많지 않아요."

이 선생님은 도무지 이해가 되지 않았다. 계획서를 쓸 필요가 없다는 말인지 간단히 쓰라는 말인지…… 이 선생님은 갑자기 혼란스러워졌다.

교사는 수업 중에 그들이 가르쳐야 할 내용이나 특별히 강조할 부분 혹은 학습 내용의 제시 방법 등 다양한 의사결정을 해야만 한다. 이러한 의사결정은 수업이 진행되는 동안 상황에 따라 순간적으로 이루어지기도 한다. 그러나 모든 과정은 수업이 진행되기 전에 주의 깊게 계획할 필요가 있다. 물론, 미리 설정된 계획과 정확하게 일치하도록 수업을 진행한다는 것은 무척 어려운 일이며, 또 계획에 지나치게 많은 시간을 소비할 수 있다는 단점도 있다. 실제로 교사들이 교수계획을 세우는 데 일주일에 약 6시간에서 10시간, 심지어는 20시간까지 소비한다는 연구 결과(Clark & Yinger, 1979; McDaniel-Hine & Willower, 1988)가 있다. 그러나 교수계획과 실제 교수 간에 차이가 있으며, 계획에 지나치게 시간을 투자한다는 사실 때문에 교수계획의 중요성이 감소되지는 않는다.

효율적으로 수업을 진행하는 대부분의 교사는 교수계획에 충실하다. 그렇다면 교수를 계획하는 것은 교사에게 어떠한 영향을 미치는가? 교수계획은 다음과 같은 세 가지 측면에서 교사에게 유용하다.

- 교수계획은 교사의 정서적 안정에 도움을 준다(Clark, 1988). 효과적으로 구성된 교수계획은 수업에서의 상호작용 형태를 어느 정도 예측할 수 있도록 하기 때문에 교사의 정서적 안정에 도움을 준다. 물론, 실제 수업에서 발생하는 상호작용을 예언하는 일은 교사의 경험에 크게 의존한다(Brown-Claridge, Stein, & Berliner, 1988). 따라서 경험이 적은 교사일수록 보다 자세하게 교수계획을 작성하는 경향이 있다. 앞의 예화를 잠깐 살펴보자. 실습교사인 이 선생님은 정 선생님의 간단한 계획서를 보고 혼란을 느낀다. 그러나 정 선생님의 계획서는 다분히 경험에 기초하고 있다. 따라서 이러한 문제는 심각하게 걱정할 만한 것은 아니다. 시간이 지남에 따라 이 선생님도 보다 효과적인 계획서를 작성할 수 있기 때문이다. 중요한 것은 경험이 많든 적든 간에 교수계획을 작성하는 교사들은 그렇지 않은 교사에 비해 정서적인 안정을 느낄 수 있다는 것이다.
- 주의 깊게 고안된 교수계획은 구체적이고 실제적인 수업 조직을 도와준다(Eggen & Kauchak, 1992). 계획이란 교육과정과 교수 행위를 명확하게 연계하는 것뿐만 아니라 교

수 행위를 실제 가르치는 부분에 접목시키도록 조직화하는 것까지를 의미한다. 계획을 통해 교사는 학습 주제를 확인하고 연속적인 학습활동에 대한 의사결정을 하며, 학습 자료를 수집하게 된다. 이처럼 교사는 주의 깊게 교수계획을 함으로써 수업 전반에 대한 조직화를 보다 손쉽게 이룰 수 있는 것이다.

- 꾸준한 교수계획은 전반적인 교수활동에 대해 계속적인 피드백을 제공한다. 교사들은 자신의 교수활동에 대해 많은 숙고를 해야 한다. Valverde(1982)에 따르면 숙고(reflection)란 교사가 기본적인 문제에 대해 스스로에게 물어보는 것이다. 즉, '지금 내가 무엇을 하고 있는가? 그리고 왜 그것을 하고 있는가?' 라는 질문으로, 교사 스스로 자신을 사정하고 모니터링하는 것이다. Ross(1989)는 숙고하는 교사들은 자신의 수업에 대해 끊임없이 사고하고 있으며, 이러한 교사의 자세는 결국 학생들의 학습에 긍정적인 영향을 준다고 설명한다. 교사들은 교수를 계획할 때 학생들의 특징을 고려하며, 교수 후에 학습활동 전반에 대한 사정의 근거로 교수계획이 활용되고, 단기 계획은 장기 계획을 수정하고 평가하는 기초로 사용될 수 있다는 세 가지 측면에서 교수계획은 교사들에게 숙고할 수 있는 기회를 제공한다. 따라서 이러한 숙고는 교사의 교수활동에 꾸준한 피드백으로 작용한다.

결국, 효과적이고 조직적인 교수활동을 위해서 교사는 체계적인 교수계획을 세워야 한다. 이와 같이 교수계획에 도움을 주고자 고안된 것이 교수이론이다. 이제 효과적인 교수계획의 기초를 확립하기 위하여 교수의 개념과 다양한 교수이론에 대해 알아보도록 하자.

1. 교수의 기초

1) 교수의 개념

가르치는 행위와 관련하여 우리는 흔히 교수라는 용어와 수업이라는 용어를 혼용하고 있다. 그러나 엄밀하게 교수와 수업은 약간의 차이가 있다. 일반적으로 **교수**(teaching)는 교사가 교육적 의도를 가지고 하는 일체의 활동을 의미하며, **수업**(instruction)은 학습이 일어날 수 있도록 학습자의 내외적 조건을 체계적으로 조정하는 과정을 뜻한다. Corey(1967)는 교수란 개인이 특정한 조건하에서 특정 행동을 수행하기 위하여 학습할 수 있도록 개인을 둘러싼 환경을 의도적 · 계획적으로 조작하는 과정이라고 정의하고 있다. 교수에 대한 이러한 정의는 무엇을 가르칠 것인가에 관한 명확한 의도가 전제되어야 하고, 의도된 학습을 성취하기 위하여 학습자의 환경 조건을 계획적이고 정교하게 준비해야 한다는 점을 강조하는 것이다.

이와 같은 교수 행위에 대해서는 다음의 두 가지 측면을 고려해야 한다. 첫째는 두 사람이 관련된다는 것이고, 둘째는 두 사람 각자가 서로 상이한 방식으로 그 행위에 참여한다는 것이다. 즉, 교수 행위는 특정 과제에 대한 내용을 소유하고 있는 교사가 그 내용을 소유하지 않은 학습자에게 내용을 전달하는 행위와 관련이 있다. 학습이란 개인 단위만으로도 충분히 이루어질 수 있지만, 교수는 최소한 두 사람을 필요로 한다. 따라서 학습은 획득하는 것이고, 교수는 제공하는 것이다. 그러나 교사는 학생에게 지식전달자의 역할에만 머물러서는 안 되며, 학생 스스로 여러 가지 자료를 이용할 수 있도록 도와주고 지식을 획득하는 방법에 대해서도 가르쳐야 한다. 결국, 교수와 학습은 상호 의존관계를 형성하는 것이다. 이러한 관점에서 볼 때 교수란 학습자의 모든 능력을 극대화하기 위하여 의도적으로 학습자의 내적 조건과 환경을 체계적으로 형성하는 일체의 활동이라 할 수 있다.

2) 교수의 변인

특정 교과의 내용을 학습자에게 전달해 주는 과정에서 고려해야 할 교수변인은 매우 다양하다. Dollard와 Miller(1950)는 교수–학습 장면에서 가장 기본이 되는 변인으로 충동(drive), 단서(cue), 참여(participation), 보상(reward)의 네 가지 변인을 제시하였다. 이 네 가지 변인은 실제 교실에서 학생의 학습을 증진시키기 위해 교사와 학생 사이에 이루어지는 상호작용의 질과 내용을 알아내는 중요한 준거가 될 수 있다(황정규, 1991). 그리고 Reigeluth와 Merrill(1979)은 교수의 변인을 조건, 방법, 결과의 세 가지 범주로 분류하여 다양한 변인을 포괄하였다.

그들이 분류한 변인 중에서 **조건변인**(conditions)은 교사에 의해 통제될 수 없는 제약 조건을 뜻한다. 만약, 조건이 교사에 의해 통제될 수 있다면 그것은 방법변인의 영역에 속하게 된다. **방법변인**(methods)이란 서로 다른 조건에서 다른 결과를 성취하기 위한 다양한 길을 뜻한다. 조건변인과는 달리 방법변인은 교사에 의해 통제될 수 있다. 조건이 조정될 수 있을 때 방법이 되고, 방법이 교사에 의해 조정되지 못하고 고정될 때 조건이 된다. **결과변인**(outcomes)은 서로 다른 교수 조건에서 사용된 여러 가지 교수방법이 어떤 면에서 어느 정도의 효과가 있는가를 나타내는 교수활동의 최종 산물이다.

교수와 관련된 변인을 나타내면 [그림 8–1]과 같다. 그림에서 나타난 교수의 조건과 방법 및 결과를 구성하는 각각의 요소와 요소 간의 관계성에 대하여 좀 더 자세히 살펴보자.

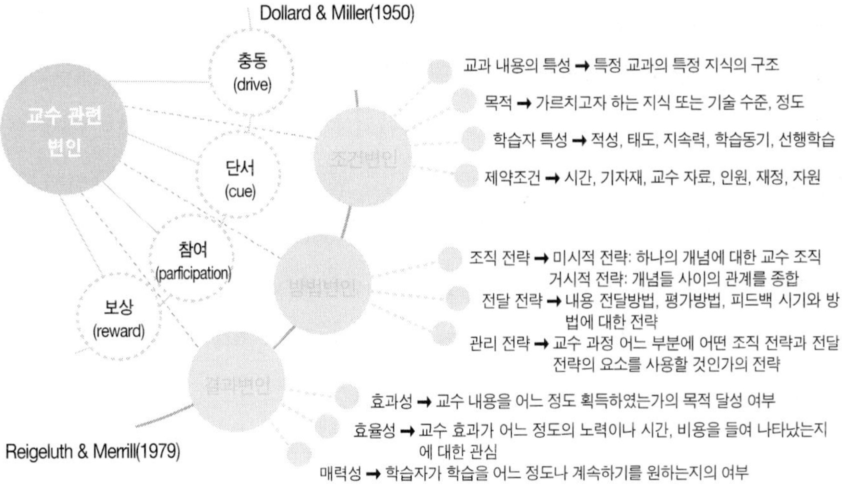

[그림 8-1] 교수와 관련된 변인

조건변인 조건이란 방법에 영향을 미치는 교수의 한 영역이다. Reigeluth와 Merrill(1979)은 교수 조건으로 교과 내용의 특성, 목적, 학습자 특성, 제약 조건의 네 가지 사항을 제시하고 있다.

교과 내용의 특성이란 특정 교과의 내용이 어떠한 지식을 다루며 그 지식의 구조는 어떠한지를 포함하는 개념이다. 교과의 내용 특성은 교수 전략에 영향을 준다. 즉, 상이한 교과 내용에는 그 내용에 적절한 교수 전략이 사용되어야 함을 의미한다. 교수의 목적 역시 교수방법에 영향을 미친다. 목적이란 가르치고자 하는 지식 또는 기술의 수준이나 정도를 규정하는 것을 의미한다. 따라서 사실을 가르치는 것이 목적일 때와 원리를 가르치는 것이 목적일 때의 교수방법은 서로 달라야 하는 것이다. 학습자의 특성 역시 교수방법에 영향을 미친다. 학습자 특성에는 각 학습자의 적성(aptitude), 태도(attitude), 지속력(perseverance), 학습동기(learning motive), 선행학습(prerequisite) 등이 포함되며, 학습자에 따라 다양한 교수방법이 사용되어야 한다는 의미에서 학습자 특성 역시 중요한 조건변인이 된다. 마지막으로 시간, 기자재, 교수자료, 인원, 재정, 자원 등의 제약 조건도 고려하여야 할 변인이다.

방법변인 교수방법은 교과의 내용에 따라 구분할 수도 있고, 학습자와 교사의 상호작용 형태에 따라 구분할 수도 있다. Reigeluth(1983)는 방법변인을 조직, 전달, 관리의 세 가지 전략적 측면으로 분류하고 있다.

우선, **조직 전략**은 교수의 내용을 조직하기 위한 기본적인 방법을 포함한다. 이는 크게 미시적 전략과 거시적 전략으로 나눌 수 있다. **미시적 전략**이란 하나의 개념을 가르치고자 할 때 그 개념에 관한 교수를 조직하는 것이며, **거시적 전략**이란 복합적인 여러 개념을 가르치고자 할 때 개념들 사이의 관계를 학습하고 요약할 수 있으며 최종적으로 종합하도록 하는 것이다. 다음으로 **전달 전략**이란 교수 과정을 이끌어 가기 위한 방법에 대한 것이다. 여기에는 학습할 정보를 학습자에게 전달하는 방법과 전달된 것을 평가하는 방법, 피드백을 주는 시기와 방법에 대한 전략들이 포함된다. 마지막으로 **관리 전략**은 교수 과정의 어느 부분에서 어떠한 조직 전략과 전달 전략의 요소를 사용할 것인가와 관련되는 전략이다.

결과변인 Reigeluth(1983)는 교수의 결과를 효과성, 효율성, 매력성이라는 세 가지 측면으로 분류하였다. **효과성**(effectiveness)은 교수의 내용을 학습자가 어느 정도 획득하였는가에 의해 측정되며, 특정 교과 내용이나 목적 달성 여부와 밀접한 관련이 있다. **효율성**(efficiency)은 교수 효과가 어느 정도의 노력이나 시간 또는 비용을 들여 나타났느냐에 관심이 있다. Davies(1980)는 효과성이란 목표한 일을 하는 것을 말하고, 효율성은 목표한 일을 하되 잘하는 것을 의미한다고 하였다. **매력성**(appeal)은 학습자가 학습을 어느 정도나 계속하기를 원하느냐에 따라 결정된다. 또한 학습자가 교과 내용에 대한 흥미나 교수 전략을 이해하고 있는 정도가 교수 매력성의 척도가 될 수 있다. Keller(1983)는 교수의 매력성을 높이기 위해 주의, 관련성, 자신감, 그리고 만족감을 제시하였다. **주의**(attention)는 지적인 호기심을 유발하여 교수-학습 과정 동안 학습에 대해 계속적으로 관심을 두도록 하는 것을 의미한다. **관련성**(relevance)은 특정한 내용을 공부하는 이유를 제시하는 것이다. 즉, 제시된 내용이 현재와 미래의 일을 수행하는 데 도움이 된다는 것과 학습 자체의 즐거움을 찾고 가치를 알도록 도와주는 활동 등이 관련성에 포함된다. **자신감**(confidence)은 학습자가 노력하면 어떠한 수준의 성공을 할 수 있는지를 스스로가 인식하도록 하는 것과 관련된다. **만족감**(satisfaction)은 도전감 있는 학습환경을 제공하여 자신의 수행에 대하여 성취감을 느끼도록 도와주는 활동을 포함한다.

교수의 세 가지 변인인 조건, 방법, 결과 사이의 상호관계를 도식화하면 [그림 8-2]와 같다.

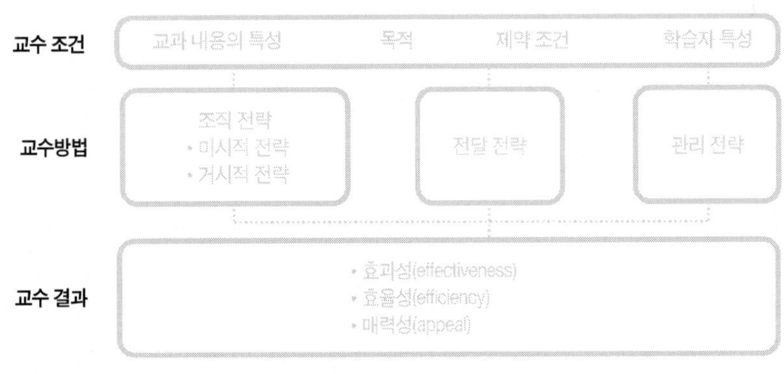

[그림 8-2] 교수의 조건, 방법, 결과 변인의 요소와 상호관계

출처: C. M. Reigeluth (1983). *Instructional design theories and models.* Hillsdale, NJ: LEA, p.19.

2. 교수이론

교수이론가들은 효율적인 교수방법을 찾아내고자 끊임없는 노력을 기울여 왔다. 그 결과 여러 교수모형이 제시되었는데, 그중에서 어떠한 모형은 적용 범위가 넓은 반면에 어떤 것은 특수한 목적을 위해서만 사용되기도 한다. 따라서 특정한 교수모형이 효과적이라고 하여 그 모형을 모든 교과 내용에 사용해야 한다는 생각은 바람직하지 않다. 우리에게 필요한 것은 교과의 특성과 교수의 목적에 따라 적합한 모형을 응용할 수 있는 융통성이다. 이제 보다 효과적인 교수를 위한 이론들을 살펴보자.

1) Glaser의 교수이론

교수활동이 유목적적이며 의도적인 활동의 연속이라고 가정할 때 교수 과정은 치밀하게 짜인 계획과 전략 및 예측을 포함하여야 한다. 이러한 의미에서 R. Glaser의 교수모형은 교수활동에 대한 개념체제를 잘 보여 주고 있다.

학습 내용을 정보로 간주하여 수업 과정을 막대한 양의 정보가 신속하고 정확하게 처리되는 컴퓨터의 구조와 기능에 비교한 것이 **Glaser의 교수모형**이다. Glaser(1962)의 교수모형에서는 교수 과정을 교사에 의한 연속적인 의사결정 과정으로 생각한다. 그는 교수의 구성 요소와 전개 절차를 교수 목표의 설정, 투입 행동의 진단, 교수 절차, 학습 성과의 평가라는 4단계로 구분하고 그들 간의 상호관계를 [그림 8-3]과 같이 도식화하였다.

1단계는 가르치고 배워야 할 내용을 의미하는 교수 목표의 설정이다. 교수 목표

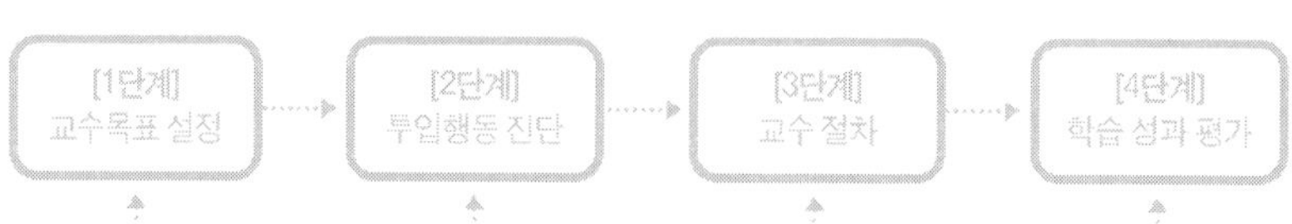

[그림 8-3] Glaser의 교수모형

출처: J. P. De Cecco (1968). *The psychology of learning and instruction: Educational psychology*. Englewood Cliffs, NJ: Prentice-Hall, p. 12.

를 설정한다는 것은 컴퓨터에서 투입할 자료를 적당한 순서로 정리하는 것처럼 학습 내용을 학습자가 쉽게 이해할 수 있도록 적절한 크기로 분류하고 적절한 차례로 정리하는 것을 뜻한다. 이때 교수 목표는 반드시 명세적 목표로 진술되어야 한다. 2단계인 투입 행동의 진단은 교수활동을 진행하기 전에 학습자들의 학습 정도 또는 수준을 진단하는 것이다. 이것은 이전의 학습 단계에서 학습한 내용에 대한 학습자의 지적 능력, 발달 수준, 동기 유발 상태 등을 결정하는 사회 · 문화적 요인 등을 밝히는 단계다. 3단계인 교수 절차는 학습자에게 가르칠 내용을 교사가 직접 가르치는 과정이다. 이때 교수 절차는 교수 목표에 따라 진행되어야 한다. 4단계인 학습 성과의 평가는 설정된 교수 목표가 얼마나 달성되었는지를 평가하는 일련의 결정과 실천의 순환으로 구성된다.

피드백의 흐름은 교수 과정의 각 단계에서의 수행 결과를 평가하고 수정하는 데 필요한 정보를 송환하는 기능을 말한다. 예를 들어, 학습 성과를 평가한 결과 목표에 도달하지 못하였다면 그 정보는 즉시 교수 절차로 되돌려져서 교수방법을 바꾸어 교수활동을 진행한 다음 재평가되어야 한다. 가능한 모든 방법을 사용하여 교수를 진행하고 평가하여도 여전히 목표에 도달하지 못하였다면, 그러한 목표는 투입 행동을 진단하는 단계로 되돌려져야 하며, 투입 행동의 진단에 어떤 과오가 있었는지를 확인해야 한다. 투입 행동의 진단에 문제가 없다면 평가 결과는 교수 목표를 설정하는 단계로 되돌려져서 학습 내용의 계열 구성이나 분류에 결함이 있었는지를 확인하고 필요한 사항을 수정해야 한다. 교수 목표에 도달하였다고 판명될 때까지 피드백의 흐름은 계속적으로 실행된다.

Glaser의 교수모형이 너무 개괄적이어서 실용적인 가치가 결여되어 있다 할지라도 교육과정과 학습지도, 그리고 교육평가를 하나의 시스템 속에 통합하여 다루고 있다는 점은 높이 평가할 만하다. 그의 교수모형은 다른 교수모형의 기초라 할 수 있을 만큼 간결하면서도 정확한 교수과정의 개념체계를 시사해 주고 있다.

2) Bruner의 교수이론

인지적 교수이론을 대표하는 J. S. Bruner는 과목의 구조에 대한 이해, 능동적인 학습, 학습에서의 귀납적 추론을 강조한다. 과목의 구조란 과목에 포함된 세부 사항이라기보다는 중요한 개념과 본질적인 정보를 의미하는데, 이를 잘 이해하는 학습자

Jerome S. Bruner
(1915~)

는 보다 의미 있고 유용한 학습을 할 것이라는 것이 그의 견해다. 이러한 학습 내용의 구조를 파악하기 위해 학생이 갖추어야 할 태도는 능동성이며, 교사가 제시하는 내용을 그대로 받아들이기 전에 자기 스스로 핵심적인 정보를 찾아 발견해 내야 한다. 교사는 학생들에게 학습 내용에 대한 질문, 탐구, 경험을 유도하고 자극하는 것이 강조되는데, 이런 과정을 **발견학습**(discovery learning)이라 한다. 즉, Bruner는 학생들이 구체적인 정보에서 일반적인 원리 혹은 원칙을 이해하기 위해 구조화된 교실 상황에서 교사의 지도하에, 귀납적 추론을 통한 발견학습(guided discovery)을 해야 함을 수장한다.

Bruner의 교수이론은 선행경향성의 자극, 지식의 구조화, 학습의 계열화, 강화, 학습자 사고의 자극이라는 다섯 가지 측면을 포괄하고 있다(Bruner, 1966).

■■■ 선행경향성의 자극 **선행경향성의 자극**은 학습자가 학습하고자 하는 의욕 또는 도전감을 갖도록 자극하는 것으로 문화의 특성, 동기체계 및 각 학습자의 개인적인 요인에 영향을 받는다. 학습자가 의욕을 가지고 과제에 도전하도록 하기 위해서는 과제 수행에 포함된 위험을 최소화시키고, 오류가 지니는 교육적 유익성을 최대한 활용하며, 최적 수준의 불확실성을 부여해야 한다. 또한 권위를 내세우지 않는 교사의 수용적 태도, 실수를 인정하는 허용적인 학습 분위기도 필요하다.

■■■ 지식의 구조화(structure of knowledge) Bruner(1966)는 특정 영역의 지식구조를 이해한다는 것은 그 영역과 의미 있게 관련된 것들을 받아들이는 방식으로 이해하는 것을 뜻한다고 하였다. 특정 영역의 구조를 알게 되면 정보를 단순화하고, 새로운 명제를 산출하며, 지식의 조작 능력을 증진시킬 수 있다는 것이다. Bruner(1960)는 **지식의 구조화**에 대해 다음과 같이 제안하고 있다.

- 단순화 가능: 어떤 관념이나 문제 또는 지식도 특정 학습자가 충분히 이해할 수 있도록 단순화하여 제시할 수 있으며, 어떤 교과라도 지적으로 적절한 형태로 제시하면 어떠한 발달 단계의 학생들에게도 효과적으로 가르칠 수 있다는 그의 명제는 지식의 구조화를 통해 가능하다.

수학 수업에서 상징적 표상을 좀 더 쉽게 이해시키기 위하여 학습자 수준에 적합한 영상적 표상과 작동적 표상을 효과적으로 활용해야 한다.

- 지식 구조의 특징: 지식 구조의 특징은 표상 양식, 표상의 경제성, 표상의 생성력이다. **표상 양식**(mode of representation)은 사물의 활동을 통해 표상하는 **작동적 표상**(enactive representation), 그림이나 심상으로 표상하는 **영상적 표상**(iconic representation), 상징적 체제인 언어를 통해 표상하는 **상징적 표상**(symbolic representation)으로 구분된다. 유아기에는 작동적 표상방법이 좋을 것이고, 아동기에는 영상적 표상방법이, 그리고 성인기에는 상징적 표상방법이 보다 효과적일 것이다. **표상의 경제성**(economy of representation)이란 어떤 문제를 해결하기 위해 학습자가 소유해야 할 정보의 양을 가리킨다. 물리학이나 수학 과목에 비해 사회과학의 교과는 간단하게 표상하기가 어렵다. 또한 작동적 표상보다 상징적 표상이 경제적이다. **표상의 생성력**(power of representation)은 일련의 명제나 지식이 그와 관계되는 다른 명제나 지식을 찾아내기 쉬운 정도를 말한다. 구조화된 교과 지식을 학습할 때 경제성과 생성력이 극대화될 것이다.

학습의 계열화 교수에서 학습자의 지적 수준에 맞게 지식을 제공하는 것은 중요하다. 이에 최적의 학습 계열에 대한 Bruner의 가정은 다음과 같다.

- 모든 학습자에게 적용되는 최적의 계열은 없다. 최적의 계열은 학습자의 학습 경험, 발달 단계, 학습 자료의 성질, 개인차 등에 따라 다르다.
- 학습자의 지적 발달 단계에 적절한 표상 양식을 제공하는 것이 좋다.

- 여러 가지 가능한 행동의 탐구는 학습 자료의 계열에 따라 영향을 받는다.
- 학습의 최적 계열은 학습 속도, 망각에 대한 저항력, 이전에 학습된 것의 새로운 사례에 대한 전이성, 표상 양식, 학습된 내용의 경제성, 새로운 가설의 일반화 및 조합이라는 관점에서 본 학습된 내용의 효과성의 여섯 가지 준거에 입각하여 조직되어야 한다.

강화 학습의 증진을 위해 강화가 필요한데, 이에 대해 Bruner는 다음과 같이 설명하고 있다.

- 외적인 보상이 강하면 성취 자체에서 받는 보상은 줄어든다.
- 실패는 다음 성공을 위한 기초가 된다.
- 성공에 대한 외적인 보상은 성공한 수준의 행동만 되풀이하게 될 가능성이 있다.
- 외적인 벌은 행동을 와해시킬 수 있으므로 시정과 향상의 기반으로 작용하기 어렵다.
- 내적 보상과 외적 보상은 균형을 유지하여야 한다.

학습자 사고의 자극 Bruner는 인간을 스스로 무엇인가를 발견하려는 욕구를 가진 능동적 존재로 가정한다. 따라서 교사는 학생들이 자발적으로 자신의 추진력에 의해 사고하는 태도를 갖도록 교과를 지도하여야 한다. 즉, 교사는 탐구적 사고의 절차를 학생들에게 가르쳐야 한다.

3) Ausubel의 교수이론

앞에서 Bruner의 구체적인 학습 정보에서 일반적인 원리를 이해하는 귀납적인 방식으로 학습이 진행되어야 한다는 견해와는 반대로, D. P. Ausubel은 원리 혹은 규칙을 우선적으로 이해한 후 세부적인 정보를 배워 나가야 한다는 연역적 학습방식을 주장하였다. Ausubel은 교사가 많은 양의 정보를 의미 있고 효율적으로 전달하는 방법에 관심을 두었다. 그는 이러한 목적을 위해 인지적 교수–학습의 과정에 기초한 설명적 교수이론을 제시하였다(Ausubel, 1963). 설명적 교수이론에서는 기계적 학습(rote learning)이 아닌 **유의미 학습**(meaningful reception learning)을 강조한다. 이제 Ausubel의 이론을 보다 구체적으로 살펴보자.

유의미 학습(meaningful reception learning) Ausubel(1963)은 언어적인 정보 혹은 관념 간의 관련성 또는 결합을 통해 유의미한 학습이 발생한다고 설명하고 있으며, 인지구조와 학습과제 두 변인을 상호 관련짓고 있다. 그에 따르면 **인지구조**(cognitive structure)란 지각하는 현상을 통합적 · 위계적으로 조직한 것이다. 즉, 학습자가 지닌 조직화된 개념이나 관념의 집합체가 인지구조인 것이다. 새로운 학습 내용이 학습자의 인지구조에 포섭될 수 있는 관련성이 있으면 학습은 촉진되고, 기존의 지식은 새로운 지식을 포섭하여 지식의 폭을 넓혀 간다. 여기서 **포섭**(subsumption)이란 새로운 명제나 아이디어가 이미 학습자의 머릿속에 조직되어 존재하고 있는 보다 포괄적인 인지구조 속으로 동화 또는 일체화되는 과정이다. Ausubel에 의하면 유의미 학습은 새로운 내용이 기존의 지식과 논리적인 관련성을 가질 때 일어난다. 그리고 이러한 논리적 관련성은 학습과제가 실사성과 구속성을 가질 때 가능하다. **실사성**(substantiveness)이란 그 구조와 내용을 어떻게 표현하더라도 그 의미와 본성이 변하지 않는 불변적이고 절대적인 특성을 의미한다. 즉, 어떤 부호나 기호를 사용하더라도 그 의미가 변화되지 않는 개념, 법칙, 이론, 명제 등에 내재된 본질적 속성을 말한다. 예를 들어, 전류, 전압, 저항 등의 개념과 그 관계는 어떤 부호나 문장 및 언어로 표현하더라도 그것의 본질적인 속성은 변화하지 않고 인식될 수 있다. **구속성**(nonarbitrariness)은 학습자가 자신의 의미를 통해서 어느 정도 깨달을 수 있는 추상적 용어로 인지구조에 연결될 수 있는 가능성과 잠재력을 뜻한다. 이는 학습자가 가지고 있는 인지구조와 관련될 수 있는 학습과제의 성질을 의미한다. 따라서 학습과제가 구속성을 가지고 있다는 말은 학습자가 그 학습과제를 관련 인지구조에 연결할 수 있는 적절하고 명확한 근거를 가지고 있다는 의미다.

이처럼 학습과제가 실사성과 구속성을 가질 때 학습자는 자신의 인지구조와 의미 있게 관련지을 수 있는데, 이때 그 학습과제는 **논리적 유의미가**(logical meaningfulness)를 갖는다. 논리적 유의미가를 가진 과제가 인지구조에 있는 관련 지식과 관계를 맺을 때 의미 있는 학습이 이루어진다. 그리고 새로운 과제를 흡수할 수 있는 지식을 **관련정착지식**(relevant anchoring idea)이라 한다. 인지구조 속에 관련정착지식이 있을 때 그 과제는 **잠재적 유의미가**(potential meaningfulness)를 갖는다고 한다.

그러나 학습과제가 학습자에 대하여 잠재적 유의미가를 지니고 있어도 학습자가 학습 태세를 갖추고 있지 않으면 유의미 학습이 일어나지 않는다. **학습 태세**(learning set)란 특정한 학습방법을 통해서 학습과제를 인지구조에 연결하려는 학습자의 성향 또는 의도를 의미한다. 학습자가 이러한 학습 태세가 갖추어져 있을 때 비로소 의미 있는 학습이 이루어진다.

선행조직자(advanced organizer) Ausubel(1963)은 학습자의 인지구조가 하나의 위계를 이루고 있으므로 인지구조에 적합하도록 학습과제를 선정하고 구성하여 제시하는 것이 중요하다고 강조한다. 인지구조의 위계에 대한 중요성은 선행학습의 중요성을 강조하는 것이다. 선행학습의 부족은 새로운 지식을 의미 있게 학습하는 데 필요한 관련정착지식이 없음을 의미한다. **선행조직자**란 추상성, 일반성, 포괄성의 정도가 높은 자료를 새로운 학습과제에 앞서 제시하는 것을 말한다. 선행조직자의 역할은 새로운 정보를 인지구조 내에 포함시키기 위한 발판을 마련하는 것이다. 선행조직자는 학습자가 이미 알고 있는 자료와 새로운 자료를 연결해 주는 역할을 하는 것으로 이해할 수 있다(Woolfolk, 1993).

선행조직자는 기존에 구성되어 있는 도식을 활성화시키는 비교적인(comparative) 선행조직자와 새로운 학습 정보에 대한 지식을 제공하는 설명적인(expository) 선행조직자로 크게 나뉜다(Joyce & Weil, 1996). 선행조직자는 학습의 주체인 학생에 의해 그 의미가 이해되었을 때 효과성이 증가하고(Dinnel & Glover, 1985), 구체적인 모델 혹은 다이어그램과 같은 선행조직자의 제시는 학습자가 중요한 개념 간의 관계성을

학습 목표 제시와 학습활동 안내는 단위 수업에 대한 선행조직자의 기능을 하게 되어 효율적인 수업이 이루어질 수 있도록 도움을 준다.

이해하는 데 도움을 준다(Mayer, 1984).

Ausubel의 교수 3단계 Ausubel의 교수이론은 다음의 3단계로 구성된다. 1단계에서는 선행조직자를 제시하며, 2단계에서는 학습과제나 학습 자료가 제시되고, 3단계에서는 인지 조직에 대한 강화가 이루어진다(Joyce & Weil, 1980). 이 단계에서는 활동적인 학습과정을 형성하기 위하여 학습 자료와 기존의 아이디어의 관계가 검증된다. 교수의 3단계를 요약하면 [그림 8-4]와 같다.

이 모형에서 교사는 학습자가 새로운 자료와 이전의 자료를 구별할 수 있도록 도와주고 학습 자료와 조직자를 관련지어 주는 역할을 해야 한다. 또한 학습자의 기존 인지구조를 이해하고 학습 자료를 이러한 인지구조에 관련지어 제시해야 한다. 이때 새로운 과제와 관련 정착지식이 서로 연관을 맺도록 하는 것이 선행조직자다. 학습자가 새로운 자료를 성공적으로 습득하는 문제는 그 자료를 이전에 학습한 지식과 통합하려는 학습자의 자세와 비판적인 능력, 그리고 교사의 자료 조직 능력과 제시 방법에 달려 있다. 그리고 학생들은 새로운 내용을 학습하려면 이전에 가지고 있던 지식과 새로운 학습 자료의 유사점뿐만 아니라 다른 점도 깨달아야 한다. 교사는 학생들에게 학습 자료에 관한 유사하거나 다른 정보를 구체적으로 제시하거나 질문함

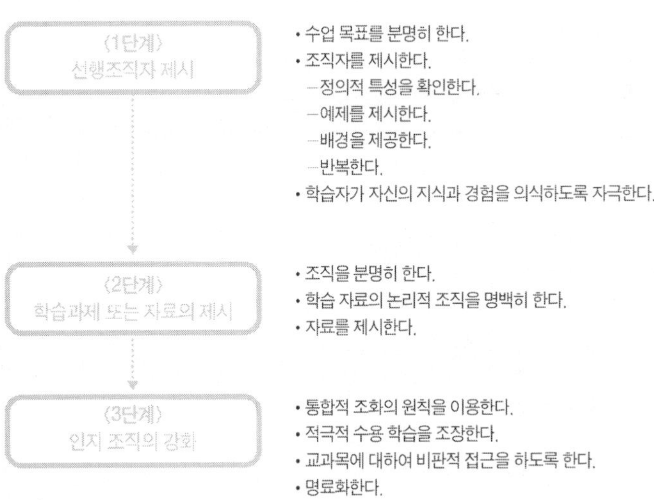

[그림 8-4] **Ausubel의 교수 단계**

출처: B. Joyce, & M. Weil (1980). *Models of teaching*. Englewood Cliffs, NJ: Prentice-Hall, p. 80.

으로써 학생들의 이해를 도울 수 있다. '……지금까지 조작적 조건화의 개념에 대해 살펴봤죠? 그럼 조작적 조건화는 앞에서 배운 고전적 조건화와 어떻게 다른가요?' 교사가 이렇게 두 개념의 차이에 관해 질문하였을 때 학생들은 학습 자료를 혼동하지 않고 보다 정확하게 이해할 수 있다. 즉, 교사는 학습자가 새로운 자료의 의미를 명료화하고, 새로운 지식을 기존의 지식과 조화시키며, 새로운 자료가 적합한 지식이 되도록 하고, 지식에 대하여 비판적으로 접근할 수 있는 능력을 증진시키도록 도와주어야 한다.

4) Gagné의 교수이론

R. M. Gagné(1974)의 교수이론은 인간의 학습이 단순한 것에서 복잡한 것으로, 저차원에서 고차원으로 발전하는 위계를 이루고 있으며, 한 단계의 학습은 다음 단계의 학습에 필수적인 선행요건이 된다는 학습위계(learning hierarchy)에 기초를 두고 있다. Gagné의 학습위계이론은 교수 목표 분석, 학습과제 분석, 그리고 교수이론의 정립에 기여하는 바가 크다. 이제 교수에 적용되는 학습위계에 대해 알아보자.

학습위계(learning hierarchy) Gagné는 학습의 결과가 학습자의 서로 다른 특성과 구조, 학습자에 따른 상이한 조건과 성향 등에 따라 달라진다고 주장하면서, 학습에 영향을 주는 주요 변인으로 언어적 정보, 지적 기능, 인지 전략, 운동 기능, 태도의 다섯 가지를 제시하였다(Gagné, 1974).

언어적 정보(verbal information)는 자신의 생각을 말할 수 있는 학습된 능력이다. 인간은 한 가지 사실이나 일련의 사태에 대해 다양한 방법으로 진술할 수 있다. 학습자의 행위적 목적 중 하나는 정보에 대해 올바르게 진술하고 표현하는 것이다. 따라서 언어적 정보는 학습에 매우 중요한 요소다. 개인은 상징을 통해 환경과 상호작용하는 방법을 배우며, 언어를 통해 상징적으로 대처할 수 있다. 우리는 분류 · 분석 · 수량화 등 여러 상징을 사용한다. 20m를 2,000cm로 바꾸고, 단수명사에는 단수동사를 사용하는 것 등은 모두 상징의 사용이다. 이와 같이 문자나 숫자와 같은 상징적 부호를 이용할 수 있게 되는 개인 내부의 지적 작용을 **지적 기능**(intellectual skill)이라 한다. 지적 기능은 결국 방법을 아는 것(knowing how)으로 절차지식이라 할 수 있다. 학습자는 각자 자신만의 독특한 학습방법과 기억방법, 그리고 사고방법을 가지고 있다. 또한 일련의 대상의 이름을 기억할 때에도 개인에 따라 다른 접근방법을 갖다. 개인은 사고기법이나 문제 분석, 그리고 문제 해결의 접근법에 차이를 나타낸다. 이러한 과정은 학습자의 내적인 과정에 의해 통제되는데 이를, **인지 전략**(cognitive strategy)이라 한다. 인지 전략은 개념이나 원리를 이용하는 지적 기능의 특수한 영역으로 개인 자신의 행동을 지배하는 전략적인 지적 기능이다. 또한 인지 전략은 개인에 따른 독특한 내적 기능으로 새롭게 직면하는 문제를 해결하는 데 필수적인 능력이라 할 수 있다.

운동 기능(psycho-motor skill)은 비교적 단순한 운동반응 계열이 좀 더 복잡한 운동으로 통합된 신체적 기능이다. 즉, 종합적인 활동과 밀접한 관련이 있는 부분적 형태의 행위인 단위적 활동을 운동 기능이라 한다. 피아노 치기, 글씨 쓰기, 공차기 등은 운동 기능의 예다. 이러한 운동 기능은 속도, 정확성, 힘, 유연성에 따라 그 수준이 판별된다. 그리고 학습자는 개인적 행위를 선택하는 데 영향을 미치는 정신상태를 지니고 있다. 이와 같이 특정한 사물이나 인물에 대한 개인의 반응에 영향을 미치는 학습된 내재적 상태를 **태도**(attitude)라 한다. 태도는 일반적으로 인지적 · 정의적 · 행동적 속성으로 구성된다. 인지적 속성이란 어떤 대상에 대한 아이디어를 의미하며, 정의적 속성은 인지적 속성에 수반되는 감정, 즉 좋다든가 혹은 싫다는 느낌을 말한다. 그리고 행동적 속성은 그 대상에 대하여 어떤 행위를 하려는 의도를 의미한다.

Gagné는 이러한 다섯 가지 영역 중에서 특히 지적 기능 영역을 강조하였다 (Gagné, 1985). 그에 의하면 지적 기능 학습은 신호학습, 자극-반응학습, 운동연쇄학습, 언어연합학습, 중다변별학습, 개념학습, 원리학습, 문제해결학습의 여덟 가지 유형으로 나뉘며, 이들은 제시된 순서대로 위계를 이루고 있다고 하였다(Gagné, 1974).

신호학습(signal learning)은 특정한 동물에 대한 공포반응과 같이 고전적 조건형성에 의한 반응으로 이루어진 학습을 뜻한다. **자극-반응학습**(stimulus-response learning)은 자극과 반응을 연결하는 학습으로 반응이 학습자에 의해 능동적으로 나타나야 한다는 점에서 신호학습과 구별된다. 그리고 현미경을 조정할 때와 같이 일련의 반응이 정해진 순서에 따라 연결되어 학습되는 것을 **운동연쇄학습**(motor chaining learning)이라 한다. **언어연합학습**(verbal association learning)은 화학의 기호를 외우는 것과 같이 언어를 사용한 쌍연합학습(paired associate learning) 활동을 의미한다. 그리고 음악의 악보를 보고 음계나 음표를 구별하거나 철자는 같으나 발음이 다른 두 단어를 가려내는 것 등은 **중다변별학습**(multiple discrimination learning)에 속한다. **개념학습**(concept learning)은 공통된 속성을 이해하고 그것을 기준으로 하여 사물을 분류하는 것이다. **원리학습**(rule learning)은 이미 학습한 개념이나 법칙을 사용할 수 있게 되는 것을 뜻한다. 그리고 여러 개의 법칙 중에서 주어진 문제 해결에 가장 적합한 법칙을 선택하여 그 문제 해결에 적용하는 것을 **문제해결학습**(problem solving learning)이라고 한다.

모든 학습과제는 이와 같은 여덟 가지의 학습위계에 따라 보다 단순한 과제로 분석할 수 있다. 위계의 순위가 다른 과제를 학습하는 데에는 각각의 위계에 적합한 유형의 학습 형태가 요구되기 때문에 주어진 학습과제를 효과적으로 학습시키려면 그 학습과제를 세밀히 분석해야 한다. 이러한 분석이 선행된 후에 학습에 필요한 학습 유형을 밝히고 위계적 순서에 맞추어 정리해야 하는데, 이를 **과제 분석**(task analysis)이라 한다. 즉, 과제 분석이란 주어진 학습과제를 학습자가 이해할 수 있을 정도로 분류하여 그 내용이 학습 조건, 수준, 수행 동작 등으로 나타날 수 있도록 진술하고, 진술된 수업 목표의 학습에 필요한 선행 요건과 학습 유형을 찾아 위계적 순서에 적합하게 정리하는 과정이다.

이러한 과제 분석은 가장 하위의 신호학습까지 분석할 수 있으나 모든 교과에 대하여 반드시 그렇게 할 필요는 없다. 교수하고자 하는 목표가 설정되면 그 능력의 선행 요건이 되는 지점까지만 분석하면 된다. 따라서 어느 지점까지 분석할 것인가는 교과와 학습 내용 및 학습자에 따라 달라질 수 있다.

학습의 위계와 교수 Gagné(1985)의 **학습 조건**(condition of learning)에는 내적 조건과 외적 조건이 있다. 내적 조건은 학습자가 이미 소유하고 있는 학습 능력을 말하며, 외적 조건은 학습자의 행동과는 독립적인 학습 조건으로 특정한 학습을 위해 외부에서 가해지는 조건을 의미한다. 따라서 이러한 외적 조건을 통제하는 것이 바로 교수의 핵심이 된다. 교사는 효율적인 교수를 위하여 학습자의 내적 조건과 외적 조건을 모두 고려해야 한다.

학습위계는 교수의 절차를 밝히는 것이 아니라 특정한 내용의 학습에 필요한 선행 능력, 즉 내적 조건을 보여 줄 뿐이다. 효과적인 교수를 위해서는 학습과제를 분석하고, 학습자가 그 과제를 학습하는 데 필요한 선행학습 능력, 즉 내적 조건을 얼마나 갖추고 있는지를 파악한다. 이를 토대로 외적인 단서나 조건을 준비하여 제시해야 한다.

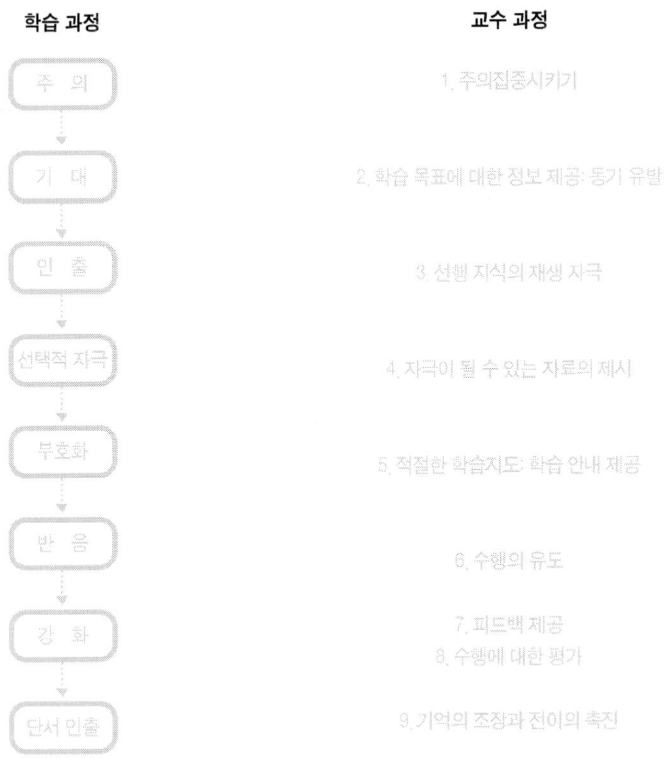

[그림 8-5] Gagné의 학습과정과 교수사태의 비교

출처: A. E. Woolfolk (1993). *Educational psychology*. Boston: Allyn & Bacon, p. 327.

Gagné(1977)는 자신의 교수이론을 다음과 같이 제시하고 있다. 교수의 첫 단계에서 교사가 할 일은 학생의 주의를 환기시키고 통제하는 것이다. 다음 단계는 학습자에게 학습과제의 목표, 즉 교수 목표를 알려 주고 학습자의 호기심을 자극하거나 동기를 유발시켜 학습에 대한 기대감을 높이는 것이다. 이때 교사는 학습자와 언어적 대화를 통하여 학습자가 학습한 후에 할 수 있는 성취 행동을 말해 줄 필요가 있다. 왜냐하면 교사의 이러한 행동은 학습자에게 자신이 새로운 능력을 습득할 수 있고, 그것이 자기효율성에 기여할 수 있다는 기대를 확립해 주기 때문이다. 학습자가 주의를 집중하고 적당한 기대감을 갖게 되면 교사는 학습자가 새롭게 학습할 내용과 관련된 기존의 지식을 상기할 수 있도록 자극한다. 그리고 학습자의 기존 지식과 관련하여 학습할 성취 행동의 방향을 결정하는 데 도움이 되는 자극으로써 다양한 교수 자료를 제시한다. 즉, 새로운 학습과제에 내재한 자극을 학습자에게 제시하는 것이다.

교사는 기존 지식 중에서 중요한 부분을 요약하여 제시한다. 이때 새로운 정보가 학습자의 단기기억이나 작동기억 속에 받아들인 상태이므로 장기기억에 저장하기가 용이해진다. 이 시점에서 교사는 적절한 학습지도를 수행한다. 학습지도를 수행한 후 제공한 정보를 학습자가 올바르게 이해하고 있는지를 확인하기 위해 학생들의 반응을 점검한다. 학습자의 반응에 대해 교사는 학습자의 이해 정도를 점검하고 강화를 주거나 교정을 해 주는 등 결과에 대한 피드백 활동을 수행한다. 피드백을 제공한 후에는 성취 행동을 다시 평가하고 분석한다. 평가한 후에는 그 결과를 기초로 하여 전이력 또는 일반화 능력을 높이기 위한 활동을 제공한다. 끝으로 교사는 학습자가 새로운 상황에서 학습한 지식을 적용하고 인출할 수 있도록 다양한 상황에서 연습시켜야 한다. 즉, 과제의 소단원이나 대단원이 끝나면 교사는 그 자료를 다시 복습시켜야 한다. 학습 내용의 전이나 파지는 연습이나 복습에 의해 촉진될 수 있기 때문이다.

Gagné의 교수사태를 학습의 과정과 관련하여 도식화하면 [그림 8-5]와 같다.

5) Carroll의 학교학습모형

학교에서 이루어지는 다양한 형태의 학습 가운데 지적 학습에 작용하는 중요 변인을 추출하고 그 변인 간의 상호관계를 기초로 하여 학교학습의 방안을 체계화시킨 것이 J. Carroll(1963)의 **학교학습모형**(model of school learning)이다. 이 모형은 학교학습을 촉진하고 개선하는 데 필요한 실질적이고 구체적인 전략을 제안하고 있다는 점에서 매우 중요한 교수모형이다. Carroll은 학습자가 성취한 학습의 정도가 학습자에게 주어진 과제를 학습하는 데 필요한 시간에 대한 학습자의 실제 사용 시간의 비율로 결정된다는 명제를 제안하고 있다. 여기서 학습의 정도는 교수 목표에 진술된 도달 기준에 비추어 실제로 도달한 학습 정도를 뜻하며, 학습에 필요한 시간은 주어진 학습과제를 완전히 학습하여 교수 목표로 진술된 수준까지 도달하는 데 필요한 시간을 의미한다. 또한 학습에 사용된 시간은 학습자가 학습과제에 능동적으로 주의를 집중하여 학습에 몰두한 시간으로 학습하는 동안 수동적으로 보낸 시간은 학습에 사용된 시간에서 제외된다. 개인차에 따라 학습 속도가 다르기 때문에 학습에 필요한 시간은 학습 속도라는 개념과 대치될 수 있다. 이와 같은 명제를 함수로 표현하면 다음과 같다.

$$학습의\ 정도 = f\left(\frac{학습에\ 사용된\ 시간의\ 양}{학습에\ 필요한\ 시간의\ 양}\right)$$

Carroll(1963)은 학습에 필요한 시간과 학습에 사용한 시간을 결정하는 변인을 개인차변인과 수업변인으로 분류하였다. 그리고 개인차변인은 다시 적성, 교수 이해력, 지구력으로, 수업변인은 교수의 질과 학습 기회로 나누고 있다. 이와 같은 다섯 가지 하위 변인을 보다 자세히 살펴보면 다음과 같다.

개인차변인 중 **적성**(aptitude)은 최적의 교수 조건에서 주어진 과제를 완전히 학습하는 데 필요한 시간을 뜻한다. 적성이 높으면 과제를 빨리 학습하고, 적성이 낮으면 학습에 소요되는 시간이 길어진다. 어떤 과제를 성공적으로 학습하는 데 필요한 시간을 그 과제의 학습 적성으로 규정하고 있다는 점에서 Carroll의 학교학습모형에서 의미하는 적성과 교육학이나 심리학에서 의미하는 적성은 개념적으로 상당한 차이가 있다. 교육학이나 심리학에서 적성은 특정 과제의 학습에 필요한 능력의 구조적 차이, 즉 일정한 훈련에 의해 숙달될 수 있는 개인의 능력을 의미한다. **교수 이해력**은 학습해야 할 과제의 성질과 학습 절차를 이해하는 학습자의 능력을 의미하며, 여기에는 학습자의 일반 지능과 언어 능력이 포함된다. 교수 이해력은 학업 적성과 기능적으로 밀접한 관계를 가지고 있다. 그러나 학업 적성은 과제의 종류와 성질에 구애되지 않고 모든 형태의 교수 장면에서 학습자가 수업을 이해하는 비교적 항상성이 높은 일반 능력을 의미한다. 그리고 지구력은 학습자가 학습을 위해 사용하려는 시간으로 정의된다. 즉, **지구력**은 학습자 스스로 인내력을 발휘하여 학습에 많은 시간을 할당하려는 의욕과 태도로서 학습자의 성격 특성에서 나온 일종의 학습 동기에 해당한다.

수업변인 중 **교수의 질**은 학업 성취와 밀접하게 관련되어 있다. 학습 목표와 학습 방법을 사전에 알려 줌으로써 학생들로 하여금 학습과제의 교육적 가치를 인식하게 하고, 그 과제를 학습할 수 있다는 자신감을 가질 수 있도록 적절한 계열로 조직하여 제시하는 등의 노력은 수업의 질을 높인다. **학습 기회**란 학습자들에게 주어진 일정한 과제를 학습할 수 있도록 그들에게 실제로 허용된 시간을 가리킨다. 개인의 학업 적성에 차이가 있기 때문에 학습자들에게 주어지는 학습 기회는 달라져야 한다. 그런데 학습 기회와 지구력은 모두 시간으로 규정되기 때문에 혼돈되기 쉽다. 학습자의 의사와 관계없이 외부에서 학습자에게 주어진 학습 시간을 학습 기회라 하고, 학습자가 자기 자신의 의사에 의하여 스스로 학습에 투입하기로 결정한 시간의 양을 학습에 대한 지구력이라 규정한다.

이상에서 살펴본 학습의 정도를 결정하는 변인 중에서 학습에 필요한 시간을 결정하는 변인은 적성과 교수 이해력 및 교수의 질이며, 학습에 사용한 시간을 결정하는 변인은 학습 기회와 지구력이다. 이들 변인을 이용하면 학습의 정도는 다음과 같이 나타낼 수 있다(Carroll, 1963).

$$\text{학습의 정도} = f\left(\frac{\text{학습 기회} \cdot \text{지구력}}{\text{적성} \cdot \text{교수 이해력} \cdot \text{교수의 질}}\right)$$

교수의 질이 좋으면 학습과세를 이해하는 정도가 높아지므로 교수의 질과 교수 이해력은 상호작용하는 것으로 볼 수 있다. 또한 교수의 질은 학습과제에 대한 학습자의 지구력에 영향을 미친다. 학습 기회와 지구력이 다소 낮아도 적성이 높으면 학습과제를 일정한 시간 내에 수행할 수 있다. 그러나 적성이 낮은 학생이 다른 학생과 동일한 시간 내에 주어진 과제를 학습하려면 교수의 질을 알맞게 조정하여 교수 이해력을 높여야 할 뿐 아니라 학습 기회와 학습에 대한 지구력도 증대시켜야 한다. 이러한 사실은 학습의 정도를 높이기 위해서 다섯 가지 변인을 효과적으로 조정하고 변인들 간의 역동적인 상호관계도 고려하여 교수 과정과 방법을 조절해야 함을 시사한다. 결국, Carroll은 학습의 정도를 높이기 위해 학습자의 적성, 교수 이해력, 지구력, 교수의 질, 학습 기회를 효과적으로 조정할 것을 제안하고 있다. 그러므로 학교학습모형은 교수에 작용하는 변인을 통제하는 절차와 방법을 구체적으로 제시한다.

이와 같은 Carroll의 학교학습모형은 B. Bloom(1968)이 제시한 **완전학습**에 이론적 기초를 제공하였다. Bloom은 학교학습모형을 학습현장에 적용하기 위하여 다양한 수업 전략을 구상하고 재조직하여 완전학습에 관한 이론을 발표하고 실천적인 교수이론으로 전개시키는 데 많은 노력을 기울였다. 그는 전체 학생 중 약 95%의 학생들이 주어진 학습과제의 약 90% 이상을 완전히 학습하는 것이 완전학습이라고 주장하였다. 이는 신체적 혹은 정신적으로 문제가 있는 약 5%의 학생을 제외한 대부분의 학생은 학습자의 적성이나 교수 이해력, 그리고 지구력에 알맞은 최상의 수업 조건이 제공된다면 거의 완전히 학습할 수 있다는 것을 의미한다.

완전학습모형 상황에서 교사는 교과의 각 단원의 내용을 세부적으로 나누고 학생들이 학습 목표에 도달할 수 있도록 도움을 준다. 이때 학생들은 집단을 구성하여

서로 도와가며 공부하거나 수업 외의 시간을 활용하는 등 여러 방법을 활용할 수 있다. 또한 더 빨리 학습 내용을 이해한 학생들에게는 심화학습의 기회를 주며, 교사가 직접 지도할 필요가 있다(Block & Anderson, 1975). 완전학습모형에서 학습자의 학습 정도는 학습자가 학습을 위해 필요로 하는 시간 양에 대해 학습에 투입한 시간의 비율에 의해 결정된다고 본다. 앞의 Carroll의 모형과 마찬가지로 학습의 정도는 다음과 같은 함수로 표현할 수 있다.

$$\text{학습의 정도} = f\left(\frac{\text{학습에 사용한 시간}}{\text{학습에 필요한 시간}}\right)$$

이상에서 알 수 있듯이 완전학습에서는 시간 변인을 가장 크게 강조하고 있으며, 충분한 시간만 제공되면 대부분 만족할 만한 수준의 학업 성취를 보일 수 있다고 가정한다. 따라서 Bloom은 학업 적성이 매우 낮은 학습자라 하더라도 학습에 필요한 시간을 충분히 주면 어떤 학습과제라도 학습할 수 있다고 주장한다. 그러나 이때 단순히 많은 시간, 즉 투입되는 시간의 양을 늘리는 것보다는 다섯 가지 변인의 효과적인 조정과 변인 간의 역동성을 고려하는 것이 더욱 중요하다.

3. 교수 연구의 패러다임

지금까지 우리는 다양한 교수이론에 대해 살펴보았다. 교수이론은 교사가 보다 체계적으로 수업을 계획하고 실행하는 데 도움을 준다. 이러한 교수이론에 대한 연구는 개별 학자에 의해 단독으로 수행되기보다는 논점이나 방법 및 설명의 형식에서 유사한 생각을 가진 학문 공동체 속에서 수행되는 것이 일반적이다. 이와 같은 연구 공동체의 연구 문제와 방법 등을 설명하는 데 가장 보편적으로 사용되는 용어가 패러다임(paradigm)이다(Shulman, 1986a).

Tomas S. Kuhn
(1922~1996)

패러다임이라는 용어는 T. Kuhn(1970)에 의해 처음 사용되었는다. 그는 패러다임을 한 연구집단에게 합리적인 문제와 방법, 그리고 그 해결을 규정해 주는 함축적인 준거의 틀이라고 정의한다. 이러한 패러다임은 연구 영역에서 성원

간에 묵시적으로 인정되고 사용되는 개념의 틀이다. 따라서 패러다임은 수행된 연구 결과를 해석하는 도구며, 한 영역에서 지식의 축적과 활용에 중요한 준거가 된다.

그런데 교수 연구의 문제는 단지 교육이론가들만의 문제가 아니다. 교수에서 발생하는 문제점을 효과적으로 해결하기 위하여 교사 역시 교수 연구자가 되어야 한다. 이러한 의미에서 교수 연구의 패러다임을 고찰해 보는 것은 교수 연구의 현 상태를 이해하고 해석하는 데 유용한 기초 지식을 제공할 것이다.

이제 교수와 수업에 대한 다양한 연구를 크게 네 가지 패러다임으로 구분하여 살펴보자.

1) 교수 연구 패러다임과 그 변인

Gagné(1965)는 교수과정연구모형을 분석한 후 이들 모형에는 공통적으로 교사의 지각적 · 인지적 과정, 교사의 행동 요소, 학생의 지각적 · 인지적 과정, 학생의 행동 요소의 네 가지 변인이 포함되어 있다고 제시하였다. 그는 이와 같은 네 가지 변인이 교수과정의 효과적 준거인 학업 성취를 충분히 설명하지 못한다고 지적한다. 즉, 교실의 복잡한 상호작용이 무시되고 있다는 것이다. 이러한 이유로 Dunkin과 Biddle (1974)은 교수모형에 다음과 같은 네 가지 변인이 고려되는 것이 보다 타당하다고 설명한다.

- **선험 변인**(presage variable) : 교사의 특성, 경험, 훈련 정도, 능력 등 교사의 교수 행위에 간접적으로 영향을 미치는 요인이다.
- **상황 변인**(context variable) : 학생, 학교, 지역사회, 학급의 속성 등을 포함한다.
- **과정 변인**(process variable) : 학급에서 관찰할 수 있는 교사와 학생의 행동에 주목한다.
- **산출 변인**(product variable) : 지적, 사회적, 정서적 학생 성장에 대한 교수의 즉각적 혹은 장기적 효과를 말한다.

이와 같은 교수 연구 패러다임 분석에서 기본이 되는 것은 교사와 학생이다. 그리고 각각의 패러다임은 현상을 정의하고 설명하기 위해 사용되지만, 하나의 교수 연구 패러다임이 교수에 대한 모든 것을 포함하는 것은 아니다.

학교현장에서도 교수 연구를 위한 동료장학, 임상장학 등 다양한 장학활동을 통해 수업의 질 개선을 위한 많은 노력이 이루어지고 있다.

2) 주요 교수 연구 패러다임

과정-산출 패러다임(process-product paradigm) **과정-산출 패러다임**은 교수 효과성을 강조하는 것으로 지금까지의 교수 연구의 주류를 형성해 왔다. 이 패러다임은 교실에서 발생하는 과정 측면인 교사의 행동과 결과 측면인 학생의 학업 성취 간의 관계를 탐색한다. 즉, 교사의 행동이나 교수 행위가 학생의 학습에 영향을 미칠 것이라는 가정에서 출발한다. 따라서 교수 효과성의 가장 중요한 요인을 교사 요인으로 보고 학생의 반응 변인보다 교사의 자극 변인에 초점을 두고 있다. 그러나 이 패러다임은 교육의 과정 효과를 고려하지 않으며 학생의 행동이 교사에게 미치는 영향을 무시하고 교사 변인을 독립적으로 보고 있다는 비판을 받고 있다.

또한 이 패러다임에서는 교사 변인 외에도 교사 행동의 빈도(frequency)와 안정성(stability)의 두 가지 차원에도 관심을 갖는다. 교사 행동의 빈도가 높을수록 학생의 학업 결과가 좋게 나올 것으로 기대되지만 빈도 효과가 비선형적으로 나타날 수 있고, 어떤 행동의 많은 양보다는 적절한 양이 더 효과적일 수 있다. 안정성 차원은 교사 행동의 안정성 계수가 낮다는 연구 결과로 비판을 받고 있다. 즉, 동일한 교사 변인이 상황과 시간에 따라 다른 효과를 나타낼 수 있다(Shavelson & Dempsey-Atwood, 1976). 이러한 문제점을 극복하기 위해 Berliner(1979)는 학문적 학습 시간(academic learning time: ALT)의 개념을 제시하였다. ALT는 현재 학생의 과제 수행정도는 과제의 적절성에 의존하며, 과제가 학생에게 어렵지 않고 논리적으로 타당하다면 결국 투입되는 시간의 양이 과제 성취의 정도를 결정한다는 것이다. 그러나 ALT의 분석

단위가 개별적이고, 학생을 수동적인 존재로 보고 있으며, 교실 생활의 제반 요소는 계속적으로 분화된다는 점에서 한계를 드러내고 있다.

중재 과정 패러다임(mediating process paradigm) **중재 과정 패러다임**은 학습자를 능동적인 존재로 보고 교수의 투입과 학생의 학업 성취 사이에 학습자의 심리적 변인을 고려한 모형이다. 즉, 중재 과정 패러다임에서는 학습자 변인을 보다 강조한다. 학습은 교사에 의해서가 아니라 학습자에 의해서 결정된다고 믿기 때문에 학습과제에 활용될 수 있는 자극의 적절성과 이에 대한 학습자의 지각을 강조한다. 이 패러다임은 학습자의 학업 성취를 학습 과정 동안 학습자가 사용한 중재활동의 함수로 설명한다. 즉, 교사의 행동과 수업 자료가 학습을 일으키는 것이 아니라 학습자가 정보처리를 활성화하는 정도에 따라 학습 결과가 달라진다는 것이다. 중재 과정 패러다임은 학습자의 주의와 과제 지속력, 그리고 시간의 사용 등에 대한 연구를 활성화시켰다. 그러나 중재 과정 패러다임이 해결해야 할 다음과 같은 문제가 있다.

- 능동적인 학습 시간 동안 일어나는 학습자의 내적인 정보처리 과정을 정확하게 정의하여야 한다.
- 실험실 조건과 자연적인 교실환경 간의 차이를 줄이는 것이다. 통제된 교수 조건은 일반적인 자연 상태의 교실환경을 대표하지 못한다.

교실 생태 패러다임(classroom ecology paradigm) **교실 생태 패러다임**은 인류학, 민속학, 사회학, 언어학, 심리학 등의 학문 분야를 기반으로 하며, 연구방법에서 양적 접근보다 질적 접근을 선택한다. 이 패러다임에서는 교사를 산출의 직접적인 원인으로 보기보다 행위자(agent)로 본다. Hamilton(1983)은 교실 생태 패러다임의 준거를 다음과 같은 네 가지로 정리하고 있다.

- 사람과 환경 사이의 상호작용을 중시한다. 즉, 교사와 학생은 일방적인 관계가 아니라 양방적인 상호작용 속에서 활동하는 것이다.
- 교수–학습은 분리될 수 있는 별개의 원인–결과 관계가 아니라 계속적인 상호작용 관계다.
- 교실은 독립적이라기보다 가정, 학교, 지역사회, 문화 등과 서로 밀접한 관계를 맺는다.

• 교사, 학생의 사고, 태도, 느낌, 지각 등과 같은 관찰할 수 없는 과정도 자료의 중요한 요인으로 다룬다.

이러한 교실 생태 패러다임은 계속적인 상호작용, 의미 부여, 지각 등 잠재적인 과정 등을 중시하기 때문에 변인 간의 인과관계를 양적으로 측정하기보다는 행위의 의미에 관심을 갖는 설명 지향적 성격을 갖는다. 이러한 성격은 어떠한 순간의 사건과 과정의 의미가 이전에 일어난 사건에 대한 지식과 미래에 일어날 예측에 의존한다는 상황특수적(context-specific) 관점을 강조하기 때문이다. 교수-학습 상황에서 학습이 일어나도록 하는 것은 교사가 아닌 학생이며, 교사는 단지 학생의 반응을 활성화시킴으로써 학습에 영향을 주는 간접적인 존재로 인식되고 있다. 또한 이 패러다임에서 교실의 환경은 사회 · 문화적으로 조직되어 있다고 간주한다. 따라서 교실 생태 패러다임은 학업 성취 효과가 교실에서 실질적으로 어떻게 일어나고 있는가를 설명하는 것뿐만 아니라 연구 결과를 새롭게 해석하는 틀로서도 중요한 역할을 한다.

그러나 이 패러다임은 특수한 사례에서 넓은 범위로 일반화하는 과정에서의 증거 자료가 부족하고 자료 수집의 객관화가 어렵다는 점, 참여 형태나 언어 사용 등에 관찰을 집중하기 때문에 상대적으로 교과 · 수업과제 · 교수활동에 대해서는 깊은 통찰을 보이지 못한다는 점, 연구방법과 절차를 연구자의 경험과 지식에 의존하기에 결과 해석의 객관화가 어렵다는 등의 단점이 있다.

인지과학 패러다임(cognitive science paradigm) 인지심리학에서는 능동적으로 환경과 상호작용하는 역동적인 구조 과정으로서의 인간의 마음과 인지를 강조한다(이정모, 1994). 따라서 **인지과학 패러다임**의 목표는 교사와 학생이 교수 상황에서 문제 해결을 위하여 실질적으로 사용할 수 있는 일반적이고 총체적인 전략을 확인하는 것이다(Eisenhart & Borko, 1993). 인지과학 패러다임에서 인지 과정을 측정하기 위해 사용하는 일반적인 방법으로 과정추적기법과 회귀분석모형이 있다. **과정추적기법**(process tracing technique)은 인지 과정에 대한 자료를 모으기 위해 사용하는 언어적 보고 방법이다. 과정추적기법에는 과제를 수행하면서 자신의 생각을 소리 내어 말하는 **생각말하기**(think-aloud)**기법**, 과제 수행 당시를 녹화한 테이프를 보면서 생각을 말하는 **자극회상**(stimulated recall)**기법**, 과제 수행 후 자신의 사고를 회상하는 **회상인터뷰**(retrospective interview)**기법** 등이 있다. **회귀분석모형**(regression modeling)

은 사용된 정보의 종류와 정보가 결합된 방법을 확인하여 개인의 판단과 의사결정을 예언하기 위해 통계적 절차를 이용하는 방법이다. 이 방법은 실제 교수–학습 상황보다 모의실험이나 실험실 연구에서 교사의 판단과 결정을 연구하기 위해 사용된다.

인지과학 패러다임의 문제점은 교실생활의 본질인 구체적 교육과정 내용과 교과를 무시하는 경향이 있다는 것과 교실에서 교사가 아닌 소수의 학생에 대한 의미를 찾으려는 데 지나치게 편재되어 있다는 점이다.

교사들은 교수 효과성을 연구하기 위한 이러한 패러다임에 대한 이해를 통해 연구의 결과를 이해하고 자신의 연구 수행에도 활용할 수 있을 것이다. 그러나 교실 상황은 복합적인 요인이 상호작용하므로 하나의 패러다임으로 모든 변인을 설명하기는 어렵다(Merton, 1975). 따라서 독립적으로 존재하는 각 패러다임을 상호 보완적으로 사용한다면 교수 연구에서의 보다 많은 변인을 설명할 수 있으며, 결과적으로 학생들의 학업 성취 향상에 도움을 줄 것이다.

EDUCATIONAL PSYCHOLOGY

연구문제

1. 다음의 개념을 간단히 설명하여라.
   - 발견학습(discovery learning)
   - 유의미 학습(meaningful reception learning)
   - 선행조직자(advanced organizer)
   - 학습위계(learning hierarchy)
   - 완전학습(mastery learning)

2. Bruner가 말하는 지식구조(structure of knowledge)의 특징을 간단히 설명하여라.

3. Carroll의 학교학습모형은 학습을 촉진하고 개선하는 데 필요한 실질적이고 구체적인 전략을 제시한다. Carroll은 학습의 정도를 설명하기 위해 학습에 필요한 시간과 학습에 사용된 시간이라는 개념을 도입하였는데, 이와 관련된 결정변인들을 개인차변인과 수업변인으로 나누어 설명하여라.

4. 당신은 지금 교수계획서의 순서에 따라 수업을 진행하고 있다. 그런데 수업이 그다지 효과적으로 이루어지지 않는다는 느낌이 든다. 이럴 경우, 당신은 교수계획서의 진도를 포기할 것인가? 아니면 교수계획서를 따라 계속 수업을 진행하겠는가? 그렇다면 그 이유는 무엇인지 설명하여라.

5. 교사의 교수계획서 작성과 관련된 연구들(Clark & Yinger, 1979; McCutcheon, 1982; Sardo-Brown, 1988)은 경험이 많은 교사일수록 교수계획서를 작성하지 않는 경향이 있으며, 작성한다 하더라도 수업의 세부적인 절차는 생략하는 경우가 많다고 보고하고 있다. 이와 같은 결과의 원인은 무엇이라고 생각하는지 밝혀라.

6. 다음 두 종류의 계획서를 살펴보자. 두 가지 계획서는 유사한 듯이 보이지만, 실제로는 강조하는 부분에 차이가 있다. 어느 부분에 차이가 있는지를 밝히고, 각각의 계획은 어떤 상황에서 보다 적합하게 사용할 수 있는지를 설명하여라.

〈계획서 1〉

구성 요소	목 적
단원	그 단원에 대한 맥락을 확인하라.
목표	학습 결과를 세분화하라.
원리	숙고할 수 있도록 조성하라.
절차	목표에 도달되는 방법을 기술하라.
평가	목표 도달 어부를 교사가 확인하는 방법을 진술하라.
교재	필요한 자료를 확인하라.

출처: D. Jacobsen, P. Eggen, & D. Kauchak (1989). *Methods for teaching*. Columbus, OH: Merrill.

〈계획서 2〉

구성 요소	기 능
목표	학습 결과를 세분화하라.
도입	수업 시작을 확인하라.
내용	학습 주제를 개략적으로 기술하라.
절차	목표에 도달되는 방법을 기술하라.
종결	수업이 끝나는 방법을 기술하라.
교재	필요한 자료를 확인하라.
숙제	수업 내용이 강화될 수 있는 숙제를 구체화하라.

출처: K. Moore (1989). *Classroom teaching skills*. New York: Random House.

제9장 효과적인 교수

국어 교사로 처음 부임한 정 선생님은 쉬는 시간에 잠시 가르쳐야 할 내용을 점검하고 있었다. 이번 수업시간에는 지난 수업에서 시간에 쫓겨 다양한 예시 없이 간단하게 설명하였던 문장의 기본 구조를 보다 구체적으로 설명해야겠다고 생각하였다.

수업이 한참 진행되는 도중에 정 선생님은 교과서의 문장 하나를 칠판에 썼다.

'달리기는 건강에 좋은 운동이다.'

그러고 나서는 교탁 바로 앞에 앉아 있는 호명이에게 물었다.

"이 문장에서 '달리기' 라는 단어는 어떤 문법적 기능을 하지?"

"그건 동사예요, 선생님."

호명이가 대답하자 정 선생님은 인상을 약간 찡그리면서 말했다.

"그건 틀렸어, 어디 정답 아는 사람?"

다음날 옆 반에서는 이제 정년퇴임을 2년 앞둔 조 선생님이 국어 수업을 하고 있었다. 수업 내용은 어제 정 선생님이 가르쳤던 문장구조에 대한 것이다.

조 선생님 역시 교과서에 나온 예시 문장을 칠판에 적고 중간쯤에 앉아 있는 수희에게 물었다.

"이 문장에서 '달리기' 라는 단어는 문법적으로 어떤 기능을 하지?"

바로 대답했다.

"동사입니다."

조 선생님은 수희에게 덧붙여 설명하였다.

"어디 다시 한 번 보자. 선생님이 생각하기에는 '달리기' 라는 단어가 이 문장에서 중심이 되는 주제의 역할을 하는 것 같은데……."

조 선생님은 잠시 시간을 두었다가 다시 물었다.

"수희야, 다시 한 번 대답해 보겠니?"

선생님의 질문에 수희는 고개를 약간 끄덕이고 겸연쩍은 미소를 지으며 대답했다.

"아, 주어군요, 선생님."

이 예화는 같은 내용을 수업하는 두 교사의 상황을 보여 주고 있다. 두 교사는 같은 내용의 수업을 진행하지만 질문에 대한 학생의 대답에 어떠한 피드백을 주는가에서 차이를 보이고 있다. 정 선생님은 주어의 위치와 기능에 대해 예시 문장을 통해 호명이에게 질문하였지만 대답이 틀렸다는 정보 이외에는 도움이 될 만한 아무런 정보도 제공하지 못하고 있다. 그리고 바로 다른 학생들에게 대답을 구함으로써 호명에게 학습 실패에 대한 좌절감을 느끼게 할 수도 있다. 그러나 조 선생님은 틀린 대답을 한 수희에게 일단 틀렸다는 것을 인지시키고 설명을 덧붙여 줌으로써 학생 스스로가 정답에 이르는 것을 돕고 있다. 이처럼 정확한 해결을 위한 단서를 제공하고, 이를 통해 학생 스스로가 다시 한 번 해결할 수 있도록 도와주는 것은 학생의 동기를 활성화시키고 스스로 문제점을 진단할 수 있는 힘을 키워 준다.

이와 같이 교수기술이 어떻게 활용되느냐의 문제는 학생들의 학업 성취에 커다란 영향을 미칠 수 있다. 따라서 이 장에서는 이론적인 교수방법이 아닌 실제적으로 보다 효과성을 높일 수 있는 교수방법에 대해 구체적으로 살펴보고자 한다.

1. 교사 효과성

1966년 Coleman은 교사들이 학생의 학습에 큰 영향을 미치지 않으며, 대신에 학생들의 성취에 영향을 미치는 가장 중요한 요인은 사회경제적 지위라고 제시하였다(Coleman et al., 1966). 그러나 Coleman의 자료를 재분석한 다양한 연구는 매우 다른 결과를 보여 준다(Brophy & Good, 1986; Good & Brophy, 1991). 즉, 교사에 따라 학생의 학업 성취는 매우 다양한 수준으로 나타난다는 것이다. 이러한 연구 결과는 유사한 주제의 연구를 촉진시켰고, 결국 '학생 성취의 차이를 만드는 것은 교사다.' 라는 문구와 함께 교사 효과성의 연구에 대한 관심을 불러일으켰다.

James S. Coleman
(1926~1995)

그러면 교사 효과성이란 무엇이고, 그것은 어느 정도로 학업 성취에 영향을 줄 수 있는지에 대해 알아보자.

1) 교사 효과성의 정의

좋은 교사는 어떠해야 하는가라는 질문에 대해 우리는 교수적 측면이나 학생 지도적 측면 혹은 교사의 인간성 등을 떠올릴 수 있다. 이러한 것은 모두 좋은 교사의 자질을 평가할 때 고려되는 측면들이며, 학생의 학습과 행동 형성에 영향을 미치는 영역이기도 하다.

그러나 학교학습의 중요한 목표가 지식과 기술의 개발이라고 한다면, 좋은 교사를 정의하는 문제는 당연히 학생의 학업 성취와 연결되어야 한다. 그렇다면 학생들은 어떤 경우에 보다 효과적인 학업 성취를 이루는가? 그들은 가르치는 내용이 비조직화되어 있기보다는 조직화되어 있는 경우, 정보의 전달 · 습득 과정이 수동적이기보다는 능동적인 경우, 그리고 수업이 일회적이기보다는 목표 지향적일 경우 보다 효과적으로 성취를 이룬다.

이와 같이 교사 효과성이란 효과적인 교육 내용의 구성이라든가 효과적인 수업 과정의 진행 등 학생의 학업 성취와 관련되는 개념이다. 따라서 **교사 효과성**(teacher effectiveness)이란 학생의 학습을 증진시킬 수 있는 다양한 형태의 교사 행동이라고 정의할 수 있다.

2) 교사 효과성에 대한 변인

앞서 우리는 교사 효과성의 의미에 대해 알아보았다. 그렇다면 효과적인 교사와 비효과적인 교사를 구별하는 변인은 무엇인가? 많은 학자는 Emmer 등(1980)의 연구에서 밝혀진 다음과 같은 변인이 효과적인 교사의 특징을 대표한다는 것에 대부분 동의하고 있다(Goetz, Alexander, & Ash, 1992).

- 수업 목표를 진술한다.
- 교자재를 사용한다.
- 미리 수업 교자재를 준비하고 있다.
- 수업을 뒷받침할 교자재를 갖추어 놓고 있다.
- 학생들에게 명확한 방향을 지시해 준다.
- 명쾌하게 정보를 제공한다.
- 학습해야 할 이유를 제공하고 탐색한다.
- 수업 중에 학습자의 주의집중을 이끌어 낸다.
- 많은 수의 학생이 학습 목표에 도달한다.
- 교수 내용을 학생의 흥미와 적절히 관련시킨다.
- 학생들이 도달해야 할 학습 성취 기준을 합리적으로 설정한다.

이러한 변인들이 효과적인 교사와 비효과적인 교사를 구분하는 데 완벽한 역할을 하는 것은 아니지만, 어떠한 요인이 효과적인 수업 운영의 형태를 구성하느냐에 대해 중요한 함의를 제공한다. 이제 효과적인 교사의 조건으로 설정할 수 있는 요인에는 어떠한 것이 있는지를 보다 자세히 살펴보자.

시간 배분 효과적으로 수업하는 교사들은 시간을 능률적으로 사용한다. 교사 효과성을 논의하는 데 시간은 중요한 변인이다. 즉, 같은 시간을 사용한다고 하더라도 수업의 효과는 교사들이 시간을 사용하는 방법에 따라 크게 달라진다. 수업과 관련하여 교사가 사용하는 시간은 크게 세 가지로 나누어 설명할 수 있다.

• 배정된 시간(located time) : 교사나 학교가 지정하는 학습 시간의 양을 의미한다. 예를 들어, 일주일에 국어를 7시간, 수학을 5시간, 영어를 5시간 하기로 되어 있다든지, 수학 시간 중 덧셈보다는 곱셈에 보다 많은 시간을 할애하는 등의 수업 계획은 모두 배정된 시간과 관계 있는 것들이다. 이와 같이 제한된 시간을 유용하게 배정하는 것이 학생들의 학업 성취에 가장 기초가 되는 것은 사실이지만, 배정된 시간과 학습 효과 사이의 상호 관련성은 그리 밀접한 것은 아니다. 즉, 시간의 양을 증가시키는 것이 학습 효과를 증진시키는 유일한 변인은 아니라는 것이다. 따라서 교사 효과성과 관련하여 시간이라는 변인을 다룰 때에는 또 다른 변인을 고려해야 한다.

• 수업 시간(instructional time) : 수업 중 순수하게 가르치는 데 사용되는 시간을 의미한다. 수업이 진행되는 동안 교사는 교실 정돈이라든가 과제 할당 혹은 각종 학생관리 문제 등에 시간을 소비하게 된다. 이러한 순수 수업 시간을 침해하는 일들은 예상 외로 높은 비율을 차지하고 있다. Fisher 등(1980)의 연구 결과는 초등학교 2학년 학급의 경우 39%, 5학년의 경우 34%의 시간이 순수 수업과는 무관한 학급관리에 소모된다고 보고하고 있다. 물론, 효과적인 학급관리가 학업 성취에 중요한 요인이기는 하지만, 교사들이 순수 학업 시간을 확보하는 일을 중요하게 생각하지 않는 것은 문제가 된다. Wiley와 Harnischfeger(1974)는 일부 교사들이 주어진 시간을 그저 단순히 소모하여야 할 것으로 생각하며, 시간의 중요성을 무시하거나 아예 인식하지도 못한다고 지적한다. 교사 효과성과 관련된 시간 변인을 고려하여 교사는 수업 중에 더욱 많은 순수 수업 시간을 확보하도록 노력해야 한다.

• 학문적 학습 시간(academic learning time) : 학생들이 주의집중을 함으로써 실제 학습을 수행하는 시간의 양을 의미한다. 배정된 시간과 학습 성취 간에는 그다지 크지 않은 정적 상관이 존재하지만, 실제 수업 시간 중의 학문적 학습 시간과 학습 성취 간에는 매우 높은 상관이 존재한다(Nystrand & Gamoran, 1989). 높은 성취를 보이는 학생과 낮은 성취를 보이는 학생을 비교할 때 학문적 학습 시간이 중요한 변인으로 작용한다는 연구 결과는 매우 많다. Evertson(1980)의 연구에서 높은 성취의 학생들은 시간의 85%를 학습활동에 사용하지만, 낮은 성취의 학생들은 단지 40%의 시간만을 학습활동에 이용하였으며, Fredrick (1977)의 연구에서도 높은 성취의 학생들은 75%, 낮은 성취의 학생들은 51%만

이 학습활동 시간으로 소비하였다고 밝히고 있다. 학습활동에 소비한 시간뿐만 아니라 학습활동 중단 시간도 역시 중요한 변인이다. Rusnock과 Brandler (1979)의 연구에 의하면 높은 성취 수준을 보이는 학생들은 자신의 과제를 모두 완성하고서야 학습활동을 중지하지만, 낮은 성취 수준을 보이는 학생들은 학습활동 도중에 그만두는 경향이 있다고 보고하였다.

결국, 효과적인 교사라면 학문적 측면에 투입하는 학습 시간을 가능한 최고의 수준으로 끌어올리기 위해서 학생의 관심, 즉 학습활동 참여 시간을 최대화하고 유지시킴으로써 학생의 학습 성공을 도울 수 있어야 한다.

언어적 행동 정보를 효율적으로 학생들에게 전달할 수 있는 능력은 훌륭한 교사의 자질로 구분된다. 교수–학습이 진행되는 수업에서 교사에게는 효과적인 언어 구사가 필수적이다. 이러한 능력은 교사의 말이나 피드백 등과 같은 의사소통과 관련된다. 교사의 말에 대해 Duffy 등(1986)은 교사가 하는 말의 빈도만으로는 그 효과성을 제대로 설명할 수 없다는 것을 발견하였다. 교사에게 단순히 효과적인 언어 구사를 반복하여 훈련시키는 것은 그리 어려운 일이 아니다. 하지만 이렇게 훈련된 교사를 실제 수업에 투입하였을 때 학생의 학업 성취는 교사가 사용하는 단어의 빈도가 아닌 질적인 차이에 크게 의존하였던 것이다. 훈련받은 교사 중 학생의 학업 성취에 효과를 보인 교사와 그렇지 않은 교사가 수업 중에 사용한 단어의 빈도는 거의 비슷하였지만 내용에서는 상당히 달랐다. 효과를 보인 교사의 경우에는 명쾌하게 설명하고 적절한 예를 꾸준히 제시하였지만, 효과를 보이지 못한 교사는 그 반대의 모습을 보였다.

결국, 이러한 결과는 교사의 언어적 행동이 학생의 학업 성취에 영향을 미치고 있음을 보여 주고 있다. 교사의 명확한 말과 정확한 피드백이 교사 효과성의 중요한 변인임을 나타내는 것이다.

교과 지식 풍부한 교과 지식을 지닌 교사일수록 자신들의 수업 내용을 보다 효과적으로 전달하며, 적절한 수업 전략을 사용하고, 학생들과의 언어적 상호작용에서 보다 자신감을 보이는 경향이 있다(Goetz, Alexander, & Ash, 1992). 교사가 교과의 지식이 부족할 경우에는 학생들이 개념을 학습하는 데 혼란을 느낄 수 있다. 즉, 학생들이 충분히 이해하지 못하는 주원인은 교사가 학생들에게 부정확하고 불완전한 정보를 전달하기 때문이다. 교과 영역에 대한 지식이 부족한 교사는 수업 중에 발생하는 학생들의 문제를 확인하고 제거 혹은 교정하는 전략을 수립하는 데 어려움을 겪을 수 있다. 전공 영역에 충분한 기초 지식을 가진 교사라면 학생들의 오해를 예상하거나 학생들의 말이나 행동에서 잘못 이해된 부분을 찾아낼 수 있다. 따라서 학생들의 오해를 방지하기 위해서 교사는 수업 준비를 충분히 하고, 실제적인 예시를 제시하며, 학생들에 대한 진단적 정보를 충분히 활용해야 한다.

교육학 지식 교사가 효과적으로 가르치는 일이 교과 지식을 잘 아는 것만으로 충분한 것은 아니다. 많이 알고 있는 것 혹은 잘 알고 있는 것과 효과적으로 잘 가르치는 것은 별개의 문제다. 효과적인 교사는 자신이 아는 것을 소화하여 그것을 학생들에게 의미 있는 학습으로 구조화시킬 수 있어야 한다. 즉, 교사들은 교수-학습 이론이나 교육방법, 공학적 지식 등의 교육학적 지식을 지니고 있어야 한다. 교육학은 교수를 배우는 학문이라 할 수 있다. 대부분의 효과적인 교사는 학습 지도안을 어떻게 작성하는지를 잘 알고 있으며, 수업 과정의 원리에 대해 정통하다. 또한 각각의 원리을 결합할 수 있으며, 언제 어느 부분에서 어떤 단원을 가르쳐야 할지를 잘 알고 있다. 따라서 교과 지식과 마찬가지로 교사의 교육학 지식이 풍부할수록 교사로서의 성공 가능성은 커진다고 할 수 있다. 결국, 교육학 지식이 풍부한 교사는 수업을 진행하면서 교육학 지식을 이용하여 좋은 교수 전략을 세울 수 있다. 이와 관련하여 Good과 Grouws(1979)는 효과적인 교사가 사용하는 전략에 대해 다음과 같이 제안하고 있다.

- 수업에서 제시되었거나 학생에게 할당한 과제물과 관련이 있는 개념과 설명을 매일 검토한다.
- 의미 있고 적절한 형태로 새로운 교자재를 개발한다. 학생에게 유용하리라고 생각되는 설명과 예시, 그리고 삽화 등을 사용하며, 학습자의 능동적인 참여를 이끌어 내고, 언제나 꼭 필요한 새로운 내용을 구체화함으로써 학생의 교과 이해를 돕는다.
- 적절한 자습문제를 부과한다. 학생들에게 크게 부담을 주지 않으면서 성공적인 학습에 도움을 주는 보충학습 기회를 제공하며, 이러한 자습을 통해 학생들

의 참여 수준을 높이고 집중력을 유지할 수 있도록 한다.

- 학생의 향상 과정과 유지 여부를 확인한다. 가르친 개념을 정기적으로 재검토하고 필요하다면 다시 가르친다.

2. 효과적인 교수기술

지금까지 우리는 효과적인 교사의 특징과 관련 변인에 대해 살펴보았다. 그렇다면 이러한 교사들이 실제 교실 현장에서 사용하는 효과적인 **교수기술**(teaching skill)에는 어떠한 것들이 있는가? 우리가 관심을 두어야 할 것은 아마도 이와 같은 문제일 것이다. 이와 관련하여 이제 교사의 계획, 태도, 조직화, 의사소통, 주의집중, 피드백, 모니터링, 점검과 복습, 질문하기 등 실제 수업 시간 중 교사에 의해 사용되는 다양한 기술을 살펴볼 것이다. 이러한 교수기술들을 분리하여 설명하는 것은 설명의 편의를 위한 것일 뿐, 실제적으로는 이 모든 기술이 균형을 이루고 복합되어야만 효과적인 교수가 이루어질 수 있다는 것을 교사는 항상 기억해야 한다.

1) 수업에 대한 계획

계획(planning)은 학생들이 배우는 내용에 직접적으로 영향을 주기 때문에 교수를 위한 중요한 과정이다. 계획은 학습 목표를 세우고, 학생들이 그것을 획득하도록 어떻게 도울 것인지 결정하고, 학생들이 목표를 달성하였는지 점검하는 것을 포함한다. 효과적인 교수 계획과 관련해서 Bloom 등(1956)이 제안한 교육 목표 분류체계(a taxonomy of objectives)를 살펴보자. 그들은 행동을 인지적(cognitive) · 정의적(affective) · 심동적(psychomotor) 영역으로 구분하였다. 이 중 인지적 영역은 학습 상황에서 가장 널리 사용된다. 인지적 영역을 구성하는 기본적인 목표는 다음과 같다.

- 지식(knowledge) : 정보를 기억하거나 인식하기
- 이해(comprehension) : 교사가 전달한 내용을 이해하기
- 적용(application) : 특정한 문제를 해결하기 위해 일반적인 개념을 사용하기
- 분석(analysis) : 어떤 개념을 세부적으로 나누기

- 종합(synthesis) : 서로 다른 아이디어를 결합하여 새로운 것으로 창조하기
- 평가(evaluation) : 학습 자료가 특정한 상황에 응용될 때 그 가치를 판단하기

그 밖에 학생의 흥미, 태도, 정서 등과 관련된 교육 내용에 관한 목표는 정의적 영역에 해당되고, 신체를 사용한 근육운동이나 사물을 조작하는 능력 등은 심동적 영역에 속한다. 이러한 목표는 난이도에 따라 다르게 적용될 수 있다. 예를 들어, 지식과 이해는 비교적 낮은 수준의 학습 과정에서 이루어지고 나머지는 보다 높은 수준의 학습 과정에 요구되며, 과목의 종류에 따라 다르게 적용될 수 있다(Pring, 1971). 효과적인 수업 계획에 대한 특정한 모델은 존재하지 않는다. 이것은 교사의 창의적인 문제 해결력과 관련된다고 볼 수 있다(Shavelson, 1987). 교사는 융통성 있고 창의적인 계획을 세우기 위해서 앞에서 제시한 분류체계 이외에도 학생들의 흥미와 능력 등을 염두에 두어야 한다.

교과 내용에 대해 세부적인 계획을 세울 때에는 학생들이 학습하는 과정에서 가질 수 있는 문제점들을 예상하고, 실제로 학생이 그러한 문제에 봉착해서 질문을 하였을 때 이해하기 쉽도록 설명하기 위한 다른 방안도 생각해 둘 필요가 있다. 예를 들어, 어떤 개념에 대한 이해가 쉽지 않을 것 같으면 그와 관련되는 몇몇 개념을 미리 준비해 둘 수 있다. 또한 새로운 단원이 시작될 때 명확한 설명을 할 수 있도록 해야 하며, 학생들에게 앞으로 배울 단원에 대한 간략한 소개와 더불어 어떻게 접근해야 할지도 언급하는 것이 바람직하다. Duffy 등(1986)의 연구를 통해 이를 확인하기 위해 '문맥(context)' 에 대한 두 교사의 설명을 비교해 보자.

- 비효과적인 교사 : 오늘은 '문맥' 에 대해 살펴볼 거예요. 이것은 책을 읽는 데 도움을 주지요.
- 효과적인 교사 : 오늘 수업이 끝날 즈음에 여러분은 다른 단어들을 통해서 모르는 단어의 의미를 알 수 있게 될 거예요. 이 기술은 여러분이 알지 못하는 단어의 뜻을 이해해야 할 때 사용할 수 있는 거예요.

첫 번째 설명은 학생들이 무엇을 배울 것인가에 대한 명확한 정보를 담고 있지 않다. 그러나 효과적인 교사는 학생들에게 문맥이 단어의 의미에 대한 추론 및 이해에 어떠한 도움을 주는지 잘 설명하고 있다. 이렇듯 각 단원의 첫머리에서 중요한 개념을 효과적으로 소개하는 것은 수업 내용을 계획할 때 중요하다고 볼 수 있다.

2) 태 도

교수와 관련하여 교사가 보여 주는 **태도**(attitude)는 물론 교수기술은 아니다. 그러나 교사가 기본적으로 지니고 있는 태도는 교과 수준이나 학습 주제 혹은 학생의 능력에 상관없이 효과적인 성취를 가져오는 데 가장 중요한 기본이 된다.

일반적으로 교사가 보이는 다음과 같은 태도는 학생의 높은 동기 수준을 이끌어 낸다. 그것은 학생에 대한 자상함과 학생과의 공감대 형성, 학생에 대한 높은 기대 수준, 교수에 대한 높은 열정, 학생에게 모델링의 전형이 된다는 의식 등이다. 이러한 교사의 태도는 학생의 동기 수준에 영향을 줄 뿐만 아니라 궁극적으로 학생의 학업 성취에 영향을 미치게 된다(Driscoll, 1978; Otteson & Otteson, 1980). 그러므로 효과적인 교사들은 그들이 사용하는 기술에 앞서 적극적이고 능동적인 태도를 지니고 있어야 한다.

3) 조직화

수업 진행 중에 필요한 **조직화**(organization)라는 용어는 시간 배분의 문제와 깊이 관련되어 있다. 지정된 수업시간을 어떻게 활용하느냐 하는 것은 수업 중의 학습활동이 어떻게 진행되는가의 문제로 귀결된다. 교수에서 보다 조직화된 형식으로 수업을 이끌어 가는 교사가 덜 조직적으로 수업을 이끌어 가는 교사보다 학생들의 학업 성취에 보다 큰 영향을 준다는 다양한 연구는 조직화의 중요성을 나타낸다(Bennett, 1978; Rutter et al., 1979). 조직화는 크게 관리상 조직화와 개념상 조직화의 두 가지로 구분할 수 있다.

- **관리상 조직화**(managerial organization): 교실관리의 측면으로 학생의 문제 행동을 예방하고 학습을 향상시키는 것과 관련된다. 예를 들어, 수업을 정확히 정시에 시작하기, 사전에 자료를 준비하기, 교수 진행 차례를 설계하기, 수업 이외의 혼란을 최소화하기 등을 들 수 있다.
- **개념상 조직화**(conceptual organization): 학생들에게 분명하고 논리적인 유형으로 개념을 제시하는 것이다. 내적으로 구조화된 방법으로 제시된 개념들은 단편적으로 제시된 정보에 비해 기억과 재생에서 매우 효과적이다. 또한 자신이 알고 있는 지식을 학생들에게 논리적으로 명확하게 표현할 수 있는 교사는

학생들이 잘 이해하지 못하는 부분이 무엇인지 쉽게 알아내며, 학생들의 질문에도 명쾌한 답을 줄 수 있게 된다. 즉, 교과 지식이 많은 교사일수록 조직화된 설명을 하고(Land, 1987), 교사가 학생들에게 이러한 조직적이고 명확한 설명을 제공할수록 학생들은 더 많은 것을 배우며 그들의 교사를 긍정적으로 평가한다(Hines, Cruickshank, & Kennedy, 1985; Land, 1987).

또한 교사는 원칙과 사례를 반복해서 설명하는 방식(rule-example-rule)을 통해서 교과에서 다루는 새로운 개념에 대한 학생들의 이해를 증진시킬 수 있다(Van Patten, Chao, & Reigeluth, 1986). 다음의 예를 살펴보자.

> 이제부터 여러분은 물질의 형태가 변하는 것을 보게 될 겁니다. 하지만 이것이 파괴되거나 사라지는 것은 아니지요. 자, 얼음에다가 열을 가하니까 얼음이 녹지요? 딱딱한 고체 상태에서 액체 상태로 변하는 과정을 여러분이 보고 있는 겁니다. (얼음이 모두 녹은 후에도 계속해서 열을 가한다…….) 얼음이 녹아서 된 물이 점점 줄어들고 있지요? 그 대신 위쪽으로 연결되어 있는 플라스틱관은 뿌옇게 변하고 있네요. 저것은 물이 기체 상태인 수증기로 변해서 위로 올라가다가 플라스틱관에 맺힌 거예요. 즉, 우리는 열을 가하면서 얼음이 물로, 그리고 물이 수증기로 변하는 것을 보았지만, 그중 일부가 사라지거나 하는 것은 아니지요.

여기서 교사는 일반적인 원칙을 학생들에게 이해시키기 위해서 그에 해당하는 예를 실험으로 보여 주고 있다. 그리고 이 설명의 마지막 부분에 원칙을 상기시킴으로써 학생들의 추상적인 개념의 이해를 돕고 있는 것이다.

4) 의사소통

교사 행동과 학생의 학업 성취 사이의 관계를 연구하면서 가장 많이 다룬 변인은 **의사소통**(communication)에 관한 문제였다. 많은 연구는 의사소통과 학업 성취가 매우 밀접하게 관련되어 있다는 것을 보여 준다(Rosenshine & Frust, 1971; Cruickshank, 1985; Land & Smith, 1979; Snyder et al., 1991). 또한 교사들 스스로도 명확한 의사소통의 중요성과 필요성을 느끼고 있으나 이를 실제 현장에서 실행한다는 것은 그리 쉬운 일이 아니다. 따라서 교사 효과성에 영향을 미치는 의사소통에 관한 문제를 몇 가지로 나누어 자세히 살펴볼 필요가 있다.

• **정확한 술어(precise terminology)의 사용**: 교사들이 수업을 진행하면서 개념의 정의를 내리거나 학생의 질문에 대답할 때 모호한 술어를 사용하지 말아야 한다. 예를 들어, '아마도', '어쩌면', '~일지 모른다', '등등', '십중팔구는', '대개는' 등은 모두 모호한 술어들이다. 이보다 더 심각한 형태도 볼 수 있는데, 다음의 예를 통해 잘 알 수 있다.

> 이번 과학 수업은 여러분이 자기, 어…… 자기장을 이해할 수 있도록…… 음…… 해 줄 것입니다. 이번 단원의 주요 개념을 이해하기 전에 여러분은 네 개의 개념…… 네 개의 하위 개념을 먼저 배워야 합니다.

• **전환신호(transition signal)의 사용**: 가르치고 있는 하나의 주제에서 새로운 주제로 전환될 때 자연스럽게 주제를 전환해야 하는 것이다.

> 우리는 3권 분립 중 입법부, 행정부의 기능과 구조에 대해서 살펴보았어요. 오늘 학습할 내용은 그 다음 주제로 3권 분립의 나머지 하나인 사법부에 대한 것입니다.

이 예에서 사용한 전환신호는 기존의 정보구조에서 새로운 정보구조로 자리바꿈할 때 부호화를 돕게 되고, 갑작스러운 주제의 변화로 일어나는 혼란을 줄일 수 있게 된다.

• **강조(emphasis)**: 학생들이 중요한 정보에 경각심을 갖도록 하는 것이다. Maddox와 Hoole(1975), Mayer(1983) 등은 의사소통에서 강조가 학생의 성취를 증가시킨다고 주장한다. 특히, 가르쳐야 할 내용을 전환할 경우 전환신호에 앞서 강조를 제시하고 전환한 이후에 다시 한 번 강조하면 내용에 대한 이해 수준이 향상될 수 있다는 것이다.

5) 집 중

앞서 제6장의 정보처리이론에서 살펴본 바와 같이, 정보처리 과정은 주의집중(attention)에서 시작된다. **집중**(focus)이란 수업 전반에 걸쳐 학습자의 주의집중을 이끌어 내고 유지하기 위해 사용되는 기술로서 교사가 사용하는 집중은 [그림 9-1] 같이 세 가지 유형으로 구분할 수 있다.

• 도입부 집중(introductory focus) : 수업의 시작 부분에 학생들의 주의집중을 이끌어 내는 것으로 교사가 제공하는 시발적인 자극이다. 예를 들어, 교사는 유머를 통해서 학생들의 주의를 집중시킬 수 있다. 실제로 교사의 유머가 학생들의 성취에 긍정적인 영향을 끼친다는 연구 결과가 있다(Ziv, 1988).

• 감각 집중(sensory focus) : 주의집중을 유지하기 위하여 자극을 사용하는 것이다. 구체적인 물건이나 그림, 정확한 모형이나 자료, 칠판에 쓰인 정보 등은 모두 감각적 집중을 위한 자극이다. 이때 보다 구체적이고 흥미 있는 자극의 사용은 감각 집중에 효과적이다. 그러나 너무 다양한 형태의 자료를 사용해서 수업을 진행하면 학생들이 학습 내용보다는 자료 자체에 너무 집중하게 되기 때문에 오히려 방해가 될 수도 있다(Wyckoff, 1973).

• 학문 집중(academic focus) : 중요하게 다루는 주제에 지속적으로 관심이 머물게 하는 것을 의미한다. 여러 가지 주제를 다룰 경우에는 일관성 있게 주제의 흐름에 따라 수업을 전개해야 한다. 효과적인 교사들은 수업에 부수적인 교재나 부수적인 주제를 끼워 넣지 않는 경향이 있다(Coker, Lorentz & Coker, 1980; Smith & Cotten, 1980). 그러나 효과적인 교사의 이러한 특성이 수업에 흥미 있는 추가적인 정보를 끼워 넣어서는 안 된다는 것을 의미하지는 않는다. 다만, 정확한 개념적 주제가 없는 수업이나 학생들을 당황하게 하는 수업은 학생들의 학업 성취에 부정적인 영향을 미친다는 것을 의미한다.

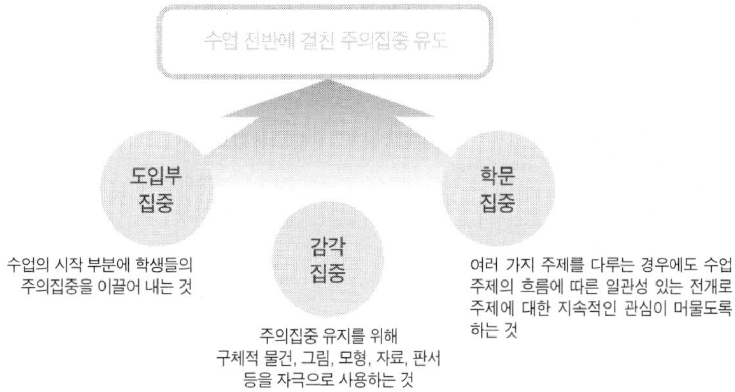

[그림 9-1] 집중의 유형

6) 피드백

피드백(feedback)이란 미래의 수행을 향상시키기 위하여 사용되는 현재 행동에 관한 정보의 제공을 의미한다. 피드백이 학습 증진에 긍정적인 역할을 한다는 것은 매우 일반적인 사실로 받아들이고 있다(Brophy & Good, 1986; Rosenshine & Stevens, 1986). 학습자들은 어떤 주제나 과제를 수행하든지 자신들의 수업 수준에 대한 정보를 필요로 한다. 피드백은 문어적 피드백과 구어적 피드백의 두 가지로 구분된다. **문어적 피드백**(written feedback)으로는 보고서, 평론, 서면으로 작성한 질의서 등이 있는데, 이것을 자세하게 작성하기에는 너무 많은 시간과 노력이 필요하기 때문에 구어적 피드백과 절충하여 사용하는 것이 보다 효과적이다. **구어적 피드백**(verbal feedback)은 질문과 대답 과정에서 전달되는 것으로 '좋아', '맞았어' 와 같은 간단한 반응부터 대답의 정확성과 수준에 따라 보다 확장된 반응에 이르기까지 다양하게 제공된다. 이 장의 서두에 제시되었던 교실 상황의 예화는 구어적 피드백의 서로 다른 두 양상을 보여 준다. 첫 번째 경우는 추가적인 정보를 주지 못하는 매우 간단한 피드백 상황을, 두 번째 경우는 보다 구체적으로 확장된 피드백 상황을 보여 주고 있다. 이때 둘 중 후자의 피드백이 학습자의 이후 수행에 보다 긍정적인 역할을 하게 된다.

궤간 순시를 통해 수업 진행에 대한 모니터링과 함께 적절한 피드백을 제공하여 효율적인 수업을 진행할 수 있다.

7) 모니터링

모니터링(monitoring)은 교사가 수업이 진행되는 상황을 이해하려는 목적으로 학생들의 언어 행동과 비언어 행동 모두를 계속적으로 관찰하는 것이다. 교사는 자습시간에 학생들 사이를 왔다갔다하는 계획된 모니터링을 통해 자습활동에 대해 조언하거나 격려할 수 있다. 또한 교사는 계획된 모니터링뿐만 아니라 수시로 주의 깊게 학생들의 학습 수행 수준을 모니터링할 필요가 있다. 만약, 교사가 학습 내용을 설명하고 난 후에 학생들의 고개를 갸우뚱거리는 비언어적 행동을 발견하였을 경우, 특정한 학생에게 "넌 조금 이해를 못하는 것 같구나. 방금 한 내용을 다시 한 번 설명할까?" 라고 말하는 장면은 주의 깊은 모니터링의 결과라고 할 수 있다. 따라서 효과적인 교사는 수업 중 지속적으로 학생들의 행동과 반응에 주의를 기울일 필요가 있다 (Goetz, Alexander, & Ash, 1992).

8) 점검과 정리

점검(review)은 이전의 학습을 요약하고 이미 배운 내용과 앞으로 배울 내용을 연결하는 과정이다. 이를 통해 학생들은 학습의 연계성을 갖게 되고 학습을 정교하게 준비할 수 있게 된다. 점검은 주로 학습의 시작과 종결 부분에서 사용되지만, 요점을 지적할 필요가 있는 경우 어느 때라도 사용할 수 있다. 이러한 점검기술의 효과적인 사용은 학생의 기억에 커다란 도움을 줄 수 있다. 한편, **정리**(closure)는 학습의 종결 부분에 행해지는 점검의 한 형태로, 이 부분에서는 학습된 주요 내용이 요약되고 구조화되며 완성된다. 가르친 내용 중에서 중요한 개념을 다시 한 번 정의하거나 원리, 일반화, 규범 등을 설명하는 것은 정리의 한 형태다.

9) 질문하기

효과적인 교수기술에서 **질문하기**(questioning)는 매우 중요한 기술 중 하나다. Gall(1970)에 따르면 고등학교 교사들의 경우 평균적으로 하루에 약 395개 정도의 질문을 하는데, 인지적 질문의 경우 Bloom의 교육 목표 분류에 따른 질문의 유형을 분류하면 〈표 9-1〉과 같다. 이러한 질문은 한 가지 정답을 요구하는 **수렴적 질문**

〈표 9-1〉 인지적 영역에서의 교육 목표에 따른 질문

범 주	질문의 예
지식(knowledge)	~을 정의하라. ~ 나라의 수도는? 교과서 내용에서 무엇을 알 수 있는가?
이해(comprehension)	~을 자신의 언어로 설명하라. ~와 ~을/를 비교하라. ~의 주요 개념은 무엇인가?
응용(application)	~에는 어떤 원칙이 기술되어 있는가? ~의 면적을 계산하여라. ~을/를 풀기 위해 ~의 규칙을 적용하여라.
분석(analysis)	다음의 내용 중 사실과 의견을 구분하시오. 실험에서 무엇이 화학적 변화를 일으켰는가?
종합(synthesis)	만약, 인간의 유전자 복제가 합법화된다면 어떤 일들이 일어날까?
평가(evaluation)	어떤 미술 작품이 더 훌륭하다고 생각하는가? 그 이유는 무엇인가?

출처 : A. E. Woolfolk (1993). *Educational psychology*. Boston: Allyn & Bacon, p. 450.

(convergent questions)과 여러 가지 답이 인정되는 **확산적 질문**(divergent questions)으로 나눌 수 있는데(Woolfolk, 1993), 과목에 따라 쓰이는 질문의 유형이 달라진다. 교사는 질문을 통해서 학생의 사고를 자극하고, 학생 간의 관계 형성을 도와주며, 기초적인 학습 내용의 습득을 강화하고, 소극적인 학생들을 학습에 참여시키며, 산만해진 학생들의 주의를 집중시키고, 학생들의 자기평가를 강화시킬 수 있다. 교사는 학생들에게 질문을 함으로써 학습 내용을 가르침과 동시에 학습 과정을 알려 주게 된다(Kindsvatter, Wilen, & Ishler, 1988). 즉, 학생들은 문제를 해결하는 과정 속에

다양한 사고를 할 수 있도록 하는 확산적 질문은 많은 학생의 수업 참여를 유도하여 적극적이며 활기찬 수업이 이루어질 수 있도록 한다.

서 비판적으로 사고하는 것을 배우게 된다. 특히, 배우고 있는 주제에 대한 학생의 배경 지식과 관련된 질문일수록 학생들은 많은 것을 익히게 된다(King, 1994).

질문의 빈도와 학업 성취의 관계에 대한 연구 결과들(Brophy & Evertson, 1976; Coker, Lorentz, & Coker, 1980; Stallings & Kaskowitz, 1974)은 효과적인 교사들이 보다 많은 질문을 던진다는 것을 보여 준다. 그러나 단순히 질문의 빈도를 높이는 것만으로 효과적인 학업 성취가 이루어지는 것은 아니다. 일부 학생들만이 질문에 답하게 된다면 참여하지 않은 나머지 학생은 낮은 학업 성취를 초래할 수 있다. 따라서 교사는 몇몇 학생들이 대답을 독점하지 않고 가능한 많은 학생이 참여할 수 있도록 주의를 기울여야 한다. 동기화가 잘되지 않는다고 판단된 학생에게 질문을 하였을 때 그 학생이 대답을 못하는 경우, 교사는 자신이 정답을 말해 버리거나 다른 학생을 지명하는 경향이 있다(김경옥, 1992)는 연구 결과는 효과적으로 수업하기 위해 교사가 주의해야 할 점을 잘 보여 준다. 물론, 학급의 학습시간을 고려해야 하는 교사의 입장은 충분히 이해할 수 있지만, 이와 같은 상황에서 동기화가 잘 안 되는 학생은 더욱더 자신감을 잃게 되고, 심하게는 교사의 질문에 답하지 않아도 된다는 그릇된 학습 습관을 형성하게 될 수도 있다.

3. 효과적인 수업

지금까지 살펴본 교수기술은 실제 수업 중에 복합적으로 작용한다. 이제 우리는 이와 같은 교수기술을 사용하는 실제 수업의 종류를 알아볼 필요가 있다. 이 장에서는 실제 수업의 종류를 교사 중심 수업과 학생 중심 수업의 두 가지로 분류하여 살펴볼 것이다. 교사 중심 수업에서는 지시적 수업의 내용을, 학생 중심 수업에서는 토론 수업과 개별화 수업, 그리고 컴퓨터 보조수업을 알아볼 것이다.

1) 교사 중심 수업

수업을 계획하고 진행하는 데, 또 수업의 결과에 가장 큰 영향을 미치는 변인은 교사다. 따라서 효과적인 수업은 교사의 역할에 크게 의존한다. 교사 중심적인 수업에서 교사의 역할과 행동을 강조하는 수업방법을 **지시적 수업**(direct instruction)이라

한다. 지시적 수업은 고도로 조직화되고 목표 지향적인 접근을 특징으로 한다. 이러한 수업은 **명시적 수업**(explicit instruction)이라고도 부르는데, 대개 학습 내용의 소개와 점검, 제시, 지도하에서의 연습, 자율적 연습의 4단계로 구성된다. 처음 두 단계에서는 교사가 학습 내용을 설명하고 시범을 보이는 등 교사의 역할이 강조되며, 뒤의 두 단계에서는 교사의 직접적인 역할은 점차 줄어들고 학생들이 학습 내용을 자율적으로 연습하게 된다는 특징이 있다.

Goetz, Alexander와 Ash(1992)는 지시적 수업이란 다음과 같은 다섯 가지 특징을 지니는 교수방법이라고 설명한다.

- 학생에게 전달되어야 할 명확한 학습 목적을 가지고 있다.
- 수업 시간은 충분하고 지속적이어야 한다.
- 수업 내용이 광범위할 때에는 간단한 것에서 복잡한 것으로, 또 구체적인 것에서 추상적인 것으로 진행되어야 한다.
- 학생의 학습 수행은 검증되어야 한다.
- 학생의 성공 정도가 높은 반응에는 즉각적으로 학업 지향적인 피드백을 주어야 하며, 교사와 학생 간의 상호작용은 권위적이지 않게 형성되어야 한다.

지시적 수업의 이러한 특징은 실제로 교사의 열정에 크게 의존한다. 교사가 열정을 갖고 능동적으로 수업에 임한다면 수업과제에 대한 학생들의 집중을 유지시킬 수 있다. 이에 따라 학생들은 일반적으로 과제 지향적이 될 것이다. 이러한 수업은 교실 상황이 통제적이거나 경직되는 것을 의미하는 것이 아니라 학생이 과제에 열중하게 됨을 시사하는 것이다.

다음은 지시적 수업의 일반적인 진행 형태다.

학습 내용의 소개(introduction)와 점검(review) 수업은 전 시간의 학습 내용에 대한 개관으로 시작한다. 이러한 활동에는 학생들이 해 온 숙제에 대한 토론도 포함된다. 그런 다음 교사는 학습 목표를 말해 주며, 그 시간에 학습할 주제를 소개한다. 그러나 실제적으로는 적지 않은 비율의 수업이 이러한 전 시간 학습 내용과 본수업의 주제를 초기에 소개하지 않고 수업을 진행하고 있는 것이 현실이다. 정보처리와 동기이론은 우리에게 **소개**활동의 중요성을 말해 준다. 또한 **점검**은 학습자의 장기기억에 존재하는 정보를 찾아내고 새로운 정보를 정교화하여 보다 유의미하게 만들어 주는 기초를 마련하게 한다. 그리고 수업의 목표를 설명하는 것은 학생의 이해력을 높이며, 수업의 도입 부분을 효과적으로 수행하는 것은 학생들의 주의를 집중시킴으로써 보다 효과적인 수업을 진행할 수 있게 한다(Eggen & Kauchak, 1992).

■■■ 제시(presentation) 주의 깊은 **제시**는 학생의 학습 성취에 중요한 영향을 미친다. 효과적인 교사들은 다양한 예를 제시하고 적절하게 보충설명을 하면서 학생들이 수업 내용을 이해하였는지 계속해서 점검하는 경향이 있다. 이때 학습 자료로 시각적 매체, 즉 비디오, 영화, 슬라이드 등을 사용하면 시각적 정보를 학생들에게 효과적으로 제공할 수 있으며 학습을 촉진시키게 된다. 왜냐하면 시각적인 학습 자료가 언어적으로만 제시되는 것보다 더 쉽게 장기기억에 저장되기 때문이다(Hiebert, Wearne, & Taber, 1991; Mayer & Gallini, 1990). 이런 방법으로 수업을 하였을 때 학생들은 개념과 기술을 더 빠르게 익힐 수 있고, 결국 자율적으로 연습할 수 있는 능력이 향상된다. 반면에 효과적이지 못한 교사들은 이 단계에서 충분한 시간과 노력을 기울이지 않으며 서둘러 연습 단계로 넘어간다. 이렇게 되면 학생들은 학습 내용을 충분히 이해하지 못하게 되어 교사가 나중에 학생들의 문제점이나 오해 등을 다시 교정해 주어야 하는 사태가 발생하게 된다. 이럴 경우 학습에 성공하지 못한 학생들은 좌절하게 되고, 이에 좌절한 학생에 대한 관리 문제가 발생할 수 있다.

■■■ 지도하에서의 연습(guided practice) 학습 내용에 대해 충분한 제시가 완결되면 학생들은 교사가 지켜보고 있는 가운데 문제를 풀어 보게 된다. 이러한 활동을 **지도하에서의 연습**이라 한다(Borich & Tombari, 1995). 이때 교사는 학생이 문제를 성공적으로 해결할 수 있도록 발판을 마련해 줄 수 있어야 한다. 학생이 문제를 풀 때 처음에는 교사가 같이 논의하고 분석하면서 도움을 주지만, 점차 학생이 스스로 해결할 수 있도록 지켜봐야 한다. 여기서 중요한 것은 학생의 참여다. 학생의 적극적인 참여를 유도하고, 특히 문제를 분석하는 과정에서 질문을 많이 던짐으로써 많이 생각하게 하는 것이 교사의 임무다. 그리고 즉각적이고 효율적인 피드백을 제공하여 학생들의 문제 해결 성공률을 높여 주는 일도 이 단계에서 매우 중요한 활동이다.

■■■ 자율적 연습(independent practice) **자율적 연습**은 새로 배운 기술이나 지식

을 학생 스스로 연습하는 것을 의미한다. 이 단계에서 교사는 학생에 대한 지도를 하지 않으며, 학습 혹은 문제 해결의 책무는 학생에게 옮겨진다. 이때 학생은 스스로 문제를 해결해야 한다. 일부 학생들은 처음에는 주저하겠지만 점차 자율적인 문제 해결 활동에 익숙해질 것이다. 이제 학생들은 교사가 아닌 학습 내용과 상호작용하게 된다. 이 단계의 궁극적인 목적은 학습의 **자동성**(automaticity)이다. 이것은 개념이나 기술을 다른 것에 적용하거나 이해 및 응용을 위해 작동기억을 활성화하는 것을 의미한다. 교사의 감독은 자율적 연습 단계에서도 중요하다. 효과적인 교사라면 학생들이 제시된 문제를 풀고 있을 때 학생들이 정확하게 풀고 있는지 확인하고 도움을 주기 위하여 교실을 돌아다닐 것이다. 그러나 학생에게 도움을 주기 위한 상호작용은 가급적 짧게 해야 한다(Borich & Tombari, 1995).

Anderson(1985), Evertson 등(1994), Good 등(1983)이 제안한 효과적인 자율적 연습을 소개하면 다음과 같다.

- 교사는 학생이 할 수 있다고 판단할 때까지 자율적 연습을 시켜서는 안 된다.
- 학생 스스로 연습할 수 있는 시간은 짧은 것이 좋다.
- 무엇을 할 것인가를 명확하게 지시하라.
- 학생들이 일단 자율적 연습을 하기 시작하면 방해하지 마라.
- 학생들의 자율적 연습 상황을 점검하라.
- 결과물을 모아 학생의 평가 점수에 반영하라.

▪▪▪ 효과적인 교수를 위한 지시적 수업의 제안 지시적 수업방법을 실행하는 효과적인 교사들의 일반적인 특징은 '구조화된 수업의 진행'이다. 이러한 교사들은 학생들과 많은 의사소통을 통해 높은 기대 수준을 가지고 있다. 그들은 수업을 하면서 시간을 낭비하는 일 없이 학생들에게 적절한 과제를 제공하고 다양한 교수활동을 수행한다. 지시적 수업에 대한 많은 연구는 효과적인 교수를 위해 다음과 같은 사항을 제안하고 있다.

- 학습은 학생에게 의미 있고 적합해야 한다. 교수활동이 이러한 장점을 갖기 위해서는 학생의 이전 학습을 확인해 보는 활성화 과정이 있어야 한다. 이때 교사는 학생들이 이미 알고 있는 지식과 연결해서 새로운 지식을 소개해야 한다. 이는 현재 수행하는 학습이 기존의 지식을 기초로 한 누적적 과정이어야 함을 의

미한다.

• 학습의 목적은 학생에게 직접적인 관련성을 가지고 있어야 한다. 학습 목적이 일상생활과 관련되어 있을 때 능동적 학습이 수행된다. '교육과정에 명시되어 있기 때문에 이것을 배워야 한다.' 라는 진술은 학생들에게 큰 영향을 주지 못한다. 그보다는 "이번 시간에 배우게 되는 작문법은 여러분이 애인이나 좋아하는 영화배우에게 편지를 쓸 때 알아야 할 것들입니다."라고 해야 학생들은 학습할 내용의 직접적인 가치를 발견하게 된다. 또한 수업 후에 따르는 과제나 숙제 등은 학생이 자신들이 학습한 내용을 어떻게 활용하는지에 초점을 맞추어야 한다. 수업을 시작할 때 교사는 학습한 내용의 활용에 대한 몇 가지 예를 들어 주어야 한다. 실제로 학생들에게 개인 학습 계획서 또는 학습활동 목록의 예를 보여 줌으로써 그들이 스스로의 학습 목적을 확립하는 데 보다 유용한 도움을 줄 수 있다. 이와 같은 설명은 학습에서 장기적인 목적의 중요성을 부인하는 것이 아니라 장기적인 목적을 학생의 실제적인 필요와 연관시켜 정립해야 한다는 것이다.

• 교수의 절차는 단순한 것에서 복잡한 것으로, 구체적인 것에서 추상적인 것으로 진행되어야 한다. 조직화가 잘된 내용은 그렇지 않은 경우보다 잘 기억된다. 조직화를 위해서 교사는 학습 내용을 숙지하고 있어야 하며, 과제의 훈련과 전이에 관해 사전에 잘 분석해야 한다. 따라서 교사는 인지적 과제를 수행하는 데 필요한 개념과 기술을 이해하고 있어야 한다. 교사는 이러한 기술과 개념을 기초로 하여 학습 내용이 논리적 연관성을 갖도록 조직화하여 가르쳐야 한다.

• 예시나 예증, 그리고 모델링은 적절한 시기에 효과적인 방법으로 사용되어야 한다. 구체적 예증을 수반한 설명이나 모델을 활용하는 수업은 단순히 개념만을 설명하는 수업보다 활기를 띨 수 있다. 예증을 사용하는 이유는 학생의 주의를 집중시키고 학습과제에 대한 이해를 촉진시키기 위해서다. 예를 들어, 도서관 사용법에 대해 말로만 설명하기보다는 실제로 도서관 이용을 해 보게 한다거나 도서관 이용 절차를 도표화하여 설명할 수 있다. 교수의 한 방법으로 교사가 실제로 도서관 안에서 이런 식의 수업을 진행한다면 학생의 경험을 더욱 구체화하게 되고 학생을 동기화시킬 수 있을 것이다(Eggen & Kauchak, 1992).

• **긍정적 피드백**을 교수에 통합된 부분으로 보아야 한다. 능동적 수업의 중요한 특징은 학급토의나 자율학습 중에 교사에 의한 피드백이 주어진다는 점이다.

과제에 대해 사고하게 하고 주의를 집중시키는 데는 지시적 피드백이 비지시적인 피드백보다 효과적이다. 그리고 가능하면 피드백은 긍정적으로 제시되어야 한다. 그 이유는 피드백의 목적이 학생들을 질책하지 않으면서도 이상적인 수행 수준에 도달하도록 하는 데 있기 때문이다.

- 다양한 교자재의 사용과 적용이 필요하다. 학생을 수업에 적극적으로 참여하도록 유도하기 위해, 또는 학생이 자신의 기술과 지식을 적용할 수 있도록 교사는 그때그때 적절한 교자재를 사용하는 학습환경을 조성해야 한다. 이러한 교자재는 형태와 내용 및 난이도의 측면에 따라 다양해야 한다.
- 능동적 수업에서는 학생 개개인에 대한 계속적인 학습 진단이 이루어져야 한다. 교사 중심의 수업에서 전체 학생의 참여, 자율적인 활동 수행, 과제의 완성 등을 통해 이루어지는 비공식적인 진단은 학생의 학습을 평가하고 교수의 잘못된 부분을 수정하는 데 활용될 수 있다. 또한 교사가 제작한 시험이나 관찰, 그리고 독립적인 과제에 학생을 참여시키는 것 등은 학생에 대한 진단적 자료를 모으는 데 효과적인 방법이다.

2) 학생 중심 수업

교사 중심 수업은 앞서 설명한 교수기술을 사용함으로써 효과적인 학습을 이끌어 낼 수 있다. 특히, 어린 학생들의 경우 교사의 지도는 학생들이 학습 내용을 체계적으로 정확하게 이해할 수 있도록 도움을 준다(Weinert & Helmke, 1995). 하지만 교

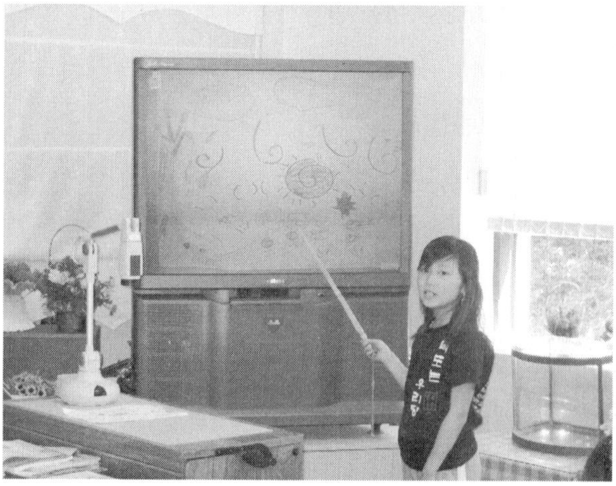

컴퓨터와 실물화상기를 비롯한 다양한 교육용 기자재의 발달로 교실은 더욱 다양하고 활기찬 수업이 이루어질 수 있는 여건이 마련되고 있다.

사가 열정을 가지고 능동적으로 수업에 임하며 고도로 구조화된 절차가 있다고 하더라도, 교사 중심의 수업은 한계를 지니고 있다. 일반적으로 교사 중심의 대집단 수업은 학생 개개인의 능력에 일일이 대처하기 어렵다. 또한 학생은 단순히 지식이 채워지기를 기다리는 '텅 빈 그릇' 이 아니라 능동적으로 지식을 구성하는 존재로 인식해야 한다는 주장이 제기되어 왔다(Anderson, 1989; Berg & Clough, 1991; Davis, Maher, & Noddings, 1990). 따라서 현실적으로 학생들 각각의 능력에 적합한 개별 수업 형태가 보충되어야 한다. 그 밖에 학습자 간의 협동학습 전략도 교사 중심 수업의 한계를 보완하는 또 다른 대안이 될 수 있다(김수동, 1996).

이제 학생이 중심이 되어 진행되는 토론수업, 협동학습, 개별화 수업, 컴퓨터 보조수업 등에 대해 살펴보자.

토론수업(discussion learning) **토론수업**은 다른 사람의 말을 경청할 수 있고, 상대방의 관점을 존중하는 민주적인 절차를 배우며, 이해와 태도 및 가치 등을 친구들과 더불어 비판적으로 점검하는 등의 중요한 목표를 가지고 있다(Oser, 1986). 교사가 이러한 목표를 명심하고 잘 활용한다면 토론은 효과적인 수업 전략이 될 수 있다. 토론은 학생들의 사고를 자극하고, 태도나 신념에 대한 도전과 대인관계 기술을 발달시키도록 고안된 교수적 접근이다. 토론을 통해서 학생들은 자신의 의견을 정당화하여 명확히 표현하고, 자신의 것과는 다른 견해도 받아들일 수 있는 자세를 배우게 된다. 따라서 학생들은 자신과 타인의 생각을 평가하고 개인적 관점을 통합해 나가는 과정을 통해서 논리적인 사고를 익히게 된다. 교사는 주제나 문제를 제시하면서 토론을 시작하고, 모든 학생이 참여할 수 있도록 사전에 계획된 전략적인 질문을 통해서 토론을 이끌어 나가야 한다(Krabbe & Polivka, 1990).

토론은 질문이나 문제로 시작하며, 교사는 전략적인 질문과 논평으로 주제를 지속시켜 나가야 한다. 간혹 학생들은 이 과정에서 혼란스러워하고, 교사의 지도가 없으면 활발하게 토론하지 못하는 경우도 있다. 이런 경우 학생들이 집중하도록 유도하고 부적절한 논의를 지적해 주는 것은 토론의 촉진자로서 교사가 해야 할 중요한 역할이다. 성공적인 토론은 여러 생각 간에 내재되어 있는 연관성을 스스로 탐구할 수 있도록 이끌어 주고 기초 지식을 확장시키는 데 도움이 되는 방법이기도 하다. 학생들이 주제와 관련된 사실이나 개념을 이해하였다면 그 학습 단원이 끝날 때 토론을 하는 것이 더욱 효과적이다. 토론을 통해 많은 효과를 얻기 위해서는 학생들의 참여 문제가 중요하다. 대집단 토론에서 교사는 가능한 다수의 학생이 참여하도록 유도하는 기술이 필요한데, 이를 위해 교사는 대집단을 몇 개의 소집단으로 나누어 토론하게 할 수 있다. 학생들이 토론 주제의 내용에 대해 잘 준비하였거나 과제가 구조화되었을 경우, 소집단 토론은 전통적인 수업보다 더 효과적인 것으로 나타났다(Sharan & Shachar, 1988). 한 가지 주의할 점은 성공적인 토론을 이끌기 위해서 교사는 가급적 말을 적게 하고 많이 들어야 한다는 것이다. 또한 교사에게는 학생들이 다른 학생의 의견을 경청하고, 상호작용을 유도할 수 있는 질문을 던지는 기술이 필요하다(Dillon, 1987; Krabbe & Polivka, 1990).

협동학습(cooperative learning) **협동학습**은 서로 다른 학습 능력을 가진 학생들이 집단을 이루어 도와 가며 학습하도록 하는 교수방법이다. 협동적인 학습활동을 통해서 학생들은 학습 내용을 이해하고 스스로 발견하며, 교사가 전달하는 학습 내용에 대해 토의하고, 집단의 모든 구성원이 학습 내용을 이해하고 넘어갈 수 있도록 상호 협조적인 학습 분위기를 조성하는 등 여러 목적을 위해 협동학습 활동이 이루어질 수 있다(Webb & Palincsar, 1996). 협동학습은 뚜렷하게 제시되는 학습과제를 가지고 이루어지는 활동과 프로젝트화된 활동으로 나뉜다. Slavin(1996)이 제안한 집단학습기법은 구조화되어 제시되는 정보를 집단의 구성원이 서로 도와 가며 학습하는 것이다. 이와는 다르게 명백하게 구조화되어 있지 않은 문제를 해결하는 방식으로 진행되는 협동학습은 프로젝트화된 학습 혹은 능동적 학습이라 일컫는다(Stern, 1996). 여기에는 학생들이 공동의 보고서를 제출하거나 실험을 하는 등의 활동이 포함된다.

과학실험 수업에서 전통적으로 협동학습을 사용하고 있으나, 실험교구의 부족으로 인한 협동학습이 아닌 모든 학생이 적극적으로 상호작용할 수 있는 진정한 협동학습이 이루어질 수 있도록 수업을 구성해야 한다.

협동학습은 교사의 세심한 주의를 필요로 하는데, 학습에 대한 계획과 진행에서 주의를 기울이지 않으면 학생들 간의 사회적 관계성과 학습을 오히려 저해하는 결과를 가져올 수 있기 때문이다. McCaslin과 Good(1996)은 학생들이 소규모 집단을 이루어 학습할 때 일어날 수 있는 몇 가지 문제점을 다음과 같이 지적하고 있다.

- 학생들이 학습보다는 절차나 과정에 더 치중하기도 한다. 즉, 과제에 대한 학습보다는 과제 수행 속도나 과제의 완결에만 주의를 기울일 수 있다.
- 잘못 이해한 것을 바로잡지 못하고 넘어갈 수 있다.
- 과제 수행에 집중하기보다는 동료들과의 관계성에 더 주의를 기울일 수 있다.
- 학생들 모두가 능동적으로 학습에 참여하기보다는 집단 내 능력이 뛰어난 소수 학생에게 의존하는 방식으로 학습이 진행될 수 있다.
- 학생들의 능력 간 격차가 심화될 수 있다. 예를 들어, 어떤 학생은 자신이 참여하지 않더라도 집단의 공동 과제가 완성될 수 있다고 생각할 수 있다.

따라서 협동학습이 학습에 긍정적인 영향을 주기 위해서는 학생들이 그들의 동료들과 협력하며 배우는 과정 속에서 흥미를 느낄 수 있다는 것을 깨달을 수 있도록 해야 한다(O'Donnell, 1996). 학습에서는 개인의 책임 또한 강조되어야 한다. 즉, 공동으로 작성한 레포트를 평가하기보다는 각 구성원이 맡은 부분을 얼마나 수행하였는가를 점검하는 방식으로 평가가 이루어져야 한다(Slavin, 1995). 협동학습은 학년에 관계없이 기본적인 기술을 익히는 것에서 문제 해결에 이르기까지 학습에 긍정적인 영향을 주는 것으로 나타났다(Qin, Johnson, & Johnson, 1995). 또한 협동학습은 학업성취의 향상뿐만 아니라, 집단 내에서 학생들 간에 긍정적인 관계성 형성에 도움을 주고 자기 존중감이나 학교에 대한 태도를 긍정적으로 변화시키기도 한다(Schmuck & Schmuck, 1997).

협동학습기법 중 STAD(Student Teams-Achievement Divisions)는 Slavin(1994)에 의해서 제안된 협력수업기법이다. 여기서 학생들은 수행 수준, 성별이 다른 네 명의 구성원으로 한 집단을 이루는데, 교사가 수업을 한 후 집단의 구성원 모두가 수업 내용을 완벽하게 이해하도록 서로 도와 가며 학습을 한다. 학습의 마무리 단계에서는 서로에게 퀴즈를 내거나 시험에서 받은 점수를 개인별, 집단별로 점검한다. STAD의 단계는 [그림 9-2]를 통해 확인할 수 있다.

한편, 지그소(Jigsaw)(Aronson et al., 1978)는 한 집단이 여섯 명으로 구성된다. 각

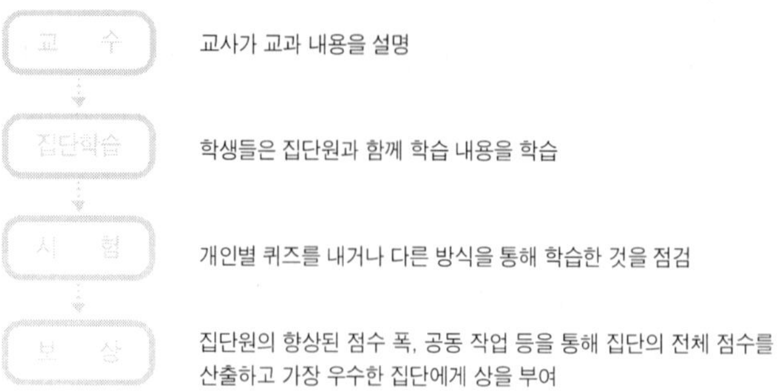

[그림 9-2] STAD(Student Teams-Achievement Divisions) 과정

집단의 구성원은 서로 다른 내용의 학습 자료를 배운 다음에 같은 내용을 다룬 다른 집단의 구성원과 모여 토론을 하거나 정교화하는 시간을 갖는다. 그 후 자기 집단으로 되돌아가서 다른 구성원에게 자신이 배운 바를 설명하고, 또 다른 구성원에게서 그들이 익힌 학습 정보를 배운다.

개별화 수업(individualized instruction) 학생들은 각자 독특한 흥미와 욕구 및 능력을 가지고 있다. 따라서 교사는 학생들의 개인차에 주의를 기울일 필요가 있다. **개별화**란 우리의 수업을 이러한 필요에 맞추려는 시도다. 개별화 수업을 위해서는 학생 개개인을 위한 시간과 학습 목표가 다양해야 하며, 다양한 교수 교재와 학습 활동을 활용하는 것이 필요하다.

이해가 늦은 학생에게는 지시적 수업방법이 가장 효과적이다. 교사가 철저하고 주의 깊게 시범을 보이고 그 절차를 연습하도록 지도하면 대부분의 학생은 스스로 연습하고 학습하는 데 성공할 것이다. 학생들이 도움을 많이 요청하는 것은 수업이 전체적으로 그 집단에게 적절하지 못하였다는 신호이기도 하다. 이럴 때에는 이해가 늦은 학생에게 좀 더 짧은 과제를 내 주고, 수업 전후의 남는 시간을 이용해서 문제를 해결할 수 있는 기회를 늘려 준다(Gettinger, 1989).

학생들에게 자신이 추구할 목표를 스스로 선택하도록 하는 것도 중요하다. 특별한 과제, 기말 보고서, 개별적인 실험 등에서 개인적으로 관심을 갖고 있는 주제를 선택할 수 있는 기회를 제공할 수 있다.

개인차에 적합한 또 다른 방법은 교수 교재를 다양화하는 것이다. 대안이 될 만한 교과서를 사용할 수 없다면 요점이 정리된 자습서를 제공하거나 요점에 중점을 둔 토론 자료를 미리 읽어 보게 함으로써 이를 대신할 수 있다. 상황에 따라서는 교과서 대신에 잡지나 학생 간행물에 나오는 흥미 있는 글을 사용할 수도 있다(Anderson & Armbruster, 1984).

학생들이 선호하는 학습방법은 학생마다 다르다. 몇몇 학생은 교사의 설명으로 이해를 높이는가 하면, 다른 학생들은 책을 읽거나 친구와 토론하는 것을 더 좋아하기도 한다. 이러한 선호를 충족시키기 위해서는 교수 전략을 다양하게 사용하거나 다양한 학습 조건을 제공할 필요가 있다. 학생들끼리 팀을 구성하게 하여 공동 작업을 하게 하거나 필기를 잘하는 학생의 노트를 복사하여 나누어 주는 등의 방법도 다양한 학습 조건을 제공하는 예가 될 것이다.

컴퓨터 보조수업(computer assisted instruction: CAI) 컴퓨터의 발달과 보급으로 이를 수업에 이용하려는 움직임이 커지고 있다. 이에 부응하여 제안된 것이 컴퓨터 보조수업이다. **컴퓨터 보조수업**이란 실제 수업에서 수업평가에 이르기까지 컴퓨터를 이용하는 수업을 말한다. 학생은 질문 항목과 여러 가지 답 항목으로 구성되어 있는 프로그램화된 자료를 통해 학습하고, 일정한 학습이 끝난 후에는 컴퓨터를 통해 제시되는 문제로 단원별 또는 전체적인 평가를 받게 된다. 그리고 평가 결과에 따라 보충학습이 필요한 부분과 과제의 내용 혹은 참고문헌 등이 제시된다. 컴퓨터 보조수업에서 중심 과제는 학생들의 질문이나 활동에 대해 여러 가지 가능성을 예상하여 정교하게 프로그램화하는 것이다. 이러한 수업 형태는 초보적인 학습과제나 연습을 많이 요하는 학습과제 등에서 크게 활용될 수 있다.

컴퓨터 보조수업의 특징 컴퓨터 보조수업이 전통적인 수업방식보다 더 효과적이라는 연구 결과가 있기는 하지만(Niemiec & Walberg, 1987), 기존의 교사 중심 수업과 병행함으로써 학습에 주는 긍정적인 기여도를 극대화할 수 있다. 컴퓨터 보조수업의 가장 큰 장점은 학생 개개인의 욕구와 능력에 맞는 연습활동에 적절하다는 것이다. 컴퓨터 보조수업 프로그램은 서로 다른 학년 수준과 다양한 학습 영역에서 학생들에게 실습 기회를 제공하고 이해를 평가하며, 필요한 경우 개선방법까지도 제공할 수 있다(White, 1984). 그리고 컴퓨터를 이용하면 학생 개개인의 학습 진행 상황을 저장하여 남길 수 있고, 학습 진도가 다른 학생들에게 노출되지 않도록 할 수 있다

(Schofield, Eurch-Fulcer, & Britt, 1994). 컴퓨터 보조수업은 기존의 서면으로 구성된 프로그램 자료나 개별 지도 등의 수업에 비해 학생들의 반응을 신속하게 평가할 수 있고, 활동의 과정이나 난이도를 학생의 현재 수준에 맞춰 변화시킬 수 있다는 장점을 가지고 있다. 따라서 학생의 반응에 따라 특별한 주제나 기술 등에 더 많은 시간을 할당하거나, 필수적인 학습을 반복하기 위해 전단계의 수업으로 되돌아가는 일도 용이하다. 이와 같은 장점을 활용하여 최근에는 하이퍼텍스트에 대한 관심이 높아지고 있다(이영희, 1993).

컴퓨터 보조수업은 학습자의 개인 능력에 맞춰 수업의 양과 속도를 용이하게 조절할 수 있다는 것 이외에도 다양한 장점이 있다. 예를 들어, 컴퓨터 시뮬레이션을 이용할 경우 학생들에게 문제를 해결할 수 있는 보다 적합한 기회를 제공하고, 추상적이고 이해하기 어려운 과학과 수학의 개념을 정확하게 시각화할 수 있다(Eggen & Kauchak, 1992).

이러한 컴퓨터 보조수업은 학습의 개별화, 즉각적인 피드백, 학습 진전도의 지속적인 추적과 확인, 오류의 개선 등에 용이하다(백영균, 1989; Bork, 1985; Hannafin & Peck, 1988). 또한 컴퓨터 보조수업을 협력학습에서 사용할 수 있는데, 이 경우 학생의 인지적 발달뿐만 아니라 사회성 발달에도 긍정적인 역할을 할 수 있다(Webb & Palincsar, 1996).

컴퓨터 보조수업의 유형 　컴퓨터가 수업에 이용되는 형태는 그 비중에 따라 귀속적(adjunct) 컴퓨터 보조수업과 대체적(primary) 컴퓨터 보조수업으로 나뉜다(전성연, 백영균, 1989). **귀속적 컴퓨터 보조수업**은 컴퓨터 보조수업이 전체 수업의 일정 부분을 차지하는 경우를 말한다. 즉, 어떤 단위 수업에서 교사가 기타의 다른 방법으로 수업을 진행하고 수업의 일부 시간을 컴퓨터의 보조를 받아 학습하는 데 할당하는 형태다. 이러한 수업 형태는 컴퓨터 보조학습이 교사의 수업을 보충하는 양상을 띤다. **대체적 컴퓨터 보조수업**은 전체 수업 과정이 컴퓨터에 의해 이루어지는 형태를 말한다. 과거에는 귀속적 형태가 주를 이루었으나 최근에는 대체적 형태가 더 많이 활용되고 있다.

교사들은 단순히 학생 개개인에게 컴퓨터를 제공하는 것만으로 컴퓨터 보조수업이 이루어진다고 생각해서는 안 된다. 컴퓨터 수업을 위한 전제 조건은 학생들의 비판적인 사고와 문제 해결에 도움을 주어야 한다는 것이다. 따라서 학습 프로그램은 이러한 목표를 위해 고안되어야 하며, 실제 교실에서 수업을 진행하는 교사들 또한 이와 같은 프로그램 개발에 능동적으로 참여하는 적극성을 가져야 한다.

컴퓨터 보조수업을 치밀한 구조로 접근하는 것(tightly-structured approach)보다는 느슨한 구조로 접근하는 것(loosely-structured approach)이 학생들의 학습 투입 시간을 20% 이상 증가시킨다는 연구 결과가 있다(최욱, 1995). 여기서 알 수 있듯이 컴퓨터 보조수업의 효과는 단순히 컴퓨터를 사용하는 것이 중요한 것이 아니라, 그것을 진행하고 관리하는 교사의 능력에 크게 영향을 받는다는 사실을 항상 기억해야 한다.

EDUCATIONAL PSYCHOLOGY

연구문제

1. 다음의 개념을 간단히 설명하여라.
   - 조직화(organization)
   - 피드백(feedback)
   - 자율적 연습(independent practice)
   - 지시적 수업(direct instruction)
   - 협동학습(cooperative learning)
   - 개별화 수업(individualized instruction)

2. 효과적인 교사의 조건으로 설정할 수 있는 변인 중 교육학 지식은 어떻게 관련되어 있는가? 그리고 지금 공부하고 있는 교육심리학은 어떤 도움을 주는가에 대해 설명하여라.

3. 지시적 수업(direct instruction)의 장점과 단점을 생각해 보고, 어떤 상황에서 지시적 수업이 효과적인지 설명하여라.

4. 효과적인 교수기술 중 집중(focus)은 수업 전반에 걸쳐 학습자의 주의집중을 이끌어 내기 위한 것으로 도입부 집중(introductory focus), 감각 집중(sensory focus), 학문 집중(academic focus)의 세 가지 유형으로 나뉜다. 이러한 집중 유형은 학년에 따라 그 중요성이 달라지는가? 만약 달라진다면, 초등학교 저학년과 고학년, 중학생과 고등학생들에게 중요한 집중은 각각 무엇이라고 생각하는지 그 이유를 함께 설명하여라.

5. 교사의 질문이 단순히 지식을 묻는 것이 아니라 학생의 사고를 자극하기 위한 것이라면, 질문을 어떻게 제시하는 것이 효과적일지에 대하여 설명하여라.

6. 다음의 상황을 살펴보자.

> 이 선생님은 자신의 반 아이들이 질문에 잘 대답하지 않아 걱정이 많다. 하루는 이러한 걱정을 부장 선생님께 털어놓았다.
>
> "저희 반 아이들은 질문을 잘 이해하지 못하는 것 같아요. 질문을 하면 바로 대답을 하

지 못해서, 제가 정답을 말하는 경우가 대부분이고, 그리고 혹 대답을 하더라도 일부 몇몇 아이들만 하고 있어요. 그래서 교수방법이 잘못되었나 하고 다른 방법을 써 보았는데 똑같더라고요. 요즘은 우리 반 아이들이 다른 반보다 이해력이 떨어지는 것은 아닌가 하고 심각하게 고민하고 있어요."

이야기를 들은 부장 선생님은 생각에 잠기셨다. 왜냐하면 부장 선생님이 이 선생님의 반에서 교환 수업을 할 때, 이 선생님 반 아이들은 질문에 적극적으로 대답하였기 때문이다.

이 글을 읽고 질문방법의 관점에서 이 교사가 가지고 있을 것이라고 생각되는 문제점을 찾아내고, 이 교사가 바르게 질문할 수 있는 방법을 제시하여라.

EDUCATIONAL PSYCHOLOGY

제 5 부

생활지도와 정신건강에 대한 이해

제10 장
생활지도 및 상담

중간고사 채점을 마치고 학생들의 성적을 기록하던 최 선생님은 채빈이의 성적을 보고 깜짝 놀랐다. 늘 5등 이상을 유지해 왔고 수업 태도가 바른 채빈이의 중간고사 성적이 학급에서 16등으로 떨어졌기 때문이다. 집으로 전화를 걸어 채빈이 어머니와 통화를 하려던 최 선생님은 생각을 바꾸어 채빈이를 좀 더 지켜보기로 하였다.

주의를 기울여 지켜본 결과 채빈이가 예전과는 다르게 침울해 있다는 것을 알게 되었다. 채빈이의 변화를 파악한 최 선생님은 방과 후 교무실 정리를 부탁하며 채빈이를 남게 하였다.

간단히 정리를 끝낸 후에 채빈이와 함께 제과점에 가서 빵을 먹으며 이것저것 물어보았지만 채빈이는 묻는 말에 짧은 대답만 할 뿐 좀처럼 마음을 열지 않았다. 이런저런 얘기로 시간을 끌던 최 선생님이 우연히 채빈이와 평소에 친하게 지내던 반장 철희 얘기를 꺼냈을 때 채빈이가 인상을 찡그리는 것을 보고 최 선생님은 어느 정도 짐작할 수 있게 되었다.

채빈이는 조금씩 말문을 열기 시작했다. 철희가 요즘 자기보다는 부반장인 수정이와 더 친하다고 느껴져서 속상하고 학교 다니기가 싫다는 말도 하였다. 최 선생님은 채빈이의 고민이 다른 큰 문제 때문인 것이 아니었기에 일단 안심을 하였고, 심각하게 고민을 털어놓고 있는 채빈이가 귀엽게 느껴졌지만 매우 진지하게 듣고 있었다.

최 선생님은 채빈이 나이 또래에 겪었던 자신의 고민과 친구관계, 그리고 이성관계에 대한 여러 가지 얘기를 들려주었다. 채빈이는 고개를 끄덕이며 수긍하고 있었지만 얼굴이 밝아지지는 않았다. 제과점을 나와 채빈이와 헤어진 후 최 선생님은 깊은 생각에 빠졌다.

'좀처럼 쉽지가 않군. 드라마에서는 선생님이 아이들 문제를 잘도 해결하던데……. 내일은 상담실에 있는 이 선생님에게 부탁을 해 볼까…… 아니야, 이 선생님이 상담교사라고는 하지만 상담을 전공한 전문가는 아니잖아…… 정말 고민이군…….'

최 선생님은 채빈이를 생각하며 집으로 발길을 돌렸다.

학교에서 학생들이 경험하게 되는 고민은 반드시 학업 성취에 관한 문제만은 아니다. 성인이 된 후에 생각하면 전혀 심각하지 않은 일들로 무척이나 고민했던 시절이 있었음을 누구나 인정할 것이다.

앞의 예화는 좋아하는 이성 친구 때문에 고민하고, 그러한 심리적인 문제가 학생의 학업 성취에 미치는 영향을 보여 준다.

최 선생님은 채빈이의 고민이 귀엽고 재미있어 보이지만 그대로 방치할 수는 없는 문제라고 생각한다. 성인이나 교사의 눈에 사소하게 보이는 일들이 불완전한 성숙 단계에 있는 학생들에게는 심각하고 치명적인 결과를 가져올 수도 있기 때문이다.

학생들은 교사가 전달해 준 지식을 단순히 저장하는 기계가 아니다. 학생들은 각자의 발달 단계를 거치면서 수많은 위기를 극복하며 성장하는, 즉 많은 갈등과 혼란 속에서 스스로의 정체감을 형성해 나가는 인격적 존재다. 따라서 교사는 학생들이 지각하는 문제를 보다 진지하게 받아들이고 문제를 해결할 수 있도록 적극적인 도움을 주어야 한다.

생활지도나 학생상담에서 전문화된 체제가 없는 우리의 학교 현실에서 교사들이 학업지도와 생활지도를 병행하기란 쉬운 일이 아니다. 그러나 제도적으로 모든 학교에 생활지도 전문가 혹은 전문상담교사가 배치되고 정밀한 프로그램이 시행되기만을 기다릴 수는 없다. 이와 같은 상황에서 교사는 생활지도와 상담에 대한 이론을 이해하고 적용하는 데 최선의 노력을 기울여야 한다.

이제 생활지도와 상담의 일반적인 내용을 살펴보고 학생들의 다양한 문제 해결에 교사가 도움을 줄 수 있는 방법에 관하여 논의해 보자.

1. 생활지도

1) 생활지도의 정의

일반적으로 생활지도라는 개념은 지도(guidance), 지시(direction), 안내(pilot), 관리(management), 조종(steering) 등의 의미를 지니고 있으며, 어떤 노력을 기울여 학생들을 지도하거나 안내해 주는 사람을 생활지도 담당자라고 한다(Shertzer & Stone, 1981). 즉, 개념으로서의 생활지도란 개인을 돕는 것을 의미하며, 교육과 관련되었을 경우에는 학생들 스스로가 자신의 문제를 보다 심도 있게 이해할 수 있도록 도와주는 다양한 경험의 제공을 말한다. 또한 생활지도가 프로그램화되었을 경우에는 교육적 혹은 개인적 목표를 성취할 수 있도록 학습자를 조력하는 절차와 과정이다.

따라서 **생활지도**(guidance)란 개인 스스로가 자신과 자신이 처해 있는 세계를 이해할 수 있고, 더 나아가 직면한 문제를 해결할 수 있는 능력을 함양하도록 조력하는 과정이라고 정의할 수 있다. 이와 같은 정의에서 사용된 몇 가지 용어를 보다 자세히 살펴보자.

- 개인: 생활지도의 정의에서 '개인' 이라는 단어는 학교 상황에서의 학생들을 뜻한다. 즉, 생활지도는 정상적인 발달 단계에 따라 발생하는 다양한 사건에 도움을 필요로 하는 보통의 학생을 돕는 활동이다.
- 자신과 자신의 세계 이해: 개인이 하나의 인격체로서 자아를 확립해 나간다는 의미다. 이는 자신의 정체감이 형성되고 자신의 특성에 대한 이해와 지각을 뜻한다.
- 조력: 도움 또는 혜택 등의 의미로서 생활지도가 치료적인 기능뿐만 아니라 예방적 기능도 가지고 있음을 강조한다.
- 과정: 시간의 흐름에 따라 계속적인 변화를 보여 주는 현상을 의미한다. 생활지도 개념에서 과정이라는 단어를 사용함으로써 생활지도가 특정한 목표를 향해서 진행되는 일련의 행동 또는 단계라는 것을 강조하고 있다.

이러한 과정을 통하여 인간은 자신이 처해 있는 세계와 환경을 이해하고, 타인과의 상호작용을 통하여 직면한 문제를 해결함으로써 개인 각자의 발전과 더불어 교육적 효과를 기대할 수 있게 된다(Shertzer & Stone, 1981).

2) 생활지도의 목적 및 기능

자기 자신과 자신의 세계를 잘 이해하고 있는 개인은 보다 효과적이고 생산적이며 행복한 생활을 영위할 수 있다. 따라서 자신의 삶을 바르게 인식하고 관리하는 것은 인생의 뚜렷한 목적과 이상을 설정하는 기초가 될 수 있다.

앞에서 살펴보았듯이 생활지도는 개인이 자신과 스스로의 세계를 이해하고 적응할 수 있도록 도와주는 것을 목적으로 한다. Rogers(1962)는 생활지도와 같은 대부분의 조력활동의 목적을 개인의 발달을 증진시키고 내담자가 사회적으로 성숙할 수 있도록 심리적 성장을 도와주는 것이라고 설명한다. 따라서 생활지도 담당자는 열정적이고 보다 생산적인 노력의 과정을 통해서 학생들에게 긍정적이고 다양한 경험을 제공해야 한다(Smith, 1974). 이러한 긍정적인 경험은 내면에 있는 수용성, 즐거움, 이해력, 열린 마음 등 바람직한 특성의 발달을 촉진시킬 것이다. 따라서 적절한 생활지도를 받고 있는 학생들은 외부 환경에 보다 생산적으로 대처할 것이며, 타인과의 관계성을 지속적으로 발전시키려 할 것이다.

이와 같은 목적을 성취하기 위해 생활지도 과정에서 다루어야 하는 실제적이고 구체적인 원리는 무엇인가? Shertzer와 Stone(1981)은 다음과 같은 원리를 제시함으로써 생활지도의 요소를 확인하고 주요한 활동을 기술하였다.

- 원리 I. 생활지도는 근본적으로 개인 발달에 관심을 두고 있다. 진정한 의미의 개인 발달이란 자아에 관하여 이해하고 폭넓은 개인적 탐구를 할 수 있는 상태를 말한다(Kehas, 1970). 일반적으로 학교교육은 지적 발달 영역을 보다 강조한다. 그러나 생활지도 프로그램은 학생들이 자신에 대하여 인식하고 스스로의 경험을 이해할 수 있도록 돕는 것을 특징으로 한다. 따라서 생활지도는 개인 발달에 대한 개념을 기초로 해야 하며, 학생에게 자기평가의 기회를 제공해 주어야 한다.
- 원리 II. 생활지도는 개인의 행동에 개입한다. 생활지도 담당자의 중요한 관심사는 개별 학생의 개인적 발달과 그들이 처해 있는 주위환경이다. 생활지도 담

생활지도는 학생의 경험을 이해함으로써 학생의 전반적인 생활을 도와주고 개인의 발달을 촉진시키는 기능을 한다.

당자는 개인면담, 상담관계, 검사 해석, 그리고 학생들 자신의 내적 구조를 이해하는 데 도움이 되는 다양한 방법을 활용하게 된다. 이러한 방법을 통해서 개인은 자신이 처해 있는 세계와 자신들의 경험에서 얻은 의미를 검토할 수 있다. 생활지도는 개인 자신만의 유일한 지각 세계와 주변의 삶에서 일어나는 일련의 외적인 사건이 상호작용하는 지점에서 이루어진다(Miller, 1971). 그러므로 생활지도 프로그램은 그 과정과 실제에서 학생들이 보다 구체적 상황과 외부적 · 사회적 상황을 잘 이해하도록 고안되어야 한다. 따라서 생활지도 담당자의 활동이란 개인이 자신의 발달을 관리하기 위해 스스로의 경험, 태도 등을 바르게 이해하도록 도와주려는 노력을 말한다.

- **원리 Ⅲ. 생활지도는 협력 지향적이고 강제나 강압을 지양한다.** 생활지도는 학생들과의 상호 협의에 의해서 이루어져야 하는 것이다. 따라서 강요나 압력이 배제되어야 하며, 생활지도 담당자들은 학생들이 지닌 생활지도에 대한 저항을 감소시킬 수 있어야 한다. 즉, 외부의 강요나 의무감에 의해서가 아니라 학생들 스스로의 내적 동기 또는 기꺼이 받아들이는 태도에 의존해야 한다.
- **원리 Ⅳ. 인간은 자기발달의 능력을 가지고 있다.** 생활지도 담당자는 학생들이 스스로 자아를 개척할 수 있는 기회와 자아실현의 능력을 갖도록 해야 한다. 또한 학생 자신이 모든 영역에 영향을 줄 수 있고 동시에 영향을 받기도 하는 특별한 존재라는 자긍심을 갖도록 도와주어야 한다(Menacker, 1976).
- **원리 Ⅴ. 생활지도는 개인의 권리와 존엄성 및 가치의 인정을 기초로 한다.** 생활지도는 개인의 기본적인 존엄성에 대한 믿음을 바탕으로 해야 하며, 민주주

의에 입각한 인간의 평등과 자유를 실현하고자 노력해야 한다. 즉, 인간은 유일하고 신성하게 대우받을 권리를 가지고 있음(Kehas, 1970)을 의미한다. 이러한 원리에 따라 최대한의 자유를 보장받아 자기결정으로 인생을 계획하고 성취할 수 있을 때 비로소 인간은 자기 소외나 불안이 감소되며 생산적인 가치를 지니고 변화에 능동적으로 대처하게 된다(Herr, 1979).

- **원리 Ⅵ. 생활지도는 지속적이고 연속적이며 교육적인 일련의 과정이다.** 학령기의 생활지도는 학교생활을 처음 시작하는 초등학교부터 시작해야 하며, 교육과 개인의 삶을 통해 연속적으로 지속되어야 한다. 이를 위해 생활지도는 하나의 단일한 형태로 전체 학교 프로그램 속에 일관성 있게 통합될 필요가 있다(Shertzer & Stone, 1981).

이러한 생활지도 원리는 학생들이 자아를 발견하고 성숙한 개인으로 성장할 수 있도록 돕는 것을 기본 가정으로 한다.

지금까지 살펴본 바와 같이 생활지도는 개인에게 삶의 목적을 다양화하고, 효과적이고 최선의 방법으로 의사결정을 할 수 있게 하는 기능을 한다. 학교는 학생들 현재의 삶뿐만 아니라 그들이 장래에 직면하게 될 문제에까지 관심을 가져야 한다. 이를 위해 학교는 학생들이 삶의 목적을 확립하고 충분히 이해할 수 있도록 도와야 할 책임이 있다. 그리고 학생들을 돕기 위하여 생활지도 담당자는 상담기술에만 의존하기보다는 학생들의 태도와 개인적 자원을 충분히 활용해야 한다(Humphrey & Traxler, 1954). 또한 교육적 프로그램으로서 생활지도는 학생 자신과 그들의 미래에 초점을 두고 있으며, 이러한 목적을 달성하기 위해서 학생과 교사, 그리고 학부모가 개인의 발달, 성장, 적응, 의사결정에 영향을 미치는 다양한 측면을 충분히 이해할 필요가 있다.

그리고 생활지도 담당자들은 학생에 대한 판정과 평가만을 담당해서는 안 된다는 점에서 교사나 학교행정가와는 다른 역할을 하게 된다. 생활지도 담당자들의 책무는 학생들이 의도된 학업 성취만을 이루도록 하는 것이 아니라 학생들과 자유로운 관계를 형성함으로써 학생 개개인의 성장과 발달을 증진시킬 수 있도록 도와주는 것이다(Peters & Farwell, 1967).

결국, 생활지도는 학생의 다양한 경험을 심도 있고 광범위하게 이해함으로써 학업 성취를 비롯한 학생의 전반적인 생활을 도와주기 위한 활동이며, 개인의 발달을 촉진시키는 기능으로 이해할 수 있다.

3) 생활지도활동

생활지도가 이루어지는 전 과정은 일반적으로 학생이해활동, 정보제공활동, 상담활동, 정치활동, 추수활동의 5단계로 구성된다. 이러한 생활지도활동(guidance service)을 단계별로 살펴보면 다음과 같다.

학생이해활동 학생들을 도와주기 위해서는 우선 조력의 대상인 학생에 대한 이해가 앞서야 한다. **학생이해활동**은 개인이 유사성과 상이성을 함께 지니고 있다는 사실을 기본 전제로 하여 각 학생의 개별성(individuality)을 찾는 데 초점을 둔다. 이 단계에서는 주로 심리검사를 통해 각 학생에 관한 정보를 수집한다. 이때 이용되는 심리검사는 표준화 검사와 비표준화 검사 등으로 구분된다. 표준화 검사에는 지능·적성·학력·흥미·성격 검사 등이 있고, 비표준화 검사로는 관찰법, 질문지법, 면접법, 투사법, 사회성 측정법, 누가기록법, 자서전법 등이 있다.

정보제공활동 학생들에게 필요한 각종 정보 및 자료를 제공하여 학생의 개인적 발달과 현실 사회에 적응할 수 있도록 도와주는 것이 **정보제공활동**(information service)이다. 학생들에게 제공되는 정보는 교육정보(educational information), 직업정보(occupational information), 개인·사회적 정보(personal-social information) 등으로 분류된다(Norris et al., 1979; Pietrofesa et al., 1980; Shertzer & Stone, 1981).

교육정보는 현재와 미래 교육의 모든 문제 혹은 학생생활의 조건과 문제, 입학 시

교사들은 표준화 검사를 비롯한 다양한 비표준화 검사를 통해 학생 이해를 위한 정보를 수집한다.

필요 사항, 교과과정, 교과과정 이외의 과목 수강신청 등을 포함한 필요 사항을 제시해 주는 자료다. 직업정보는 직업에서의 임무, 취업 조건, 근무 조건, 보수, 진급, 노동력의 변화, 인구 변화, 기술 변화 등 직업에 관한 타당하고 이용 가능한 정보다. 개인 · 사회적 정보는 자기 자신과 타인을 이해하기 위한 정보로서 자아의 이해나 타인과의 원만한 관계 유지 등의 포괄적인 주제와 이성교제, 예의범절, 여가활동, 금전관리, 건전한 생활과 같은 구체적인 정보다. 이렇게 수집된 정보는 학생들에게 개별적으로 제공될 수도 있고 집단을 통해 제공될 수도 있다.

적절한 정보제공활동은 학생들에게 다음과 같은 도움을 주게 된다(Shertzer & Stone, 1981).

- 정보제공활동은 진학, 직업 선택, 성격 문제 등과 같이 학생들이 당면한 문제의 해결에 필요한 지식을 제공한다.
- 정보제공활동은 학생들의 자율성을 신장시키는 데 중요한 역할을 한다.
- 정보제공활동은 학생들의 발달과 관련된 문제를 탐색하여 인식하도록 하는 데 필수적이다.

상담활동 전문적 지식을 가진 상담자가 도움을 필요로 하는 내담자에게 내담자 자신과 환경에 대한 이해를 높여 주고, 합리적인 행동 양식을 증진시키거나 의사결정을 내릴 수 있도록 도와주는 활동이다. 상담활동은 내담자가 원하는 방향으로 진행되어야 하고 자발적 변화를 일으킬 수 있는 조건을 제공해야 하는데, 이를 위해 개인의 선택과 결정을 존중하며 일상적인 문제에서 접근해야 한다. 상담활동은 생활지도와 그 용어를 혼용할 만큼 생활지도에서 큰 비중을 차지하고 있다. 이는 학교에서의 상담활동 자체가 내용, 기능, 목표 면에서 생활지도, 정신치료, 심리치료 등을 포함하고 있기 때문이다. 한편, 상담은 흔히 심리치료와 유사한 의미로 사용된다. 그렇지만 상담이 주로 정상적인 사람을 대상으로 하는 것임에 반해서 심리치료는 정신질환을 보이는 사람을 대상으로 한다는 차이가 있다. 상담의 주요 이론들은 정신분석학, 행동주의 심리학, 인지심리학, 생태심리학 등과 관련이 있다. 상담은 문제에 따라 성격상담, 학업상담, 진로상담 등으로 분류하기도 하고, 그 형태에 따라 개인상담, 가족상담, 집단상담 등으로 분류하기도 한다.

생활지도에서 상담활동은 매우 중요한 부분이므로 상담의 정의, 목적, 주요 상담이론, 집단상담 등을 중심으로 자세하게 살펴보도록 한다.

정치활동(placement service) 생활지도 활동에서 학생이해, 정보제공, 그리고 상담활동을 마친 내담자에게 적합한 배치를 제공하는 단계에서 내담자 스스로 직업, 학교, 교육과정, 교과목, 특별활동, 부업, 그 밖의 활동을 선택하고 활동할 수 있도록 조력하고 기회를 제공하는 것이 **정치활동**이다.

이러한 정치활동에는 학생들이 일정 수준의 능력에 도달하도록 그들을 능력별로 배치하는 일, 학생들의 진급 · 전학 · 진학 · 월반을 돕는 일, 학생 개개인의 수준에 맞게 교육과정이나 교과목을 선택하도록 돕는 일, 교과 외의 활동을 선택하도록 돕는 일, 자기 능력과 사정에 맞는 부직을 구하도록 돕는 일, 상급 학교와 직업 선택을 현명하게 하도록 돕는 일, 졸업생이 직업을 정하도록 돕는 일 등이 포함된다(황응연, 1984).

Gibson과 Mitchell(1981)은 정치활동을 교육정치활동, 개인적 발달을 위한 정치활동, 환경적 정치활동, 생애정치활동 등으로 나누었다. 교육정치활동은 교내외의 교육과정, 학과, 계열, 학교 등의 결정에 관한 활동이고, 개인적 발달을 위한 정치활동은 내담자 개개인의 발달을 위한 것으로 집단 경험, 의사결정 경험 등 다양한 경험의 기회를 갖도록 하는 활동이다. 그리고 환경적 정치활동은 학생들이 자신의 환경과 현저하게 다른 환경에 적응할 수 있도록 하는 것이며, 생애정치활동은 대체로 직업의 선택과 결정에 관련된 것들이다.

Shertzer와 Stone(1981)은 정치활동을 교내정치활동(in-school placement)과 교외정치활동(out-of school placement)으로 구분하였다. 교내정치활동은 학생들로 하여금 적합한 교육과정, 특별활동, 특별집단이나 특별학급 등을 선택하도록 도와주는 활동이다. 교외정치활동은 시간제 부업, 졸업 후의 취업, 방학 중의 부업, 상급 학교로의 진학, 훈련 등에 학생들을 적절히 배치하는 것을 의미한다.

추수활동(follow-up service) 생활지도를 받은 학생들에 대한 사후 점검을 통하여 학생들이 건전하게 적응하면서 생활하고 있는가를 살펴보고 그 대책을 강구하는 것이 **추수활동**이다. Shertzer와 Stone(1981)은 상담의 과정 중 정치활동까지 마친 학생들이 새로운 환경에 얼마나 잘 적응하고 있는가에 대한 정보를 수집하고, 학생들이 직면한 문제를 이해하도록 도와주며, 학교의 프로그램과 활동에 대해 평가하기 위하여, 그리고 생활지도를 개선하기 위한 자료 수집 등을 위하여 추수활동이 반드시 필요하다고 하였다.

이러한 추수활동은 상담이나 사례 연구가 끝난 후 내담자의 적응 여부를 알아보기 위하여 계속 지도하는 좁은 의미의 추수지도와 교육이나 생활지도의 전체적인 성과나 결과를 체계적으로 계속 확인하는 넓은 의미의 추수지도로 구분할 수 있다(김충기, 1991). 결론적으로 추수활동은 한 대상을 지도한 후에 계속해서 상담의 성과를 확인하고 지도하는 것을 의미하며, 면접, 서신, 전화, 질문지 등이 추수활동의 방법으로 이용되고 있다(이재창, 1988).

4) 생활지도의 모형

지금까지 살펴본 생활지도 활동은 시대적 상황과 사회적 필요에 따라 다양한 모형으로 제시되면서 학생을 조력하는 데 실질적으로 기여해 왔다. Pietrofesa 등(1980)이 제시한 생활지도의 역사적 발전 과정과 시대별 생활지도 모형의 각 특징을 요약해 보면 다음과 같다.

- **파슨스(Parsons) 모형**: 생활지도의 초기 연구자인 Parsons는 생활지도를 직업지도와 유사한 개념으로 생각하여 개인의 진단과 사례 연구를 직무 분석에 적용하는 데 초점을 두었다. 따라서 파슨스 모형에서는 심리학적 기법을 사용한 개인의 분석이 직업 선택에 선행되어야 함을 주장한다. 그러므로 파슨스 모형에서 가장 강조되고 있는 점은 직업지도며, 직업 선택에 문제가 있는 사람들에게 좀 더 성숙하고 경험 있는 사람들이 도움을 줄 수 있다는 것을 강조한다.
- **교육으로서의 생활지도**: 교육과 생활지도를 유사한 개념으로 간주한다. 교육이 학업을 포함한 기초적 정신 과정, 직업 공민성, 여가시간의 활용, 윤리적 성품 등에 긍정적 변화를 기대한다고 보는 당시의 교육 목표와 같은 범위의 생활지도 역할과 활동을 제시하게 된다. 이 모델 이후 생활지도의 개념은 광범위하게 확장되어 오늘날 학교에서 성교육, 가치교육, 직업교육, 시민생활교육 등을 교과목으로 채택하게 되었다.
- **배치와 적응으로서의 생활지도**: 생활지도는 개인으로 하여금 학교생활과 일상생활에서 잘 적응하도록 도와주는 중재적 역할이라는 관점(Shertzer & Stone, 1981)이다. 이 모형은 직업지도와 교육지도에 대한 관심이 증대되면서 제시된

모형으로, 학생 개개인의 능력, 관심, 목표에 적합한 학교의 교과목이나 과외활동, 진학과 직업 등에 적절한 선택을 하도록 배치와 적응의 과정을 강조한다.

- **임상적 과정으로서의 생활지도**: 생활지도 활동을 일련의 임상 과정으로 간주하는 모형이다. 개인차 연구에 검사와 측정을 통한 심리검사 등의 분석적 진단을 이용하여 인간의 내면적 심리문제를 인간 외부에서 해결하려 하였는데, 이를 위해서는 심리학적이고 임상적인 절차 등에 관한 지식이 요구된다. 따라서 임상적 과정의 생활지도는 과학적인 자료의 수집 과정을 필요로 한다.
- **의사결정 과정으로서의 생활지도**: 생활지도 과정에서 개인의 중요성을 강조함으로써 민주주의 사회에서의 개인의 의사결정에 초점을 두었다. 이 모형은 개인의 선택에 필요한 정보를 제공하고 개인이 합리적인 의사결정을 할 수 있도록 돕는 것을 목표로 한다.
- **절충적 봉사로서의 생활지도**: 미국의 현재 초 · 중등학교에서 일반적으로 활용되고 있는 모형으로, 생활지도가 학교에서의 핵심적 활동이 되어야 한다고 주장한다. 이 모형은 교사, 행정가, 생활지도 담당자 사이의 협동을 강조한다. 또한 학생 스스로 자신과 환경 및 자신의 문제에 대한 이해를 증진시키며, 문제해결에 도움이 되는 전문가에 의해 주기적인 도움을 받도록 권장한다.
- **발달적 과정으로서의 생활지도**: 생활지도가 학생뿐 아니라 인간의 전 생애에 걸쳐 진행되는 발달을 도와야 한다고 보는 모형이다. 즉, 생활지도는 유아교육에서 성인교육에 이르기까지 연결되어야 하며, 학교교육 기간 동안에는 학교가 그 책임을 담당할 것을 주장한다. 그러므로 발달 과정으로서의 생활지도는 누적적(cumulative)이라는 개념이 포함된다. 이는 개인의 직업, 교육, 개인적 · 사회적 경험이나 선택 등의 모든 분야에 걸쳐 발달 과정을 돕는 것이다.
- **사회적 조정으로서의 생활지도**: 교사의 역할이 학생들을 사회구조에 적응시키는 것인 데 반해, 상담자의 역할은 개인의 특성과 잠재적 능력에 기초하여 학생 개개인의 개성을 신장시킬 수 있도록 필요한 정보, 자극, 추천을 제공하는 것이다. 따라서 상담은 행동과학에 대한 기초 지식과 학생 개인에 대한 관심으로 사회나 학교의 문화를 재구성함으로써 사회 조정을 수행한다.
- **심리교육으로서의 생활지도**: 정의교육이라고도 하는 심리교육은 1960년대 학교교육에 대한 비판이 제기되는 시기에 대두하였다. 이 모형에서는 심리교육을 통해 학생들의 전인적 발달을 도모할 수 있다고 보고 있으며, 이를 위해 자

아 개념의 긍정적 변화를 위한 교육, 감정의 통제와 표현을 위한 교육, 자기주장 훈련, 개인 신념과 가치관의 변화를 위한 교육, 인간관계의 향상을 위한 교육, 효율적 의사소통을 위한 교육 등을 그 내용으로 한다(김충기, 1991).

이처럼 생활지도활동은 초기의 파슨스 모형에서 최근에 이르기까지 계속적으로 변화해 왔다. 〈표 10-1〉에 나타난 바와 같이 이들 모형은 시대별로 강조하는 내용에 차이가 있으며, 시대 상황의 현실적 요구에 적절하게 대응하고 있음을 시사하고 있다.

〈표 10-1〉 **생활지도 모형의 발전 과정**

모 형	대 표 자	주 제	연 대
파슨스 모형	Frank Parsons Meyer Bloomfield Hugo Munsterberg	직업지도와 배치	1900~1920
교육으로서의 생활지도	John Brewer William Proctor	생활지도의 교육으로의 통합	1915~1930
배치와 적응으로서의 생활지도	Leonard Koss Grayson Kefauver	학생 배치와 직업 적응	1925~1940
임상적 과정으로서의 생활지도	(1) D. G. Patterson E. G. Williamson (2) C. Rogers	개인차 연구	1930~1945 1940~1970
의사결정 과정으로서의 생활지도	Authur Jones George Myers	개인의 의사결정 지도	1949~1960
절충적 봉사로서의 생활지도	Ruth Strong Arthur Traxler Clifford Froehlich John Darley Frederick Thorne Kenneth Hoyt	훈련, 다면적 접근, 일련의 봉사활동으로서의 생활지도	1950~현재
발달적 과정으로서의 생활지도	Herman Peters Gail Farwell Robert Mathewson	전 생애에 걸친 생활지도	1955~현재
사회적 조정으로서의 생활지도	Edward Shoeben	사회 · 문화적 재건주의자로서의 상담가 역할	1960~현재
심리교육으로서의 생활지도	Norm Sprinthall Eric Berne Allen Ivey R. Mosher	심리교육을 통한 자아발달	1970~현재

출처: J. J. Pietrofesa, B. Bernstein, & S. Standford (1980). *Guidance: An introduction*. Chicago: Rand McNally, p. 206

2. 상 담

1) 상담의 정의

앞에서 살펴보았듯이 상담의 개념은 생활지도 혹은 심리치료 등과 혼용되는 경향이 있다. 상담(counseling)의 개념 정의에 이러한 혼란이 생기는 가장 큰 이유는 생활지도, 심리요법, 상담활동 모두가 공통적으로 상담자와 내담자의 관계가 형성되고, 또 실제적인 활동 내용 역시 유사하기 때문이다. 따라서 상담에 대한 정확한 개념 정의를 위하여 생활지도와 심리치료의 정의를 살펴보자.

생활지도(guidance)는 개인 자신과 자신의 환경을 이해하도록 개인을 조력하는 과정으로 정의할 수 있다. 그리고 심리치료에 대한 정의는 아직 뚜렷하게 일치되어 있지는 않지만, Lehner(1952)는 **심리치료**(psychotherapy)를 내담자가 자신의 환경을 바람직한 방향으로 지각하여 그 결과로 나온 통찰력을 일상생활에 적용할 수 있도록 도와주는 활동이라고 정의한다. 따라서 과거의 고통스러운 감정을 극복하고 주위 사람들과 더불어 살아갈 수 있도록 조력하는 것이 심리치료의 기능이라고 볼 수 있다. 일반적으로 심리치료는 의학적 환경과 관련되고, 상담은 교육적 혹은 사회적 작업환경과 관련되는 용어로 인식되어 왔다.

상담의 개념 역시 개인에게 그들의 문제 해결을 도와주도록 고안된 넓은 활동의 영역에 적용된다. Krumbolt와 Thoresen(1976)은 **상담**(counseling)이란 문제를 가지고 있는 사람들을 도와주는 과정이라고 간단히 정의하고 있다. Dustin과 George (1973)는 상담이란 적응 행동을 증가시키고 부적응 행동을 감소시키기 위해 설계된 학습 과정이라 하였고, Shertzer와 Stone(1981)은 개인이 자신과 자신의 대인관계를 이해하고 개인의 발달을 향상시킬 수 있는 행동을 하도록 만드는 학습 과정이라고 정의하였다. 또한 상담에 대한 Burks와 Stefflre(1979)의 다음 진술도 그 개념을 파악하는 데 유용한 도움이 될 것이다.

> 상담은 훈련받은 상담자와 도움이 필요한 내담자 사이에 형성되는 전문화된 관계를 의미한다. 이 관계는 가끔 두 사람 이상을 포함할 경우도 있지만 일대일 관계가 일반적이다. 내담자가 그들 삶의 영역에 대한 이해를 보다 명확하게 하며, 인간관계

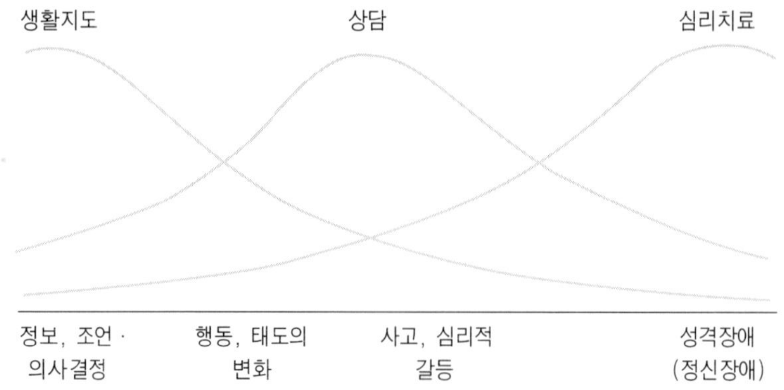

[그림 10-1] **생활지도, 상담, 심리치료의 영역 비교**

출처: 이장호(1986). 상담심리학 입문. 서울: 박영사, p. 8.

에서의 감정적인 문제를 해결하고, 의미 있게 정보화된 선택을 통해서 그들이 스스로 결정한 삶의 목표에 도달할 수 있도록 도와주는 것이다.

[그림 10－1]은 이러한 상담과 생활지도, 그리고 심리치료 간의 관계를 보다 분명히 나타내고 있다.

2) 상담의 목적

상담은 생활지도 프로그램의 기본적인 원리 중 하나이며, 중요하고 실질적인 대처방법이다. 상담자나 내담자의 필요와 요구가 매우 다양하기 때문에 특별하고 구체적인 상담의 목적을 진술하는 것은 어려운 일이지만 상담의 목적에 대한 일반적인 합의점을 발견할 수 있다. 즉, 상담의 기본적인 목적은 내담자가 보다 생산적이고 자아 만족적인 생활을 할 수 있도록 행동 변화에 영향을 주는 것이다.

학교에서 이루어지는 상담은 자신에 대한 이해와 탐구를 통해 개인 스스로가 자아를 통제할 수 있도록 돕는 것을 목적으로 한다. 이러한 목적은 학생 스스로가 자신의 감정, 가치관, 타인에 대한 지각, 대인관계, 두려움, 선택에서의 혼란 등을 모두 파악할 수 있는 존재라는 것을 기본 전제로 하고 있다. 학교상담은 주로 계획과 의사결정으로 구성되며, 학생들은 그들 자신의 교육 · 직업적 적응을 향상시키기 위하여 상담자의 도움을 받는다. 상담은 학생들의 필요와 개인적인 문제에 초점을 맞추어서 이러한 문제 해결에 유용한 것을 학습하도록 도와준다. 이와 같은 방법을 통하여 학생들은 통찰력, 자아이해력, 역할 분류, 계획, 행동 면에서 변화를 가져올 수 있으며, 결국 미래의 어려움에 대해 독립적으로 대처할 수 있는 능력을 기르게 된다.

Bryne(1963)는 궁극적(ultimate)이고, 중재적(intermediate)이며, 즉각적인(immediate) 세 가지 방향점을 기초로 상담의 목적을 설정하였다. 그는 상담의 궁극적인 목적이 인간 존재의 철학적인 견해에서 나온다고 지적하였다. 이는 상담이 교육, 지능, 인종, 사회적 배경에 상관없이 개개인의 가치에 확고한 기초를 두어야 함을 의미한다. 이상에서 살펴본 상담의 목적을 정리해 보면 다음과 같다.

- 내담자들 스스로 책임감을 느낄 수 있도록 자아에 대한 인식 획득을 돕는 데 상담기술을 사용하는 것이다.
- 내담자 개인이 자신에게 직면한 위협을 대처해 나가며, 결국 다른 사람의 행복에 대해서도 관심을 갖게 하는 넓은 의미의 대처방법을 제공한다.
- 내담자들이 윤리적인 한계 내에서 자신의 잠재 가능성을 충분히 발휘할 수 있도록 도와준다.

3) 상담의 기본 원리

상담은 훈련받은 상담자와 도움이 필요한 내담자 사이에서 형성되는 전문화된 관계(Burks & Stefflre, 1979)로서 내담자가 생산적이고 자아만족적인 생활을 할 수 있도록 행동 변화에 영향을 주기 위한 것이다. 이때 상담자가 인간의 기본적인 욕구를 이해하고 반응할 때 문제 해결을 위한 적절한 관계의 형성이 가능하다. 이에 김홍규(2003)는 Biestek이 일곱 가지 욕구의 내용을 집약하여 제시한 용어－개별화, 의도적 감정 표현, 통제된 정서의 관여, 수용, 비심판적 태도, 자기결정, 비밀보장－를 채택하여 일곱 가지 기본 원리를 제시하고 있다.

개별화(individualization)의 원리 인간은 개인차가 있으므로 상담자는 내담자의 독특한 성질을 알고 이해하며, 보다 나은 적응을 할 수 있도록 개인에게 맞는 원리나 방법을 활용해야 함을 말한다. 상담자는 개인의 개성과 개인차를 인정하는 범위 내에서 상담을 전개하여야 하며, 이를 위해서는 다음과 같은 여섯 가지 전제가 이루어져야 한다.

- 상담자는 편견이나 선입관에서 탈피하여야 한다.
- 인간 행동의 유형과 원리에 대해 전문적으로 이해하려고 해야 한다.
- 내담자의 말을 경청하고 세밀하게 관찰하여야 한다.
- 내담자의 보조에 맞추어 진행할 수 있어야 한다.
- 인간의 감정 변화를 민감하게 포착하여야 한다.
- 내담자와 견해 차가 있을 때 앞을 내다보는 적절한 선택을 하여야 한다.

■■■ 의도적 감정 표현(purposeful expression of feelings)의 원리 이는 내담자가 자신의 감정, 특히 부정적인 감정을 자유롭게 표현하려는 자신의 욕구에 대한 인식을 의미하는 것으로 상담자는 이러한 의도적인 표현이 보장받을 수 있는 분위기를 조성해야 한다. 또한 내담자의 감정 표현에 대해 허용적 태도를 지녀야 하며, 이들의 감정 표현을 경청해야 한다. 이 과정에서 상담자는 내담자의 감정 표현을 적극적으로 자극하고 격려해야 하지만, 이들의 표현에 대한 비난이나 초기의 해석은 지양되어야 한다.

■■■ 통제된 정서 관여(controlled emotional involvement)의 원리 상담은 주로 정서적인 면에 비중을 두고 있으므로 상담자는 내담자에게 그 감정을 말로 표현하도록 권해야 한다. 이때 상담자는 내담자의 감정 변화에 대한 민감성과 그 감정이 의미하는 것에 대한 이해, 그리고 내담자의 감정에 대한 의도적이고 적절한 반응이 필요하다. 즉, 상담자는 내담자의 정서적 변화와 반응에 민감하게 대응할 준비를 하고 적극적으로 관여할 필요가 있다.

■■■ 수용(acceptance)의 원리 내담자의 장단점, 바람직한 성격과 그렇지 못한 성격, 긍정적 · 부정적 감정 등 내담자의 태도나 행동 등을 있는 그대로 이해하고 그의 존엄성과 인격의 가치에 대한 관념을 그대로 유치해 나가는 행동을 말한다. 이는 수용의 대상이 선한 것이 아니라 진정한 것을 의미한다. 따라서 상담자가 내담자의 의견에 동의하지 못할 때에는 동의하지 않는다는 사실을 분명히 전달하되 온화한 방법을 사용해야 한다. 이것은 내담자를 수용하지 않고 거부하는 것과는 구별되어야 한다.

비심판적 태도(non-judgemental attitude)의 원리 내담자의 잘못이나 문제에 대해 판단하는 말이나 행동을 삼가야 한다는 것이다. 상담자는 내담자를 정확하고 객관적으로 평가해야 하지만 이는 내담자를 이해하기 위한 것이지 비판하기 위한 것은 아니다. 이해한다는 것은 내담자의 행동이나 말의 선악과 진위만을 평가한다는 것을 의미한다. 이러한 비심판적 태도의 원리를 지키려면, 첫째 상담자가 선입감의 지배를 받아서는 안 되고, 둘째 내담자의 발언을 자주 가로막고 성급한 결론으로 이끌어서는 안 되며, 셋째 분류화하려는 자세를 취해서는 안 되고, 넷째 상담자에 대하여 적의와 같은 부정적 감정 표현을 내담자가 가질 수 있다는 것을 알고 있어야 한다.

자기결정(self determination)의 원리 상담은 내담자가 스스로 자기가 나갈 방향을 결정 · 선택할 수 있다는 상담자의 신념에서 시작되는 것이다. 상담자의 지도와 충고에 대해서 내담자는 무조건 따르기보다는 스스로의 판단을 기초로 하여 자기 방향과 태도를 결정해야 한다. 이를 위해 상담자는, 내담자가 자기수용을 할 수 있도록 도와주어야 하며, 내담자의 잠재 능력을 발견하고 활용함으로써 인격적 발달을 도모할 수 있게 자극을 주어야 하고, 내담자에게 법률 · 제도와 같은 사회적 자원을 알게 함으로써 자기 선택 · 결정의 참고자료로 삼도록 해야 한다.

비밀보장(confidentiality)의 원리 상담은 본질적으로 내담자가 상담자를 신뢰하는 데에서 이루어진다. 따라서 비밀을 보장한다는 것은 상담자와 내담자 간의 인간관계의 성립만을 뜻하는 것이 아니라 상담자에게는 직업적 · 윤리적 의무라고 할 수 있다. 상담 과정에서 내담자는 자신의 생활이나 환경에 관한 정보가 상담자에 의해 존중되기를 바라며, 상담자는 이를 지켜줄 윤리적 의무가 있는 것이다.

4) 상담의 기본 요건

상담은 생활지도의 가장 핵심적인 활동으로 개인 대 개인의 관계성을 바탕으로 형성된다. 이러한 개인 간의 관계는 부모, 부부, 형제, 사제, 친구 등의 관계에서도 이루어질 수 있지만, 상담에서는 상담자와 내담자의 관계에서 내담자의 문제를 중심으로 형성되는 과정을 의미한다. 이처럼 관계성을 중시하는 상담이 효과적으로 수행되기 위해서는 몇 가지 조건이 선행되어야 한다. 대표적으로 Rogers(1957)는 긍정적 존경(positive regard), 공감적 이해(empathic understanding), 일치(congruence) 등을 제시하고 있으며, Tyler(1969)는 수용(acceptance), 공감적 이해, 진지성(sincerity)을 선행조건으로 보고 있다. 또한 George와 Cristiani(1981)는 효과적인 조력관계의 특징으로 애정(affectiveness), 강도(intensity), 성장과 변화(growth and change), 비밀보장(confidentiality), 지지(support), 정직성(frankness) 등을 들고 있으며, 그 외 일반적으로 수용(acceptance)을 제시하고 있다.

상담 과정에서 갖추어야 할 요건에 대한 이상과 같은 여러 학자의 견해를 종합해 보면, 바람직한 상담의 효과를 위해서는 [그림 10−2] 와 같은 중요 개념을 이해할 필요가 있다.

신뢰(trust) 상담 과정에서 무엇보다 중요한 것은 상담자와 내담자 간의 신뢰다. 내담자가 상담자를 불신하면 내담자는 자신의 감정, 사고, 갈등이나 문제 등을 솔직하게 모두 표현할 수 없고, 진지한 대화가 이루어질 수 없다. 따라서 내담자가 상담자의 모든 면을 믿고 의지할 수 있도록 인격적인 면에서도 신뢰할 수 있는 태도를 보여 주어야 한다. 한편, 상담자는 내담자를 이해하기 위한 기초 자료로서 내담자의 욕구를 이해하고 있어야 한다. 내담자는 타인에게 사랑을 받고자 하는 기본 욕구가 있

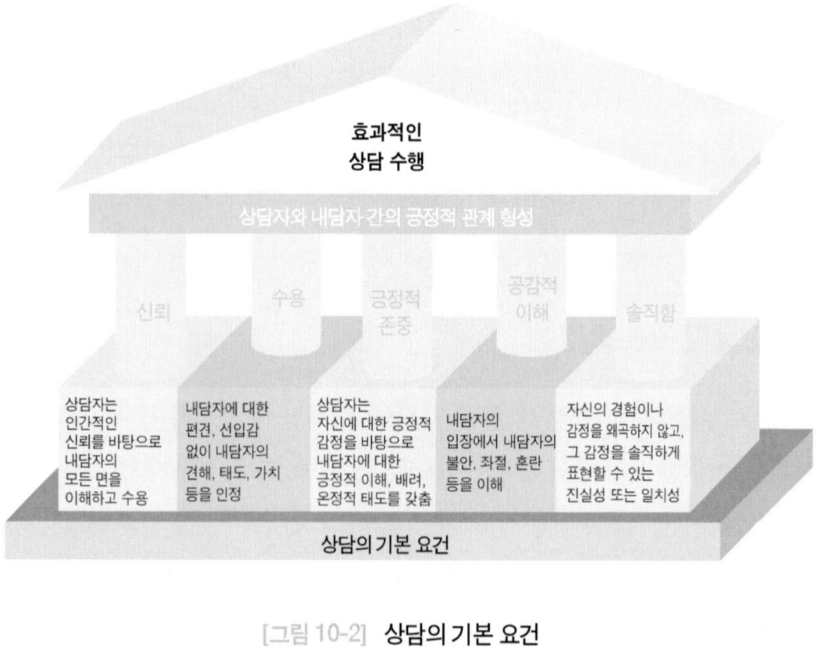

[그림 10-2] 상담의 기본 요건

고 자기가 가치 있다고 인정해 주기를 바란다. 그리고 자신이 가지고 있는 구체적인 공포나 불안을 피하려는 강한 욕구가 있다. 이러한 특정 대상에 대한 공포나 불안은 그 자체가 아닌 그에 수반하는 자기의 개념이라는 점 또한 이해해 주어야 한다. 따라서 상담자가 인간적인 신뢰를 바탕으로 내담자의 모든 면을 이해하고 수용할 때 상담 효과의 극대화를 기대할 수 있다.

수용(acceptance) 내담자의 견해, 태도, 가치에 대해 인정해야 한다(정원식, 박성수, 1978)는 것으로 편견이나 선입감이 개입된 판단 없이 내담자를 받아들이는 것을 말한다. 상담자는 내담자들이 제각기 다르게 성장해 왔다는 사실을 수용해야 한다. 또한 인간의 사고는 개인의 인지, 정의, 행동 등 복잡한 유형이 혼재되어 있다는 사실을 수용하면서 일방적으로 평가해서는 안 된다. 김충기(1991)는 상담자의 수용적인 태도가 인간의 가치와 존엄에 대한 인식에서 출발해야 하며 내담자 수용은 개인의 존재 자체에 대한 수용, 인간의 제 특성에 대한 수용, 개인의 주체적인 행동에 대한 수용 등으로 이해할 수 있다고 설명한다. 상담은 항상 편파적인 감정 없는 수용적 과정을 통해서 그 효과가 나타나는 것이다.

긍정적 존중(positive regard) Carkhuff와 Berenson(1977)은 다른 사람들에 대한 긍정적 존중은 자기 존중에서 기인한다고 말한다. 누구나 자신에 대해 긍정적으로 사고하고 감정을 존중하는 과정에서 타인에 대한 긍정적 태도가 형성된다. 그러므로 상담자는 자신의 감정을 긍정적으로 가져야 하고 내담자에 대한 긍정적 이해, 배려, 온정적 태도를 보이면서 효과적으로 상담을 해야 한다. 결국, 내담자와 관련된 모든 사물, 상황에 대한 사고나 감정을 긍정적으로 평가하고 판단하는 것이다. 즉, 모든 문제 해결은 긍정적인 생각에서 시작된다는 점을 강조하고 있다.

공감적 이해(empathic understanding) 상담자는 내담자의 불안, 좌절, 혼란 등을 내담자의 입장에서 이해해야 한다. 흔히 말하는 감정이입 혹은 공감이라고 설명할 수 있는 공감적 이해는 내담자의 경험, 신념, 사고 등을 상담자가 내담자인 것처럼 듣고 이해해야 함을 의미한다. 그래야만 내담자의 신뢰를 얻게 되고, 내담자의 현재 상태를 정확히 파악함으로써 진지한 상담관계가 가능해진다.

솔직함(genuineness) 상담자가 내담자와의 상담관계에서 자신의 경험이나 감정을 왜곡하지 않고, 필요한 경우에는 그 감정을 솔직하게 표현할 수 있음을 의미하는 것으로 진실성, 일치성이라고도 한다. 상담자가 진실하고 있는 그대로 존재하며 가식 없이 속마음과 행동이 일치하는 모습을 보일 때 솔직함을 가지고 있다고 할 수 있다. 이러한 상담자의 진실한 태도는 내담자와의 인간적인 만남을 가능하게 한다. 김충기(1998)는 상담관계 속에서 보이는 상담자의 일치된 태도와 자발성은 내담자에게 현실적인 근거에서 그가 믿을 수 있고 위험감 없이 자신을 타인과 공유할 수 있게 한다고 설명한다.

5) 상담이론

정신분석상담(psychoanalytic counseling) 상담의 정신분석학적 접근은 1890년에서 1939년 사이에 S. Freud에 의해 발표된 그의 초기 원칙을 바탕으로 한다. Freud는 세 가지의 기본적 전제, 즉 경제적 측면, 발생론적 측면, 구조론적 측면에서 기초를 두고 성격이론을 발전시켰다. 각각의 전제를 살펴보면 다음과 같다.

- **경제적 측면**: 정신 에너지의 상당한 양이 우리의 인체 각 기관에 상용되기 때문에 유용하다.
- **발생론적 측면**: 발달의 연속성은 개인 심리적인 발달에 내재되어 있다.
- **구조적인 측면**: 정신의 본체는 의식, 전의식, 무의식, 초자아, 자아, 본능으로 다양하게 구성되어 있다.

정신분석이론은 모든 정신현상이 이전에 일어났던 현상의 결과로 일어나며 반드시 원인이 있다는 심적 결정론을 따른다. 정신분석상담의 목표는 내담자의 무의식적인 갈등을 의식화하여 문제 행동에 대한 각성과 통찰을 통하여 내적 갈등을 해결하는 것이다. 이를 위한 주요 상담기술은 자유연상, 해석, 꿈의 분석, 전이분석 및 저항 등을 들 수 있다.

Freud는 인간의 행동을 이해하는 데 매우 많은 공헌을 하였으며, 많은 논란 속에서도 그의 이론은 여러 시대에 걸쳐 다양한 성격이론에 영향을 주었다. 또한 그의 이론은 현대의 심리치료 요법과 상담실습에 중요한 기초가 되고 있다. 앞에서 언급한 정신분석 상담기술 중 꿈의 분석 기법은 꿈속에 내재하는 잠재적인 무의식적 과정을 이해하는 가장 효과적인 방법 중의 하나다. 꿈의 회상은 종종 왜곡되기 쉽고 외관상으로 의미가 전혀 없는 것들도 포함되며, 꿈의 구조와 내용은 비이성적이고 비논리적이며 단편적이기 때문에 꿈의 분석을 통한 정신분석치료는 깊은 통찰력과 이해력이 요구된다.

Alfred Adler
(1870~1937)

개인심리상담 상담자는 내담자가 가진 세상에 관한 주관적인 틀을 존중하기 때문에 실제로 존재하는 현상에 대한 관심보다는 개인이 그것을 어떻게 느끼느냐에 초점을 맞춘다. Adler의 이론은 개인이 통합된 목적을 가지고 있는 사회적이고 창조적이며 자율적으로 의사결정을 하는 존재라는 점을 기본 원리로 한다(Sherman & Dinkmeyer, 1987). 따라서 개인의 과거 경험보다는 미래에 더 많은 관심을 두고 개인의 가치, 신념, 태도, 관심 등을 강조한다.

개인심리상담에서의 목표는 개인이 자신의 삶에 대해 가지고 있는 그릇된 신념을 인식하고 변화시켜 사회적 관심을 향상시키고, 그 결과 사회적 세계에 참여할 수 있도록 돕는 것이다. Dreikurs(1967)는 자기 인식을 넓히고 기본적인 전제, 생활 목표, 기본적 개념을 수정함으로써 사회적 관심의 증가를 가져올 수 있다고 하였다. 즉, 상담자는 내담자를 비롯하여 타인의 삶을 바라보는 방식을 교육하게 된다. Mosak (1989)이 제안한 교육과정의 목표를 살펴보면 다음과 같다.

- 사회적 관심을 향상시킨다.
- 열등감을 감소시킨다.
- 내담자가 가진 견해나 목표를 변화시킨다.
- 내담자의 그릇된 동기를 수정한다.
- 내담자가 타인과 동등하다고 느끼도록 한다.
- 한 사회의 구성원으로서 기여하도록 돕는다.

개인심리상담에서는 상담자가 특정한 상담 · 치료 절차에 얽매이지 않고 자유롭게 내담자를 상담하게 되는데, 상담자는 내담자에게 가장 적합한 상담기법이 될 것을 선택하여 적용할 수 있다. 이 접근은 초등학교 교육, 교사들에 대한 자문, 부모교육, 부부상담, 가족상담 등의 영역에서 활발히 이루어졌으며, 지역사회와 정신건강

운동까지 확대되었다(Ansbacher, 1974).

내담자 중심 상담(client-centerd counseling) 내담자 중심 상담은 **자아이론**(self-theory), **비지시적**(nondirective) **상담**, **로저스적**(Rogerian) **상담**, 혹은 **인간 중심 상담**(personcentered counseling)이라고도 한다. C. Rogers(1961)와 그의 동료는 자아이론의 많은 상담 연구를 수행하고 체계적인 업적을 보여 주고 있다.

Carl R. Rogers (1902~1987)

이러한 상담 연구는 토론할 문제를 결정하거나 내담자 자신의 문제를 해결할 수 있는 내담자의 능력에 역점을 두고 있다. 이 과정에서 상담자의 중재는 최소화된다. 상담관계의 가장 중요한 요소는 온화하고 관대하며 수용적인 자세를 확립함으로써 내담자가 자신의 독특한 경험 과정과 관련하여 자신의 자아구조를 탐구하도록 하는 것이다. 따라서 상담자는 내담자로 하여금 자신의 가치를 받아들이는 한편, 수정이 필요하다고 생각하는 측면은 스스로 수정하거나 변화시킬 수 있도록 도와야 한다.

내담자 중심 이론의 핵심 개념은 모든 개인이 전체, 통합, 완전성, 자율성의 방향으로 행동하고 스스로를 강화하려고 노력한다는 점이다. 여기서 문제 해결을 위한 개인의 수용 능력은 당연한 것으로 여긴다. Rogers(1961)에 의하면 자아실현 경향은 생물학적으로 결정되지만 성장 가능성의 방향은 문화적으로 부모, 교사, 친구 및 다른 사람에 의해 결정된다고 가정한다. 다시 말하자면, 내담자 중심 상담의 핵심은 개인의 경험이다. 개개인이 지니고 있는 잠재력으로 자신의 경험을 평가하고 자신의 견해를 분명하게 하며, 스스로의 느낌을 통해 통찰력을 얻게 함으로써 변화되는 행동은 개인의 긍정적인 계획과 행동 및 성장을 유발할 것이다.

이러한 내담자 중심 상담의 공헌점은 다음과 같다.

- 상담자와 내담자의 관계를 강조한다.
- 내담자가 단지 수동적이고 소극적인 역할을 하는 것이 아니라 상담의 관계에서 보다 능동적인 존재라고 인식한다.
- 수용, 무조건적인 긍정적 관계, 감정이입적 이해, 상담가의 솔직성 등은 관계를 촉진하는 필수적인 조건이다.
- 상담에 대한 평가를 시도한다.

형태주의 상담(gestalt counseling) 형태주의 상담 또는 게슈탈트(Gestalt) 상담은 F. S. Perls에 의해 창안된 것으로 상담자가 내담자 자신들이 어떻게 현재를 느끼고 경험하는지를 알 수 있도록 도움으로써 '여기-지금(here and now)'을 완전하게 경험하도록 도와주는 방법이다. 이는 인간을 본질적으로 선하지도 악하지도 않은 존재로 보면서 전체를 추구하는 존재로서 사고와 감정, 행동을 통합하고자 한다. 즉, 인간은 사고, 감정, 행동 등 모든 부분이 서로 관련을 맺고 있는 전체로서 완성되려는 경향을 가지고 있다고 본다.

Frederich S. Perls
(1893~1970)

형태주의 상담은 인간이 여기-지금의 상황에서 무엇을 어떻게 경험하는지에 대해 중요하게 생각할 뿐만 아니라 내적 욕구와 외적 욕구에 따라 전경과 배경이 바뀐다는 것도 중요하게 생각한다. 따라서 내담자가 현재의 환경에 적응을 방해하는 요인을 부각시키고 그때그때 일어나는 전경을 보다 분명하게 부각시킬 수 있도록 도와주어 자신의 삶에 대한 책임을 질 수 있는 하나의 통합된 자아를 형성하도록 도와주는 것이 바로 형태주의 상담의 목적이라고 할 수 있다.

형태주의 상담은 절대적으로 현재에 중점을 두고 있기 때문에 과거에 대해 묻지 않고 상관하지도 않는다는 특징이 있다. 또한 이 접근방법에서는 '어떻게'와 '무엇을'이라는 질문만을 많이 하고 '왜'라는 질문을 하지 않는데, 내담자에게 그 이유를 묻지 말고 현재 무엇을 어떻게 하고 있는가에 대해 부각시키는 것이 매우 중요하기 때문이다.

김홍규(2003)는 형태주의 상담이론의 공헌점을 인간의 행동을 하나의 전체로 본 점과 비언어적 행동의 중요성을 인식한 점이라고 보았다. 그러나 특이한 용어의 사용과 상담의 효과를 경험적으로 증명할 만한 자료가 없다는 것은 비판의 대상이 된다고 하였다.

상호교류분석 상담(Transactional Analysic counseling: TA) **교류분석** 또는 **의사거래분석**으로 알려진 이 상담방법은 E. Berne에 의해 창시된 이론으로 Freud의 영향과 Federn의 자아심리학, 그리고 Penfield의 기억제제에 대한 연구에 영향을 받았다.

Eric Berne
(1910~1970)

이 상담에서는 인간의 모든 것은 어릴 때 결정되나 변화될 수 있다는 입장을 취하고 있다. 즉, 인간은 환경과 경험에 의해 이미 결정되어 있는 자신들의 행동 양식을 이해하고, 그러한 행동 양식을 다시 선택하여 결정을 내릴 수 있으며, 스스로 결정하고 변화시켜 가며 자신의 생활을 돌볼 수 있다는 전제에서 출발하는데, 이것이 **자율성**(autonomy)이다. 자율성의 성취는 상호교류분석 상담의 궁극적인 목적이며, 이를 갖기 위해서는 각성(awareness), 자발성(spontaneity), 친밀성(initimmacy)이 중요하다.

교류분석이란 자아상태(ego state), 인간교류(personal transctions), 심리연극(psychological games) 및 인생각본(life scripts)에 대한 분석에 기초한 정신치료의 체계라고 볼 수 있다. Berne(1961)는 그의 임상경험을 통해 모든 사람이 어버이(Parent: P), 어른(Adult: A), 어린이(Child: C)의 세 가지 자아 상태를 가지고 있음을 알고, 이 세 가지 자아 중 어느 한 가지가 상황에 따라 개인을 지배하게 된다고 보고 있다.

- 어버이 자아(P) : 출생부터 5년 동안에 형성된 것으로 주로 부모를 모방 또는 학습하게 되는 태도 및 기타 지각 내용과 그 행동으로 구성된다. 비판에 의해 교정됨 없이 받아들여 내면화한 것이 특징이다.
- 어린이 자아(C) : 인간 내면에서 자연스럽게 일어나는 모든 충동과 감정, 그리고 5세 이전에 경험한 사태들에서 느끼게 된 감정과 그에 대한 반응 양식으로 구성된다.
- 어른 자아(A) : 객관적으로 현실을 파악하는 것으로 외부 세계뿐만 아니라 다른 두 자아를 통해 정보를 수집하고 그 정보를 이용하기 때문에 어른 자아가 기능하는 정도에 따라 개인의 성숙 정도가 결정된다.

따라서 상담자는 이 세 가지 자아 상태를 적절하게 사용하는 방법을 가르쳐서 내담자가 자기 인생의 사회적 통제권을 가질 수 있도록 돕는다. 이러한 접근은 내담자로 하여금 자기 긍정과 타인 긍정(I' m OK. You' re OK.)의 자세로 생산적이고 창의적인 삶을 살아가게 하는 것이다. 그리고 자기 부정과 타인 긍정(I'm not OK. You're OK.), 자기 긍정과 타인 부정(I'm OK. You're not OK.), 자기 부정과 타인 부정(I'm not OK. You're not OK.)의 생활 태도는 건전하고 생산적인 삶을 방해하므로 그런 생활 자세가 생기지 않도록 조력하는 것이다. 즉, 상담자는 내담자에게 효과적인 의사소통방법을 가르침으로써 타인과 올바르게 교류할 수 있도록 도와주며, 의사소통의 효율은 높이고 타인과의 갈등은 감소시키려고 한다.

이러한 상호교류분석 상담은 자아 상태의 기능에 대한 의사거래에 관심을 갖게 하여 의사소통의 질을 개선할 수 있는 방안을 시사해 주었으며, 형식적인 상담의 도움 없이 혼자서도 자기를 이해할 수 있게 하는 자기 치료의 가능성을 열었다. 그러나 용어의 이해가 어렵고 이론들이 실제적으로 증명되지 못한 한계점 또한 지니고 있다.

행동적 상담(behavior counseling) 행동적 상담은 학습된 행동을 강조하는 행동이론에서 파생된 행동주의 심리학을 근거로 하는 상담이론이다(Dollard & Miller, 1950). 행동적 상담은 학습이론에 기초를 두고 있으며, 부적응 행동을 약화시키거나 제거하고 적응 행동을 형성하거나 강화할 수 있도록 하는 체계화된 학습이론을 적용하고 있다(김충기, 1991). 대부분의 기본적인 연구는 실험심리학자들의 노력에서 비롯되었다. 학습 현상은 심리학자들의 주된 관심의 대상이었고, 행동주의 학자들의 기본적 논쟁은 단지 객관적으로 관찰할 수 있는 행동만이 과학의 자료로 유용하다는 것이다. 이러한 견해는 사실상 자아이론과 Freud의 이론 등 모든 가설적 구성 개념의 형성에 기초가 되었다.

대부분의 인간 행동이 학습된다는 가정에 따른다면 행동은 조작이나 학습 조건의 창조를 통해서 수정될 수 있다는 행동적 상담의 기본적인 가정은 다음과 같다(Shertzer & Stone, 1981).

- 인간 행동의 대부분이 학습에 의한다.
- 환경 조작은 행동을 변화시키는 열쇠다.
- 인간 특성에는 긍정적인 측면과 부정적인 측면이 있으며, 양 측면 모두 학습된다.
- 관찰할 수 없는 내적 상태인 무의식을 가정하는 것은 불필요하다.

수정되거나 학습되어야 할 행동을 결정하는 것은 전통적인 진단법보다 훨씬 효과적이다. 강화의 사용은 행동주의 상담자들이 가장 흔히 사용하는 기술이다. 행동적 상담의 주요 특성은 그 과정이 교육적이고 개별적인 기술을 사용하며 실험적 · 과학적 방법론을 사용한다는 것 등으로 설명할 수 있다. 행동주의 상담의 기법에는 신체적 · 심상적 기능을 통제하기 위한 이완훈련, 불안 혹은 부적응 행동을 위한 체계적 둔감법, 사회적 모델링, 자기표현훈련, 자기지시적 행동 등이 있다.

이 중 자기지시적 훈련인 인지-행동적 접근은 내담자가 적절한 행동을 훈련한 다음 스스로 반복적인 지시를 통해 행동의 변화를 유도할 수 있다는 데에 강한 장점이 있다. 인지적 행동수정을 제안한 D. Meichenbaum(1977)은 내담자의 행동 변화가 내적 언어의 상호작용, 인지구조, 내담자의 행동과 그 결과들을 포함하는 중재 과정을 통해 일어난다고 보았다. 구체적으로 내담자는 자신의 행동을 관찰하는 방법을 학습한 후에 자신이 가지고 있는 부적응적인 행동에 주의를 기울이는 것을 배우고, 마지막으로 실제 생활에서 좀 더 효과적인 대처기술을 상담자에게 배우게 된다.

행동적 상담의 공헌점은 다음의 세 가지로 평가된다.

- 많은 연구를 통해 상담을 과학적 학문으로 발전시켰다.
- 상담의 대상이 되는 행동은 측정 가능해야 한다는 보다 과학적인 진단을 주장하였다.
- 행동에 영향을 미치는 환경을 강조하였다.

합리적 정서 상담(Rational Emotive counseling: RET) 합리적 정서 상담은 우리가 겪는 일상생활에 대한 신념, 평가, 해석, 반응에서 정서가 발생한다는 것을 가정한다. 내담자들이 가지고 있는 비합리적인 신념에 의해 부정적인 정서적 반응을 변화시키기 위해 신념을 규명하고 논박하는 과정이 요구된다. 이러한 과정을 통해서 내담자는 합리적으로 사고하는 방법을 배우게 되며, 이를 통해 현재에 자신이 지니고 있는 문제뿐만 아니라 미래에 다가올 문제 상황에도 대처할 수 있게 된다. 따라서 합리적 정서 상담 과정에서 상담자와 내담자의 관계는 교사와 학생의 관계라고 볼 수 있다.

Albert Ellis
(1913~)

합리적 정서 상담에 따르면 개인은 항상 사랑받고 수용되는 상황에 노출될 수는 없는데, 만약 수용되지 못할 경우 개인은 심각한 우울증이나 상실감 또는 증오 등의 증상을 보이기도 한다. Ellis(1987)는 개인이 합리적인 신념을 유지하고 있는 한 부적절하게 우울한 감정 또는 적대감을 갖거나 자기연민에 빠지지 않는다고 말한다. 즉, 우리의 혼란된 감정은 비현실적이고 비합리적인 신념에 기인하며, 이러한 것들이 역기능적인 행동을 만들어 내게 된다. 자기패배감을 불러일으키는 몇 가지 중요한 비합리적인 사고는 다음과 같다(Dryden & Ellis, 1988; Ellis, 1987).

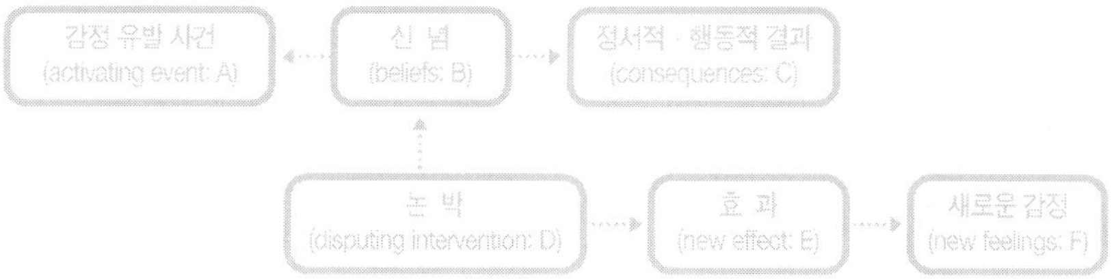

[그림 10-3] **합리적 정서이론**

출처: G. Corey (1996). *theory and practice of counceling and psychotherapy*. Pacific Grove: CA Brooks/Cole, p. 322.

- 나는 중요한 과제를 유능하고 완벽하게 잘 수행해야만 한다.
- 나는 사람들에게 이해받고 공정한 대접을 받기 원하기 때문에 그들은 절대적으로 나를 그렇게 대해야만 한다.
- 나는 내가 원하는 것을 얻지 못하는 것을 참을 수 없다.

Ellis의 합리적 정서 상담 이론에 따르면 모든 정서장애는 내담자가 지닌 신념의 비합리적인 속성(예, ~해야 한다, ~하지 않으면 안 된다)에서 나온다. 따라서 상담자는 내담자의 비현실적이고 절대적인 사고 양식을 합리적이고 성숙한 것으로 변화시키도록 돕는 역할을 하여 그 결과 적절한 정서반응이 나타나게 된다. 합리적 정서 상담 이론의 핵심은 A-B-C 모델이며 이를 그림으로 나타내면 [그림 10-3]과 같다.

즉, 개인의 정서적 · 행동적 결과(C)는 특정한 사건(A)에 의해 직접적으로 일어나지 않는다. 반드시 개인의 신념(B)이 영향을 주게 되는데, 그림은 상담을 통해 개인이 가진 신념을 논박(D)하는 탐지, 반박, 변별을 거쳐 합리적인 사고에 바탕을 둔 적절한 정서와 생산적 행동을 이끌어 내는 과정을 보여 준다.

합리적 정서 상담적 접근에서는 내담자의 감정 표현보다는 사고와 논리를 강조하고, 내담자를 정신질환자라기보다는 학습자로 인식한다. 이러한 점이 내담자들로 하여금 상담자에게 더 마음을 열 수 있도록 한다.

현실상담(reality counseling) Glasser의 현실상담에서는 내담자가 자신의 행동을 스스로 평가하게 하고, 자신의 욕구 충족을 위한 효과적인 행동을 학습하도록 돕는다. 그는 통제이론을 제안하면서(Glasser, 1985) 개인은 자신의 욕구를 충족시키

William Glasser
(1925~)

기 위한 내적인 세계를 창조한다고 보았다. 현실상담은 아들러(Adler) 학파의 이론과 같이 현실 세계에 대한 개인의 지각된 현상을 중요시하며, 수용적인 상담 분위기 속에서 내담자가 자신의 욕구를 만족시키기 위한 행동을 획득하도록 하기 위한 방안을 모색하는 데 중점을 둔다. 현실상담에서 언급되는 총체적 행동(total behavior)은 행위(acting), 사고(thinking), 감정(feeling), 그리고 이 세 요소가 작용할 때 수반되는 생리기능(physiology)으로 구성되며, 총체적인 행동을 변화시키기 위해서 통제 가능성이 높은 행위와 사고의 변화를 보다 강조하게 된다.

현실상담적 접근을 취하는 상담자는 내담자가 자신의 현재 행동이나 생활 양식을 스스로 평가할 수 있도록 도와야 한다. 즉, 현실상담에서는 내담자의 무의식적 세계보다는 의식적인 부분을 강조하며, 환경을 통제하고자 행하는 내담자의 행동이 얼마나 비효과적인지를 직면하게 한다. 그리고 내담자가 원하는 바를 얻을 수 있는 보다 효과적인 행동을 계획하고 실행하도록 돕는다. Wubbolding(1991, 1996)은 Glasser의 이론을 구체화하여 WDEP 상담과정 모델을 제안하였다. WDEP 모델은 내담자의 욕구(want), 지시와 행동(direction and doing), 평가(evaluation), 계획(planning)의 순으로 이루어진다. 예를 들어, 상담자는 우선 온정적이고 수용적인 분위기를 상담과정 전반에 걸쳐 유지하면서 내담자가 무엇을 원하는지의 욕구와 현실 세계에 대한 지각 등을 탐색한다. 그 후 내담자의 전체적인 행동이 평가된다. 그리고는 내담자 스스로 행동의 변화를 결정하고 계획하여 실행한다. 현실상담에서 상담자의 역할은 내담자가 효과적인 행동을 획득하도록 통제이론에 대해 가르치는 교사와 같다.

현실상담에 관한 이론은 단순하고 명확한 개념으로 구성되어 있기 때문에 상담자를 비롯하여 교육 및 행정 등 여러 분야에서 적용이 가능하다는 장점을 지닌다. 또한 비교적 직접적인 기법을 사용하여 내담자의 행동을 긍정적으로 변화시키기 때문에 상담에 저항을 보이는 내담자에게도 긍정적인 효과를 기대할 수 있는 단기적인 상담기법이다.

특성요인 상담(trait-factor counseling) 특성요인 상담 이론은 논리적 · 지적 도구를 사용하는 방법으로 지시적 상담, 상담자 중심 상담, 이성적 · 지시적 상담이라고도 한다. 특성요인 상담의 대표적인 학자로는 E. G. Williamson, E. S. Bordin,

F. C. Thorne 등이 있다. 지시적 상담자들은 성격(personality)을 기억 · 공간 · 언어적 측면 등에서의 능력, 흥미, 태도, 자질과 같은 상호 의존적인 특성과 요인의 체제로 설명한다. 개인의 발달은 유아 때부터 성인기에 이르기까지 이러한 요인을 성숙시키거나 활성화시키는 것으로 여긴다. 이를 입증하기 위하여 다양한 특성 영역을 사용하여 인간을 분류하고 기술하는 시도가 이루어지기도 하였다(Lynch & Maki, 1981). 특성요인 상담 이론에 근거한 연구로는 다음과 같은 것이 있다.

- 심리검사 등의 방법으로 특성을 조사하기
- 개인을 규정짓거나 묘사하기
- 개인이 자기 자신과 자신의 환경을 이해하도록 도와주기
- 도전적인 상황에서 성공 여부를 예측하는 것을 도와주기

특성요인 상담의 기초를 이루는 네 가지 기본적인 가정은 다음과 같다.

- 상담은 지적인 과정이며 필수적인 것이다.
- 보통 사람들에게 부적응이 나타나더라도 지적인 측면은 대체로 정상적인 상태로 남아 있어서 학습이나 재학습에 사용될 수 있다.
- 개인을 정확하게 파악하기 위해서 표준화되고 객관적인 측정을 많이 이용해야 한다.
- 상담자는 많은 정보와 경험을 가지고 문제 해결에 도움을 줄 만큼 유능해야 한다.

한편, 특성요인 상담자는 내담자의 학습 과정을 지도하는 교사가 되기도 한다. 내담자에게 필요한 자료를 결정 · 수집하여 제시하는 것이 상담자의 주요 역할이다. 상담자는 이와 같은 견해를 명확하게 제시하고 부가적인 설명을 해 줌으로써 내담자에게 위안을 줄 수 있다.

■■■ 절충적 상담(eclectic counseling) Preston(1998)은 내담자가 지닌 문제를 적절하게 설명하는 이론적인 모델이 존재하지 않는다고 주장한다. 그는 내담자의 문제와 대처방안에 대한 상담자의 평가에 따라서 개입의 방향인 상담방법이 결정되어야 한다는 입장을 취한다. Arkowitz(1997)는 상담에 관한 단일한 접근이 갖는 한계를 극복하려는 시도로 통합적 접근을 취할 수 있다고 하였다. 이처럼 다양한 접근 중에서

적절한 개념과 기법을 선택해 상담해 나가는 과정을 절충적 상담이라고 할 수 있다.

절충적 상담은 1940년대에 F. C. Thorne에 의하여 체계가 세워진 상담이론이다. 절충적 상담은 하나의 상담이론에 의존하지 않고 다양한 자원과 조직에서 가장 적절한 원칙과 방법을 선택하는 것이다. 절충적 체제의 기본적 가정은 환경과 자아에 대한 내담자 스스로의 이해와 문제 해결을 위한 전문적 도움의 요구를 전제로 한다(Thorne, 1950).

절충주의적 상담자들은 인간 성격을 이해하고 예언하며 환경에 관한 정보를 수집한다면 모든 개인의 자발적 학습과 능동적인 계획 수립이 가능하다고 믿는다. 또한 절충주의 체제는 상담자에게 방법론적인 자유를 제공한다. 즉, 상담자들은 내담자에게 가장 도움이 된다고 판단되는 방법을 내담자 스스로 선택하게 하며 내담자와 관계된 모든 자원을 적절히 활용한다. 일반적으로 통합을 시도하는 방법에는 **기술적 절충**(technical eclecticism)과 **이론적 통합**(theological integration)이 있다. 각 접근의 차이점에 근거하여 기법들을 추려서 상담에 이용하는 것은 기술적 절충에 해당된다. 그리고 이론적 통합은 단순한 기술을 발췌하여 상담에 적용하는 것이 아니라 개념적 · 이론적 틀을 새로이 만들어 내는 것이다. 즉, 이론적 통합은 두 개 이상의 이론을 통합하여 보다 포괄적인 구조를 통한 접근을 지향한다(Norcross & Newman, 1992).

Arkowitz(1997)는 진리에 도달하는 데 여러 접근방법이 존재할 수 있듯이, 통합적인 상담기법을 개발하는 과정도 사람마다 달라진다고 언급한다. 그리고 Corey (2001)는 상담가가 통합적 관점을 취할 경우 '어떤 이론을 토대로 인지적 · 정서적 · 행동적 측면을 이해할 것인가?'의 질문을 염두에 두어야 한다고 주장한다. 그러나 무엇보다 중요한 점은 각 상담이론에 대한 이해가 뒷받침되지 않으면 기법의 절충이나 이론의 통합은 이루어지지 않을 것이고, 결국에는 이론들의 체계적인 조화를 만족시키지 못하므로 효과적인 상담이 이루어질 수 없다는 것이다.

실존주의 상담(existential counseling) 인본적 실존주의 심리학에서 기원한 **실존주의 상담**은 다른 상담이론에 비해 철학적인 면이 강조되며 인간관에 더 많은 관심을 두고 있다. 실존주의 상담은 내담자에게 영향을 주는 특별한 상담기법보다는 상담관계에 비중을 둔다. 상담자가 내담자의 세계를 그대로 이해하려고 노력하는 것이 상담의 바탕이 되며, 인간 불안의 문제를 인간 존재의 가장 중요한 문제로 보고 그 문제의 원인을 시간적 제한과 죽음 또는 부존재에 대한 불안에서 찾는다. 이러한 내담자 문제의 해결방법을 인간 존재의 의미를 찾는 데에서 얻고자 하며, 이는 자기책임, 자기존재의 의미, 자기 자신의 결정이라는 가정에서 출발한다. 실존주의 상담의 대표적인 학자로는 R. May, V. E. Frankle, L. Binswanger 등이 있다.

Rollo May
(1909~1994)

실존주의 상담은 내담자의 증세나 과거의 상태에 중점을 두지 않고 어떤 증상에 대한 내담자의 태도에 관심을 두고 내담자의 기대불안에 대한 치료로서 역설적 지향의 방법을 사용한다. 또한 과잉된 주의를 내담자 밖으로 돌릴 수 있게 함으로써 내담자의 의식을 긍정적이고 생산적인 면으로 전환하도록 돕는 역반응의 방법과 내담자의 지나친 자기 의식과 반성에서 벗어나게 하여 인생의 참뜻을 알게 하는 반성 제거의 방법이 사용된다. 이러한 실존주의 상담의 목적은 내담자에게 인생의 가치를 자신 속에서 발견하게 하여 인생의 목표에 대해 긍정적 태도를 가지게 하는 것이다.

Viktor E. Frankle
(1905~1997)

실존주의 상담은 사람을 관심의 중심으로 되돌려 인간 대 인간의 관계를 강조하였으며, 사람이 계속적으로 되어 가고 있는 존재라는 것과 자기 잠재력을 채워 가는 존재라는 것을 알려 주었다. 그러나 이 상담은 모든 이에게 동일한 효과를 보이지 않고 신앙과 정신세계에 대한 관심이 높은 사람에게만 효과적이며, 많은 개념이 추상적이어서 실제에 적용하기 어렵다는 단점이 있다.

6) 집단상담

집단상담(group counseling)의 의의 상담활동은 상담자가 다루는 내담자의 수에 따라 개인상담과 집단상담으로 구분된다. 하지만 본질적으로 서로 상반된 의미는 아니다. 두 가지 유형의 상담 모두 바람직한 효과를 내기 위한 노력이며, 전혀 다른 상담 목표와 자원을 추구하는 것은 아니기 때문이다. 물론, 시간과 노력에 대한 경제성을 위해 집단상담을 하는 경우도 있지만 궁극적으로는 학생 개인의 문제 해결을 촉진한다는 공통점이 있다.

두 가지 상담 유형을 구분하기 위하여 간단히 그 개념을 정의해 보자. **개인상담**(individual counseling)이란 상담자가 한 사람의 내담자를 두고 그가 겪고 있는 심리사회적 문제를 해결하도록 돕는 과정이다. 여기에는 앞서 다루었던 상담의 정의가 모두 포괄되어 있다. 이에 반해 **집단상담**은 태도와 행동을 변화시키려는 의도에서 내담자들과 그들의 조건을 탐색 · 조사하는 한 사람의 상담자가 관련되는 과정이다(Hansen, Warner, & Smith, 1980). 즉, 6~12명 정도의 내담자 집단이 집단지도성 훈련을 받은 한 사람의 유능한 전문가의 지도 아래 교육적 · 직업적 · 사회적 혹은 개인적 가치 등에 관하여 상호 간에 대화를 나누는 과정이다.

개인상담과 집단상담의 효과성에 관하여 이장호(1982)는 내담자에 따라서 집단상담보다는 개인상담이 더 유용할 수 있으며, 그 반대의 경우도 있을 수 있다고 말한다. 예를 들어, 내담자가 개인 내부의 심각한 문제를 지녔거나 대인관계에 실패한 경험을 가졌다면 개인상담이 바람직할 것이다. 또한 사람들 앞에서 얘기하는 것을 두려워하거나 반대로 다른 사람들의 인정을 받고자 하는 욕구가 너무 지나친 경우도 개인상담이 적절하다. 물론, 이런 경우 반드시 개인상담을 할 필요는 없다. 따라서 상담자는 도움을 요청한 내담자의 상황을 파악하고 내담자의 특성을 매우 신중하게 고려하여 상담의 유형을 결정해야 한다.

집단상담의 목표 집단상담의 목표는 앞서 살펴본 상담의 목적을 포괄하고 있다. 이제 집단상담에서 특별히 강조하는 집단상담의 목표를 다음과 같이 제시하고자 한다(Gazda, 1989).

- 학생의 중대한 발달적 요구를 충족시켜 줄 수 있다.
- 학생의 동일성 추구 과정을 조력할 수 있도록 관계를 수립한다.
- 자신에 대한 이해와 보다 효율적인 생활 및 행동의 기회를 제공한다.
- 학생으로 하여금 자신의 감정과 태도, 그리고 자신과 세계에 대한 개념을 점검할 수 있는 기회를 제공한다.
- 자신의 지각으로 타인과 함께 이야기하는 방법을 익히고 점진적으로 행동에 대한 책임을 받아들여 자신에 대해 생각하게 한다.
- 자기 자신 및 다른 사람들의 행동에 대하여 단순하게 표면적 관찰만으로는 만족하지 않으려는 태도를 배우게 한다.
- 다른 성원의 견해가 자신의 견해와 일치하지 않아도 그들의 의견과 권리를 존중하도록 도와준다.

학교에서는 학급 학생들이 집단의 참여자로, 교사가 집단의 지도자로 참여하는 집단상담이 활발하게 이루어진다.

집단상담의 과정 일반적으로 집단상담의 과정은 시작 혹은 참여의 1단계, 내담자가 과도기적 특성을 보이는 2단계, 실제 작업의 3단계, 상담을 종결짓는 4단계로 구성된다(Mahler, 1969). 이를 나타내면 [그림 10－4] 와 같다. 집단상담에서 상담자는 이와 같은 4단계에 익숙해야 하고, 지도하고 있는 집단의 단계를 정확하게 파악하고 있어야 한다. 또한 상담의 단계를 심층적으로 이해함으로써 집단 과정을 관찰하고 집단이 목표를 향해서 움직일 때 특정한 시점에서 필요한 기술과 행동을 지시할 수 있어야 한다. 김충기(1991)는 각 단계에 대하여 다음과 같이 설명하고 있다.

- **참여 단계**: 상담자는 내담자가 집단에 참여하는 목적을 명료화시켜 주고, 집단 성원과 지도자가 친숙해지는 과정을 시작한다. 이 단계에서는 참여자 간에 신뢰와 수용의 관계를 발전시키는 데 그 의의가 있다. 집단활동은 각자의 생각과 감정을 탐색하는 데 초점을 맞추어야 한다. 이 단계부터 문제 해결을 시작하는 것은 부적합하다.
- **과도기적 단계**: 이 단계에서는 참여자들의 긴장과 저항이 긍정적인 방향으로 전환되기 시작하므로 상담자의 기술이 중요시된다. 특히, 상담 과정 중에 상담자의 개입 시점 결정, 행동 유형 구분, 집단의 정서적 분위기 파악 등의 능력이 상담자에게 요구된다(Mahler, 1969).
- **작업 단계**: 집단상담 과정의 대부분을 차지하게 되는 단계로 내담자의 사기를 증진시키고 소속감을 형성시킨다. 집단 성원이 마음의 문을 열도록 하고 소속된 집단 내에서 자신의 문제를 정리하고 바람직하지 못한 행동을 변화시키도

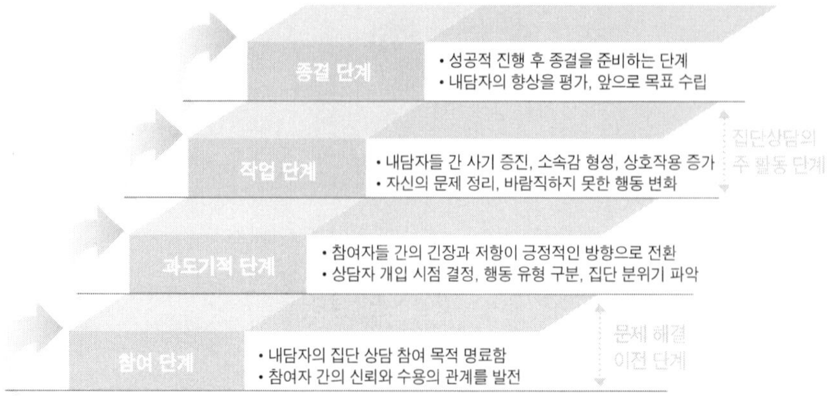

[그림 10-4] **집단상담의 과정**

록 하는 데 초점을 둔다. 이 단계에서는 상담자와 성원 간의 관계보다 성원 간의 상호작용이 증가한다. 따라서 상담자는 집단 성원을 관찰하여 상호관계를 촉진시키는 역할을 해야 한다.

- **종결 단계**: 앞의 세 단계가 성공적으로 진행되면 상담자는 종결을 준비해야 한다. 내담자들은 집단 속에서의 상호작용 경험을 통해 자신들의 향상을 평가하고 앞으로의 목표를 세우도록 촉진한다.

지금까지 살펴본 개인상담과 집단상담은 상담의 대상을 개인으로 하는가, 집단으로 하는가에 따른 구분일 뿐 상반된 의미를 갖지는 않는다. 내담자의 특성과 내담자가 가진 문제의 유형에 따라 개인상담이 적합한 경우도 있으며, 반대의 경우일 수도 있다. 또한 집단상담 과정에 있으면서도 개인상담을 병행할 필요도 있고, 때로는 집단상담 과정 중에 있는 내담자가 개인상담을 요구할 경우라도 상담자의 판단으로 그것을 제한하기도 한다. 이처럼 개인상담과 집단상담은 상호 보완적인 역할을 하고 있다.

빠르게 변화하는 현대사회에서 개인은 다양한 갈등과 부적응에 직면하게 된다. 더욱이 신체적 · 정신적 성숙이 불완전한 청소년들에게 이러한 갈등 상황은 정신적 혼란과 심한 경우 자아의 분열을 초래할 수 있다. 갈등과 부적응의 해소 여부가 개인과 더 나아가 사회 전반에 걸친 정신건강으로 귀결되고 있기에 생활지도 및 상담의 중요성을 재인식할 필요가 있다. 따라서 지금까지 살펴본 생활지도 및 상담에 관한 전반적이고 다소 이론적인 측면을 현실에 적용하고 좁게는 학교현장에서 실천하여 교과지도 중심의 학업지도와 학생들의 일상적 삶을 지도해야 하는 생활지도라는 학교의 주요 기능을 최대한 실현할 수 있도록 교사들의 끊임없는 노력이 요구된다.

7) 가족상담

1940년대에 대두되어 1980년대에 본격적으로 성장하기 시작한 가족상담(family counseling)은(Foley, 1989; Nichols, 1993) 개인의 문제를 가족의 관계성에 근거하는 새로운 시각을 제시하였다. 이처럼 가족을 하나의 체제로 이해하는 가족상담에서는 부부문제, 고부간의 갈등, 노인부모의 문제, 자녀학대, 별거와 이혼 또는 재혼에 따르는 가족 해체와 재구성의 문제 등 다양한 문제를 다루고 있다.

이제 가족상담의 개념과 특징, 발전 과정 및 주요 이론에 대하여 구체적으로 살펴보자.

가족상담의 개념 제2차세계대전 직후의 산업구조와 생활환경의 변화는 기존의 가족구조에 많은 영향을 주었다. 가족구조의 변화는 가정의 이혼율 증가(Martin & Bumpass, 1989), 여성 노동력의 사회 진출(Walsh, 1982), 부부간의 불화, 가족 간의 유대감 상실, 인척 간의 문제, 청소년 비행 등의 다양한 문제를 야기하였다. 이에 상담자들은 개인의 문제를 해결하기 위해서 개인적 차원이 아닌 개인이 속해 있는 가족관계로 시각을 전환하게 된 것이다(Goldenberg & Goldenberg, 1990). 즉, 상담이론가들은 개인의 문제를 부부와 가족 차원 안에서 가족의 발달과 상호작용에 따른 하나의 체제 내부의 문제로 인식하기 시작하였다. 결국, **가족상담**이란 가족 성원이 가족의 역기능적인 의사소통 유형을 개선할 수 있도록 도와줌으로써 가족체제 내의 정서적 문제를 찾아 개선하려는 심리치료 방법이다(Goldenberg & Goldenberg, 1990). 이러한 가족상담의 특징은 다음의 세 가지로 설명할 수 있다.

- 가족상담은 개인상담이나 집단상담에 비하여 강조점에서 차이가 있다(Gladding, 1995; Hines, 1988; Trotzer, 1988). 즉, 개인상담과 집단상담은 기본적으로 개인 내 변화와 개인 간의 변화에 초점을 두는 반면, 가족상담은 체제의 변화를 강조한다.
- 상담활동에서 가족의 참여 여부에 차이가 있다. 물론, 가족상담과 개인상담 모

두에서 가족의 기능과 역할은 중요하게 다룬다. 그러나 개인상담은 개인의 문제를 해결하는 데 가족의 참여를 배제하는 반면, 가족상담은 일반적으로 다른 가족 성원의 참여를 기본으로 한다(Nichols & Schwartz, 1991).

- 가족 역시 하나의 집단임에는 틀림없지만 집단상담에서와 같이 전형적인 집단으로 이해되지 않는다. 각각의 가족은 고유한 전통을 지니고 있으며, 가족 성원은 대부분 정의적으로 결합되어 있기 때문에 전형적인 집단상담의 대상에 비해 보다 감정적이다(Becvar, 1982). 따라서 가족상담은 집단상담 이론만으로는 충분하지 않아 적절한 상담이 이루어질 수 없다.

이상에서 살펴본 바와 같이 가족상담은 개인뿐만 아니라 가족이라는 체제에 관심을 두며, 상담 중에 나타나는 가족 구성원의 관계성에 초점을 맞추는 상담기법이다.

가족상담의 발전 과정 가족상담은 1940년대 정신분석학자들에 의해 발전하기 시작하였다. 특히, N. Ackerman(1958)의 연구는 정신분석학의 관심을 가족 단위로 전환시키는 중요한 역할을 하였다. 그는 정신분석학적 치료방법을 가족상담에 응용하였으며, 이 때문에 가족상담은 정신치료의 한 분야로 발전하는 계기가 되었다.

또한 **일반체제이론**(general system theory)은 가족상담의 발전에서 중요한 기초가 되었다. 일반체제이론은 가족을 포함한 모든 유기체가 상호작용하는 요소로 구성되어 있다고 가정한다(Sexton, 1994). 이러한 이론에 영향을 받은 가족상담은 부분적인 가족 구성원의 상호작용이 전체로서 가족체제에 작용하는 방법을 강조한다. 이러한 강조점은 다양한 사건이 상호작용하는 일련의 피드백 순환고리를 통해 연관되어 있다는 **순환인과관계**(circular causality) 개념에 잘 나타나 있다. 결국, 가족상담은 일반체제이론의 영향으로 가족문제의 원인이 한 사람에게 책임이 있다고 생각하는 **책임전가**(scapegoating)와 하나의 행동이 다른 행동의 원인이라고 생각하는 **선형인과관계**(linear causality)를 크게 고려하지 않게 된다. 일반체제이론은 가족상담에 대한 기초적인 원리를 제공하였으며, 이후 다양한 가족상담의 이론과 연구는 일반체제이론의 순환인과관계라는 개념을 기초로 발전하기 시작하였다.

한편, P. Popenoe, E. Groves, E. Mudd, H. Stone 등의 연구자들에 의해 결혼상담(marrige counseling)이 가족상담의 한 형태로 대두되기 시작한 것도 이 시기였다(Nichols, 1993). **결혼상담**은 개인의 문제보다는 결혼의 관계성을 강조하여 두 명의 개인과 하나의 커플이라는 세 가지 속성을 고려하고 개인보다는 체제를 강조하는 가족상담의 원리를 따른다.

아동생활지도운동의 성장 역시 가족상담의 발전 과정에 중요한 계기가 되었다. 아동의 생활지도 치료는 간학문적 접근방법을 통해 아동의 정서적 부조화를 처치하고 예방하는 데 초점을 둔다. 이 분야의 초기 연구는 어머니의 과잉보호 등과 같은 부모의 행동에 초점을 맞추는 경향이 있었으나, 치료사들은 전체로서 가족에 초점을 두기 시작하였다(Levy, 1943).

그리고 1940년대에 시작하여 1950년대에 본격적으로 발전하기 시작한 집단상담 역시 가족상담의 발전에 중요한 역할을 하였다. 국립훈련연구소(National Training Laboratory: NTL), 타비스톡 인관관계연구소(Tavistock Institute of Human Relations) 등과 같은 소규모의 집단행동연구소에서 발달한 집단상담의 아이디어가 결혼상담과 가족상담의 발전에 중요한 역할을 하였으며(Gladding, 1995), 집단상담에서 효과가 입증된 **심리극**(psychodrama)이나 형태심리학적 치료 등이 가족상담에 도입되었다.

마지막으로 최근에는 다문화주의(multiculturalism) 경향이 가족상담에 영향을 미치고 있다. 1980년대 초반 이전까지는 가족 생활과 관련하여 문화라든가 인종에 대한 문제는 거의 관심을 끌지 못하였으나, 『인종과 가족치료(Ethnicity and Family Therapy)』(McGoldrick, Pearce, & Giordano, 1982)의 출판을 계기로 많은 결혼상담가 및 가족상담가들이 가족의 문화적 배경을 중요하게 인식하기 시작하였다. 따라서 가족상담은 사람들의 문화와 행동 간의 연계를 밝히는 데에도 초점을 두고 있다.

이처럼 가족상담에 대한 관심은 1970년대 이래로 빠르게 증가되어 왔으며, 가족상담의 전문성에 대한 사회적 요구의 증대로 전문적인 훈련을 받는 상담자의 수가 증가하고 있다.

이상에서 살펴본 바와 같이 가족상담은 다양한 사회적 변화와 이론적 발전을 통해 상담의 주요 영역으로 자리 잡게 되었다.

가족상담의 이론 가족상담가들은 가족을 하나의 체제로 인식하고 있다는 점에서 공통점을 보이지만, 가족의 상호작용에 대한 관점이나 치료 계획, 그리고 심리적 역기능의 특성과 원인에 대한 시각에 따라 다양한 이론을 전개하였다. 이제 각각의 특징에 따라 크게 정신역동적 이론, 행동주의적 이론, 구조적 이론, 문제 해결 이론의 네 가지로 나누어 가족상담의 제 이론을 살펴보자.

- **정신역동적 가족상담**(psychodynamic family counseling): 정신분석학은 가족과 같은 사회체제보다는 개인에 초점을 둔다. 그러나 Ackerman(1966)은 가족 문제가 부부와 가족체제에서 무의식적이고 역기능적으로 나타나는 행동 양식으로서 연동병리학(interlocking pathology)에서 기인한다고 설명함으로써 정신분석학의 새로운 접근을 시도하였다. 정신역동적 가족상담의 목적은 가족 구성원의 성격을 변화시켜 가족 모두가 건강하고 생산적인 방식으로 생활할 수 있도록 도와주는 것이다. 이러한 목적을 위해 상담자들은 대부분 정신분석학과 체제 개념을 절충적으로 혼합하여 사용한다(Nichols & Schwartz, 1991). 따라서 정신역동적 상담자들은 통찰력을 가지고 가족 구성원의 근본적인 충돌을 해결할 수 있도록 도와주고, 왜곡된 문제를 제거해 주며, 관계를 재정립하고 개인과 가족의 성장을 발전시키기 위해 노력해야 한다.
- **행동주의적 가족상담**(behavioral family counseling): 가족의 규칙과 기술훈련을 강조하며(Walsh, 1982), 행동은 선행된 학습보다 결과에 의해 결정된다고 보는 이론이다. 상담의 목적은 상당히 구체적이며 제한적이다. 행동주의자들은 무의식적인 상호작용을 완화시키기 위하여 문제시되는 행동을 수정하려고 시도하고 있다. 그러한 활동의 대부분은 새로운 행동을 학습 · 모델링 · 강화하는 과정의 쌍방적인 상호작용에 초점을 둔다. 즉, 행동주의자들은 부정적인 행동을 감소시키는 것보다 긍정적 행동을 증가시킴으로써 변화가 생긴다고 본다. 그들은 주로 부모의 행동주의적 훈련(Patterson, 1971), 행동주의적 결혼상담(Stuart, 1980), 성기능장애 치료(LoPiccolo, 1978; Masters & Johnson, 1970) 등의 영역에 초점을 둔다.
- **구조적 가족상담**(structural family counseling): S. Minuchin(1974)에 의해 발전된 구조적 가족상담은 일반체제이론을 기초로 한다. 따라서 주로 가족의 하위체제 내의 변화하는 상호작용과 가족 간의 명확한 위계를 정하는 데에 관심을 갖는다(Minuchin et al., 1967). 구조적 가족상담자들은 상담 상황에서 지도자의 위치로 가족상담을 진행한다. 그들은 상담하는 가족의 구조를 확실히 파악하고 가족 기능장애의 유형이 어떻게 생겨나는지를 알아낸다. 그 후 가족 구성원의 활동 변화를 목적으로 다양한 상담기법을 활용한다(Minuchin & Fishman, 1981). 이러한 상담기법은 가족 내 상호작용을 변화시킴으로써 가족체제의 변화를 시도한다.

• 문제 해결 가족상담(problem-solving family counseling): 사람들이 자신의 문제를 스스로 해결할 수 있는 수단과 능력을 가지고 있다고 보며, 개인에게 사소한 변화가 종종 문제 상황에서 더욱 난해한 변화를 가져오는 중요한 계기를 만든다고 설명한다(Lawson, 1994). 이러한 견해는 M. Erickson(1954)의 연구를 근거로 제기되었고, J. Haley가 받아들였으며, S. deShazer와 B. O' Hanlon에 의해 문제 해결 가족상담으로 형성되었다(O' Hanlon & Weiner-Davis, 1989). 상담자들은 내담자가 지닌 문제의 대부분이 내담자 스스로 만들어 낸 것이라고 보고, 내담자들이 자신의 상황에 대하여 다르게 인식하도록 유도한다. 즉, 문제 해결 가족상담은 부정적으로 집중된 개인의 사고를 긍정적으로 강조함으로써 개인에게 나타나는 현실적인 문제를 해결하고자 한다.

비교적 최근에 발달하기 시작한 가족상담이 사회적 요구를 적절히 반영하는 효과적인 상담방법으로 자리 잡기 위해서는 보다 정교한 이론의 정립과 문화 요인에 대한 고려, 그리고 새로운 상황에의 적용 가능성 등이 꾸준히 연구되어 가족에게서 야기되는 개인의 다양한 문제 해결에 도움을 줄 수 있어야 한다.

3. 학교에서의 생활지도 및 상담의 적용

학교에서의 생활지도는 구체적인 프로그램을 필요로 하며, 그 프로그램을 실행할 수 있는 인적 자원과 조직을 필요로 한다. 이제 생활지도 프로그램의 구성 요소와 조직에 대해 살펴보자.

1) 생활지도 프로그램의 구성 요소

학생들에게 실질적으로 도움을 주는 생활지도를 위해서 형식화된 프로그램의 구성이 필요하다. 그렇다면 형식화된 체제인 생활지도 프로그램은 어떠한 요소로 구성되어야 하는가? Shertzer와 Stone(1981)은 생활지도 프로그램의 구성 요소는 학교의 다른 기능과 중복되는 부분이 최소화되어야 함을 강조한다. 그리고 이러한 준거로 〈표 10-2〉와 같이 여섯 가지 구성 요소를 제시한다.

〈표 10-2〉 생활지도 프로그램의 구성 요소

요소(component)	내 용
이해(appraisal) 요소	스스로에 대한 이해를 돕기 위하여, 학생들의 개인적 · 심리적 · 사회적인 자료를 수집 · 분석하고 사용하는 것을 의미한다.
정보(information) 요소	학생들에게 다양한 교육적 · 직업적 정보를 제공함으로써, 그들이 사회에서 올바른 선택과 결정을 하도록 도와주는 것을 의미한다.
상담(counseling) 요소	개인적 또는 소집단 모임을 통해 자기이해와 자기발달을 촉진하도록 도와주는 것을 의미한다.
자문(consulting) 요소	학생들을 보다 효과적으로 도와주기 위해, 교사와 행정가, 그리고 학부모가 연계되어 전문적인 도움을 주는 것을 의미한다.
계획 · 정치 · 추수활동 (planning · placement · follow-up) 요소	학교와 사회의 노동시장에서 기회를 선택하고 사용하는 것과 관련하여, 학생들의 성숙된 의식발달을 돕기 위한 것을 의미한다.
평가(evaluation) 요소	생활지도 프로그램의 효과성을 판단하는 것을 의미한다.

출처: B. Shertzer, & S. C. Stone (1981). *Fundamentals of guidance*. Boston: Houghton Mifflin.

표에서 제시된 생활지도의 구성 요소 중에서 이해, 정보, 상담 및 계획 요소는 학생들에게 직접적으로 제공되며, 자문 요소와 평가 요소는 교사와 학부모, 그리고 지역사회 관련자들의 협력 속에서 간접적으로 제공된다.

교육은 개인이 자신의 삶의 목적을 다양하고 신중하게 선택할 수 있도록 최대한의 도움을 주어야 하고, 학교는 학생들이 현재의 문제뿐만 아니라 미래의 문제 역시 해결할 수 있도록 준비시켜야 한다. 이러한 맥락에서 프로그램으로서의 생활지도는 학생들의 청소년기와 그들의 미래에 초점을 두고 있기에(Shertzer & Stone, 1981) 교육현장에서 매우 중요한 의의를 갖는다.

교사는 생활지도 프로그램의 각 구성 요소가 독립적인 활동이 아닌 연속적이고 역동적인 관계라는 점을 이해하고, 각 요소를 긴밀하게 연결하고 상호작용할 수 있도록 노력해야 한다. 따라서 교사는 학교현장에서 실질적으로 도움을 줄 수 있는 프로그램이 되도록 그 구성 요소에 대해 충분히 인지하고, 학생들의 개인적 경험의 다양성을 이해하는 데 최선의 노력을 기울여야 한다.

학생들에게 다양한 정보를 제공하고, 이를 통해 그들이 사회에서의 올바른 선택과 결정을 하도록 도와주는 것 또한 생활지도 구성 요소의 하나다.

2) 생활지도 조직의 유형

조직이란 기관이나 구조로 생활지도 활동을 적극적이고 효율적으로 전개하려면 일정한 조직이 필요하다. 일반적으로 생활지도를 위한 행정조직은 일정하게 규정될 수 없으며, 학교나 지역의 특수성에 따라 적절히 변화되는 것이 보통이다. 그러나 Roeber 등(1955)이 제안하는 다음의 두 가지 기본 유형은 생활지도 조직에 대한 기초를 제공한다.

[그림 10-5]에서 제1유형의 행정조직은 학교행정 책임자인 교장이 생활지도의 전반적인 계획과 정책에 직접 관여하는 경우며, 제2유형은 생활지도위원회에 생활지도의 전반적인 업무를 위임하고 교장이 간접적으로 후원하는 경우다. 각각의 특징을 살펴보면 다음과 같다.

- 제1유형의 특징
  - 교장이 생활지도 정책입안에 직접적인 책임이 있다.
  - 상담자의 위치나 직책은 일반 교직원과 종적인 행정적 관계일 수도 있고 횡적인 협조관계일 수도 있다.
  - 생활지도의 정책을 실천하는 사람은 상담자 한 사람에게 집중되어 최종적인 책임을 지게 된다.
  - 필요에 따라 행정가와 일반 교사로 구성되는 생활지도자문위원회를 두고 상담자의 자문에 응하면서 도울 수 있다.

- 제2유형의 특징
  - 생활지도의 정책입안을 생활지도위원회에 위임하고, 결정되는 사항에 대하여 교장은 지지하도록 되어 있다.
  - 생활지도위원회의 정책 결정에 대하여 상담자는 전문적 조언을 할 수 있다.
  - 생활지도의 정책을 수행하는 일은 상담자가 책임지게 된다.
  - 생활지도위원회는 생활지도에 깊은 관심을 갖는 각 학년, 각 학과 대표 교사로 구성되어야 한다.
  - 상담자는 각 위원들의 태도에 민감해야 하며 위원회의 집단적 역동관계를 잘 이해해야 한다.
  - 생활지도 프로그램의 계획상 제2유형은 제1유형보다 많은 시간이 소요된다.

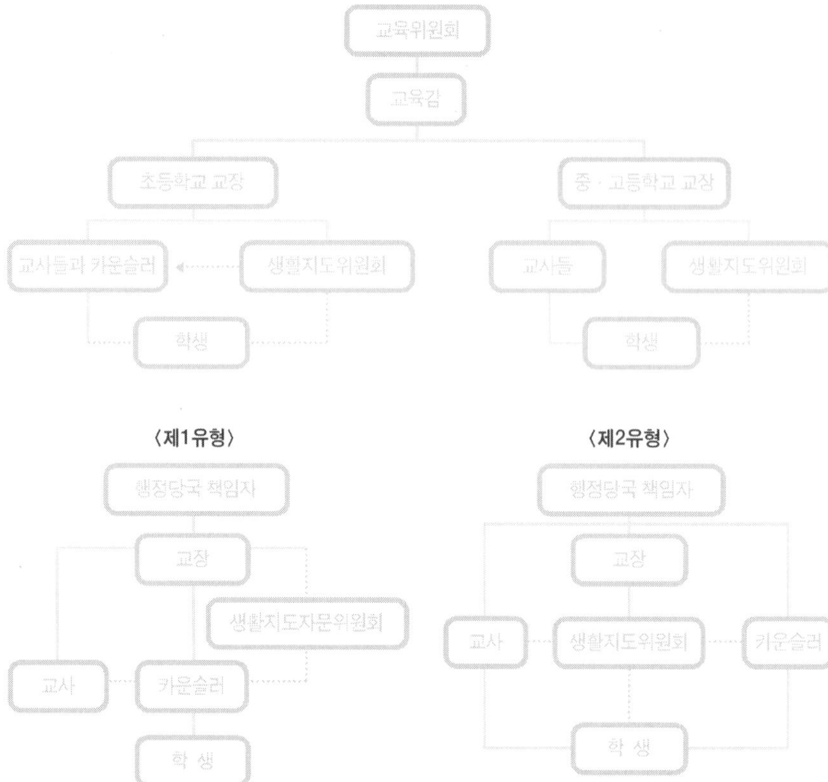

※ ──── 선은 행정적 관계, ········ 선은 협조적 관계
※ 생활지도자문회위원회는 필수적 기구가 아니다.

[그림 10-5] **소규모 학교의 생활지도 유형**

출처: 김충기(1998). 생활지도 상담 진로지도. 서울: 교육과학사, p. 204.

생활지도 유형의 두 가지 유형은 각 학교의 상황에 따라 서로 보완하여 조직되는 것이 바람직하다.

3) 생활지도 프로그램에 대한 책무성

생활지도가 원활히 이루어지기 위해서는 구성원의 책무성이 상세화되어야 한다. Shertzer와 Stone(1981)은 생활지도 프로그램에 대한 책무성에서 학교상담가, 유사 전문가 및 교사들을 1차적인 책무를 가진 요원으로 보았다. 그리고 생활지도 감독자, 교장이나 교감 및 장학사는 행정 요원으로서 책무성을 가지며, 학교정신측정학자,

학교심리학자, 학교사업가, 특수교육 담당자와 보건전문가를 관련 전문가로 구분하였다. 우리의 교육현실은 이들 전문가들이 학교에 배치되어 있지 못하지만, 앞으로 교육현장에 반드시 필요한 요소이므로 이들 각각에 대한 책무성을 보다 자세히 살펴보도록 하자.

- **학교상담가** : 일반 교사들은 생활지도 담당자보다 교과전문가의 역할을 수행하는 경우가 많고, 혹시 교사들이 생활지도에 중점을 둔다 해도 학생들의 문제가 점차 다양화되고 있는 현대사회의 학교에서는 반드시 상담자를 필요로 한다. **학교상담가**(school counselor)는 학생상담을 임무로 하고, 학생들의 정서적 문제, 자기이해, 의사결정, 교육이나 직업 계획, 필요한 경우 학생들을 다른 전문가에게 의뢰하는 일 등을 하게 된다. 또한 학교상담가는 학생 이외에 교사, 부모, 교육과정 전문가, 지역사회 기관, 교육행정가들을 대상으로 자문의 역할도 수행한다.
- **유사전문가** : 유사전문가(paraprofessional)는 전문가의 감독하에 일하는 사람으로서, 내담자에게 제공되는 사무적인 일부터 정보 제공, 상담의 절차와 목적의 설명, 친밀감 형성, 추수활동, 지역사회의 요구 등을 전문가에게 조언하는 일까지 다양한 활동을 수행한다.
- **교사** : 교사들은 일반적으로 교과지도에 일차적 책임이 있으나 생활지도에 대한 책무성을 간과해서는 안 된다. Shertzer와 Stone(1981)은 교사들이 생활지도에서 가져야 할 책무성의 범위로 학습과 학생을 진단하기, 특별한 처치가 필요한 학생을 찾아내어 전문가에게 의뢰하기, 생활지도 과정을 기록하고 활용하기, 학생들의 효과적인 학습 습관을 발달시키기, 교육 및 직업과 관련된 배치와 계획하기를 제시하였다. 교사들이 생활지도에서 학교상담가와 협력하여 이러한 과정을 수행한다면 그 효과성을 더욱 증대시킬 수 있다.
- **행정가** : 생활지도에 관련되는 행정가들은 생활지도 감독자, 교장과 교감, 장학사 등을 들 수 있다. 생활지도 감독자는 흔히 학교상담가들을 감독하고 학교나 학교 구내의 생활지도 활동에 대한 행정과 조정 역할을 한다. 교장과 교감은 출석이나 규율을 관장한다. 특히, 교장은 유능한 상담가의 확보, 학교상담가와 직원의 역할 정의와 보조, 시설과 자료의 제공, 생활지도의 목표와 활동의 공식화, 생활지도위원회의 설립과 활성화, 생활지도에 대한 교직원의 현직연수, 생

활지도의 평가, 발생하는 여러 문제에 대한 교사 및 학교상담가와의 협의 등 다양한 책무를 갖는다. 또한 장학사는 생활지도의 진행과 정도를 설정하고 지역사회에 생활지도 활동을 알리거나 평가하는 역할을 한다.

- **관련 전문가**: 학교 생활지도와 관계되는 전문가들로는 학교정신측정학자, 학교심리학자, 학교사업가, 특수교육 담당자, 보건요원 등이 있다. **학교정신 측정학자**(school psychometrist)는 정신측정과 심리검사에 대해 훈련받은 사람들로서 심리검사의 실시 및 진단, 보고서 작성, 검사 자료와 그 해석에 대해서 학교상담가, 교사 및 행정가들과 협의하는 등의 역할을 담당한다. **학교심리학자**(school psychologist)는 상담, 임상 및 교육심리학 분야에서 훈련받은 사람으로서 교육적 진단, 교육적 치료, 인성진단, 인성치료의 네 가지 주요 기능을 수행한다(White & Harris, 1961). 그러나 학교정신측정학자와 학교심리학자는 그 역할에서 중복되는 부분이 있는 것이 사실이다. **학교사업가**(school social workers)는 교육과 관련된 사회사업가로서 정신의학적인 사업가와 집단사회사업가가 있다. 이들은 특정 학생에게 필요한 계획과 프로그램 개발에 대한 정보를 제공하고, 필요한 기관에 학생과 그 가족을 의뢰하며, 특별한 학생에 대한 사례 연구를 실시한다. 또 **특수교육 교사**들은 언어장애나 청각장애, 정서장애, 신체장애, 영재학생을 위한 프로그램을 담당한다. **보건요원**(health personnel)은 학교의 간호사, 의사, 치과의사, 심리치료사들로서 학생의 건강기록을 면밀히 검토하고 기록하며 수술, 사고, 난청, 약시, 발달상의 문제를 다룬다. 특히, 학교 간호사는 전일 근무에 임하기도 한다.

이와 같이 생활지도 프로그램에 관련된 요원들의 책무성은 다양하며 서로 간의 협조와 지원에 따라 그 효과성에 영향을 미친다. 따라서 이들은 특별히 다음의 네 가지 측면에 대해서 명확히 인식해야 한다(Shertzer & Stone, 1981).

- 모든 요원은 기본적인 생활지도의 목적 혹은 목표에 대한 명확한 이해가 있어야 한다.
- 모든 요원은 생활지도의 정의와 기능을 알아야 한다.
- 모든 요원은 학생들에게 제시 가능한 생활지도 경험에 대한 지식이 있어야 한다.
- 모든 요원의 효과성은 단기적인 것이 아닌 장기적인 것임을 알아야 한다.

EDUCATIONAL PSYCHOLOGY

연구문제

1. 다음의 개념을 간단히 설명하여라.
   - 정치활동(placement service)
   - 긍정적 존중(positive regard)
   - 개별화(individualization)의 원리

2. 생활지도와 상담, 심리치료를 구분하여 간단히 설명하여라.

3. 합리적 정서 상담은 우리가 겪는 일상생활에 대한 신념, 평가, 해석, 반응에서 우리의 정서가 발생한다는 것을 가정하여 내담자들이 가지고 있는 비합리적 신념을 논박하는 과정을 통해 내담자의 현재 문제뿐만 아니라 미래의 문제 상황에도 대처할 수 있게 한다. 다음에 제시된 비합리적 신념들을 합리적이고 성숙한 것으로 바꾸어 보아라.

   1) 시험은 잘 봐야해.
   2) 남들이 보기엔 쉬운 일인데 나한테는 늘 어려워.
   3) 남자는 약하면 안 돼.
   4) 나는 과제를 완벽히 처리해야만 한다.

4. 개인상담과 집단상담의 차이를 간단히 설명하고, 학교에서 각각의 상담이 효과적인 경우를 예를 들어 설명하여라.

5. 학교현장에서 가장 적합한 상담이론은 무엇이라고 생각하는가? 그리고 그 이유는 무엇인지 설명하여라.

6. 앞의 예화에서 채빈이는 철희가 부반장인 수정이와 더 친하다고 느껴져서 속상해하고 있다. 그것 때문에 채빈이는 성적이 떨어지고, 학교에 다니기 싫다고까지 하고 있다. 당신이 만약 채빈이의 담임교사라면 채빈이에게 어떤 유형의 상담을 적용하여 채빈이가 겪고 있는 문제를 해결할 것인지 구체적으로 설명하여라.

제11장

학교교육과 정신건강

1. 정신건강의 개념
2. 정신건강의 요인
3. 학교에서의 정신건강

▒ 연구문제

진용이는 언제나 상위권을 유지하는 우등생이지만 누구나 그렇듯이 시험 기간이 되면 걱정과 불안을 느끼고 있었다. 더욱이 이번 시험에서는 수학 과목에 자꾸 신경이 쓰였다. 왜냐하면 성적이 비슷한 종원이 때문이었다.

진용이와 종원이는 전체적으로는 비슷한 성적을 보이고 있었지만, 수학 성적만은 진용이가 조금 앞서 있었다. 그런데 종원이가 지난달부터 수학을 잘 가르치기로 유명한 학원에 다니고 있었고, 그 사실을 알게 된 진용이는 더욱 불안해진 것이다.

'수학은 늘 내가 잘했는데, 이번에는 괜히 걱정이 되는군. 나도 학원에 다닐 걸 그랬나…….'

수학시험 전날, 진용이는 밤을 새워 시험공부를 하였지만 안심이 되지 않았다.

다음날 아침, 교실에 도착한 진용이는 자리에 앉으며 종원이와 다른 친구들에게 투덜거리며 말했다.

"정말 큰일났어, 어제 수학공부를 하려고 단단히 마음먹었는데 초저녁에 잠깐 잔다는 것이…… 글쎄 깨어 보니 아침이잖아. 엄마는 내가 밤새 공부하는 줄 아셨대지 뭐야……. 이번 시험은 완전히 망쳤어……."

친구들은 별 관심 없이 듣고 있었지만, 이렇게라도 말을 하고 나니 진용이의 마음은 약간 편해졌다. 혹시 수학 성적이 종원이보다 나쁘게 나온다 하더라도 친구들은 실력 때문이 아니라 시험공부를 못하였기 때문이라고 생각할 것이라며 진용이는 불안한 마음을 진정시켰다.

시험 시작 종이 울리고 진용이는 여전히 걱정스러운 마음으로 손바닥에 배는 땀을 닦았다.

일반적으로 사람들은 자신이 겪고 있는 불안상태에서 벗어나려는 경향이 있으며, 이는 학생들 역시 마찬가지다. 이 예화에서 볼 수 있듯이 학생들에게 가장 큰 심리적 · 정서적 고민 중의 하나는 시험에 관한 것이다. 현실적으로 시험이란 경쟁과 연관되기 때문에 성적으로 인한 고민은 불안을 유발하며, 학생들은 다양한 방법으로 이러한 불안상태를 벗어나고자 한다. 예화에서 진용이가 친구들에게 시험공부를 못했다는 거짓말을 하는 것도 불안에서 벗어나려는 일종의 방어기제다. 이처럼 학생들에게 매우 심각한 스트레스를 유발하는 가장 큰 요인은 시험이나 경쟁 상황 등 주로 학업 성취와 관련된 요인이 대부분이지만, 학생들은 이러한 요인 이외에도 학교의 물리적인 교육환경이나 학습 조건, 학생들 간의 갈등, 교사와의 관계, 가정에서의 문제 등과 같은 다양한 요인 때문에 스트레스를 경험하게 된다. 이와 같은 스트레스는 학교생활이나 전반적인 일상생활에까지 영향을 주게 되며, 심한 경우에는 정신건강의 문제로 확산될 수 있다.

통계청에서 발표한 자료에 의하면 2004년 10대 청소년 자살자 수는 246명으로 운수사고에 이어 10대 사망 원인의 2위를 차지하고 있다. 이는 1994년의 자살자 수가 94명인 것에 비해 급격히 증가한 수치일 뿐만 아니라 자살을 시도하는 청소년의 수가 이보다 더 많은 것을 감안한다면 청소년 정신건강이 위험 수준에 있음을 여실히 보여 주고 있는 것이다. 자살의 원인은 염세비관, 이성관계, 신체 결함, 성적 비관, 학교폭력 등의 순으로 나타났다. 이처럼 해마다 급증하는 청소년의 자살문제는 학교교육에서 정신건강의 문제를 보다 심각하게 받아들이고 체계적인 프로그램을 운영할 필요가 있음을 보여 주는 단적인 예라 할 것이다.

이러한 현실에서 교사들은 학생의 다양한 특성에 따른 복잡한 문제를 주의 깊게 관찰하는 것은 물론, 정신건강에 대한 전문 지식을 갖추어 학생들의 고민을 보다 심도 있게 이해하고 적절한 지도방안을 제시할 수 있는 전문성을 확립해야 할 것이다.

1. 정신건강의 개념

1) 정신건강의 정의

정신건강은 정신의 질병 유무를 알아내기 위한 정신병리학적 개념으로 사용되기 시작하였으나, 근래에는 정상적인 사람의 정신상태를 설명하는 데까지 일반적으로 사용되고 있다. 정신이 건강한 사람은 자신의 잠재 능력을 최대한 발휘하고 직면한 어려움을 극복할 수 있는 힘이 있다. 또한 자기 주변의 생활환경을 바르게 인지하고 이에 잘 적응하며 능동적이고 생산적으로 스스로를 개선 · 발전시켜 나갈 수 있는 조화롭고 통합된 인간을 뜻한다. 즉, **정신건강**(mental health)은 건전한 개인생활의 유지와 원만한 대인관계, 그리고 성숙한 사회생활의 기초가 되는 개념이다.

미국의 정신위생위원회(National Committee for Mental Hygiene)에서는 정신건강을 정신적 질병에 걸려 있지 않은 상태뿐 아니라 만족스러운 인간관계를 형성하고 이를 유지해 나갈 수 있는 능력으로 정의한다. 이는 모든 종류의 개인적 · 사회적 적응을 포함하여 어떠한 환경에도 대처해 나갈 수 있는 건전하고 균형 있는 통합된 성격의 발달을 의미한다. 그리고 Jahoda(1950)는 정신건강을 개인이 자신의 환경을 적극적으로 극복하고 성격의 통일성과 일관성을 나타내며, 환경을 현실적으로 지각할 수 있는 상태라고 정의하면서, 정신이 건강한 사람은 타인에게 과중한 요구를 하지 않고 효율적으로 기능할 수 있다고 주장한다. 또한 Bower(1962)에 의하면 정신건강이란 물리적 · 사회적 · 심리적 환경을 처리하는 개인 성격의 탄력성과 원상회복 능력을 뜻한다.

한편, 정신건강의 개념은 인간의 건전한 성격과도 관련하여 다양하게 논의되고 있다. 그중 Freud(1905, 1923)는 무의식을 자각하고 통찰하는 자기통제가 정신건강의 중요한 요소라고 설명하는데, 이는 본능(id)에 대한 자아(ego)의 중요성을 강조하는 것이다. 그리고 Fromm(1956)은 정신건강의 개념이 사회가 인간의 요구에 적응하는 시각에서 이해되어야 한다고 주장함으로써 정신건강의 문제가 소속된 사회

Erich Fromm
(1900~1980)

구조와 밀접한 관련이 있다는 사실을 보여 주고 있다. Carroll(1969)은 자신과 타인에 대한 존중 능력, 자신과 타인의 한계에 대한 이해와 수용, 행동의 원인 이해, 자아실현에 대한 동기의 이해 등을 통해 공존성이 확립되는 상태가 건강한 정신상태라고 설명하였다.

Wolman 등(1985)은 정신건강의 개념을 정의하는 데 고려해야 할 다섯 가지 요소를 다음과 같이 설명하고 있다.

- **성취동기화**(achievement motivation) **요소**: 개인을 정신적·육체적으로 건강하게 발달시켜 주어진 과제를 수행하도록 동기화된 상태를 말한다.
- **정서적 균형**(emotional balance) **요소**: 외부의 자극에 대해 정서적으로 반응할 수 있는 상태를 갖추어야 한다는 것으로, 정서적으로 균형 잡힌 개인은 자신의 감정을 통제할 수 있는 반면, 정서적으로 불균형한 개인은 무시할 만한 자극에도 과격한 행동을 보이며 감정을 다스리지 못한다.
- **인지적 기능**(cognitive function) **요소**: 외부 세계에서 일어나고 있는 내용이나 자신의 신경상태를 바르게 인지하고 있음을 의미한다. 정신이 건강하지 못한 개인은 외부의 위험을 과대평가하고 현실을 구별하지 못한다.
- **사회적 적응**(social adjustment) **요소**: 타인에 대해 이성적 행동을 할 수 있고, 때로는 자기방어적이기도 하며, 상호적 관계와 박애적인 신념을 가질 수 있는 능력을 말한다.
- **자아존중감**(self-esteem) **요소**: 자신의 가치에 대한 인정을 의미한다. 자존감이 높은 개인은 남에게 의존하려는 성향이 낮고 자신의 능력, 노력, 성과를 중요하게 생각한다.

한편, 정신건강의 개념은 정신위생이라는 용어와 유사하게 사용되는 경향이 있다. **정신위생**(mental hygiene)이란 정신건강을 도모하고 정신질환을 예방하기 위한 원리나 지식으로, 정신건강을 증진시키거나 정신질환을 사전에 예방하기 위해서 필요한 조건을 구비하거나 어떤 활동을 수행하는 위생학의 한 분과를 의미한다(서울대학교 교육연구소, 1994).

지금까지 살펴본 개념을 종합해 보면, 정신건강의 개념에는 개인의 정신적 균형 유지와 외부 환경에 대한 적응과 사회적 기능이 함축되어 있다는 것을 알 수 있다. 따라서 정신건강이란 개인의 정서상태, 타인과의 관계, 사회문화적 관계를 포함하는 것으로 신체적 건강뿐만 아니라 그 이상의 의미를 갖는 개념으로 이해할 수 있다. 결국 정신건강은 인간이 조화롭고 적절히 통합된 인격체로 성장해 나가기 위해 필수적인 중요한 개념이다. 그러나 이러한 개념은 정신이 건강한 사람과 건강하지 못한 사람을 명확하게 구분할 수 있는 특성이 아니므로, 건강과 불건강 사이에는 다양한 상태가 존재한다는 사실 또한 인식할 필요가 있다(임규혁, 1991a).

2) 건전한 성격

성격(personality)이란 개인의 행동 결정에 주체적 의미를 지니게 되는 요인으로, 비교적 안정되고 지속적인 특징을 지니고 있으나 발달 단계와 학습에 따라 변화되는 경향이 있다. 심리학이 하나의 독립된 과학으로 발전해 오는 동안 여러 학자는 성격에 관한 다양한 이론을 제시하였다.

정신분석학자인 Freud(1905, 1923)는 성격의 구조를 본능과 자아, 그리고 초자아로 설명하면서, 성격이 건전하게 발달된 인격체는 자아(ego)가 충분히 강해져서 여러 가지 본능(id)과 현실적 도덕규범(superego)과의 갈등을 적절히 해결하며 외부 환경에 잘 적응할 수 있다고 하였다. 그러나 자아가 건강하지 못한 성격은 외적 현실을 정확하게 이해하거나 내적 충동 또는 욕구를 만족시키기 위해 조절할 수 있는 힘이 없다고 설명한다. 또한 신정신분석학자인 Jung(1925)은 무의식을 적절히 통제하는 의식의 작용이 개입될 때 비로소 건전한 성격이 형성된다고 주장함으로써 의식과 무의식의 적절한 통합을 강조하였다. 그리고 Adler(1948)는 인간의 자기 신장, 성장, 능력을 위한 모든 노력의 근원은 열등감이며, 결국 열등감에 대한 보상적 노력이 건강한 성격이라고 보았다. 즉, 인간 생활의 궁극적인 목적은 우월에 대한 추구며, 이것이 전 생애를 통해 개인의 환경에 대한 적응 능력을 좌우한다고 생각하였다.

Carl G. Jung
(1875~1961)

Harry S. Sullivan
(1892~1949)

한편, Sullivan(1953)은 정신의학에서의 **대인이론**(interpersonal theory)을 제시하면서 사람은 출생과 더불어 타인과 관계를 맺는 상황의 일부가 되며, 일생 동안 사회적 장의 구성원으로서 살아간다고 주장하였다. 따라서 성격이 건강한 사람은 원만한 대인관계를 형성하지만, 성격이 건강하지 못한 사람은 타인과의 상호관계에서 부조화 현상을 일으키게 된다. 그리고 인본주의 심리학자인 Rogers(1951)는 인간의 본성을 긍정적으로 생각하여 건전한 성격을 가진 사람들은 자기를 수용할 수 있을 뿐만 아니라 자기지도(self-guide) 혹은 자아실현(self-realization)이 가능한 사람들이라고 지적하였다. 즉, 자기를 수용할 수 있을 때 사물을 객관화할 수 있고 타인에 대한 수용이 가능해지므로, 이러한 과정에서 자기지도가 이루어지며 자기신뢰가 확실해진다는 것이다. 한편, Cattell(1965)은 개인적 가치뿐만 아니라 사회문화적 가치에 의해 여러 행동을 통제할 수 있도록 구성된 성격구조를 의미하는 건전한 성격론을 제시하였다. 그 밖에도 건전한 성격을 인격적인 통일이라고 보는 견해(Seeman, 1949), 확고한 인생 목표를 가지고 적응을 잘하는 사람의 특징이라는 견해(Lawton, 1979)가 있다. 또한 생산적 지향과 비생산적 지향을 제시한 Fromm(1956)은 생산적 지향이 건전한 성격의 지표가 된다고 하였고, 인본주의적 입장의 Maslow(1954)는 자아실현이 성취된 사람을 건전한 성격자로 언급하면서 현실 지각력, 사고와 정서, 자발성, 문제 중심성, 자기와 타인 및 자연에 대한 수용력, 자율성, 문화적 환경으로부터의 독립성, 사회공동체 의식, 민주적 행동 양식, 독창성과 창조성, 적개심이 없는 유머와 센스의 11가지 평가 기준을 제시하였다. 그리고 Allport(1961)는 건전한 성격에 대한 기준으로 자아 확대, 타인과의 따뜻한 관계, 정신적 안정, 자기객관화, 현실적인 지각, 정리된 생활철학 등을 제시하였다.

Gordon W. Allport
(1897~1967)

이와 같이 건전한 성격 또는 그러한 성격을 가진 사람에 대한 학자들의 견해에도 불구하고 건전한 성격을 단일하게 정의하는 것은 쉽지 않다. 그러나 개인의 일관된 특성을 성격이라고 간주한다면, **건전한 성격**이란 개인 특유의 행동 양식에서 주체성과 자기객관화, 타인에 대한 이해와 수용적인 태도, 적절한 인생 목표를 설정할 수 있는 특성이라고 종합할 수 있다. 따라서 건전한 성격의 사람은 현실에 적응하는 과정에서 융통성 있게 대처할 수 있으나, 성격이 건전하지 못한 사람은 자신이나 타인에 대하여 현실 그대로 지각하는 능력이 부족하다고 할 수 있다. 이와 같은 건전한 성격의 개념은 정신건강의 개념을 이해하는 기초가 된다.

2. 정신건강의 요인

지금까지 살펴보았듯이 정신건강은 개인의 정서적 성숙과 관계가 있으며, 역동적 균형을 유지하여 내외 갈등에 대한 순응력과 융통성을 요구하는 능력이다. 이러한 정신건강은 다음과 같은 요인과 밀접한 관련이 있다.

1) 신체와 정신관계에 의한 정신건강

최근의 생리심리학이나 신경심리학에서는 신체와 정신이 양분될 수 없다는 입장을 보이고 있다. 이러한 입장은 다음의 두 가지 관점으로 설명할 수 있다.

- 신체적 건강상태가 정신에 영향을 미친다는 관점: 정신의 문제가 신체의 문제에 근거해야 함을 의미하는 것으로, 지각 · 사고 · 감정 등을 포함한 정신은 대뇌와 간뇌, 그리고 말초신경 등의 신경계통에 의해 기능한다. 특히, 정신의 발달이나 기능은 뇌와 밀접한 연관이 있고, 뇌 자체의 질병이나 외상뿐 아니라 뇌의 기능에 영향을 주는 모든 신체적 조건도 정신건강에 영향을 주고 있다. 예를 들어, 혈액순환이나 신진대사 등에서 발생하는 신체적 이상이 정신 기능에까지 영향을 미칠 수 있으며, 내분비의 이상은 신체 발육이나 신체 기능과 더불어 정신 기능에 중대한 장애를 가져올 수 있다. 또한 성장 과정에서 갑상선이나 호르몬에 결함이 생기면 지능발달을 저해하여 크레친병(Crecinism)이라는 질병에 걸릴 수 있고, 뇌하수체의 기능에 장애가 오면 심신의 발달이 불완전해진다. 그 밖에 장기적인 신체적 질병, 불구상태, 피로감, 공복상태 등은 불안정한 신체상태의 원인이 되고, 그 때문에 우울, 불쾌, 좌절, 자신에 대한 부정적 감정, 절망감 등을 갖게 되어 정신적으로 건강하지 못한 상태가 될 수 있다. 그러나 신체 조건이 정상적이고 건강할 때에는 정신적인 면에서도 건강한 상태가 유지되는 경향이 있다. 결국, 인간의 신체적 상태나 조건은 정신건강에 깊이 관여되어 있는 것이다.
- 정신상태가 신체건강에 영향을 미친다는 관점: 일반적으로 사람들은 불쾌한 기분이나 근심이 생기면 식욕이 없어지고 안색이 나빠지며, 심하면 머리가 무거워지면서 두통이 생기기도 한다. 그리고 공포, 수치, 불안 등의 감정은 혈압,

맥박, 호흡 등에 변화를 초래한다. 이러한 반응의 원인은 강하고 급격한 감정에 의해서만은 아니다. 오랫동안 쌓여 온 심적 갈등, 불행감, 불만, 가정 불화, 경제적 고통 등에 의해서도 신체 기능의 화학적 변화가 일어나고, 이러한 신체적 변화는 다시 정신적 혼란을 경험하게 한다.

이와 같이 정신과 신체는 상호관계를 갖는 하나의 구성체다. 따라서 두 요인은 선후관계가 아닌 하나의 통합체로 이해되어야 한다.

2) 인간발달과 정신건강

인간발달과 정신건강은 발달의 각 단계에 따라 밀접한 관계를 맺고 있다. 그러나 인간발달의 이론들은 발달 단계마다의 강조점이 다르기 때문에 건강한 정신에 영향을 주는 시기 또한 다양하다.

Freud(1905)는 정신분석학적인 입장에서 발달 단계 중 유아기의 중요성을 강조하였고, Piaget(1959)는 유아기에서의 인지적 경험과 인지적 발달의 중요성을, Carroll(1969)과 Bloom(1971)은 학교학습이 시작되는 아동기에서의 학습활동의 확대 경험을 강조하였다. Erikson(1968)은 자아정체감에 의한 청년기의 위기경험을 중요시하고 있다. 또한 Havighurst(1972)는 『발달과업과 교육(developmental tasks and education)』이라는 저서에서 인간발달에는 각 단계에서 습득해야 할 행동 형태가 있으며, 이를 습득하게 되면 다음 단계에 적응력이 생기고 정신적으로 건강할 수 있으나, 그렇지 않으면 부적응 상태에 처하게 된다고 보면서 각 발달 단계에서 습득해야 할 발달과업의 범위를 중요시하였다.

이처럼 발달이론들은 정신건강과 관련하여 그 중요성의 초점을 조금씩 다르게 맞추고 있다. 따라서 교사는 정신건강에 영향을 주는 요인이 각 발달 단계에서의 다양한 경험에 의해 형성된다는 점을 고려하여 학습자의 발달 단계에 따른 문제점을 주의 깊게 관찰하고 적절히 지도해야만 한다.

3) 가정환경과 정신건강

정신건강의 요인 중 가정환경의 문제는 부모의 부부관계, 형제 및 가족 구성원과의 관계, 부모-자녀관계, 가정의 분위기, 가정의 사회경제적 지위에 따른 가족문화 등이 개인의 정신건강에 깊이 관여되어 있다는 것을 의미한다.

우선, 부모의 사망, 재혼, 이혼, 별거 등과 같은 가족구조의 변동이 정신건강에 영향을 주며(Lidz & Cornolson, 1965; Nye, 1958), 부모의 잦은 말다툼과 폭행, 가족 간의 불신, 배타적 태도 등과 같은 상호작용 또한 자녀들의 정신건강에 부정적인 영향을 준다.

영 · 유아기 가정환경과 초기 환경에서의 경험이 인간의 지능을 결정하는 중요한 원인이 되고(Hunt, 1961), 인지적 발달은 다시 정의적인 특성과 상호작용하게 된다(Bloom, 1976). 예를 들면, 아동의 성격 형성에 미치는 가족의 영향과 부모의 양육 태도는 매우 밀접한 관계가 있다. 부모의 거부적 태도, 자녀에 대한 과대평가, 지나친 기대, 과보호, 방임적 태도, 과격한 부모의 성격 등과 같은 부모의 태도와 행동은 자녀의 바람직하지 못한 심리적 행동 특성의 원인이 되어 아동은 적응 곤란, 신경증, 공격성, 정서불안 등의 특성을 나타낸다.

이와 같이 가정과 정신건강의 관련성은 우선적으로 부모-자녀관계에서 찾을 수 있다(Block, 1978). 부모와의 관계가 원만하지 못한 가정환경에서 성장한 사람은 인격발달의 측면에서 충동을 조절하지 못하여 자아나 초자아의 형성에 실패하고, 동일시 대상의 왜곡과 상실에 의해 성장 과정에서 정신병이나 신경증을 겪게 될 확률이 높아진다. 그리고 가정을 통해 인간 상호관계, 특히 초기 가정환경 내에서 부모나 형제 간의 관계가 사회생활에 영향을 주며, 가정생활의 실패는 학교 적응, 직장 적응, 사회 적응에까지 직접적인 영향을 미치게 되어 실패할 가능성이 커진다.

4) 학교환경과 정신건강

학교생활 역시 정신건강의 중요한 요인으로 학업 성취, 학교문화에 대한 적응, 교사와의 관계 및 교우관계 등에 밀접하게 연관되어 있다.

Stringer와 Glidewell(1967)은 학교학습에서 학업 성취와 정신건강 사이에 유의한 상관이 있고, 정신건강 증세의 약 2/3 정도가 학업 성적 때문임을 보고하고 있다. 초등학생의 경우 학업 성적이 4~5년 정도 우수하게 지속되면 학습자는 학습 상황과 자신에 대해 적합하다는 느낌을 갖게 되고, 그럼으로써 정신적 질병에 강한 면역성을 갖게 된다. 그러나 계속적인 실패의 경험은 자신에 대한 부적합의 느낌을 누적시켜 정신건강에 부정적인 영향을 주게 된다(Carroll, 1969). 결국, 학생의 정신건강은 학업 성취 과정과 가장 밀접한 연관을 맺고 있는 것이다(임규혁, 1986, 1991a, 1991b).

그리고 교사가 학생의 학습과제를 해결해 주는 교육과정 중 교사와 학생 간의 인지적 측면의 접촉을 통해 교사의 역할이 시작된다. 이러한 인지적 측면의 지도는 정의적 측면의 지도 효과 여부에도 영향을 미치므로 인지적 · 정의적 측면의 상호관계가 중요함을 시사한다. 즉, 수업 중 교사가 학생들에게 작용하는 교사의 교육적인 태도에 의한 성격적인 반응 형태를 학생들은 매우 민감하게 받아들인다.

한편, 학교의 물리적 환경 또한 학생들의 정신건강에 중요한 영향을 미친다. 물리적 환경의 구성 요소는 광선, 온도, 기류, 건물, 도로, 소음 등이며, 이러한 환경 요소들은 대부분 인간과 관계를 맺고 상호작용하여 인간의 행동 변화에 작용한다. 예를 들어, 학교의 규모에 따른 교실 공간의 크기라든가 좌석의 배치상태 등은 학생의 정서적 변화에 영향을 줄 수 있다.

5) 스트레스와 정신건강

정신건강의 요인 중 스트레스는 이미 일상적인 개념이 되었다. 많은 사람은 스트레스 때문에 정신적 압박감을 느끼며, 어떤 형식으로든 잦은 스트레스를 경험하게 된다. 사람들은 스트레스에 직면할 때마다 정서적으로 흥분 혹은 각성 상태를 경험하면서 정신적으로 어려움을 겪는다. 그러나 다양한 환경에 대하여 개인의 반응은 질적으로 다르게 나타나고, 동일한 환경일지라도 행동반응에서 개인마다 차이가 있기 때문에 스트레스의 원인과 그에 따른 개인의 정신건강 상태는 다양한 양상을 보인다. 특히, 성인이 되기 위한 발달 과정 중에 있는 청소년들은 주변환경에 대해 많은 스트레스를 경험하게 되고(이현주, 1992), 이러한 스트레스는 청소년기의 정신건강에 깊이 관여된다.

스트레스(stress)라는 용어는 '팽팽하게 죄다' 혹은 '단단하게 끌어당기다' 라는 뜻의 라틴어 'stringer' 에서 유래한 것으로, 물리학이나 공학뿐만 아니라 인간의 행동과 경험을 설명하기 위해 사용되었다. H. Selye가 의학과 생리학 분야에서 최초로 스트레스의 개념을 제시한 이래로 사회심리학 분야까지 그 사용 범위가 확대되었다(Lazarus & Folkman, 1984). Caplan(1970)은 생활 스트레스란 개인의 현재 능력으로 감당할 수 없는 상황과 관련된다고 하였고, Mandler와 Watson(1966)은 개인의 행동

계획이 방해받는 것을 스트레스 상황이라고 정의하였다. 즉, 스트레스는 과다한 자극 때문에 신체와 정신의 불균형 상태라고 볼 수 있다. 개인은 일정한 행동계획에 따라 생활하는 과정에서 예측하지 못한 행동의 방해 때문에 각성상태에 이르게 되고, 이것이 불안과 같은 정서반응을 일으킨다. 그러나 스트레스가 전혀 없는 상태라는 것은 있을 수 없으며, 어느 정도의 스트레스는 활력 있는 삶을 위해 필요한 것일 수 있다. 교육학 용어사전(서울대학교 교육연구소, 1994)에 따르면 스트레스란 신체적 혹은 정신적으로 통합이 잘 이루어지지 않는다고 지각될 때 그것으로부터 자신을 방어하려는 유기체의 상태를 말한다. 스트레스의 초기 연구에서는 열, 추위, 전염병, 흥분, 외상에 의한 생리적인 원인을 중요하게 다루었으나 점차 스트레스의 심리적 측면에 관심을 갖게 되었다. 심리적 스트레스에 대한 주된 관심사는 스트레스가 생기는 조건과 그 과정이다.

인간은 전 생애를 통해 수많은 스트레스를 경험하게 된다. 우리는 스트레스를 극복함으로써 자아를 발전시킬 수도 있고, 반대로 스트레스를 해결하지 못하여 심한 좌절을 경험하기도 한다.

이제 사람들이 경험하게 되는 스트레스의 일반적인 요인을 생각해 보자.

- **발달 단계의 스트레스 요인**: 인간발달 과정의 발달 단계마다 스트레스가 존재한다. 아기가 모체 안에 있는 태아기 동안은 모체의 신체적 건강, 영양관리, 정서적 안정의 여부가 태아 스트레스의 원인이 되고, 유아기에는 부모의 양육방식에 따라 스트레스를 경험하게 된다. 아동기에는 학교 내에서 교사나 또래 간의 대인관계에 의한 적응 과정에서 스트레스를 경험하게 된다. 그리고 청년기에는 사춘기 동안의 복잡한 심신의 변화가 스트레스의 원인이 되고, 성인기에는 독립된 사회인으로서 역할 수행 과정에서 스트레스를 경험하게 된다.
- **가정에서의 스트레스 요인**: 현대사회의 핵가족화 현상은 전통적인 부모-자녀 관계, 형제자매관계 등 가족관계의 변화를 가져왔으며, 이는 많은 갈등의 원인이 되고 있다. 또한 가족 내 폭력, 이혼의 증가 등도 스트레스의 중요한 요인이 된다.
- **현대사회의 변동 과정에서의 스트레스 요인**: 도시화, 가치관의 변화, 문화의 대중화, 소외감의 증가, 일탈행위의 증대 등은 현대의 학생들에게 스트레스의 중요한 요인으로 작용한다. 이러한 요인들 때문에 스트레스는 비행, 가출, 미혼

모, 자살, 약물남용, 성폭력 등 다양한 사회병리현상의 원인이 되고 있다.

이상의 스트레스 원인을 장기적 · 누적적으로 경험하게 되면 여러 가지 정신질병이나 신체질병을 일으키게 된다(Russell, 1988).

Selye(1976)는 스트레스에 관한 모델인 **일반적 적응 양식**(general adaptation syndrome: GAS)을 제안하였는데, 이 모델에 따르면 개인의 스트레스에 대한 반응은 세 가지 과정에 걸쳐 일어난다고 한다. 첫 번째 단계는 스트레스 요인이 존재함을 깨닫는 상황이다. Selye는 이를 **경고**(alarm) **단계**라 지칭하는데, 그 예로 시험을 생각해 보자. 어떤 학생이 중간고사에서 좋은 점수를 얻지 못하였다는 것을 알았다면, 놀람과 동시에 걱정하기 시작할 것이다. 그러나 곧 남은 학기 동안 열심히 노력해서 성적을 올리려는 노력 또한 기울이게 될 것이다. 두 번째 단계는 **저항**(resistance) **단계**다. 이 단계는 스트레스를 유발하는 요인에 대처하기 위해 여러 방법을 동원하는 시기에 해당한다. 즉, 학생은 성적에 대해 걱정하는 대신에 잠까지 줄여 가며 해당 과목의 공부 시간을 늘릴 것이다. 마지막 단계는 **소진**(exhaustion) **단계**로 개인의 스트레스 대처 능력이 저하되어 육체적 · 심리적 문제를 호소하게 되는 시기다. 기말고사에서 좋은 성적을 받아야 한다는 중압감이 지나친 스트레스로 다가올 경우 개인은 아프거나 다른 과목의 공부 또한 어렵게 될 수 있다.

이러한 스트레스에 의한 불안의 강도와 기능상의 비효율성의 정도는 많은 요인에 근거하고 있기 때문에 매우 복합적인 효과를 나타낸다. 즉, 스트레스 효과는 스트레스 자체의 특성, 스트레스를 경험하게 되는 상황, 스트레스 상황에 대한 개인적인 판단과 평가, 스트레스에 대응하기 위한 개인적 수단 등에 의해 좌우된다. 스트레스를 심화시키고 위궤양, 고혈압, 조기노화(早期老化), 신경쇠약증 등의 스트레스와 관련된 병을 유발시키는 것은 부정적이거나 사회적으로 바람직하지 못한 사건들에서 비롯되는 것이 아니라 이러한 요인이 일상적인 변화와 더불어 작용함으로써 나타나게 되는 것이다.

스트레스의 강도에 영향을 미칠 수 있는 요인은 크게 예언 가능성(predictability), 지속 기간의 통제(control over duration), 인지적 평가(cognitive evaluation), 능력감(feeling of competency), 사회적 지지(social supports)로 구분해 볼 수 있다(Atkinson, Atkinson, & Hilgard, 1983).

스트레스에 얼마만큼 잘 대처해 나갈 수 있는가의 여부는 우선적으로 자신의 지능, 성격 및 대응 전략의 다양성에 달려 있기는 하지만, 각자가 문제를 해결하는 데 그 문제를 잘 이해하여 접근할수록 스트레스를 덜 느끼게 되고, 그 문제의 해결 가능성도 더욱 커질 것이다. 많은 실험 연구에 의하면 인간은 예언할 수 없는 혐오자극보다는 예언할 수 있는 혐오자극을 더 좋아한다. 또한 충격이 매우 오랫동안 지속되고 강렬한 것일 경우에도 사람들은 예감할 수 없는 것보다는 예감할 수 있는 충격이기를 바란다(Badia & Culbertson, 1972; Badia, Culbertson, & Harsh, 1973). 그러므로 스트레스를 느끼게 하는 사건의 발생을 예언할 수 있다면, 비록 우리가 그것을 통제할 수 없다고 하더라도 그것 때문에 스트레스를 감소시킬 수 있다고 하겠다.

스트레스를 느끼게 하는 사건의 지속 기간을 통제하는 것 또한 스트레스의 강도를 줄일 수 있는 방법이다. 한 실험 연구에서 두 집단의 피험자들에게 비참하게 죽어가는 사람들의 모습을 보여 주었다. 실험집단은 단추를 누름으로써 그 장면을 차단시킬 수 있게 하였고, 통제집단은 실험집단에서 장면을 차단시킬 때까지 계속 그 장면을 보게 하였다. 물론, 통제집단은 장면을 차단시킬 수 없게 하였다. 전기피부반응(Galvanic Skin Response: GSR)에 의해 측정된 실험 결과에서는 실험집단의 피험자들이 그 장면에 대해 덜 불안해하는 것으로 나타났다(Geer & Maisel, 1972). 이러한 연구가 시사하는 바는 스트레스를 느끼게 하는 사건의 지속 기간을 통제한다는 생각은 그러한 통제가 전혀 실행되지 않거나 혹은 통제한다는 생각이 잘못된 경우라 할지라도 불안을 감소시키는 경향이 있다는 것이다.

동일한 스트레스적인 사건이라도 그것이 사람들에게 무엇을 의미하느냐에 따라 그 사건은 개인에게 다르게 지각될 수 있다. 스트레스를 느끼게 하는 사건이 두려움을 고조시키는 것으로 지각되는 경우도 있고, 인간의 생존을 위협할 뿐만 아니라 한 인간으로서의 존재 가치를 위협하는 것으로 지각되는 경우도 있을 수 있다. 이러한 상황에서 개인의 두려움이나 긴장의 정도는 그 상황에 대처하는 자신의 능력에 대한 확신 정도에 따라 크게 좌우된다. 즉, 스트레스적인 상황에 대응하여 적절하게 처신해 나갈 수 있다는 확신이 스트레스의 강도를 결정하는 중요한 요인이 된다는 것이다. 많은 사람 앞에서 이야기하는 것은 대부분의 사람에게 외상적(外傷的)인 사건이다. 그러나 대중 앞에서 이야기해 본 사람은 자신의 능력에 대하여 자신 있어 하기 때문에 단지 약간의 불안만을 느낄 뿐이다. 더불어 강압적인 사건을 잠재적으로 어떻게 감지하고 있느냐 하는 것 또한 스트레스 감각을 크게 좌우한다고 볼 수 있다. 많은 사람 앞에서 이야기를 잘하지 못하는 것에 대해 부정적인 감정을 지닌 사람은 집단

토론이나 발표 상황에서 더욱더 심한 스트레스를 느끼게 된다.

사회적 지지 또한 스트레스의 강도를 약화시킨다. 즉, 다른 사람의 감정적인 지지와 관심은 스트레스를 감내할 수 있게 한다. 입학시험에의 실패, 사랑하는 사람의 죽음, 심한 중병 따위는 대개 혼자 있을 때 더 참아내기가 어렵다. 그러나 때로는 관심을 보이려는 가족이나 친구들이 스트레스를 가중시키기도 한다. 문제의 진지성을 경시하거나, '모든 것이 다 잘될 것이다.' 라는 맹목적인 확신을 주는 것 등은 아무런 지지를 제공하지 않을 때보다도 더 심각한 불안을 야기할 수 있다. 대학입시를 앞둔 고등학교 3학년 학생에게 부모가 '걱정은 되지만, 나는 네가 최선을 다하고 있다는 것을 안다.' 고 현실적으로 수용할 수 있는 지지를 해 주는 것이 '나는 네가 합격할 것을 확신하기 때문에 걱정하지 않는다.' 고 말해 줌으로써 실패의 모든 가능성을 부인하는 것보다 더 큰 도움이 된다는 것은 주지의 사실이라 하겠다. 후자의 경우 학생은 시험에 대한 실패뿐만 아니라 부모의 기대를 실망시키는 것에 대한 걱정까지도 해야 하는 것이다. 그리고 스트레스를 홀로 느낄 때보다는 동일한 스트레스를 다른 사람과 함께 경험하고 있을 때 사람들은 스트레스를 훨씬 수월하게 극복한다고 한다(Atkinson, Atkinson, & Hilgard, 1983). 공동의 적에 대항하여, 혹은 공동 목표를 향하여 사람들이 함께 일하고 있을 때는 불안과 갈등을 잊을 수 있다는 것이다.

그러나 이러한 스트레스의 효과—스트레스에 의한 불안의 강도와 개인의 부적응적 행동 및 기능상의 비효율성의 정도—에 영향을 미치는 요인들의 작용이 동일하다 할지라도, 스트레스에 대응하는 태도는 사람마다 개인차가 크기 때문에 개인이 자신의 기능을 최대로 발휘할 수 있는 최적 수준의 스트레스를 발견하는 것이 무엇보다 중요하다고 하겠다.

3. 학교에서의 정신건강

학교교육의 목적은 단지 지적 능력의 발달이나 특정 지식과 기술의 습득으로 제한되는 것이 아니다. 바람직한 인격의 형성과 사회적 적응 능력의 배양 또한 학교교육의 중요한 기능이다. 따라서 학생들의 전인적 발달을 위해서 지적 발달과 동시에 정신건강의 측면도 학교교육의 중요한 변인으로 다룰 필요가 있다.

이제 학생의 정신건강에 관련된 학교환경의 다양한 측면을 살펴보자.

1) 학교환경과 정신건강

학교환경이란 학생과 상호작용하는 학교의 다양한 요소를 의미한다. [그림 11−1]에 나타난 것처럼 학교의 물리적 환경, 교사와 학생의 관계, 교우관계, 학업 성취 등은 정신건강에 영향을 미치는 학교환경의 중요한 변인들이다.

학교의 물리적 환경 학교의 물리적 환경은 크게 실내환경과 실외환경으로 구분된다. 실내환경으로는 책상과 의자의 크기 및 배치상태, 벽면에 부착된 게시물, 유리창의 크기와 모양, 칠판의 상태, 교실의 통풍, 채광, 습도, 소음 등을 들 수 있다. 그리고 실외환경으로는 학교 주변의 교통, 소음, 공기오염 상태 등과 운동장의 배치, 화단의 모양이나 건물의 배치 등이 고려된다. 이러한 학교의 물리적 환경 요소들은 학생의 생리적 욕구나 신체적 건강에 영향을 미칠 뿐만 아니라 정신활동과 정서적 반응에도 영향을 준다(이정복, 1980).

인간과 환경의 상호작용은 단순한 자극−반응관계 이상의 체계다(Ittelson, 1973). 즉, 학교의 규모에 따른 교실공간의 크기, 좌석의 배치상태, 책상의 크기와 같은 물리적 환경은 학생들의 잠재적 교육과정에도 중요한 영향을 미칠 수 있다. 따라서 적합한 물리적 환경 변인과 바람직한 사회 · 심리적 환경 변인이 함께 주어질 때 학생의 정신건강은 보다 증진될 것이다.

학생이 교실 내외의 구조적 대상물이나 사물들에 대해 적절한 만족감을 갖게 되

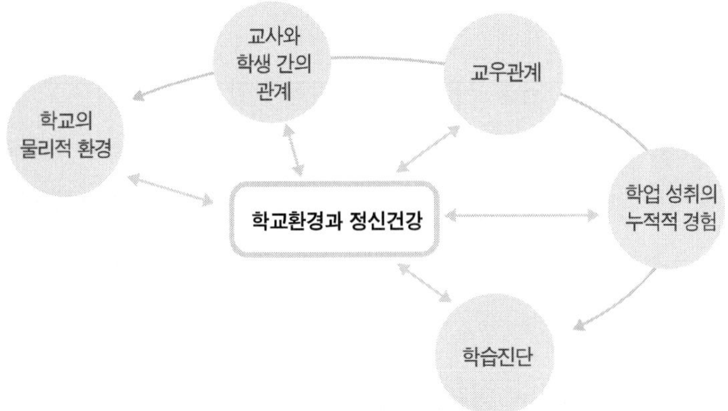

[그림 11-1] 학교환경 변인

면 정서적으로 안정감을 느끼고 활동성이 높아짐으로써 능률적인 학습활동을 하게 될 것이다. 그러나 학교의 물리적 환경에 만족하지 못하게 되면 학교생활이 권태로워지고 예민한 반응을 보이게 되어, 결국 성숙한 인격 형성에 부정적인 영향을 미치게 된다.

이와 같이 학교의 물리적 환경은 매우 다양한 형태로 개인의 행동 특성에 영향을 주며, 학생의 정신건강에 중요한 변인으로 작용한다.

교사와 학생의 관계 우리는 제7장과 제9장에서 교사의 기대와 태도가 학생의 학업 성취에 미치는 영향에 대하여 알아보았다. 교사가 학생의 인지적 측면뿐만 아니라 정의적 측면에서도 중요한 역할을 담당하고 동시에 학생의 행동에 영향을 받기도 하면서 교사와 학생 사이에는 상호작용이 형성된다.

교사와 학생의 관계에 대한 많은 연구는 교사와 학생 사이의 상호작용을 강조한다. 즉, 학생에 대한 교사의 역할 인식이 교사의 행동에 영향을 미치며, 교사의 행동 역시 학생의 인지적 측면과 정의적 측면에 영향을 미친다(Brophy, & Good, 1970; Rutter, 1979; 김병성, 1985). 결국, 교사와 학생의 관계는 학생의 학업 성취, 학교에 대한 태도, 학문적 자아 개념, 정신건강 등에 직접적인 영향을 주게 되는 것이다.

이러한 점에서 교사와 학생의 관계를 바탕으로 형성되는 교실 분위기가 학생의 행동 변화에 영향을 준다는 연구 결과(Lewin, Lippitt, & White, 1939)는 교사들에게 많은 함의를 제공한다. 연구자들은 교실 분위기 유형을 전제형, 민주형, 방임형으로 구분하고, 각각의 분위기에 따라 학생들의 행동 특성에 차이가 있다는 것을 검증하였다. 즉, 전제적 분위기에 속한 학생들은 서로에 대하여 적대심이나 반항심을 보이는 반면, 민주적 분위기의 학생들은 친밀감과 협동성을 보이고 활발하게 활동하는 경향성을 보였다. 그리고 방임적 분위기의 학생들은 활발하기는 하지만 무기력하고 태만한 모습을 나타냈다. 이와 같이 교사와 학생 사이의 관계를 기초로 형성되는 교실 분위기는 교사에 의해 주도되는 경향성이 높다. 따라서 교사는 학생과의 바람직한 관계 형성을 위해 노력해야 한다. 이를 위해 학생의 행동을 지도할 때는 다음과 같은 점을 고려해야 한다.

- 교사 자신의 기준으로 학생을 보지 말아야 한다.
- 학생의 발달 수준이나 상황을 고려해야 한다.

- 문제 행동의 원인을 다각적으로 분석해야 한다.
- 행동이 반복적인가 또는 습관적인가를 고려해야 한다.
- 특정한 문제 상황이 다른 행동과 어떻게 연결되어 있는가를 종합적으로 판단해야 한다.
- 학급 친구들과의 관계나 교우관계를 고려해야 한다.
- 학생 스스로 자신의 문제를 어떻게 지각하고 있는가 살펴야 한다(임규혁, 1991a).

또한 교사의 교육활동에 대한 태도는 교사의 정신건강과 관련되어 있다. 교사의 정신건강이 교육활동에 대한 직무만족도, 학교조직의 건강, 학급 규모, 학급 풍토 등에 의해서 형성된다는 연구 결과(권기욱, 1991)는 교사의 정신건강이 중요하게 고려되어야 함을 설명하고 있다. 교사와 학생의 상호작용에는 지적인 교류뿐만 아니라 감정적인 교류가 수반되기 때문에 교사의 정신건강은 학생의 정신건강과 밀접하게 관련된다.

결론적으로 교사는 자신의 정신건강을 우선적으로 고려해야 하고, 학생들을 독립된 개인으로 볼 수 있는 안목이 있어야 하며, 학생의 지적 능력에 대한 획일적인 평가방법을 삼가고, 각 학생들이 보여 주는 행동의 의미와 원인을 이해하려고 노력해야 한다. 즉, 교사는 학생에 대한 심리적 이해를 할 수 있는 조건을 갖춤으로써 학생의 정신건강을 증진시킬 수 있어야 한다.

교우관계 일반적으로 학생들은 또래 친구들과의 관계를 매우 중요하게 생각한다. 인간은 사회적 동물이며 학교 역시 학생들을 주요 구성원으로 하는 사회라는 점을 생각한다면 교우관계의 중요성을 알 수 있다. 따라서 학교생활에서 학생들 간의 사회적 관계의 성공 여부는 학업 성취 요인만큼 중요한 의미를 갖는다.

학생 간의 사회적 관계를 연구할 수 있는 대표적인 방법이 **사회성 측정방법**(sociometric technique)이다. 이 방법은 집단 내 또는 학급 내에서 학생들 사이에 존재하는 수용과 거부의 유형을 측정하여 학생 간의 사회적 관계를 분석하는 것이다. 이러한 방법을 사용한 연구는 가장 문제가 되는 아동을 학교에서 사회적 관계를 실패한 고립아동이라고 밝히고 있다. 학령기의 발달 단계를 아동 전기, 아동 후기, 청년 전기, 청년 후기의 네 단계로 볼 때 고립아동은 학년이 높아질수록, 즉 청년 후기로 갈수록 더 많이 나타나고 있다(임규혁, 1975). 이러한 현상의 원인은 학년이 높아질수록 학업에서의 경쟁의식, 긴장의식과 자아존중감 등의 심리적 현상에 의해 교우 간에 배타적인 면을 보이기 때문이라고 생각할 수 있다.

교우관계의 성패 여부는 지적인 면과 성격적인 면의 양 측면에서 영향을 받는다(Mussen, 1973). 따라서 학년이 높아질수록 교우관계에 실패하여 고립관계에 놓이게 되면 학업 성취에도 부정적인 영향을 미치며 정신 불건강의 문제도 발생할 수 있으므로, 교사는 학생들의 교우관계를 주의 깊게 관찰하여 건전한 관계 형성에 도움을 줄 수 있어야 한다.

학업 성취의 누적적 경험 학생들 대부분은 학교생활에서의 학업 성취를 가장 중요한 심리적 문제로 인식하고 있다. 그리고 교사나 학부모들도 교실에서의 학습활동과 학업 성취 과정에 큰 비중을 두고 있다. 학생들은 가정과 학교와 사회에서 우수한 학업 성취를 강요받고 있는 것이다. 이는 학생의 학업 성취 수준을 중심으로 상급학교로의 진학이 이루어지며, 학력에 따라 사회적 대우가 등급화되는 현실을 극명하게 반영하기 때문이다(임규혁, 1991b). 이러한 현실은 동료 간의 경쟁을 유도하고, 학업 성취의 결과에 대한 과도한 긴장감을 일으키기 때문에 학생들의 정신건강에 깊이 관여된다.

학업 성취에서의 계속적인 실패와 그로 인한 좌절의 경험은 학생들에게 부정적인 자아 개념을 형성시킬 것이다(Bloom, 1976). 따라서 학습과제에 대한 적절한 혹은 부적절한 경험이 누적될 경우 그 학생은 긍정적이거나 부정적인 자아 개념을 갖게 된다. 결국, 지속적인 학업 성취의 성공 또는 실패 경험의 누적은 개인의 정신건강에

성공적인 교우관계는 정신건강에서 중요한 의미를 갖는다.

중요한 영향을 미치게 되는 것이다.

그러나 학업 성적과 정신건강에 대한 경험적 연구는 두 요인의 관계를 일반화시킬 만큼 충분하지는 않다. 그중 Stringer와 Glidewell(1967)이 초등학교 2~6학년 학생을 대상으로 실시한 종단적 연구는 학생의 학업 성취와 정신건강의 증후 간에 유의한 상관이 있음을 밝히고 있다. 또한 임규혁(1991b)의 고등학생에 대한 학업 성취의 누적적 경험과 정신건강의 관계 연구는 다음과 같은 결과를 보여 준다.

- 고등학생 중 약 절반 정도의 학생이 정신건강에 어려움을 느끼고 있다. 이러한 결과는 남학생에 비해 여학생에게, 자연계열보다는 인문계열 학생들에게 더 심하게 나타났다. 그리고 강박증과 불안 요인은 1, 2학년보다는 대학입시에 임박한 3학년 학생들이 보다 심한 상태를 보였다.
- 고등학생은 학업 성취 수준에 따라 정신건강 상태에 차이를 보였다. 전체적인 경향으로는 2, 3학년 모두 성적이 부진한 학생이 우수한 학생보다 우울증, 강박증, 불안 등이 심하였다.
- 고등학생의 학업 성취에 대한 누적적 경험이 전반적으로 성공적이었을 때 정신건강에 특별한 어려움이 없었고, 성공적이지 못하였을 때 건강하지 못한 정신상태를 보였다.

■■■ 학습집단 　학생들이 진급하는 시기에 교사는 학생들의 전단계 수준을 파악하여 학교의 전체 학생들을 대상으로 학급을 구성한다. 그리고 이러한 형식적 집단으로서 학급은 그 내부에 다양한 비형식적 집단을 갖게 된다. Glasser(1990), Johnson과 Johnson(1984), Slavin(1991) 등의 연구자들은 학습자의 감정적 적응과 학업 성취에 대한 집단 과정의 효과를 연구하여 개인의 학문적 업적과 학업 성취는 수준 높은 집단의 보조와 협동에 근거하고 있음을 보여 주었다. 그들이 말하는 학습집단이란 단지 학생들을 분류하는 것만으로는 설명될 수 없는 것이다. 즉, **집단성**(groupness)은 하위 수준에서 상위 수준까지의 연속체로 집단을 기술할 수 있는 특성을 가지고 있다. 따라서 교사들은 학생들의 형식 · 비형식 집단의 구조와 역할 및 그 집단이 학생들의 행동과 정서적 측면에 미치는 영향에 대하여 주의를 기울여야 한다.

학습집단은 학생들의 정신건강에 직접적인 영향을 미칠 수 있으므로 다음과 같은 문제를 고려해 볼 수 있다.

- 학습과제의 해결에서 학습집단은 대집단보다 소집단으로 편성하는 것이 보다 효율적이다(Dunkin & Biddle, 1974). 그러나 현실적으로 이러한 소규모 학습집단 편성에 의한 학습과제 수행이 쉽지 않은 것으로 나타난다. 더욱이 학습자의 인지적 능력 차이, 인성적 특성 차이, 신체발달의 차이가 현저하기 때문에 소집단 편성의 기준을 마련하기 어려운 것이다. 따라서 대부분의 학교에서는 능력별 집단편성(ability grouping) 방법이 적용되고 있다. 즉, 학습 능력을 기준으로 동질집단화(homogeneous grouping) 하는 것이 일반적이지만, 교사들은 학습 능력에 의한 동질화만이 아니라 학생의 연령, 성별, 사회적 성숙도, 지능, 적성, 인성적 특성, 학습 양식 등의 요인을 고려하여 다양한 학습집단을 편성해야 한다. 그러나 학교의 현실은 학습집단 편성에 다양한 요소를 반영하지 못하는 상황이며, 특정한 측면에 의한 동질화는 다른 측면에서의 이질화를 가져올 수 있기 때문에 학습집단 편성에 어려움을 겪고 있다. 따라서 전통적 학습집단 구성 방법에 대한 교육적 논란이 계속되고 있다.
- 학습집단의 통제 과정의 문제다. 우선, 학생을 미숙한 존재로 간주하고 교사가 지나치게 통제하거나 조절하게 되면 학생들은 불만, 저항을 일으키게 된다. 그리고 학생들의 바람직하지 못한 행동을 금지시키거나 잘못 형성된 습관을 소거하기 위하여 체벌을 사용하는 것은 신체적 고통만이 아니라 심리적 불쾌감을 주게 된다. 이러한 체벌은 바람직하지 못한 행동을 일시적으로 억제할 수는 있지만 궁극적인 행동의 개선을 수반하지 못하는 경우가 대부분이다.

2) 시험불안과 정신건강

지금까지 학교의 다양한 환경, 즉 물리적 환경, 교사와 학생의 관계, 교우관계, 학습집단, 학업 성취 등이 학생의 정신건강에 미치는 영향에 대해 살펴보았다. 이와 같은 다양한 요인 중에서 학생들의 정신건강에 보다 직접적인 영향을 미치는 요인은 학업 성취의 문제다. 성취 결과에 대한 과도한 긴장감이나 실패에 대한 두려움은 학생의 정신건강에 부정적인 영향을 준다. 이는 과제의 수행 과정에서 갖게 되는 정서적 내면화 수준이 학습과제 수행 결과의 성취를 결정하는 시험불안에 깊이 관여되고 있기 때문이다(Spielberger, 1976; Wines, 1971; 임규혁, 1991a). 교사는 학생들이 건전한 정신건강 상태를 유지하기 위해 시험불안에 대하여 명확하게 이해할 필요가 있다.

이제 일반적인 불안의 개념과 내용을 살펴보고 시험불안과 학생의 정신건강에 대해 논의해 보자.

불안과 행동 일반적으로 **불안**(anxiety)이란 편안하지 않으며 불길한 예감이 들고 긴장을 느끼게 되는 상태를 의미한다(Hansen, 1977). 불안은 특성불안과 상태불안으로 나뉜다.

- **특성불안**(trait anxiety) : **일반불안**(general anxiety)이라고도 하며, 개인에게 내재되어 있는 불안을 의미한다. 특성불안을 지니고 있는 사람들은 보다 넓은 범위에서 보다 강하게 불안을 느끼며, 불안을 느끼는 상황에서 손에 땀이 배기도 하고 심장 박동이 빨라지거나 불길한 예감을 갖는 등의 신체적 · 정서적 특징을 보인다(Woolfolk & McCune-Nicolich, 1984).
- **상태불안**(state anxiety) : **특수불안**(specific anxiety)이라고도 하며, 특수 상황에서 느끼는 불안을 의미한다. 특성불안을 가지고 있지 않은 사람들도 특수한 상황에서 상태불안을 경험할 수 있다(Shuell, 1981).

이러한 불안의 개념과 특성은 학생들의 학교생활을 통해 쉽게 관찰할 수 있으며, 학생들에게 직접적인 영향을 미치고 있음을 볼 수 있다. Gaudry와 Spielberger(1976)의 연구 결과에 따르면, 높은 불안상태를 보이는 학생들은 일반적으로 자기비하(self-disparaging)적이며 모험을 좋아하지 않고 백일몽에 빠지는 행동 양식을 자주 보인다. 또한 어린 학생들은 승낙과 거절 등에 의해 불안이 조절되며, 고학년의 학생들은 불안을 느끼면 교실에서 공격적인 행동을 나타낸다(Good & Brophy, 1991). 지나친 불안을 느끼거나 반대로 지나치게 불안해하지 않는 것 모두 학생들의 학업 성취에 부정적으로 작용한다. 따라서 교사들은 불안으로 인한 학생의 행동 특성에 세심한 관심을 기울일 필요가 있다. 결국, 학생들의 학업 성취는 정신건강에 매우 중요한 영향을 미치므로, 학생들에게 건전한 정신건강을 형성시키기 위해서는 학생들의 불안에 대한 본질을 이해하고 신중하게 대처해야 한다.

시험불안(test anxiety) 학교에서 학생들이 느끼는 불안은 대부분 시험과 밀접한 관련이 있다. 시험은 학생들에게 보람과 도전감을 주기도 하지만, 때로는 좌절과 갈등의 원인이 되기도 한다. 학생들은 때때로 자신의 능력 때문이 아니라 시험에 대한 불안 때문에 성취 수준이 낮아지는 경우가 있다. 이처럼 시험과 관계된 불안을 **시험불안**이라고 한다. 이는 시험이라는 특수한 상황에 의해 불안이 야기되므로 앞에서 언급한 상태불안의 일종이다. 시험 상황과 관련된 불안의 예로는 시간 제약이 없을 때에는 수학문제를 잘 풀던 학생이 시간 제약이 있을 때 더 많은 실수를 하게 되고(Hill & Eaton, 1977), 수행에 대한 압력이 있거나 실패에 대해서 엄한 결과가 뒤따르거나 학생들과 경쟁을 해야 하는 상황에서 불안을 느끼는 정도가 심해진다(Wigfield & Eccles, 1989)는 연구 결과를 통해 알 수 있다.

학생들이 시험 상황에서 느끼는 불안 수준을 알아보기 위한 검사지로는 I. Sarason (1980)이 개발한 **시험불안척도**(Test Anxiety Scale: TAS)가 있다. 이것은 37문항으로 구성되어 있는데, 문항들은 자신에 대한 생각(예: 중요한 시험을 치를 때 나는 다른 학생들이 나보다 얼마나 더 뛰어난가를 생각한다.)과 시험 상황에서의 신체반응(예: 나는 중요한 시험을 치를 때 때때로 심장이 매우 빠르게 뛰는 것을 느낀다.) 등을 묻는 질문들로 이루어진다. 연구에 따르면 시험불안을 높게 느끼는 사람은 자신에 대해 부정적으로 기술하는 경향을 보였고(Lang, Mueller, & Nelson, 1983), 땀을 많이 흘리거나 복통을 호소하거나 숨쉬는 데 어려움을 경험하는 등의 신체적 증상을 보였다(Holroyd & Appel, 1980).

많은 연구 결과는 시험불안과 학업 성취가 초등학교 수준부터 대학교 수준에 이르기까지 밀접한 상관이 있다는 것을 보여 준다. 그중 Gaudry와 Spielberger(1971)의 연구는 초등학교 저학년 시기에 시험과 불안 간에 형성된 부적인 관계가 학년이 높아져도 계속해서 영향을 주는 것을 밝혔다. Dusek(1980)은 시험불안이 학령기 전

불안은 수행을 방해하기도 하지만 적절한 수준의 불안은 학습과 수행을 최대로 이끌어 내기도 한다.

혹은 초등학교 저학년 때 생긴다고 보며, 이것이 부모가 아이에게 성적에 관해 무리한 기대를 갖는 상황에서 기인한다고 주장한다. 즉, 아동은 부모의 기대를 만족시키기 어려움을 깨닫고, 시험을 볼 때마다 자신의 실패를 예상할 수 있기 때문에 시험 상황에 대한 공포를 느끼게 된다는 것이다. 실제로 불안의 영향력이 높은 영역은 저학년 시기에는 읽기, 고학년 시기에는 수학인 것으로 나타났다. 또한 학생들의 능력과 관련하여 학습부진아와 학교생활에서 부적응을 보이는 아동들의 불안이 보통의 아동보다 더 높다는 결과도 있다(Hill, 1972; Phillips, 1978; Phillips, Martin, & Zormal, 1971). 일반적으로 시험불안과 학업 성취의 관계는 [그림 11-2]에서 보듯이 포물선의 형태를 띤다고 알려져 있다.

그림에서 알 수 있듯이 불안이 낮은 경우 학생들은 주의가 산만하고 과제에 집중하지 않기 때문에 성취 수준이 낮고, 불안이 지나치게 높으면 자기비하감이 인지 능력의 일부를 차지하게 되어 과제 수행에 필요한 정보처리 용량이 부족해지므로 성취 수준이 떨어진다(Kim, 1993). 따라서 시험불안은 복잡한 인지 과정을 요구하는 과제나 문제를 풀 때 더 높아지고 더 부정적인 영향을 미친다고 할 수 있다. 즉, 학생의 불안 수준이 극도로 낮거나 높은 것보다는 적정 수준으로 유지될 때 가장 효과적인 학업 성취를 이룰 수 있다는 것을 의미한다.

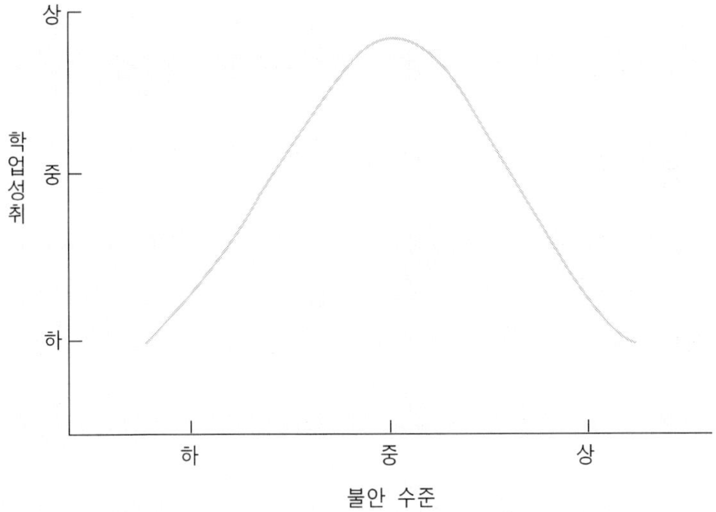

[그림 11-2] **불안 수준과 성취 수준의 관계**

또한 불안은 시험 상황에서 단순히 과제 수행을 방해할 뿐만 아니라 학습 과정이나 학습 전략과 과제 집중력에도 영향을 미치는 것으로 나타나고 있다. 불안이 높은 학생들의 학습결손을 극복하기 위한 방법으로는 수업에서의 재확인과 역할놀이, 과제 집중력, 기억력 훈련 등을 생각해 볼 수 있다. 그리고 시험불안을 줄이기 위한 방법으로는 시험문제의 난이도를 조정하거나 컴퓨터와 검사이론의 발달로 피험자 스스로 시험문제를 선택하여 능력을 검사할 수 있도록 하는 **자기선택검사**(self-adaptive test) 등이 있다.

시험불안과 수행의 관계를 구체적으로 설명하는 이론으로는 주의집중모델, 학습결손모델, 인지과정 결손모델 등이 있다(Kim, 1993).

- **주의집중모델**: 인지체계의 주의집중 능력이 제한되어 있고 과제 해결을 위해 과제와 관련된 정보처리에 주의집중 능력을 사용한다고 가정한다. 그러나 불안이 높은 학생들은 자신에 대한 타인의 평가가 주의집중 능력의 일부를 차지하게 되어 복잡한 과제를 처리하기 위한 주의집중력이 분산되고, 이에 따라 과제 수행 능력이 떨어진다(Wines, 1971).
- **학습결손모델**: 시험불안이 단순히 평가 상황에서의 수행에 영향을 미치는 것이 아니라 학습의 전 과정에 영향을 미쳐서 불안이 높은 학생들에게는 학습결손이 생겨 수행이 낮아진다고 가정한다. 불안이 높은 학생들은 기억 능력이 낮기 때문이 아니라 잘못된 학습 전략이나 학습 습관 때문에 학습 능력이 저하되어 시험에서의 성취율이 낮은 것이다(Naven-Benjamin, Mckeachie, & Lin, 1981).
- **인지과정 결손모델**: 불안에 대한 인지적 접근방법으로서 정보처리 과정의 각 단계와 시험불안의 관계를 밝히려 하며, 불안이 높은 학생과 낮은 학생들의 차이는 정보처리 과정에서의 질적 차이에서 기인한다고 본다. 불안이 높은 학생들은 정보처리의 깊이가 얕고, 정보의 의미나 인지적인 측면보다는 정보의 피상적이고 감각적인 모습에 초점을 맞춘다는 실험 결과가 있다(Muller, Edwards, & Yarvis, 1978).

이처럼 시험불안은 개인의 인지 과정과 관련이 있고 과정마다 다른 기제가 존재하므로 시험불안이 수행에 미치는 요인을 명확하게 설명하기 어렵다. 또한 시험불안은 개인의 능력, 학습 전략, 정보처리 과정의 단계와 상호작용 효과가 있으며(Naveh-Benjamin, McKeachie, & Lin, 1987), 성격이나 성별에 따라서도 다른 양상이 나타난다. 따라서 불안이 높은 학생들에게는 포괄적이고 일반적인 접근과 개별적인 접근이 동시에 고려될 필요가 있다. 그리고 학교환경의 변화를 통하여 시험불안의 부정적인 영향을 줄이거나 통제하기 위해서 시험불안에 관련된 이론뿐만 아니라 학교 조직이나 체제와 같은 학교문화에 대한 심도 있고 종합적인 이해가 요구된다.

Woolfolk(1993)는 불안을 겪는 학생을 돕기 위한 지침을 다음과 같이 제시하고 있다.

- 경쟁은 조심스럽게 사용한다.

  실례: ① 어떤 학생도 지나친 압력하에 놓이지 않도록 하기 위해 활동을 감독한다.

  ② 경쟁적인 게임 동안에 참여한 모든 학생이 성공할 기회를 가질 수 있도록 한다.

  ③ 협동학습 활동을 활용한다.

- 불안이 높은 학생이 많은 사람 앞에서 수행해야 하는 상황을 되도록 피한다.

  실례: ① 불안한 학생들에게 질문을 할 때에는 '예', '아니요', 또는 다른 간단한 대답으로 답할 수 있는 것으로 질문을 한다.

  ② 불안한 학생에게 소규모 집단 앞에서 얘기하는 것을 연습할 기회를 준다.

- 지시를 명확히 하도록 한다.

  실례: ① 시험 지시는 구두로 하는 대신에 칠판에 쓰거나 시험지에 써 준다.

  ② 학생들이 이해하였는지 점검한다. 즉, 몇몇 학생에게 첫 번째 질문이나 연습문제 혹은 샘플 문제를 어떻게 할 것인지를 묻는다. 잘못 이해한 것이 있으면 고쳐 준다.

  ③ 만약, 교사가 새로운 양식을 사용하고 있거나 새로운 유형의 과제를 시작하고 있다면 그것을 어떻게 해야 하는지를 보여 주는 예를 들거나 모델을 학생들에게 제시한다.

- 불필요한 시간적 압박은 피한다.

  실례: ① 때로는 집에서 해 오는 시험을 낸다.

  ② 주어진 시간 안에 모든 학생이 학급시험을 끝낼 수 있는지 분명히 한다.

• 주요 시험에서 일부 압력 요소를 제거한다.

실례: ① 시험치기 기술을 가르치고 연습시험을 주며 학습 지침을 제공한다.

② 한 시험에 의존해서 학기말 성적을 주는 것을 피한다.

③ 학기말 성적에 가산점을 받을 수 있는 가외 과제를 준다.

④ 여러 유형의 문제가 섞여 있는 시험문제를 낸다.

• 지필검사에 대한 대안을 개발한다.

실례: ① 구술시험, 교과서를 보고 치는 시험(open-book test), 집단시험 등을 시도한다.

② 학생들에게 프로젝트를 하게 하거나 작업 포트폴리오를 구성하게 하고 발표를 시킨다. 또한 완성된 작품을 만들게 한다.

3) 학교 스트레스

인간은 외부 환경과의 접촉 과정에서 다양한 스트레스를 경험하게 되는데, 특히 장기간의 학교생활을 거쳐야 하는 학생들에게는 학교환경이 스트레스의 중요한 원인이 된다. 그러나 스트레스가 반드시 부정적인 영향을 미치는 것은 아니다. 적정 수준의 스트레스는 인간의 성장을 위한 원동력이 되기도 하며, 반대로 스트레스가 전혀 없는 상태는 활동력을 저하시킬 수 있다. 불쾌한 환경에서 누적되는 부정적인 스트레스는 개인의 정신과 행동에 장애를 주고 그 정도가 심해지면 정신질환 및 신체질환으로 발전하기도 한다.

학생들은 학교생활을 통한 학업 성취 과정에서의 성취욕, 학업 실패로 인한 좌절, 학업 성취에 대한 경쟁의식, 선생님과 친구들과의 인간관계, 그 밖에 부적절한 학교환경 등으로 스트레스를 경험하게 된다.

이제 학생의 스트레스를 이해하기 위하여 학생 스트레스의 이해, 학교 스트레스 과정, 학교 스트레스 대처에 대한 내용을 살펴보자.

학생 스트레스의 이해 일반적으로 스트레스는 크게 심리적인 입장에서 자극으로서의 스트레스, 반응으로서의 스트레스, 자극과 반응 간의 상호작용으로서의 스트레스의 세 가지 관점으로 이해되고 있다(Cohen, Kessler, & Gordon, 1995). 한준상

(1995)은 청소년의 스트레스 유발인자를 인지발달 과정 스트레스, 자아중심성 스트레스, 자립성 확인 스트레스, 자아정체성 발달 스트레스, 신체적 성숙 스트레스의 다섯 가지로 분류하였다.

- **인지발달 과정 스트레스**: 인지구조에 의해 외부 세계에 대한 새로운 시각과 비판을 가지며 기존의 가치와 규범에 대해 저항하는 과정에서 청소년들이 스스로에게 유발시키는 스트레스를 의미한다.
- **자아중심성 스트레스**: 청소년기에 접어들면서 유아기나 아동기 때의 자아중심성과는 또 다른 자아중심성으로서 심리적 특징이 나타나 스트레스를 유발시킨다는 것이다. 고도의 인지발달에 의한 사고로 타인이나 대상에 대해 객관적인 사실마저도 추상화시키게 되므로, 스스로의 판단과 단정으로 슬퍼하기도 하고 즐거워하기도 하며, 더 나아가 역설적인 생각으로 스트레스를 받게 되기도 한다.
- **자립성 확인 스트레스**: 청소년으로 성장한 학생들이 자신 특유의 독립된 개체를 찾으려는 경향이다. 즉, 부모나 보호자, 간섭자들에서 벗어나 자신만이 누릴 수 있는 문화가 가치 있다고 생각하여 이상적인 세계에 대한 모델을 만들어 놓으려 한다.
- **자아정체성 발달 스트레스**: 자신에 대한 인식을 시작함으로써 자아정체성이 형성되는 과정에서 경험하게 되는 스트레스를 의미한다. 스스로에 대한 인식은 새로운 불안을 초래하여 현실과 이상 사이의 자아에 불균형이 생기고, 자신에 대한 타인의 인식과 자기 인식 사이에 생기는 차이가 자아정체성의 확립을 어렵게 하고, 그 과정에서 스트레스를 겪게 된다.
- **신체적 성숙 스트레스**: 청소년기에 급격히 나타나는 신체발달이 인지발달이나 성격발달과 균형을 이루지 못하여 불안과 초조감을 갖게 되고, 그 때문에 경험하게 되는 스트레스를 말한다. 청소년기는 유아기나 아동기에 비해 양적 · 질적으로 급격한 신체적 발달이 일어나면서 이성을 의식하고 사춘기 고유의 특성을 보인다.

한편, 청소년뿐만 아니라 아동의 경우에도 학교에서 다양한 스트레스를 경험하게 된다. 처음으로 학교생활을 시작하는 아동은 가장 먼저 학교환경에 대한 적응에 의해 스트레스를 경험하게 되고, 일부 학생들의 경우 전학을 하게 되어 새로운 환경에 적응하는 과정에서 스트레스를 받기도 한다. Field(1984)는 전학 아동에 대한 연구를 통해 전학 아동의 공상, 신체적 접촉, 부정적인 언어 사용, 감정적 · 흥분적 행동, 심장 박동률, 질병의 발생률 등이 증가하였고 식사 습관과 잠버릇까지 변하였다는 연구 결과를 밝힌 바 있다. 또한 아동의 능력이나 적성에 따라 특정 교과에 대한 성취와 관련된 스트레스도 보고되고 있다. 예를 들어, 읽기 능력의 부족 때문에 생기는 불안(Swain, 1985), 수학문제를 푸는 과정에서의 시간적 압박, 실수에 대한 부끄러움, 정답을 하지 못한 좌절감과 무능력감 등이 아동 스트레스의 원인으로 제시되었다(Humphrey, 1993).

이와 같이 시험불안에 의한 스트레스는 학교생활 중에서 가장 현저하게 나타나는 스트레스 요인이다. 이것이 인지 과정과 과제 수행(Sarason & Stoops, 1978; 임용우, 1994), 걱정과 정서상의 문제(Deffenbacher, 1978), 생리적 반응(Holroyd & Appel, 1980) 등의 부정적 반응을 일으킨다는 연구들이 보고된 바 있다.

학교 스트레스 연구 결과를 종합한 Sears와 Navin(1983)은 등교 불안, 불량학생, 전학, 교사와의 갈등, 높은 성적과 상을 받기 위한 경쟁, 수업 중 여러 사람 앞에서의 발표나 보고, 학부모의 학교 성적에 대한 무관심, 학습장애, 숙제, 형제들보다 우수해야 한다는 강박감, 친구의 놀림, 학업 성취에 대한 부모의 기대, 시험에 대한 걱정, 친구들보다 우수한 능력을 발휘해야 한다는 부담 등의 다양한 요인을 보고하였다. 이러한 여러 원인에 의해 발생하는 아동의 학교 스트레스 요인을 분석한 결과들(Phillips, 1978; Helms & Gable, 1990; 홍광식, 1994; 정동화, 1995)에 따르면, 아동이 학교에서 경험하게 되는 스트레스 요인은 성취 관련 요인, 공부문제, 학문적 자아 개념 등의 공부 관련 요인과 교사관계, 친구관계 등의 대인관계 관련 요인으로 나누어 볼 수 있다(정동화, 1995). 이와 같은 스트레스 요인이 학생들에게 직접적인 영향을 미치고 있으며, 더욱이 신체적 · 정서적으로 성숙 과정에 있는 아동기와 청소년기에는 성인들의 입장에서 사소하게 느껴지는 일들을 스트레스로 느낄 수도 있다는 사실에 대하여 교사의 이해가 요구된다.

학교 스트레스 과정 일상생활에서 학생들을 심리적으로 가장 어렵게 하는 압력 요인은 학교생활 적응과 진로 결정, 그리고 이를 기초로 한 정서 확립이라는 세 가지 영역이다(한준상, 1995). 특히, 학업 성적의 부진, 학습 흥미 상실, 학급 친구들과의 관계, 교사와의 관계를 포함하고 있는 학교생활의 적응문제가 학생들에게는 매우 큰 스트레스 요인으로 작용하고 있다. 즉, 학생의 스트레스는 학교의 특성, 학교의 분위기, 교사와 친구들과의 관계, 학업 성취에 대한 압력 등에 의해 현저하게 나타난다고 볼 수 있다. 예를 들면, 대학입시를 철저히 강조하는 인문계 고등학교의 분위기에서는 매일 시험을 치르는 것, 입시 위주로 지도하는 선생님과 학생들과의 관계, 친구들과의 경쟁의식 등이 학교 스트레스의 시발점이 되는 것이다. 만약, 이러한 상황에서 학교생활에 적응하지 못한다면 학생은 진로 결정을 포기하거나 자아정체감 상실 상태에 빠지게 된다.

오늘날 단순히 학생 또는 청소년 문제 등으로 인식되고 있는 문제들은 학교 내에서의 학교환경에 대한 구체적인 적응문제와 학교생활의 적응이 심리적 스트레스와 정신건강의 차원으로 확산될 수 있다는 점을 고려해야 한다. 이와 같은 내용을 이해하면서 임규혁(1986)은 학교생활을 중심으로 한 학생의 정의적 행동발달에 대한 이론을 토대로 정신건강의 개념을 모형화하였다. [그림 11−3]에서 알 수 있듯이 학생들이 학교교육 과정에서 직면하는 스트레스는 다양한 요인에 의해 역동적인 관계를 형성하고 있다.

앞의 모형에서 가장 핵심적인 요인은 학업 성취 압력과 학업 스트레스이고, 이러한 현상을 반복적 · 누적적으로 경험하게 되는 학생은 정신이 건강하지 못한 상태가 될 수 있다고 지적한 바 있다.

스트레스의 대처 지금까지 학생들의 스트레스, 특히 학생들의 학교 스트레스 현상에 대하여 살펴보았다. 인간의 전 생애를 통해 다양하게 전개되는 스트레스는 개인마다 정도의 차이가 있을 뿐 누구나 경험하게 되고 피할 수 없는 것이다. 마찬가지로 학생들은 학교에서 생활하는 기간 동안 학교의 구조적이고 역동적인 관계에서 학교 스트레스를 경험하게 된다. 그러나 최종학력 수준이 점차 높아지고 있는 현대사회의 학생들은 자연히 학교를 다니는 기간이 길어지고 있으며, 과거보다 복잡하고 다양한 학교 스트레스를 경험하게 되었다. 이제 학교 스트레스에 대한 대처방법을 생각해 보기 위해 스트레스 대처의 개념과 스트레스 대처방안에 대하여 살펴보자.

일반적 의미로서의 **스트레스 대처**(coping)란 일상적으로 직면하는 생활의 문제 때문에 개인의 균형이 깨질 때 불균형한 상태를 회복시키고 다시 일상에 적응하는 과정을 뜻한다. Lazarus(1966)는 스트레스 대처방식과 적응에 대하여 다음과 같이 설명한다. 그는 스트레스를 환경적인 압력이 개인의 적응 범위를 넘어서는 상태로 보며, 스트레스 대처방식을 단기적인 대처방식과 장기적인 대처방식으로 분류하였다.

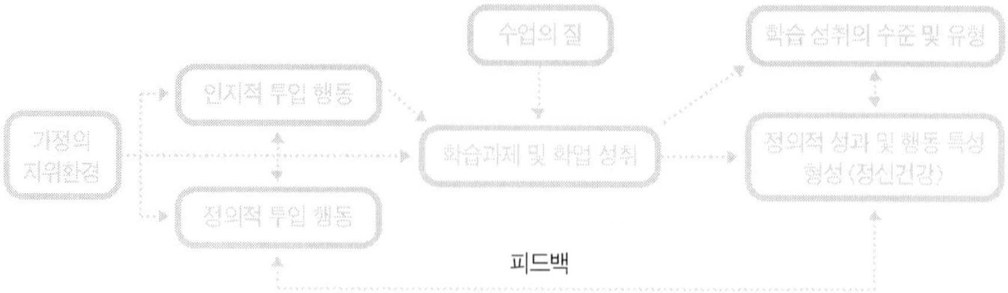

[그림 11-3] 가정, 학업 성취, 정신건강 간의 관계 모형

출처: 임규혁(1986). 환경·학업성취·정신건강과의 관계. 사대논집, II. 고려대학교 사범대학.

그에 따르면 대처방식은 특정하게 고정된 것이 아니라 시간과 상황에 따라 다르게 표출되는 것이다.

그러나 끊임없이 변화하는 상황에 대처하기 위하여 상황과 자기 역량을 비교하여 대처방식을 선정하는 평가 과정이 있어야 하므로 대처방식의 중요 부분은 인지 과정으로 이해될 수 있다. 대처방식의 중요 부분이 인지 과정이라면 스트레스 대처방식은 의도적인 노력이라고 보아야 한다. 그러므로 일상생활 속에서 습관적으로 나타나는 적응 과정을 스트레스 대처라고 단정할 수는 없다.

다음으로 스트레스 대처방식을 방어적 대처와 문제 중심 대처로 구분하고, 스트레스의 부정적 영향을 완충시켜 주는 사회적 지지에 대해 살펴보자.

방어적 대처 **방어적 대처**는 상황 자체를 변화시키기보다 스트레스로 인한 정서적 고통을 감소시키려는 노력을 의미한다. 즉, 마음의 괴로움을 덜기 위해 운동, 명상, 음주, 분노의 발산이나 정서적 지지를 구하려는 행동을 하게 되는 것이다. 인간은 희망과 낙관을 유지하기 위해, 사건의 실제 의미를 부인하기 위해, 발생한 일의 중요성을 낮게 인식하기 위해 정서 중심적 대처를 한다(김정희, 이장호, 1985). 그러나 이런 과정은 의식적이기보다 무의식적인 경우가 많다. 이러한 무의식적인 대처 과정에서 인간은 방어기제를 사용하여 심리적인 안정을 가지려 한다. **방어기제**(defence mechanism)란 부적응 상태나 스트레스를 받는 상황에서 스스로를 보호하기 위하여 사용되는 기제다. 이는 일반적으로 사회적 요구의 중압감, 욕구의 억제, 벌을 받는 상황 등에서 기인하는 불안에서 벗어나기 위해 사용된다. 방어기제의 종류와 내용은 〈표 11-1〉에 제시되어 있다.

〈표 11-1〉 방어기제의 종류와 내용

방어기제	내 용
보상(compensation)	자신의 열등감과 무력감을 극복하기 위하여 다른 행동과 태도를 선택하는 것이다.
합리화(rationalization)	스스로 용납할 수 없는 자신의 행동에 적당한 이유를 제시하여 불안을 극복하고 사회적으로 인정받으려는 것이다.
투사(projection)	자신의 결점이나 무능력의 원인을 타인에게 전가하거나 타인 역시 그러한 결점이 있다고 생각하여 자신의 열등감을 극복하려는 것이다.
동일시(identification)	다른 사람의 행동 특성이나 심리 특성을 자신의 특성처럼 받아들여 스스로가 겪고 있는 불안과 좌절을 극복하려는 것이다.
승화(sublimation)	사회적으로 가치 있는 일을 성취하려고 노력함으로써 자신이 억압당하고 있는 욕구를 만족시키는 것이다.
반동형성(reaction formation)	사회적으로 용납될 수 없거나 수치스러운 욕구가 외부로 나타나지 않도록 욕구와 반대되는 행동과 태도를 보이는 것이다.
대치(displacement)	특정 대상에 대한 태도, 욕구, 충동 등을 다른 대상으로 옮기는 것이다. 공격적인 대치와 애정적인 대치의 양상으로 나타난다.
퇴행(regression)	만족이 주어졌던 발달 초기의 수준으로 돌아가 미숙한 반응을 나타내어 불안이나 위협을 극복하려는 것이다.
억압(repression)	용납될 수 없는 생각이나 욕구 등을 무의식의 영역에 묻어 버리는 것이다.
억제(suppression)	인간의 해롭고 바람직하지 못한 생각과 충동에 대한 신중한 통제다. 억압은 무의식인 과정인 데 반하여 억제는 의식적인 과정이다.
고립(isolation)	다른 사람과의 접촉을 피해서 자기의 내적 세계로 들어가 현실의 불만족을 피하려는 것이다.
백일몽(day-dream)	현실적으로 충족시킬 수 없는 욕구나 소원에 대해 공상의 세계에서 만족감을 얻으려고 하는 것이다.

문제 중심 대처　**문제 중심 대처**는 스트레스를 일으키는 상황을 평가하고 변화시키기 위한 노력을 의미한다. 즉, 문제를 규정하고 해결책을 모색하며 적절한 대안을 선택하여 행동하는 것이다. 이러한 스트레스 대처방안은 환경의 압력, 장애물, 자원, 절차 등을 바꾸는 환경지향적 전략과 열망 수준의 변화, 대안적인 만족 구하기, 새로운 행동 기준의 개발, 대인관계 기술과 같은 새로운 기술의 습득 등 내부지향적 전략을 포함한다. 문제 중심 대처는 비교적 상황 특수적 성향을 띠고 있어서 스트레스 요인과 유형에 따라 대처 전략이나 방식이 다르게 표출된다. 스트레스에 효과적으로 대처하기 위하여 다음과 같은 사항을 고려해야 한다.

• 평소에 대처 능력을 향상시키는 예방적인 준비가 필요하다. 즉, 적응력을 개발하고 증진하는 노력이 필요하고, 성장지향적인 생활방식으로의 변화, 자존감의

향상이나 능력 계발, 원만한 인간관계를 위한 기술 등을 갖추고 있어야 한다.

- 특정한 스트레스 상황에 적절하게 대처하는 방법을 익히는 것이다. 무한하게 전개되는 특정 상황에 따른 대처방식을 완벽하게 배울 수는 없기 때문이다(원호택, 1991).
- 스트레스와 직접 관련이 되는 도전이나 위협을 다루려고 노력하는 방법을 시도해야 한다. 이를 위해 사회공학적 대처방법, 심리공학적 대처방법, 명상법, 근육이완법, 바이오피드백, 신체활동을 통한 스트레스 해소법 등을 이용할 수 있다.

그 밖에도 스트레스에 대한 대처방법을 다양한 기준에 따라 구분할 수 있지만 사람들은 보통 한 가지 전략을 집중적으로 사용하지는 않으며, 대부분의 사람이 방어적 대처와 문제 중심 대처를 절충적으로 사용하고 있다(Lazarus & Folkman, 1984)는 사실을 인지하는 것이 중요하다. 예를 들어, 스트레스 상황에서 환경이나 상황을 바꾸기 위한 대안이 없다고 평가될 때는 방어적 대처를 이용할 가능성이 높으며, 스트레스의 조건을 변화시킬 수 있다고 평가될 때는 문제 중심 대처를 이용할 가능성이 높아진다. 일반적으로 문제 중심 대처를 더 건전하고 효과적인 것으로 생각하고, 방어적 대처는 근본적인 문제 해결이라기보다 임시적인 긴장의 완화나 회피에 불과하다고 보고 있다. 그러나 방어적 대처 역시 개인의 능력으로 스트레스를 해결할 수 없을 때 개인의 정서 조절에 도움이 되는 것만은 분명한 사실이다.

스트레스를 발생시키는 요인과 대처방안은 다양하게 존재하지만, Folkman (1984)은 스트레스에 대한 일반적인 지침들로 다음과 같은 것을 제안한다.

- 스트레스를 유발하는 상황에 대한 두려움을 갖기보다는 도전의 기회로 인식한다.
- 상황에 대한 긍정적인 측면을 찾아내어 스트레스를 낮춘다.
- 개인의 목표를 수정한다.
- 스트레스를 가져올 상황에 대해 미리 상상하고 그에 대한 적절하고 구체적인 대처방안을 모색한다.

사회적 지지 학생들은 스트레스 상황에서 자신을 도와줄 지원자를 찾고자 한다. 이때 학생에게 정서적 · 물질적 지원을 할 수 있는 사람이 있다면 학생들에게 미칠

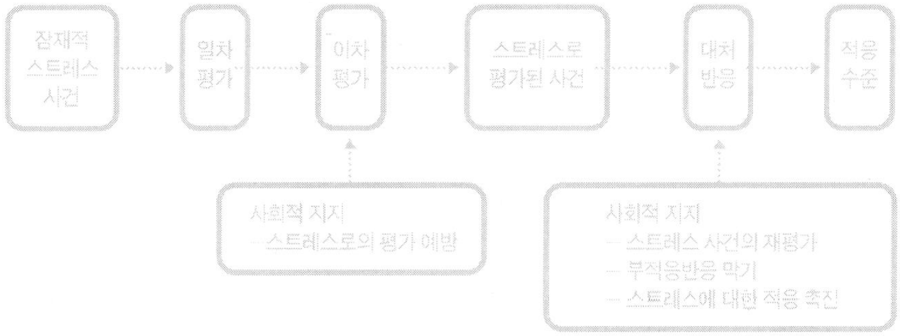

[그림 11-4] **사회적 지지의 스트레스 완충모델**

출처: S. Cohen & T. A. Wills (1985). *Stress, social support, and the buffering hypothesis.* Psychological Bulletin, 98, 310-357.

수 있는 스트레스의 부정적 영향을 감소시킬 수 있을 것이다. 이와 같은 사회적 지지는 개인이 대인관계에서 얻을 수 있는 긍정적 자원으로 보아야 한다(Cohen & Wills, 1985). 스트레스 상황에서 사회적 지지의 긍정적 효과는 완충가설과 주효과 모델에 따른다. 주효과 모델은 개인의 사회관계망이 광범위하면 개인은 일상생활에서 긍정적 경험이 누적될 뿐만 아니라 공동체 내에서 안정되고 사회적으로 대우받는 역할체제를 제공하기 때문에 개인의 심리적인 안정에 도움이 된다고 하였다. 그리고 완충가설은 사회적 지지가 스트레스 조건에 의해 생겨난 영향을 완화시키는 역할을 한다고 본다(Cohen & Wills, 1985). Cohen과 Wills(1985)가 제시한 [그림 11－4]의 모형을 통해 완충가설에 대하여 보다 구체적으로 살펴볼 수 있다.

우선, 잠정적 스트레스 사건이 평가되는 단계에서 사회적 지지가 작용하여 스트레스 평가를 예방할 수 있으며, 일단 스트레스로 평가되어 부적응으로 연결되는 중간의 대처 과정에서 스트레스를 재평가하거나 부적응의 억제 혹은 적응적인 대처 행동의 추진을 통하여 그 영향을 완화시킬 수 있다.

그렇다면 학생들에게 정서적 · 물질적 지원을 할 수 있는 사람은 누구인가? 우선, 학생들을 일차적으로 지원할 사람은 부모를 포함한 가족 구성원이나 친구 및 교사다(Dubow & Tisak, 1989). 특히, 교사의 지지는 학생들에게 가장 의미 있는 영향을 미친다고 볼 수 있다(Werner & Smith, 1982). 그리고 사회적 지지의 내용은 정서 지지, 정보 지지, 물질적 지지, 존경 지지 등이 있다.

이러한 스트레스 대처방안들의 효과적인 활용과 학교 스트레스에 대한 가족, 친구 및 교사 등으로부터 제공되는 사회적 지지에 의하여 학생들은 학교 스트레스를 완화시키거나 현명하게 대처할 수 있을 것이다.

학교 스트레스 대처 지금까지 학교생활을 통한 학생들의 스트레스 요인과 과정을 살펴보았다. 학생들이 다양한 스트레스에 효과적으로 대처하기 위한 방법은 다음의 두 가지로 생각해 볼 수 있다(원호택, 1991). 하나는 스트레스에 대한 학생들의 대처 능력을 향상시키는 것이다. 이는 예방적인 차원으로서 학생들의 적응 능력을 계발 · 증진시켜 성장지향적인 생활방식으로 변화시키는 방법이다. 그리하여 학교 내에서 발생하는 문제들을 현명하게 처리할 수 있도록 해야 한다.

다른 하나는 특정한 학교 스트레스에 대처하는 방법을 익히는 것이다. 학교생활 중에 부딪히는 특정한 스트레스는 시험이나 진학문제, 교우관계, 교사와의 관계 등을 말한다. 특정한 스트레스 요인에 대처하는 방법을 한마디로 명제화할 수는 없지만 기본 방향 몇 가지를 생각해 볼 수 있다. 학교 스트레스에 효과적으로 대처하기 위해 가장 중요한 점은 학생 자신의 마음가짐이다. 예를 들어, 시험 때마다 스트레스를 경험하는 학생들은 시험이 자신의 학업 성취를 진단해 보는 도구적 기능에 불과하다는 식의 사고로 시험에 대한 긍적적인 태도를 지녀야 한다. 시험불안은 신체적 각성뿐만 아니라 부정적인 생각에 대처함으로써 극복할 수 있다(Lang, Mueller, & Nelson, 1983; Sarason, 1984). 시험에 대한 두려움을 가진 학생들은 시험을 보는 동안 문제에 집중하지 못하고 다른 학생들에게 신경을 쓰거나 시험과 무관한 것들에 주의를 두게 된다. 또한 그들은 낮은 자신감을 보이며 자신의 능력에 대해 부정적인 생각을 가지고 있는 경우가 많다. 이런 경우 이완훈련과 인지적 행동수정(자세한 내용은 제10장을 보라)을 통해 완화시킬 수 있다. 인지적 행동수정기법은 개인에게 자신의 비합리적인 생각을 직면시키고 보다 긍정적인 사고를 할 수 있도록 자기 지각을 변화시키는 것이다. Meichenbaum(1977)은 **스트레스 예방훈련**(Stress Inoculation Training: SIT)을 제안하였는데, 이것은 긴장 상황에서 수행에 대한 신념 혹은 자기 진술을 수정함으로써 개인의 스트레스에 대한 대처 능력을 기를 수 있다는 것을 전제로 하고 있다. 이 훈련은 전달되는 정보의 조합, 소크라테스식 대화, 인지적 재구조화, 문제 해결, 이완훈련, 행동시연, 자기관찰, 자기교시, 자기강화, 환경상황의 수정으로 구성된다.

학교 안에서 발생하는 모든 스트레스는 해결이 가능하다고 생각하는 것 또한 중요하다. 즉, 교사와의 관계라든가 학우 간의 경쟁의식 등은 타인을 이해하는 긍정적인 자세를 가짐으로써 극복할 수 있다고 생각해야 한다. 다음으로 학교 스트레스가 성장을 위한 도전이라고 생각하는 것이다. 스트레스는 위협적이고 부정적인 면이 있으나 이러한 스트레스를 극복하는 것이 자기 성장의 기회가 된다는 사실을 이해하는 것이 중요하다. 예를 들어, 시험을 치르는 어려움은 성취감을 느끼게 하는 도전의 과정으로 생각할 수 있다. 한편으로 학생 자신이 자신의 스트레스 대상, 원인, 정도를 파악할 필요가 있다. 예를 들어, 시험에 대한 불안감이 어느 정도고, 왜 불안을 느끼고 있는지를 명확하게 판단할 수 있다면 시험에 대한 스트레스는 학습 수준을 높여줄 수도 있다. 이를 위해 친구들끼리 서로의 시험 스트레스를 얘기함으로써 그것이 자신만의 스트레스가 아니라는 점을 인식하는 과정도 효과적인 대처방안이 될 수 있다. 마지막으로 개인이 스트레스 상황에 대처하기 위하여 활용하는 자원을 고려해야 한다. 즉, 도움을 줄 수 있는 지원자나 학교를 포함한 사회기관 등을 통하여 사회적 지지를 얻을 수 있다. 사회적 지지는 학생들이 스트레스 상황에 대처할 수 있도록 직접적인 도움을 줄 수 있고 또 정보의 제공이나 정서적 지지를 제공받을 수 있다. 예를 들어, 학생이 시험을 불안하고 초조하게 느낄 때는 부모나 친구들의 공감이나 사랑과 관심으로써 소속감과 안정감을 유지할 수 있다. 정동화(1995)는 아동이 지각한 사회적 지지가 학교 스트레스를 줄이는 효과에 영향을 미치고, 사회적 지지 중에서 친구와 교사에 의한 지지가 학교 스트레스를 완충시킨다고 보고하였다.

이상에서 살펴본 학교 스트레스 대처방안을 적절히 이용한다면 학교 내에서 교사와 학생 간의 적절한 상담은 사회적 지지를 제공할 수 있는 좋은 기회가 되는 동시에 학교 스트레스에 효과적으로 대처하는 방법이 될 수 있을 것이다.

EDUCATIONAL PSYCHOLOGY

연구문제

1. 다음의 개념을 간단히 설명하여라.
   - 정신건강(mental health)과 정신위생(mental hygiene)
   - 스트레스(stress)
   - 사회성 측정법(sociometric technique)
   - 시험불안(test anxiety)

2. 다음은 방어기제들이다. 각각의 방어기제들을 예를 들어 간단히 설명하여라.
   - 보상(compensation)
   - 합리화(rationalization)
   - 투사(projection)
   - 동일시(identification)
   - 승화(sublimitation)
   - 반동형성(reaction formation)
   - 억압(repression)
   - 억제(suppression)

3. 다음 예화를 읽고 수지의 행동을 스트레스와 적응기제의 개념으로 설명하여라.

> 일요일 오후 5시 수지는 어김없이 TV 앞에 앉았다. 오늘 쇼 프로그램에 자신이 가장 좋아하는 S 가수가 나오기 때문이었다. S 가수의 노래가 좋기도 했지만, 고 3인 수지에게는, 대학을 진학하지 않고도 자신의 작곡과 노래에 전념하여 성공한 S 가수가 영웅이었던 것이다. 입시 준비 때문에 늦게까지 보충수업을 하고 매일 밤늦게 귀가하는 수지는 S 가수의 열정과 성공이 늘 부러웠다. 그래서 수지는 엄마 모르게 S 가수에 대한 기사와 사진이 나와 있는 책자들을 샀고, 그것들을 정성스럽게 보관하기까지 하였다. 누가 뭐래도 수지가 가장 존경하는 인물은 S 가수였고, 수지는 그의 취미, 습관, 식성, 그리고 인생관까지 닮으려고 하였다.

4. 학생의 정신건강에 영향을 미치는 학교환경은 크게 학교의 물리적 환경, 교사와 학생과의 관계, 교우관계, 학업 성취, 학습집단 등으로 나타난다. 이 중 학생에게 가장 큰

영향을 미치는 변인은 무엇이라고 생각하는가? 그리고 그 이유를 설명하여라.

5. 다음은 은진이가 시험을 앞두고 쓴 일기의 일부분이다. 당신이 은진이의 친구라면 어떤 조언을 하겠는지 설명하여라.

> 일주일 뒤면 또 시험이다. 아무리 노력해도 성적이 오르지 않는 수학 성적. 이번에도 또 점수가 떨어지면 안 되는데…… 아니, 떨어질 게 분명하다. 내겐 수학적 머리는 없는 것 같다. 저번에는 긴장을 너무 했는지, 시험 시간 내내 손이 온통 땀으로 범벅이 되었고, 시험이 끝난 후에는 구토까지 했었다. 시험이 점점 다가온다는 생각에 집중도 잘 되지 않는다 …….

EDUCATIONAL PSYCHOLOGY

제 6 부

학업평가에 대한 이해

제12장

교실에서의 학습평가

1. 평가의 관점 및 분류
2. 시험문항의 유형
3. 평가도구의 양호도
4. 교실에서의 평가

▒ 연구문제

하루 일과를 끝내고 정 선생님은 교실에 혼자 남아 깊은 생각에 잠겨 있다. 책상에는 학생들의 전국학력평가 점수표가 놓여 있었다. 점수표를 바라보는 정 선생님의 얼굴은 그다지 밝아 보이지 않는다.

'도저히 이해할 수가 없군. 우리 아이들의 수준이 이 정도밖에 되지 않다니…….'

학생들이 이번에 실시한 전국단위의 학력평가에서 평소 자신의 생각과는 너무나 다른 점수를 받았던 것이다. 정 선생님은 자기 학급의 학생들이 최소한 평균 이상은 된다고 항상 생각해 왔다. 수업시간에 질문하는 학생들의 모습이나 가끔씩 치르는 자체 모의고사 등의 결과로 정 선생님은 충분히 그렇게 생각할 수 있었다.

정 선생님은 아이들이 지난번 소풍 이후 태만해진 건 아닐까 하는 생각을 떠올려 보기도 했다. 침울한 표정으로 점수표를 살펴보던 선생님은 효진이의 점수를 보는 순간 약간 의아한 표정으로 시선을 멈췄다. 효진이는 공부를 썩 잘하지는 않았지만 반에서 15등 정도는 되었고, 언제나 예의 바르게 행동하고 성격도 명랑하여 개인적으로 아끼던 학생이었다. 그런데 효진이의 이번 전국학력평가 점수는 반에서 32등이었던 것이었다.

'도대체 어떻게 된 거지…….'

정 선생님은 학생들에 대한 자신의 평가와 전국학력평가 결과 간의 불일치가 일어난 이유를 도저히 알 수가 없었다. 그리고 옆 반인 최 선생님의 학급보다 성적이 좋지 않은 것에도 자존심이 상하였다.

정 선생님은 한동안 이런저런 생각을 하다가 학생들의 점수표를 꾸깃꾸깃 자신의 가방에 넣고는 교실 문을 나섰다.

정 선생님은 전국 단위의 학력평가 결과가 학생들에 대한 자신의 평가와는 상당히 다른 결과를 보이고 있는 것에 당황하고 있다. 흔히 이런 상황에서 교사는 자신이 내린 평가 자체에 대한 재검토와 면밀한 분석을 생각하기보다는 학생의 부진으로 그 원인을 돌리거나 정 선생님처럼 평가 이외의 다른 측면에 관심을 기울이기도 한다.

여기서 발생한 문제의 원인을 알아내기 위해서는 정 선생님의 평가에 관한 종합적이고 분석적인 검토가 필요하다. 이와 같은 결과는 평가도구의 문제일 수도 있고 평가자의 문제일 수도 있으며, 교수-학습의 문제이거나 학습자의 개인적 상황이 그 원인을 제공하였을 수도 있다. 하지만 그 이유가 무엇이든 중요하게 지적되어야 하는 점은 이와 같은 평가의 불일치 상황은 피드백에 바람직하지 못한 영향을 미치게 된다는 것이다. 학생들은 자신의 능력에 대한 정확한 정보를 얻지 못하고, 잘못된 정보 때문에 학습에서 좌절과 정신적인 상처까지도 받을 수 있다.

교사의 입장에서 학생의 능력 혹은 성취 수준을 정확하게 파악하고 그러한 정보를 학생에게 제공하는 것은 학생에 대한 이해의 폭을 넓히는 것뿐만 아니라 이후의 교수-학습 과정에 중요한 영향을 미칠 수 있다는 점에서 결코 소홀히 다루어서는 안 될 것이다.

이 장에서는 학생에 대한 양질의 평가가 이루어지기 위한 최소한의 조건을 간략히 살펴보고, 교사가 현실적으로 자주 직면하게 되는 평가문항의 작성에서 각 문항 유형과 문항 제작 시의 기본적인 주의 사항을 살펴보기로 하겠다.

1. 평가의 관점 및 분류

학교에서 학생을 평가하는 일은 학생이 어느 정도의 성취를 이루었는지에 대하여 판단할 수 있는 정보를 제공할 뿐 아니라 교사 혹은 학교의 효과성을 진단할 수 있다는 점에서 매우 중요한 과정이다. 학생의 성취 수준에 대한 판단은 일반적으로 시험과 같은 객관적 도구를 사용한 측정을 통해 이루어진다. 따라서 전문가로서 교사는 일단 측정 절차에 대한 정확한 지식을 갖추어야 한다. 그러나 교사에게 요구되는 전문적 소양은 단지 측정에 대한 이해와 적용에만 국한되는 것은 아니다. 미국 교원단체의 측정 관련 부처(American Federation of Teachers, National Council on Measurement in Education)에서 제시한 다음의 내용은 학생의 수준을 정확하게 측정하고 판단하기 위하여 교사에게 필요한 것이 무엇인지를 잘 보여 주고 있다.

- 교사는 가르치는 내용과 방법에 적합한 평가도구에 대해 잘 알고 있어야 한다.
- 교사는 가르치는 내용과 방법을 적절하게 평가할 수 있는 도구를 개발할 줄 알아야 한다.
- 교사는 학생에 대하여 판단할 경우가 생길 때, 교수를 계획할 때, 교육과정을 개발할 때, 그리고 학교발전을 위해 평가 결과를 활용할 수 있어야 한다.
- 교사는 학생의 평가 결과에 대해 학생 자신이나 부모 혹은 일반 사람들, 그리고 다른 교육자들에게 충분히 설명할 수 있는 지식이 있어야 한다.

이제 학교에서의 평가에 대한 다양한 관점을 살펴보자.

1) 평가의 두 가지 관점

학교에서 어째서 평가가 필요한가라는 질문은 평가의 필요성에 대한 입장과 관련이 있다. 평가의 기능에 대한 시각은 일반적으로 선발적 관점과 발달적 관점의 두 가지로 분류할 수 있다.

선발적 관점이란 평가를 통해 학생들을 능력에 따라 서열화할 수 있으며 이를 기초로 우수한 능력의 인재를 선발할 수 있는 근거를 마련할 수 있기 때문에 평가가 필

평가의 대부분이 교육 수준 도달 정도나 우수 학생 선정을 위한 기준 근거로 활용되는 선발적 관점에서 이루어지고 있다.

요하다는 입장이다. 이러한 관점에 영향을 준 것은 선발적 교육관이다. **선발적 교육관**이란 일부 혹은 소수의 학생들만이 원래 의도한 교육 목적이나 수준에 도달할 수 있다고 하는 교육관이다. 예전의 과거제도나 근래의 대학입학시험 등은 선발적 교육관에 기초한 선발적 평가관에 근거한 평가 형태라 할 수 있다.

사회를 구성하는 다양한 조직체는 자신의 조직을 유지하고 발전시키는 데 필요한 유능한 사람을 판별하여 선발하고자 하는 경향이 있는데, 이렇듯 유능한 인재를 선발하려는 사회적 요구가 존속하는 한, 평가의 선발적 관점은 어째서 평가가 필요한가라는 질문에 꾸준히 중요한 답을 제공하게 될 것이다.

발달적 관점이란 교육은 개인의 발달을 최대한으로 증진시키기 위해 노력해야 한다. 따라서 평가 역시 이러한 기능에 공헌해야 한다는 입장이다. 발달적 관점의 평가는 학습자에게 적절한 교수-학습 방법만 제시된다면 누구나 주어진 교육 목표를 달성할 수 있다고 가정하는 **발달적 교육관**을 기초로 구성된다(박도순, 변영계, 1987). 발달적 교육관에 따르면 학교는 학생에게 복잡한 사회에서 현명하게 적응하여 생활할 수 있는 능력을 길러 주는 데 그 목적이 있다. 즉, 교육은 인간의 재능을 개발하는 일에 최상의 가치를 두어야 하며, 학교의 모든 자원은 인재의 선발이 아닌 개인의 잠재된 가능성을 증진시키는 데 사용되어야 한다는 것이다. Bloom, Hastings와 Madaus (1971)는 지금까지 평가의 목적이 주로 학생을 능력에 따라 분류하는 데에 있었으며, 이러한 평가는 실패한 학생과 성공한 학생의 구분에만 관심을 가지고 있었다고 설명한다. 결국, 선발적 관점의 평가는 수업과 학습의 개선에 공헌하지 못할 뿐만 아니라 학생들의 잠재 능력을 개발하여 개개인의 발달을 촉진시키는 데 적합하지 않기에,

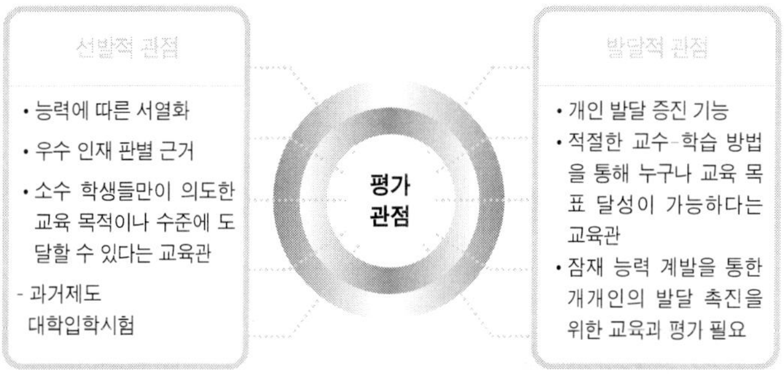

[그림 12-1] **평가의 두 가지 관점**

학교에서의 평가는 발달적 관점이 보다 중요하다는 입장이 발달적 관점의 핵심이다.

이상에서 살펴본 바를 정리하면 [그림 12-1]과 같이 평가를 바라보는 시각에는 목적과 활용에 따라 두 가지 평가관이 있으며, 이들은 각각 고유한 장점을 지니고 있다. 따라서 우리에게 필요한 것은 평가를 수행하는 목적과 활용에 따른 적절한 평가관의 사용이며, 오직 하나의 관점만을 고집하는 것은 다양하고 복잡한 교육 현실에 바람직하지 않다.

2) 평가의 형태

일반적으로 학교에서의 평가는 진단평가, 형성평가, 총합평가의 세 가지 유형(황정규, 1984b)으로 구분된다. 이들 세 가지 평가는 수업이 진행되는 과정 중에 적용되며, 다음과 같은 특징이 있다.

• **진단평가**(diagnostic evaluation): 학기가 시작되면 교사는 가장 먼저 자신이 담당하는 학생들의 학업 수준을 파악해야 한다. 학생들이 지니고 있는 선수학습의 정도와 이전의 학습 경험에 관한 정보는 학생 개개인의 학업 성취를 극대화하는 데 필수적이기 때문이다. 이처럼 학년이나 학기 혹은 단원이 시작되는 시기에 학생들의 수준을 파악하기 위하여 실시하는 평가를 **진단평가**라 한다. 진단평가는 일반적으로 교육과정의 초기에 학생들의 기초 수준을 알기 위한 목적으로 실시되지만, 학습이 진행되는 중이라도 계속적인 결함을 보일 때에는 실시할 수 있다. 이 평가는 학습자의 선수학습 능력의 결핍 여부와 이전 학습의

성취 수준을 판정하고, 수업방법과 관련 있는 여러 특성에 따라 학생을 분류하고, 교수하고자 하는 과정의 이해 여부를 확인하는 기능을 한다.

- 형성평가(formative evaluation): 수업이 진행되는 도중에 교사가 자신이 가르치고 있는 내용을 학생들이 제대로 이해하고 있는지를 확인하는 방법에는 여러 가지가 있을 수 있다. 많은 교사는 다양하게 전개되는 교수 상황에서 학생들의 눈빛이나 표정을 통해 판단하거나 질문으로 확인하는 방법을 사용한다. 이러한 확인 과정에 적용되는 평가 유형으로 수업의 진행 중에 실시되는 형성평가를 들 수 있다. **형성평가**란 학습 및 교수가 진행되고 있는 유동적인 상태에서 학생에게 피드백을 주고, 교과과정과 수업방법을 개선하기 위해 실시하는 평가다. 이 평가는 교사와 학생에게 학습 진도에 관한 피드백을 제공하며, 단원의 내용과 구조 속에서 오류가 발생한 부분을 규명한다. 또한 학습관을 교정하고 교사의 지도방법과 교육과정을 개선하며, 학습 진행 속도를 조절하게 하는 기능을 한다.
- 총합평가(summative evaluation): 우리가 흔히 치르는 중간고사나 기말고사와 같이 일정 기간 동안의 수업이 종결되었을 때, 학생들의 학업 성취도를 총합적으로 평가하여 수업활동의 효율성에 대해 판단하는 것을 총합평가라고 한다. 총합평가는 총괄평가라고도 하는데, 단원, 학기, 학년의 종료 시에 이루어지는 것으로 학점을 인정하거나 성적을 확정하는 기능을 한다. 총합평가의 결과는 학생들의 등수나 등급을 확정하거나 합격 또는 불합격을 판정하거나 상·벌을 수여하는 근거로 이용된다. 따라서 총합평가는 학생들이 그동안 배운 학습 내용을 대표하는 문제를 적절히 표집하여 출제해야 한다.

이상과 같이 수업의 흐름에 따른 평가 이외에 또 다른 평가 유형으로 수행평가가 있다. **수행평가**(performance assessment)란 수행 사정이라고도 하며, 학생이 해답을 찾거나 무엇을 만들어 냄으로써 능력이나 지식을 나타내 보일 것을 요구하는 여러 종류의 검사방법을 말한다. 이것은 좁은 의미로는 비언어적인 검사방법만을 의미하기도 하지만, 넓은 의미로는 논문형 문항에 답하는 것부터 구어적 담화, 실험을 하거나 시범을 보이는 것, 장기간에 걸친 학생의 노력과 발전 정도를 보여 주는 **포트폴리오**(portfolio)에 이르기까지 다양하다(교육평가연구회, 1994). 수행평가는 학교현장에서 이루어지는 학습과 관련된 과제에 대해 학생의 실제적인 수행을 검사하고 판단하

수업 참여 정도, 다양한 자료 활용도, 효과적인 표현의 다양성 등을 평가하기 위한 다양한 수행평가 방안은 지필평가의 단점을 보완할 수 있어 학교평가에서 많이 활용되고 있다.

는 것으로, 전통적인 지필검사의 지식 의존성의 한계를 극복할 수 있다는 장점들이 검증되고 있다(남명호, 1995).

3) 평가의 해석

측정된 결과를 해석하는 방식에 따라 평가는 규준참조평가와 준거참조평가로 구분된다.

- **규준참조평가**(norm-referenced evaluation): 소속된 집단 속에서 개인이 다른 사람보다 얼마나 더 성취하였느냐 하는 상대적인 서열을 강조하는 평가체제다. 따라서 피험자들을 중복되지 않게 서열지을 수 있는 규준을 작성하고, 이 규준을 기초로 우수자와 열등자를 구분하는 데 중점을 둔다.
- **준거참조평가**(criterion-referenced evaluation): 평가 대상자가 사전에 결정된 특정한 준거 또는 목표를 얼마나 성취하였는지에 초점을 두며, 개인의 성취 수준에 대한 의미를 다른 사람들의 성취 정도와 상대적으로 비교하지 않는 평가를 말한다. 준거참조평가에서는 교육 목표의 달성에 도움을 주는 진단적 기능 및 형성적 기능이 중시되며, 이를 목표지향평가라고도 부른다(교육평가연구회, 1994).

이와 같은 두 가지 평가에 대한 간단한 예를 든다면, 어떤 학생의 구구단 실력이 학급에서 상위 5%에 속한다고 평가할 때 이는 규준참조평가이며, 그 학생은 3분 안에 구구단을 한 번도 안 틀리고 다 외울 수 있다고 평가할 때는 준거참조평가가 된다.

물론, 하나의 검사 점수를 두 가지 방법으로 해석할 수도 있다. 엄격히 구분해서 두 평가방법의 근본적인 차이는 평가 결과의 점수에 의미를 부여하는 해석상의 문제(이종성, 강봉규, 한종철, 1982)라고 할 수 있다.

2. 시험문항의 유형

학교현장에서 교사들이 하는 주요 역할 중 하나가 시험문제를 만드는 일이다. 문항 제작에 관련된 여러 조건과 주의해야 할 점, 그리고 문항의 형태에 따른 장단점에 대하여 잘 아는 것은 학생의 성취 수준을 정확히 측정하는 데 도움이 된다. 특히, 문항을 제작할 때에는 교수-학습의 단계를 고려하여 평가의 시기와 빈도를 결정해야 하며, 평가하고자 하는 내용과 학습 목표에 따라 적절한 문항 유형을 선정해야 한다.

이제 실제 사용하고 있는 문항의 유형을 선택형 문항과 서답형 문항으로 구분하여 살펴보도록 하자.

1) 선택형 문항

선택형(selection type) **문항**이란 피험자가 답안을 선택할 수 있도록 제시되는 문항을 말한다. 답지가 제시되고 피험자가 정답이라고 생각되는 답을 선택하는 문항으로 진위형, 배합형, 선다형 등이 있다.

진위형(true-false type) 문항 **진위형 문항**은 피험자가 문항에 제시된 진술이나 도표 또는 그림 등이 맞았는지 틀렸는지를 결정하는 문항 유형을 말한다. 이 문항 유형은 채점이 객관적이고 문항의 제작이 비교적 쉽다는 장점을 갖지만, 추측을 통해서 답을 맞힐 수 있는 확률이 지나치게 높다는 점과 단순히 진위만을 묻는 것이기 때문에 학생의 고등정신 능력을 측정하기에는 부적절하다는 단점이 있다. 진위형 문항을 제작할 때 특히 주의해야 할 점은 하나의 문항을 구성하는 진술이 한 부분은 옳고 다른 부분은 틀린 내용으로 구성되어서는 안 된다는 것이다. 즉, 하나의 시험문항에는 하나의 아이디어만을 평가하는 것이 바람직하다.

〈예시 문항〉

□ 다음 문제를 읽고 맞다고 생각되면 ○, 틀리다고 생각되면 ×로 표시하시오.

맬서스의 이론에 의하면 인구는 기하급수적으로 증가하고 식량은 산술급수적으로 증가한다. (　　)

배합형(matching type) 문항 **배합형 문항**은 일련의 전제와 일련의 답지, 그리고 전제와 답지를 연결할 수 있는 지시문으로 구성된다. 전제와 답지에는 단어, 어구, 문장, 기호 등 무엇이든지 사용할 수 있다(황정규, 1984b). 배합형 문항을 제작할 때 주의해야 할 점은 전제와 답지의 항목 수가 달라야 한다는 것이다. 이는 답을 풀어갈 때 남아 있는 전제와 답지가 줄어들게 되는데, 이때 정답에 대한 추측 가능성이 파생되기 때문이다.

〈예시 문항〉

□ 아래에 든 인명에 관하여 (A)에는 업적이나 관계 사실을 고르고 (B)에는 국적을 골라라.

A	B		업적 · 관계 사실	국 적
(　)	(　)	㉮ 뢴트겐	① X광선	① 오스트리아
(　)	(　)	㉯ 멘델	② 원자폭탄	② 영국
(　)	(　)	㉰ 퀴리부인	③ 결핵균	③ 프랑스
(　)	(　)	㉱ 뉴턴	④ 우성인자	④ 독일
(　)	(　)	㉲ 에디슨	⑤ 중력	⑤ 미국
			⑥ 축음기	⑥ 소련

선다형(multiple choice type) 문항 **선다형 문항**은 교육현장에서 일반적으로 가장 많이 쓰이는 문제 유형으로 의문문의 형태를 가질 수도 있고 빈 칸이 있는 지문의 형태로 제시될 수도 있다. 어떠한 형태를 갖든지 중요한 것은 2개 이상의 선택 가능한 답지가 제시된다는 것이다. 지금까지는 4개의 답지가 제시되는 4지 선다형이 일반적으로 이용되었으나 최근에는 5지 선다형이 주로 이용되고 있다. 선다형 문항을 제작할 때에는 답지의 길이를 비슷하게 해야 하며, 문법적인 표현도 동일하게 구성하고, 부정어나 강조가 되는 낱말은 밑줄을 긋는 등의 표시를 해야 한다. 그리고 답지 중 정답을 제외한 나머지 오답이 되는 답지들도 어느 정도 정답으로의 매력, 즉 오답의 매력을 갖추어야 한다는 것도 잊지 말아야 한다. 명백하게 틀린 내용으로 오답

답지들을 구성하면 4지 선다형의 형태를 갖추었다 하더라도 보이는 답지만 4개일 뿐 실제로는 진위형의 문제를 푸는 것과 같은 결과를 초래할 수 있기 때문이다.

선택형 문항의 장단점 선택형 문항의 장점은 채점을 쉽고 기계적으로 할 수 있어 간편하다는 것과 채점 결과에 대한 신뢰성이나 객관성이 높다는 것이다. 또한 제시되는 답지의 내용을 수정하면 문항의 난이도를 변화시킬 수 있으며, 5개 정도의 답지를 두면 학생이 추측으로 답을 하게 될 가능성을 거의 제거할 수 있다. 반면, 선택형 문항은 양질의 문항을 만드는 데 시간과 노력이 많이 들고, 시험을 치르는 학생이 여러 개의 답지를 검토하여 답을 찾아내야 하기 때문에 시간과 노력을 많이 소비하게 된다는 단점이 있다.

〈예시 문항〉

□ 마샬플랜의 기본적인 목적으로 가장 적절한 것은?

① 소련에 대한 서유럽의 군사방어
② 서유럽의 상공업의 재확립
③ 유럽의 의료 분야의 직접적인 원조
④ 소련과 차별적인 정책의 설정
⑤ 서유럽에 대한 소련의 군사방어

2) 서답형 문항

서답형(supply type) **문항**이란 앞서 설명한 선택형 문항과 대비되는 문항 유형으로 질문에서 요구하는 대로 숫자, 기호, 단어, 문장, 논술 등으로 표현하도록 하는 것이다. 서답형 문항의 종류에는 단답형, 완성형, 논술형 등이 있다.

단답형(short-answer type) 문항 **단답형 문항**은 피험자가 간단한 형식, 즉 단어, 단문, 그림 등으로 반응하도록 요구하는 문항 유형으로 단순 재생형이라고도 부른다. 단답형 시험문항을 제작할 때 주의할 점은 문항의 진술문을 명확하게 작성하여 정답이 혼돈되는 일이 없도록 하고, 답이 2개 이상이면 반드시 지문에 이를 밝혀 주어야 한다는 것이다.

〈예시 문항〉

□ 연극의 3요소는 무엇인가?

(   )

완성형(completion type) 문항 **완성형 문항**은 문항의 일부분이 비어 있어 거기에 들어갈 가장 적합한 기호나 단어 혹은 어구 등을 써 넣도록 요구하는 유형이다. 완성형 문항으로 시험문제를 작성할 때에는 지나치게 많은 공란을 만들어 문제 자체가 모호해지지 않도록 해야 한다. 또한 빈 칸 뒤에 이어지는 말에서 답을 추측할 수 있는 단서를 제공하지 않도록 유의해야 한다. 예를 들어, '_____을' 혹은 '_____이'는 '_____을(를)'과 '_____이(가)'로 바꾸어야 한다.

〈예시 문항〉

□ 아래 문제의 비어 있는 곳에 들어갈 말을 써 넣으시오.

1. (   )은(는) 강원도의 도청 소재지다.

논술형(essay type) 문항 **논술형 문항**은 학생들이 지시한 질문에 대해 자유롭게 반응할 수 있도록 요구하는 것으로 반응의 형식에 제한이 없다는 것이 특징이다. 채점에서 객관성의 보장이 없어 채점자의 자질과 도덕성이 요구되지만, 종합력과 분석력, 그리고 비판력과 같은 고등정신 능력을 측정하는 데에는 매우 유리한 형태의 문항이다. 논술형 문항을 작성할 때의 주의점은 구체적으로 무엇을 중심으로 답해야 하는지와 각 문항에 따른 점수 배점이 다를 경우 이를 반드시 밝혀 주어야 한다는 것이다.

〈예시 문항〉

□ 대원군의 쇄국정책을 다음 항목에 따라 논하라.

가. 쇄국정책을 채택하게 된 주된 이유

나. 쇄국정책의 내용

다. 쇄국정책을 채택하게 된 시기의 서양 및 동양의 국제관계

서답형 문항의 장단점 서답형 문항의 장점은 다양하고 자유로운 반응을 이끌어 낼 수 있고, 문항 제작이 비교적 쉬우며 고등정신 능력을 측정하는 데 유리하다는 점이다. 특히, 단답형은 학습 내용에 대한 기억에서의 인출과 파지에 효과적인 영향을 미치는 것으로 보고되고 있다(Duchastel, 1981; 김형주, 1993). 반면, 서답형 문항의 단점은 많은 문항을 출제하는 것이 어렵다는 점과 채점하는 데 시간과 노력이 많이 들며 채점의 객관성과 신뢰성 확보가 쉽지 않다는 점 등이다.

3. 평가도구의 양호도

교실이나 학교현장에서는 여러 가지 유형의 시험과 검사를 사용하여 학생들의 성취도를 검사하고 사정한다. 교육현장에서 학생들의 성취도검사를 할 때 간과하기 쉬운 것이 측정도구의 양호도에 관한 것이다. 검사의 측정치는 학생의 장래에 지대한 영향을 미치는 자료로 이용되는 일이 많기 때문에 잘못 제작한 도구로 학생의 특성을 측정하는 것은 심각한 문제를 야기할 수도 있다. 따라서 검사 제작 담당자들은 검사지의 양호도에 관해 특별한 관심을 기울여야 한다.

1) 타당도

타당도(validity)란 측정하고자 하는 것을 검사가 진짜로 측정하고 있는가의 문제와 관련 있는 개념이다. 타당도는 검사의 가장 중요한 양호도에 관한 측정치고, 한 검사가 검사 목적을 성취할 수 있는 정도를 의미한다(이종성, 강봉규, 한종철, 1982). 교육측정 · 평가 · 연구 · 통계 용어사전에서도 이를 검사도구가 측정하고자 하는 능력이나 특성을 충실하게 측정하는 정도(교육평가연구회, 1994)라고 정의하고 있다. 예를 들어, 사회 교과의 시험문항이 난이도의 문제가 아니라 문제 자체를 해석하는 것이 어려워서, 즉 국어 교과에서 측정하는 독해력이나 어휘력의 문제 때문에 학생들이 문제를 해결하는 데 어려움을 겪는다면, 이는 타당도에 문제가 있는 문항이 된다.

[그림 12-2]에서 보듯이 타당도는 내용타당도, 예언타당도, 공인타당도, 구인타당도로 구분할 수 있다. 이러한 분류는 미국의 APA, AERA 등의 분류와 맥락을 같이하는 것으로, 이제 각각의 타당도를 좀 더 자세히 살펴보자.

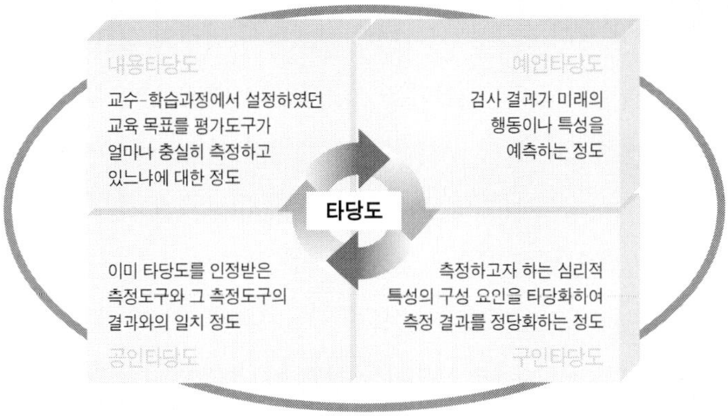

[그림 12-2] 타당도

내용타당도(content validity) 내용타당도는 흔히 안면타당도(face validity), 교과타당도(curricular validity)라고도 한다. **내용타당도**란 교수-학습 과정에서 설정하였던 교육 목표를 평가도구가 얼마나 충실히 측정하고 있느냐는 것을 결정할 때 쓰이는 타당도의 개념이다. 교수-학습 과정을 거친 다음 학생에게 실시하는 검사가 타당한 평가도구가 되기 위해서는 가르치려고 하였던 내용을 충실히 측정해야 한다. 교육에서 의도하는 궁극적 목적은 보다 고차적인 것에 있지만 평가도구의 직접적 목표는 교육 목표, 교과과정, 교재의 내용을 잘 측정하고 있는가로 요약할 수 있다. 이 같은 학습 목표 및 교수 목표를 얼마나 잘 대표하고 충실히 측정하고 있는가의 정도에 비례해서 성취도검사의 타당도는 높아진다(황정규, 1984b).

타당도의 분석에서 검사의 타당한 정도를 알아보는 준거는 교육 목표이기 때문에 이미 제시되어 있는 목표에 근거하여 분석하는 것이다. 내용타당도는 미리 정의된 내용 및 목표에 대한 내용 분석을 한 후 논리적으로 사고하여 검사문항의 적합도를 판단하기 때문에 수리적인 절차와 분석은 없다. 따라서 타당도의 정도는 수량적으로 표시되지 않는다.

예언타당도(predictive validity) **예언타당도**란 검사 결과가 미래의 행동이나 특성을 예측하는 정도를 의미한다. 따라서 타당도의 준거는 그 학생의 미래에 나타날 특성이 된다. 이와 같은 예측 가능성은 교육학이나 심리학에서 사용하는 대부분의 측정도구에서 요구된다. 특히, 적성검사는 예언타당도를 가장 높은 수준으로 요구하는 측정도구다. 학생의 학업 성취도를 측정하는 일반적인 시험 역시 학생이 현재 가지고 있는 지적 성취 수준뿐만 아니라 잠재적인 미래의 성취까지 예측하는 자료로 활용하려는 목적이 있다. 예를 들어, 대학입학시험은 단순히 고등학교까지의 학업 성취도를 측정하고자 하는 것이 아니라 대학에 입학하여 수월하게 공부할 수 있는 능력을 갖춘 학생을 고르기 위한 잠재적인 목적을 가진 것이다. 예언타당도를 밝히는 통계적인 방법은 먼저 시행한 측정 결과와 나중에 시행한 측정 결과 간의 상관관계를 산출하는 것이다. 그러나 예언타당도를 산출하기 위하여 피험자의 미래 행적을 추적하여 다시 측정하는 일은 그리 쉽지 않기 때문에 예언타당도를 정확히 검증할 수 있는 측정도구는 많지 않다.

공인타당도(concurrent validity) **공인타당도**란 이미 타당도를 인정받은 측정도구와 그 측정 결과가 일치하는 정도를 말한다. 이때의 준거는 이미 공인되어 비교되는 도구의 측정 결과가 되는데, 예언타당도와는 달리 준거가 미래에 있는 것이 아니라 현재에 있다. 공인타당도는 예언이 아니라 공통 부분을 알아보는 것이다. 즉, A라는 검사를 새로 제작하였다면, 검사 A가 이미 같은 특성을 재는 검사로서 타당도를 인정받은 검사 B와 어느 정도 공통된 요인을 지니고 있는가, 혹은 검사 A가 검사 B를 대체할 수 있는가의 정도가 바로 공인타당도다. 예를 들어, 새로운 지능검사의 타당도를 검증하기 위해 이미 타당도를 공인받은 지능검사와 새로운 지능검사 사이의 상관관계를 산출해 보는 것이다.

구인타당도(construct validity) **구인타당도**란 측정하고자 하는 심리적 특성의 구성 요인을 이론적으로 타당화하여 그 측정 결과를 정당화하는 정도를 의미한다. 한 검사도구가 측정하고자 하는 특성을 정의하고 상호 관련이 있는 구인들과의 관계를 명료화함으로써 구인의 존재를 정당화하며, 이를 바탕으로 실질적으로 구인을 측정하는 정도를 판단하여 검사의 구인타당도로 활용한다(배호순, 1990). 이것은 측정도구 자체의 적절성보다는 하나의 새로운 이론이나 법칙을 정립하려는 것으로, 준거의 검증과 이론을 형성하기 위한 타당화(Cronbach & Meehl, 1955)라고도 할 수 있다. 구인타당도는 측정하고자 하는 구인을 정의하고 가설을 세워 경험적인 자료를 토대로 검증하는 것이다. 구인타당화의 과정은 이론을 제기하고 정립해 나가는 과정인 이론 형성 과정과 다를 바가 없다. 따라서 구인타당도를 밝히는 통계적인 방법은 요인분석, 상관분석, 차이검증, 문항분석 등의 모든 방법이 사용될 수 있다.

2) 신뢰도

평가도구의 적절성을 확인하는 두 번째 개념은 신뢰도다. 타당도는 측정하고자 하는 것을 어느 정도로 측정하고 있는가의 문제인 반면에 **신뢰도**(reliability)란 오차 없이 정확하게 측정하는 정도를 의미한다. 즉, 같은 평가도구로 여러 번 측정하였을 때 얼마나 일관된 측정치가 나오는가의 문제다. 예를 들면, 동일인의 몸무게를 반복하여 측정할 때마다 다른 측정치가 나온다면 이 저울은 신뢰도에 문제가 있다. 마찬가지로 교육학이나 심리학에서 사용하는 여러 심리검사도 이러한 오차를 최소화해야 한다. 오차의 원인에 따라 신뢰도를 추정하는 방법에는 여러 가지가 있다. 여기서는 검사-재검사 신뢰도, 동형검사 신뢰도, 반분검사 신뢰도, 내적 일관성 계수, 크론바흐의 α계수 등을 다룰 것이다.

검사-재검사 신뢰도(test-retest reliability) 한 개의 평가도구를 동일한 피험자에게 두 번 실시하여 그 전후의 결과에서 얻은 점수로 상관관계를 산출하는 접근방법을 **검사-재검사 신뢰도**라고 한다. 신뢰도를 측정하는 가장 좋은 방법은 한 집단에게 동일한 검사를 여러 번 반복하는 것이다. 그러나 인간을 대상으로 하는 심리측정에서는 이러한 방법이 현실적으로 어렵기 때문에 동일한 집단에 대한 두 번의 실시 결과 간의 상관계수로 신뢰도를 추정하려는 것이다. 따라서 두 검사 결과 사이에 상관계수가 높으면 신뢰도가 높다고 할 수 있다. 이 방법은 처음의 결과와 나중의 결과 사이에 어느 정도의 안정성이 있느냐를 보는 것이기 때문에 **안정성 계수**(coefficient of stability)라고도 한다.

이 방법은 다양한 신뢰도 계수의 접근방법 중 신뢰도의 개념에 가장 잘 부합되는 것이기는 하지만 다음과 같은 문제점을 내포하고 있다(송인섭, 1992).

- 두 검사의 실시 간격에 따라 오차가 있을 수 있다. 일반적으로 실시 간격을 짧게 잡으면 기억이나 연습의 효과 등으로 인해 신뢰도가 높아지고, 실시 간격을 길게 잡으면 측정하고자 하는 행동 특성 자체가 실시 기간 사이에 성장하거나 변화하였을 가능성이 있기 때문에 신뢰도는 낮아진다. 실시 간격은 검사의 목적에

따라 달라야 하지만 일반적으로 심리검사에서는 2~5주 정도의 간격을 둔다.

- 검사의 문항에 내재되어 있는 오차변량이 진변량으로 해석될 수 있다. 이는 동일한 검사지를 사용하여 문항표본의 오차가 같아지기 때문에 발생한다. 이로 인해 신뢰도가 사실보다 크게 나오는 경우가 많다.
- 전후의 검사를 실시할 때 피험자의 내적 동기, 수험 태도, 검사 지시 등을 똑같이 통제하기 어렵다. 이러한 경우에는 오차가 가중될 확률이 있다.

이러한 문제점으로 인해 검사－재검사 신뢰도는 기억과 연습의 효과에 영향을 받는 검사에는 사용되지 않으며, 검사－재검사로 추정된 신뢰도는 실질적인 신뢰도보다 과대 추정될 가능성을 항상 지니고 있다.

동형검사 신뢰도(equivalent-form reliability) 측정하려는 내용과 난이도는 같지만 형태가 서로 다른 두 개의 검사를 동일한 피험자에게 실시하여 신뢰도를 얻는 방법을 **동형검사 신뢰도**라고 한다. 예를 들어, 자아존중감에 대한 표준화 검사를 제작할 때 우선 자아존중감을 측정하는 서로 다른 두 검사지를 만든다. 이를 동시에 혹은 적당한 간격을 두어 동일한 집단에게 실시하고 두 검사 결과 사이의 상관계수를 측정하여 신뢰도를 얻는다. 이 방법은 기억과 연습의 효과를 극소화시키고 문항 표본에서 파생하는 오차도 오차변량으로 취급하게 된다는 장점이 있다. 이처럼 동형검사 신뢰도는 동일한 특성을 측정하고자 하는 두 검사가 얼마나 동등한 특성을 측정하느냐에 관심이 있으므로 이 방법을 통해 추정된 신뢰도를 **동형성 계수**(coefficient equivalence)라고 한다.

반분검사 신뢰도(split-half reliability) 하나의 검사도구를 반으로 나누고, 나눈 두 부분을 독립된 검사로 생각하여 그 사이의 상관계수로 신뢰도를 측정하는 방법이 **반분검사 신뢰도**다. 하나의 검사를 두 부분으로 나눌 때에는 문항분석을 통해 가장 동등한 문항을 양쪽으로 분배하는 것이 원칙이다. 그러나 문항 통계치를 구하는 복잡성을 피하기 위해 일반적으로 앞부분과 뒷부분으로 나누는 전후반분법, 홀수문항과 짝수문항으로 나누는 기우반분법, 난수표를 이용하여 두 부분으로 문항을 배정하는 방법, 각 문항의 내용이나 난이도 등을 주관적으로 판단하여 두 부분으로 나누는 방법 등이 사용된다.

내적 일관성 계수(coefficient of internal consistency) 피험자의 문항 각각에 대한 반응의 일관성 혹은 합치성의 정도로 신뢰도를 알아보는 방법을 **내적 일관성 계수**라고 한다(황정규, 1984b). 이는 한 문항 한 문항을 각각 한 개의 검사로 생각하여 모든 문항 간의 상관도를 알아보는 것으로, 신뢰도 계수가 높으려면 검사가 한 가지 특성 혹은 능력만을 측정하는 동질적인 검사라야 한다. 이러한 내적 일관성 계수는 일반적으로 다른 신뢰도 계수에 비해 작은 값이 나타나기 때문에 한 검사의 최소한의 신뢰도라고 볼 수 있다(송인섭, 1992). 내적 일관성 계수는 **문항 내적 합치도**(intertem consistency)라고도 하며, Kuder와 Richardson이 개발하였기 때문에 그 이름을 따서 쿠더-리처드슨(K-R) 방법이라고도 한다.

크론바흐 α계수 하나의 검사에서 오차변량을 제외하고 진점수 변량을 추정하여 신뢰도를 계산하는 것이 **크론바흐**(Cronbach) **α계수**다. Cronbach는 문항의 내적 일관성에 의해 신뢰도를 추정하도록 제안하였으며, 각 문항을 한 개의 검사 단위로 가정하여 피험자의 반응에 대한 일관성 정도를 추정한다. 이 크론바흐 α계수는 이분문항뿐만 아니라 다분문항에 대해서도 사용할 수 있다는 장점이 있다(교육평가연구회, 1994).

Lee J. Cronbach
(1916~2001)

3) 객관도

신뢰도가 평가도구 혹은 검사 결과의 일관성에 대한 문제라면, **객관도**(objectivity)는 평정자 혹은 채점자의 채점에 대한 일관성 정도를 말한다. 하나의 반응 결과에 대해 여러 사람의 채점 및 평가가 일치하는 정도를 **평가자 간 객관도**(inter-rater objectivity)라 하며, 시간적 간격이나 상황의 차이에 관계없이 한 사람의 평가자가 나타내는 일관성을 **평가자 내 객관도**(intra-rater objectivity)라고 한다.

논술형과 같이 기계적으로 채점하는 것이 어려운 상황에서는 객관도가 중요한 문제가 된다. 이러한 객관도를 높이기 위해서는 평가자가 평가 목표에 대해 충분히 인지하고 있어야 하며 평가방법에 대한 전문성을 가지고 있어야 한다. 그리고 비객관적이고 개방형인 문항의 경우에는 여러 명의 평가자가 채점한 결과를 종합하여 평가하는 것도 객관도를 높이는 좋은 방법이다. 그러나 대학입학시험과 같이 채점의 공정성이 반드시 확보되어야 하는 일부 특수한 경우를 제외하고는 여러 명이 채점하는 것은 현실적으로 많은 어려움이 있다. 따라서 평가자들에게는 평가에 대한 일정한 수준의 지식과 기술이 반드시 필요하다.

4. 교실에서의 평가

지금까지 평가의 이론적 개념과 바람직한 평가도구에 대한 조건을 살펴보았다. 이와 같은 이론과 조건은 그 자체의 이해도 중요하지만 실제적으로 현장에서 적절히 적용되어야 한다. 이를 위해 현장의 교사가 평가문제를 출제하고 평가 결과를 해석하는 데 주의할 점과 활용점에 대해 살펴보자.

1) 평가문제 출제의 유의점

교사가 만든 시험이나 숙제, 교재 내에 있거나 수업 중에 교사가 하는 여러 질문 등과 같은 평가활동은 학습자의 학교생활에서 중요한 부분을 차지한다. 학생들은 교사가 시행하는 평가를 치르는 데에 학교생활의 5~15% 정도를 소비한다(Borich & Tombari, 1995).

다음은 학교현장에서 교사가 학생을 평가할 때 범하기 쉬운 오류에 대한 것이다.

- 자신이 가르치지 않은 내용을 검사한다. 이는 수업 중에 언급하지 않았거나 숙제로 내주지 않았거나 혹은 교과서의 연습문제에도 없는 내용을 학생들에게 시험 치르게 하는 것을 말한다. 이런 오류는 교사가 자신이 가르치지 않은 내용이라도 공부를 잘하는 학생이라면 스스로 알아서 학습했어야 한다고 생각하는 데에서 발생한다.
- 교사가 수업 중에 강조한 내용이 아닌 다른 내용이 검사에서 강조된다. 시험에 대해서 학생들이 갖는 불만 중 하나는 수업 중에 간단히 넘어갔던 내용이 중요한 시험문제로 출제된다는 것이다.
- 교사가 수업 중에 학생들에게 가르친 방식이나 혹은 교사가 의도하였던 학습

〈표 12-1〉 각 인지 영역에 따른 문항의 유형

문항 유형	행동 수준	기대 행동	수업 과정	핵심 개념
선택형 문항	인식(기억)	학습 내용을 기억해 내고 사실, 전문용어, 규칙 등을 안다.	반복, 기억	정의, 서술, 규정
	파악(이해)	학습 내용을 고치고 전환함으로써 진술 형식을 바꿀 수 있다.	설명, 실례	재진술, 요약
	적용(전이)	학습한 내용을 다른 상황에 적용할 수 있다.	실습, 변형	적용, 활용
서답형 문항	분석(비교)	학습문제를 부분적으로 해체해서 부분들 간의 관련성을 이끌어 낼 수 있다.	귀납, 연역	관련, 구분
	종합(형성)	새로운 문제를 해결하는 데 여러 학습 내용을 조합할 수 있다.	일반화	형성, 구성, 산출
	평가(의사결정)	명시된 준거에 의해 방법, 생각, 사람, 결과들을 결정할 수 있다.	변별, 추론	평가, 판단, 합리화

목표에 부합되지 않는 지적 영역이나 기술을 사용하도록 요구하는 시험문제를 낸다. 예를 들어, 논리적 관계성과 분석력을 검사하기 위하여 진위형 문항을 사용하거나 단편적인 내용의 기억을 평가하기 위하여 논술형 문항을 출제하는 경우다.

이와 같은 오류를 피하기 위해서는 이원목적분류표나 강의계획서, 혹은 학습지도서를 시험문제 출제의 준거로 활용해야 한다. 〈표 12-1〉은 각 인지 영역에 적합한 시험문항의 유형을 보여 준다.

〈표 12-1〉에서 제시된 바와 같이 교사는 측정하려는 행동 수준에 적합한 문항을 선택하여 평가문제 출제의 오류를 줄여야 한다. 평가의 진정한 내용타당도를 보장하기 위한 방법의 한 가지는 검사 청사진을 사용하는 것이다. **검사 청사진**(test blueprint)이란 수업 중에 실제 이루어졌던 학습 목표와 과정을 평가에서 제대로 측정하

〈표 12-2〉 지구과학 시험에 대한 검사 청사진

주 제	사실의 기억 25%	개념의 이해 40%	적용과 분석 35%	전 체
기후 15%	완성형 5문항(각 1%)	선다형 5문항(각 2%)		15%
물리적 기후 15%	진위형 5문항(각 1%)	선다형 5문항(각 2%)		15%
화산활동 25%	완성형 5문항(각 1%)	선다형 5문항(각 2%)	논문형 1문항(10%)	25%
습곡구조 15%	완성형 5문항(각 1%)		논문형 1문항(10%)	15%
단층 30%	완성형 5문항(각 1%)	선다형 5문항(각 2%)	논문형 1문항(15%)	30%
전 체	25%	40%	35%	100%

도록 돕기 위하여 수업 목표와 행동, 그리고 학습 내용에 따라 계획적으로 시험문항을 구성하도록 하는 도구를 의미한다.

검사 청사진은 〈표 12-2〉와 같은 형식으로 구성된다. 여기서는 지구과학 시험에 대한 검사 청사진을 예로 들어 보았다.

원칙적으로 검사 청사진은 평가를 하기 직전에 만드는 것이 아니라 수업을 준비하는 단계에서 구성되어야 한다. 검사 청사진의 왼쪽 주제란에는 수업 중 가르치는 학습 내용을 배열하고, 윗쪽 가로열에는 수업에서 강조하는 지적 과정 혹은 사고 과정을 구분하여 배치한다. 여기서는 지구과학 내용 중 기후, 물리적 기후, 화산활동, 습곡구조, 단층이라는 다섯 가지가 학습 내용으로서 왼쪽 항에 배열되어 있고, 학생들이 각 내용을 학습하는 데 사용하는 지적 과정으로는 사실의 기억, 개념의 이해, 적용과 분석의 세 가지를 들고 있다. 그리고 각 영역이 차지하는 비중을 퍼센트(%)로 표시하고 있으며, 각 학습 내용과 지적 과정에 따라 어떤 문항 유형을 얼마만큼의 비중으로 다룰 것인지를 구성하고 있다. 교사는 시험을 치르기 전에 완성된 청사진을 학생들에게 알려 주고 이에 따라 시험문항을 제작하게 된다.

이와 같은 검사 청사진의 이용은 수업에서 계획하였던 학습 목표와 지적 과정을 시험문항과 일치시킬 수 있기 때문에 평가의 내용타당도를 확보하고 학생의 시험에 대한 불신감도 줄일 수 있을 것이다. 따라서 교사들은 검사 청사진을 충분히 익히고 활용함으로써 평가의 전문성을 증진시킬 수 있다.

2) 평가 결과의 해석

학생들의 지적 · 정의적 특성에 대한 검사 결과를 나타내는 방식에는 여러 가지가 있다. 우리가 흔히 접해 왔던 학생들의 학업 성취에 대한 정보는 일반적으로 100점 만점의 평균점수나 총점, 학급 등수나 전체 등수, 내신등급 등으로 나타난다. 이것은 모두 원래 학생의 지적 · 정의적 특성에 대해 평가자가 채점한 그대로의 점수인 **원점수**(raw score)를 사용하고 있는 것이다. 그러나 학생의 특성이나 능력은 이러한 원점수의 형태뿐만 아니라 변환점수에 의해 표현될 수도 있다. **변환점수**(transformed score)란 개인이 얻은 원점수를 표준집단에 비추어 보았을 때 정확히 어느 위치에 속하는지를 결정하기 위해 원점수를 다른 기준의 점수로 변환하는 것을 말한다. 변환점수로는 일반적으로 연령점수, 백분위수, 표준점수 등이 이용되고 있다(황정규, 1984b).

■■■ 연령점수(age score) **연령점수**는 연령에 따라 발달하는 인간의 특성을 점수화한 것이다. 연령점수의 대표적인 예로 지능검사를 들 수 있다. 지능지수를 산출하는 기본 공식은 다음과 같다.

$$IQ = \frac{\text{정신연령(MA)}}{\text{생활연령(CA)}} \times 100$$

이 공식은 지능지수를 개인의 **생활연령**(chronological age: CA)에 대한 **정신연령**(mental age: MA)의 비율로 표시하고 있다. 물론, 이것은 고전적 개념의 지능지수고 현재 사용되고 있는 지능지수는 표준점수의 일종인 편차 IQ를 사용하고 있다.

지능지수는 모든 연령에서의 평균을 100으로 하고, 표준편차를 동일하게 변환한 것이다. 학생들의 IQ점수를 활용할 때에는 단순히 IQ점수뿐만 아니라 언어 능력, 수리력, 공간지각력, 추리력, 기억력 등과 같은 하위 영역의 점수들도 고려해야 한다.

■■■ 백분위수(percentile rank) **백분위수**는 원점수들을 크기 순서로 늘어놓아 100등분하는 값을 말한다(성태제, 1996). 즉, 규준집단 전체 학생을 100으로 보고 아래로부터의 서열 위치를 정하는 것이다. 예를 들어, 국어 점수가 85점인데 백분위수가 79라면 85점의 원점수는 전체 규준집단 내에서 아래로부터 79%, 위로부터 21%의 위치에 있는 것이다. 백분위수의 장점은 계산이 용이하고 이해하기 쉽다는 데 있으며, 단점으로는 점수 간의 동간성이 없고 개인의 상대적인 위치만을 알려 줄 뿐 타인과 자신의 점수를 양적인 절대치로 비교할 수 없다는 것이다.

■■■ 표준점수(standard score) 검사나 조사에서 얻은 원점수는 절대영점이 없거나 측정단위가 다를 수 있기 때문에 서로 비교하는 데 어려움이 있다. 따라서 이와 같은 원점수를 상대적 위치로 표시하여 의미 있는 비교를 가능하게 할 필요가 있다. 이처럼 원점수의 상대적 위치를 알려 주는 점수를 **표준점수**라 하며, 여기에는 Z점수, T점수 등이 있다.

Z점수란 편차를 표준편차로 나눈 값을 의미하며, 분포가 정규분포라는 가정하에서 원점수의 평균이 0, 표준편차가 1이 되도록 변환한 점수다. Z점수를 계산하는 공식은 다음과 같다.

$$Z = \frac{Xi - \overline{X}}{S_X} \times 100$$

예를 들어, 어떤 학생의 국어시험 점수가 80점이고, 영어시험 점수가 70점일 때, 이 학생의 두 점수는 원점수만으로 비교될 수 없다. 왜냐하면 각 과목의 평균과 표준편차가 다르기 때문이다. 국어시험 결과의 학급 평균이 70점이고 표준편차가 10점이며, 영어시험 결과의 학급 평균이 50점이고 표준편차가 15점으로 분포되어 있다면, 이 학생의 표준점수는 국어시험의 경우 1.00이고, 영어시험의 경우는 1.33이 된다. 이러한 결과는 학생의 두 점수를 표준정규분포에 위치시켰을 때, 표준정규분포의 평균 0점으로부터 영어시험 점수가 국어시험 점수에 비해 보다 멀리 떨어져 있음을 보여준다. 따라서 이 학생의 원점수는 국어 점수가 영어 점수보다 높지만, 표준점수로 변환하였을 경우 영어 점수가 높음을 알 수 있다. 결국 이처럼 표준점수는 서로 다른 분포의 서로 다른 두 점수를 동일한 기준에 의해 비교할 수 있게 해 주는 것을 의미한다.

표준점수의 또 다른 종류인 T 점수는 평균점수를 50점으로 하고 표준편차를 10점으로 변환한 점수다. T 점수를 구하는 공식은 다음과 같다.

$$T = 50 + 10Z$$

Z 점수의 참조점(referenced point)은 평균을 0으로 하고 표준편차를 1로 하기 때문에 Z 점수는 음수로 표현되기도 하며 소수점으로도 나타난다. 이와 같은 번거로움을 피하기 위한 것이 T 점수다. 따라서 Z 점수의 0점과 1점을 T 점수로 환산하면 각각 50점과 60점이 된다(성태제, 1996).

이상에서 살펴본 변환점수들은 학생들의 검사점수를 해석하고 평가하는 평가자로서 교사에게 유용한 도움을 줄 수 있다. 교육현장에서의 평가는 학생들의 인지적 · 정의적 측면에 직접적인 영향을 준다. 따라서 보다 정교하고 합리적으로 평가하는 일은 교사가 특히 주의를 기울여야 할 부분이다.

단순히 학생들의 원점수만으로 능력을 평가하는 단순한 평가방식에서 벗어나 보다 다양한 변환점수를 활용하여 학생의 능력을 올바르게 평가하려는 노력이 교사에게는 필요하다.

연구문제

1. 다음의 개념을 간단히 설명하여라.
   - 진단평가(diagnostic evaluation)
   - 수행평가(performance assessment)
   - 신뢰도(reliability)
   - 표준점수(standard score)

2. 표준화 검사(Standardized Test)와 교사개발평가(Teacher-developed Assessment)의 차이를 간단히 설명하고, 각각 어떤 경우에 유용한지 설명하여라.

3. 다음은 표준화 검사 결과 해석에 관한 것이다. 각각의 예에서 교사들이 검사 결과를 바르게 해석하고 있는지 판단하고 그 이유를 설명하여라.

> 1) 이 선생님 반의 학생들은 이번에 실시한 국가 수준 표준화 수학성취도검사에서 모두 75% 이상에 위치하였다. 강 선생님은 시험 결과를 보고 반 학생들이 모두 수업 목표를 달성했다고 생각하였다.
>
> 2) 체육시간 테니스 서브 평가 결과 효정이는 반에서 48%에 위치하였다. 이 결과를 보고 체육선생님인 김 선생님은 효정이가 그 반의 평균 정도의 수행을 보였다고 결론을 내렸다.

4. 다음은 평가가 실시되는 장면을 나타내고 있다. 글 속에서의 평가가 지니는 문제점은 무엇인지와 그 이유를 설명하여라.

> 초등학교 3학년을 가르치고 있는 정 선생님은 오늘 아이들의 글쓰기 능력을 알아보는 평가를 실시하기로 하였다. 사실 지난 단원 국어 시간에 정 선생님반 아이들은 주제를 선택하고 주제가 잘 드러나도록 글을 쓰는 방법에 대해서 배웠다. 정 선생님은 자기반 어린이들을 데리고 컴퓨터 실로 갔다. 그리고는 "지금부터 지난 단원 국어 시간에 배웠던 글쓰기에 대해서 평가를 하려고 해요. 글의 주제는 여러분이 선택하고 싶은 것을 고르되, 우리가 배운 내용을 잘 생각하면서 글을 써 보도록 하세요. 그리고 글쓰기는 한글2002를 이용해서 작성한 뒤, 글쓰기를 끝낸 학생은 작성한 파일을 메일로 선생님께 보내면 모든 평가가 끝나게 되요. 알겠죠? 그럼 시작하세요."라고 말하였다.

5. 검사의 신뢰도와 타당도를 설명하고 신뢰도가 타당도의 전제조건이 되는 이유를 설명하여라.

6. 같은 과목의 원점수를 표준점수로 바꾸어 서로 비교를 하는 것은 아무 의미가 없다. 그럼, 원점수를 표준점수화하는 것은 어떨 때 필요한가? 예를 들어 설명하여라.

7. 일반적으로 학교의 평가는 진단평가, 형성평가, 총합평가의 세 가지 유형을 지닌다. 각각의 평가 목적과 평가의 시점을 포함하여 간단히 설명하여라.

8. 다음은 분수의 나눗셈에 관해 김 선생님이 출제한 선택형 문항이다. 이 문항이 잘 만들어졌는지를 판단하고, 그렇게 생각하는 이유를 설명하여라.

[문제] $\frac{3}{4} \div \frac{1}{4} = \square$

① $\frac{4}{4}$ ② 3 ③ $\frac{1}{3}$ ④ 1 ⑤ $\frac{16}{3}$

9. 평가를 바라보는 시각에 따라 선발적 관점과 발달적 관점의 두 가지 평가관이 있다. 현재 한국교육의 현실에서 두 가지 관점 중 어떤 것에 더 중점을 두고 평가가 이루어져야 하는지에 대해 논하여라.

참고문헌

학교학습 효과를 위한
교육심리학

교육평가연구회(1994). 교육 측정 · 평가 · 연구 · 통계 용어사전. 서울: 중앙교육진흥연구소.

권기욱(1991). 학급규모가 교사 · 학생의 정의적 특성에 미치는 영향-학급의 적정규모를 중심으로. 고려대학교 박사학위논문.

김경옥(1992). 학생들의 특성에 기초한 교사의 수업 의사결정에 관한 연구. 고려대학교 박사학위논문.

김동일(1996). 학습장애상담: 발달지체와 학습부적응에 대한 조력체제. 상담소식, 여름호.

김동일, 임은미, 황매향(1995). 학습장애 청소년을 위한 상담과 지도: 카운슬러의 역할과 과제를 중심으로. 청소년상담연구, 3. 서울: 청소년대화의 광장.

김병성(1985). 학교교육과 교육 격차. 고려대학교 박사학위논문.

김수동(1996). 협동학습의 효과분석 연구. 고려대학교 박사학위논문.

김아영(1996). 학습동기이론의 최근 발달 및 연구동향. 한국교육학회 소식지, 32, 8-14.

김언주(1992). 신교육심리학. 서울: 문음사.

김정희, 이장호(1985). 스트레스 대처 방식의 구성요인 및 우울과의 관계. 고려대학교 행동과학 연구소. 행동과학 연구, 7, 127-138.

김충기(1991). 생활지도와 상담. 서울: 교육과학사.

김충기(1998). 생활지도 · 상담 · 진로지도. 서울: 교육과학사.

김형주(1993). 검사문항유형이 언어적 정보인출에 미치는 영향. 고려대학교 석사학위논문.

김홍규(2003). 상담심리학. 서울: 형설출판사.

남명호(1995). 수행평가의 타당성 연구—과학실기 평가, 실험보고서 평가, 컴퓨터 시뮬레이션 평가의 비교. 고려대학교 박사학위논문.

박도순, 변영계(1987). 교육과정과 교육평가. 서울: 문음사.

박성익(1986). 독자학습전략—자기지향평가방법의 교육적 의미. 서울: 교육연구사.

배호순(1987). 지능검사의 발전과제와 전망. 교육평가연구, 2, 23-42.

배호순(1990). 평가의 원리: 교육프로그램을 중심으로. 서울: 교육과학사.

백영균(1989). 인공지능의 교육학적 의미. 새교육, 2.

백욱현(1993). 학습장애 개념정의의 타당성과 재개념화의 필요성. 교육학연구. 3, 139-157.

서울대학교 교육연구소(1994). 교육학 용어사전. 서울: 도서출판 하우.

성태제(1996). 문항제작 및 분석 이론과 실제. 서울: 학지사.

송인섭(1992). 통계학의 이해. 서울: 학지사.

심재학(1994). 초인지전략 수업모형의 탐색 및 효과연구. 고려대학교 박사학위논문.

안기성(1992). 교육학 개론. 서울: 학지사.

원호택(1991). 스트레스와 대처방안. 한양대학교 정신건강연구소. 정신건강연구, 10, 37-50.

이성진(1996). 교육심리학: 그 학문적 성격과 과제. 교육심리연구, 10, 25-40.

이신동(1994). 교육심리학 교재에 대한 내용 분석 및 한 · 미 비교연구(1954-1988). 교육심리연구, 8, 69-86.

이영희(1993). *Hypertext navigation: Nolinearity of exploration and its correlates.* Unpulished

doctoral dissertation, University of Illinois, Urbana, Il.
이장호(1982). 상담면접의 기초. 서울: 중앙적성연구소.
이장호(1986). 상담심리학 입문 (2nd ed.). 서울: 박영사.
이재창(1988). 생활지도. 서울: 문음사.
이정모 등(1989). 인지과학: 마음, 언어, 계산. 서울: 민음사.
이정모(1994). 인지심리학의 제문제. 서울: 성원사.
이정복(1980). 국민학교의 물리적 환경분석. 서울: 한국교육개발원.
이종성, 강봉규, 한종철(1982). 교육심리 측정 · 평가. 서울: 종각출판사.
이현주(1992). 고등학생의 스트레스와 정신건강에 관한 연구. 고려대학교 석사학위논문.
임규혁(1975). 학습정상아와 학습부진아의 정의적 행동특성 비교. 교육학연구, 13, 30-50. 한국교육학회.
임규혁(1986). 환경 · 학업성취 · 정신건강과의 관계: 고등학생을 중심으로. 사대논집, 11. 고려대학교 사범대학.
임규혁(1991a). 학교교육과 학생의 정신건강: 이론적 모형. 교육논총, 21. 고려대학교 교육대학원.
임규혁(1991b). 학업성취의 누적적 경험과 정신건강. 교육문제연구, 4. 고려대학교 교육문제연구소.
임규혁(1996). 인간발달 연구의 최근 발전 동향과 적용. 교육심리연구, 10, 67-85.
임승권(1993). 교육의 심리학적 이해. 서울: 학지사.
임용우(1994). 시험 스트레스 과정에서의 불안, 대처 및 학업성취. 서울대학교 박사학위논문.
전성연, 백영균(1989). 교육과 컴퓨터. 서울: 양서원.
정동화(1995). 아동의 학교 스트레스와 그에 따른 부적응에 대한 사회적 지지의 완충효과. 고려대학교 박사학위논문.
정범모(1987). 교육 및 심리검사의 발전과제와 전망. 교육평가연구, 2, 9-21.
정원식, 박성수(1978). 카운슬링의 원리. 서울: 교육과학사.
최욱(1995). *The effects of utilization methods that increase learner engagement on efficiency and effectiveness of learning from a computer-based instructional simulation.* Unpulished doctoral dissertation, Indiana University.
하대현(1996). 인간지능이론과 연구의 최근 동향과 과제. 교육심리연구, 10, 127-161.
한준상(1995). 학교 스트레스 · 시험제도의 개혁. 서울: 연세대학교 출판부.
홍광식(1994). 학교 스트레스의 비교 연구: 한국과 일본의 초.중학생을 중심으로. 1994년도 교육학회 연차 대회 발표 논문(1994, 10, 14).
황응연(1984). 현대생활지도. 서울: 교육출판사.
황정규(1984a). 인간의 지능. 서울: 민음사.
황정규(1984b). 학교학습과 교육평가. 서울: 교육과학사.
황정규(1991). 학교학습과 교육평가 (5판). 서울: 교육과학사.

Abbott, J. S., & Wells, D. W. (1987). *Mathematics today* (Vol. 2, 2nd ed.). Orlando, FL: Harcourt Brace Jovanovich.
Ackerman, N. W. (1958). *The Psychodynamics of family life: Diagnosis and treatment of family relationships.* New York: Basic Books.
Ackerman, N. W. (1966). *Treating the troubled family.* New York: Basic Books.
Adler, A. (1948). *Studies in analytical psychology.* New York: Norton.
Alexander, P. A. (1997). Mapping the multidimentional nature of domain learning: The interplay of cognitive, motivational, and strategic forces. In M. K. maehr, & P. R. Pintrich (Eds.), *Advances in motivation and achievement* (Vol. 10, pp. 213-150). Greenwich, CT: JAI Press.
Allport, G. W. (1961). *Pattern and growth in personality.* New York: Holt, Rinehart and Winston.
Amabile, T. M. (1982). Social psychology of creativity: A consensual assessment technique. *Journal of Personality and Social Psychology, 43,* 997-1013.

Amabile, T. M. (1983). *The social psychology of creativity.* New York: Springer-Verlag.

Amabile, T. M. (1995). The personality of creativity. In M. Joyce, S. Isaksen, G. Puccio, F. Davidson, & C. Coppage (Eds.), *An introduction to creativity* (pp. 71-75). Acton, MA: Copley.

Amabile, T. M., & Gryskiewiez, N. (1989). The creative environment scales: the work environment inventory. *Creativity Research Journal, 2,* 231-254.

Amabile, T. M., & Hennessey, B. A. (1992). The motivation for creativity in children. In A. K. Boggiano, & T. S. Pittman (Eds.), *Achievement and motivation: A socialdeve-lopmental perspective* (pp. 54-76). New York: Cambridge University Press.

Ames, C. (1984). Competitive, cooperative, and individualistic goal structure: A cognitivemotiv-ational analysis. In R. Ames, & C. Ames (Eds.), *Research on motivation in education: Vol. 1. Student motivation* (pp. 177-208). New York: Academic Press.

Anderson, J. R. (1985). *Cognitive psychology and its implications* (2nd ed.). San Francisco: Freeman.

Anderson, L. M. (1989). Learners and learning. In M. Reynolds (Ed.), *Knowledge base for beginning teachers* (pp. 85-100). New York: Pergamon.

Anderson, L., Everston, C. M., & Brophy, J. E. (1979). An experimental study of effective teaching in first-grade reading groups. *Elementary School Journal, 79,* 193-222.

Anderson, T., & Armbruster, B. (1984). Studying. In D. Pearson (Ed.), *Handbook of reading research* (pp. 657-679). New York: Longman.

Ansbacher, H. L. (1974). Goal-oriented individual Psychology. In A. Burton (Ed.), *Operational theories of personality* (pp. 94-142). New York: Brunner/Mazel.

Arkin, R. M., & Maruyama, G. M. (1979). Attribution, affect, and college exam performance. *Journal of Educational Psychology, 71,* 85-93.

Arkowitz, H. (1997). Integrative theories of therapy. In P. L. Wachtel, & S. B. Messer (Eds.), Theories of psychotherapy: *Origins and evolution* (pp. 227-288). Washington, DC: American Psychological Association.

Aron, I. E. (1977). Moral philosophy and moral education: A critique of Kohlberg' s theory. *School Review, 85,* 197-217.

Aronson, E., Blaney, N., Stephan, C., Sikes, J., & Snapp, M. (1978). *The jigsaw classroom.* Beverly Hills, CA: Sage Publication.

Ashcraft, M. (1989). *Human memory and cognition.* Glenview, IL: Scott, Foresman.

Atkinson, J. W. (1958). *Motives in fantasy, action, and society.* Prinston, NJ: Van Nostrand.

Atkinson, J. W. (1964). *An introduction to motivation.* Princetion, NJ : Van Nostrand.

Atkinson, J. W. (1980). Motivational effects in socalled tests of ability and educational achievement. In L. Fyans (Ed.), *Achievement motivation: Recent trends in theory and research* (pp. 92-114). New York: Plenum Press.

Atkinson, J. W. (1983). *Personality, motivation and action.* New York: Pareger.

Atkinson, R. L., Atkinson, R. C., & Hilgard, E. R. (1983). *Introduction to psydhology.* New York: Hacourt Brace Jovanovish.

Ausubel, D. P. (1963). *The psychology of meaningful verbal learning.* New York: Grune & Stratton.

Ausubel, D. P. (1968). *Educational psychology: A cognitive view.* New York: Holt, Rinehart and Winston.

Babad, E., Bernieri, F., & Rosenthal, R. (1991).

Students as judges of teachers' verbal and nonverbal behavior. *American Educational Research Journal, 28*, 211-234.

Badia, P., & Culbertson, S. (1972). The relative aversiveness of signalled vs unsignalled escapable and inescapa-ble shock. *Journal of the Experimental Analysis of Behavior, 17*, 463-471.

Badia, P., Culbertson, S., & Harsh, J. (1973). Choice of longer or stronger signalled shock over shorter or weaker unsignalled shock. *Journal of the Experimental Analysis of Behavior, 19*, 25-32.

Bagley, M. T. (1987). *Using imagery in creative problem solving.* New York: Trillium Press.

Bailey, S. M. (1993). The current status of gender equality research in American schools. *Educational Psychologist, 28*, 321-339.

Baldwin, J. (1891). *Elementary psychology and education.* New York: Appleton.

Ballantine, J. (1989). *The socialogy of education.* Englewood Cliffs, NJ: Prentice-Hall.

Bandura, A. (1965). Influence of models' reinforcement contingencies on the acquisition of imitative responses. *Journal of Personality and Social Psychology, 1*, 589-595.

Bandura, A. (1977). *Social learning theory.* Englewood Cliffs, NJ: Prentice-Hall.

Bandura, A. (1986). *Social foundations of thought and action: A social cognitive theory.* Englewood Cliffs, NJ: Prentice-Hall.

Bangert, R., Kulik, J., & Kulik, C. (1983). Individualized systems of instruction in secondary schools. *Review of Educational Research, 63*, 69-93.

Barron, F. (1955). The disposition toward originality. *Journal of Abnormal and Social Psychology, 51*, 478-488.

Barron, F. (1988). Putting creativity to work. In R. J. Sternberg (Ed.), *The nature of creativity* (pp. 70-98). Cambridge, MA: Cambridge University Press.

Bartlett, F. C. (1932). *Remembering.* Cambridge, England: Cambridge University Press.

Baumeister, R. F. (1990). Identity crisis. In R. Lerner, A. Petersen, & J. Brooks Gunn (Eds.), *The encyclopedia of adolescence* (Vol. 1, pp. 518-521). New York: Garland.

Becvar, D. S. (1982). The family is not a groupor is it? *Journal for Specialist in Group Work, 7*, 88-95.

Beilin, H. (1992). Piaget' s enduring cotribution to developmental psychology. *Developmental Psychology, 29*, 191-204.

Bennett, S. (1978). Recent research on teaching: A dream, a belief, and a model. *British Journal of Educational Psychology, 48*, 27-147.

Berg, C. A., & Cough, M. (1991). Hunter lesson design: The wrong one for science teaching. *Educational Leadership, 48*, 73-78.

Berk, L. E. (1989). *Child development.* Boston: Allyn and Bacon.

Berk, L. E. (1993). *Infants, children and adolescents.* Boston: Allyn & Bacon.

Berk, L. E. (1994). *Child development* (3rd ed.). Boston: Allyn and Bacon.

Berliner, D. C. (1979). Tempus educare. In P. Peterson, & H. Walberg (Eds.), *Research on teaching: Concepts, findings and implications* (pp. 120-135). Berkley, CA: McCutchan.

Berliner, D. C. (1986). In pursuit of the expert pedagogue. *Educational Researcher, 15*, 5-13.

Berne, E. (1961). *Transactional analysis in psychotherapy.* New York: The Grove. Press

Bettencourt, E., Gillett, M., Gall, M., & Hull, R. (1983). Effects of teacher enthusiasm on student on task behavior and achievement. *American Educational Research Journal, 20*, 435-450.

Biddle, B. J., & Anderson, D. S. (1986). Theory,

methods, knowledge, and research on teaching. In M. C. Wittrock (Ed.), *Handbook of research on teaching* (3rd ed., pp. 230-252). New York: Macmillan.

Biehler, R. F., & Snowman, J. (1993). *Psychology applied to teaching.* Boston: Houghton Mifflin Co.

Bijou, S. W. (1985). Behaviorism. *In international encyclopedia of education: Research and studies* (pp. 444-451). Elmsford, NY: Pergamon Press.

Bjorklund, D. F. (2000). *Chlidren' s thinking.* Belmont, CA: Wadsworth/Tomson Learning.

Blanck, G. (1990). Vygotsky: The man and his cause. In L. C. Moll (Ed.), *Vygotsky and Education* (pp. 31-58). New York: Cambridge.

Block, J. H. (Ed.). (1971). *Mastery learning: Theory and practice.* New York: Holt, Rinehart, & Winston.University Press.

Block, J. H. (1978). Effects of a rationalemotive mental health program on poorly achieving, disruptive high school students. *Journal of Counseling Psychology, 25,* 61-65.

Block, J. H., & Anderson, L. W. (1975). *Mastery learning in classroom instruction.* New York: Macmillan.

Block, J. H., & Burns, R. B. (1976). Mastery learning. In L. S. Shulman (Ed.), *Review of research in education* (Vol. 4, pp. 3-49). Itasca, IL: F. E. Peacock.

Block, J., Gjerde, P., & Block, J. (1986). More misgivings about the matching familiar figures test as a measure of reflectionimpulsivity: Absence of construct validity in preadolescence. *Developmental Psychology, 22,* 820-831.

Bloom, B. S. (1968). Learning for mastery. *Evaluation Comment,* 1, 1-5.

Bloom, B. S. (1971). *Individual differences in school achievement: A vanishing point?* Education at Chicago, Department and Graduate School of Education, University of Chicago.

Bloom, B. S. (1976). *Human characteristics and school learning.* New York: MacGraw-Hill.

Bloom, B. S. (1980). *All our children learning.* Hightstown, NJ: MacGraw-Hill.

Bloom, B. S. (1986). Automaticity: The hands and feet of genius. *Educational Leadership, 43,* 70-77.

Bloom, B. S., Hastings, J. T., & Madaus, G. F. (1971). *Handbook on formative and sommative* evaluation of student learning. New York: Mc Graw-Hill.

Bloom, B. S., Englehart, M. B., Hill, W. H., Furst, E. J., & Krathwohl, O. R. (1956). *Taxonomy of educational objectives: The classification of educational goals. Handbook I : The cognitive domain.* New York: Longman.

Boggiano, A. K., & Mail, D. S., & Katz, P. A. (1988). Children' s preference for challenge: The role of perceived competence and control. *Journal of Personality and Social Psychology, 54,* 134-141.

Bolvin, J. O., & Glaser, R. (1968). Developmental aspects of individually prescribed instruction. *Audiovisual Instruction, 13,* 829-831.

Borich, G. D., & Tombari, M. L. (1995). *Educational psychology.* New York: Harper Collins College Publishers.

Boring, E. G. (1950). *A history of experimental psychology.* New York: Appleton-Century-Crofts.

Boring, E. G. (1957). *A history of experimental psychology* (2nd ed.). New York: Appleton-Century-Crofits.

Bork, A. (1985). *Personal computers for education.* New York: Harper & Row Publishers. Inc.

Bornstein, M. H. (1989). Sensitive periods in

development: Structural characteristics and casual interpretations. *Psychological Bulletin, 105*, 179-197.

Bousfield, W. A. (1953). The occurrence of clustering in the recall of randomly arranged associates. *Journal of General Psychology, 49*, 229-240.

Bower, E. M. (1962). Mental health in education. *Review of Educational Research, 32*, 441-454.

Bower, G. H., & Hilgard, E. R. (1981). *Theories of learning*. Englewood Cliffs, NJ: Prentice-Hall.

Bowlby, J. (1969). *Attachment and loss: Attachment* (Vol. 1). New York: Basic Books.

Brandenburg, N. A., Friedman, R. M., & Silver, S. E. (1990). The epidemiology of childhood psychiatric disorders: Prevalence findings from recent studies. *Journal of American Academy of Child and Adolescent Psychiatry, 29*, 76-83.

Brewer, W. F. (1974). There is no convincing evidence for classical or operant conditioning processes in adult humans. In W. B. Weiner, & D. S. Palermo (Eds.), *Cognition and the symbolic processes* (pp. 1-42). Hillsdale, NJ: Erlbaum.

Broadhurst, P. L. (1959). The interaction of task difficulty and motivation: The Yerkes-Dodson law revived. *Acta Psychologia, 16*, 321-338.

Bronfenbrenner, U. (1979). *The ecology of human development*. Cambridge, MA: Havard University Press.

Bronfenbrenner, U. (1989). Ecological systems theory. In R. Vasta (Ed.), *Annals of child development* (Vol. 6, pp. 187-251). Greenwich, CT: JAI.

Brophy, D. R. (1998). Understanding measuring and enhancing individual creative problem solving efforts. *Creativity Research Journal, 11*, 123-150.

Brophy, J. (1983). Classroom organization and management. In D. C. Smith (Ed.), *Essential knowledge for beginning educators* (pp. 23-37). Washington, DC: American Association of Colleges for Teacher Education.

Brophy, J. (1987). On motivating students. In D. Berliner, & V. Rosenshine (Eds.), *Talks to teachers* (pp. 201-245). New York: Random House.

Brophy, J. (1988). Research linking teacher behavior to student achievement: Potential implications for instruction of chapter 1 students. *Educational Psychologist, 23*, 275-276.

Brophy, J., & Evertson, C. (1976). *Learning from teaching: A developmental perspective*. Boston: Allyn and Bacon.

Brophy, J., & Good, T. (1970). Teacher' s communication of differential expectations for children' s classroom performance: Some behavioral data. *Journal of Educational Psychology, 61*, 365-374.

Brophy, J., & Good, T. (1986). Teacher behavior and student achievement. In M. Wittrock (Ed.), *Handbook of research on teaching* (pp. 328-375). New York: Macmillan.

Brown, A. L. (1980). Metacognitive development and reading. In R. J. Spiro, B. C. Bruce, & W. F. Brewer (Eds.), *Theoretical issues in reading comprehension: Perspective from cognitive psychology, linguistics, artificial intelligence and education* (pp. 453-481). Hillsdale, NJ: Erlbaum.

Brown, A. L., & Palincsar, A. S. (1982). Inducing strategic learning from texts by means of informed, self-control training. *Topics in Learning and Learning Disability, 2*, 1-18.

Brown, J. S., & Burton, R. R. (1978). Diagnostic models for procedural bugs in basic mathematics skills. *Cognitive Science, 2*, 155-192.

Brown, J. S., & Van Lehn, K. (1980). Repair theory: A

generative theory of bugs in procedural skills. *Cognitive Science, 4*, 379-426.

Brown, J. S., & Van Lehn, K. (1982). Towards a generative theory of "bugs". In T. P. Carpenter, J. M. Moser, & T. A. Romberg (Eds.), *Addition and subtraction: A cognitive perspective* (pp. 117-135). Hillsdale, NJ: Erlbaum.

Brown, R. T. (1989). Creativity: What are we to measure? In J. A. Glover, R. R. Ronning, & C. R. Reynolds (Eds.), *Handbook of creativity* (pp. 3-32). New York: Plenum.

Brown, R., & McNeill, D. (1966). The "tip of the tongue" phenomenon. *Journal of Verbal Language and Verbal Behavior, 5*, 325-337.

Brown-Claridge, P., Stein, P., & Berliner, D. (1988). *Lesson planning by expert, novice and postulant teachers.* Paper presented at the annual meeting of the American Educational Research Association. New Orleans.

Bruner, J. S. (1959). Learning and thinking. *Harvard Educational Review, 29*, 184-192.

Bruner, J. S. (1960). *Process of education.* Cambridge, MA: Harvard University Press.

Bruner, J. S. (1961). The act of discovery. *Harvard Educational Review, 31,* 21-32.

Bruner, J. S. (1966). *Toward a theory of instruction.* New York: Norton.

Bryne, R. H. (1963). *The school counselor.* Boston: Houghton Mifflin.

Bugelski, B. R. (1962). Presentation time, total time, and mediation in pairedassociate learning. *Journal of Experimental Psychology, 63*, 409-412.

Burks, H. M., & Stefflre, B. (1979). *Theories of counseling.* New York: McGraw-Hill Book Co.

Calder, B., & Staw, B. (1975). Self perception of intrinsic and extrinsic motivation. *Journal of Personality and Social Psychology, 31*, 599-605.

Caplan, G. (1970). *The theory and practice of mental health consultation.* New York: Basic Books.

Carkhuff, R. R., & Berenson, B. G. (1977). *Beyond counseling and therapy.* New York: Holt, Rinehart and winston.

Carroll, H. A. (1969). *Mental hygien.* Englewood Cliffs, NJ: Prentics-Hall.

Carroll, J. B. (1963). A model of school learning. *Teachers College Record, 64*, 723-733.

Case, R. (1978). Intellectual development from birth to adulthood: A neo-Piagetian interpretation. In R. Siegler (Ed.), *Children' s thinking: What develops?* (pp. 37-71). Hillsdale, NJ: Erlbaum.

Cattell, R. (1965). *The scientific analysis of personality.* London: Penguin.

Cattell, R. (1971). *Abilities: Their structure, growth, and action.* New York: Houghton Mifflin.

Ceci, S., Ramey, S. L., & Ramey, C. T. (1990). Framing intellectual assessment in terms of a personprocesscontext model. *Educational Psychologist, 25*, 269-291.

Charles, C. M., & Malian, I. M. (1980). *The special student: Practical help for the classroom teacher.* St. Louis, MO: The C. V. Mosby Co.

Charles, D. C. (1987). The emergence of educational psychology. In J. A. Glover, & R. R. Ronning (Eds.), *Historical foundations of educational psychology* (pp. 17-38). New York: Plenum Press.

Childs, C. P., & Greenfield, P. M. (1980). Informal modes of learning and teaching: The case of Zinacanteco weaving. In N. Warren (Ed.), *Studies in crosscultural psychology* (Vol. 2, pp. 269-316). London: Academic Press.

Chomsky, N. (1957). *Syntactic structures.* New York: Mouton.

Clarizio, H. F. (1971). *Toward positive classroom discipline.* New York: Wiley.

Clark, C. M. (1988). Teacher preparation:

Contribution of research on teacher thinking. *Educational Researcher, 17,* 5-12.

Clark, C. M., & Yinger, R. J. (1979) Teachers' thinking. In P. L. Peterson, & H. J. Walberg (Eds.), *Research on teaching* (pp. 231-263). Berkeley, CA: McCutchan Publishing.

Clarke, A. M., & Clarke, A. D. B. (1976). *Early experience: Myth and evidence.* London: Open Books.

Clarke-Stewart, A., & Koch, J. B. (1983). *Children: Development through adolescence.* Canada: John Wiley & Sons.

Clifford, M. M. (1990). Students need challenge, not easy success. *Educational Leadership. 48,* 22-26.

Cohen, S., & Wills, T. A. (1985). Stress, social support, and the buffering hypothesis. *Psychological Bulletin, 98,* 310-357.

Cohen, S., Kessler, R. C., & Gordon, L. U. (1995). *Measuring stress.* New York: Oxford University Press.

Coker, H., Lorentz, C., & Coker, J. D. (1980). *Teacher behavior and student outcomes in the Georgia study.* Paper presented at the annual meeting of the American Educational Research Association, Boston.

Coleman, J., Campbell, E., Hobson, D., McPortland, J., Mood, A., Weinfield, F., & York, R. (1966). *Equality of educational opportunity.* Washington, DC: U.S. Department of Health, Education and Welfare.

Collins, J. (1982). *Self-efficacy and ability in achievement behavior.* Paper presented at the annual meeting of the American Educational Research Association, New York.

Collins, M. (1978). Effects of enthusiasm training on preservice elementary teachers. *Journal of Teacher Education, 29,* 53-57.

Condry, J., & Chambers, J. (1978). Intrinsic motivation and the process of learning. In M. Lepper, & D. Green (Eds.), *The hidden costs of reward: New perspectives on the psychology of human motivation* (pp. 61-84). Hillsdale, NJ: Erlbaum.

Corey, G. (1996). *Theory and practice of counseling and psychotherapy* (5th ed.). Pacific Grove, CA: Brooks/Cole Pub. Co.

Corey, G. (2001). *Theory and practice of counseling and psychotherapy* (6th ed.). Pacific Grove, CA: Brooks/Cole Pub. Co.

Corey, S. M. (1967). The nature of instruction. In M. D. Merrill (Ed.), *Instruction design: Readings* (pp. 5-27). Englewood Cliffs, NJ: Prentice-Hall.

Covington, M. V. (1992). *Making the grade: A self-worth perspective on motivation and school reform.* Cambridge, UK: Cambridge University Press.

Crain, W. C. (1992). *Theories of development: Concepts and applications.* Englewood Cliffs, NJ: Prentice-Hall.

Cromer, J. (1984). *The mood of American youth.* Washington, DC: National Association of Secondary School Principals.

Cronbach L. J., & Meehl, P. E. (1955). Construct validity in psychological tests. *Psychological Bulletin, 52,* 281-302.

Crooks, T. J. (1988). The impact of classroom evaluation practices on students. *Review of Educational Research, 58,* 438-481.

Cropley, A. J. (김선 역, 1995). 교육과 창의성. 서울: 집문당.

Cropley, A. J. (2000). Defining and measuring creativity: Are creativity tests worth using? *Roeper Review, 23,* 72-79.

Cruickshank, D. R. (1985). Applying research on teacher clarity. *Journal of Teacher Education, 35,* 44-48.

Cushner, K. H., McClelland, A., & Safford, P. (1992).

Human diversity in education: An integrative approach. New York: McGraw-Hill.

Dai, D. Y., & Feldhusen, J. F. (1999). A validation study of the thinking styles inventory: Implications for gifted education. *Roeper Review, 21,* 302-307.

Das, J. P., & Naglieri, J. A. (1993). *Das-Naglieri: Cognitive assessment system standardization edition.* Chicago: Riverside Pulblishing Co.

Davidson, E. S., & Benjamin, L. T. (1987). A history of the child study moment in America. In J. A. Glover, & R. R. Ronning (Eds.), *Historical foundations of educational psychology* (pp. 41-59). New York: Plenum Press.

Davidson, J. E. (1990). Intelligence recreated. *Educational Psychologist, 25,* 337-354.

Davies, I. K. (1980). *Instructional technique.* New York: McGraw-Hill.

Davis, R. B., Maher, C. A., & Noddings, N. (Eds.) (1990). Constructivist views on the learning and teaching of mathematics. *Journal for Research in Mathematics Education, Monograph Number 4.* Reston, VA: National Council of Teachers of Mathematics.

De Cecco, J. P. (1968). *The psychology of learning and instruction: Educational psychology.* Englewood Cliffs, NJ: Prentice-Hall.

DeCharms, R. (1972). Personal causation training in the schools. *Journal of Applied Social Psychology, 2,* 95-113.

Deci, E. L. (1992). The relation of interest to the motivation of behavior: A self-determination theory perspective. In K. A. Renninger, S. Hidi, & A. Krapp (Eds.), *The role of interest in learning and development* (pp. 43-70). Hillsdale, NJ: Erlbaum.

Deci, E. L., & Ryan, R. M. (1985). *Intrinsic motivation and self-determination in human behavior.* New York: Plenum.

Deci, E. L., & Ryan, R. M. (1987). The support of autonomy and control of behavior. *Journal of Personality and Social Psychology, 53,* 1024-1037.

Deci, E. L., & Ryan, R. M. (1992). The initiation and regulation of intrinsically motivated learning and achievement. In A. K. Boggiano, & T. S. Pittman (Eds.), *Achievement and motivation: A social-developmental perspective* (pp. 9-36). Cambridge, England: Cambridge University Press.

Deci, E. L., Vallerand, R. J., Pelletier, L. G., & Ryan, R. M. (1991). Motivation and education: The self-determination perspective. *Educational Psychologist, 26,* 325-346.

Deffenbacher, J. L. (1978). Worry, emotionality, and task generated interference in test anxiety: An empirical test of attentional theory. *Journal of Educational Psychology, 70,* 248-254.

Dembo, M. (1981). *Teaching for learning: Applying educational psychology in the classroom* (2nd ed.). Glenview, IL: Scott, Foresman.

Dembo, M., & Gibson, S. (1985). Teachers' sense of efficacy: An important factor in school improvement. *The Elementary School Journal, 86,* 173-184.

Dempster, F. (1988). The spacing effect. *American Psychologist, 43,* 627-634.

Deshler, D. D., Lowery, N., & Alley, G. R. (1979). Programming alternatives for learning disabled adolescent: A nationwide survey. *Academic Therapy, 14,* 54-63.

Dewsbury, D. A. (1992). Comparative psychology and ethology: A reassessment. *American Psychologist, 47,* 208-215.

Dexter, T. F. G., & Garlick, A. H. (1908). *Psychology in the Schoolroom.* New York: Longmans, Green & Co.

Dick, W. (1987). A history of instructional design and its impact on educational psychology. In J. A. Glover, & R. R. Ronning. (Eds.), *Historical foundations of educational psychology* (pp. 183-200). New York: Longmans, Green.

Dillon, J. (1987). *Questioning and discussion: A multidisciplinary study.* Norwood, NJ: Ablex.

Dinnel, D., & Glover, J. A. (1985). Advance organizers: Encoding manipulations. *Journal of Educational Psychology, 77,* 514-522.

Dollard, J., & Miller, N. E. (1950). *Personality and psychotherapy.* New York: McMraw-Hill.

Doolittle, J. H. (1990). *Creative reasoning test.* Pacific Grove, CA: Midwest Publications/ Critical Thinking Press.

Doyle, W. (1985). Recent research on classroom management: Implications for teacher preparation. *Journal of Teacher Education,* 36, 31-35.

Doyle, W. (1986). Classroom organization and management. In M. Wittrock (Ed.), *Handbook of research on teaching* (3rd ed., pp. 392-431). New York: Macmillan.

Dreikurs, R. (1967). *Psychodynamics, psychoth-erapy, and counseling: Collected papers.* Chicago: Alfred Adler Institute.

Driscoll, J. B. (1978). *The effects of a teacher' s eye contact, gestures, and voice intonation on student retention of factual material.* Unpublished doctoral dissertation, University of Southern Mississippi, Hattiesburg.

Dryden, W., & Ellis, A. (1988). Rationalemotive therapy. In K. S. Dobson (Ed.), *Handbook of cognitive-behavioral therapies* (pp. 214-272). New York: Guilford Press.

Dubow, E. F., & Tisak, J. (1989) The relation between stressful life events and adjustment in elementary school children: The role of social support and social problemsolving skills. *Child Development, 60,* 1412-1423.

Duchastel, P. C. (1981). Retention of prose following testing with different types of tests. *Contemporary Educational Psychology, 6,* 217-226.

Duffy, G. G., Roehiler, L. R., Meloth, M. S., Vavrus, L. G., Book, C., Putman, J., & Wesselman, R. (1986). The relationship between explicit verbal explanation during reading skill instruction and student awareness and achievement: A study of reading teacher effects. *Reading Research Quartely, 21,* 237-252.

Dunkin, M. J., & Biddle, B. J. (1974). *The study of teaching.* New York: Holt, Rinehart & Winston.

Dunlap, J. M. (1967). The education of children with high mental ability. In W. M. Cruickshank, & G. O. Johnson (Eds.), *Education of exceptional children and youth* (2nd ed., pp. 143-193). Englewood Cliffs, NJ: Prentice-Hall.

Dusek, J. B. (1980). The development of test anxiety in children. In I. Sarason (Ed.), *Test anxiety: Theory, research and applications* (pp. 87-110). Hillsdale, NJ: Erlbaum.

Dustin, R., & George, R. (1973). *Action counseling for behavior change.* New York: Intext Educational Publishers.

Dweck, C. S. (1975). The role of expectations and attributions in the alleviation of learned helplessness. *Journal of Personality and Social Psychology, 31,* 674-685.

Dweck, C. S. (1986). Motivational processes affecting learning. *American Psychologist, 41,* 1040-1048.

Dweck, C. S., & Elliott, E. S. (1983). Achievement motivation. In E. M. Hetherington (Ed.), *Handbook of child psychology: Vol. 4.*

Socialization, personality, and social development (4th ed., pp. 643-691). New York: Wiley.

Dweck, C. S., Goetz, T. E., & Strauss, N. L. (1980). Sex differences in learned helplessness: IV. An experimental and naturalistic study of failure generalization and its mediators. *Journal of Personality and Social Psychology, 38*, 441-452.

Easterbrook, J. A. (1959). The effect of emotion on cue utilization and the organization of behavior. *Psychological Review, 66*, 183-201.

Eccles, J. S., & Jacobs, J. E. (1986). Social forces shape math attitudes and performance. *Signs, 11*, 367-389.

Eccles, J. S., & Wigfield, A. (1985). Teacher expectancies and student motivation. In J. B. Dusek (Ed.), *Teacher expectancies* (pp. 185-226). Hillsdale, NJ: Erlbaum.

Eccles, J. S., Adler, T. F., & Kaczalz, C. M. (1982). Socialization of achievement attitudes and beliefs: Parental influences. *Child Development, 53*, 310-321.

Eccles, J. S., Adler, T. F., Futterman, R., Goff, S. B., Daczala, C. M., Meece, J. L., & Midgley, C. (1983). Expectations, values and academic behaviors. In J. T. Spence (Ed.), *Achievement and achievement motivation* (pp. 75-146). San Francisco: W. H. Freeman.

Eggen, P. D., & Kauchak, D. (1992). *Educational psychology: Classroom connections*. New York: Macmillan Publishing Company.

Eggen, P. D., & Kauchak, D. (1999). *Educational psychology*. Upper Saddle River, NJ: Prentice-Hall.

Eisenhart, M. A., & Borko, H. (1993). *Designing classroom research. Themes, issues, and struggles*. Boston: Allyn and Bacon.

Ellis, A. (1987). The impossibility of achieving consistently good mental health. *American Psychologist, 42*, 364-375.

Emery, R. E. (1989). Family violence. *American Psychologist, 44*, 321-328.

Emmer, E., Evertson, C., & Anderson, L. (1980). Effective classroom management at the beginning of the school year. *The Elementary School Journal, 80*, 219-231.

Englemann, S. (1991). Teachers, schemata, and instruction. In M. M. Kennedy (Ed.), *Teaching academic subjects to diverse learners* (pp. 218-234). New York: Teachers College Press.

Erickson, M. (1954). Special techniques of brief hypnotherapy. *Journal of Clinical and Experimental Hypnosis, 2*, 109-129.

Ericsson, K. A. (Ed.). (1996). *The road to excellence*. Mahwah, NJ: Erlbaum.

Erikson, E. H. (1956). The problem of ego identity. *Journal of American Psychoanalytic Association, 4*, 56-122.

Erikson, E. H. (1958). *Young man Luther: A study in psycho-analysis and history*. New York: W. W. Norton.

Erikson, E. H. (1968). *Identity: Youth and crisis*. New York: Norton.

Erikson, E. H. (1980). *Identity and the life cycle* (2nd ed.). New York: Norton.

Evertson, C. M. (1980). *Differences in instructional activities in high and low achieving junior high classes*. Paper presented at the annual meeting of the American Educational Research Association. Boston.

Evertson, C. M., & Smylie, M. A. (1987). Research on teaching and classroom process: Views from two perspectives. In J. A. Glover, & R. R. Ronning (Eds.), *Historical foundations of educational psychology* (pp. 350-367). New York: Plenum Press.

Evertson, C. M., Emmer, E. T., Clements, B. S.,

Sanford, J. P., & Worsham, M. E. (1994). *Classroom management for elementary teachers* (3rd ed.). Boston: Allyn & Bacon.

Eysenck, M. W. (1992). *Anxiety: The cognitive perspective*. Hobe, UK: Erlbaum.

Fahlman, S. F., & Hinton, G. E. (1987). Connectionist architectures for artificial intelligence. *IEEE Computer, 20*, 100-109.

Feather, N. T. (1982). *Expectations and actions: Expectancyvalue models in psychology*. Hillsdale, NJ: Erlbaum

Feldhusen, J. F. (1986). A conception of giftedness. In R. J. Sternberg, & J. E. Davidson (Eds.), *Conceptions of giftedness* (pp. 112-127). New York: Cambridge University Press.

Feldhusen, J. F. (1995). Talent development: The new direction in gifted education. *Roeper Review, 18*, 92.

Fennema, E., & Sherman, J. A. (1977). Sex-related differences in mathematics achievement, spatial visualization and affective factors. *American Educational Research Journal, 14*, 51-72.

Fennema, E., Carpenter, T. P., Jacobs, V. R., Franke, M. L., & Levi, L. W. (1998). A longitudinal study of gender differences in young children' s mathematical thinking. *Educational Researcher, 27*, 6-11.

Field, T. (1984). Separation stress of young children transferring to new schools. *Developmental Psychology, 20*, 1024-1034.

Finke, R. (1990). *Creative imagery: Discoveries and inventions in visualization*. Hillsdale, NJ: Lawrence Erlbaum.

Fisher, C., Berliner, D., Filby, N., Marliave, R., Cohen, D., & Dishaw, M. (1980). Teaching behaviors, academic learning time and student achievement: An overview. In C. Denham, & A. Lieberman (Eds.), *Time to learn* (pp. 7-32). Washington, DC: National Institute of Education.

Fiske, D. W., & Maddi, S. R. (1961). *Functions of varied experience*. Homewood, IL: Dorsey.

Flanagan, J. C. (1971). Individualizing education. In R. A. Weisgerber (Ed.), *Developmental efforts in individualized learning* (pp. 4-26). Itasca. IL: F. E. Peacock.

Flanders, N. A. (1960). *Interaction analysis in the classroom: A manual for observers*. Ann Arbor, MI: University of Michigan Press.

Flanders, N. A. (1970). *Analyzing teaching behavior*. Reading, MA: Addison-Wesley.

Flavell, J. H. (1976). Metacognitive aspects on problem solving. In L. B. Resnick (Ed.), *The Nature of intelligence* (pp. 231-235). Hillsdale, NJ: Erlbaum.

Flinders, D. J. (1989). Does the 'art of teaching' have a future? *Educational Leadership, 46*, 16-20.

Foley, V. D. (1989). Family therapy. In R. J. Corsini, & D. Wedding (Eds.), *Current psychotherapies* (4th ed., pp. 455-500). Itasca, IL: F. E. Peacock.

Folkman, S. (1984). Personal control and stress and coping processes: A theoretical analysis. *Journal of Personality and Social Psychology, 46*, 839-852.

Fredrick, W. (1977). The use of classroom time in high schools above or below the median reading score. *Urban Education, 11*, 459-564.

Freud, S. (1905). *Three contributions to the theory of sex. The basic writings of Sigmund Freud*. New York: Random House.

Freud, S. (1923). *Introductory lectures on psychoanalysis*. London: Allyn & Unwin.

Fromm, E. (1956). *The Same society*. London: Routledge & Kegan Paul.

Gage, N. L. (1963). *Handbook of research on*

teaching. Chicago: Rand McNnlly.

Gage, N. L. (1984). What do we know about teaching effectiveness? *Phi Delta Kappan, 66*, 87-93.

Gage, N. L. (1985). *Hard gains in the soft sciences: the case of pedagogy*. Bloomington, IN: Phi Delta Kappa.

Gage, N. L., & Berliner, D. C. (1988). *Educational psychology*. MA: Hougton Mifflim Co.

Gagné, E. (1985). *Cognitive psychology of school learning*. Boston: Little, Brown.

Gagné, R. M. (1965). *The conditions of learning*. New York: Holt, Rinehart & Winston.

Gagné, R. M. (1974). *Essentials of learning for instruction*. Hinsdale, IL: Dryden Press.

Gagné, R. M. (1977). *The Conditions of learning* (3rd ed.). New York: Holt, Rinehart & Winston.

Gagné, R. M. (1985). *Conditions of learning and theory of instruction*. New York: Holt, Rinehart and Winston.

Gall, M. D. (1970). The use of questions in teaching. *Review of Educational Research, 40*, 40-47.

Gall, M. D. (1984). Synthesis of research on teachers' questioning. *Educational Leadership, 42*, 40-47.

Galton, F. (1869). *Hereditary genius: An inquiry into its laws and consequences*. London: Macmillan.

Gardner, H. (1983). *Frames of mind: The theory of multiple intelligences*. New York: Basic Books.

Gardner, H. (1993). *Creating minds*. New York: Basic Books.

Gaudry, E., & Spielberger, C. D. (1971). *Anxiety and educational achievement*. Sydney: John Willey & Son' s.

Gazda, G. M. (1989). *Group counseling: A developmental approach*. Boston: Allyn & Bacon.

Gearheart, B. R. (1976). *Teaching the learning disabled: A combined task-process approach*. Saint Louis, MO: The C. V. Mosby Co.

Geer, J. H., & Maisel, E. (1972). Evaluating the effects of the predictioncontrol confound. *Journal of personality and social psychology, 23*, 314-319.

Gelman, R., Meck, E., & Merkin, S. (1986). Young children's numerical competence. *Cognitive Development, 1*, 1-29.

George, R. L. & Cristiani, T. S. (1981). *Theory, methods and processes of counseling and psychotherapy*. Englewood Cliffs, NJ: Prentice-Hall.

Gettinger, M. (1989). Effects of maximizing time spent and minimizing time needed for learning on pupil achievement. *American Educational Research Journal, 26*, 73-91.

Getzels, J. W., & Jackson, P. W. (1962). *Creativity and intelligence*. New York: Wiley

Gibson, R. L., & Mitchell, M. H. (1981). *Introduction to guidance*. New York: Macmillan.

Gilligan, C. (1982). *In a different voice: Sex differences in the expression of moral judgment*. Cambridge, MA: Harvard University Press.

Gilligan, C. (1985). *Remapping development*. Paper presented at the biennial meeting of the Society for Research in Child Development, Toronto.

Gilligan, C., & Attanucci, J. (1988). Two moral orientations: Gender differences and similarities. *Merrill-Palmer Quarterly, 34*, 223-237.

Gladding, S. T. (1995). *Group work: A counseling specialty* (2nd ed.). Englewood Cliffs, NJ: Merrill/Prentice Hall.

Glaser, R. (1962). *Training research and education*. Pittsburgh, PA: University of Pittsburgh Press.

Glaser, R. (1984). Education and thinking: The role of knowledge. *American Psychologist, 39*, 93-104.

Glasser, W. (1985). *Control theory: A new explanation of how we control our lives*. New York: Harper & Row (Perennial Paperback).

Glasser, W. (1990). *The quality school: Managing*

students without coercion. New York: Harper & Row.

Glover, J. A., & Ronning, R. R. (Eds.). (1987). *Historical foundations of educational psychology.* New York: Plenum Press.

Goetz, E. T., Alexander, P. A., & Ash, M. J. (1992). *Educational psychology: A classroom perspective.* New York: Macmillan.

Goldenberg, H., & Goldenberg, I. (1990). *Counseling today' s families.* Pacific Grove, CA: Brooks/Cole.

Goleman, D. (1995). *Emotional intelligence.* New York: Scientific American Inc.

Good, T. L., & Brophy, J. E. (1990). *Educational psychology* (6th ed.). New York: Longman Publisher.

Good, T. L., & Brophy, J. E. (1991). *Looking in classrooms.* New York: Harper Collins.

Good, T. L., & Brophy, J. E. (1995). *Contemporary educational psychology* (6th ed.). New York: Longman Publisher.

Good, T., & Grouws, D. (1979). The Missouri mathematics effectiveness project: An experimental study in fourth grade classrooms. *Journal of Educational psychology, 71,* 355-362.

Good, T., Grouws, D., & Ebmeier, H. (1983). *Active mathematics teaching.* New York: Longman.

Goodlad, J. I. (1984). *A place called school.* New York: McGraw-Hill.

Gordon, W. J. (1961). *Synetics.* New York: Harper & Row.

Gough, H. G. (1992). Assessment of creative potential in psychology and the development of a creative temperament scale for the CPI. In J. C. Rosen, & P. McReynolds (Eds.), *Advances in psychological assessment* (Vol 8, pp. 225-257). New York: Plenum.

Gough, H. G., & Heibrun, A. B. (1983). *The Adjective check list manual* (2nd. ed.). Palo Alto, CA: Consulting Psychologists Press.

Graham, S. (1991). A review of attribution theory in achievement contexts. *Educational Psychology Review, 3,* 5-39.

Graubard, P. S. (1973). Children with behavioral disabilities. In L. M. Dunn (Ed.), *Exceptional children in the schools: Special education in transition.* New York: Holt, Rinehart & Winston.

Green, R. G. (1980). Test anxiety and cue utilization. In I. G. Sarason (Ed.), *Test anxiety: Theory, research, and applications* (pp. 43-61). Hillsdale, NJ: Erlbaum.

Greene, D., Sternberg, B., & Lepper, M. (1976). Overjustification in a token economy. *Journal of Personality and Social Psychology, 34,* 1219-1234.

Greeno, J. G. (1989). A perspective on thinking. *American Psychologist, 44,* 134-141.

Gregory, R. L. (Ed.). (1987). *The Oxford companion to the mind.* New York: Oxford University Press.

Grigorenko, E. L., & Sternberg, R. J. (1997). Styles of thinking, abilities, and academic performance. *Exceptional Children, 63,* 295-312.

Guskey, T. R. (1985). *Implementing mastery learning.* Belmont, CA: Wadsworth.

Guskey, T., & Pigottt, T. (1988). Research on groupbased mastery learning programs: a metaanalysis. *Journal of Educational Research, 81,* 197-216.

Haensly, P. A., & Reynolds, C. R. (1989). Creativity and intelligence. In J. A. Glover, R. R. Ronning, & C. R. Reynolds (Eds.), *Handbook of creativity* (pp. 111-132). New York: Plenum.

Hall, G. S. (1891). The content of children' s minds on entering school. *Pedagogical Seminary, 1,* 139-173.

Hall, G. S. (1904). *Adolescence: Its psychology and its relation to physiology, anthropology, sociology, sex, crime, religion, and education* (Vol. 1-2). New York: Appleton.

Hall, G. S. (1911). *Educational problems.* New York: Appleton.

Hamilton, S. F. (1983). The social side of schooling: Ecological studies of classroom and schools. *Elementary School Journal, 83,* 313-334.

Hannafin, M. J., & Peck, K. L. (1988). *The design, development, and evaluation of instructional software.* New York: Mac Millan Publishing Co.

Hansen, J. C. (1977). *Counseling: theory and process.* Boston: Allyn and Bacon.

Hansen, J. C., Warner, R. W., & Smith, E. J. (1980). *Group counseling: theory and process.* Chicago: Rand McNally.

Hansgen, R. D. (1991). Can education become a science? *Phi Delta Kappan, 72,* 689-694.

Harlow, H. F., & Harlow, M. K. (1962). Social deprivation in monkeys. *Scientific American, 207,* 137-146.

Harre, R., & Lamb, R. (1983). *The encyclopedic dictionary of psychology.* Cambridge, MA: MIT Press.

Harter, S. (1978). Effective motivation reconsidered: Toward a developmental model. *Human Development, 21,* 34-64.

Harter, S., Whitesell, N. R., & Kowalski, P. (1992). Individual differences in the effect of educational transitions on young adolescents' perceptions of competence and motivational orientation. *American Educational Research Journal, 29,* 777-807.

Havighurst, R. J. (1972). *Developmental tasks and education* (3rd ed.). New York: Mckay.

Haynes, M., & Jenkins, J. (1986). Reading instruction in special education resource rooms. *American Educational Research Journal, 23,* 161-190.

Hebb, D. O. (1955). Drives and the CNS (conceptual nervous system). *Psychological Review, 62,* 243-254.

Helms, B. J., & Gable, R. K. (1990). *Assessing and dealing with school related stress in grade 3-12 students.* Paper presented at the Annual Meeting of the American Educational Research Association. Boston.

Hembree, R. (1988). Correlates, causes, effects, and treatment of test anxiety. *Review of Educational Research, 58,* 47-77.

Henker, B., & Whalen, C. K. (1989). Hyperactivity and attention deficits. *American Psychologist, 44,* 216-223.

Hennessey, B. A. (1995). Social, environmental, and developmental issues and creativity. *Educational Psychology Review, 7,* 163-183.

Hennessey, B. A., & Amabile, T. M. (1988). The role of environment in creativity. In R. J. Sternberg (Ed.), *The nature of creativity* (pp. 11-38). Cambridge, MA: Cambridge University Press.

Herr, E. L. (1979). *Guidance and counseling in the schools.* Falls Church, VA: American Personnel and Guidance Association.

Hess, R., & McDevitt, T. (1984). Some cognitive consequences of maternal intervention techniques: A longitudinal study. *Child Development, 55,* 2017-2020.

Hetherington, E. M. (1989). Copying with family trnsitions: Winners, losers, and survivors. *Child Development, 60,* 1-4.

Hetherington, E. M., & Clingempeel, W. G. (1992). Coping with marital transitions: A family systems perspective. *Monographs of the Society for Research in Child Development, 57,* (2-3, Serial No. 227)

Hetherington, E. M., Cox, M., & Cox, R. (1982). Effects of divorce on parents and children. In

M. E. Lamb (Ed.), *Nontraditional families: Parenting and child development* (pp. 233-288). Hillsdale, NJ: Erlbaum.

Hidi, S. (1990). Interest and its contribution as a mental resource for learning. *Review of Educational Research, 60*, 549-571.

Hidi, S., & Anderson, V. (1992). Situational interest and its impact on reading and expository writing. In K. A. Renninger, S. Hidi, & A. Krapp (Eds.), *The role of interest in learning and development* (pp. 215-238). Hillsdale, NJ: Erlbaum.

Hidi, S., & McLaren, J. (1990). The effect of topic and theme interestingness on the production of school expositions. In H. Mandl, E. De Corte, N. Bennett, & H. F. Friedrich (Eds.), *Learning and instruction: European research in an international context* (Vol. 2, pp. 295-308). Oxford, UK: Pergamon.

Hiebert, J., Wearne, D., & Taber, S. (1991). Fourth graders' gradual construction of decimal fractions during instruction using different physical representations. *Elementary School Journal, 91*, 321-341.

Hill, K. T. (1972). Anxiety in the evaluative context. In W. Hartup (Ed.), *Young child* (Vol. 2, pp. 225-263). Washigton, DC: National Association for the Education of Young Children.

Hill, K. T. (1984). Debilitating motivation and testing: A major educational problem, possible solutions, and policy applications. In R. E. Ames, & C. Ames (Eds.), *Research on motivation in education Student motivation* (Vol. 1, pp. 245-274). New York: Academic Press.

Hill, K. T., & Eaton, W. O. (1977). The interaction of test anxiety and successfailure experiences in determining children' s arithmetic perform-ance. *Developmental Psychology, 13*, 205-211.

Hill, K. T., & Wigfield, A. (1984). Test anxiety: A major educational problem and what can be done about it. *Elementary School Journal, 85*, 105-126.

Hill, W. F. (2002). *Learning: A survey of psychological interpretations* (7th ed.). Boston: Allyn and Bacon.

Hilton, T. L., & Berglund, G. W. (1974). Sex differences in mathematics achievement: A longitudinal study. *Journal of Educational Research, 67*, 232-237.

Hinde, R. A. (1989). Ethological and relationship approaches. In R. Vasta (Ed.), *Annals of child development* (Vol. 6, pp. 251-285). Greenwich, CT: JAI Press.

Hines, C. V., Cruickshank, D. R., & Kennedy, J. J. (1985). Teacher clarity and its relation to student achievement and satisfaction. *American Educational Research Journal, 22*, 87-99.

Hines, M. (1988). Similarities and differences in group and family. *Journal for Specialists in Group Work, 13*, 173-179.

Holroyd, K. A., & Appel, M. A. (1980). Test anxiety and physiological responding. In I. G. Sarason (Ed.), *Test anxiety: Theory, research, and applications* (pp. 129-151). Hillsdale, NJ: Lawrence Erlbaum Associates.

Hopkins, L. (1886). *Educational psychology.* Boston: Lea and Shepard.

Horn, J. L. (1968). Organization of abilities and the development of intelligence. *Psychological Review, 75*, 242-259.

Hull, C. L. (1951). *Essential of behavior.* New Haven, CT: Yale University Press.

Humphery, J. H. (1993). *Stress management for elementary schools.* Springfield, IL: Charles C. Thomas Publisher.

Humphrey, J. A., & Traxler, A. E. (1954). *Guidance services.* Chicago: Science Research Associates.

Hunt, J. McV. (1961). *Intelligence and experience.* New York: Ronald Press.

Hunt. E. (1990). A modern arsenal for mental assessment. *Educational Psychologist, 25,* 223-241.

Ingram, C. P. (1953). *Education of the slow learning child.* New York: The Romald Press Co.

Irwin, D. B., & Simons, J. A. (1994). *Lifespan developmental psychology.* Madison, WI: Brown & Benchmark.

Ittelson, W. H. (1973). *Environmental perception and contemporary perceptual theory.* New York: Seminar Press Inc.

Jacklin, C. N. (1989). Female and male: Issues of gender. *American Psychologist, 44,* 127-133.

Jackson, P. W., & Messick, S. (1967). The person, the product, and the response: Conceptual problems in the assessment of creativity. In J. Kagan (Ed.), *Creativity and learning* (pp. 1-19). Boston: Houghton Mifflin.

Jacobsen, D., Eggen, P., & Kauchak, D. (1989). *Methods for teaching* (3rd ed.). Columbus, OH: Merrill.

Jahoda, M. (1950). Toward a social psychology of mental health. In M. J. E. Senn (Ed.), *Symposium on the health personality* (pp. 211-230). New York: Josiah Macy, Jr. Foundation.

James, W. (1890). *Principles of psychology.* New York: Dover.

James, W. (1899). *Talks to teachers on psychology and to students on some of life's ideals.* New York: Holt.

Jamison, D., Suppes, P., & Wells, S. (1974). The effectiveness of alternative instructional media: A survey. *Review of Educational Research, 44,* 1-68.

Johnson, D. W., & Johnson, R. T. (1984). Learning together and learning alone: *Cooperation, competition and individualization.* Englewood Cliffs, NJ: Prentice-Hall.

Johnson, D., & Johnson, R. (1987). *Learning together and alone: Cooperative, competitive and individualistic learning.* Englewood Cliffs, NJ: Prentice-Hall.

Johnson, J., & Ruskin, R. (1977). *Behavioral instruction: An evaluative review.* Washington, DC: American Psychological Association.

Jones, E. D., & Southern, W. T. (1991). Conclusions about acceleration: Echoes of a debate. In W. Southern, & E. Jones (Eds.), *The academic acceleration of gifted children* (pp. 223-228). New York: Teachers College Press.

Joyce, B. R., & Weil, M. (1980). *Models of teaching.* Englewood Cliffs, NJ: Prentice Hall.

Joyce, B., & Weil, M. (1996). *Models of teaching* (5th ed.). Boston: Allyn & Bacon.

Jung, C. G. (1925). *Psychology of the unconscious.* New York: Dodd.

Kagan, J., & Kogan, N. (1970). Individual variation in cognitive processes. In P. H. Mussen (Ed.), *Carmichael's manual of child psychology* (Vol. 1, pp. 1273-1365). New York: Wiley.

Kagan, J., Moss, H. A., & Sigel, I. E. (1963). Psychological significance of styles of conceptualization. In J. C. Wright, & J. Kagan (Eds.), *Basic cognitive process in children* (pp. 73-112). Chicago: The University of Chicago Press.

Kauffman, J. M., & Hallahan, D. P. (1976). *Teaching children with learning disabilities: Personal perspectives.* Columbus, OH: Charles E. Merrill.

Keating, D. P. (1990). Charting pathways to the development of expertise. *Educational Psychologist, 25,* 243-267.

Kehas, C. D. (1970). Toward a redifinition of education: A new framework for counseling in education. In B. Shertzer, & S. C. Stone (Eds.),

Introduction to guidance: Selected readings. Boston: Houghton Mifflin.

Keller, F. S. (1968). Good-bye teacher. *Journal of Applied Behavioral Analysis,* 1, 79-89.

Keller, J. M. (1983). Motivational design of instruction. In Reigeluth, C. M. (Ed.), *Instructional design theories and models: An overview of their current status* (pp. 289-320). Hillsdale, NJ: Erlbaum.

Kim, A. (1993). *Failure tolerance in Korean grade school students: Development and sex differences.* Paper presented at the AERA annual conference, Atlanta, Georgia.

Kindsvatter, R., Wilen, W., & Ishler, M. (1988). *Dynamics of effective teaching.* New York: Longman.

King, A. (1994). Guiding knowledge construction in the classroom: Effects of teaching children how to question and how to explain. *American Educational Research Journal, 31,* 338-368.

Kintsch, W. (1980). Learning from text, levels of comprehension, or: Why anyone would read a story anyway. *Poetics, 9,* 87-98.

Kirk, S. A. (1972). Educating exceptional children. Boston: Hougton Mifflim Co.

Kirk, S. A., & Gallagher, J. (1990). *Educating exceptional students* (5th ed.). Boston: Houghton Mifflin.

Kirklamd, M. C. (1971). The effect of tests on students and schools. *Review of Educational research, 41,* 303-350.

Kirton, M. J. (Ed.). (1989). *Adaptors and innovators at work: Styles of creativity and problem-solving.* London: Routledge.

Klahr, D. (1992). Information processing approaches to cognitive development. In M. H. Bornstein, & M. E. Lamb (Eds.), *Developmental psychology; An advanced textbook* (3rd ed., pp. 273-335). Hillsdale, NJ: Erlbaum.

Klaus, M., & Kennell, J. (1982). *Parent-infant bonding.* St. Louis, MO: Mosby.

Knapp, M. S., & Woolverton, S. (1995). Social class and schooling. In J. A. Banks, & C. A. M. Banks (Eds.), *Handbook of research on multicultural education* (pp. 656-681). New York: Macmillan.

Koestner, R., Ryan, R. M., Bernieri, F., & Holt, K. (1984). Setting limits on children' s behavior: The differential effects of controlling vs. informational styles in intrinsic motivation and creativity. *Journal of Personality, 52,* 233-248.

Kohberg, L. (1958). *The development of modes of moral thinking and choice in the years 10 to 16.* Unpublished doctoral dissertation. University of Chicago. Chicago.

Kohlberg, L. (1984). *Essays on moral development: Vol. 2. The psychology of moral development.* New York: Harper and Row.

Köller, W. (1925). *The mentality of apes.* New York: Liveright.

Krabbe, M., & Polivka, J. (1990). *An analysis of students' perceptions of effective teaching behaviors during discussion activity.* Paper presented at the annual meeting of the American Educational Research Association, Boston.

Krapp, A., Hidi, S., & Renninger, K. A. (1992). Interest, learning, and development. In K. A. Renninger, S. Hidi, & A. Krapp (Eds.), *The role of interest in learning and development* (pp. 3-25). Hillsdale, NJ: Erlbaum.

Kratochwill, T. R., & Bijou, S. W. (1987). The impact of behaviorism on educational psychology. In J. A. Glover, & R. R. Ronning (Eds.), *Historical foundations of educational psychology* (pp. 131-154). New York: Plenum Press.

Krumboltz, J. D., & Thoresen, C. E. (1976).

Counseling methods. New York: Holt, Rinehart & Winston.

Kuhl, J. (1994). A theory of action and state orientation. In J. Kuhl, & J. Beckman. (Eds.), *Volition and personality: Action versus state orientation* (pp. 9-46). Seattle, WA: Hogrefe & Huber.

Kuhn, D. (1974). Inducing development experimentally: Comments on a research paradigm. *Developmental Psychology, 10,* 590-600.

Kuhn, D. (1991). Education for thinking: What can psychology contribute? In M. Schwebel, C. A. Maher, & N. S. Fagley (Eds.), *Promoting cognitive growth over the life span* (pp. 25-46). Hillsdale, NJ: Erlbaum.

Kuhn, T. S. (1970). *The structure of scientific revolution.* Chicago: University of Chicago Press.

Kulik, C., Kulik, J., & Bangert Drowns, R. (1990). Effectiveness of mastery learning programs: A metaanalysis. *Review of Educational Research, 60,* 265-299.

Kulik, J. A., & Kulik, C. C. (1984). Effects of accelerated instruction on students. *Review of Educational Research, 54,* 409-425.

Kulik, J. A., & Kulik, C. L. (1988). Timing of feedback and verbal learning. *Review of Educational Research Journal, 21,* 79-97.

Lamb, M. E. (1994). Infant care practices and the application of knowledge. In C. B. Fisher, & R. M. Lerner (Eds.), *Applied developmental psychology* (pp. 23-45). New York: McGraw-Hill.

Land, M. L. (1987). Vagueness and clarity. In M. Dunkin (Ed.), *The international encyclopedia of teaching and teacher education* (pp. 392-397). New York: Pergamon.

Land, M. L., & Smigh, L. R. (1979). The effect of low inference teacher clarity inhibitors on student achievement. *Journal of Teacher Education, 30,* 55-57.

Lang, K. A., Mueller, J. H., & Nelson, R. E. (1983). Test anxiety and self-schemas. *Motivation and Emotion, 7,* 169-178.

Langley, P., Simon, H. A., Bradshaw, G. L., & Zytkow, J. M. (1987). *Scientific discovery: Computational explorations of the creative processes.* Cambridge, MA: MIT Press.

Lawson, A., & Snitgren, D. (1982). Teaching formal reasoning in a college biology course for preservice teachers. *Journal of Research in Science Teaching, 19,* 233-248.

Lawson, D. (1994). Identifying pretreatment change. *Journal of Counseling and Development, 68,* 309-312.

Lawton, M. P. (1979). *Clinical geropsychology: Problems and prospects. In master lecture series on the psychology of aging.* Washington, DC: American Psychology Association.

Lazarus, R. S. (1966). *Psychological stress and the coping process.* New York: McGraw-Hill.

Lazarus, R. S., & Folkman, S. (1984). *Stress, appraisal, and coping.* New York: Springer Publishing.

Lehner, G. F. T. (1952). Defining psychotherapy. *American Psychologist, 7,* 547.

Lerman, D. C., & Iwata, B. A. (1995). Prevalence of the extinction burst and its attenuation during treatment. *Journal of Applied Behavior Analysis, 28,* 93-94.

Lerner, J. V., & Abrams, A. (1994). Developmental correlates of maternal employment influences on children. In C. B. Fisher, & R. M. Lerner (Eds.), *Applied developmental psychology* (pp. 174-192). New York: McGraw-Hill.

Lerner, J. W. (1976). *Children with learning disabilities: Theories, diagnosis, and teaching strategies.* Boston: Houghton Mifflim Co.

Levy, D. (1943). *Marital overprotection.* New York: Columbia University Press.

Lewin, K. (1942). Field theory of learning. In N. B. Henry (Ed.), *Year book: National society for the study of education, committee on the psychology of learning,* 41st. part 2 (pp. 215-242). Chicago: University of Chicago Press.

Lewin, K., Lippitt, R., & White, R. (1939). Patterns of aggressive behavior in experimentally created social climates. *Journal of Social Psychology, 10,* 271-291.

Lidz, T. (1965). A study of the relationship between his productive power and his schizophrenia, Psyche (Stuttg), 18, 591-605.

Lidz, T., & Cornolson, A. S. (1965). *Schizophrenia and the family.* New York: International Universities. Press, Inc.

Liebert, R. M., & Morris, L. W. (1967). Cognitive and emotional components of test and emotional components of test anxiety: A distinction and some initial data. *Psychological Reports, 20,* 975-978.

Lim, W., Plucker, J. A., & Im, K. (2002). We are more alike than we think we are. *Intelligence, 30,* 185-208.

Lindsley, O. R. (1992). Why aren' t effective teaching tools adopted? *Journal of Applied Behavior Analysis, 25,* 21-26.

LoPiccolo, J. (1978). Direct treatment of sexual dysfunction. In J. LoPiccolo, & L. LoPiccolo (Eds.), *Handbook of sex therapy* (pp. 1-17). New York: Plenum.

Lynch, R. K., & Maki, D. (1981). Searching for structure: A traitfactor approach to vocational rehabilitation. *Vocational Guidance Quartery, 30,* 61-68.

MacKinnon, D. W. (1962). The nature and nurture of creative potential. *American Psychologist, 17,* 484-495.

MacKinnon, D. W. (1995). The creative product. In M. Joyce, S. Isaksen, G. Puccio, F. Davidson, & C. Coppage. (Eds.), *Introduction to creativity* (pp. 146-148). Acton, Mass: Copley Publishing Group.

Maddox, H., & Hoole, E. (1975). Performance decrement in the lecture. *Educational Review, 28,* 17-30.

Mager, R. F. (1962). *Preparing instructional objectives.* Belmont, CA: Pitman Learning.

Mahler, C. A. (1969). *Group counseling in the school.* Boston: Houghton Mifflin.

Maier, N. R. F. (1933). An aspect of human reasoning. *British Journal of Psychology, 24,* 144-150.

Maltzman, I. (1960). On the training of originality. *Psychological Review, 67,* 229-242.

Mandler, G., & Watson, D. L. (1966). Anxiety and the interruption of behavior. In C. D. Spielberger (Ed.), *Anxiety and behavior* (pp. 263-288). New York: Academic Press.

Marcia, J. (1980). Ego identity development. In J. Adelson (Ed.), *Handbook of adolescent psychology* (pp. 159-187). New York: Wiley.

Marsh, G. E., Gearheart, C. K., & Gearheart, B. R. (1978). *The learning disabled adolescent: Program alternatives in the secondary school.* Saint Louis, MO: The C. V. Mosby Co.

Martin, T. C., & Bumpass, L. L. (1989). Recent trends in marital disruption. *Demography, 26,* 37-51.

Maslow, A. H. (1943). A theory of human motivation. *Psychological Review, 50,* 370-396.

Maslow, A. H. (1954). *Motivation and personality.* New York: Harper & Row.

Maslow, A. H. (1970). *Motivation and personality* (rev. ed.). New York: Harper & Row.

Mason, T., & Stipek, D. (1989). The stability of students' achievementrelated thoughts and school performance from one grade to the next. *The elementary School Journal, 90,* 57-60.

Masters, W. H., & Johnson, V. E. (1970). *Human sexual inadequacy.* Boston: Little Brown.

Mayer, R. E. (1983). Can you repeat that? Qualitative effects of repetition and advance organizers on learning from science prose. *Journal of Educational Psychology, 75,* 40-49.

Mayer, R. E. (1984). Aids to text comprehension. *Educational Psychologist, 19,* 30-42.

Mayer, R. E., & Gallini, J. K. (1990). When is an illustration worth ten thousand words? *Journal of Educational Psychology, 82,* 715-726.

Mazur, J. (1990). *Learning and behavior* (2nd ed.). Englewood Cliffs, NJ: Prentice-Hall.

McCarthy, D. (1946). Language development in children. In L. Carmichael (Ed.), *Manual of child psychology* (pp. 476-581). New York: Wiley.

McCartney, K., Harris, M. J., & Bernieri, F. (1990). Growing up and growing apart: A developmental metaanalysis of twin studies. *Psychological Bulletin, 107,* 226-237.

McCaslin, M., & Good, T. (1996). The informal curriculum. In D. Berliner, & R. Calfee (Eds.), *Handbook of educational psychology* (pp. 622-670). New York: Macmillan.

McClelland, D. (1985). *Human motivation.* Glenview, IL: Scott, Joresman.

McCutcheon, G. (1982). How do elementary school teachers plan? The nature of planning and influences on it. In W. Doyle, & T. L. Good (Eds.), *Focus on teaching: Readings from the Elementary School Journal* (pp. 239-259). Chicago: University of Chicago Press.

McDaniel-Hine, L., & Willower, D. (1988). Elementary school teachers' work behavior. *Journal of Educational Research, 81,* 274-281.

McGoldrick, M., Pearce, J. K., & Giordano, J. (Eds.). (1982). *Ethnicity and family therapy.* New York: Guilford.

McKeown, M. G., & Beck, I. I. (1990). The assessment and characterization of young learners' knowledge of a topic in history. *American Educational Research Journal, 27,* 688-726.

McLoyd, V. C. (1989). Socialization and development in a changing economy: The effects of paternal job and income loss on children. *American Psychologist, 44,* 293-302.

Mednick, S. A., & Mednick, M. T. (1967). *Remote associates test examiner's manual.* Boston: Houghton Mifflin.

Meichenbaum, D. (1977). *Cognitive behavior modification: An integrative approach.* New York: Plenum.

Meichenbaum, D., Burland, S., Gruson, D. E., & Cameron, A. W. (1985). Cognitive development of memory. *Canadian Journal of Psychology, 64.*

Menacker, J. (1976). Toward a theory of activist guidance. *Personnel and Guidance Journal, 54,* 318-321.

Merrill, P. F. (1978). Hierarchical and information processing task analysis: A comparison. *Journal of Instructional Development. 102,* 35-40.

Merton, R. K. (1975). Structural analysis in sociology. In P. M. Blau (Ed.), *Approaches to the study of social structure* (pp. 21-52). New York: The Free Press.

Metz, H. H. (1990). How social class differences shape teachers' work. In J. E. Talbert, & N. Bascia (Eds.), *The context of teaching in secondary schools: Teachers' realities* (pp. 40-107). New York: Teachers College Press.

Michael, W. B., & Colson, K. R. (1979). The development and validation of a life experience inventory for the identification of creative electrical engineers. *Educational and*

Psychological Measurement, 39, 463-470.

Mill, J. (1829). *The analysis of the phenomena of the human mind.* London: Baldwin and Cradock.

Miller, C. (1971). *Foundations of guidance.* New York: Harper & Row.

Miller, P. H. (1989). *Theories of developmental psychology.* New York: Freeman.

Miller, R. B. (1962). Task description and analysis. In R. M. Gagne (Ed.), *Psychological principles in system development* (pp. 187-230). New York: Holt.

Minton, H. L., & Schneider, F. W. (1980). *Differential psychology.* Motery, CA: Brooks/Cole.

Minuchin, S. (1974). *Families and family therapy.* Cambridge, MA: Harvard University Press.

Minuchin, S., & Fishman, H. C. (1981). *Family therapy techniques.* Cambridge, MA: Harvard University Press.

Minuchin, S., Montalvo, B., Guerney, B., Rosman, B., & Schumer, F. (1967). *Families of the slums.* New York: Basic Books.

Moore, K. (1989). *Classroom teaching skills.* New York: Random House.

Morgan, M. (1984). Rewardinduced decrements and increments in intrinsic motivation. *Review of Educational Research, 54*, 5-30.

Morris, C. G. (1982). *Psychology: An introduction* (4th ed.). Englewood Cliffs, NJ: Prentice-Hall.

Mosak, H. (1989). Adlerian psychotherapy. In R. J. Corsini, & D. Wedding (Eds.), *Current psychotherapies* (4th ed., pp. 65-116). Itasca, IL: F. E. Peacock.

Mueller, J. H. (1980). Test anxiety and the encoding and retrieval of information. In I. G. Sarason (Ed.), *Test anxiety: Theory , research, and applications* (pp. 63-86). Hillsdale, NJ: Erlbaum.

Muller, D. P., Edwards, D. W., & Yarvis, R. M. (1978). Stressful life events and community mental health center patients. *The Journal of nervous & Mental Disease, 166*, 16-24.

Mumford, M. D., Supinski, E. P., Baughman, W. A., Costanza, D. P., & Threlfall, K. V. (1997). Processbased measure of creative problemsolving skills: V. Overall prediction. *Creativity Research Journal, 10*, 73-85.

Murray, H. (1983). Low inference classroom teaching behavior and student ratings of college teaching effectiveness. *Journal of Educational Psychology, 75*, 138-149.

Mussen, P. H. (1973). *The psychological development of the child, foundation of modern psychology series.* Englewood Cliffs, NJ: Prentice-Hall.

Myers, C. (1970). Journal citations and scientific eminence in contemporary psychology. *American Psychologist, 25*, 1041-1048.

Myers, D. I., & Hamill, D. D. (1976). *Methods for learning disorders.* New York: John Wiley & Soons, Inc.

Naveh-Benjamin, M. (1991). A comparison of training programs intended for different types of testanxious students: Further support for an informationprocessing model. *Journal of Educational Psychology, 83*, 134-139.

Naveh-Benjamin, M., McKeachie, W. J., & Lin Y. (1987). Two types of testanxious students: Support for an information processing model. *Journal of Educational Psychology, 3*, 93-105.

Naven-Benjamin, M., Mckeachie, W. J., Lin, Y. G., Holinger, D. P. (1981). Test anxiety: Deficits in information processing. *Journal of Educational Psychology, 73*, 816-824.

Newell, K., & Simon, H. (1972). *Human problem solving.* Englewood Cliffs, NJ: Prentice-Hall.

Nicholls, J. G. (1979). Quality and equality in intellectual development. *American*

Psychologist, 34, 1017-1084.

Nicholls, J. G. (1983). Conceptions of ability and achievement motivation: A theory and its implications for education. In S. G. Paris, G. M. Olson, & H. W. Stevenson (Eds.), *Learning and motivation in the classroom* (pp. 211-237). Hillsdale, NJ: Erlbaum.

Nicholls, J. G. (1984). Achievement motivation: Conceptions of ability, subjective experience, task choice, and performance. *Psychological Review, 91*, 328-346.

Nichols, M., & Schwartz, R. C. (1991). *Family therapy: Concepts and methods* (2nd.), New York: Gardner.

Nichols, W. C. (1993). *The AAMFT: 50 years of marital and family therapy.* Washington, DC: AAMFT.

Niemiec, R., & Walberg, H. J. (1987). Comparative effects of computer-assisted instruction: A Synthesis of reviews. *Journal of Educational Computing Research, 3*, 19-37.

Nisan, M., & Kohlberg, L. (1982). Universality and variation in moral judgment: A longitudinal and crosssection study in Turkey. *Child Development, 53*, 865-876.

Norcross, J. C., & Newman, C. F. (1992). Psychotherapy integration: Setting the context. In J. C. Norcross, & M. R. Goldfried (Eds.), *Handbook of psychotherapy integration* (pp. 3-45). New York: Basic Books.

Norman, D. A. (1982). *Learning and memory.* San Francisco: Freeman.

Norris, W., Hatch, R. Engelkes, J. R., & Winborn, B. B. (1979). *The Career informational service.* Chicago: Rand McNally & Company.

Novak, M. A., & Harlow, H. F. (1975). Social recovery of monkeys isolated for the first year of life. *Developmental Psychology, 11*, 453-465.

Nye, F. I. (1958). *Family relationships and delinquent behavior.* New York: John Willey & Aons, Inc.

Nystrand, M., & Gamoran, A. (1989). *Instructional discourse and student engagement.* Paper presented at the annual meeting of the American Educational Research Association, San Francisco.

O' Donnell, A. M. (1996). Effects of explicit incentives on scripted and unscripted cooperation. *Journal of Educational Psychology, 88*, 74-86.

O' Hanlon, W. H., & Weiner-Davis, M. (1989). *In search of solutions: A new direction in psychotherapy.* New York: Norton.

Ormrod, J. E. (1999). Human learning. (3rd ed.). Upper Saddle River, NJ: Merrill/Prentice Hall.

Ornstein, A. C., & Miller, H. L. (1980). *Looking into education: An introduction to American education.* Chicago: Rand McNally.

Osborn, A. F. (1963). *Applied imagination: Principles and procedures of creative problem solving* (3rd ed.). New York: Scriber.

Oser, F. (1986). Moral education and values education: The discourse perspective. In M. Wittrock (Ed.), *Handbook of research on teaching* (pp. 917-941). New York: Macmillan.

Otteson, J., & Otteson, C. (1980). Effects of teacher gaze on children' s story recall. *Perceptual and Motor Skill, 50*, 35-42.

Paivio, A. (1971). *Imagery and verbal processes.* New York: Holt.

Palincsar, A. S., & Brown, A. L. (1989). Classroom dialogue to promote self-regulated comprehension. In J. Brophy (Ed.), *Advances in research on teaching* (pp. 35-71). Greenwich, CT: JAI Press.

Parten, M. (1932). Social participation among preschool children. *Journal of Abnormal Psychology, 27*, 243-268.

Patterson, G. R. (1971). *Families: Applications of social learning to family life.* Champaign, IL: Research Press.

Perkins, D. N. (1981). *The mind's best work.* Cambridge, MA: Harvard University Press.

Perkins, D. N. (1988). Creativity and the quest for mechanism. In R. J. Sternberg, & E. E. Smith (Eds.), *The psychology of human thought* (pp. 309-336). New York: Cambridge University Press.

Peters, H. J., & Farwell, G. F. (1967). *Guidance: A developmental approach.* Chicago: Rand McNally.

Pettit, G. S., Bakshi, A., Dodge, K. A., & Coie, J. D. (1990). The emergence of social dominance in young boys' play groups. *Developmental Psychology, 26,* 1017-1025.

Pfiffer, L., Rosen, L., & O' Leary, S. (1985). The efficacy of an all positive approach to classroom management. *Journal of Applied Behavior Analysis, 18,* 257-261.

Philips, B. N. (1978). *School stress and anxiety theory, research, and intervention.* New York: Human Sciences Press.

Phillips, B. N., Martin, R. P., & Zormal, L. (1971). Factorial structure of the children' s school questionnaire in American & Slovenian samples. *Journal of Cross-Cultural Psychology, 2,* 65-76.

Phillips, B. N., Pitcher, G. D., Worsham, M. E., & Miller, S. C. (1980). Test anxiety and the school environment. In I. G. Sarason (Ed.), *Test anxiety: Theory, research, and applications* (pp. 327-346). Hillsdale, NJ: Erlbaum.

Piaget, J. (1932). *The moral judgement of the child* (Translates by M. Worden). New York: Harcourt, Brace & World.

Piaget, J. (1950). *The Psychology of intelligence.* New York: Harcourt, Brace & World.

Piaget, J. (1959). *The language and thought of the child.* London: Routledge & Kegan Paul.

Piaget, J. (1965). *The moral judgment of the child* (M. Gabain, Trans.). New York: The Free Press. (Original work published 1932)

Piaget, J. (1974). *Understanding causality* (D. Miles & M. Miles, Trans.). New York: Norton.

Pietrofesa, J. J., Bernstein, B., Minor, J., & Stanford, S. (1980). *Guidance: An introduction.* Chicago: Rand McNally.

Pintrich, P. R., & Schrauben, B. (1992). Students' motivational beliefs and their cognitive engagement in classroom academic tasks. In D. Schunk, & J. Meece (Eds.), *Student perceptions in the classroom: Causes and consequences* (pp. 149-183). Hillsdale, NJ: Erlbaum.

Pintrich, P. R., Marx, R. W., & Boyle, R. A. (1993). Beyond cold conceptual change: The role of motivational belief and classroom contextual factors in the process of conceptual change. *Review of Educational Research, 63,* 167-199.

Piirto, J. (1999). *Talented children and adults: Their development and education* (2nd ed.). Upper Saddle River, NJ: Merrill.

Plucker, J. A., & Renzulli, J. S. (1999). Psychometric approaches to the study of human creativity. In R. J. Sternberg (Ed.), *Handbook of creativity* (pp. 35-61). New York: Cambridge University Press.

Premack, D. (1965). Reinforcement theory. In D. Levine (Ed.), *Nebraska symposium on motivation* (Vol. 13, pp. 3-41). Lincoln, NE: University of Nebraska Press.

Preston, J. (1998). *Integrative brief therapy: Cognitive, psychodynamic, humanistic and neurobehavioral approaches.* San Luis Obispo, CA: Impact Publishers.

Pring, R. (1971). Bloom' s taxonomy: A philosophical critique. *Cambridge Journal of Education, 1,*

83-91.

Qin, Z., Johnson, D. W., & Johnson, R. T. (1995). Cooperative versus competitive efforts and problem solving. *Review of Educational Research, 65*, 129-143.

Reigeluth, C. M. (1983). *Instructional design theories and models*. Hillsdale, NJ: Erlbaum.

Reigeluth, C. M., & Merrill, M. D. (1979). Classes of instructional variables. *Educational Technology, 19*. 5-24.

Renzulli, J. S. (1986). The three-ring conception of giftedeness: A developmental model for creative productivity. In R. J. Sternberg, & J. E. Davidson (Eds.), *Conceptions of giftedness* (pp. 53-92). Cambridge, New York: Cambridge University Press.

Renzulli, J. S. (1994). *Schools for talent development: A practical plan for total school improvement*. Mansfield Center, CT: Creative Learning Press.

Renzulli, J. S., Smith, L. H., & Reis, S. M. (1982). Curriculum compacting: An essential strategy for working with gifted students. *Elementary School Journal, 82*, 185-194.

Resnick, L. B., & Klopfer, L. E. (Eds.) (1989). *Toward the thinking curriculum: Current cognitive research*. Alexandria, VA: Association for Supervision and Curriculum Development.

Reynolds, C. D. (1986). Toward objective diagnosis of learning disabilities. *Special Services in the Schools, 2*, 161-176.

Rhodes, M. (1961). An analysis of creativity. *Phi Delta Kappan, 42*, 305-310.

Rickards, T. J. (1994). Creativity from a business school perspective: Past, present and future. In S. G. Isaksen, M. C Murdock, R. L. Firestien, & D. J. Treffinger (Eds.), *Nurturing and developing creativity: The emergence of a discipline* (pp. 155-176). Norwood, NJ: Ablex.

Rist, R. (1970). Student social class and teacher expectations: The self-fulfilling prophecy in ghetto education. *Harvard Educational Review, 40*, 411-451.

Robertson, L. C. (1986). From Gestalt to neo-Gestalt. In T. J. Knapp, & L. C. Robertson (Eds.), *Approaches to cognition: Contrasts and controversies* (pp. 159-188). Hillsdale, NJ: Erlbaum.

Robinson, E., Wilson, E., & Robinson, S. (1981). The effects of perceived levels of warmth and empathy on student achievement. *Reading Improvement, 18*, 313-318.

Roe, K., Drivas, A., Karagallis, A., & Roe, A. (1985). Sex differences in vocal interaction with mother and stranger in Greek infants: Some cognitive implications. *Developmental Psychology, 21*, 372-377.

Roeber, E. C., Smith G. E., & Erickson, C. E. (1955). *Organizational and Administration of Guidance Service*. New York: McGraw-Hill Book Co.

Rogers, C. R. (1951). *Client-centered therapy*. Boston: Houghton Mifflin.

Rogers, C. R. (1957). The necessary and sufficient conditions of therapeutic personality change. *Journal of Consulting Psychology, 21*, 249-260.

Rogers, C. R. (1961). *On becoming a person*. Boston: Houghton Mifflin.

Rogers, C. R. (1962). The Interpersonal relationship: The core of guidance. *Harvard Educational Review, 32*, 416-429.

Rogers, C. R. (1969). *Freedom to learn*. Columbus, OH: Merrill.

Rollins, H., A. & Genser, L. (1977). Role of cognitive style in a cognitive task: A case favoring the impulsive approach to problem solving. *Journal of Educational Psychology, 69*, 281-287.

Rosencrantz, P., Vogel, S., Bee, H., Broverman, I., & Broverman, D. (1968). Sexrole stereotypes and self-concepts in college students. *Journal of Consulting Psychology, 33*, 287-295.

Rosenshine, B. L. (1977). *Primary grades instruction and achievement.* Paper presented at the annual meeting of the American Educational Research Association, NY.

Rosenshine, B. (1971). Teaching behaviors related to pupil achievement: a review of research. In I. Westbury, & A. A. Bellack (Eds.), *Research into classroom precess: recent development and next steps.* New York: Teacher College Press.

Rosenshine, B., & Furst, N. (1971). Research on teacher performance criteria. In B. Smith (Ed.), *Research in teacher education* (pp. 37-72). Englewood Cliffs, NJ: Prentice-Hall.

Rosenshine, B. L., & Stevens, R. (1986). Teaching functions. In M. C. Wittrock (Ed.), *Handbook of research on teaching* (3rd ed., pp. 376-391). New York: Macmillan.

Rosenthal, R., & Jacobson, J. (1968). *Pygmalion in the classroom: Teacher expectations and pupil's intellectual growth.* New York: Holt, Rinehart and Winston.

Ross, D. M. (1989). First steps in developing a reflective approach. *Journal of Teacher Education, 40*, 22-38.

Rubin, L. J. (1985). *Artistry in teaching.* New York: Random House.

Rumelhart, D. E., & Ortony, A. (1977). Representation of knowledge. In R. C. Anderson., R. J. Spiro., & W. E. Montague (Eds.), *Schooling and the acquisition of knowledge* (pp. 460-471). Hillsdale, NJ: Erlbaum.

Runco, M. A. (1987). Interrater agreement on a socially valid measure of students' creativity. *Psychological Reports, 61*, 1009-1010.

Rusnock, M., & Brandler, N. (1979). *Time off-task: Implications for learning.* Paper presented at the annual meeting of the American Educational Research Association, San Francisco.

Russell, M. L. (1988). *Stress management for chronic disease.* New York: Pergamon Press.

Rutter, M. (1979). Maternal deprivation, 1972-1978: New findings, new concepts, new approa-ches. *Child Development, 50*, 283-305.

Rutter, M., Maughan, B., Mortimore, P., Ouston, J., & Smith, A. (1979). *Fifteen thousand hours.* Cambridge, MA: Harvard University Press.

Ryan, R. M., & Connell, J. P. (1989). Perceived locus of causality and internalization: Examining reasons for acting in two domains. *Journal of Personality and Social Psychology, 57*, 749-761.

Sackett, G. P. (1968). The persistence of abnormal behavior in monkeys following isolation rearing. In R. Porter (Ed.), *The role of learning in psychotherapy* (pp. 3-25). London: Churchill.

Salvia, J., & Ysseldyke, J. (1988). *Assessment in special and remedial education.* Boston: Houghton Mifflin.

Santrock, J. W. (1995). *Life-span development.* Dubuque, IA: Wim C. Brown Communications. Inc.

Sarason, I. G. (Ed.) (1980). *Test anxiety: theory, research, and applications.* Hillsdale, NJ:. Erlbaum.

Sarason, I. G. (1984). Stress, anxiety, and cognitive interference: Reactions to tests. *Journal of Personality and Social Psychology, 46*, 929-938.

Sarason, I. G., & Stoops, R. (1978). Test anxiety and the passage of time. *Journal of Consulting and Clinical Psychology, 46*, 102-109.

Sardo-Brown, D. (1988). Teacher's planning. *The Elementary School Journal, 89*, 68-87.

Savin-Williams, R. C. (1979). Dominance hierarchies in groups of early adolescence. *Child Development, 50,* 923-935.

Saxe, G. B. (1988). Candy selling and math learning. *Educational Researcher, 17,* 14-21.

Schaefer, C. E., & Anastasi, A. (1968). A biographical inventory for identifying creativity in adolescent boys. *Journal of Applied Psychology, 52,* 42-48.

Schaefer, C. I. (1971). *The Creative Attitude Survey.* Jacksonville, IL: Psychologists and Educators Inc.

Schank, R. C. (1979). Interestingness: Controlling inferences. *Artificial Intelligence, 12,* 273-297.

Schiedel, D. G., & Marcia, J. E. (1985). Ego identity, intimacy, sex role orientation, and gender. *Developmental Psychology, 21,* 149-160.

Schiefele, U. (1991). Interest, learning, and motivation. *Educational psychologist, 26,* 299-323.

Schiefele, U. (1992). Topic interest and levels of text comprehension. In K. A. Renninger, S. Hidi, & A. Krapp (Eds.), *The role of interest in learning and development* (pp. 151-182). Hillsdale, NJ: Erlbaum.

Schiefele, U., & Wild, K. (1994, April). *Motivational predictors of strategy use and course grades.* Paper presented at the annual meeting of the American Educational Research Association, New Orleans.

Schiefele, U., Krapp, A., & Winteler, A. (1992). Interest as a predictor of academic achievement: A meta-analysis of research. In K. A. Renninger, S. Hidi, & A. Krapp (Eds.), *The role of interest in learning and development* (pp. 183-212). Hillsdale, NJ: Erlbaum.

Schmuck, R. A., & Schmuck, P. A. (1997). *Group processes in the classroom.* Madison, WI: Brown & Benchmark.

Schmuck, R. A., & Schmuck, P. A. (1992). *Group processes in the classroom* (6th ed.). Dubuque, IA: William C. Brown.

Schofield, J. W., Eurch-Fulcer, R., & Britt, C. L. (1994). Teachers, computer tutors, and teaching: The artificially intelligent tutor as an agent for classroom change. *American Educational Research Journal, 31,* 579-607.

Schunk, D. H. (1990). *Perceptions of efficacy and classroom motivation.* Paper presented at the annual meeting of the American Educational Research Association, Boston.

Sear, S. J., & Navin, S. L. (1983). Stressors in school counseling. *Education, 103,* 333-337.

Seeman, J. (1949). A Study of the process of nondirective psychology. *Therapy Journal of Consulting Psychology, 13,* 157-168.

Seifert, K. L. (1991). *Educational psychology* (2nd ed.). Boston: Houghton Mifflin Co.

Seligman, D. (1975). *Helplessness.* San Francisco: Freeman.

Selye, H. (1976). *The stress of life.* New York: McGraw-Hill.

Sexton, T. L. (1994). Systemic thinking in a linear world: Issues in the application of interactional counseling. *Journal of Counseling and Development, 72,* 249-258.

Schank, R. C., & Abelson, R. P. (1977). *Scripts, plans, goals and understanding: an inquiry into human knowledge structures.* Hillsdale, NJ: Erlbaum.

Sharan, S., & Shachar, C. (1988). *Language and learning in the cooperative classroom.* New York: Springer.

Shavelson, R. J. (1987). Planning. In M. Dunkin (Ed.), *The international encyclopedia of teaching and teacher education* (pp. 483-486). New York: Pergamon Press.

Shavelson, R., & Dempsey-Atwood, N. (1976). Generalize ability of measure of teaching behavior. *Review of educational research, 46*, 553-611.

Sherman, R., & Dinkmeyer, D. (1987). *Systems of family therapy: An Adlerian integration.* New York: Brunner/Mazel.

Shertzer, B., & Stone, S. C. (1981). *Fundamentals of guidance.* Boston: Houghton Mifflin.

Shuell, T. J. (1981). Dimensions of individual differences. In F. H. Farley, & N. J. Gordon (Eds.), *Psychology and education: The state of the union.* Berkley, CA.: McCutchan.

Shulman, L. S. (1986a). Paradigms and research program in the study of teaching: A Comtemporary perspective. In M. C. Wittrock (Ed.), *Handbook of research on teaching* (pp. 3-36). New York: Macmillan.

Shulman, L. S. (1986b). Those Who understand: Knowledge growth in teaching. *Educatimal Researcher, 15*, 1-14.

Shulman, L. S. (1987). Knowledge and teaching: Foundations of the new reform. *Harvard Educational Review, 57*, 1-14.

Simonton, D. K. (1984). *Genius, creativity and leadership.* Cambridge, MA: Harvard University Press.

Simonton, D. K. (1994). *Greatness: Who makes history and why?* New York: Guilford.

Skinner, B. F. (1948). *Walden two.* New York: Macmillan.

Skinner, B. F. (1953). *Science and human behavior.* New York: Macmillan.

Skinner, B. F. (1954). The science of learning and the art of teaching. *Harvard Educational Review, 24*, 86-97.

Skinner, B. F. (1958). Teaching machines. *Science. 128*, 969-977.

Skinner, B. F. (1971). *Beyond freedom and dignity.* New York: Knopf.

Slavin, R. E. (1991). Are cooperative learning and untracking harmful to the gifted. *Educational Leadership, 48*, 68-71.

Slavin, R. E. (1994). *Using student team learning* (4th ed.). Baltimore, MD: Johns Hopkins University, Center for Research on Elementary and Middle Schools.

Slavin, R. E. (1995). *Cooperative learning: Theory, research, and practice* (2nd ed.). Boston: Allyn & Bacon.

Slavin, R. E. (1996). Research on cooperative learning achievement: What we know, what we need to know. *Contemporary Educational Psychology, 21*, 43-69.

Slavin, R. E. (2006). *Educational Psychology* (8th ed.). Boston: Allyn and Bacon.

Smith, D. (1974). Integrating humanism and behaviorism: Toward performance. *Personnel and Guidance Journal, 53*, 513-519.

Smith, L., & Cotten, M. (1980). Effect of lesson vagueness and discontinuity on student achievement and attitude. *Journal of Educational Psychology, 72*, 670-675.

Snyder, S., Bushur, L., Hoeksema, P., Olson, M., Clark, S., Bushur, L., Hoeksema, P., Olson, M., Clark, S., & Snyder, J. (1991). *The effect on instructional clarity and concept structure on students' achievement and perception.* Paper presented at the annual meeting of the American Educational Research Association, Chicago.

Soar, R. S., & Soar, R. M. (1972). An empirical analysis of selected follow through programs: An example of a process approach to evaluation. In I. Gordon (Ed.), *Early childhood education* (pp. 229-259). Chicago: National Society for the Study of Education.

Soar, R. S., & Soar, R. M. (1978). *setting variables, classroom interaction, and multiple pupil outcomes* (Contract No. 60432). Washington, DC: National Institute of Education.

Spearman, C. (1923). *The nature of "intelligence" and the principles of cognition.* London: Macmillan.

Spielberger, C. D. (1976). *Anxiety and behavior.* New York: Academic Press.

Sprinthall, R. C., & Sprinthall, N. A. (1990). *Educational psychology: A developmental approach* (5th ed.). New York: McGraw-Hill.

Sroufe, L. A., & Fleeson, J. (1986). Attachment and the construction of relationships. In W. W. Hartup, & Z. Rubin (Eds.), *Relationships and development* (pp. 51-72). Hillsdale, NJ: Erlbaum.

Stallings, J., & Kaskowitz, D. (1974). *Followthrough classroom evaluation, 1972-1973: A study of implementation.* Menlo Park, CA: Stanford University Research Institute.

Stanley, J. (1976). The case for extreme educational acceleration of intellectually youths. *Gifted Child Quarterly, 20*, 66-75.

Stanley, J. (1978). Radical acceleration: Recent educational innovation at Johns Hopkins University. *Gifted Child Quarterly, 22*, 62-67.

Stanley, J. (1980). On educating the gifted. *Educational Researcher, 9*, 8-12.

Stern, D. (1996). *Active learning in students and teachers.* Paris: Organization for Economic Cooperation and Development.

Sternberg, R. J. (1985a). *Beyond IQ: A triarchic theory of human intelligence.* New York: Cambridge University Press.

Sternberg, R. J. (1985b). Implicit theory of intelligence, creativity, and wisdom. *Journal of Personality and Social Psychology, 49*, 607-627.

Sternberg, R. J. (1987). Teaching intelligence: The application of cognitive psychology to the improvement of intellectual skills. In J. B. Baron, & R. Sternberg (Eds.), *Teaching thinking skills: Theory and practice* (pp. 182-218). New York: Freeman.

Sternberg, R. J. (1988). Mental self-government: A theory of intellectual styles and their development. *Human Development, 31*, 197-224.

Sternberg, R. J. (1990). T & T is explosive combination: Technology and testing. *Educational Psychologist, 25*, 201-222.

Sternberg, R. J. (1996). *Successful intelligence.* New York: Simon & Schuster.

Sternberg, R. J. (1997). *Thinking styles.* New York: Cambridge University Press.

Sternberg, R. J., & Berg, C. A. (1986). Quantitative integration: Definitions of intelligence: A comparison of the 1921 and 1986 symposia. In R. J. Sternberg, & D. K. Detterman (Eds.), *What is intelligence? Contemporary viewpoints on its nature and definition* (155-162). Norwood, NJ: Ablex.

Sternberg, R. J., & Grigorenko, E. L. (1993). Thinking styles and the gifted. *Roeper Review, 16*, 122-130.

Sternberg, R. J., & Grigorenko, E. L. (1995). Styles of thinking in the school. *European Journal for High Ability, 6*, 201-219.

Sternberg, R. J., & Grigorenko, E. L. (1997). Are cognitive styles still in style? *American Psychologist, 52*, 700-712.

Sternberg, R. J., & Lubart, T. I. (1995). *Defying the crowd: Cultivating creativity in a culture of conformity.* New York: Free Press.

Sternberg, R. J., & O' Hara, L. A. (1999). Creativity and intelligence. In R. J. Sternberg (Ed.), *Handbook of creativity* (pp. 251-272). New York: Cambridge University Press.

Sternberg, R. J., Conway, B. E., Ketron, J. L., &

Bernstein, M. (1981). People's conception of intelligence. *Journal of Personality and Social Psychology, 41*, 37-55.

Steuer, F. B. (1994). *The Psychological development of children*. Pacific Grove, CA: Brooks/Cole Publishing Company.

Stevenson, H. W., & Baker, D. P. (1987). The family-school relation and the child's school performance. *Child Development, 58*, 1348-1357.

Stipek, D. J. (1984). Developmental aspects of motivation in children. In R. Ames, & C. Ames (Eds.), *Research on motivation in education: Vol. 1. Student motivation* (pp. 145-174). New York: Academic Press.

Stipek, D. J. (1988). *Motivation to learn*. Englewood Cliffs, NJ: Prentice-Hall.

Stipek, D. J. (1993). *Motivation to learn: From theory to practice* (2nd ed.). Boston: Allyn & Bacon.

Stipek, D. J. (1996). Motivation and instruction. In D. C. Berliner, & R. C. Calfee (Eds.), *Handbook of educational psychology* (pp. 85-113). New York: Macmillan.

Strike, K. (1990). The legal and moral responsibility of teachers. In J. Goodlad, R. Soder, & K. Sirotnik (Eds.), *The moral dimension of teaching* (pp. 188-223). San Francisco: Jossey-Bass.

Stringer, L. A., & Gildwell, J. C. (1967). *Early detection of emotional illness in school children: Final report*. St. Louis, MO: Miss Country Health Department.

Stuart, R. B. (1980). *Helping couples change: A social learning approach to marital therapy*. New York: Guilford.

Sullivan, H. S. (1953). *The interpersonal theory of psychiatry*. New York: Norton.

Swain, C. J. (1985). *Stress as a factor in primary school children's reading difficulties: Some implications for remedial reading*. Denton, TX: Doctoral Dissertation. North Texas State University.

Tardif, T. Z., & R. J. Sternberg (1988). What do we know about creativity. In R. J. sternberg (Ed.), *The nature of creativity: Contemporary psychological perspectives* (pp. 429-440). New York: Cambridge University Press.

Taylor, A. (1975). An emerging view of creative actions. In I. A. Tylor, & J. W. Getzels (Eds.), *Perspectives in creativity* (pp. 297-325). Chicago: Aldine.

Taylor, C. W., & Ellison, R. L. (1968). *The alpha biographical inventory*. Greensboro, NC: Prediction Press.

Taylor, R. (1989). *Assessment of exceptional children* (2nd ed.). Englewood Cliffs, NJ: Prentice-Hall.

Thorndike, E. L. (1903). *Educational psychology*. New York: Lemcke & Buechner.

Thorndike, E. L. (1913). *Psychology of learning: Educational psychology* (Vol. 2). New York: Teachers College Press.

Thorndike, E. L. (1921). *Educational psychology* (Vol. 1-3). New York: Columbia University Teachers College Press.

Thorne, F. C. (1950). Principles of personality Counseling. *Journal of Clinical Psychology*.

Thornton, M., & Fuller, R. (1981). How do college students solve proportion problems? *Journal of Research in Science Teaching, 18*, 335-340.

Tobias, S. (1980). Anxiety and instruction. In I. G. Sarason (Ed.), *Test anxiety: Theory, research and applications* (pp. 223-240). Hillsdale, NJ: Erlbaum.

Tobias, S. (1985). Test anxiety: Interference, defective skills, and cognitive capacity. *Educational Psychologist, 20*, 135-142.

Tobias, S. (1994). Interest, prior knowledge, and learning. *Review of Educational Research, 64*,

37-54.

Tolman, E. C., & Honzik, C. H. (1930). Introduction and removal of reward, and maze performance in rats. *University of California Publications in Psychology, 4,* 257-275.

Torrance, E. P. (1975). Creativity research in education: Still alive. In I. A. Taylor, & J. W. Getzels (Eds.), *Perspective in creativity* (pp. 278-296). Chicago: Aldine.

Torrance, E. P. (1986). Teaching creative and gifted learners. In M. C. Wittrock (Ed.), *Handbook of research on teaching* (3rd ed., pp. 630-647). New York: Macmillan.

Torrance, E. P. (1988). The nature of creativity as manifest in its testing. In R. J. Sternberg (Ed.), *The nature of creativity* (pp. 43-75). Cambridge: Cambridge University press.

Trontzer, J. P. (1988). Family theory as a group resource. *Journal for Specialists in Group Work, 13,* 180-185.

Tryon, G. S. (1980). The measurement and treatment of test anxiety. *Review of Educational Research, 50,* 343-372.

Tulving, E. (1985). How many memory systems are there? *American Psychologist, 40,* 385-398.

Tyler, L. E. (1969). *The work of the counselor.* Englewood Cliffs, NJ: Prentice-Hall.

Vaillant, G., & Vaillant, C. (1981). Natural history of male psychological health: Work as a predictor of positive mental health. *American Journal of Psychiatry, 138,* 1433-1440.

Vallerand, R. J., Fortier, M. S., & Guay, F. (1997). Self-determination and persistence in a reallife setting: Toward a motivational model of high school dropout. *Journal of Personality and Social Psychology, 72,* 1161-1176.

Valverde, L. (1982). The self-evolving supervisor. In T. Sergiovanni (Ed.), *Supervision of teaching* (pp. 81-89). Alexandria, VA: Association for Supervision and Curriculum Development.

Van Patten, J., Chao, C. I., & Reigeluth, C. M. (1986). A review of strategies for sequencing and synthesizing instruction. *Review of Educational Research, 56,* 437-471.

Veenman, S. (1984). Perceived problems of beginning teachers. *Review of Educational Research, 54,* 143-178.

Vygotsky, L. S. (1962). *Thought and language.* Cambridge, MA: Harvard University Press.

Vygotsky, L. S. (1978). *Mind in Society: The development of processes.* Cambridge, MA: Harvard University Press.

Vygotsky, L. S. (1986). *Thought and language.* Cambridge, MA: MIT Press.

Wade, S. E. (1992). How interest affects learning from text. In K. A. Renninger, S. Hidi, & A. Krapp (Eds.), *The role of interest in learning and development* (pp. 255-277). Hillsdale, NJ: Erlbaum.

Walberg, H., & Haertel, G. D. (1992). Educational psychology's first century. *Journal of Educational Psychology, 84,* 6-19.

Wallach, M. A., & Kogan, N. (1965). *Modes of thinking in young children.* New York: Holt, Rinehart and Winston.

Wallas, G. (1926). *The art of thought.* New York: Harcourt, Brace, Jovanovich.

Walsh, F. (1982). Conceptualizations of normal family functioning. In F. Walsh (Ed.), *Normal family processes* (pp. 3-42). New York: Guilford Press.

Wang, M. C., & Stiles, B. (1976). An investigation of children's concept of self-responsibility for their school learning. *American Educational Research Journal, 13,* 159-179.

Watson, J. B. (1925). *Behaviorism.* New York: Norton.

Watson, J. B. (1926). Behaviorism: A psychology based on reflexaction. *Journal of Philosophical Studies, 4*, 454-466.

Webb, N. M., & Palincsar, A. (1996). Group processes in the classroom. In D. C. Berliner, & R. C. Calfee (Eds.), *Handbook of educational psychology* (pp. 841-876). New York: Macmillan.

Weiner, B. (1966). The role of success and failure in the learning of easy and complex tasks. *Journal of Personality and Social Psychology, 3*, 339-344.

Weiner, B. (1979). A theory of motivation for some classroom experiences. *Journal of Educational Psychology, 71*, 3-325.

Weiner, B. (1980). *Human motivation.* New York: Holt, Rinehart & Winston.

Weiner, B. (1985). An attributional theory of achievement motivation and emotion. *Psychological Review, 92*, 548-573.

Weiner, B. (1986). *An attributional theory of motivation and emotion.* New York: Springer.

Weinert, F. E., & Helmke, A. (1995). Learning from wise mother nature or big brother instructor: The wrong choice as seen from an educational perspective. *Educational Psychologist, 30*, 135-143.

Weisberg, R. (1986). *Creativity, genius and other myths.* New York: Freeman.

Weisberg, R. (1988). Problem solving and creativity. In R. J. Sternberg (Ed.), *The nature of creativity* (pp. 148-176). Cambridge, NY: Cambridge University Press.

Weisberg, R. (1993). *Creativity: Beyond the myth of genius.* New York: Freeman.

Weisz, J. (1979). Perceived control and learned helplessness among mentally retarded and non-retarded children: A developmental analysis. *Developmental Psychology, 15*, 311-319.

Welch, W. W. (1979). Twenty years of science curriculum development: A look back. In D. C. Berliner (Ed.), *Review of research in education* (Vol. 7, pp. 282-306). Washington, DC: American Educational Research Association.

Werner, E. E., & Smith, R. S. (1982). *Vulnerable but invincible: A longitudinal study of resilient children and youth.* New York: McGraw-Hill.

Wertheimer, M. (1959). *Productive thinking.* New York: Harper & Row.

Wertsch, J. V. (1985). *Vygotsky and the social formation of mind.* Cambridge, MA: Harvard University Press.

Wertsch, J. V., & Tulviste, P. (1992). L. S. Vygotsky and contemporary developmental psychology. *Developmental Psychology, 28*, 548-557.

White, B. (1984). Designing computer games to help physics students understand Newton's laws of motion. *Cognition and Instruction, 1*, 69-108.

White, M. A., & Harris, M. W. (1961). *The school psychologist.* New York: Harper & Row.

Wigfield, A. (1994). Expectancyvalue theory of achievement motivation: A developmental perspective. *Educational Psychology Review, 6*, 49-78.

Wigfield, A., & Eccles, J. (1989). Test anxiety in elementary and secondary school students. *Educational Psychologist, 24*, 159-183.

Wigfield, A., & Eccles, J. (1992). The development of achievement task values: A theoretical analysis. *Developmental Review, 12*, 265-310.

Wiley, D., & Harnischfeger, A. (1974). Explosion of a myth: Quantity of schooling and exposure to instruction, major education vehicles. *Educational Researcher, 3*, 7-12.

Williams, F. E. (1972). *A total creativity program for*

individualizing and humanizing the learning process. Englewood Cliffs, NJ: Educational Technology Publications.

Williams, R. (1987). Current issues in classroom behavior management. In J. Glover, & R. Ronning (Eds.), *Historical foundations of educational psychology* (pp. 297-325). New York: Plenum Press.

Wine, J. D. (1980). Cognitive-attentional theory of test anxiety. In I. G. Sarason (Ed.), *Test anxiety: theory, research and applications* (pp. 349-385). Hillsdale, NJ: Erlbaum.

Wines, J. D. (1971). Test anxiety and direction of attention. *Psychological Bulletin, 76*, 92-104.

Witkin H. A., Faterson, H. F., Goodenough, D. R., & Karp, S. A. (1962). *Psychological differentiation*. New York: John Willey & Sons.

Witkin, H. A., Moore, C., Goodenough, D., & Cox, P. (1977). Field-dependent and field-independent cognitive styles and their educational implications. *Review of Educational Research, 47*, 1-64.

Witt, L. A., & Beorkrem, M. N. (1989). Climate for creative productivity as a predictor of research usefulness and organizational effectiveness in an R&D organization. *Creativity Research Journal, 2*, 30-40.

Wittrock, M. C. (1992). An empowering conception of educational psychology. *Educational Psychologist, 27*, 129-141.

Wlodkowski, R., & Jaynes, J. (1990). *Eager to learn: Helping children become motivated and love learning*. San Francisco: Jossey-Bass.

Wolman, B. B., Dale, L. A., Schmeidler, G. R., & Ullman, M. (Eds.) (1985). *Handbook of parapsychology*. New York: Van Nostrand & Reinhold.

Woolfolk, A. E. (1993). *Educational psychology* (5th ed.). Boston: Allyn & Bacon.

Woolfolk, A. E. (2004). *Educational psychology* (9th ed.). Boston: Allyn and Bacon.

Woolfolk, A. E., & McCune-Nicolich, L. (1984). *Educational psychology for teachers*. Englewood Cliffs, NJ: Prentice-Hall.

Wubbolding, R. E. (1991). *Understanding reality therapy*. New York: Harper Collins.

Wubbolding, R. E. (1996). *Reality therapy training* (9th ed.). Cincinnati, OH: Center for Reality Therapy.

Wyckoff, W. L. (1973). The effect of stimulus variation on learning from lecture. *Journal of Experimental Education, 41*, 85-90.

Yantis, S., & Meyer, D. (1988). Dynamics of activation in semantic and episodic memory. *Journal of Experimental Psychology: General, 117*, 130-147.

Yarrow, L. J. (1961). Maternal deprivation: Toward an empirical and conceptual reevaluation. *Psychological Bulletin, 58*, 459-490.

Yarrow, L. J. (1964). Separation from parents during early childhood. In M. L. Hoffman, & L. W. Hoffman (Eds.), *Review of child development research* (Vol. 1, pp. 89-136). New York: Sage.

Yawkey, T. D. (1983). Individual differences in children' s play: Selected theoretical analysis. In R. F. Dillon, & R. R. Schmeck (Eds.), *Individual differences in cognition* (Vol. 1, pp. 281-304). New York: Academic Press.

Yerkes, R. M., & Dodson, J. D. (1908). The relation of strength of stimulus to rapidity of habitformation. *Journal of comparative Neurology and Psychology, 18*, 459-482.

Young, P. T. (1961). *Motivation and emotion*. New York: Wiley.

Zhang, L. F. (1999). Further cross-cultural validation of the theory of mental self-government. *The Journal of Psychology, 133*, 165-181.

Zhang, L. F. (2000). Are thinking styles and personality types related? *Educational Psychology, 20*, 271-283.

Zhang, L. F. (2001). Do styles of thinking matter among Hong Kong secondary school student? *Personality and Individual Differences, 31*, 289-301.

Zhang, L. F., & Sachs, J. (1997). Assessing thinking styles in the theory of mental self-government: A Hong Kong validity study. *Psychological Reports, 81*, 915-928.

Zigler, E. F., & Finn-Stevenson, M. (1992). Applied developmental psychology. In M. H. Bornstein, & M. E. Lamb (Eds.), *Developmental psychology: An advanced textbook* (3rd ed., pp. 677-729). Hillsdale, NJ: Erlbaum.

Zimmerman, B. J., & Blotner, R. (1979). Effects of model persistence and success on children' s problem solving. *Journal of Educational Psychology, 71*, 508-513.

Zimmerman, B. J., Banderro, A., & Martinez-Pons, M. (1992). Self-motivation for academic achievement: The role of self-efficacy beliefs and personal goal setting. *American Educational Research Journal, 29*, 663-679.

Ziv, A. (1988). Teaching and learning with humor: Experiment and replication. *Journal of Experimental Education, 57*, 5-18.

찾아보기

학교학습 효과를 위한
교육심리학

인 명

내용

〈저자 소개〉

임 규 혁

전 고려대학교 사범대학 교육학과 교수
현재 2001년 이후 고려대학교 명예교수

임 웅

고려대학교 학사 및 석사 / Indiana University Ph.D. / Indiana University 조교수 역임
현재 한국교원대학교 조교수

〈주요 SSCI 게재 논문〉

–Viewing through one prism or two? Discriminant validity of implicit theories of intelligence and creativity. *Journal of Creative Behavior.* (in press)
–Predicting ideational behavior from divergent thinking and discretionary time on task. *Creativity Research Journal, 18* (1), 55-63. (2006)
–We' re more alike than we think we are: Implicit theories of intelligence with a Korean sample. *Intelligence, 30* (2), 185-208. (2002)
–Creativity through a lens of social responsibility: Implicit theories of creativity with Korean samples. *Journal of Creative Behavior, 35* (2), 115-130. (2001)
–Development and psychometric integrity of a measure of ideational behavior. *Creativity Research Journal, 13* (3&4), 393-400. (2001)

〈주요 수상 경력〉

–미국 멘사(Mensa) 올해의 연구논문상: Mensa Education and Research Foundation Award for Excellence in Research (2004)
–미국 영재학회(NAGC) 최우수 박사상: Doctoral Student Award of National Association for Gifted Children (2003)

저자와의
협약으로
인지생략

학교학습 효과를 위한

교육심리학(2판)

1996년 9월 10일 1판 1쇄 발행
2007년 4월 25일 1판 19쇄 발행
2007년 7월 30일 2판 1쇄 발행
2024년 9월 25일 2판 26쇄 발행

지은이 • 임규혁 · 임웅
펴낸이 • 김진환
펴낸곳 • 학지사
121-837 서울시 마포구 서교동 352-29 마인드월드빌딩 5층
대표전화 • 02-326-1500 팩스 • 02-324-2345
등록 • 1992년 2월 19일 제2-1329호
홈페이지 www.hakjisa.co.kr
ISBN 978-89-5891-494-5 93370
가격 19,000원

잘못 만들어진 책은 구입처에서 교환하여 드립니다.